테아이테토스

정암고전총서 플라톤 전집

테아이테토스

플라톤

정준영 옮김

아카넷

정암고전총서는 윤독의 과정을 거쳐 책을 펴냅니다.
아래의 정암학당 연구원들이 『테아이테토스』 원고를 함께 읽고
번역에 도움을 주셨습니다.
김인곤. 이기백. 김주일. 강철웅. 강성훈.

'정암고전총서'를 펴내며

그리스·로마 고전은 서양 지성사의 뿌리이며 지혜의 보고이다. 그러나 이를 우리말로 직접 읽고 검토할 수 있는 원전 번역은 여전히 드물다. 이런 탓에 우리는 서양 사람들의 해석을 수동적으로 수용하는 처지를 완전히 극복하지 못하고 있다. 사상의 수입은 있지만 우리 자신의 사유는 결여된 불균형의 문제를 안고 있는 것이다. 이런 상황은 우리의 삶과 현실을 서양의 문화유산과 연관 지어 사색하고자 할 때 특히 심각한 문제를 야기한다. 우리 자신이 부닥친 문제를 자기 사유 없이 남의 사유를 통해 이해하거나 해결하는 것은 거의 불가능하기 때문이다. 우리의 문제에 대한 인문학적 대안들이 때로는 현실을 적확하게 꼬집지 못하는 공허한 메아리로 들리는 것도 그런 이유 때문일 것이다.

한 공동체에서 살아가는 사람들이 자신들의 생각과 말을 나누며 함께 고민하는 문제와 만날 때 인문학은 진정한 울림이 있는 메아리가 될 수 있다. 이것은 우리가 우리의 현실을 함께 고민하는 문제의식을 공유함으로써 가능하겠지만, 그조차도 함께 사유할 수 있는 텍스트가 없다면 요원한 일일 것이다. 사유를 공유할 텍스트가 없을 때는 앎과 말과 함이 분열될 위험에 노출될 수 있기 때문이다. 이런 점에서 진정한 인문학적 탐색은 삶의 현실이라는 텍스트, 그리고 생각을 나눌 수 있는 문헌 텍스트와 만나는 이중의 노력에 의해 가능할 것이다.

현재 한국의 인문학적 상황은 기묘한 이중성을 보이고 있다. 대학 강단의 인문학은 시들어 가고 있는 반면 대중 사회의 인문학은 뜨거운 열풍이 불어 마치 중흥기를 맞이한 듯하다. 그러나 현재의 대중 인문학은 비판적으로 사유하는 인문학이 되지 못하고 자신의 삶을 합리화하는 도구로 전락하는 경향이 없지 않다. 사유 없는 인문학은 대중의 욕망을 충족시키기 위해 소비되는 상품에 지나지 않는다. '정암고전총서' 기획은 이와 같은 한계상황을 극복할 수 있는 기본적인 토대를 마련하고자 하는 절실한 문제의식에서 시작되었다.

정암학당은 철학과 문학을 아우르는 서양 고전 문헌의 연구와 번역을 목표로 2000년 임의 학술 단체로 출범하였다. 그리고 그 첫 열매로 서양 고전 철학의 시원이라 할 『소크라테스 이전 철학자들의 단편 선집』을 2005년도에 펴냈다. 2008년에는 비영리 공익법인의 자격을 갖는 공적인 학술 단체의 면모를 갖추고 플라톤 원전 번역을 완결할 목표 아래 지금까지 20여 종에 이르는 플라톤 번역서를 내놓고 있다. 이제 '플라톤 전집' 완간을 눈앞에 두고 있는 시점에 정암학당은 지금까지의 시행착오를 밑거름 삼아 그리스·로마의 문사철 고전 문헌을 우리말로 옮기는 고전 번역 운동을 본격적으로 펼치려 한다.

정암학당의 번역 작업은 철저한 연구에 기반한 번역이 되도록 하기 위해 처음부터 공동 독회와 토론을 통해 이루어진다. 번역 초고를 여러 번에 걸쳐 교열·비평하는 공동 독회 세미나를 수행하여 이를 기초로 옮긴이가 최종 수정하는 방식으로 진행된다. 이같이 공동 독회를 통해 번역서를 출간하는 방식은 서양에서도 유래를 찾기 어려운 번역 시스템이다. 공동 독회를 통한 번역은 매우 더디고 고통스러운 작업이지만, 우리는 이 같은 체계적인 비평의 과정을 거칠 때 믿고 읽을 수 있는 텍스트가 탄생할 수 있다고 확신한다. 이런 번역 시스템 때문에 모든 '정암고전총서'에는 공동 윤독자를 병기하기로 한다. 그러나 윤독자들의 비판을 수용할지 여부는 결국 옮긴이가 결정한다는 점에서 번역의 최종 책임은 어디까지나 옮긴이에게 있다. 따라서 공동 윤독에 의한 비판의 과정을 거치되 옮긴이들의 창조적 연구 역량이 자유롭게 발휘될 수 있도록 노력하였다.

정암학당은 앞으로 세부 전공 연구자들이 각각의 연구팀을 이루어 연구와 번역을 병행함으로써 아리스토텔레스 철학 원전, 키케로 전집, 헬레니즘 선집 등의 번역본을 출간할 계획이다. 그리고 이렇게 출간될 번역본에 대한 대중 강연을 마련하여 시민들과 함께 호흡할 수 있는 장을 열어 나갈 것이다. 공익법인인 정암학당은 전적으로 회원들의 후원으로 유지된다는 점에서 '정암고전총서'는 연구자들의 의지뿐만 아니라 시민들의 소중한 뜻이 모여 세상 밖에 나올 수 있는 셈이다. 이런 점에서 '정암고전총서'가 일종의 고전 번역 운동으로 자리매김되길 기대한다.

'정암고전총서'를 시작하는 이 시점에 두려운 마음이 없지 않으나, 이런 노력이 서양 고전 연구의 디딤돌이 될 것이라는 희망, 그리고 새로운 독자들과 만나 새로운 사유의 향연이 펼쳐질 수 있으리라는 기대감 또한 적지 않다. 어려운 출판 여건에도 '정암고전총서' 출간의 큰 결단을 내린 아카넷 김정호 대표에게 경의와 감사의 뜻을 전한다. 끝으로 정암학당의 기틀을 마련했을 뿐만 아니라 앎과 실천이 일치된 삶의 본을 보여 주신 이정호 선생님께 존경의 마음을 표한다. 그 큰 뜻이 이어질 수 있도록 앞으로도 치열한 연구와 좋은 번역을 내놓는 노력을 다할 것이다.

2018년 11월
정암학당 연구자 일동

'정암학당 플라톤 전집'을 새롭게 펴내며

플라톤의 사상과 철학은 서양 사상의 뿌리이자 서양 문화가 이루어 온 지적 성취들의 모태가 되었다는 점에서 큰 의미를 지니고 있다. 특히 그의 작품들 대부분은 풍성하고도 심오한 철학적 문제의식을 담고 있을 뿐만 아니라 생동감 넘치는 대화 형식으로 쓰여 있어서, 오늘날까지 많은 사람이 최고의 철학 고전이자 문학사에 길이 남을 걸작으로 손꼽고 있다. 화이트헤드는 '유럽철학의 전통은 플라톤에 대한 일련의 각주'라고까지 하지 않았던가.

정암학당은 플라톤의 작품 전체를 우리말로 공유할 수 있도록 하자는 취지에서 뜻있는 학자들이 모여 2000년에 문을 열었다. 그 이래로 플라톤의 작품들을 함께 읽고 번역하는 데 매달려 왔다. 정암학당의 연구자들은 애초부터 공동 탐구의 작업 방식을 취해 왔으며, 이에 따라 공동 독회와 토론을 통해 텍스트를 이해하는 노력을 기울여 왔고, 초고를 여러 번에 걸쳐 교열·비평하는 수고 또한 마다하지 않았다. 2007년에 『뤼시스』를 비롯한 3종의 번역서를 낸 이후 지금까지 출간된 정암학당 플라톤 번역서들은 모두 이 같은 작업 방식으로 이루어진 성과물들이다.

정암학당의 이러한 작업 방식 때문에 번역 텍스트를 출간하는 데 출판사 쪽의 애로가 없지 않았다. 그동안 출판을 맡아 준 이제이북스는 어려운 여건에서도 플라톤 전집 출간의 의미를 이해하고 전집 출간 사업에 동참하여 많은 노력을 기울여 주었다. 그 결과 2007년부터 2018년까지 20여 종의 플라톤 전집 번역서가 출간되었다. 그러나 최근 이제이북스의 여러 사정으로 인해 전집 출간을 마무리하기가 어려워졌다. 정암학당은 플라톤 전집 출간을 이제이북스와 완결하지 못하게 된 것에 대해 아쉬움을 표하는 동시에 그동안의 노고에 고마움을 전한다.

정암학당은 이 기회에 플라톤 전집의 번역과 출간 체계를 전반적으로 정비하기로 했고, 이런 취지에서 '정암학당 플라톤 전집'을 '정암고전총서'에 포함시켜 아카넷 출판사를 통해 출간할 것이다. 아카넷은 정암학당이라는 학술 공간의 의미를 이해하고 '정암학당 플라톤 전집' 출간의 가치를 공감해 주었다. 여러 가지 측면에서 많은 어려움이 있었음에도 어려운 결단을 내린 아카넷 출판사에 감사를 표한다.

정암학당은 기존에 출간한 20여 종의 번역 텍스트를 '정암고전총서'에 편입시켜 앞으로 2년 동안 순차적으로 이전 출간할 예정이다. 그러나 이런 작업이 짧은 시간에 추진되었기 때문에 번역자들에게 전면적인 수정을 할 시간적 여유가 주어지지는 않았다. 따라서 아카넷 출판사로 이전 출간하는 플라톤 전집은 일부의 내용을 보완하고 오식을 수정하는 선에서 새로운 판형과 조판으로 출간한다. 이 점에 대해서는 독자들께 양해를 구한다. 정암학당은 출판사를 옮겨 출간하는 작업을 진행하는 동시에, 플라톤 전집 중 남아 있는 텍스트들에 대한 번역본 출간 시기도 앞당길 수 있도록 노력할 것이다. 그리하여 오랜 공동 연구의 결실인 '정암학당 플라톤 전집' 전체를 독자들이 조만간 음미할 수 있도록 최선을 다할 것이다.

끝으로 정암학당의 기반을 마련해 주신 고 정암(鼎巖) 이종건(李鍾健) 선생을 추모하며, 새 출판사에서 플라톤 전집을 완간하는 일에 박차를 가할 것을 다짐한다.

2019년 6월
정암학당 연구자 일동

차례

'정암고전총서'를 펴내며 5

'정암학당 플라톤 전집'을 새롭게 펴내며 9

작품 내용 구분 14

등장인물 17

일러두기 22

본문 25

주석 215

작품 안내 445

참고문헌 523

찾아보기

   한국어-그리스어 541

   그리스어-한국어 577

   고유명사 584

옮긴이의 말 587

작품 내용 구분

A. 도입부의 액자 이야기(142a~143c)
(등장인물: 에우클레이데스, 테릅시온)

B. 액자 내부의 본 이야기(143d~210d)
(등장인물: 소크라테스, 테아이테토스, 테오도로스)

0. 예비적 논의(143d~151d)
1) 액자 내부의 도입부(143d~145c)
2) 앎에 대한 예비적 정의의 시도와 이에 대한 비판(145c~148e)
3) 산파의 비유(148e~151d)

1. 앎에 대한 첫 번째 정의 : 앎은 지각이다(151d~186e)
1) 테아이테토스의 첫 번째 정의와 프로타고라스의 인간척도설의 도입 (151d~152c)
2) 비교(秘敎)로서의 프로타고라스의 학설(152c~160e)
   (1) 헤라클레이토스적 학설의 소개 및 예비적 정당화(152c~153d)
   (2) 헤라클레이토스적 학설이 함축하는 놀라운 측면들(153d~155c)
   (3) 헤라클레이토스적 지각설의 체계적 적용(155c~157c)
   (4) 예비적 비판을 통한 헤라클레이토스적 지각설의 극단화(157c~160e)
3) 프로타고라스를 곱씹어 보기(160e~168c)
   (1) 프로타고라스에 대한 예비적인 문제 제기(160e~163a)

(2) 프로타고라스에 대한 소크라테스의 변호 논변(163a~168c)
  4) 프로타고라스에 대한 첫 번째 실질적 비판(168c~171d)
   : 프로타고라스에 대한 변증적(대화적) 자기 논박
  5) 정의(正義)의 문제와 관련해서 변형된 프로타고라스주의(171e~172b)
  6) 여담(곁가지 이야기)(172c~177b)
   : 연설가의 삶과 철학자의 삶의 대조
  7) 프로타고라스에 대한 두 번째 실질적 비판(177b~179b)
  8) 헤라클레이토스의 만물유전설에 대한 비판(179c~183c)
   (1) 헤라클레이토스에 대한 일반적인 규정(179c~181b)
   (2) 헤라클레이토스에 대한 비판(181b~183c)
  9) 테아이테토스의 첫 번째 정의에 대한 비판(183c~186e)

2. 앎에 대한 두 번째 정의 : 앎은 참인 판단이다(187a~201c)
  1) 두 번째 정의의 도입(187a~d)
  2) 거짓인 판단의 가능성에 대한 이분법적 난제들(187e~189b)
   (1) 첫 번째 난제: '앎과 알지 못함'의 난제(187e~188c)
   (2) 두 번째 난제: '있음과 있지 않음'의 난제(188c~189b)
  3) 난제에 대한 대안들(189b~200d)
   (1) 첫 번째 대안: '착오 판단'의 모델(189b~190e)
   (2) 두 번째 대안: 밀랍 서판의 모델(190e~196c)
   (3) 세 번째 대안: 새장의 모델(196c~200d)
  4) 두 번째 정의에 대한 직접적 비판(200d~201c)

3. 앎에 대한 세 번째 정의 : 앎은 설명을 동반한 참인 판단이다 (201c~210a)
  1) 세 번째 정의와 꿈 이론(201c~202d)
  2) 꿈 이론에 대한 비판(202d~206b)

(1) 부분과 전체의 딜레마를 통한 비판(202d~205e)
　　(2) 경험적 사례를 통한 비판(206a~206b)
　3) 설명에 대한 해석: '설명'의 세 가지 의미와 난관(206c~210a)

4. 결말 ― 정의(定義)의 실패(210b~210d)

등장인물

액자 이야기

에우클레이데스(Eukleidēs)
기원전 약 450년~365(?)년. 우리한테 익숙한 수학자 에우클레이데스(보통 '유클리드'로 불림)와는 동명이인. 메가라 출신의 철학자. 그는 소크라테스의 제자이자 메가라학파의 창시자였다. 후대의 키케로는 그가 엘레아의 일원론 전통을 이어 간 사람이라고 전하고 있지만, 실제로 그가 제시한 학설이 무엇이었는지는 확실치 않다. 『테아이테토스』 극(劇) 중에서는 테릅시온과 함께 대화편의 본 대화를 유도하는 도입부 대화를 나누는 인물로 설정되어 있다. 두 사람의 극중의 대화 시점을 기원전 391년쯤으로 잡을 경우에는 50대 후반의 나이가 되지만, 기원전 369년으로 잡을 경우는 81세가 된다. 여기서는 후자로 잡는다. 디오게네스 라에르티오스에 따르면 그가 여섯 편의 대화편을 썼다고 하는데, 우리에게 전해지는 것은 없다.

테릅시온(Terpsion)
생몰 연대 미상. 『파이돈』 59c를 보면 에우클레이데스와 함께 소크라테스가 갇혀 있던 감옥에 찾아왔던 것으로 보이는데, 역시 메가라학파 초기의 일원이었던 것 같다. 소크라테스가 죽을 무렵(기원전 399년) 에우클레이데스가 50대 초반이었으나 테릅시온의 정확한 나이는 알 수가 없다. 소크라테스가 임종할 때 테릅시온도 함께 참석한 것을 보면 그가 메가라학파를 세우는 데 일정한 역할을 했을 가능성은 있다. 그러나 『테아이테토스』의 액자 이야기를 주도하는 것은 에우클레이데스이며, 테릅시온의 역할은 보조적인 데 머

문다. 이런 측면을 고려해 에우클레이데스가 테륍시온보다 연장자인 것으로 잡고 테륍시온은 에우클레이데스를 추종하는 인물로 설정했다.

액자 내부 이야기

소크라테스(Sōkratēs)
기원전 469년~399년. 아테네의 정남방에 위치한 알로페케(Alōpekē) 구(區: dēmos) 출신이다. 그의 아버지는 소프로니스코스(Sōphroniskos), 어머니는 파이나레테(Phainaretē)로 알려져 있다. 소크라테스는 중무장 보병으로 세 번에 걸쳐 전쟁에 출정할 때를 빼고는 아테네 밖으로 나가지 않고 언제나 아테네의 청년들과 대화를 즐기며 평생을 살았다. 『테아이테토스』에서도 이 같은 소크라테스의 특징이 잘 묘사되고 있다. 극중에서 소크라테스의 나이는 그의 말년인 70세(기원전 399년)로 확정할 수 있다. 대화편 끝머리(210d)를 보면 멜레토스(Melētos)의 공소 때문에 사전 심리를 받기 위해 '왕의 회랑'에 출두해야 한다는 언급이 제시되고 있기 때문이다.

젊은 소크라테스(Sōkratēs ho neōteros)
기원전 420년대 중반~360년경. 우리가 알고 있는 소크라테스와 동명이인이다. 『테아이테토스』 147d에서는 테아이테토스와 함께 무리수에 대한 새로운 정의를 시도한 것으로 소개되고 있다. 플라톤의 『열한째 편지』 358d에도 등장하는데, 이를 보면 그는 아카데미아의 일원으로 활동했던 것이 확실한 것 같다. 아리스토텔레스는 『형이상학』 1036b25에서 젊은 소크라테스에 대한 비판적인 언급을 남기고 있기도 하다. 『정치가』에서는 엘레아에서 온 손님의 주된 대화 상대자로 등장하지만, 『테아이테토스』에서는 대화의 장에 참석했다는 것만이 명시적으로 제시될 뿐 직접 대화에 참여하지는 않는다.

테아이테토스(Theaitētos)

기원전 약 414/415~369(?). 아테네 출신의 기하학자로 이 대화편의 주된 화자이다. 그는 에우클레이데스의 『원론』 X권의 토대가 되는 무리수 이론을 제시한 것으로 알려져 있으며, 정다면체에 대한 연구로 입체기하학의 창시자로 알려져 있다. 『테아이테토스』에서 알 수 있듯이 그는 테오도로스의 제자였다. 그의 사망 시기와 관련해서는 지금도 논쟁이 진행중인데, 기원전 391년쯤으로 잡을 경우에는 24세 정도에 사망한 것이 되고, 기원전 369년으로 잡으면 46세 정도에 사망한 것이 된다. 대다수 학자들은 그가 수학사에 업적을 남긴 인물로 전해지는 것을 고려해서 후자의 연도를 신뢰하는 편이다. 그리고 논란의 여지는 있지만 아마 그는 아카데미아의 일원으로 활동했던 것 같다. 플라톤이 『테아이테토스』에서 소크라테스의 입을 빌려 테아이테토스의 자질을 극찬하는 것을 보면, 플라톤은 테아이테토스의 죽음을 가슴 아프게 받아들였던 것 같다. 우리의 대화편에서는 대략 열여섯 살 정도의 나이로 등장하며, 『소피스트』편에서도 주요 화자로 등장한다. 그러나 『정치가』에서는 함께 자리에 있기만 할 뿐 대화에 직접 참여하지는 않는다.

테오도로스(Theodoros)

기원전 약 470년~약 390년. 퀴레네 출신의 수학자. 『테아이테토스』에서 나오듯이 테아이테토스의 스승이었으며, 플라톤에게도 가르침을 주었던 것 같다. 프로클로스(Proklos)가 전해주는 바에 따르면 에우데모스(Eudēmos)의 『기하학의 역사(geōmetrikē historia)』는 테오도로스가 키오스(Chios)의 히포크라테스(Hippokratēs)와 동시대인이었다고 기록하고 있다(프로클로스, 『유클리드의 「원리들」 1권 주석(*In Primum Euclidis elementarum librum commentarii*)』, 65.21~66.7 참고). 여기서는 테오도로스의 생몰 연대를 키오스의 히포크라테스와 비슷한 시기로 잡았으며 이에 따르면 대략 기원전 480년에서 기원전 470년 사이에 태어난 것으로 추정할 수 있다. 테오도로스가 480년에 태어났다면 소크라테스보다 10살쯤 위인 셈이고 470년에 태어났다면 1살쯤 위인 셈이다. 그런데 우리의 대화편 『테아이테토스』를 보면 테오도로스가 프로타고라스의 제자였다가 프로타고라스가 죽고 나서부터 기하학의 길로 들어섰다고 하고 있다. 프로타고라스의 생몰 연대와 관련해서도 세부적으로는 논란이 많지만, 대체로 기원전 490~420년으로 잡고 테오도로스가 제자였다는 것을 고려하면, 테오도로스의 출생 연도를 480년보다는 470년에 가까운 시기로 잡는 것이 자연스러워 보인다. 물론 적잖은 학자들이 테오도로스가 소크라테스보다 젊었을 것으로 추측하지만, 그런 추측은 『테아이테토스』에서 테오도로스가 자신이 노령임을 강조하는 분위기와 잘 어울리지 않는다(146b, 162b, 168e 이하, 177c 참고). 이런 점에서 앞서 옮긴이가 추측했듯이, 테오도로스의 연배는 소크라테스보다 최소한 한 살 이상 연상이라고 보는 것이 합리적일 듯하다. 이에 따라 이 번역서에서는 소크라테스와 테오도로스가 상호 존대를 하되, 테오도로스가 나이가 위인 만큼 소크라테스가 테오도로스를 칭할 때는 '선생'이란 호칭을, 테오도로스가 소크라테스를 칭할 때는 '당신'이란 호칭을 사용하는 것으로 설정했다. 『테아이테토스』 이후에 쓰인 『소피스트』와 『정치가』에도 테오도로스가 등장한다.

프로타고라스(Prōtagoras)
기원전 약 490년~약 420년. 『테아이테토스』의 극중 시점에는 이미 세상을 떠난 것으로 제시되기에 실제로는 극중의 등장인물이 아니지만, 워낙 중요한 인물로 거론되기 때문에 따로 소개한다. 그는 압데라(Abdera) 출신의 유명한 소피스트이다. 그는 그리스 전 지역을 돌아다니다 페리클레스의 초대로 아테네에 왔다. 페리클레스는 아테네의 식민지 투리오이(Thourioi)의 입법을 해 달라고 그를 초청한 것으로 알려져 있다. 아마도 그는 아테네에서 언설기술(rhētorikē)을 가르치며 사십 년 이상을 거주했던 것 같다. 『프로타고라스』와 『테아이테토스』라는 두 대화편에서 프로타고라스가 주제화되고 있는 것을 볼 때, 플라톤은 그를 소크라테스와 대비되는 주요 인물로 생각하고 있었음이 틀림없다. 그런데 플라톤의 『메논』 91e에서 볼 수 있듯이 그는 돈을 받고 가르침을 전한 것으로 유명하며, 이런 주제가 『테아이테토스』에서 논의되기도 한다. 그의 저술은 온전하게 남아 있는 것이 없고 단편으로만 전승되고 있는데, 신의 존재에 대한 불가지론을 내세운 『신들에 관하여』를 썼다고 전해지며, 『테아이테토스』에서 소개되듯 인간척도설을 제시하는 『진리』라는 책을 쓴 것으로 알려져 있다. 이러한 견해가 플라톤의 『프로타고라스』에서 제시되는 정치철학적 '긴 연설'과 어떤 연관을 가지는가는 언제나 큰 논란거리이다. 프로타고라스는 등장인물인 테오도로스의 스승이었기 때문에 '프로타고라스'에 대해서는 '님'이란 존칭 표현을 덧붙이기로 한다.

일러두기

1. 『테아이테토스』의 기준 판본으로는 옥스퍼드 고전 텍스트 시리즈(Oxford Classical Texts : 이하 OCT로 축약 표기함.)의 플라톤 전집 신판(新版) I권(W. F. Hicken *et al*.(ed.), *Platonis Opera*, Tomus I,1995)을 사용한다. 『테아이테토스』는 힉켄(Hicken)이 혼자서 편집을 담당했다.

2. 번역본문 좌우측 여백 및 상단에 있는 쪽수 표기(예를 들어 142a 등)는 '스테파누스 판' (H. Stephanus, *Platonis Opera quae extant omnia*, 1578)의 쪽수와 단(段: column) 표기 이다.

3. 손으로 쓴 필사본(codex manuscriptus)들 간에 차이가 있거나 새로운 독법을 제안하는 등의 이유로 텍스트 독법이 다를 경우, 내용상 중요하다고 판단되거나 논란이 심각한 경우에는 주석에서 설명하였다.

    사본들에 대한 문헌학적인 해석과 관련해서는 언급해둘 것이 있는데, OCT 신판은 직접 전승되는 사본들 이외에 'β 사본'과 'δ 사본'이 '원형적인 상위 판본'(hyparchetypus)으로 존재했을 것으로 가정한다. 이런 문헌학적인 해석에 따라 OCT 신판은 사본의 원형적인 가족군(familia)을 세 가지로 나누고 있는데, 이 번역본은 이런 사본 계통 해석을 받아들인다. 그 가운데 β 사본은 『테아이테토스』의 사본 중 가장 중시되는 사본이다. 하위 사본으로는 B 사본이 여기에 속한다. 또 다른 가족군으로는 δ 사본이 있다. OCT 신판은 B2 사본이 δ 사본을 근거로 교정된 것으로 본다. 또한 T2 사본이 W 사본보다 오래된 것일 수 있다고 추정하고 있다. 그러나 OCT 신판 역시 δ 계열 사본들 중에서는 W 사본을 가장 신뢰한다. OCT 신판에서 언급되는 주요 사본의 가족군 β, T, δ는 각각 다음을 가리킨다.

계통 I β

B= Cod. Bodl. MS E. D. Clarke 39   (895년 사본)
D= Cod. Ven. gr. 185   (12세기 사본)

계통 II T

T= Cod. Ven. app. cl. 4. 1   (10세기 사본)

계통 III δ

W= Cod. Vind. suppl. gr. 7   (11세기 사본)
P= Cod. Vat. Pal. gr. 173   (10세기에서 11세기 사본)
B2= vetus corrector codicis B   (9세기 말 사본)
T^2= vetus corrector codicis T   (10세기 말 사본?)

4. 그리스어 명사의 한국어 표기는 우리말 안에 들어와 굳어진 것 말고는 그리스 고전기의 발음에 가깝게 표기하였다. 예외로는 '소피스트'(그리스어 발음으로는 '소피스테스'임) 등의 경우가 있다. 그리고 후대 그리스어의 이오타시즘(iotacism)은 따르지 않기로 한다.

5. 소괄호 '( )'는 다음의 경우에 사용한다. ① 텍스트 원문상으로 삽입구 처리된 대목에서 '―' 표기 대신 소괄호를 사용하는 경우. ② 주문(主文)에 덧붙는 관계문을 옮길 때, 가독성을 위해 소괄호를 사용하는 경우. ③ 한자(漢字) 또는 그리스어를 병기할 필요가 있을 경우.

테아이테토스

테아이테토스

에우클레이데스, 테릅시온[1]

에우클레이데스 이제 막 시골에서 오는 길인가, 테릅시온? 아니면 오래전에 온 건가?

테릅시온 꽤 오래전에 왔습니다. 실은 아고라[2]에서 선생님을 찾아다녔는데요, 뵐 수가 없어 의아해하던 터였습니다.[3]

에우클레이데스 난 도시[4]에 있지 않았거든.

테릅시온 그럼 어디 계셨던 거죠?

에우클레이데스 항구[5]로 내려가던 길에 코린토스의 주둔지에서 아테네로 이송되던 테아이테토스와 마주쳤었지.[6]

테릅시온 그는 살았나요, 죽었나요?

에우클레이데스 살아 있긴 했으나 겨우 간신히 살아 있었네. 이런저런 부상으로 심각하기도 했지만, 군대에 퍼진 질병이 그를 덮친 게 더 큰 문제였네.

테릅시온 설마 이질은 아니겠죠?[7]

에우클레이데스 아니, 이질일세.

테릅시온 그가 어떤 사람인데, 위태롭다니요!

에우클레이데스 그는 아름답고도 훌륭한 사람[8]이지, 테릅시온. 방금도 당시 전투와 관련해서 그를 매우 칭송하는 사람들의 이야기 들었을 정도라니까.

테릅시온 그거야 전혀 이상할 게 없죠. 오히려 그가 그런 사람이 아니라면 그게 더 놀라운 일이었을 겁니다. 그런데 그는 어째서 여기 메가라에 머물지 않은 거죠?

에우클레이데스 그가 고향길을 자꾸 재촉했네. 나야 머물라 간청하며 조언을 거듭했지만 응하질 않더라고. 그래서 결국 그를 바래다주게 되었고, 그러고서 다시 돌아오던 길에 소크라테스 선생님에 대한 기억이 떠올라[9] 그만 놀라고 말았네. 다른 경우도 그렇지만 특히 테아이테토스를 두고 어쩌면 그리 예언자 같은 말씀을 하셨던지. 내 생각에 소크라테스 선생님은 돌아가시기 얼마 전에 아직 청소년[10]이던 그와 우연히 만나, 문답을 주고받으며 함께해 보시고는 그 자질[11]에 무척이나 감탄하셨던 것 같아. 그리고 내가 아테네에 갔을 때 선생님께서는 그와 주고받은 논의를 자세히 이야기해 주셨네. (매우 들을 만한 논의였네.) 뿐만 아니라 테아이테토스가 성년[12]이 되면 반드시 꼭 명성을 얻게 될 거라는 말씀도 하셨네.

테릅시온 과연 그분 말씀이 맞은 것 같군요. 그런데 그 논의는 어떤 것이었나요? 선생님께서 이야기해 주실 수 있겠습니까?

에우클레이데스 제우스께 맹세코 그리할 수가 없구먼. 어쨌거나 당장 이야기할 수 있을 정도로 외우고[13] 있지는 못하네. 하지만 나는 그때 집에 오자마자 적바림[14]을 해 놓았다가, 나중에 틈이 날 때 기억을 떠올려 가며 글로 옮기곤 했네. 그리고 기억나지 않는 대목은 아테네에 갈 때마다 소크라테스 선생님께 되묻고서 여기로[15] 돌아와 바로잡곤 했네.[16] 그 결과 내가 그 논의를 거의 다 글로 옮길 수 있게 되었네.

테릅시온 그래요.[17] 전에도 선생님[18]한테서 그런 말씀을 들어 본 적이 있어요. 사실은 그 논의를 선보여[19] 달라고 선생님께 늘 청하겠다고 하다가 지금까지 시간만 보내고 말았네요.[20] 하지만 지금은 우리가 내처 살펴보지 못할 까닭이 뭐 있습니까? 어쨌거나 시골에서 막 올라온 처지라 제게는 휴식이 필요하기도 합니다.

에우클레이데스 아무렴, 나 자신도 에리네오스[21]까지 테아이테토스를 바래다준 터라 흔쾌히 휴식을 취하겠네. 그럼 가 보세.[22] 우리가 휴식을 취하는 동안 노예[23]가 낭독을 하게 될 걸세.

테릅시온 그거 좋은 말씀이십니다.[24]

에우클레이데스 이게 바로 그 책일세, 테릅시온. 그리고 난 그 논의를 글로 옮길 때, 소크라테스 선생님이 원래 해 주신 대로 그분이 내게 전해 주는 이야기 투로[25] 하지 않고, 선생님께서 대화를 나누었다고 한 사람들과 문답을 주고받는 대화 투로 했네. (그런데 선생님께서는 기하학자인 테오도로스 님, 그리고 테아이테토스와 대화를 나누었다고 하셨지.) 그러니까 대화들 중간 중간의 이야기 투 화법들[26]이, 글쓰기를 할 때 성가시게 하는 일이 없게 하려고 그런 거지. 이를테면 '그리고 내가 말했네'나 '그리고 내가 언급했네'처럼 소크라테스 선생님께서 당신 자신과 관련해 사용하는 이야기 투 화법이라든지 '그가 동의했네'나 '그가 합의하지 않았네'처럼 대답하는 자와 관련해 사용하는 이야기 투 화법 같은 것 말일세. 바로 이런 이유에서 난 그런 것들을 빼 버리고 그분께서 저들과 문답을 주고받는 대화 투로 글을 쓴 것이네.

테릅시온 그럼요, 그렇게 해서 안 될 건 전혀 없죠, 에우클레이데스 선생님.

에우클레이데스 그럼, 얘야,[27] 책을 들고 읽어 보거라.[28]

소크라테스, 테오도로스, 테아이테토스[29]

소크라테스 테오도로스 님, 내가 만일 퀴레네[30]의 일에 더 마음이 쓰였다면, 그곳 사정이나 그곳 사람들에 관해 선생께 물어보았겠죠. 기하학이나 다른 어떤 지혜사랑[31]에 마음을 쏟는 젊은이들이 그곳에 있는가 하고 말입니다. 그런데 실은 내가 거기 사람들보다는 여기 사람들[32]을 더 사랑하거든요. 그래서 우리네 젊은이들 중 될성부른 자들이 누구인지 알기를 더 열망한답니다. 바로 그런 것이, 나 자신이 힘닿는 한 살펴보기도 하고, 내가 알기로 젊은이들이 사귀고 싶어 하는 다른 이들에게 물어보기도 하는 문제랍니다.[33] 적잖은 이들이 다름 아니라 선생을 뒤따라 다니던데, 그건 온당한 일이지요. 선생은 다른 점에서도 그렇지만 특히 기하학 때문에 그럴 만한 가치가 있는 분이니까요. 그러니까 선생께서 누군가 언급할 만한 사람을 만난 적이 있다면 그 이야길 즐거운 마음으로 듣겠습니다.

테오도로스 있다마다요, 소크라테스 님. 내 쪽에서 이야기할 만한 건 물론이고 당신 쪽에서도 정말 들어 볼 만한 그런 아이[34]를 당신네 시민들 중에서 만난 적이 있답니다. 만약 그 아이가 잘생겼다면[35] 이렇게 강하게 말하기가 두려웠을 겁니다. 혹시 누구라도, 내가 그 아이와 사랑[36]에 빠진 것으로 보지나 않을까 해서죠. 실은 말입니다(부디 내게 화를 내진 말아 주세요), 그 아이는 못생겼는데요, 들창코도 그렇고 퉁방울눈마저도 당신을 닮았습니다.[37] 당신만큼 심한 편은 아니지만 말입니다. 그래서[38] 거리낌 없이 말하고 있는 겁니다. 다음과 같은 점을 꼭 알아 두셨으면 합니다. 내가 만나 본 적이 있는 사람들 중에서 (사실 난 아주 많은 이들과 가깝게 지냈는데요, 그런 이들 중에서) 타고난 바가 그렇게 놀랍도록 훌륭한 자는 여태껏 본 적이 결코 없답니다. 다른 누가 그러기는 어려울 만큼 쉬이 배우면서도 남달리 온유하기도 하고 거기다 어느 누구보다 용감한 경우가 있을 거라는 생각은 그가 아니면 하지도 못했을 것이고 그전에는 그런 경우를 보지도 못했거든요. 오히려 그 아이처럼 예리하고 총명하며 기억력이 좋은 사람들은 대개가 욱하며 쉽게 화를 내는 이들이기 마련이며, 덤비는 기질인 터라 바닥짐 없는 배처럼[39] 휩쓸려 버리게 되며, 그래서 용감하기보다는 광적으로 되는 경향이 있습니다.

b 그런가 하면 차분한 사람들은 배움에 임할 때 어느 정도는 굼뜨며 망각으로 가득 차 있기 마련입니다. 하지만 그 아이는 넘어지지도 않으면서 부드럽고 효과적으로, 그리고 대단한 온유함을 지니고서 배움과 탐구로 나아갑니다. 마치 소리 없이 흐르는 올리브기름의 흐름처럼 말입니다. 그만한 나이에 이런 것들을 이렇게 해낸다는 것이 놀라울 정도로 말입니다.[40]

소크라테스 알려 주셔서 고맙습니다. 그런데 그는 우리 시민들 중 누구 아이인가요?

테오도로스 그 애 아버지 이름을 듣긴 했는데 기억나질 않는군요.
c 하지만 말이죠, 저기 이리로 오고 있는 사람들 중, 가운데가 그 아이입니다.[41] 저기 그의 동료들과 그 아이가 방금 전 바깥 경주로[42]에서 몸에 올리브기름을 바르는 중이었는데, 이제 보니 다 바르고서 여기로 오는 중인 것 같군요.[43] 그를 알아보겠는지 살펴보십시오.

소크라테스 알아보겠어요. 수니온[44] 출신 에우프로니오스의 아들입니다. 그리고 친애하는 분이시여, 에우프로니오스도 선생께서 저 애한테 하던 묘사가 딱 들어맞는 그런 사람이었습니다. 그 밖의 다른 점에서도 그분의 평판은 자자했는데, 게다가 재산을 아주 많이 남겨 놓기까지 했답니다. 하지만 아이 이름은 모르겠습니다.

테오도로스 그 아이 이름은 테아이테토스랍니다, 소크라테스 님. 그런데 내가 보기에 재산은 후견인[45]들 몇이서 탕진해 버린 것 같습니다. 그럼에도 그는 재물에 대한 자유인다움[46]에서 놀라운 사람입니다, 소크라테스 님.

소크라테스 그 사내[47]를 고상한 이로 말씀하시는군요. 그더러 여기 내 곁으로 와 앉으라고 좀 해 주시지요.

테오도로스 그리될 겁니다. 테아이테토스, 이리 소크라테스 님 곁으로 오게.[48]

소크라테스 꼭 그래 주게, 테아이테토스. 나 자신이 어떤 생김새인지 나도 뜯어볼 수 있게 말이야. 테오도로스 님은 내가 자네와 닮았다고 말씀하고 계시거든. 하지만 말이야, 우리 두 사람이 각자의 뤼라[49]를 가지고 있는데 그것들이 조율되어 있는 방식이 닮았다고 이분이 말씀하신다고 해 보세. 그럴 경우 우린 이분 말씀을 곧이곧대로 믿어야 할까, 아니면 이분이 음악에 능한 분[50]으로서 그런 말씀을 하는 것인지를 따져 봐야 할까?

테아이테토스 따져 봐야겠죠.

소크라테스 그런데 테오도로스 님이 그런 분이라는 것을 확인하면 우리가 이분을 믿겠지만, 음악에 능하지 못한 분이라는 것을 확인하면 불신하지 않겠나?

테아이테토스 맞습니다.

소크라테스 그럼 이제 이래야 할 것으로 생각되네. 우리가 생김새의 닮음에 대해 조금이라도 관심이 있다면, 이분이 소묘(素描)에 능한 분[51]으로서 그런 말씀을 하는 것인지 아닌지를 검토해 봐야 하겠네.

테아이테토스 제 생각엔 그래야 할 것 같습니다.

소크라테스 그러면 테오도로스 님이 채색에 능한 분[52]인가?

테아이테토스 아닙니다. 제가 아는 한은요.

소크라테스 기하에 능한 분도 아닌가?

테아이테토스 기하에 능한 분이라는 건 정말 확실합니다, 소크라테스 선생님.

소크라테스 천문과 수, 그리고 음악에도 능한[53] 분인가? 그러니까 교육[54]에 해당되는 그 모든 분야에 두루 능한 분인가?

테아이테토스 제 생각에는 그렇습니다.

소크라테스 그러니까 이분이 우리 몸의 일부를 두고 어떤 측면에서 칭찬하든가 비난하든가 하면서 우리가 닮았다는 말씀을 할 경우엔, 이분한테 주목할 만한 가치는 전혀 없네.

테아이테토스 아마 그렇겠지요.

소크라테스 이분이 덕(德)[55]과 지혜를 두고 우리 중 어느 한 사람의 영혼을 칭찬할 경우는 어떤가? 이분이 우리 둘 중 다른 쪽 상대를 칭찬하는 말을 들은 쪽에서는 그런 칭찬을 받은 상대를 찬찬히 살펴보는 데 열의를 보이고, 칭찬받은 쪽에서는 열의를 갖고 자신을 선보일 만한 것 아닌가?

테아이테토스 그야 물론이죠, 소크라테스 선생님.

소크라테스 그러니까, 친애하는 테아이테토스, 이제 자네는 자신을 선보일 때요, 나는 그런 자네를 살펴볼 때일세. 자네가 꼭 알아 두어야 할 게 있는데, 테오도로스 님이 내 앞에서 시민[56]이든 외지인이든 많은 이들을 칭찬했지만 어느 누구에 대해서도 지금 자네에 대해서만큼 칭찬한 적은 없으셨다네.

테아이테토스 소크라테스 선생님, 그렇다면 좋은 일이겠지만, 테오도로스 선생님께서 말씀하실 때 농담조로 하신 건 아닌지 알아보시죠.

소크라테스 테오도로스 님은 기질이 그런 분이 아닐세. 이분이 농담조로 말씀하셨다는 구실을 대면서[57] 우리가 했던 합의를 무르진 말게나.[58] 이분이 강제로 증언까지 하게 되는 일이 벌어지지 않게 하란 말일세. 어차피 이분을 위증죄로 고발하려 들[59] 사람은 아무도 없을 테니까.[60] 그러니 용기를 내서 합의를 지키도록 하게.

테아이테토스 그럼 그렇게 해야겠군요. 그게 선생님 마음에 든다면 말씀입니다.

소크라테스 그럼 내게 말해 보게. 모르긴 몰라도 자네는 테오도로스 님에게서 기하학을 좀 배우고 있겠지?

테아이테토스 그렇습니다.

d 소크라테스 천문학과 화성학[61]과 수론[62]에 관한 것들도?

테아이테토스 정말 열심히 배우고 있습니다.

소크라테스 이보게, 나 역시 그렇다네. 이분한테서만이 아니라 내 생각에 그런 어떤 분야에 정통하다 싶은 다른 이들한테서도 말일세. 그렇지만 말이야, 그것들과 관련해서 다른 것들은 제법 이해하고 있네만,[63] 사소한[64] 어떤 것에 대해서는 난관에 봉착해 있네.[65] 자네를 비롯해 여기 있는 이들과 더불어 검토해 봐야 할 게 바로 그것이네. 그럼 내게 말해 보게. 배운다는 건 배우게 되는 것들에 관해 더 지혜롭게 되는 것 아닌가?

테아이테토스 왜 아니겠습니까?

소크라테스 그리고 또, 지혜로운 이들이 지혜로운 건 내가 보기에 지혜에 의해서이네.

테아이테토스 그렇습니다.

e 소크라테스 이것이 조금이라도 앎[66]과 다른 건 아니겠지?

테아이테토스 뭐 말씀인가요?

소크라테스 지혜 말일세. 사람들은 자기가 앎을 가지고 있는 바로 그런 것들에서 지혜로운 자이기도 하지 않나?

테아이테토스 물론입니다.

소크라테스 그러므로 앎과 지혜는 동일한 것이지?[67]

테아이테토스 그렇습니다.

소크라테스 그래서 말인데, 내가 난관에 봉착해 나 혼자서 충분히 파악해 낼 수가 없는 건 앎이 도대체 무엇인가[68] 하는 것 바로 그것이네. 그럼 우리가 그것에 대해 말할[69] 수 있을까? 당신네는 뭐라고 말하겠습니까?[70] 우리 중 누가 먼저 나서서 말할까요? 그런데 실수하는 자, 그러니까 공놀이를 하는 아이들이 말하듯이, 어느 때이든 자기 차례에[71] 실수를 범하는 자는 나귀로서 자리에 앉게 되겠지요.[72] 하지만 실수를 하지 않고[73] 이기는 쪽은, 우리의 왕 노릇을 하며 자기가 묻고 싶은 걸 묻고서 우리더러 대답하도록 명하겠지요. 당신네는 왜 아무 말이 없나요? 테오도로스 님, 내가 논의를 좋아하는 탓에 혹시 교양 없이 군 건 아니겠죠? 우리가 대화를 나누게 되고, 서로 터놓고 이야기하는 벗이 되길 열망하는 마음에 그랬던 것이랍니다.

테오도로스 소크라테스 님, 그런 걸 가지고 교양 없다고 할 건 조금도 없겠으나, 당신에게 대답하는 일은 아이들 가운데서 하게 하시죠. 나는 이런 식의 문답식 대화[74]에 익숙하지 못한 데다 그런 걸 익힐 만한 나이도 아니니까요. 그런 일은 여기 있는 아이들에게 어울리기도 하고 이들은 진척도 훨씬 더 많이 볼 수 있을 겁니다. 정말이지 젊음은 온갖 방면에서 진전을 볼 여지를 가지고 있으니까요. 그러니 테아이테토스를 놔주지 말고, 시작할 때 그러셨듯이 그에게 질문을 던지시죠.

소크라테스 자, 테아이테토스, 자네는 테오도로스 님이 하는 말씀을 들었네. 내 생각에는 자네가 이분을 불신할[75] 것 같지도 않고, 지혜로운 분이 이와 같은 것들을 지시하는데 어린 사람이 안 따른다는 것도 도리가 아닐 것이네. 그러니 대범하게 잘 말해 보게. 자네에게는 앎이 무엇이라고 생각되는가?

테아이테토스 정 그러시다면 대답하지 않을 수 없겠네요, 소크라테스 선생님. 두 분 선생님께서 진정 그렇게 하라 하시니 말씀입니다. 제가 뭔가 실수를 해도, 어쨌든 선생님들께서 바로잡아 주실 테니까요.

소크라테스 물론일세. 우리가 할 수만 있다면 말이지.

테아이테토스 그럼 말씀드리겠는데요, 제 생각은 이렇습니다. 테오도로스 선생님한테서 배울 수 있는 것들, 즉 기하학 내지 방금 소크라테스 선생님께서 죽 늘어놓으신 것들도 앎이고, 그런가 하면 제화공의 기술이나 다른 장인들의 기술[76]들도 앎이라고 생각합니다. 그것들 전부도 그 각각도 다름 아닌 앎이라고 생각합니다.

소크라테스 와, 대범하고 후한 대답이군 그래.[77] 여보게, 요구받은 건 한 가지인데도 자넨 단순한 것 대신 여러 다채로운 것[78]을 제시해 주는군.

테아이테토스 어째서, 왜 그런 말씀을 하시나요, 소크라테스 선생님?

소크라테스 어쩌면 쓸데없는 말일지도 모르겠네. 하지만 내가 생각하는 바를 말하도록 하겠네. 자네가 제화술을 말할 때는 다름 아니라 신발[79] 제작에 대한 앎[80]을 가리키는 것이겠지?

테아이테토스 바로 그렇습니다.

소크라테스 목공술의 경우는 어떤가? 다름 아니라 목제 가구 제작에 대한 앎을 가리키는 것이겠지?

테아이테토스 그 또한 그렇습니다.

소크라테스 그러면 자네는 양쪽 경우에 그것들 각각이 무엇에 대한 앎인가를 정의하는 것 아닌가?

테아이테토스 그렇습니다.

소크라테스 하지만 테아이테토스, 우리가 던진 물음은 '어떤 것들에 대한 앎인가'[81]나 '얼마만큼의 어떤 앎들이 있는가' 하는 그런 게 아니었네. 우리는 그것들의 수효를 헤아리고 싶어서 물은 게 아니라 앎 자체[82]가 도대체 무엇인지 알고 싶어서 물었던 것이거든. 내가 쓸데없는 말을 하는 것인가?

테아이테토스 아뇨, 아주 옳게 말씀하셨습니다.

소크라테스 그럼 이런 것 또한 검토해 보게. 어떤 이가 우리에게 평범한 일상의 어떤 것에 대해 묻는다고 해 보세. 이를테면 점토에 관해 그것이 도대체 무엇인지를 묻는다고 해 보세. 그럴 경우 우리가 옹기장이들의 점토나 화덕장이들의 점토, 또는 벽돌장이들의 점토라고 대답한다면, 우리는 우스운 꼴이 되지 않겠나?

테아이테토스 아마 그렇겠죠.

소크라테스 모르긴 몰라도 그렇게 된 건 우선 이런 이유 때문이네. 우리가 점토를 언급할 때면, '조각가들의'라는 말을 덧붙여 대답하든 그 밖의 다른 '어떤 장인들의'라는 말을 덧붙여 대답하든 간에, 질문을 던진 쪽이 우리 쪽의 대답을 통해 이해한다고 우리가 여기고 있기 때문이네. 아니면 자네는, 어떤 것에 대해 그것이 무엇인지 알지 못할 때 그것에 대한 어떤 이름을 누군가가 이해하리라고 생각하나?[83]

테아이테토스 천만에요.

소크라테스 그렇다면 앎을 알지 못하는 이는 신발들에 대한 앎도 이해하지 못하네.[84]

테아이테토스 그렇고말고요.

소크라테스 그러므로 앎을 모르는 자라면 제화술을 이해하지 못하며 다른 어떤 기술 역시 이해하지 못하네.

테아이테토스 그렇습니다.

소크라테스 그러므로 '앎이 무엇인가'라는 질문에 대해서 이런저런 어떤 기술에 대한 이름으로 대답할 경우, 그런 대답은 우스꽝스런 것이네. 질문 받은 건 이런저런 어떤 것에 대한[85] 앎이냐는 것이 아니었는데, 그걸 대답으로 내놓는 것이니까.

테아이테토스 그런 것 같군요.

소크라테스 우리가 우스운 꼴인 두 번째 이유는 모르긴 몰라도 이렇다네. 평범하고 간결하게 대답하는 것이 가능한데도 끝없는[86] 길을 돌아다니는 것이기 때문이지. 이를테면 점토에 대해 물을 경우도, 그것이 누구 것이냐는 건 제쳐 두고, "점토는 물로 반죽된 흙이다."[87]라고 확실히 평범하고 단순한 대답을 할 수 있는 것이지.

테아이테토스 그렇게 하니까 이제는 쉬워 보입니다, 소크라테스 선생님. 그런데 말씀이죠, 좀 전에[88] 선생님과 동명이인인 이 사람 소크라테스[89]와 제가 대화를 나누다가 우리 자신들에게 떠오른 게 있었답니다. 아마 선생님도 그런 것을 두고 묻고 계신 것 같습니다.

소크라테스 그게 정확히 어떤 것인가, 테아이테토스?

테아이테토스 여기 계신 테오도로스 선생님께서는 제곱근[90]과 관련해서, 즉 3피트의 제곱근 및 5피트의 제곱근과 관련해서[91] 저희에게 작도를 해 주시면서,[92] 제곱근들이, 길이[93]에서 1피트인 변[94]과는 통약될[95] 수 없다는 것을 보여 주셨고,[96] 17피트의 제곱근에 이르기까지 각기 하나씩 택하여 그런 식으로 해 주셨답니다. 한데 어찌된 일인지 거기서 막히셨습니다.[97] 그래서 다음과 같은 생각이 우리에게 떠올랐답니다. 제곱근들이 개수에서 무한

e 한 것으로 드러난 만큼, 그것들을 하나로 모으는 시도를 하여 그 것을 가지고서 이 모든 제곱근들을 불러야겠다고 말입니다.[98]

소크라테스 정말로 자네들 두 사람이 그런 것을 찾아냈단 말인가?

테아이테토스 저는 그렇게 믿고 있습니다만, 선생님도 검토해 보시죠.

소크라테스 말해 보게.

테아이테토스 우리는 모든 수[99]를 두 가지로 나누었습니다. 그중에서 같은 것에 같은 것이 곱해져 생길 수가 있는 것은 정사각형의 도형에 빗대어 정사각수 내지 등변수라고 불렀습니다.[100]

소크라테스 그래, 그거 괜찮군.

테아이테토스 그런가 하면 그 사이에 있는 수[101]가 있습니다. 3이
148a 나 5, 그리고 같은 수를 같은 수와 곱할 때는 생길 수가 없고 더 큰 것을 더 작은 것과 곱하거나 더 작은 것을 더 큰 것과 곱할 때만 생길 수 있을 뿐이고, 언제나 두 변 중 한쪽은 더 큰 변에 의해, 다른 쪽은 더 작은 변에 의해 둘러싸여 있는 그런 모든 수가 이에 속합니다. 우리는 이런 수를 다시 직사각형에 빗대어 직사각수라고 불렀습니다.

소크라테스 더없이 훌륭해. 그래 그다음엔 어찌했나?

테아이테토스 정사각형을 만들 때[102] 넓이가 등변의 평면수[103]가
b 되는 도형의 모든 변들은 '길이'라고 정의하고 부등변수가 되는

모든 변들은 '제곱근들'이라고 우리는 정의했습니다. 제곱근들이 길이에 의해서는 앞의 것들과 통약될 수 없지만, 제곱될 때[104] 이루는 면적들과는 통약될 수 있다는 점에서 말입니다. 그리고 입방체에 관해서도 이와 같은 다른 어떤 것이 성립됩니다.[105]

소크라테스 와, 이보게들, 자네들은 세상 그 누구보다도 더없이 훌륭하게 해냈군 그래. 그래서 내 생각에는 테오도로스 님이 위증의 짐을 짊어지지 않아도 될 것 같네.[106]

테아이테토스 소크라테스 선생님, 그렇긴 해도 앎에 관해 선생님께서 물어보신 것에 대해선, 길이나 제곱근에 관해 대답할 때처럼 해낼 수가 없을 것 같습니다. 선생님께서 그런 어떤 걸 찾고 계신 거라는 생각이 들긴 하지만요. 그래서 다시 또 테오도로스 선생님께서 위증인이 되신 것 같습니다.[107]

소크라테스 무슨 소리인가? 이런 경우를 생각해 보게. 테오도로스 님이 달리기 경주와 관련해 자네를 칭찬하면서 젊은이들 중에서 이토록 잘 달리는 자는 결코 만나 보질 못했다는 말씀을 하셨는데, 나중에 자네가 달리기 경주를 하다 절정에 달한 가장 빠른 자에게 지고 말았다고 해 보세. 이런 경우에는 이분이 자네에게 한 칭찬이 그다지 참이 아니었을 것으로 생각하는가?[108]

테아이테토스 그렇게 생각지는 않습니다.

소크라테스 그렇다면 자네는 이렇게 생각하고 있는 건가? 앎을 발견해 내는 일이, 방금 전에 내가 말했듯이,[109] 사소한 일이며 그래서 모든 측면에서 절정에 달한 사람들이 할 일은 못 된다고 말이야.

테아이테토스 제우스께 맹세코 전 그렇게 생각지 않습니다. 그거야말로 최절정에 달한 사람들이 할 만한 일이라고 생각합니다.

소크라테스 그렇다면 자신에 대해 자신감을 갖고, 테오도로스 님이 뭔가 의미 있는 말씀을 하시는 것으로 생각하게. 그리고 다른 것들에 관해서도 그래야 하지만, 무엇보다도 앎에 관해서 '그것이 도대체 무엇인가' 하는 정의[110]를 파악하는 데 온갖 열의를 쏟아 보게.

테아이테토스 소크라테스 선생님, 제 열의에 달린 것이라면 밝혀지게 되겠죠.[111]

소크라테스 자 그럼[112](자네가 방금 훌륭하게 인도했기에 하는 말일세만), 제곱근들에 관한 대답을 모방해서 해 보게. 제곱근들이 여럿인데도 자네가 한 가지 특성[113]에 의해 포괄했듯이, 그런 식으로 여러 앎들도 한 가지 정의에 의해 부르도록 해 보게.

테아이테토스 하지만 소크라테스 선생님, 출처가 선생님이라고 알려진 물음들을 들었을 때 제가 여러 번이나 그 문제[114]를 고찰하려고 노력했다는 걸 꼭 알아주세요. 그런데 사실은 제가 뭔가를 충분하게 말하고 있다고 스스로 확신할 수도 없고, 선생님께서 촉구하는 그런 식으로 다른 사람이 말하는 걸 들을 수도 없군요. 그렇다고 해서 다시 여기에 쏠리는 관심에서 벗어날 수도 없고요.

소크라테스 친애하는 테아이테토스, 그건 자네가 산고(産苦)를 겪고 있기 때문이야. 자네 속이 비어 있지 않고 임신 상태라는 말일세.[115]

테아이테토스 그건 잘 모르겠습니다, 소크라테스 선생님. 다만 제가 겪은 바를 말씀드리는 겁니다.

소크라테스 거 참, 우스운 친구일세. 자네는 내가 아주 고상하고 건장한[116] 산파이신 파이나레테[117]의 아들이라는 소리를 듣지 못했나?

테아이테토스 그거야 이미 들어 보았습니다.

소크라테스 내가 동일한 기술에 종사한다는 것도 들어 보았나?

테아이테토스 전혀 들어 보질 못했습니다.

소크라테스 그럼 그걸 꼭 알아 두도록 하게. 그렇다고 다른 사람들한테 내 이야기를 발설하지는 말게. 이보게, 난 사람들 모르게 이 기술을 지녀 왔거든. 사람들은 이 사실을 알지 못하는 터라 나에 관해 그런 이야기는 안 하고, 내가 너무도 별난 사람[118]이며 사람들을 난관에 빠뜨리기나 한다고들 하네. 그런 말도 들어 보았나?

테아이테토스 들어 보았습니다.

소크라테스 그럼 자네에게 그 원인을 말해 볼까?

테아이테토스 꼭 말씀해 주십시오.

소크라테스 자, 그럼 산파들과 관련된 일 전반이 어떠한지 생각해 보게. 그러면 내가 뭘 말하려고 하는지 더 쉽게 이해할 수 있을 걸세. 아마 자네도 알겠지만, 산파들 중에서 자신이 여전히 임신도 하고 출산도 할 수 있는 상태이면서 다른 여인들의 산파 역할을 하는 경우는 결코 없고, 이미 출산을 할 수 없게 된 여인들만이 산파 역할을 한다네.

테아이테토스 확실히 그렇습니다.

소크라테스 그리고 사람들은 아르테미스[119]가 이런 일의 원인이라고들 하네. 아르테미스는 분만 경험이 없는 분[120]이면서 분만의 일을 맡으셨기 때문이라는 것이지. 그런데 말일세, 여신께서는 불임 여성들이 산파 역할을 하는 것을 허락하지 않으셨네. 어떤 일에 대한 경험이 없는 상태에서 그 일을 다루는 기술을 얻기에는 인간의 본성이 너무나도 취약하기 때문에 그러셨던 것이지. 반면에 여신께서는 나이 탓에 출산할 수 없는 여인들에게는, 당신 자신과 닮은 면모를 존중해서 임무를 맡기셨네.[121]

테아이테토스 그럴 법합니다.

소크라테스 그러면 다음과 같은 점 또한 그럴 법할 뿐 아니라 필연적이기까지 하지 않겠나? 임신했는지 여부를 다른 사람들보다 산파들이 더 잘 알아본다는 것 말일세.

테아이테토스 확실합니다.

소크라테스 그뿐 아니라 산파들은 투약을 하고 주문을 읊어[122] 산고를 일으킬 수도 있고, 원하면 산고를 완화시켜 줄 수도 있으며, 난산의 여인들이 출산할 수 있도록 해 줄 수도 있겠지? 그리고 임신 초기의 태아에 대해[123] 유산시키는 것이 좋다고 여길 경우에는 그렇게 하겠지?

테아이테토스 그렇습니다.

소크라테스 그렇다면 더 나아가 산파들의 이런 면모도 알아챘는가? 산파들이 가장 용한 중매인(中媒人)이기도 하다는 것 말일세. 가장 훌륭한 아이들을 출산하려면 어떤 여자가 어떤 남자와 결합해야 하는지를 아는 일에 관해 이들이 아주 지혜로운 자들이니까.

테아이테토스 그건 전혀 몰랐습니다.

소크라테스 그럼 탯줄을 자르는 일보다는 그런 일에 산파들이 더 자긍심을 느낀다는 걸 알아 두게. 이런 걸 생각해 보게. 자네는 땅에서 나는 열매들[124]을 경작하고 수확하는 일과, 그리고 또 어느 땅에 어떤 식물을 심으며 어떤 씨를 뿌려야 하는지[125]를 아는 일이 동일한 기술에 속한다고 생각하는가, 아니면 다른 기술에 속한다고 생각하는가?

테아이테토스 다른 기술이 아니라 동일한 기술에 속합니다.

소크라테스 그런데 여보게, 여자와 관련해서는 이런 일[126]에 대한 기술과 수확의 기술이 다르다고 생각하는가?

테아이테토스 그건 정말로 그럴 것 같지 않은데요.

150a 소크라테스 아니고말고. 하지만 사람들이 부당하고 서툰 방식으로 남자와 여자를 짝지어 주는 경우가 있는 탓에(이것의 이름이 바로 '뚜쟁이질'[127]인데) 산파들은 중매술마저 기피하네. 산파들은 고매한 이들이라, 중매술 탓에 뚜쟁이질이란 비난을 뒤집어쓰지 않을까 두려운 것이지. 참된 산파들의 경우만은 옳게 중매하는 것 역시 확실히 어울리는데도 말일세.

테아이테토스 그런 것 같습니다.

소크라테스 그러니까 산파들이 수행하는 일이 이렇게 대단하긴 하나, 내가 수행하는 일보다는 못하네. 때로는 모상(模像)[128]을 출산하고 때로는 진짜를 출산하는 경우가, 그리고 그걸[129] 가려내

b 기 쉽지 않은 경우가 여인들에게는 해당되지 않기 때문이네. 만일 그런 경우가 여인들에게 해당된다면, 참된 것인지 여부를 판별하는 일이 산파들에게 가장 중대하고도 아름다운 일이었을 테니 하는 말일세. 그렇게 생각하지 않는가?

테아이테토스 전 그렇게 생각합니다.

소크라테스 그리고 산파들에게 속하는 면모들 중 다른 모든 것들은 내 분만의 기술[130]에도 속하지만, 여자들이 아니라 남자들을 상대로 산파 역할을 한다는 점, 그리고 그들의 몸이 아니라 출산하는 그들의 영혼을 살핀다는 점에서는 차이가 있네. 그런데 우

c 리네 기술에서 가장 대단한 건, 젊은이의 생각이 모상과 거짓을 출산해 내는지, 아니면 씨알 있는[131] 참된 것을 출산해 내는지를

온갖 방식으로 시험할[132] 수 있다는 것이네. 그래도 다음과 같은 점만큼은 산파들에게 속하는 바가 내게도 속하긴 하지. 낳지 못하는 자라는 점 말일세. 난 지혜를 낳지 못하네.[133] 그리고 바로 이 점을 두고 이제껏 많은 사람들이 나를 비난했다네.[134] 내가 남들에게 묻기만 하고, 나 자신은 지혜를 전혀 지니지 못한 탓에 어떤 것에 관해서도 자기 생각을 제시하는 건 아무것도 없다는 것인데, 이건 맞게 한 비난일세. 그렇게 된 원인은 이렇다네. 신[135]께서는 나로 하여금 산파 역할을 하게 강제하셨지만, 직접 낳는 건 금하셨네.[136] 그러니까 정말이지 나 자신은 전혀 지혜롭지 못하며,[137] 내가 찾아낸 것 중 그런 어떤 것[138]이 내 영혼의 자식으로 태어난 경우가 내겐 없네. 하지만 나와 교제한 사람들 중에서 몇몇은 처음에는 너무 어리석어 보이기까지 하다가, 신께서 그렇게 되는 걸 허용한 자들의 경우는 그 모두가 교제가 진행됨에 따라, 그들 자신이 여기기에도 남들이 여기기에도, 놀라울 만큼 진전을 보인 것으로 보이네. 그리고 그들이 나한테선 아무것도 배운 적이 없고, 그들 자신에게서 많은 아름다운 것들을 스스로 찾아내고 출산했다는 것 또한 분명하네. 그렇지만 분만의 원인[139]은 신과 나에게 있고, 그건 다음과 같은 점에서 분명하네. 많은 사람들이 예전에 그런 점을 모르고서 자기들에게 공(功)이 있다고 여기고 나를 얕잡아 보면서, 마땅한 시점보다 너무 이르게 내 곁을 떠났다네. 그들 스스로 그리했든 남들에게 설득되어 그리했든 말일세. 그들은 그렇게 떠난 다음 몹쓸 교제 탓에 그나마 남아 있던 것까지 유산시켜 버렸고, 내 도움으로 분만한 것들을 잘못 양육하여 잃고 말았네. 거짓된 것들과 모상들을 참된 것보다 더 소중하게 여겼기 때문이지. 결국에는 그들 자신이 보기에도 남들이 보기에도 어리석은 자들로 판명 나고 말았다네. 뤼시마코스의 아들 아리스테이데스[140]가 이들 중 한 사람이며, 다른 이들도 아주 많이 있었네. 그런 자들에 관해 말하자면, 그들이 다시 돌아와 나와 교제할 것을 요구하며 별의별 짓들을 다 해 보일 때면, 내게 나타나는 신령한 것[141]이 그들 중 어떤 이들과 교제하는 건 금하고 어떤 이들과 교제하는 건 허락하신다네. 그리고 이들의 경우는 다시 진전을 보게 되지. 그리고 나와 교제하는 이들은, 출산하는 여인들이 겪는 바로 그런 걸 겪는다네. 산고를 겪으며 밤이나 낮이나 곤경으로 가득 차 있다는 말일세. 그것도 저 여인들의 경우보다도 훨씬 더 심하게 말이야. 그런데 내 기술은 이런 산고를 일으킬 수도 있고 멈추게 할 수도 있네. 바로 이렇게 해서 그들은 그런 처지에 있게 된 것일세. 하지만 테아이테토스, 내가 보기에 아무래도 임신하지 않은 것으로 보이는 자들의 경우는, 그들이 나를 전혀 필요로 하지 않는다는 것을 깨닫고서 아주 호의적으로 중매를 서고 있네. 그리고 신의 이름으로 말하건대, 난 그들이 누구와 교제하면 이득을 보게 될지 아주 충분히 가늠하고 있네. 그래서 그들 중 여럿을 프로디코스[142]에게,

또 다른 어럿은 지혜롭고도 영험한[143] 다른 분들께 위탁했네. 더 없이 훌륭한 테아이테토스, 내가 이런 이야기를 자네에게 길게 늘어놓은 건 바로 다음과 같은 이유 때문일세. 자네 자신도 그리 생각하고 있듯이,[144] 난 자네가 속으로 뭔가 임신하고서 산고를 겪고 있는 것으로 추정하네. 그래서 말인데 나를, 산파의 아들인 동시에 나 자신 역시 산파술에 능한 그런 이로 대해 주게. 그리고 내가 묻는 것에 대해 자네가 할 수 있는 그 어떤 방식으로든 열의를 갖고 대답해 주게. 그리하여 결국 내가, 자네가 하는 말 중 어떤 것을 검토하고서 그것을 참된 것이 아니라 모상에 지나지 않는 것으로 생각하고, 그러고서 그것을 지우고 내다 버린다 해도, 초산인 여인들이 자기 애를 두고 그러듯이, 격하게 굴지는 말아 주게. 놀라운 이여, 이미 많은 사람이, 내가 그들에게서 터무니없는 어떤 생각을 없애 버리고 나면, 나를 향해 그야말로 물어뜯을 것 같은 자세를 취했던 터라 하는 말일세. 그리고 그들은 내가 선의로 그렇게 했다고는 생각지 않는데, 이는 다음과 같은 사실을 까마득히 모르기 때문이네. 어떤 신께서도 인간들에게 악의를 가지고 있지 않고,[145] 나도 그런 일을 악의로 한 게 결코 아니며, 오히려 거짓을 용납하고 참된 것을 제거하는 건 내게 마땅한 일이 결코 아니라는 사실을 모르기 때문이란 말일세. 그럼자, 테아이테토스, 앎이 도대체 무엇인지 처음부터 다시 설명해 보도록 하게. 할 수 없다는 말은 절대 하지 말게. 신께서 원하시고 용기를 북돋아 주신다면, 자네는 능히 해낼 수 있을 테니까.

테아이테토스 알겠습니다, 소크라테스 선생님. 선생님께서 그렇게 격려하시는데도, 할 수 있는 말이 뭐든 전심전력을 다하지 않는다는 건 부끄러운 일이지요. 그러니까 말씀인데요, 뭔가 아는 자는 알고 있는 바로 그것을 지각하는 것[146]으로 제겐 생각됩니다. 그리고 지금 떠오르는[147] 대로 하자면, 앎은 다름 아니라 지각입니다.[148]

소크라테스 우아, 이보게, 대범하게 잘 말해 주었네. 자기 생각을 밝힐 때는 그런 식으로 말해야 하고말고. 자, 그럼 그것이 씨알 있는 것인지, 쭉정이[149]인지 함께 검토해 보도록 하세.[150] 자네 말은 지각이 앎이라는 거지?

테아이테토스 그렇습니다.

소크라테스 아무렴, 앎과 관련해서 자네가 감행한 것은 예사로운 설명이 아닐세. 프로타고라스 님도 그런 설명을 하곤 하셨지. 그분은 바로 그걸 좀 다른 방식으로 말씀하셨지만 말이네. 그분은 어디에선가, "인간은 만물의 척도이다. 있는 것들[151]에 대해서는 있다고, 있지 않은 것들에 대해서는 있지 않다고 하는 척도이다."[152,153]라고 말씀하셨네. 아마 읽어 보았겠지?

테아이테토스 읽어 보았습니다. 그것도 여러 번이요.

소크라테스 그분 말씀은 대략 이런 식 아니겠나? 각각의 것들은 내게 나타나는 그대로 내게 있고, 그런가 하면 자네에게는 자네에게 나타나는 그대로 있다고 말일세. 그리고 자네나 나나 인간이고?

테아이테토스 그럼요, 그렇게 말씀하신 겁니다.

소크라테스 아무렴, 지혜로운 사람은 허튼소리를 하지 않을 법하네. 그러니 그분을 뒤따르도록 하세. 똑같은 바람이 불 때 우리 중 한쪽은 추워하고 다른 쪽은 안 추워할 경우가 있지 않은가? 그리고 한쪽은 조금 추워하고 다른 쪽은 몹시 추워할 경우가 있지 않은가?

테아이테토스 그야 물론입니다.

소크라테스 그러면 그때 바람 자체가 그것 자체로 차다고 하거나 안 차다고 해야 할까? 아니면 프로타고라스 님을 따라 우리 중 추워하는 쪽에게는 차지만, 안 추워하는 쪽에게는 안 차다고 해야 할까?

테아이테토스 후자 같습니다.

소크라테스 그리고 우리 각자에게 그렇게[154] 나타나지 않겠나?

테아이테토스 그렇습니다.

소크라테스 그런데 '나타난다'는 건 지각한다는 것이지?

테아이테토스 그렇고말고요.

소크라테스 그러므로 뜨거운 것들이나 그런 모든 것들에서 나타남[155]과 지각은 동일하네. 그것들은 각자가 지각하는 그대로 각자에게 있을 수가 있다는 말일세.[156]

테아이테토스 그런 것 같습니다.

소크라테스 그러므로 지각은 언제나, 있는 것[157]에 대한 것이며, 앎인 한에서[158] 틀리지 않는 것이네.[159]

테아이테토스 그래 보입니다.

소크라테스 카리스 여신들[160]께 맹세코, 그러니까 프로타고라스 님은 모든 방면에 지혜로운 분이셨지? 그리고 그분은 우리 같은 어중이떠중이 무리에게는 이것을 수수께끼 같이 암시만 한 반면, 제자들에게는 비밀리에[161] 진리[162]를 말씀해 주셨지?

d 테아이테토스 소크라테스 선생님, 그건 대체 어떤 뜻으로 하시는 말씀인가요?

소크라테스 내가 말해 보도록 하지.[163] 그건 정말로 예사롭지 않은 학설[164]인데 다음과 같은 것이지 싶네. 그 자체가 그것 자체로 하나인 건 아무것도 없으며 자네는 어떤 것이라거나 어떠어떠한 것이라고도 제대로 부를 수 없을 것이고, 오히려 자네가 큰 것이라고 부르면 작은 것으로 나타나기도 할 것이고, 무거운 것이라고 부르면 가벼운 것으로 나타나기도 할 것이며, 일체의 모든 게 다 그런 식일 텐데, 이는 어떤 것으로든 어떠어떠한 것으로든[165] 하나인 건 아무것도 없기 때문이라는 것이지. 사실은 운동[166]과 움직임[167] 그리고 서로 간의 혼합으로부터 우리가 '있다'고 말하는 그 모든 것이 생겨나네. '있다'고 하는 것조차 제대로 부르는

e 건 아니지만 말이야. 어떤 것도 결코 있지 않으며, 늘 언제나 생

성 중에 있으니까.[168,169] 그리고 이 학설과 관련해서 파르메니데스[170]를 제외한 현자들을 일렬로 전부 모이게 해 보세. 프로타고라스 님뿐만 아니라 헤라클레이토스[171]와 엠페도클레스,[172] 그리고 시인들 중에선 각각의 시 분야에서 최고봉인 희극의 에피카르모스[173]와 비극의 호메로스[174] 말일세. 그런데 호메로스가

"신들의 기원인 오케아노스와 어머니인 테튀스"[175]

라고 말했을 때 그는 모든 것이 흐름과 움직임의 소산이라고 말한 것이지.[176] 그가 이런 걸 말한다고 생각되지 않는가?
테아이테토스 제게는 그런 걸 말한다고 생각됩니다.
소크라테스 그래서 말인데, 그렇게 대단한 진영, 그것도 호메로스가 지휘관인 진영을 상대로 시비를 건다면 그러고도 웃음거리가 되지 않을 수 있는 사람이 누가 있겠는가?
테아이테토스 그러긴 쉽지 않죠, 소크라테스 선생님.
소크라테스 그렇고말고, 테아이테토스. 있다고 여겨지는 것과 생겨남을 가져오는 건 움직임인 반면, 있지 않음과 소멸됨을 가져오는 건 가만있음[177]이라는 그 학설에 대해서는 다음과 같은 충분한 징표가 있기까지 하니까.[178] 열 내지 불, 바로 그것이 다른 모든 것들을 낳기도 하고 유지시켜 주기도 하는데, 그것 자체는 운동과 마찰로부터 태어난다는 것 말일세. 그리고 운동과 마찰,

이것들은 움직임의 쌍일세. 불의 기원들은 이것들 아닌가?[179]

테아이테토스 그럼요, 그것들이 불의 기원들입니다.

소크라테스 더 나아가 동물들의 부류가 바로 그것들에서 발생되네.[180]

테아이테토스 물론입니다.

소크라테스 그럼 이건 어떤가? 사람의 몸 상태[181]는 가만있음과 빈둥거림에 의해서는 망가지고 체력 단련과 움직임에 의해서는 대개 보존되지 않는가?

테아이테토스 그렇습니다.

소크라테스 그리고 영혼 속의 상태는, 움직임에 해당하는 배움이나 연습에 의해서는 지식을 얻기도 하고 보존하기도 하여 더 좋아지는 반면에, 연습을 게을리함 및 무지 같은 가만있음에 의해서는 뭔가를 배우지도 못하고, 설사 배운다 해도 잊어버리고 말지 않는가?

테아이테토스 물론입니다.

소크라테스 그러므로 영혼과 관련해서도 몸과 관련해서도 좋은 쪽은 움직임이고 나쁜 쪽은 그 반대의 것이겠지?

테아이테토스 그런 것 같습니다.

소크라테스 그럼 더 나아가 바람 한 점 없는 날씨와 고요한 바다, 그리고 또 이와 같은 모든 것에 대해 자네에게 말해 볼까? 그러니까 이런 가만있음들은 부패되게 하고 소멸되게 하는 반면, 그와 다른 것들은 보존시켜 주는 작용을 한다고 말해 볼까? 그리고 이것들에다 종지부[182]를 찍는 것으로 호메로스의 황금 밧줄[183]을 덧붙여 말하지 않을 수 없겠군.[184] 그는 황금 밧줄로 다름 아니라 태양을 뜻했고 이는 다음과 같은 것을 밝혀 주고 있는 것이지? 천구와 태양이 움직이고 있는 한에서는, 신들의 영역에서나 인간들의 영역에서나[185] 모든 것들이 있게 되고 보존되지만, 이 태양이 매인 듯이 정지하게 되면 만물이 파멸될 것이고, 전해 오는 말마따나 모든 것이 뒤죽박죽으로[186] 될 것이라는 점 말일세.

테아이테토스 그렇습니다, 소크라테스 선생님, 제가 보기에 이런 것들이 바로 선생님께서 말씀하신 점들을 밝혀 주는 것 같습니다.

소크라테스 더없이 훌륭한 테아이테토스, 그럼 이런 식으로 생각해 보게. 먼저 눈과 관련해서 자네가 '흰색'이라고 부르는 것 자체가 자네 눈 밖에 있는 별개의 어떤 것이라고 생각하지 말고, 눈 속에 있는 것이라고 생각하지도 말게. 그리고 그것에 어떤 특정한 자리를 지정하지도 말게. 왜냐하면 그렇게 할 경우 확실히 그것들은 이미 자리를 잡고 머물러 있게 되고 생성의 과정 속에 있지 못하게 될 테니 말일세.

테아이테토스 아니, 무슨 뜻으로 하시는 말씀인가요?

소크라테스 방금 전의 학설을 좇아서 그 자체가 그것 자체로 하나인 건 아무것도 없다고 놓아 보세.[187] 그렇게 하면 우리에게는, 검은색이나 흰색 그리고 그 밖의 어떤 색이든, 눈이 그에 상응하는 운동에 가하는 충돌[188]을 통해 생겨난 것으로 나타날 것이며, 우리가 색이라고 부르는 각각의 것은 충돌을 가하는 쪽도 아니고 충돌을 당하는 쪽도 아니며, 그 둘 사이에서 각자에게 고유한 것으로 생겨난 어떤 것이 될 것이네. 아니면 자네는 각각의 색이, 자네에게 나타나는 그대로 개에게도 그 어떤 동물에게도 나타날 것이라고 강하게 주장하겠는가?

테아이테토스 제우스께 맹세코 저는 그렇게 주장하지 않을 겁니다.

소크라테스 다음은 어떤가? 무엇이든 나타나는 건 자네에게나 다른 사람에게나 닮은 것으로 나타나는가? 그걸 자넨 강하게 견지하는가, 아니면 그보다는 다음과 같은 쪽인가? 자네 자신이 결코 자기 자신과 닮은 상태를 견지하지 못하는 탓에 자네 자신에게조차 동일하지 않게 나타난다는 쪽인가?

테아이테토스 저는 전자보다는 후자라고 생각합니다.

소크라테스 그런데[189] 우리가 어떤 것을 우리 자신과 비교해 재어 볼 경우에[190] 관계되는 대상이, 또는 우리가 만져 보는 대상이 크거나 희거나 뜨거운 것이라면, 그것 자체가 바뀌는 게 아무것도 없는 한에서는, 다른 사람과 마주치더라도, 결코 다른 것으로 되지는 않을 것이네. 다른 한편 그 대상을 자신과 비교해 재어 보거나 만져 보는 쪽이 크거나 희거나 뜨거운 그런 것이라면, 그것 자체가 겪는 게 아무것도 없는 한에서는, 다른 대상이 접근해 오거나 그 대상이 뭔가 겪게 되더라도, 그것[191]이 다른 것으로 되지는 않을 것이네. 여보게, 사실 우리는 어쩌다 보니까 안이하게도 놀랍고 우스꽝스런 것들을 이야기하지 않을 수 없게 된 꼴이긴 하네. 프로타고라스 님이나 그분과 동일한 주장을 하려 드는 이라면 누구나 그렇게 지적할 만한 꼴이 된 것이지.[192]

테아이테토스 대체 어떤 뜻으로, 어떤 것들을 이야기하시는 건가요?

소크라테스 사소한 사례를 취해 보게. 그러면 내가 뜻하는 바를 전부 다 알게 될 걸세. 자, 여섯 개의 주사위가 있다고 해 보고, 자네가 그것을 네 개의 주사위와 비교한다고 해 보세. 그럴 경우 모르긴 몰라도 우리는 그게 네 개의 주사위보다 더 크고 한 배 반이라고 말하기 마련이네. 그리고 열두 개의 주사위와 비교할 경우에는, 그것이 더 작고 그 반밖에 되지 않는다고 말하기 마련이고, 달리 말하는 건 용인할 수도 없는 일일 거야. 아니면 자네는 그런 걸 용인하겠는가?[193]

테아이테토스 저야 용인 안 하죠.

소크라테스 그럼 다음은 어떤가? 프로타고라스 님이나 다른 누가 자네에게 이렇게 묻는다고 해 보세. "테아이테토스, 어떤 것이 증가되는 것 말고 달리 더 커지거나 더 많아질 수가 있는가?"라고 말이야. 자네는 뭐라고 대답하겠는가?

테아이테토스 소크라테스 선생님, 지금의 물음과 관련해서 드는 생각을 대답한다면, 그럴 수 없다고 하겠습니다. 하지만 앞서의 물음과 관련해서 드는 생각을 대답한다면, 전과 대립된 말을 하지 않도록 유의하며 그럴 수 있다고 하겠습니다.[194]

소크라테스 와, 헤라 여신께 맹세코,[195] 거 참 잘 대답했네. 그것도 신과 같이. 그렇지만 자네가 그럴 수 있다고 대답한다면, 그건 에우리피데스[196]가 하는 투의 말이 되어 버리고 말 것 같아. 우리의 혀는 논박을 피할 수 있을 것이나, 마음은 논박을 피할 수 없을 테니까.[197]

테아이테토스 맞습니다.

소크라테스 그래서 말인데, 만일 나와 자네가 능수능란하고[198] 지혜로운 자들이라 마음속의 것들을 전부 다 캐물어 본 사람들이라면야, 이제 앞으로는 마음속에 넘치는 자산[199]을 가지고 서로를 시험하며, 이런 싸움에 소피스트가 하는 식으로 임하여 서로의 주장을 주장으로 치고받고 하겠지.[200] 그런데 사실 우리는 문외한에 불과한 터라, 먼저 우리가 하고 있는 생각들이 도대체 무엇인가를 생각들끼리 놓고 비교하면서 관찰하고자 할 것이네. 즉 우리가 볼 때 그 생각들이 서로 합치하는지 아니면 그 어떤 방식으로도 합치하지[201] 않는지를 먼저 검토하고자 할 것이네.

테아이테토스 물론 저야 그렇게 하고자 하겠지요.

소크라테스 나 역시 그럴 걸세. 사정이 그런 만큼 시간도 아주 많은 터에 차분하게 다시 또 검토해 봐야 하지 않겠나? 안달복달하지 않고 진실로 우리 자신을 캐물으면서, 우리 안에 떠오르는 이런 나타남들[202]이 도대체 어떤 것들인가를 다시 재검토해 봐야겠지? 내 생각에 그 가운데 우리가 재검토하며 거론하게 될 첫 번째 나타남은 이런 것일세. 어떤 것도 그것이 자기 자신과 동등한[203] 한에서는, 부피에서나 수에서나 결코 더 크게 되지도 더 작게 되지도 않을 것이라는 점 말일세. 그렇지 않은가?

테아이테토스 그렇습니다.

소크라테스 그리고 두 번째 것은, 더해진 것도 감해진 것도 없는 것은 결코 증가하지도 감소하지도 않고, 언제나 동등하다는 것이네.

테아이테토스 바로 그렇습니다.

소크라테스 그리고 세 번째 것은 이런 것이 아닌가? 이전에는 있지 않던 것이, 과거나 현재에 생성됨이 없이 나중에 있는 건 불가능하다는 것 말일세.

테아이테토스 그야 그런 것 같습니다.

소크라테스 우리가 합의한 이 세 가지 것들 자체가 다음과 같은 경우에는 우리 영혼 속에서 그 자신과 싸우게 된다고 난 생각하네.[204] 우리가 주사위와 관련된 것들을 언급할 경우나, 또는 내가 더 자란[205] 것도 아니고 반대되는 일을 겪은 것도 아닌데, 몸집[206]이 다 자라 이만한 내가 일 년을 사이에 두고 지금은 어린 자네보다 더 큰 반면, 나중에는 더 작다고 할 경우 말일세. 그건 내 몸집이 줄어들어서가 결코 아니라, 자네가 자라나서 그렇게 된 것인데 말이야. 왜냐하면 내가 그렇게 되는 과정[207]이 없었는데도, 나중에는 이전에 그렇지 않던 사람이 되니까. 그렇게 되는 과정도 없이 그렇게 된 결과가 일어난다는 건 불가능하고,[208] 내 몸집에서 잃어버린 것이 전혀 없는데 내가 더 작아졌을 리는 결코 없을 테니까 말이야.[209] 일단 우리가 이런 경우들을 인정한다면, 그렇게 되는 경우는 다른 경우에도 헤아릴 수 없이 많디많네. 확실히 잘 따라오고 있군, 테아이테토스. 어쨌든 내 생각에 자네가 이와 같은 것들에 경험이 없지는 않은 것 같아.

테아이테토스 신들께 맹세코 그렇습니다, 소크라테스 선생님. 저는 이런 것들이 도대체 무엇인지 엄청나게 놀라고 있고, 때로는 그것들을 바라보다가 정말이지 현기증을 느끼기까지 합니다.

소크라테스 여보게, 실로 여기 계신 테오도로스 님이 자네 자질에 관해 잘못 가늠하신 건 아닌 것 같군.[210] 놀라워하는 것, 이것이야말로 철학자가 겪는 상태이기에 하는 말이네. 이것 말고 철학의 다른 시작은 없으니까.[211] 그리고 이리스를 타우마스의 자식이라고 말한 이[212]가 계보를 잘못 작성한 것 같지는 않네. 그건 그렇고 프로타고라스 님이 주장했다고 우리가 말한 것들에 따를 때 이런 것들[213]이 어떻게 해서 그같이 되는지 그 이유를 자네는 이미 이해했는가, 아직 못했는가?

테아이테토스 전 제가 아직 이해하지 못했다고 생각합니다.

소크라테스 그러면 내가 이렇게 해 주면 자넨 내게 감사히 여기겠군?²¹⁴ 이름난 인물, 아니 정확히 말해 이름난 인물들의²¹⁵ 생각 속에 감추어진 진리²¹⁶를 내가 자네와 함께 그들에게서 들춰낸다면 말일세.

테아이테토스 물론 감사히 여길 겁니다. 그것도 몹시 많이요.

소크라테스 그럼 입교하지 않은 자들²¹⁷ 중 누가 엿듣지 않는지 주위를 둘러보고 살피도록 하게. 이자들은, 양손으로 움켜잡을 수 있는 그런 것 말고는 어떤 것도 있다고 생각지 않으며, 행동이나 생성 그리고 보이지 않는 일체의 것을 있는 것²¹⁸의 일부로 받아들이질 않는 자들이라네.²¹⁹

테아이테토스 정말이지 고집스런 반골 성향의 족속들을 말씀하시는군요, 소크라테스 선생님.

소크라테스 애야, 그렇고말고. 그들은 교양이라곤 전혀 없는 자들이지. 하지만 훨씬 더 세련된 다른 이들²²⁰이 있는데, 이들의 비의(秘儀)²²¹를 자네에게 이야기해 줄 참이네. 우리가 방금 얘기한 그 모든 것들이 의지하고 있기도 한 그 비의의 시작은 이렇다네. 모든 것은 움직임이며 이것 말고는 다른 어떤 것도 없으며, 움직임에는 두 종류가 있는데, 각기 수적으로 무한한 것으로, 하나는 작용을 가할 힘²²²을 지닌 것이고 다른 하나는 작용을 받을 힘을 지닌 것이라는 게지.²²³ 그런데 이 둘 서로 간의 교섭과 마찰²²⁴로부터 그 소산들이 생겨나며, 그것들은 수적으로 무한하되 쌍을 이루는 것들로, 하나는 지각되는 것이고 다른 하나는 지각인데, 후자는 항상 지각되는 것과 함께 떨어져 나와 그것과 더불어 태어나네.[225] 그런데 지각들의 이름들로 우리는 다음과 같은 것들을 지니고 있네. 시각과 청각과 후각 및 차가워함[226]과 뜨거워함,[227] 그뿐 아니라 즐거움이나 괴로움, 욕망이나 두려움이라 불리는 것도 있고 그 밖의 것도 있는데, 이름이 없는 것들도 무수하지만 이름이 붙은 것도 엄청나게 많네. 그런가 하면 지각되는 부류는 이들 각각의 지각들과 태생이 같은 것으로, 온갖 시각에는 온갖 색깔들이, 마찬가지로 청각들에는 소리들이, 그리고 그 밖의 지각들에는 그 밖의 지각되는 것들이 동족적인 것[228]으로 태어나네. 그런데 테아이테토스, 이 이야기[229]가 앞서의 것과 관련해서 우리에게 어떤 함의가 있는 것일까? 떠오르는 생각이 있는가?

테아이테토스 전혀 없습니다, 소크라테스 선생님.

소크라테스 그럼 그 이야기가 어떤 식으로 끝을 맺게 될지 눈여겨보게. 바로 그 이야기가 말하려는 바는, 우리가 말하고 있듯[230]이 모든 것들이 움직이는데,[231] 그것들의 움직임에는 빠름과 느림이 있다는 것이네. 그런데 느린 것인 한에서는, 동일한 곳에서[232] 접근해 오는 것들을 상대로 움직임을 유지하며 그렇게 해서 낳는 작용을 하는데, 태어난 것들은[233] 다른 운동을 하며 그렇게 해서 더 빠르네. 그것들은 운동을 하는 것이며 그것들의 움직임은 본성상 운동 속에서 성립되기 마련이니까. 그러니까 눈이, 그 눈에 들어맞는[234] 것들 가운데 접근해 오는 다른 어떤 것과 함께, 힘을 그리고 그것과 쌍생하는 지각을 낳을 경우(뒤의 이것들은 앞의 것들[235] 중 한쪽이 다른 것과 만났더라면 결코 생겨나지 못했을 것들인데), 그때에는 눈으로부터의 봄[236]과, 눈과 짝을 이루어 색깔을 출산해 내는 것[237]으로부터의 힘이 그 사이[238]에서 운동하게 되지. 그리하여 눈은 봄으로 가득 차게 되어 그때서야 보게 되고, 단순히 봄이 아니라 보는 눈이 되며, 눈과 짝을 이루어 색깔을 낳는 것은 힘으로 가득 차게 되어 그 역시 힘이 아니라 흰 것으로 되네. 그것이 나무 막대기이든 돌이든 또는 그와 같은 색깔을 띠게 된 어떤 것이든 말일세.[239] 그러니까 다른 것들에 대해서도 그런 식으로 상정해야 하네. 즉 단단한 것이나 뜨거운 것, 그리고 그런 모든 것들에 대해서도 동일한 방식으로 상정해야 하네. 그때도 우리가 언급했다시피, 그 자체가 그것 자체로 있는 건 아무것도 없으며,[240] 모든 것들은 서로 간의 교섭 속에서 생겨나 움직임을 통해 온갖 것들로 된다고 말일세. 그들이 말하는 바로는, 작용을 가하는 쪽에 대해서도 작용을 받는 쪽에 대해서도 그것들을 따로따로 취해서 어떤 것으로 있다고 단정적으로 사유하는 건 불가능하기 때문일세. 왜냐하면 작용을 가하는 것이 작용을 받는 것과 마주치기 전에 어떤 것으로 있는 것도 아니고, 작용을 받는 것이 작용을 가하는 것과 마주치기 전에 어떤 것으로 있는 것도 아니니까. 그리고 어떤 것과 마주쳐서 작용을 가하는 것이, 다시 또 다른 것과 부딪칠 때는 작용을 받는 것으로 드러난다네.[241] 결과적으로 이 모든 것들로부터 우리가 애초에 말했던 것이 성립되네. 그 자체가 그것 자체로 하나인 건 아무것도 없고, 언제나 어떤 것에 대해서 생기며, '있다'는 건 모든 면에서 배제해야 한다는 것 말일세. 비록 앎이 결여된 상태에서 관행 탓에 우리가 어쩔 수 없이 그 표현을 지금처럼 자주 쓸 수밖에 없었지만 말이야.[242] 하지만 이들 현자들[243]의 학설대로라면 그렇게 해서는 안 되네. '어떤 것'이라든가, '어떤 것의', '나의', '이것', '저것'이라든가 그 밖의 어떤 이름이든 정지(靜止)시킬 이름은 무엇이든 용인하면 안 되는 것이지.[244] 오히려 '생겨나는 것들'과 '만들어지는 것들', 그리고 '소멸하는 것들'과 '변화하는 것들'이라고 본성에 맞게 불러야 하네. 누군가 말로 뭔가를 정지시킨다면, 그런 짓을 하는 이는 쉽사리 논박당할 테니까. 그리고 개별적인 경우도 덩어리를 이룬 여럿에 관해서도 그런 식으로 말해야 하네. (사람들은 바로 이런 덩어리에 대해 인간이나 돌 그리고 개개의 동물이나 종(種)[245]의 이름을 붙이고 있지.) 자 그러니까, 테아이테토스, 자네는 이런 것들이 달갑게 여겨지는가? 그리고 그것들을 입맛에 맞는 것으로 여기고 맛보겠는가?

테아이테토스 잘 모르겠습니다, 소크라테스 선생님. 실은 선생님이 정말 그런 생각이 드셔서 그런 설명을 하시는 건지, 아니면 저를 시험하고 계신 것인지 선생님에 대해 감조차 잡을 수가 없

거든요.[246]

소크라테스 여보게, 자네는 다음과 같은 걸 기억하질 못하고 있군 그래. 내가 이런 것들 중 아무것도 알지 못하며 어떤 것도 나 자신의 것으로 삼고 있지 않다는 것 말일세. 오히려 나는 그런 것들을 낳지 못하는 자이며 자네에게 산파 역할을 하고 있을 뿐이고,[247] 내가 이를 위해, 자네를 거들어 자네 견해가 햇빛을 보도록 끌어낼 수 있을 때까지, 주문(呪文)의 노래도 부르고[248] 각각의 지혜로운 것들을 맛보도록 자네에게 내놓고 있다는 것 말일세. 자네 의견을 끌어내고 나면, 그때서야 비로소 그것이 쭉정이로 드러날지 씨알 있는 것으로 드러날지를 검토할 걸세. 그럼 내가 묻게 되는 것에 관해 자네에게 떠오르는[249] 게 뭐든 그것을 자신감과 끈기를 갖고서 용감하게 잘 대답해 보게.

테아이테토스 그럼 물어보시죠.

소크라테스 그렇다면 다시 말해 보게. 좋은 것과 아름다운 것, 그리고 방금 우리가 자세히 진술한 모든 것이 어떤 것으로 있는 것이 아니라 언제나 생성 중이라는 게[250] 자네 마음에 드는가?

테아이테토스 그럼요, 선생님께서 그런 식으로 자세히 설명하시는 것을 들어 보니, 그것이 제게는 놀랍도록 말이 되는 것 같고, 그래서 바로 선생님께서 자세히 진술하신 대로 받아들여야 할 것 같습니다.

소크라테스 자, 그럼 그 학설에서 빠뜨리고 살펴보지 못한 게 얼마큼이든 빠짐없이 살펴보도록 하세. 그런데 우리가 빠뜨린 것으로는 꿈이라든지 병(다른 것들도 있지만 무엇보다도 광기[251]가 이에 해당하네.)에 관한 것들이 있네. 즉 잘못 들음[252]이나 착시 또는 그 밖에 착각이라 불리는 모든 것들에 관한 것이 있네.[253] 다음과 같은 것을 아마 자네도 알고 있을 것 같아서 하는 말이네. 즉 이런 모든 경우에 무엇보다도 거짓인 지각들이 우리에게 생긴다는 점에서 방금 우리가 자세히 진술한 학설이 누구나 수긍할 정도로 논박되는 것으로 보인다는 것 말일세. 그러니까 각자에게 나타나는 것들이 나타나는 그대로 있기는커녕, 전적으로 그와 반대로, 나타나는 것들 중 나타나는 그대로 있는 건 아무것도 없는 것으로 보인다는 말이네.

테아이테토스 더없이 맞는 말씀이십니다, 소크라테스 선생님.

소크라테스 그렇다면, 이보게, 지각을 앎으로 놓는 이에게, 그러니까 각자에게 나타나는 것들이 나타나게 되는 그자에게 나타나는 그대로 있다고 놓는 이에게 남아 있는 논변이 도대체 뭐가 있는가?

테아이테토스 소크라테스 선생님, 제가 무슨 말을 해야 할지 모른다는 점을 선생님께 말씀드리기가 주저됩니다. 제가 그런 말씀을 드리자 선생님께선 좀 전에 제게 혼쭐을 내셨으니까 말씀이에요.[254] 참말이지 저로서는 선생님과 논쟁을 벌일 수가 없는 것 같거든요. 미친 자들이 자신들을 신이라고 믿을 경우나, 꿈을 꾸는 자들이 잠이 든 상태에서 자신들이 날개를 달고 날아다닌다고 생각할 경우, 그들이 거짓인 판단을 하는[255] 게 아니라고 주장할 수가 없을 것 같다는 말씀입니다.

소크라테스 그럼 자네는 그런 것들과 관련해서, 무엇보다도 꿈이냐 생시이냐와 관련해서 다음과 같은 논쟁거리가 있다는 생각조차 들지 않는가?

테아이테토스 어떠한 논쟁거리 말씀인가요?

소크라테스 내 생각으로는 다음과 같은 질문을 던지는 이들에게서 자네가 여러 번 들어 보았을 논쟁거리일세. 즉 지금 이 순간에 우리가 누워 잠자고 있고 그러면서 우리가 생각하는 모든 것들을 꿈으로 꾸고 있는 것인지, 그게 아니라 우리가 깨어나 있으면서 생시에 서로 대화를 나누고 있는 것인지를 어떤 이가 물어 올 경우, 어느 쪽인지를 입증할 증거가 뭐가 있겠느냐는 것 말일세.

테아이테토스 소크라테스 선생님, 아 그건 무슨 증거로 밝혀 보여 주어야 할지 난감한 일이지요. 꿈과 생시의 모든 것들이 대칭(對稱)[256]을 이루듯 동일한 것들이 잇따르기 마련이니까요. 방금 우리가 나눈 대화를, 꿈속에서도 서로 나누고 있는 것으로 여기지 못할 이유가 전혀 없으니까요. 그리고 또 우리가 꿈속에서, 꿈들에 대해 자세히 진술하는 것으로 여겨질 경우, 이 경우[257]와 저 경우[258]는 기이할 정도로 닮았습니다.[259]

소크라테스 그러니까 자네도 보다시피, 꿈인지 생시인지조차 논쟁거리가 되는 마당에 논쟁을 거는 것쯤은 어려운 일이 아닐세. 거기다 누워 잠자는 시간의 길이와 깨어나 있는 시간의 길이도 동등하니까,[260] 우리 마음은 양쪽 각각의 시간에 그때마다 나타나 있는 견해들을 무엇보다도 참이라고 옹호하게 되는 것이지. 그 결과 우리는 길이가 동등한 한쪽의 시간 동안에는 이런 것들이 있는 것들이라고 말하고 다른 쪽의 시간 동안에는 저런 것들이 있는 것들이라고 말하며, 양쪽 각각의 경우에 마찬가지로 강력하게 주장을 하게 되는 것이지.

테아이테토스 전적으로 그렇습니다.

소크라테스 그리고 병 내지 광기와 관련해서도, 제정신일 때와 시간의 길이가 동등하지 않다는 점을 빼면, 동일한 논리가 성립되지 않겠나?

테아이테토스 옳습니다.

소크라테스 이건 어떤가? 시간의 길고 짧음에 의해 진리가 결정되겠는가?

테아이테토스 물론 그건 여러 측면에서 우스꽝스런 일이겠죠.

소크라테스 그럼 자네는 이렇게 판단된 것들 가운데 어떤 것들이 참인지 밝혀 줄 다른 어떤 분명한 방도를 가지고 있는가?

테아이테토스 제 판단으로는, 제게는 그런 게 없습니다.

소크라테스 그러면 어느 때든 그때마다 드는 판단들이 그런 판단을 하는 자에게 참이라고 규정하는 이들이,[261] 그런 문제들에 관해 어떤 말을 할지 내게서 들어 보게. 내 생각에 그들은 이런 식의 물음을 던지며 말할 것으로 보이네. "테아이테토스, 어떤 것과 전적으로 다른 것이, 그 자신과 다른 것과 어떤 측면에서 동일한 어떤 힘을 가질 수가 있겠는가? 그리고 우리가 문제 삼는 것이 어떤 측면에서는 동일하지만 다른 측면에서는 다른 것이라고 이해하지 말고, 완전히 다른 것이라고 이해하도록 하세."[262]라고 말일세.

테아이테토스 그럼요, 힘에서든 다른 무엇에서든 동일한 어떤 것을 지니는 것은 불가능한 일이지요. 전혀 다른 것일 경우에는 말씀입니다.

소크라테스 그렇다면 그런 것[263]은 안 닮은 것이기도 하다는 데 필연적으로 동의할 수밖에 없잖은가?

테아이테토스 제게는 그렇게 생각됩니다.

소크라테스 그러므로 어떤 것이 어떤 것과 닮은 것으로 되거나 안 닮은 것으로 되는 일이 일어날 경우에, 자신을 상대로 그리되든 다른 것을 상대로 그리되든, 닮게 되면 동일한 것으로 되나, 안 닮게 되면 다른 것으로 된다고 해야 할까?[264]

테아이테토스 필연적으로 그렇습니다.

소크라테스 그런데 우리는 앞에서, 작용을 가하는 것들이 무수하게 많으며, 작용을 받는 것들의 경우도 마찬가지라고 하지 않았던가?[265]

테아이테토스 그랬죠.

소크라테스 더 나아가 어떤 것이 다른 어떤 것과 섞이고, 다시 그것이 또 다른 어떤 것과 섞일 경우, 두 경우에 동일한 것들을 낳는 게 아니라 다른 것들을 낳게 될 것이라는 말도 하지 않았나?[266]

b 테아이테토스 확실히 그랬습니다.

소크라테스 그러면 나나 자네에 대해서뿐만 아니라 그 밖의 모든 것들에 대해서도 이제 동일한 논리로 말해 보세. 이를테면 건강한 소크라테스에 대해서, 그리고 또 아픈 소크라테스에 대해서 말해 보도록 하세. 뒤의 것이 앞의 것과 닮았다고 해야 할까, 아니면 안 닮았다고 해야 할까?

테아이테토스 '아픈 소크라테스', 이 전체가 '건강한 소크라테스', 저 전체에 대해서 그런가를 물어보시는 건가요?

소크라테스 아주 잘 이해했네. 내가 의미한 바가 바로 그것이네.

테아이테토스 그 둘은 확실히 안 닮았습니다.

소크라테스 그러므로 안 닮은 바로 그런 방식에서 다른 것이기도 하겠군?

테아이테토스 필연적입니다.

c 소크라테스 그리고 누워 잠자는 경우와 방금 우리가 자세히 거론한 모든 경우[267]도 마찬가지 방식으로 말하겠나?

테아이테토스 전 그러겠습니다.

소크라테스 그럼 본래 어떤 것에 작용을 가하게 되어 있는 각각의 것을 생각해 보게. 그것이 건강한 소크라테스와 관계할 때 대하게 되는 나와, 아픈 소크라테스와 관계할 때 대하게 되는 나는 다르지 않겠나?

테아이테토스 왜 안 그러겠어요?

소크라테스 그리고 또 우리 쌍이, 즉 작용을 받는 나와 작용을 가하는 저것이 그 각각의 경우마다 다른 것들을 낳겠지?[268]

테아이테토스 물론입니다.

소크라테스 그렇다면 건강한 내가 포도주를 마실 경우, 그것은 내게 즐겁고 달콤한 것으로 나타나는가?

테아이테토스 그렇습니다.

소크라테스 앞서 동의된 것들로[269] 볼 때 그건 바로 다음과 같기 때문이네. 즉, 작용을 가하는 것과 작용을 받는 것이, 동시에 운동을 하는 쌍인 달콤함과 지각을 낳는데, 작용을 받는 쪽에서 성립되는 지각은 혀를 지각하는 것이 되게 하고, 포도주 쪽의 달콤함은 그 주위[270]에서 운동을 하여 포도주가 건강한 혀에게, 있음에서도 나타남에서도,[271] 달콤한 것으로 되게 하기 때문이네.

테아이테토스 확실히 우리가 앞에서 그렇게 동의를 보았습니다.

소크라테스 그런데 아픈 나와 관계할 때, 우선 앞서와 동일한 자와 관계하는 건 진실로 아니지 않겠나? 앞서와 안 닮은 자에게 접근하는 것이니까.

테아이테토스 그렇습니다.

소크라테스 그래서 이런 소크라테스와 포도주를 마심[272]이라는 쌍이 이번에는 다른 것들을, 즉 혀 주위에는 씀에 대한 지각을, 포도주 주위에는 그 주위에서 생겨나 운동을 하는 씀을 낳는가? 그리고 그 쌍이 포도주를 씀이 아니라 쓴 것으로 되게 하고, 나를 지각이 아니라 지각하는 것으로 되게 하는가?[273]

테아이테토스 바로 그렇습니다.

소크라테스 그러니까 다른 어떤 것을 대상으로 할 때는 내가 그런 식으로 지각하는 자로 될 수는 결코 없을 것이네. 다른 것을 대하는 지각은 다른 지각으로 되며, 지각하는 자를 다른 성질의[274] 다른 것으로 만드니까. 내게 작용을 가하는 저 대상도, 다른 것을 만날 때는, 이전과 동일한 것을 낳음으로써 이전의 그런 성질의 것으로 되는 법이 결코 없을 테니까. 다른 것으로부터는 다른 것을 낳음으로써 다른 성질의 것으로 될 테니까 말일세.

테아이테토스 그렇습니다.

소크라테스 그리고 정말이지 내가 나 자신에게 그런 성질의 것으로 되는 것도 아닐 테고, 저 대상이 그 자신에게 그런 성질의 것으로 되는 것도 아닐 것이네.[275]

테아이테토스 그렇고말고요.

소크라테스 그리고 내가 지각하는 자로 될 때는, 어떤 것을 대상으로 그렇게 될 것이 필연적이네. 지각하는 자이면서 아무것도 지각하지 못하는 자로 된다는 건 불가능하니까. 그리고 저 대상이 달콤한 것이나 쓴 것 또는 그러저러한 어떤 것으로 될 때는, 지각하는 어떤 자에게 그리될 것이 필연적이네. 그 대상이 달콤하면서 어느 누구에게도 달콤하지 않은 것으로 된다는 건 불가능하니까 말일세.

테아이테토스 전적으로 그렇습니다.

소크라테스 그러니까 내 생각에 남은 길은, 우리[276]가 있게 되든 생겨나게 되든, 우리 서로에 대해서 그렇게 되는 것 밖에 없네.[277] 필연[278]은 우리의 있음[279]을 묶어 주는 반면, 다른 것들과는 결코 묶어 주지 않으며, 그런가 하면 우리를 자신들끼리 묶어 주지도 않기 때문이네.[280] 그러니 우리가 서로 함께 묶여 있는 길만이 남게 되네. 결국 누군가가 어떤 것이 '있다'고 명명하든 '생겨난다'고 명명하든, '어떤 자에게' 또는 '어떤 것에 대해서' 또는 '어떤 것을 상대로' 있다거나 생겨난다고 진술해야 하네. 그리고 어떤 것 자체가 그 자체로 있다거나 생겨난다는 말은 하면 안 되네. 자기 자신이 그런 말을 해도 안 되고, 다른 사람이 그렇게 말한다 해도 받아들여서도 안 되네. 우리가 자세히 진술한 학설이 함축하는 바에 따르면 말일세.

테아이테토스 전적으로 그렇습니다, 소크라테스 선생님.

소크라테스 그러면 나에게 작용을 가하는 것은 나에 대해서 있는 것이지 다른 자에 대해서 있는 것이 아니니 만큼, 나는 정말로 그것을 지각하지만 다른 자는 지각을 못 하지 않겠나?

테아이테토스 어찌 그렇지 않겠습니까?

소크라테스 그러므로 나의 지각은 나에게 참이네. 나의 지각은 언제나 나의 있음에 속하니까.[281] 그리고 프로타고라스 님에 따르면 나는, 나에게 있는 것들에 대해 있다고, 그리고 나에게 있지 않은 것들에 대해 있지 않다고 하는[282] 판정관[283]이네.[284]

테아이테토스 그런 것 같습니다.

소크라테스 그러니까 있는 것들이나 생겨나는 것들에 관한 생각에서 내가 틀리지 않고[285] 잘못을 범하지 않는다면, 지각자[286]인 내가 대상으로 삼는 것들에 대해 어찌 아는 자가 아닐 수 있겠는가?

테아이테토스 결코 아닐 수가 없습니다.

소크라테스 그러므로 앎은 다름 아니라 지각이라고 한 자네의 언급은 아주 훌륭하게 이루어진 것이며, 다음의 세 학설이 동일한 것으로 맞아떨어지게 될 것이네.[287] 즉 호메로스나 헤라클레이토스 그리고 그런 모든 무리에 따르면 '모든 것은 흐름처럼 움직인다'는 학설, 그리고 더없이 지혜로운 프로타고라스 님에 따르면 '만물의 척도는 인간이다'라는 학설, 그리고 테아이테토스에 따르면 '이것들이 그렇기 때문에[288] 지각이 앎이 된다'는 학설 말일세. 그렇지, 테아이테토스? 이것이 갓 태어난 자네 아기나 다름없으며, 내 산파술에 의해 분만된 것이라고 해도 될까? 아니면 자네는 달리 뜻하는 바가 있는가?

테아이테토스 아니요, 없습니다.[289] 필연적으로 그렇게 말해야 합니다, 소크라테스 선생님.

소크라테스 그럼 우리가 마침내 이것을 어렵사리 낳게 된 것 같군. 그것이 도대체 무엇이든 간에 말일세. 그리고 출산한 다음에는 아이에 대한 화덕 돌기 의식(儀式)[290]을 거행해야 하는데, 말 그대로 원을 그리며 돌아야 하네. 우리의 경우는 논의를 통해[291] 원을 그리며 돌아야 하는 것이지. 아이를 살펴볼 때는, 태어난 것이 키울 가치가 없고 쭉정이이자 거짓인 경우를 우리가 알아채지 못하는 일이 없도록 해야 하네.[292] 아니면 자네는 자네 아이인 만큼 내다 버리지 말고[293] 무조건 키워야 한다고 생각하는가? 그게 아니라면 자네는 자네 아이가 논박당하는 걸 보면서 감내할 수 있겠는가? 그러니까 첫 출산을 한 것이나 다름없는 자네에게서 누가 자네 아이를 빼앗아 가더라도 격렬하게 화를 내지 않을 수 있겠는가?

테오도로스 소크라테스 님, 테아이테토스는 감내할 수 있을 겁니다. 그는 불평 많은 아이가 결코 아니거든요. 그럼 신들의 이름으로 부탁드리건대 말씀해 주시죠. 다시 그것[294]이 어떤 점에서 잘못된 것인가요?[295]

소크라테스 테오도로스 님, 그것 참 순진할 정도로 논의를 엔간히도 좋아하시는군요. 제가 무슨 논변 보따리라도 되듯 다른 논변을 수월하게 끄집어내 다시 그것들이 잘못되었다는 말을 할 수 있을 것으로 여기시니 말입니다. 선생은 어떤 사태가 벌어진 것인지 깨닫지 못하고 계신 겁니다. 그 논변들 중 제게서 나오는 건 아무것도 없고, 언제나 저와 문답을 나누는 자 쪽에게서 나온다는 것, 그리고 저는 지혜로운 다른 이에게서 논변을 얻어 내 적절하게 받아들일 정도로 조금만 알고 있을 뿐 그 이상은 전혀 알지 못한다는 것을 말입니다. 그래서 지금 이 사람 테아이테토스에게서 이런 것[296]을 얻어 내려고 시도할 뿐, 제 자신이 직접 어떤 말을 하려는 시도는 하지 않으렵니다.

테오도로스 소크라테스 님, 당신 말씀이 더 낫네요. 그럼 그렇게 하세요.

소크라테스 자 그럼, 테오도로스 님, 선생의 동료[297]인 프로타고라스 님에 대해 내가 놀라고 있는 점이 무엇인지 아십니까?

테오도로스 어떠한 점 말입니까?

소크라테스 각자에게 여겨지는 그것이 여겨지는 그대로 있다는 언급이 다른 측면에서는 제게 아주 달가웠지만, 강론의 시작 부분에 대해선 놀랐습니다. 그분께서 『진리』라는 책을 시작할 때, '돼지'[298]나 '비비' 또는 지각[299] 능력을 지닌 것들 중에서 한결 더 괴상한 다른 어떤 것이 '만물의 척도이다.'라는 말씀은 하지 않으셨으니까요. 그분이 우쭐하며 아주 깔보는 태도로 우리에게 말씀을 시작하려면 그렇게 하셨어야 했는데 말입니다. 우리 쪽에서는 그분이 지혜와 관련해서 신이기라도 한 듯 놀라워하지만, 막상 슬기[300]와 관련해서 그분이 세상 사람 중 다른 누구는 고사하고 개구리 새끼인 올챙이보다 나은 게 전혀 없다는 걸 보여 주시려 했다면 그렇게 하셨어야 했다는 말씀입니다.[301] 우리가 달리 어떤 말을 할 수 있겠습니까, 테오도로스 님? 지각을 통해 판단하게 되는 것[302]이 뭐든 그것이 각자에게 참일 것이라면, 그리고 다른 자가 남의 느낌[303]을 더 잘 판별하는 것도 아니요, 남의 판단[304]이 옳은지 거짓인지를 검토하는 데서 다른 자가 당사자보다 더 권위가 있는 것도 아닐 거라면, 그래서 여러 번 언급된 대로 자신의 것들은 각기 그 자신만이 판단할 수 있고 이런 판단들 모두가 옳고 참일 것이라면, 벗이시여, 도대체 어떻게 프로타고라스 님이 다른 사람들의 교사로서 엄청난 보수를 받는 게 정당하다고 자처할 만큼 지혜로운 분일 수 있겠습니까?[305] 그런가 하면 각자 자신이 자기 자신의 지혜의 척도인데, 도대체 어떻게 우리가 더 무지한 것이며 왜 그분한테 드나들며 배워야 하는 것입니까? 프로타고라스 님이 대중에 영합해서[306] 이런 말을 했다는 걸 우리가 어찌 부정할 수 있겠습니까? 나 자신의 경우뿐 아니라 내 기술인 산파술의 경우와 관련해서 말하자면 우리가 얼마나 비웃음을 사게 될지에 대해서는 따로 말하지 않겠지만, 난 일체의 대화 활동도 사정이 마찬가지라고 생각합니다.[307] 각자의 나타남 내지 판단들이 옳은데도 서로 상대방의 것들을 검토하고 논박하려 든다는 건 길고도 지루한 허튼소리가 되지 않겠습니까? 만일 프로타고라스 님의 『진리』라는 저술이 참이고[308] 그분이 그 저술의 성역(聖域)[309]으로부터 진지하게 발설한 것이라면 말입니다.

테오도로스 소크라테스 님, 방금 당신이 말했듯이[310] 그분은 나와 친한 사이입니다. 그러니까 내가 동의하는 바람에 프로타고라스 님이 논박당하는 쪽을 택하지는 못하겠고, 그렇다고 내 판단과 어긋나게 당신에게 반발하는 쪽을 택하지도 못하겠군요. 그러니 테아이테토스를 다시 붙들도록[311] 하시죠. 어쨌거나 테아이테토스는 방금까지도 당신 말씀에 아주 순순히 응했던 것 같습니다.

소크라테스 테오도로스 님, 선생께서 라케다이몬[312]의 레슬링장에 갔다고 해 봅시다.[313] 그런 경우에도 선생은, 벌거벗은 다른 사람들(몇몇은 왜소하겠지요.) 구경은 하면서, 정작 선생 자신은 나란히 발가벗고서 마주한 상대에게 자기 몸매를 선보이는 일일랑은 하지 않는 게 마땅하다고 주장하시겠습니까?[314]

테오도로스 아니 당신이 보기엔 그게 뭐 어떻다는 겁니까? 그들이 내게 결정을 맡기며 날 따르려고 한다면 말입니다. 내 생각에 난 지금의 경우처럼 다음과 같이 여러분을 설득할 것으로 보입니다. 난 구경만 할 수 있게 해 주고, 실제로 이미 뻣뻣해진 나를 체력 단련장으로 끌고 가진 말아 달라고 할 겁니다. 그리고 레슬링은 실제로 더 젊고 유연한 자를 상대로 하라고 할 겁니다.

소크라테스 그럼요, 테오도로스 님, 그런 식으로 하는 것이 선생께 좋으시면, 내게도 싫지 않은 일이지요. 속담을 즐기는 이들이 일컫듯이 말하자면 말입니다.[315] 그러니 지혜로운 테아이테토스에게[316] 다시 돌아가야겠습니다. 자, 테아이테토스, 우선 우리가 지금까지 자세히 진술한 것들에 대해 말해 보게.[317] 자네가 세상 사람 그 누구보다, 아니 신들보다도 지혜에서 전혀 모자람이 없는 존재로 그렇게 갑작스레 드러나게 될 거라면 자넨 놀라지 않겠는가? 아니면 프로타고라스적 척도[318]가 인간들에 대해서만큼 신들까지 겨냥한 건 아니라고 생각하는가?[319]

테아이테토스 제우스께 맹세코, 전 신들을 겨냥한 건 결코 아니라고 생각합니다. 그리고 저는 선생님께서 묻고 계신 바로 그것에 대해 아주 놀라워하고 있습니다. 각자에게 여겨지는 그것이 그렇게 여기는 자에게 여기는 그대로 있다는 걸 그들이 어떤 식으로 주장한 것인가를 우리가 자세히 살펴보던 그때는 그것이 제게는 아주 훌륭하게 주장된 것으로 보였는데, 이제는 순식간에 반대로 바뀌어 버렸으니까 말입니다.

소크라테스 애야, 그건 자네가 아직 어려서 그런 거야. 그러니까 대중연설[320]에 너무 민감하게 귀 기울이다가 설득당하게 되는 것이네. 이런 것들[321]에 대해서는 프로타고라스 님이나 그분을 대변하는 다른 어떤 사람이 이렇게 말할 수 있을 것이기에 하는 말일세. "고상한 어린이들과 노인들이여,[322] 당신들은 모여 앉아 대

e 중연설이나 하고 있구려. 난 신들에 관해 있는지 있지 않은지에 대해선 말로도 글로도 논외로 하고 있는데도[323] 당신들은 신들을 한복판으로 끌어들이고 있구려. 그리고 당신들은 대중들이 듣고서 반길 만한 그런 말들이나 하고 있소. 인간들이 각기 지혜에서 그 어떤 가축과도 아무 차이도 없을 것이라면 얼마나 끔찍할까 하는 말 말씀이오. 당신들은 그 어떤 논증[324]이나 그 어떤 필연성도 제시하지 않고 다만 그럴듯함을 이용하고 있소. 테오도로스든 다른 어떤 기하학자든 그럴듯함을 이용해서 기하학자 행세를 하려 든다면, 그런 자는 일말의 가치도 없는 사람일 것이오.[325] 그러니 당신과 테오도로스는 그렇게 엄청난 것들과 관련된 주장들이 제시될 때 그걸 설득력과 그럴듯함의 각도에서 받아들일지 검토하도록 하시오."라고 말일세.

테아이테토스 소크라테스 선생님, 선생님도 우리도, 그렇게 하는 건 정당치 않다고 말할 겁니다.

소크라테스 그럼 다른 방식으로 검토해 봐야 할 것 같군.[326] 자네 말도 그렇고 테오도로스 님 말씀도 그러니까 말일세.

테아이테토스 물론입니다. 다른 방식으로 해야죠.

소크라테스 그럼 앎과 지각이 과연 동일한 것인지 다른 것인지를 다음과 같은 방식으로 검토해 보세. 우리의 논의 전부가 확실히 이 문제를 향해 있던 것이며, 우리가 이렇듯 많고도 기이한 것들을 부추긴[327] 것도 이를 위해서였으니까. 그렇지 않은가?

테아이테토스 전적으로 그렇습니다.

소크라테스 그러면 우리가 봄으로써 지각하거나 들음으로써 지각하는 것들이 무엇이든 그 모든 것들을 지각하는 동시에 안다는데 정말로 우리가 동의해야 할까? 이를테면 우리가 이민족 사람들의 말을 배우기 전이라면 그들이 소리를 내 말할 때도 듣지 못한다고 해야 할까, 아니면 그들이 하는 말을 우리가 듣기도 하고 알기도 하는 것이라고 해야 할까? 그리고 또, 우리가 글자들을 알지 못하면서 그것들에 눈길을 줄 때는 그것들을 못 보는 것이라고 주장해야 할까, 아니면 보고 있는 한에서 아는 것이라고 주장해야 할까?

테아이테토스 소크라테스 선생님, 그것들 중 우리가 보고 듣는 것 바로 그것만큼은 안다고 우린 말할 것입니다. 그것들 중 글자의 모양과 색깔은 보기도 하고 알기도 하며, 소리의 높낮이[328]는 듣는 동시에 안다고 말입니다. 반면에 그것들에 관해 글 선생들[329]과 통역관들이 가르치는 것들은, 우리가 봄이나 들음으로써는 지각하지도 못하고 알지도 못한다고 말할 것입니다.

소크라테스 와, 더없이 훌륭하네, 테아이테토스. 그리고 이것들을 두고 자네와 논쟁을 벌이는 건 적합한 일이 아니겠어. 자네가 성장할 수 있도록 하기 위해서라도 말일세. 자, 그럼 보게. 우리에게 달려드는 또 다른 반론이 여기 있다네. 우리가 그것을 어떻게 격퇴할지 살펴보게.

테아이테토스 어떤 것 말씀이에요?

소크라테스 이런 것 말일세. 누군가가 다음과 같이 묻는다고 해 보세. "어떤 사람이 어떤 것에 대해서 일단 앎을 갖게 된 경우, 바로 그것에 대한 기억을 계속해서 가지고 있고 보존하고 있다면, 그가 기억을 하고 있는 그 순간에 기억하는 바로 그것을 알지 못하는 것이 가능한가?"라고 말일세. 내가 너무 장황하게 물은 것 같군. 뭔가 배운 사람이 그것을 기억하면서 알지 못하는가를 묻고 싶어 그리한 것이네.[330]

테아이테토스 아니 어떻게 그럴 수 있겠어요, 소크라테스 선생님? 선생님께서 말씀하시는 경우는 괴상한 경우일 테니까요.

소크라테스 그럼 설마 내가 얼토당토않은 말을 하고 있는 것인가? 생각해 보게. 자네는 보는 건 지각하는 것이고 봄은 지각이라고 말하지 않는가?

테아이테토스 저야 그렇게 말하죠.

소크라테스 방금 제시된 주장에 따르면 어떤 것을 본 자는 바로 자기가 본 것에 대해 아는 자가 된 것 아니겠나?

테아이테토스 그렇습니다.

소크라테스 다음은 어떤가? 자네는 물론 기억이란 것이 있다고 하지 않나?

테아이테토스 있다고 합니다.

소크라테스 그건 그 어떤 것도 아닌 것에 대한 것인가, 아니면 어떤 것에 대한 것인가?

테아이테토스 분명히 어떤 것에 대한 것이죠.

소크라테스 그건 배운 것들과 지각한 것들 등의 이런 어떤 것들에 대한 것이 아니겠나?

테아이테토스 물론이지요.

소크라테스 그리고 어떤 이는 자신이 본 것을 아마 때때로 기억하기도 하겠지?

테아이테토스 기억하지요.

소크라테스 눈을 감았을 때도? 아니면 그렇게 하면 잊어버리고 마는가?

테아이테토스 소크라테스 선생님, 그렇게 주장하는 건 터무니없는 일이지요.

소크라테스 그렇긴 하지만, 적어도 앞의 주장[331]을 구하려 한다면 그렇게 말해야 하네. 그러지 않으면 그 주장은 사라져 버리고 마네.

테아이테토스 제우스께 맹세코 저도 그렇게 어림잡고 있긴 하나, 충분하게 이해하고 있는 건 아닙니다. 어떻게 해서 그런 것인지 말씀해 주시죠.

소크라테스 이렇게 해서라네. 보는 자는 바로 자기가 보고 있는 것에 대해 아는 자로 된 것이라고 우리는 말하고 있네. 봄과 지각[332]과 앎이 동일한 것이라고 합의되었으니까.

테아이테토스 확실합니다.

소크라테스 그런데 뭔가를 보고 자기가 본 것에 대해 아는 자로 된 사람이, 만일 눈을 감고 나면 그것을 기억은 하지만 보지는 못하네. 그렇지?

테아이테토스 그렇습니다.

b 소크라테스 그런데 '그가 본다'는 게 정말 '그가 안다'는 것이라면, '그가 보지 못한다'는 건 '그가 알지 못한다'는 것이네.

테아이테토스 맞습니다.

소크라테스 그러므로 어떤 사람이 자기가 알던 바로 그것을 여전히 기억은 하고 있더라도, 보지 못하기에 알지 못한다는 결과가 뒤따르게 되네. 그런 일이 일어나면 괴상할 거라고 우리가 말한 경우가 바로 이런 경우일세.[333]

테아이테토스 더없이 맞는 말씀이십니다.

소크라테스 그러니까 누군가가 앎과 지각이 동일한 것이라고 말한다면 불가능한 어떤 것이 뒤따를 것 같네.

테아이테토스 그럴 것 같습니다.

소크라테스 그러므로 이 두 가지를 각기 다른 것이라고 해야 하네.

테아이테토스 아마 그래야 할 것 같습니다.

c 소크라테스 그렇다면 앎이란 도대체 무엇일까? 이를 처음부터 다시 논의해야 할 것 같네. 아니 그런데, 테아이테토스, 우리가 대체 무슨 짓을 하려는 건가?

테아이테토스 뭘 두고 하시는 말씀인가요?

소크라테스 나쁜 품종의 싸움닭이, 상대 싸움닭에 올라탔다가 깡충 떨어져 나와 승리를 거두기도 전에 울어 젖히듯이,[334] 우리가 그 학설을 상대로 꼭 그런 식으로 하고 있는 것으로 내게는 보이네.

테아이테토스 대체 어째서요?

소크라테스 우리는 반박을 일삼는 방식으로[335] 이름들[336]의 일치라는 측면에서 일치를 보고 그런 어떤 것을 통해 그 학설을 압도했다고[337] 득의에 차 있는 것만 같네. 그리고 우리는 우리 자신이 경합을 벌이는 자[338]가 아니라 지혜를 사랑하는 사람이라고 공언하면서도 모르는 사이에 저 무시무시한 족속들[339]과 같은 짓을 하고 있군 그래.

테아이테토스 어째서 선생님께서 그런 말씀을 하시는지 아직 모르겠습니다.

소크라테스 그럼 그것들[340]에 관해 내가 염두에 두고 있는 바로 그것을 밝히도록 하겠네. 우리는 뭔가를 배우고서 기억하는 자가 알지는 못하는 것인가를 물어보았네. 그리고 뭔가를 보고 나서 눈을 감아 버린 자가 기억은 하면서 보진 못한다는 것을 논증함으로써, 알지는 못하면서도 동시에 기억은 한다는 것을 논증했네. 그런데 우리는 이런 일이 불가능하다고 했네.[341] 이렇게 해서 프로타고라스식의 이야기[342]가 무너져 버렸고,[343] 그와 동시에 앎과 지각이 동일한 것이라는 자네 이야기까지 무너져 버렸네.

e 테아이테토스 그런 것 같습니다.

소크라테스 여보게, 내 생각으로는 두 이야기 중 저쪽 이야기의 부친[344]이 살아 있기만 했다면, 그런 일은 결코 일어나지 않았을 것이고, 그 부친이 많은 것을 막아 냈을 것 같네. 사실 우리는 다름 아니라 고아[345]인 존재를 진창에 처박고 있는 것일세. 프로타고라스 님이 위임한 후견인들[346](여기 계신 테오도로스 님도 그중 한 분일세.)조차 그 아이를 구하려 들지 않으니 하는 말일세. 사태가 정의롭게 되도록 하기 위해서 차라리 우리 자신이 나서서 그 아이를 구하는 일을 감행하도록 해야겠네.

테오도로스 그렇게 하시죠, 소크라테스 님. 그분이 남겨 놓으신

165a 것들에 대한 후견인은 내가 아니라 차라리 히포니코스의 아들 칼리아스[347]이니까요. 저는 어쩌다가 일찌감치 말로만 이루어진 논변들[348]에서 기하학 쪽으로 방향을 틀었답니다.[349] 그래도 그 아이를 구해 주신다면 우린 당신에게 고마워할 겁니다.

소크라테스 그거 좋은 말씀이십니다, 테오도로스 님. 그러면 내 쪽에서 어떤 도움을 주는지 보시죠. 어떤 자가, 우리가 긍정하거나 부정할 때 통상 쓰곤 하는 표현에 주의를 기울이지 않는다면, 그런 자는 방금 논의된 것들[350]보다 더 무시무시한 것에 동의하게 될 수도 있습니다. 어떻게 그런지를 선생께 말씀드릴까요, 아니면 테아이테토스한테 말할까요?

테오도로스 말은 우리 둘에게 공통적으로 해 주세요. 대답은 젊은 사람이 하게 하고요. 논의를 하다 실족해도 젊은 사람은 덜 창피할 테니까요.

소크라테스 그러면 가장 무시무시한 질문거리를 말씀드리겠는데, 내 생각에 그건 다음과 같은 것입니다. '동일한 사람이 어떤 것을 알면서 자기가 알고 있는 바로 그것을 알지 못할 수가 있습니까?'

테오도로스 그럼 우린 뭐라고 대답할까, 테아이테토스?

테아이테토스 제 생각에는 아마도 불가능하다고 대답할 것 같습니다.

소크라테스 불가능하지가 않네. 자네가, 보는 것을 아는 것이라고 놓는다면 말일세. 왜 그러냐 하면 끈덕지게 물고 늘어지는 사람이 그의 손으로 자네의 한쪽 눈을 가리고서 자네가 가려진 눈으로 그의 겉옷[351]을 보는가를 물을 경우, 속담 표현처럼 우물[352]에 빠진 상황인 자네가 달아날 길 없는 물음[353]에 어떻게 대처할 수 있겠는가?

테아이테토스 제 생각에 전 그 눈으로는 보지 못하지만 다른 쪽 눈으로는 본다고 말할 것 같습니다.

소크라테스 그러면 자네는 동일한 것을 보는 동시에 못 보는 것 아니겠나?

테아이테토스 어떤 방식으로는 그렇습니다.

소크라테스 그 사람은 이렇게 말할 걸세. "난 그런 걸 대답하라고 한 것이 결코 아니고, 어떤 방식인가를 물은 것도 아니며, 자네가 알고 있는 바로 그것을 알지 못하기도 하는가를 물은 것일세. 지금 자네는 자네가 보지 못하는 그것을 보고 있음이 분명하네. 그런데 자네는 보는 것은 아는 것이고 보지 못하는 것은 알지 못하는 것이라는 데 동의했네. 그러면 이것들로부터 자네에게 어떤 결과가 뒤따르는지 추론해 보게."

d 테아이테토스 제가 가정했던[354] 것들과 상반되는 것들이 뒤따른다는 것을 추론할 수 있습니다.

소크라테스 그렇지, 놀라운 친구. 그리고 어떤 이가 자네에게 다음과 같은 질문을 덧붙여 물었다면 아마 자네는 그 같은 일을 더욱더 겪게 되겠지. '동일한 것을 또렷하게 아는가 하면 어렴풋하게 아는 것이 있을 수 있는지, 그리고 동일한 것을 가까이서는 알되 멀리서는 알지 못하는 것이 있을 수 있는지, 그리고 세게 알고 약하게 아는 것이 있을 수 있는지'를 물었다면 말일세.[355] 그리고 그 밖에도 수없이 많은 질문들이 있네. 자네가 앎과 지각을 동일한 것으로 놓았을 때, 논변들로 무장한 용병이 경무장 전투에 능한 자처럼[356] 매복했다가 물었을 질문들 말일세. 그자는 듣는 것과 냄새 맡는 것 등의 그와 같은 지각에 대해 공세를 퍼

e 붓기 시작해서, 누구나 염원하는 그의 지혜에 자네가 놀란 나머지 그에 의해 손발이 꽁꽁 묶일 때까지 자넬 놓아주질 않고 줄기차게 논박을 가할 걸세. 그리하여 자네를 손아귀에 넣고 꽁꽁 묶

어 버린 뒤 자네와 그 사이에 쌍방이 결정한 만큼의 몸값을 받고 나서 그때 가서야 풀어 주겠지.[357] 그럼 아마 자네는 이렇게 물을 거야. "프로타고라스 님은 자기편의 지원군으로 무슨 논변을 제시할까요?"라고 말일세. 그걸 우리가 말해 볼 수밖에 없지 않는가?

테아이테토스 물론입니다.

소크라테스 그분은 우리가 그분을 도와 말하고 있는 이 모든 것들[358]도 말씀하시겠지만, 내 생각으로는 우리 코앞까지 다가와[359] 경멸조로 다음과 같은 말씀도 하실 것 같아. "바로 여기 순진한 사람 소크라테스가 있소. 이자는 어떤 어린애에게, 동일한 사람이 동일한 것을 기억하는 동시에 알지 못할 수가 있느냐는 질문을 던져 겁을 주었고, 겁먹은 그 애가 뒤따르는 결과[360]를 내다볼 능력이 없는 탓에 그럴 수 없다고 하자, 이자는 나란 사람을 논의 속에서 웃음거리로 드러나게 했소. 그렇지만 사실, 당신은 몹시 안이하기 짝이 없구려, 소크라테스. 실제 사정은 이렇다오. 당신이 물음을 통해 내 것들을 살펴볼 때, 질문 받은 사람이 바로 내가 할 만한 그런 대답을 하면서 실족하면 내가 논박당하는 것이지만, 그 사람이 내가 할 만한 대답과는 다른 종류의 대답을 한다면, 바로 질문 받은 사람 자신이 논박당하는 것이오. 일단 그건 이렇기 때문이오. 어떤 이가 전에 경험한 일들을 더 이상 경험하고 있지 않다고 해 보시오. 그런데도 그에게 그 일들에 대한 기억이, 그것을 경험할 때와 닮은 그런 경험으로 나타나 있다고 그가 당신에게 동의할 것으로 생각하시오?[361] 결코 그럴 리는 없소. 또는 다시금, 동일한 사람이 동일한 것을 알면서 알지 못할 수가 있다는 데 동의하는 걸 누군가 주저할 것으로 생각하시오? 아니면 그렇게 동의하는 건 두려워한다 해도, 이전과 달라지는 사람[362]이 그렇게 되기 전의 그 자신과 동일한 사람이라는 걸 도대체 누군가가 인정할 것으로 생각하시오? 더 정확히 말해 낱말들의 표현 때문에 서로에게 꼬투리를 잡히지 않도록 조심할 필요가 정말 있다면,[363] 달라짐[364]이 일어나는 한 이들이 무한한 것들로 될 터인데도, 여럿이 아니라 하나임을 누군가가 인정할 것으로 생각하시오?" 그분은 또 이렇게 말할 걸세. "그럼, 이 양반아, 바로 내가 말하는 것으로 달려들어 더 고상하게 해 보시오. 그리고 할 수 있다면 날 논박하여, 지각들이 우리 각자에게 고유한 것들로 생기지 않는다는 것을, 아니면 각자에게 고유한 것들로 생겨도 그중의 어떤 것도 더 이상 당사자에게만 나타나는 것으로 생기는 건 아니라는 것을 보여 주시오. 또는 만일 '있다'라는 말을 써야 한다면,[365] 그렇게 나타나는 그 사람에게만 있는 것은 결코 아닐 것이라는 걸 보여 주시오. 그런데 당신이 돼지와 비비를 거론할 때,[366] 당신은 스스로가 돼지처럼 어리석게 구는 것일 뿐만 아니라 당신의 청중들에게도 내 저술에 대해 그런 짓을 하도록 설득하고 있는 것이기도 하오. 그렇게 하는 건 몹쓸 짓인데도 말이오. 난, 진리는 내가 쓴 대로라고 주장하는 바이오. 우리 각자가 있는 것들과 있지 않은 것들에 대한 척도이긴 하나, 사람들마다 각자에게 다른 것들이 있고 다른 것들이 나타난다는 바로 그 점에서 각자 서로 헤아릴 수 없을 만큼 다르단 말씀이오. 그리고 난 지혜도 지혜로운 자도 없다고 하기는커녕 바로 다음과 같은 자야말로 지혜로운 자라고 주장하오. 우리 중 어떤 자에게, 나타남에서나 있음에서나 나쁜 것들인 것을 변환시켜서 그자에게 나타남에서나 있음에서나 좋은 것들로 만들어 줄 사람 말이오. 이번에는 내가 하는 말을 자구(字句)만 가지고 좇아오지 말고,[367] 내가 무슨 뜻으로 말하는 것인지를 다음과 같은 방식으로 한층 더 분명하게 이해해 보도록 하시오. 이전에 했던 논의에서 말한 것과 같은 것을 상기해 보란 말이오.[368] 아픈 사람에게는 그가 먹는 것들이 나타남에서나 있음에서나 쓴 것들이지만, 건강한 사람에게는 나타남에서나 있음에서나 그와 반대되는 것들이라는 점 말이오.[369] 그런데 이들 중 어느 한쪽을 더 지혜로운 사람으로 만들어서는 안 되오. 그건 가능하지도 않은 일이니까 말이오. 병든 사람이 이러저러한 것들을 판단한다는 이유로 어리석다고 비난하는 한편 건강한 사람은 그와 다른 것들을 판단한다는 이유로 지혜롭다고 해서도 아니 되고, 오히려 다른 쪽으로 변환시켜야 하오. 다른 쪽 상태[370]가 더 낫기 때문이오. 그리고 교육에서도 그런 식으로 한쪽 상태에서 더 나은 상태로 변환시켜야 하오. 그런데 의사는 약을 통해서 변환시키고, 소피스트[371]는 말을 통해서 변환시킨다오. 그렇긴 해도 누구도, 거짓인 판단을 하는 자를 나중에 참인 판단을 하도록 만들 수는 없는 일이라오. 있지 않은 것들을 판단하는 것도, 겪고 있는 것들과 다른 것들을 판단하는 것도 불가능하며,[372] 자기가 겪고 있는

b 바로 그것들이 언제나 참이니까 말이오. 그러나 내 생각에 어떤 자가 영혼의 몹쓸[373] 상태로 인해 그 영혼과 동족 관계에 있는 것들을 판단하게 될 경우, 영혼의 쓸 만한 상태를 통해서 앞서와 다른 그런 것들을 판단하게끔 만들어 줄 수는 있다오. 어떤 사람들은 미숙한 탓에 바로 이런 것들[374]을 참인 나타남들이라고 부르는데, 나로서는 한쪽의 것들이 다른 쪽 것들보다 더 나은 것들이라고 할지언정, 더 참인 것들이라고 부르진 않는다오. 그리고 친애하는 소크라테스, 나는 지혜로운 자들을 결코 개구리라고는 하지 않소.[375] 난, 몸과 관련해서 지혜로운 자는 의사라고 하

c 고, 식물과 관련해서 지혜로운 자는 농부라고 한다오. 농부의 경우도 어떤 식물이 병들어 있을 때면, 그 식물에다 몹쓸 지각들[376] 대신에 쓸 만하고 건전할 뿐만 아니라 참이기도 한[377] 지각들을 심어 준다고 나는 주장하기 때문이오. 그리고 또 지혜롭고도 훌륭한 연설가[378]는 나라로 하여금 해로운 것들 대신에 이로운 것들이 정의로운 것들이라고 여기게 만들어 준다고 난 주장하는 바이오. 각각의 나라에게 정의롭고 아름다운 것들로 여겨지는

그런 것들이 어떠한 것들이든 간에, 그 나라가 그런 관행을 견지하는 한에서는 그런 것들이 그 나라에게 여겨지는 그대로 정의롭고 아름다운 것들이지만, 지혜로운 자는 개개의 나라들에게[379] 있는 개개의 해로운 것들 대신에 이로운 것들이 있게 만들고 또 그렇게 여겨지게끔 만들어 줄 수가 있소. 그리고 같은 논리에 따라 소피스트 또한, 교육받는 자들을 이런 식으로 능히 인도할 능력이 있기 때문에 지혜로운 자일 뿐만 아니라, 자신한테 교육을 받고 난 자들에게서 많은 돈을 받을 자격도 있는 것이오.[380] 그리고 이렇게 해서 누군가는 다른 이들보다 더 지혜로우면서도 어느 누구도 결코 거짓인 판단을 하지 않는 것이고, 그래서 당신으로서는, 원하든 원하지 않든, 당신이 척도라는 걸 감수해야 하오.[381] 이런 것들을 통해 이 학설이 유지되기 때문이오. 만일 이 학설에 대해 당신이 근본적으로 이의를 제기할 수 있다면, 대체할 수 있는 설명을 쭉 제시하면서[382] 이의를 제기해 보도록 하시오. 그게 아니라 질문을 통해 하고 싶으면, 그렇게 하도록 하시오.[383] 이런 논의 방식 역시 꺼릴 것이 아니라, 분별[384]이 있는 자라면 그 무엇보다도 추구해야 할 것이니까 말이오. 다만 이런 건 지켜 주시오. 질문할 때 부당한 방식으로 하지는 말아 주시오. 덕(德)을 돌본다[385]고 공언하는 이가 논의를 하면서 부당한 방식으로 일관할 뿐이라면 정말이지 그거야말로 아주 불합리한 일이니까 말이오. 그런데 그런 일에서 부당한 방식으로 하는 건 다음과 같은 경우에 있게 되오. 어떤 사람이 경합을 벌이면서 논의하는 것과 문답식의 대화를 나누면서 논의하는 것[386]을 구별하지 못할 경우 말이오. 그리고 경합을 벌이는 경우에는 농(弄)을 걸 뿐만 아니라 할 수 있는 한 딴죽도 걸게 되겠지만, 문답식의 대화를 나누는 경우에는 진지하게 하면서 대화 상대자를 바로잡아 줄 것이오. 대화 상대자 자신이 자기 자신에 의해서나 이전의 교제에 의해서 잘못 빠져든[387] 그런 과오들만을 그에게 지적하면서 말이오. 실로 당신이 그런 식으로 한다면, 당신과 더불어 시간을 보내는 사람들은 자신들이 빠지게 된 혼란과 곤경 탓을 자신들에게서 찾지 당신에게서 찾지는 않을 것이오. 그리고 그들은 당신을 좋아하며 쫓아다니는 반면, 자기 자신은 혐오하여 자기 자신을 피해 철학[388]으로 피신해 갈 것이오. 그들은 예전의 자신에서 벗어나 다른 사람이 되려고 그러는 거지요. 그런데 만일 당신이 다중들처럼 이와 반대되는 일들을 행한다면, 반대되는 결과가 당신에게 생길 것이고, 당신은 당신과 교제하던 사람들을 철학자들이 되게 하기는커녕, 그들이 나이를 먹고 나면 철학이라는 이 일을 혐오하는 자들이 되게 하고 말 것이오. 그러니까 전에도 언급한 대로 당신이 내 말을 따른다면, 적대적 태도나 전투적인 태도가 아니라 친절한 마음으로 같이 앉아서 우리가 도대체 무슨 말을 하는 것인지를 제대로 검토할 수 있게 될 것이오. 모든 것들이 움직이며, 개인이든 나라든 각자에게 여겨지는 것이 여겨지는 그대로 각자에게 있다고 우리가 선언하며 한 말 말이오. 그리고 다중의 경우는 습관적으로 사용하게 되는 표현 및 이름들[389]을 닥치는 대로 끌어들여 서로에게 갖가지 곤경을 안겨 주곤 하지만, 당신이 방금처럼[390] 그렇게 하지 않고, 이것들[391]을 통해 고찰한다면 앎과 지각이 동일한 것인지 다른 것인지도 고찰하게 될 것이오." 테오도로스 님, 이것들이 선생의 동료[392]를 도울 셈으로 미력하나마 내가 힘닿는 대로 제시한 것들입니다. 만일 그분 자신이 살아 계셨다면, 자신의 것들에 대해 더 대단한 도움을 주셨겠지만 말입니다.

테오도로스 농담 그만하세요, 소크라테스 님. 젊은이처럼 아주 맹렬하게 그분에게 도움을 주셨잖아요.

소크라테스 말씀 고맙습니다, 벗이시여. 그럼 내게 말씀해 주십시오. 모르긴 몰라도 선생은, 프로타고라스 님이 방금 이야기할 때 다음과 같이 우릴 꾸짖는 것이라는 걸 알아채셨겠지요? 즉 우리가 어린애를 상대로 논변을 제시하면서, 그분 자신의 말씀에 대해 경합을 벌일 때 어린애의 두려움이나 이용하고 있다고 말입니다. 그리고 그분이 그런 논변을, 재주를 피운 것에 지나지 않는다고 부르는 한편 만물의 척도는 떠받들면서, 우리더러 그분 자신의 학설을 진지하게 대하라고 촉구한 것이라는 걸 알아채셨겠지요?

테오도로스 그럼요, 그걸 어찌 못 알아채겠습니까, 소크라테스 님?

소크라테스 그럼 선생 생각은 어떤 건가요? 선생은 그분 말씀을 따르라고 권고하시나요?

테오도로스 바로 그렇습니다.

소크라테스 사실 선생도 아시다시피 이곳에는 선생을 빼면 모두 어린애들뿐입니다.[393] 그러니까 우리가 그분 말씀을 따르려 할 거라면, 나와 선생이 그분의 학설을 진지하게 대하며 서로 묻고 대답해야 합니다. 적어도, 우리가 그분의 학설을 따져 보면서 애송이들을 상대로 장난이나 치고 있다는 그런 비난을 그분이 할 수 없게 하려면 말입니다.

테오도로스 무슨 말씀입니까? 우리가 추적하고 있는 그 학설을 따라가는 데는 긴 수염이 난 여럿의 인물보다는 아무래도 테아이테토스가 더 낫지 않겠어요?

소크라테스 그래도 선생보다 나은 건 아니죠, 테오도로스 님. 그러니까 고인(故人)이 된 선생의 동료를 지켜 내기 위해 내 쪽에서는 백방으로 힘써야 하지만 선생 쪽에서는 아무것도 안 해도 된다고 생각하진 마십시오. 더없이 훌륭한 분이시여, 자, 그럼 다음까지 조금만 따라와 주십시오. 결국에는 기하학적 도형들에 관해서는 선생이 척도이어야 하는 것인지, 아니면 천문학 내지 바로 선생께서 특출하다는 평판을 얻고 있는 다른 모든 분야와 관련해서도 모든 이가 선생과 마찬가지로 그들 자신으로 충분한 것인지 알 수 있을 때까지 말입니다.

테오도로스 소크라테스 님, 당신 옆에 앉은 채 설명을 제시하지[394] 않는다는 건 쉬운 일이 아니군요. 오히려 난 방금 헛소리를 한 꼴이 되고 말았네요. 당신이, 안 벗어도 되게 내게 일임하고 라케다이몬 사람들처럼 강요하진 않을 것이라고 공언했으니 말입니다.[395] 그런데 내가 보기에 당신은 차라리 스키론[396] 쪽에 더 가까운 것 같습니다. 라케다이몬 사람들은 떠나든가 아니면 벗으라고 지시할 뿐이지만,[397] 당신은 차라리 안타이오스[398] 배역을 맡아 행하는 것[399]만 같으니 말입니다. 당신은 접근해 오는 자를 억지로 벗겨 논의의 장(場)에서 레슬링을 할 때까지 풀어 주질 않으니 말입니다.

소크라테스 그래요, 테오도로스 님, 내가 지닌 병[400]을 정말 잘 비유해 주셨습니다. 물론 내가 저들보다 더 완강하답니다. 말발이 센, 수백 수천의 헤라클레스[401]와 테세우스[402]가 이미 날 만나 나를 흠씬 두들겨 댔지만, 그래도 난 조금도 물러서질 않거든요. 이런 문제들[403]과 관련해서 단련을 하고픈, 그렇게 지독한 사랑이 날 덮쳤던 것이지요. 그러니 선생 자신과 내게 동시에 이롭도록 아낌없이 나와 한판 승부를 벌여 주십시오.

테오도로스 더는 반대할 수가 없군요. 그럼 당신이 하고픈 대로 이끌도록 하세요. 아무튼 이런 일들과 관련해 당신이 무슨 운명의 실을 잣든, 설사 그게 논박당하는 자의 운명이라도, 그걸 감수하지 않을 수 없겠습니다. 그렇지만 당신이 제안하는 것을 넘

어서까지 나 자신을 당신에게 내맡길 수는 없겠습니다.[404]

소크라테스 아니 그 정도로도 충분합니다. 다만 우리가 어느 지점에선가 무심결에 유치한[405] 형태의 논의를 하지는 않도록, 그리고 누군가가 그런 일로 다시 우리를 비난하지 않도록 꼭 유의해 주십시오.

테오도로스 그럼 힘닿는 한에서 그렇게 하도록 해 보죠.

소크라테스 그러면 우선 이전에 문제 삼았던 바로 그걸 다시 문제 삼아 보기로 합시다. 그럼 그 학설이 각자를 슬기로움의 측면에서 자족적인 존재로 만들었다는 이유로, 우리가 그 학설을 못마땅하게 여기며 비난한 것이 옳은 일이었는지 그른 일이었는지를 알아보도록 합시다. 그리고 무엇이 더 낫고 더 못한가의 문제와 관련해[406] 남보다 뛰어난 이들이 있으며 바로 이들이야말로 지혜로운 자이기도 하다는 데 프로타고라스 님이 우리에게 동조한 게 옳은 일이었는지도 알아봅시다.[407] 그분이 그렇게 동조하지 않았나요?

테오도로스 동조했죠.

소크라테스 그분을 도와 우리가 대신 동의하지 않고 그분이 이 자리에 직접 참석하여 동조하는 절차를 밟았다면, 그 학설을 다시 또 붙들고서 확실하게 해 둘 필요는 전혀 없었겠죠. 실은 우리가 그분을 대신해 동의할 권한을 지니지 못했다고 보는 이가 아마 있을 겁니다. 이런 까닭에 바로 이 문제[408]와 관련해서 더 분명하게 동의를 해 두는 것이 더 낫겠습니다. 사태가 그런지 안 그런지는[409] 적잖은 차이를 가져오니까요.

테오도로스 맞는 말입니다.

소크라테스 그러니까 다른 사람들을 통해서가 아니라 그분이 한 말씀을 가지고 최대한 간결하게 동의를 보도록 합시다.

테오도로스 어떻게요?

소크라테스 이런 식으로요. 각자에게 여겨지는 것, 그것이 그렇게 여기는 자에게 여겨지는 그대로 있다는 게 그분 말씀인 게 확실하죠?[410]

테오도로스 물론 그분이 그런 말씀을 하셨지요.

소크라테스 프로타고라스 님,[411] 그래서 말씀인데요, 우리 역시 인간의, 아니 정확히 말해서 모든 인간들의 판단들에 대해서 이야기하고 있습니다. 그리고 우리는, 누구이든 간에 어떤 면에서는 자신이 다른 사람들보다 더 지혜롭지만 다른 면에서는 다른 사람들이 자신보다 더 지혜롭다고 믿지 않을 사람이란 아무도 없다고 주장합니다. 그리고 군사 원정을 나갔을 때나 역병에 걸렸을 때 또는 바다에서 폭풍우를 만날 때처럼 크디큰 위험에 처했을 경우에, 사람들은 그 모든 개개의 경우에 통솔자들이 자신들의 구원자가 될 것을 기대하면서 그들을 신처럼 대한다고 우린 주장합니다. 다름 아니라 저들이 안다는 점에서 특출하기 때문이지요.[412] 그리고 모든 인간 세상은 확실히 다음과 같은 사람들로 가득 차 있습니다. 인간들 자신과 기타 동물들에 대해서뿐만 아니라 그들이 하는 일들에 대해서 가르침을 주는 자들 내지 통솔하는 자들을 찾는 이들이 있는가 하면, 자신이 충분히 남을 가르칠 만하다거나 충분히 다스릴 만하다고 믿는 자들이 있습니다. 그리고 이 모든 경우에, 인간들이 자신들한테 지혜와 무지가 있다고 믿고 있다는 말 말고 우리가 달리 무슨 말을 할 수 있겠습니까?

테오도로스 그것 말고 달리 할 말이 없습니다.

소크라테스 인간들은 지혜는 참인 생각[413]이고 무지는 거짓인 판단이라고 믿지 않겠습니까?

c 테오도로스 물론입니다.

소크라테스 그렇다면 프로타고라스 님, 우리가 당신의 학설을 어떻게 다루어야 할까요? 인간들이 언제나 참인 판단을 한다고 해야 할까요,[414] 아니면 때로는 참인 판단을 하지만 때로는 거짓인 판단을 한다고 해야 할까요? 아마도 이 두 가지 선택지들[415]로부터 뒤따르는 건, 인간들이 언제나 참인 판단을 하는 것이 아니라 양쪽의 판단[416]을 한다는 것이니까 드리는 말씀입니다.[417] 테오도로스 님, 이런 걸 생각해 보십시오. 프로타고라스 님이나 그분을 추종하는 이들 또는 테오도로스 선생 자신이든 간에, 다른 사람이 무지하다거나 거짓인 판단을 한다고 믿는 자가 아무도 없다고 단언하려 들 사람이 있을까요?

테오도로스 그건 믿기 어려운 주장입니다, 소크라테스 님.

소크라테스 하지만 인간이 만물의 척도라고 말하는 학설은 불가피하게 그런 궁지로까지[418] 몰리게 됩니다.

테오도로스 아니, 어째서죠?

소크라테스 선생이 자기 쪽에서 어떤 것을 판정하고서 어떤 것에 관한 판단을 내게 제시할 때면, 그분의 학설대로 이것이 바로 선생에게는 참이라고 합시다. 하지만 다른 사람들인 우리로서는 선생의 판정에 관한 판정관이 될 수 없는 건가요? 아니면 우리는 선생이 참인 판단을 한다고 언제나 판정하기 마련인가요? 그도 아니면 선생이 거짓인 판정 내지 생각을 한다고 믿고서 선생과 반대되는 판단을 하며 대적하는 사람들이 그때마다 수없이 많은 건가요?[419]

테오도로스 소크라테스 님, 제우스께 맹세코 맨 뒤가 맞습니다. 그런 이들이, 호메로스 말마따나, "정말이지 수도 없이 많이"[420] 있지요. 내게 세상의 골칫거리를 가져다주는 자들 말입니다.

소크라테스 어떤가요? 그때 선생이 하는 판단이 선생 자신에게는 참이지만, 수많은 사람들에게는 거짓이라고 우리가 말했으면 하나요?

테오도로스 적어도 그 학설에 의하면 그게 필연적일 듯합니다.

소크라테스 그리고 프로타고라스 님 자신에게는 어떤가요? 대다수의 사람들이 인간이 척도가 아니라고 생각하듯이 그분 자신도

171a 그렇게 생각한다면, 그분이 쓴 이『진리』는 어느 누구에게도 그렇지 않을[421] 것이 필연적이지 않습니까? 다른 한편 그분 자신은 그렇다고 생각하지만 다수는 그 생각을 함께하지 않는다면, 다음과 같이 된다는 걸 선생도 알 겁니다.[422] 첫째로, 그렇다고 여기는 이들보다 그렇지 않다고 여기는 이들이 더 많은 그 만큼 그렇다기보다 그렇지 않게 된다는 것 말입니다.[423]

테오도로스 적어도 각각의 판단에 따라 그렇거나 그렇지 않게 될 것이라면, 그게 필연적입니다.

소크라테스 둘째로, 더없이 미묘한 다음과 같은 것이 있습니다. 그분 자신의 생각과 관련해서, 그에 반대되는 판단을 하는 자들은 그분이 거짓인 생각을 한다고 믿는다는 점에서, 그들의 생각이 참이라는 걸 그분은 확실히 동조하실 겁니다. 모든 사람들이 있는 것들을 판단한다는 데 그분이 동의하고 있으니까 말입니다.[424]

테오도로스 확실합니다.

b 소크라테스 그러면 그분이 거짓인 생각을 하고 있는 것이라고 여기는 사람들의 생각이 참이라는 데 그분이 동의한다면, 그분은 자신의 생각이 거짓이라는 데 동조하지 않겠습니까?

테오도로스 필연적으로 그렇습니다.

소크라테스 하지만 다른 사람들은 자신들[425]이 거짓인 생각을 한다는 데 동조하지 않겠죠?

테오도로스 그렇고말고요.

소크라테스 그런데 다시 그분은 자신이 쓴 것들에 따라 다른 사람들의 이런 판단이 참이라는 것도 동의합니다.

테오도로스 그런 것 같습니다.

소크라테스 결국 프로타고라스 님으로부터 시작해서 모든 사람들에 의해 이의가 제기될 것입니다. 아니 더 정확히 말해 그런 이의 제기가 바로 그분에 의해 동의될 것입니다. 자신과 반대되는 말을 하는 자가 참인 판단을 한다는 데 그분이 동조할 때면 말입니다. 그리고 그때에는, 개든 아무 사람이든 간에, 자신이 이해하지 못하는 것이라면 그 어떤 것에 대해서도 척도가 아니라는 걸 프로타고라스 님 자신까지도 동조하게 될 겁니다. 그렇지 않습니까?

테오도로스 그렇습니다.

소크라테스 그렇다면 모든 사람에 의해 이의가 제기되는 만큼, 프로타고라스 님의 『진리』는 어느 누구에게도, 그러니까 그 누구뿐 아니라 그분 자신에게도, 참이 아닐 것입니다.

테오도로스 소크라테스 님, 내 동료를 우리가 지나치게 몰아대고[426] 있군요.

소크라테스 그렇지만, 친애하는 분이시여, 실은 우리가 제 길을 지나쳐 버리고 있는지조차 불명확합니다. 물론 그분이 손윗사람이니까 우리보다 더 지혜로우실 법하긴 하죠. 그래서 그분이 지금 당장에 여기 땅 밑에서부터 목만 쳐들고 땅 위로 나타난다면, 다음과 같은 일도 일어날 법합니다. 내가 헛소리를 지껄이고 있다는 것을 여러 측면에서 보여 주며 날 논박하고, 그리고 나에게 동의하는 테오도로스 님에 대해서도 논박을 가한 다음, 그분은 땅 밑으로 꺼져서 한달음에 사라져 버릴 수도 있는 일이지요. 그렇지만 내 생각엔, 우리로서는 우리가 어떤 사람들이든 있는 그대로의 우리 자신에 의지하여, 그때마다 여겨지는 그런 것들을 말할 수밖에 없습니다. 그래서 지금 이 순간에도 우리가 이렇게 말해야 하는 거 아닌가요? 어떤 이는 다른 사람보다 더 지혜롭고 어떤 이는 더 어리석다는 것, 바로 이 점을 누구든 간에 동의할 것이라고 말입니다.

테오도로스 어쨌든 그게 내 생각입니다.

소크라테스 그리고 그 학설이 무엇보다도 잘 정립되는 경우는, 우리가 프로타고라스 님을 도와 밑그림을 그렸던 그런 관점에서라고 해야 하지 않나요?[427] 그때의 밑그림은 이랬습니다. 많은 것들이 각자에게 여겨지는 방식 그대로 각자에게 있다고요. 뜨거운 것이나 건조한 것이나 달콤한 것, 또는 이런 유형의 온갖 것들이 말입니다. 그렇지만 누군가가 다른 사람보다 뛰어나다는 것을 그분이 동조하게 될 경우가 만약 있다면, 그건 무엇보다도 건강 문제나 질병 문제와 관련해서일 텐데요, 그와 관련해서는 그분이 다음과 같이 말하려 들 것이라고 해야 하지 않나요? 모든 여자와 아이, 그리고 모든 짐승이,[428] 자신의 건강에 좋은 것을 알고서 자신을 충분히 치료할 수 있는 건 아니며, 누군가가 다른 사람보다 뛰어난 경우가 만약 있다면 바로 이런 경우[429]가 그런 경우라고 말입니다.

테오도로스 내겐 그렇게 생각됩니다.

소크라테스 그리고 정치적인 것들과 관련해서도 그분은 다음과 같이 말하려 들지 않겠습니까?[430] 아름다운 것들이나 추한 것들, 정의로운 것들이나 불의(不義)한 것들,[431] 경건한 것들이나 불경한 것들과 관련해, 각각의 나라가 어떠한 것들을 자신에게 합법적인 것들로 여겨 정하든 간에 그런 것들이 참으로 각각의 나라에게 정하는 그대로 있으며, 이런 경우에는 개인 차원에서든 나라 차원에서든 아무도 다른 누구보다 더 지혜로운 경우가 전혀 없다고 말입니다. 그렇지만 나라 자신에게 이로운 것들과 해로운 것들을 정하는 경우엔, 어떤 조언자가 다른 조언자보다 뛰어나며 어떤 나라의 판단이 진리의 관점에서[432] 다른 나라의 판단보다 뛰어나다는 것을 그분이 다시 동의하게 될 겁니다. 그분이 그렇게 동의하게 될 경우가 만약 있다면, 바로 이런 경우가 될 것입니다. 그리고 나라가 어떤 것들을 자신에게 이로운 것으로 여기고서 정하든 간에 그것들이 그 나라가 정하는 그대로 무엇보다도 이롭게 될 것이라고 말할 만큼 그렇게까지 그분이 무모하진 않을 것입니다.[433] 그렇지만 제가 언급했던 저 경우, 즉 정의로운 것들이나 불의한 것들과 경건한 것들이나 불경한 것들의 경우에, 사람들은[434] 다음과 같이 단언하려 듭니다. 그것들 가운데 본디 그 자신의 본질[435]을 가지고 있는 것은 아무것도 없으며, 공적으로 가결된 것[436] 그것이, 그렇게 여겨질 때 그리고 그렇게 여겨지는 시간 동안에 참이 된다고 말입니다. 그러니까 프로타고라스 님의 학설을 주장하면서 판에 박은 듯 내세우지 않는 모든 이들[437]은 그럭저럭 이와 같은 방식으로 지혜의 작업을 수행합니다. 그런데 테오도로스 님, 작은 논의에서부터 더 큰 논의가 나와 우리를 덮쳐 버렸군요.

테오도로스 우리에게는 여가가 많지 않습니까, 소크라테스 님?[438]

소크라테스 그런 것 같습니다. 그리고 말이죠, 놀라운 분이시여, 다른 때도 그런 생각이 정말 자주 들었지만, 철학 작업들[439]에 많은 시간을 쏟는 자들이 법정에 연설가로 가게 되면 우스꽝스럽게 보이는 게 얼마나 당연한 일인가 하는 생각이 지금도 드는군요.[440]

테오도로스 대체 무슨 말씀인가요?

소크라테스 가노(家奴)가 자유인들에 대비되어 길러지듯, 어려서부터 법정이나 그와 같은 데서 굴러먹은 자들은 철학 내지 그런 공부 속에서 길러진 이들에 대비되어 길러지는 것 같습니다.

테오도로스 어떤 점에서요?

소크라테스 이런 점에서 그렇습니다. 선생이 말한 이 여가가 철학 속에서 길러진 자들에게는 언제나 있으며, 이들은 평화롭고 여유롭게[441] 논의를 한다는 점에서 말입니다. 지금 우리가 원래의 논변에서 시작해서 이미 세 번째 논변[442]으로 주제를 바꾸며 논의하고 있는데, 이들도 이와 같은 식으로 논의를 합니다. 지금 우리의 경우처럼, 새로 다가온 논변이 먼저 제시된 논변보다 그들을 더 만족시킬 경우에는 말입니다. 그리고 그들은 있는 것[443]을 적중시킬 수만 있다면, 길게 논의하든 짧게 논의하든 전혀 개의치 않습니다. 반면에 법정에서 굴러먹은 자들은 논의를 할 때 늘 여유 없이 쫓겨서 합니다. 흐르는 물이 그들을 재촉하기 때문이죠.[444] 그리고 그들에게는 논의하고 싶은 아무 주제나 허용되는 건 아니며, 제재권을 가지고 있는 소송 상대가 소송 개요서를 들고 지키고 서 있습니다. 이것은 상대가 연설할 때 대조 확인하게 되어 있는 것으로, 거기에 적힌 것 이외의 연설을 하면 안 되는 것이죠. 이를 사람들은 선서진술이라고 합니다.[445] 그런데 그들의 법정 진술은 언제나 동료 노예에 관한 것으로,[446] 좌석에 앉아 있는 주인[447]을 상대로 행해지는데, 이자야말로 송사[448]를 손아귀에 쥐고 있는 자이지요.[449] 그리고 법정 경합[450]은 소송 사안과 무관한 방식으로 진행되는 법은 결코 없고, 언제나 사안과 관련된 방식으로 진행됩니다. 그리고 소송 당사자들이 벌이는 경주(競走)에 목숨이 걸려 있는 경우도 자주 있습니다.[451] 그래서 이 모든 사태의 결과로 그들은 날카롭고 예민한 자들로 되어 버리며, 주인한테 알랑거리는 말을 하고 환심을 사는[452] 행동은 할 줄 알지만 영혼은 작고 올곧지 못한 사람들로 되어 버리고 맙니다.[453] 어릴 적부터 형성된 노예근성이 그들에게서 영혼의 성숙함과 곧음과 자유로움을 앗아가 버렸기 때문이지요. 아직은 연약할 때의 그들 영혼에 그런 노예근성이 커다란 위험과 두려움을 짐 지워 비뚤어진 행동을 하게 강제하는 것입니다. 그들로서는 정의로움과 진실함[454]에 의해서는 그런 위험과 두려움을 감당해 낼 수가 없는 것이죠. 그래서 그들은 곧장 허위 쪽으로, 그리고 서로에 대해 앙갚음을 하는 쪽으로 방향을 돌려 여러 모로 뒤틀리고 망가지게 됩니다. 그 결과 그들은 아이에서 어른으로 다 자라고 나서도 건전한 생각이라곤 전혀 지니지 못하게 됩니다. 그들 자신의 생각으로는 자신들이 능수능란하고도 지혜로운 이들이 된 것이겠지만 말입니다. 그러니까 테오도로스 님, 이들은 그런 사람들이랍니다. 그런데 선생께서는 우리 쪽의 합창가무단[455]도 자세히 살펴보았으면 좋겠습니까, 아니면 그들은 제쳐두고 다시금 그 논변으로 되돌아가면 좋겠습니까? 그렇게 해서 우리가 좀 전에 말한,[456] 논변의 주제를 바꿀 자유를 너무 남용하지 않았으면 좋겠습니까?

테오도로스 결코 남용하는 게 아닙니다, 소크라테스 님. 오히려 그 합창가무단에 대해 상세히 살펴보았으면 좋겠습니다. 당신의 다음과 같은 말씀이 아주 훌륭했기에 이야기하는 겁니다. 이쪽

편 합창가무단의 일원인 우리가 논변들의 봉사자인 게 아니라, 논변들이 가노처럼 우리 것이며, 논변들 각각은, 우리가 마음에 들어 하는 때가 언제가 되든 완결될 때까지 기다리고 있다는 말씀 말입니다. 우리한테는, 우리를 다스리려고 감독하는 재판관도 없고, 시인들을 비평할[457] 때처럼 우리를 비평하려고 감독하는 관객도 없으니까요.[458,459]

소크라테스 선생이 그렇게 생각하고 계시니, 그럼 합창가무단의 지휘자[460]들에 관해 논의해 보도록 하죠. 철학에 서툴게 종사하는 자들에 관한 논의를 무엇 때문에 하겠습니까?[461] 우선 지휘자들은 아마 어려서부터 아고라로 가는 길을 알지 못하며, 법정[462]이나 협의회장,[463] 또는 나라의 다른 공공 집회장[464]이 어디에 있는지도 알지 못합니다.[465] 그들은 불문법으로 된 것이든 성문법으로 된 것이든 법이나 법령들[466]을 듣지도 보지도 못합니다. 그리고 관직을 얻으려는 정파(政派)들의 쟁탈전, 정치적 집회, 만찬, 또는 아울로스를 부는 소녀[467]를 배석시킨 술판, 이런 일들을 행할 생각은 그들로서는 꿈도 꾸지 않습니다. 그리고 그런 자[468]는, 나라에서 어떤 사람이 태생이 좋은지 나쁜지, 또는 어떤 이에게 선조들로부터 내려온 어떤 부정(不淨)한 일이 부계 쪽 일인지 모계 쪽 일인지에 대해서는, 이른바 바닷물이 몇 되가 되는지에 대해서보다도 알아채질 못합니다.[469] 그리고 그는 자신이 이 모든 것을 알지 못한다는 것조차 알지 못합니다.[470] 그건 이렇기 때문입니다. 그는 좋은 평판을 얻기 위해서 그런 것들을 삼가는 것이 아니며, 실제로는 몸만 나라에 자리 잡고 거기서 거주할 뿐, 그의 사고는 그 모든 것들을 사소하거나 아무것도 아닌 것으로 여기어 그것들을 경멸하지요. 그리하여 그의 사고는 핀다로스의 말마따나[471] "땅 밑으로까지"[472] 온갖 곳을 날아다니며[473] 땅 표면을 측량하기도 하고,[474] "하늘 위의" 천체를 관측하기도[475] 합니다. 그리고 그의 사고는, 있는 것들 제각각 그 전체의 모든 본성을 온갖 방식으로 탐색할 뿐 주변에 있는 것들로 자신을 낮추는 법이 결코 없답니다.

테오도로스 소크라테스 님, 그건 어떤 뜻으로 하는 말인가요?

소크라테스 탈레스[476] 같은 경우를 말씀드리는 겁니다, 테오도로스 님. 사람들이 전하기로는, 탈레스가 천체를 관측하며 위를 바라보다가 우물[477]에 빠졌을 때 재치 있고 재미있는 트라케의 하녀가 놀려 댔답니다. 그는 하늘의 것들을 보는 데는 열심이면서 자기 앞의, 발치에 있는 것들은 알아채질 못한다고 하면서 말입니다. 그런데 철학에 종사하는 모든 이들이 그와 똑같은 놀림을 받을 만합니다. 그런 자는 실제로 옆집 사람이나 이웃조차 알아채질 못하거든요. 이웃이 무슨 일을 하는지도 알아채지 못할 뿐 아니라 그 이웃이 인간인지 아니면 인간과 다른 족속인지조차도 거의 알아채지 못하니 말씀이에요. 반면에 그는, 도대체 인간이란 무엇이며, 또 그런 존재의 본성에는 다른 존재와 구별되는 것으로 무엇을 행하거나 겪는 것이 어울리는지를 탐구하며 또 그런 탐색을 하는 데 애를 씁니다. 아마 선생은 제 말씀을 이해하실 겁니다, 테오도로스 님. 그렇지 않나요?

테오도로스 이해하고 있습니다. 당신 말이 맞습니다.

소크라테스 친애하는 분이시여, 그가 다른 누구와 사적으로 함께 할 경우도 공적으로 함께할 경우도, 바로 제가 지금의 이야기를 시작하면서 말씀드린 것처럼[478] 법정 내지 그런 어떤 곳에서, 발치에 있거나 눈앞에 있는 것들에 관해 문답을 나누도록 강제될 때도, 트라케의 하녀한테만이 아니라 다른 군중들에게도 웃음거리가 되는 건 다름 아니라 바로 그 이유 때문입니다. 미숙함으로 인해 우물과 같은 온갖 곤경에 빠지는 바람에 그리되는 것이지요. 그리고 그의 몰골은 한심한 자라는 평판을 가져올 만큼 끔찍합니다. 험담이 오르내리는 상황에서도 그는 어느 누구에게도 사사로운 험담을 전혀 할 줄 모르니 말입니다. 어느 누구의 나쁜 점에 대해서도 무신경한 터라 그런 것에 대해선 아는 바가 전혀 없기 때문이죠. 그래서 어쩔 줄 몰라 하다가 우스꽝스런 사람으로 보이게 되는 것입니다. 뿐만 아니라 다른 사람들이 남을 찬양하거나 그들 자신에 관해 건방을 떠는 경우에, 그는 시늉으로 그러는 게 아니라 진짜로 웃음을 터뜨리다가 눈에 띄게 되어 실없는 사람으로 여겨지게 됩니다. 아닌 게 아니라 그는, 참주나 왕이 칭송을 받는 경우도 어떤 목자(牧者)가, 이를테면 돼지치기

나 양치기 또는 소치기가 젖을 많이 짜냈다고 행복한 자라는 소리를 들은 것쯤으로 여깁니다.[479] 그런가 하면 그는, 참주나 왕이 풀과 젖을 먹여 키우는 족속들에 대해,[480] 저 목자들이 그렇게 키우는 동물들보다 훨씬 더 다루기 어렵고 믿을 수 없는 족속이라고 생각하며, 또 목자들이 산속 울타리에 둘러싸여 있듯이 참주나 왕과 같은 자는 성벽에 둘러싸인 채 여유가 없는 탓에 목자들 못잖게 촌스럽고 교양도 없는 자가 될 게 필연적이라고 생각합니다.[481] 그리고 어떤 이에게 수만 플레트론[482] 내지 그 이상의 땅이 있을 때 그런 이가 지닌 땅이 놀랄 만한 양이라는 따위의 이야기를 듣게 되도, 그[483]는 그런 이야기에 대해 극소한 양에 대해 들은 것쯤으로 여깁니다. 그는 지구 전체만 주시해 버릇한 터이기 때문이죠. 그리고 가문을 칭송하는 사람들에 대해서도, 그러니까 일곱 대에 걸쳐 부유한 조상을 제시할 수 있는 사람이라면 훌륭한 태생이라고 할 때도, 그는 그런 찬양은 시야가 아주 좁고 근시안적인 사람들에게서 나온 것이라고 생각합니다. 그런 찬양을 하는 자들은, 교양이 없는 탓에 언제나 사물들 전체를 주목할 줄 모르며, 다음과 같은 점을 헤아릴 줄도 모르는 자들이기 때문이라는 거죠. 즉 모든 사람 개개인에게 헤아릴 수 없이 많은 조상과 선조들이 있으며, 그 선조들 중에는 헬라스 사람[484]이 되었든 이민족 사람이 되었든, 부자도 있고 거지도 있으며 왕도 있고 노예도 있었다는 것을, 그것도 수많은 조상이 누구에게든 있었다는 것을 모르는 자들이기 때문이라는 거죠. 그러나 사람들이 족보상으로 암피트뤼온의 아들 헤라클레스[485]까지 거슬러 올라가 이십오 대에 걸친 선조들을 대며 거들먹거리면, 그런 찬양이 그에게는 불합리하게 자질구레한 이야기로 보인답니다. 암피트뤼온으로부터 위로 이십오 대째의 선조가 그런 사람이었던 것도, 그로부터 다시 위로 오십 대째의 선조가 그런 사람이었던 것도 그 후손의 운명이었는데, 그걸 헤아릴 수도 없고 몰지각한 마음의 허영에서 벗어날 수도 없는 사람들을 그는 비웃는답니다. 그러니까 이 모든 경우에 그런 이는 대다수의 사람들에게 비웃음을 삽니다. 오만하다고 여겨지는 한편, 발 앞의 것들에 대해서 무지하고 개별적인 상황에서 어쩔 줄을 모른다고 여겨지기 때문이죠.[486]

테오도로스 실제로 일어나는 일에 꼭 들어맞는 말씀을 하시는군요, 소크라테스 님.

소크라테스 하지만 친애하는 분이시여, 철학자 자신이 누군가를 위쪽으로 이끌 경우를 생각해 보십시오.[487] 그래서 그렇게 이끌리는 자가 "내가 당신에게 무슨 불의를 저지르고 있는 것이오, 아니면 당신이 내게 저지르고 있는 것이오?"라고 묻는 것에서 벗어나, 철학자와 더불어 정의 및 불의 자체에 대한 고찰[488]로, 그러니까 정의와 불의 양자가 각기 무엇인지,[489] 그리고 그것들이 다른 모든 것과 또는 서로와 어떤 점에서 다른가에 대한 고찰로 나아가려 할 경우 말입니다. 또는 '왕이 행복한 자인지',[490] 그런가 하면 '그가 황금까지 소유해야 행복한 자가 되는지'[491]를 묻는 것에서 벗어나 왕도적 통치가 도대체 무엇인가에 대한 고찰이나 인간적인 행복과 불행 전반에 관한 고찰로, 그러니까 행복과 불행 이 양자가 어떠어떠한 것이며, 이 양자 중 전자를 취하고 후자를 피하기 위해 어떤 방식으로 하는 것이 인간의 본성에 적합한 것인지에 대한 고찰로 나아가려 할 경우 말입니다. 이 모든 것들과 관련해서 영혼이 작고 예민하며 법적으로 따지는 데나 능한 그자[492] 쪽에서 설명할 필요가 있을 경우, 이번에는 다시 상황이 반전되고 맙니다.[493] 그자는 높은 곳에 매달려 어질어질해 하고 공중에서 아래를 내려 보다가, 익숙하지 못한 탓에 안절부절못하고 어쩔 줄을 몰라 말을 더듬거리다가 웃음거리가 되고 맙니다. 그렇다고 트라케의 하녀나 교양이 없는 다른 어떤 사람 앞에서도 웃음거리가 되는 것은 아니고(그런 이들은 사태를 알아채지 못하니까요.), 다만 노예와 상반된 방식으로 양육된 모든 이들 앞에서 웃음거리가 되고 맙니다. 그러니까 테오도로스 님, 그 양쪽 각각의 기질은 이렇답니다. 하나는 참으로 자유와 여가 속에서 양육된 자의 기질로 바로 당신이 '철학자'라 부르는 그런 자의 기질입니다.[494] 그가 하인들이 하게 되어 있는 시중을 들게 될 상황에 봉착했을 때, 예를 들어 잠자리를 꾸릴 줄 모르며 양념을 치거나 아첨의 말을 꾸밀 줄을 몰라[495] 아무짝에도 쓸모없는 순진한 자로 보인다 해도 그에게 분개할 일은 아닙니다. 그런가 하면 다른 기질은 이와 같은 온갖 일을 깔끔하고도 산뜻하게 해낼 능력이 있는 자의 기질이지만, 이런 자는 겉옷을 자유인처럼 우아하게 입을 줄도 모르고,[496] 논변들의 조화를 취하여 행복한 신들과 인간들의[497] 참된[498] 삶을 제대로 찬송할 줄도 모르는 자이지요.

테오도로스 소크라테스 님, 당신이 하는 말들에 대해 날 설득하듯 모든 사람을 설득한다면, 사람들 사이에 평화는 더 많고 나쁜 것들은 더 적어지겠지요.

소크라테스 하지만 테오도로스 님, 나쁜 것들을 없애 버리는 것도 불가능하고(좋은 것에 상반되는 어떤 것이 항상 있을 수밖에 없는 일이니까요.),[499] 나쁜 것들이 신들 사이에 자리를 잡는 것도 불가능하니,[500] 그것들은 사멸하는 존재와 이 세상을 떠돌아다닐 게 필연적입니다. 그런 까닭에 될 수 있는 대로 빨리 이곳에서 저곳[501]으로 달아나려 시도해야 합니다. 그런데 그런 달아남이란 가능한 한 신에 동화됨[502]이며, 신에 동화됨이란 슬기를 갖추고 정의롭고 경건하게 되는 것입니다.[503] 그렇지만 더없이 훌륭한 분이여, 다중 쪽에서는, 악덕을 피하고 덕을 추구하며 악덕은 실행하지 말고 덕은 실행해야 하는 이유로, 나쁜 자라는 평판을 받지 않고 훌륭한 자라는 평판을 받기 위해서라고 하는데요, 그게 아니라고 설득하기란 아주 어려운 일입니다. 다중이 말하는 그런 이유가 제게는 이른바 노파들의 실없는 소리처럼 보입니다. 진실을 다음과 같이 이야기해 보도록 하죠. 신은 어떤 방식으로도 결코 불의하지 않고, 가능한 한 가장 정의로우십니다.[504] 그런가 하면 우리 중에서도 가능한 한 정의롭게 된 자보다 더 신에 동화된 자는 결코 없습니다. 남자의 진짜 능수능란함[505]이 있게 되느냐 아니면 아무짝에도 쓸데없음 내지 남자답지 못함이 있게 되느냐는 건 이것[506]과 관계있습니다. 이것에 대한 인식이 지혜요 참된 덕인 반면 이것에 대한 무지는 어리석음이요 명백한 악덕이며,[507] 그 밖에 겉보기에 능수능란함 내지 지혜로 보이는 것들은, 정치적 영역에선 속된 것들로, 기술 영역에서는 천한 것들로 드러나기 때문입니다. 그러니까 불의를 저지르거나 말 또는 행동으로 불경을 저지르는 자에게는, 그자가 못 할 짓이 없는[508] 탓에 능수능란하다는 걸 인정해 주지 않는 게 단연 최선입니다. 그런 자는 그런 비난을 영광스러워하며, 그런 비난을 들어도 자기들이 쓸모없는 사람, 즉 대지의 공연한 짐짝[509]이 아니라, 나라에서 소중히 보호해야 할 그런 부류의 사람이라는 소릴 들은 것으로 여기니까요. 그러니까 우리는 진실을 이야기해 주어야 합니다. 그들은 자신들이 아니라고 생각하는 그런 부류의 사람들이라고, 그들 자신이 그렇지 않다고 생각하는 만큼 더 그런 것이라고 말입니다. 그들은 최소한 모르면 안 되는 불의에 대한 벌을 모르고 있기에 하는 말입니다. 그 벌은 그들이 생각하고 있는 매질이나 사형 같은 것이 아니랍니다. 매질이나 사형은 불의를 저지르고도 때로는 전혀 겪지 않을 수 있지만, 불의에 대한 벌은 피하려야 피할 수가 없는 그런 벌입니다.[510]

테오도로스 아니 무슨 벌을 말씀하시는 건가요?

소크라테스 친애하는 분이시여, 실재[511]의 세계에는 두 가지 본이 세워져 있습니다. 하나는 신적이며 지극히 행복한 본이고, 다른 하나는 신적이지 않은[512] 지극히 비참한 본입니다. 그런데 실상이 그러하다는 것을 보지 못하는 그자들[513]은 우둔하고 극도로 생각이 없는[514] 탓에, 불의한 행동들로 인해 자신들이 행복한 본을 닮지 못하고 비참한 본을 닮게 된다는 것을 알아채지 못합니다. 그래서 그들은 이에 대한 벌을 치르게 됩니다. 자신들이 닮게 되는 본을 모사한 그런 삶을 살게 되는 것이죠. 그런데 우리가 그들에게 이렇게 말한다고 해 봅시다. 능수능란함에서 해방되지 못할 때는 그들이 죽은 다음에도 나쁜 것들이 정화되어 있는[515] 저곳이 그들을 받아들여 주지 않을 것이며, 그들은 이곳에서 나쁜 사람들끼리 어울림으로써 항상 자신들과 닮은 삶의 방식을 영위하게 될 것이라고 말입니다.[516] 그들은 바로 이런 이야기를 듣게 되어도, 능수능란하고 못 할 짓이 없는 이들이 생각 없는 어떤 자들한테 듣게 되는 이야기에 지나지 않는다고 바로 그렇게 여기게 될 겁니다.

테오도로스 정말로 그럴 겁니다, 소크라테스 님.

b 소크라테스 정말이지 그건 제가 잘 알고 있는 바입니다.[517] 친애하는 분이시여. 한데 그런 그들에게 닥치는 일이 하나 있답니다. 그들 자신이 비난하는 것들[518]과 관련해서 그들이 사적으로[519] 논의를 주고받아야 할 경우, 그리고 비겁하게 달아나지 않고 오랜 시간 동안 남자답게 그 일을 견디어 내려 들 경우, 놀라운 분이시여,[520] 그럴 때면 이상한 일이 벌어집니다. 그들은 자신들이 벌이는 논의 주제에 대해서 자기들끼리도 만족 못 한 상태로 논의를 끝내며, 그 대단하던[521] 연설술조차 어쩌다 거덜이 나서 그들은 애들보다도 특출난 게 전혀 없는 것으로 여겨질 정도가 되고 맙니다. 그런데 이런 것들은 곁가지[522]로 언급된 것이니까 그만

c 하도록 하죠. 그러지 않으면 그것들이 더 많이 계속 흘러들어 애초의 우리 논의를 덮쳐 버리고 말 겁니다. 그러니[523] 선생한테도 좋다면 이전에 하던 논의로 다시 돌아가도록 하죠.

테오도로스 소크라테스 님, 나로서는 지금 같은 논의를 듣는 게 더욱더 즐겁답니다. 나 정도 나이가 되면 지금 같은 논의를 뒤따라가기가 더 수월해지니까요. 그렇지만 당신이 좋다면 다시 되돌아가도록 하죠.

소크라테스 그때 우리가 그 학설에서 여기 어디쯤을 논의하고 있지 않았습니까? 다음과 같은 논의를 하고 있었을 때 말입니다.[524] 운동하는 있음[525]을 주장하는 이들, 그리고 그때마다 각자에게 여겨지는 그것이 그렇게 여기는 그자에게 여겨지는 그대로 있다

고 주장하는 이들이, 다른 경우에도 그렇지만 무엇보다도 정의로운 것들에 관해 이렇게 역설하려 든다고 할 때 말입니다. 나라가 무엇을 정의로운 것들로 여겨 제정하든 간에 단연 그것들이, 그렇게 유지되는 한에서는, 제정한 그 나라에게 제정한 그대로 정의롭다는 것이죠. 하지만 좋은 것들과 관련해서는 우리가 이런 이야기를 했습니다. 한 나라가 그 나라에 이로운 것들로 믿고서 제정한 것들이, 그렇게 유지되는 시간 동안에는 제정한 그대로 이롭다는 걸 대담하게 지키려고 싸울 정도로 그렇게까지 용감한 사람은 아무도 없다고 말입니다. 누군가가 '이로운 것들'이라는 이름으로 그것을 부를 경우를 제외하면 말입니다.[526] 아마 그런 경우는, 우리가 뜻하는 관점에서 볼 때는, 농담에 지나지 않을 겁니다. 그렇지 않습니까?

테오도로스 확실히 그렇습니다.

소크라테스 왜냐하면 이름을 말하지 말고 그 이름이 가리키는 대상을 바라보게 해야 하니까요.[527]

테오도로스 그래야 하고말고요.

소크라테스 그 이름으로 무슨 대상을 가리키든 간에, 나라는 확실히 그 대상을 겨냥해서 입법을 하며, 모든 법을 자신에게 가장 이로운 것들로 제정합니다. 나라가 그 법을 자신에게 가능한 한 이로운 것들이라고 믿을 뿐만 아니라 그렇게 할 수 있는 한에서 말입니다. 아니면 나라가 다른 어떤 것을 주시하고서 입법을 할까요?

테오도로스 결코 아닙니다.

소크라테스 그러면 각각의 나라는 그가 겨냥하는 것을 늘 맞히나요, 아니면 자주 빗맞히기도 하나요?

테오도로스 빗맞히기도 한다고 생각합니다.

소크라테스 그리고 더 나아가 다음과 같은 측면에서 보게 되면 바로 그것들에 대해 모든 이가 더욱더 동의하게 될 것입니다. 이로운 것이 속하는 바로 그런 종류 전체에 관해 어떤 이가 물음을 제기할 경우 말입니다. 아마도 그런 종류 전체가 장차 오게 될 시간과도 관계될 겁니다. 우리는 입법을 할 때, 나중의 시간에 법이 이로운 것들로 될 것이라는 생각에서 제정하니까 말입니다. 그리고 이것을 우리가 '장차'라고 하면 제대로 말하는 것이 될 겁니다.

테오도로스 확실히 그렇습니다.

소크라테스 자, 그러면 프로타고라스 님이나 그분과 동일한 것들을 주장하는 다른 어떤 사람에게 물어보도록 합시다. "프로타고라스 님, 당신들 말씀으로는, 인간은 만물의 척도입니다. 흰 것들, 무거운 것들, 가벼운 것들, 그리고 이와 같은 어떤 것에 대해서도 예외 없이 말입니다. 당신들 말씀에 따르면, 인간은 그것들에 대한 판정 기준[528]을 자신 속에 지니고 있고, 그것들이 자신이 겪은 그대로라고 믿는 터이라, 그것들이 자신에게 참이며 실제로 그렇다고 믿는 것이지요. 그렇지 않습니까?"

테오도로스 그렇습니다.

소크라테스 우리는 계속해서 이렇게 말할 겁니다. "그리고 프로타고라스 님, 장차 있을 것들에 대해서도 인간은 자신 속에 판정 기준을 지니고 있는 것인가요? 그래서 인간이 어떤 것들을 장차 있게 될 것이라 생각하든, 그것들이 그런 생각을 하는 그에게, 생각하는 그대로 일어나는 것인가요? 뜨거움을 예로 들어 봅시다. 어떤 문외한이 자신이 열병에 걸리게 될 것이며 이런 뜨거움이 장차 있게 될 것이라고 생각하지만, 의사인 다른 사람은 그와 반대로 생각할 경우, 장차 일어날 일이 둘 중 어느 한 사람의 판단에 일치되는 것으로 드러날 것이라고 해야 할까요? 아니면 양쪽 사람의 판단에 일치되는 것으로 드러날 것이라고, 그러니까 의사에게는 그 사람이 뜨겁게 되거나 열병에 걸리게 되지 않을 테지만, 그 사람 자신에게는 그 양쪽의 일이 다 일어나게 될 것이라고 해야 할까요?"

테오도로스 뒤의 경우라면 물론 우스꽝스럽겠지요.

소크라테스 "그리고 포도주가 장차 달콤할지 쓸지에 관해서는 키타라 연주자[529]의 판단이 권위 있는 게 아니라 농부의 판단이 권위가 있다고 난 생각합니다."

테오도로스 물론입니다.

소크라테스 "그리고 또 장차 화음이 잘 맞을지 안 맞을지에 관해서 음악 교사보다 체육 교사가 더 나은 판단을 하지는 못할 것입니다. 나중에, 무엇이 화음에 잘 맞는 것으로 체육 교사 자신에게 판단이 될 것인지에 대해서도 그러합니다."

테오도로스 단연코 그렇습니다.

소크라테스 "그리고 또 진수성찬이 준비되고 있을 때, 장차 그 성찬의 손님이 될 사람이 요리법에 능숙한 자가 아니라면, 장차 있게 될 즐거움에 관해 그가 내리는 판정은 요리사의 판정보다 권위가 없기 마련입니다. 각자에게 지금 당장 즐거운 것이나 과거에 즐거웠던 것과 관련해서는 아직은[530] 그 학설과 싸움을 벌이지 맙시다. 다만 장차 각자에게 그렇게 여겨지고 그렇게 있게 될 것에 관련해서는 그 학설과 싸움을 벌이도록 합시다. 그런 것에 관해서는 각자 그 자신이 자신에게 가장 훌륭한 판정자인가요? 아니면 프로타고라스 님, 적어도 법정에서 이루어지는 연설들과 관련해서 우리 각자에게 미치게 될 설득력 있음[531]에 관해서만큼은 선생께서 그 어떤 문외한들보다 더 잘 예단하실 수 있으신가요?"

테오도로스 그야 물론입니다, 소크라테스 님. 그런 것에서만큼은 자신이 누구보다도 뛰어나다고 그분은 강력하게 공언하곤 하셨습니다.

소크라테스 제우스께 맹세코 그렇다마다요, 벗이시여.[532] 아니라면 그분께 큰돈을 주며 대화를 나누는 사람은 아무도 없었겠죠.[533] 그분이 자신과 교제하는 사람들에게, 장차 있게 될 것에 대해서도 장차 여겨지게 될 것에 대해서도, 예언자든 다른 어느 누구든 그 자신보다 더 잘 판정하지는 못할 것이라고 설득하지 못하셨다면 말입니다.

테오도로스 정말 맞는 말씀입니다.

소크라테스 입법도 이로움도 장차 오게 될 시간과 관계되지 않겠습니까?[534] 그리고 나라가 입법을 할 때 가장 이로운 것을 빗맞히는 경우가 자주 있을 수밖에 없다는 걸 모든 사람이 동의하지 않겠습니까?

테오도로스 그야 물론입니다.

소크라테스 그러니 우리가 당신의 스승[535]을 상대로 이렇게 말하는 것이 적절할[536] 것입니다. 어떤 자가 다른 자보다 더 지혜롭다는 것도, 또 그런 자가 척도라는 것도 그분으로서는 동의할 수밖에 없지만,[537] 앎이 없는 저로서는 어떻게든 척도가 되어야 할 필연성[538]은 없다고 말입니다. 프로타고라스 님을 위해 제시된 논변이 방금 전에, 내가 원하든 원치 않든, 나를 척도인 자이게끔 강요했지만 말입니다.[539]

테오도로스 소크라테스 님, 내 생각엔 그런 식으로 할 때 그 학설이 가장 잘 공략되는 것[540]으로 보입니다. 물론 다음과 같은 방식으로 공략되기도 합니다. 그 학설은 다른 사람들의 판단을 권위 있는 것으로 만들어 주지만, 정작 다른 사람들의 그런 판단들은 그분의 견해들을 어떤 식으로도 참이 아닌 것으로 여긴다는 게 드러났다는 점에서 말입니다.

c 소크라테스 테오도로스 님, 그런 견해[541]에 대해 모든 사람의 모든 판단이 참인 건 아니라고 공략하는 방식에는 여러 가지 다른 방식이 또 있을 수 있습니다. 하지만 각자에게 나타나 있는 느낌과 관련해서는,[542] 그리고 그로부터 생기는 지각들이나 지각에 따른 판단들과 관련해서는, 그것들이 참이 아니라고 공략하기가 한층 더 어렵습니다. 그런데 아마 제가 무의미한 말을 하고 있는 것인지도 모르겠습니다. 왜냐하면 그런 것들은 어쩌면 난공불락의 것들[543]일 수도 있고, 그런 것들이 명증적인 것들[544]일 뿐만 아니라 앎들이라고 단언하는 자들은 아마 있는 것들을 말하는 것[545]

d 일 수도 있을 것이고, 그래서 이 사람 테아이테토스가 지각과 앎을 동일한 것으로 놓을 때 과녁에서 벗어난 주장을 한 게 아니었을 수도 있으니까요. 그러므로 우리는 프로타고라스 님을 대신한 논변이 지시하듯이[546] 그것에 더 가까이 다가가야 합니다. 이 운동하는 있음[547]을 톡톡 두들겨 보면서 그게 말짱한 소릴 내는지 깨진 소릴 내는지 검토해 보아야 한다는 말입니다.[548] 그런데 이것과 관련된 싸움은 사소한 것이 아니며 소수의 사람들 사이에게만 일어나는 것도 아닙니다.

테오도로스 그런 싸움은 사소한 것이 결코 아니고 이오니아[549] 주변에 널리 확산되어 있기도 합니다. 헤라클레이토스를 추종하는 이들이 그런 학설을 아주 강력하게 주도하고 있지요.

소크라테스 친애하는 테오도로스 님, 바로 그런 점에서 그 학설을 더 검토해 보아야 합니다. 그들이 제시하는 대로 원점에서부터 말입니다.

테오도로스 전적으로 그렇습니다. 그리고 소크라테스 님, 실로 헤라클레이토스식의 이런 학설들, 또는 당신이 말한 것과 같은 호메로스식의 학설들[550]이나 그보다도 예전 사람들의 학설들과 관련해서,[551] 그것들에 친숙하다고 공언하는 에페소스[552] 일대의 사람들을 직접 상대해 대화를 나눈다는 건 발광 난 자들[553]과 대화를 나누는 것보다도 더 불가능합니다. 왜냐하면 그들은 그저 그들 자신이 쓴 저술들에 따라 운동할[554] 뿐이며, 논변이나 물음의 논점을 고수하며 차분하게[555] 차례로 묻고 대답하는 능력이 그들 사이에서는 전혀 없는 것보다도 없습니다. 아니 차라리 '전혀 없기조차 한 것'이란 표현은 과도한 것입니다. 그런 족속에게는 조금의 차분함조차 없다는 견지에서 볼 때는 말이죠. 하지만 당신이 그들 중 어느 누구에게 뭔가 물어보신다면, 그들은 마치 화살통에서 화살을 끄집어내듯이 수수께끼 같은 짧은 경구를 끄집어내서 쏘아붙일 것이며, 그들이 무슨 뜻의 말을 한 것인지 이에 대한 설명을 당신이 파악하려 하신다면, 그들은 새롭게 말을 바꿔가며 다른 말로 퍼부어 댈 겁니다.[556] 당신은 그들 중 어느 누구를 상대로 해서든 결코 아무런 결말도 볼 수 없게 되실 겁니다. 심지어 그들은 자기들끼리 서로를 상대로 해서도 아무런 결말도 볼 수 없을 것이지만, 오히려 그들은 논의에서든 그들 자신의 마음에서든, 확고한 것이 있는 것을 결코 허용치 않도록 지극히 경계하는데, 내가 보기에 그들은 그것을 정지된 것이라고 믿기 때문에 그러는 것이지요. 그리고 그들은 이것에 대해서 전면전을 벌이고, 할 수 있는 한 모든 면에서 그걸 내쫓으려고 합니다.

소크라테스 테오도로스 님, 아마도 선생은 그 사람들이 싸우는 것만 보고, 평화롭게 지낼 때는 만나 본 적이 없으신 게로군요. 그들은 선생의 동료가 아니기에 드리는 말씀입니다. 하지만 그들은, 자기들과 닮은 자들로 만들고 싶어 하는 제자들한테는 시간을 갖고 그런 것들을 설명해 준다고 전 생각합니다.

테오도로스 이상한 말씀 하지 마세요.[557] 제자는 뭔 제자요? 이런 자들 사이에서는 누가 누구의 제자가 되는 경우조차 없습니다. 오히려 그들 각자가 무엇을 통해 영감을 얻게 되든 그것을 통해 그들은 스스로 자라나며, 서로들 상대는 아무것도 알지 못한다고 여기지요. 그러니까 이들한테는 자발적으로든 강제로든 결코 설명을 얻어 내지 못할 것입니다. (바로 이것이 내가 말하려고 한 바입니다.) 그러니 그들의 학설을 그들한테서 넘겨받아 마치 기하학적 문제[558]를 다루듯이 우리가 직접 탐구해야 합니다.

소크라테스 그럼요, 적절한 말씀을 하셨습니다. 아니 그런데 그 문제는 우리가 옛사람들에게서 전해 들은 바로 그 문제 아닙니까? 옛사람들은 흐르는 강인 오케아노스와 테튀스가 다른 모든 것들의 기원이며[559] 정지해 있는 건 아무것도 없다는 걸 시(詩)로 표현해 대다수의 사람들에게 그 뜻을 숨겨 놓았지요.[560] 그런가 하면 그 문제는 요즘 사람들에게도 전해 들을 수가 있지 않나요? 요즘 사람들은 더 지혜로운 터라 이 문제를 공개적으로 밝혔는데요.[561] 그들이 그렇게 한 건, 제화공[562]이라도 일단 듣고 나면 그들의 지혜를 이해하도록 하기 위해, 그러니까 있는 것들 중 어떤 것은 정지해 있고 어떤 것은 움직인다고 어리석게 생각하는 걸 그만두도록 하기 위함이었습니다. 그래서 모든 것이 움직인다는 것을 이해함으로써 그들[563]을 존경할 수 있게 하기 위함이었지요. 그런데 테오도로스 님, 그들과 반대되는 걸 표명한 다른 이들도 있다는 걸 제가 거의 잊고 있었네요.[564] 그들은,

"그것은 유일하고, 움직일 수 없는 것이다.
'있음'은 모든 것에 대한 이름이다."[565]

라고 표명했지요. 그리고 그들은 멜리소스[566]나 파르메니데스 같은 이들이 저들 모두에 반대하여 역설한 다른 모든 주장들도 표명했습니다. 모든 것들은 하나이며, 움직일 터전[567]을 갖고 있지 않기에 자신 속에 정지해 있다고 말입니다. 친애하는 분이시여, 그러면 우리가 이들 모두를 어떻게 다루어야 할까요? 우리는 조

금씩 앞으로 나아가다가 우리 자신도 모르는 사이에 그들 양편의 한복판으로 떨어져 버렸으니 말씀입니다. 그리고 우리가 어떤 식으론가 우리 자신을 방어하며 그 양편 한복판에서 빠져나가지 못할 경우엔 그 대가를 치르게 될 겁니다. 마치 레슬링장에서 금을 그어 놓고 놀이를 하는 사람들[568]이 양편 사람들한테 붙잡혀 양편 끝으로 끌려갈 경우처럼 말입니다. 그러니 제 생각엔 우리가 탐구를 시작할 때 다루었던 한쪽 편 사람들부터 먼저 살펴보는 게 좋을 것 같습니다. 흐르는 사람들[569] 말이에요. 만일 그들이 뭔가 의미 있는 주장을 하는 것으로 밝혀지면, 그들을 도와 우리 편을 그들 쪽으로 끌어당기고[570] 다른 편으로부터는 달아나려 하게 될 것입니다. 반면에 전체 쪽에 서는 사람들[571]이 더 참인 말을 한 것으로 여겨지면, 그럴 때는 움직이지 않는 것들을 움직이게 만드는 사람들로부터 이들 쪽으로 달아나게 될 것입니다. 그런데 그 양편 다 적절한 말을 전혀 하지 못하는 것으로 밝혀진다고 해서, 아주 옛날의 아주 지혜로운 사람들을 무시하고 정작 우리가 보잘것없는 자들임에도 뭔가 의미 있는 말을 하는 것으로 생각한다면, 우리는 비웃음을 사게 될 것입니다. 그러니까 테오도로스 님, 그렇게 위험한 일에 나서는 것이 유익할지 생각해 보시죠.

테오도로스 하지만 소크라테스 님, 이들 양편이 각기 무슨 말을 하고 있는지 철저하게 고찰 안 하고는 배길 수가 없는 일이죠.

181b~181d

소크라테스 선생이 그렇게까지 열의를 보이시니 고찰하지 않을 수 없겠습니다. 그런데 내가 보기에 다음과 같은 것이 움직임에 관한 고찰의 시작점인 것 같습니다. 모든 것들이 움직인다고 말할 때 결국 그들이 이것으로 어떠한 것을 뜻하는 것인가 하는 물음 말입니다. 내가 하려는 말은 이런 겁니다. 그들은 움직임을 어떤 한 종류로 말하나요, 아니면 두 종류로 말하나요? 나 혼자만 그런 의견을 지니게[572] 하지 마시고, 우리가 뭔가 정말 그럴 필요가 있다면 그걸 함께 감당하게끔[573] 선생도 같이 참여해 주십시오. 그럼 내게 대답해 주십시오. 선생은, 어떤 것이 이리저리로 장소를 바꿀 때, 또는 동일한 곳에서 돌고 있을 때도 움직인다고 하십니까?

테오도로스 저야 그렇게 부릅니다.

소크라테스 그러면 이것을 한 종류라고 합시다. 그런데 동일한 곳에 있으면서 낡아지게 되거나 흰 것에서 검은 것으로, 또는 무른 것에서 딱딱한 것으로 될 때, 또는 그 밖의 어떤 변화를 하게 될 때, 이것은 다른 종류의 움직임이라고 할 만하지 않나요?

테오도로스 내가 보기엔 그런 것 같습니다.[574]

소크라테스 더 정확히 말하면 필연적으로 그런 것이지요. 그래서 저는 변화와 운동, 이 쌍을 움직임의 두 가지 유형이라고 합니다.[575]

테오도로스 그렇죠, 그렇게 말하면 옳습니다.

테아이테토스 | 131

소크라테스 그러면 우리가 이것을 그렇게 나누고서 이제 모든 것들이 움직인다고 주장하는 사람들과 대화를 나누며 이런 물음을 던져 보도록 합시다. "당신들은 모든 것이 양쪽 방식으로 움직인다고, 즉 운동도 하고 변화도 한다고 주장하나요, 아니면 어떤 것은 양쪽 방식으로 움직이지만, 어떤 것은 한쪽 방식으로만 움직인다고 주장하나요?"

테오도로스 제우스께 맹세코 나로서는 대답을 할 수가 없네요. 하지만 내 생각에 그들은 양쪽 방식으로 운동한다고 주장할 것 같습니다.

소크라테스 벗이시여, 바로 그렇습니다. 그렇지 않다면, 사물들이 움직이면서 정지해 있는 것으로 그들에게 밝혀지게 될 것이며, 모든 것이 정지해 있다고 말하는 것보다 모든 것이 움직인다고 말하는 것이 특별히 더 옳을 것이 없게 될 것입니다.

테오도로스 더없이 맞는 말씀입니다.

소크라테스 그러면 그것들이 움직이지 않으면 안 되니까, 그리고 움직이지 않음이 어떤 것에도 들어 있으면 안 되니까, 결국 모든 것들은 언제나 온갖 움직임을 하게 마련입니다.

테오도로스 필연적입니다.

소크라테스 그럼 부디 그들의 다음과 같은 논점을 고찰해 주시죠. 뜨거움이나 흼 또는 그 어떤 것이든 그것의 생성에 대해 그들이 이런 어떤 식으로 주장한다고 우리가 말하지 않았던가요?[576] 이것들 각각은 작용을 가하는 것과 작용을 받는 것 사이에서 지각과 함께 운동을 하며, 작용을 받는 것은 지각이 아니라 지각하는 것으로 되고, 작용을 가하는 것은 성질이 아니라 어떤 성질의 것으로 된다고 말입니다. 그런데 아마도 '성질'[577]이란 낱말은 낯설게 보일 것이며 그와 동시에 선생은 그 낱말이 총괄적으로[578] 사용될 경우는 이해하기 어려우실 겁니다. 그러니 개별적으로 사용되는 걸 얘기해 보겠습니다. 작용을 가하는 것은 뜨거움도 흼도 아니라 뜨거운 것이나 흰 것으로 되며, 다른 모든 것들의 경우도 그런 식으로 됩니다. 앞서의 논의에서 우리가 다음과 같이 말했던 것을 아마 선생께서 기억하고 계실 테니 드리는 말씀입니다.[579] 그 자체가 그것 자체로 하나인 건 아무것도 없으며, 이는 작용을 가하는 것이나 작용을 받는 것의 경우도 그러한데, 이 양자가 서로 어울림으로써 그로부터 지각들과 지각되는 성질들[580]을 출산해 내며, 출산하는 한쪽은 어떤 성질의 것들로 되고 다른 쪽은 지각을 하는 것들로 된다고 말입니다.[581]

테오도로스 기억합니다. 왜 못하겠어요?

소크라테스 그러니까 다른 점들은, 그들이 이렇게 말하든 저렇게 말하든, 그냥 내버려 둡시다. 우리가 논의를 하는 목적만 고수하며 이렇게 물어보도록 합시다. "당신들 주장에 따르면 모든 것들이 움직이며 흐르고 있지요? 그렇죠?"

테오도로스 그렇습니다.

소크라테스 "모든 것들이, 우리가 나눈 두 가지 움직임을, 즉 운동뿐만 아니라 변화도 하는 것 아니겠습니까?"

테오도로스 어찌 그렇지 않겠습니까? 적어도 완전히 움직이게 되려면 말입니다.

소크라테스 그러니까 그것들이 운동만 하고 변화는 하지 않는다면, 운동을 하고 있는 것들이 어떤 성질의 것들로서 흐르고 있는지를 아마 우리가 말할 수 있게 될 겁니다. 아니면 어떻게 말할까요?

테오도로스 그렇게 말할 수 있을 겁니다.

d 소크라테스 하지만 흐르는 것이 흰 것으로서 흐른다는 이것조차도 머물러 있지 않고 변전하여 흼, 바로 그것의 흐름도 있게 되고 다른 색으로의 변전까지 있을 정도이니까(이런 식으로 머물러 있다는 공박을 받지 않으려면 말입니다.), 대체 그것을 어떤 색으로 부를 수가 있는가요? 그것을 제대로 지칭할 만한 색으로 부를 수 있느냐는 말입니다.

테오도로스 아니 무슨 수로 그럴 수 있겠습니까, 소크라테스 님? 또는 그와 같은 다른 것의 경우도[582] 그것에 대해 말하면 그것이 흐르는 탓에 언제나 빠져나가 버린다고 한다면 무슨 수로 그럴 수 있겠습니까?[583]

e 소크라테스 그리고 그 어떤 지각에 관해서든, 이를테면 봄에 관해서나 들음에 관해서 우리가 무슨 말을 할 수 있을까요? 대체 봄

이나 들음 자체 속에 머물러 있다고 말할 수 있을까요?

테오도로스 아무튼 그렇게 말하면 안 되는 것이죠. 모든 것들이 움직인다면 말입니다.

소크라테스 그러므로 어떤 것을 보지 않음이라고 하기보다 봄이라고 불러서도 안 되며, 어떤 것을 지각 아님이라고 하기보다 다른 어떤 지각이라고 불러서도 안 됩니다. 모든 것들이 온갖 방식으로 움직이는 한에서는 말입니다.

테오도로스 그렇고 말구요.

소크라테스 그런데도 나와 테아이테토스는 지각은 앎이라고 말했습니다.

테오도로스 그랬지요.

소크라테스 그러므로 앎이 무엇인가 하는 질문을 받았을 때, 우리[584]가 앎이 아님보다는 앎에 대해 답변을 했다고는 결코 할 수가 없습니다.

테오도로스 그런 것 같습니다.

소크라테스 이렇게 해서 저 답변을 다듬는 작업을 우리가 훌륭하게 마무리한 셈이겠군요. 저 답변[585]이 옳은 것으로 드러나게 하려고 우리는 모든 것들이 움직인다는 것을 입증하려고 애를 썼던 것이지요. 그런데 정작 다음과 같이 드러나고 만 것 같습니다. 만일 모든 것들이 움직인다면, 무슨 물음을 대상으로 해서든 '그렇다'고 하는 답변이나 '그렇지 않다'고 하는 답변이나, 또는 (그것들을 말로 정지시키지 않으려고 '된다'[586]는 표현을 쓰길 원하면) '그렇게 된다'는 답변이나 '그렇지 않게 된다'는 답변이나, 모든 답변이 마찬가지로 옳은 것으로 드러나고 말았습니다.

테오도로스 옳은 말씀입니다.

소크라테스 그렇습니다, 테오도로스 님. '그렇게'나 '그렇지 않게'라는 말을 했다는 점만은 빼고 말씀입니다. 하지만 '그렇게'라는 이 말조차 하지 말아야 하고[587]('그렇게'는 더 이상 움직이지 않을 테니까요.), 다시 '그렇지 않게'라고도 하지 말아야 하며(이것도 움직임이 아니니까요.), 오히려 이런 학설을 주장하는 사람들로서는 어떤 다른 언어를 상정해야 합니다. 그들이 지금으로서는 자신들의 가정[588]에 맞는 표현[589]을 가지고 있질 못한 것이니까요. '어떻게도 아닌'이라는 표현은 제외하고 말입니다. 그런 표현은 한정 없는 것으로[590] 언급된 것이라 그렇게 하면 그들에게 제일 잘 어울릴 겁니다.[591]

테오도로스 그래요. 그것이 바로 그들 특유의 어법입니다.

소크라테스 그러면, 테오도로스 님, 우리는 당신의 동료로부터 벗어나게 된 것이며, 모든 사람이 만물의 척도라는 그분 입장에 여전히 동조하지 않는 것입니다. 그 누가 되었든 슬기로운 자가 아니라면 척도가 못 된다는 것이지요. 뿐만 아니라 여기 있는 테아이테토스가 어떻게든 달리 주장하지 않는 한, 우리는 적어도 모든 것들이 움직인다고 보는 탐구의 길에 의해서는 앎이 지각이라는 데 대해 동조하지 않을 것입니다.

테오도로스 그거 듣던 중 반가운 말씀입니다, 소크라테스 님. 이런 것들이 완결되고 나면, 프로타고라스 님의 학설과 관련된 논의의 끝을 본 것이니까, 합의에 따라 나도 당신에게 대답하는 역할에서 벗어나는 게 마땅하기에 하는 말입니다.[592]

테아이테토스 안 됩니다, 테오도로스 선생님. 선생님과 소크라테스 선생님께서 방금 제안하신 대로, 모든 것이 정지해 있다는 다른 쪽 주장을 내세우는 이들을 자세히 살펴보시기 전까지는요.

테오도로스 테아이테토스, 어린 사람이 연장자들 보고 합의를 깨고[593] 부당한 짓을 저지르라고 가르치는 겐가? 자네는 남은 논의거리에 대해 소크라테스 님한테 어떤 식으로 설명할지 준비나 해 두게.

테아이테토스 그러겠습니다. 소크라테스 선생님이 원하신다면요. 그래도 제가 얘기한 사람들[594]에 대해 들을 수 있다면 전 더없이 즐거웠을 텐데요.

테오도로스 자네가 소크라테스 님을 논의의 장으로 불러내는 건 "평원으로 기병들을"[595] 불러내는 형국일세. 자, 질문을 드려 보게. 그럼 듣게 될 거야.

소크라테스 그렇지만, 테오도로스 님, 적어도 테아이테토스가 요구한 것들과 관련해서 내가 그를 따를 것이라는 생각은 들지 않습니다.

테오도로스 아니 왜 안 따를 것이라는 거죠?

소크라테스 부끄러워서 그럽니다. 멜리소스나 모든 것을 정지된 하나라고 말하는 그 밖의 사람들을 우리가 조잡하게 검토하지나 않을까 해서죠. 그들보다는 유일무이한 분[596]인 파르메니데스에 대해서 더욱더 부끄럽지만 말씀입니다. 호메로스가 한 표현으로 하자면, 파르메니데스는 "내겐 황공하기도 하고" 동시에 "두렵기도 한 분"으로 보입니다.[597] 나는 아주 젊었을 때 아주 연로한 그 분과 함께한 적이 있었는데요,[598] 내게는 그분이 전적으로 고상한 어떤 심오함을 지니고 있는 것처럼 보였으니까요. 그래서 나는 그분이 하신 말씀을 우리가 이해하지 못할까 두렵습니다. 뿐만 아니라 그분이 말씀하실 때 품고 계신 생각이 무엇인지를 우리가 너무 많이 놓쳐 버리지나 않을까 두렵습니다. 그리고 제일 크게 두려운 건, 누군가가 술꾼들처럼 밀치고 들어오는 수선스러운[599] 말들을 허용하게 될 경우 그런 수선스러운 말들 탓에, 정작 우리의 논의가 시작된 단초, 즉 앎이 도대체 무엇인가 하는 문제가 검토되지 못한 채로 남게 되지 않을까 하는 겁니다. 특히 방금 우리가 끄집어낸 이야깃거리는 양적으로 어마어마한 것으로, 그것을 부차적인 일로 검토를 해도 문제요, 충분히 검토를 해도 문제가 될 겁니다. 앞의 경우라면 그것이 걸맞지 않은 대우를 받게 될 테고, 뒤의 경우라면 논의가 너무 확장되어 앎의 문제가 실종돼 버리고 말 겁니다. 어느 쪽도 안 되는 일이죠. 그보다는 앎과 관련해서 테아이테토스가 임신하고 있는 것들을 산파의 기술로 분만시키려는 시도를 하는 게 우리가 해야 할 일입니다.

테오도로스 그럼요, 당신에게 그러는 게 좋다고 여겨진다면 그렇게 해야지요.

소크라테스 그럼 테아이테토스, 앞서 언급된 것들과 관련해서 이런 것도 더 검토해 보게. 사실 자네는 지각이 앎이라고 대답했었네. 그렇지?

테아이테토스 그렇습니다.

소크라테스 그럼 어떤 사람이 자네에게 이렇게 묻는다고 해 보세. "인간은 무엇에 의해서 흰 것들과 검은 것들을 보며, 무엇에 의해서 높은 음들과 낮은 음들을 듣는가?"[600] 내 생각에 자네는 "눈과 귀에 의해서"라고 대답할 것 같군.

테아이테토스 저야 그렇게 대답하겠죠.

소크라테스 대개는, 이름과 표현[601]에 개의치 않고 엄밀하게[602] 따지고 들지 않는 게 고상하고, 그와 반대로 하는 건 오히려 자유인답지 못한 방식이지만, 때로는 그렇게 하는 게 불가피하네. 이를테면 방금처럼, 자네가 한 대답이 옳지 않은 한에서는, 그걸 붙들고 늘어질 수밖에 없는 일이지. 다음과 같은 대답에서 어느 쪽이 더 옳을지 살펴보게. 우리가 어떤 것을 보게 되는 건 눈 그것에 의해서라는 대답이 옳을까, 아니면 눈 그것을 통해서라는 대답이 옳을까? 그리고 우리가 어떤 것을 듣게 되는 건 귀 그것에 의해서라는 대답이 옳을까, 아니면 귀 그것을 통해서라는 대답이 옳을까?[603]

테아이테토스 우리가 각각의 것들을 지각하게 되는 건 어떤 것들에 의해서라기보다 어떤 것들을 통해서인 것으로 제겐 생각됩니다, 소크라테스 님.

d 소크라테스 여보게, 아마도 다음과 같다면 괴상한 일이기에 그런 것이지. 여러 지각들이,[604] 마치 목마(木馬) 안에 드러누워 있는 듯이[605] 우리 안에 드러누워 있을 뿐이고, 이 모든 것들이 한 형상의 어떤 것[606](그것을 '영혼'이라 부르든 아니면 달리 뭐라고 불러야 하든[607])에 다다르지[608] 못한다면 말일세. 바로 그것에 의해 우리는 지각되는 모든 것들을 도구[609] 같은 이 지각들[610]을 통해 지각하게 되는 것인데 말이지.[611]

테아이테토스 제게는 앞의 방식으로 된다기보다 뒤의 방식으로 된다고 생각됩니다.[612]

소크라테스 내가 이것들을 자네한테 엄밀하게 따지는 건 다음과 같은 문제 때문이네. 우리가 눈을 통해서는 흰 것들과 검은 것들에 이르고 다시 다른 것들을 통해서는 다른 어떤 것들에 이르는
e 건, 우리 자신의 동일한 어떤 것에 의해서인가? 이런 질문을 받으면 자네는 이러한 모든 것들을 몸 탓으로 돌릴 수 있겠는가? 자넬 위해 내가 참견하느니 자네가 그것들에 대답하면서 말하는,

게 아마 더 나을 듯싶네. 그럼 내게 말해 보게. 자네가 뜨거운 것들과 딱딱한 것들과 가벼운 것들 그리고 달콤한 것들을, 어떤 것들을 통해서 지각하게 된다면, 자네는 그 어떤 것들 각각을 몸에 속하는 것으로 놓는가, 아니면 다른 어떤 것에 속하는 것으로 놓는가?

테아이테토스 다름 아니라 몸에 속하는 것으로 놓습니다.

소크라테스 그리고 어떤 힘[613]을 통해서 지각하게 된 그것들을 다른 힘을 통해서는 지각할 수 없다는 것을 자네는 동의하려 들겠는가? 이를테면 들음을 통해서 지각하게 된 것들은 봄을 통해서는 지각할 수 없고, 봄을 통해서 지각하게 된 것들은 들음을 통해서는 지각할 수 없다[614]고 말일세.[615]

테아이테토스 물론 전 동의하려 들 겁니다.

소크라테스 그러면 양자[616]에 관해 자네가 무슨 생각을 한다면,[617] 자네는 적어도 한쪽의 도구를 통해서 양자에 관해 지각하는 것은 아닐 것이며, 다시 다른 쪽의 도구를 통해서 그러는 것도 아닐 것이네.

테아이테토스 못 하고말고요.

소크라테스 그러면 소리와 색깔 그 양자에 관해서, 우선 자네는 바로 이런 생각을 하는가? 양자가 있다는 것 말일세.

테아이테토스 전 그런 생각을 합니다.

소크라테스 그러면 그 양자가 각기 서로 다르지만 그 자신과는 동일하다는 생각도 하겠군?

b 테아이테토스 물론입니다.

소크라테스 양자가 두 가지이며 그 각각은 하나라는 것도?

테아이테토스 그런 생각 또한 합니다.

소크라테스 그러면 자네는 양자가 서로 유사한지 안 유사한지를 고찰할 능력도 있겠군?

테아이테토스 아마도요.

소크라테스 그럼 양쪽과 관련된 그 모든 것들을 자네는 무엇을 통해서 생각하게 되는가? 그것들과 관련된 공통적인 것을 들음을 통해서도 봄을 통해서도 포착할 수가 없을 테니 하는 말일세. 우리가 하는 말에 관한 증거로는 다음과 같은 것이 더 있기도 하네. 이 양자[618]가 짠지 안 짠지를 고찰하는 게 가능한 일이라면,

c 무엇에 의해서 고찰하게 되는가를 자네는 물론 말할 수 있을 것이네. 그리고 그건 분명 봄도 들음도 아니라 다른 어떤 것이네.

테아이테토스 그거야 물론 혀를 통한 힘[619] 아니겠습니까?

소크라테스 잘 말했네. 하지만 말이야, 그것들[620]뿐 아니라 모든 것들에 걸쳐 있는 공통적인 것[621]을 자네에게 밝혀 주는 힘은 무엇을 통해서 그렇게 할까? 여기서 공통적인 것이란[622] 자네가, '있다'거나 '있지 않다'라는 말로 가리킨 것, 또는 방금 우리가 그것들[623]에 관해 물을 때 쓴 말들로 가리킨 것을 말하는 것일세. 우리의 지각하는 쪽이 어떤 것들을 통해서 각각의 것들을 지각

할 때, 자네는 그 어떤 것들 모두에 대해 어떤 도구들을 할당할 텐가?

테아이테토스 선생님께서는 있음과 있지 않음, 유사성과 비유사성, 동일성과 타자성, 거기다 그것들과 관련된 하나 내지 그 밖의 수를 말씀하시는 거군요. 그리고 선생님은, 짝수와 홀수뿐만 아니라 이것들에 뒤따르는 그 밖의 모든 것들과 관련해서 이런 걸 묻고 계신 게 분명합니다. 우리가 그것들을 영혼에 의해서 지각할 때, 몸에 속하는 것들 중 어떤 것을 통해서 지각하게 되는 것인가 하고 말입니다.

소크라테스 테아이테토스, 굉장히 잘 따라오는구먼. 내가 묻는 게 바로 그런 것들일세.

테아이테토스 하지만 소크라테스 선생님, 제우스께 맹세코 저로서는 다음과 같은 점을 빼고는 드릴 수 있는 말씀이 없습니다. 제 생각으로는, 저런 경우에[624] 있는 고유한 그런 도구가 이런 경우에는 아예 있지도 않은 것 같고, 제가 보기엔 모든 것들과 관련된 공통적인 것들은 영혼 자체가 자신을 통해서 고찰하는 것[625] 같습니다.

소크라테스 테아이테토스, 자넨 정말 아름다운 사람이야.[626] 테오도로스 님이 말씀하신 것처럼 추한 사람이 아닌 게지. 아름답게 말하는 사람은 아름답고도 훌륭한 자[627]이니까. 그리고 아름답다는 것에 더해 자네는 내게 잘해 주기까지 하는군. 기나긴 논의에서 날 벗어나게 해 주었으니까. 영혼 자체가 자신을 통해 고찰하는 그런 것들이 있는가 하면, 영혼이 몸의 힘들을 통해서 고찰하는 그런 것들이 있는 것으로 자네에게 보인다니 말일세. 이것이야말로 나 자신의 의견이기도 했는데,[628] 난 자네도 그런 의견을 가지길 바라고 있었거든.

186a 테아이테토스 물론 그래 보입니다.

소크라테스 그럼 자네는 있음을 어느 쪽에 속하는 것으로 놓는가? 무엇보다도 이것이 모든 것들에 붙어 다니니까 묻는 것일세.

테아이테토스 저는 영혼 자체가 그것 자체로 다다르려고 하는 것들에 속한다고 놓습니다.

소크라테스 유사성과 비유사성 그리고 동일성과 타자성의 경우도 말인가?

테아이테토스 그렇습니다.

소크라테스 그리고 아름다움과 추함, 좋음과 나쁨의 경우는 어떤가?[629]

테아이테토스 그것들의 경우 또한 그렇습니다. 제가 보기엔 영혼이 그것들의 있음을 특히 그것들 서로의 관계 속에서 고찰하는

b 것 같습니다. 영혼이 자신 속에서 과거와 현재를 미래와 관계해서 헤아리며[630] 말입니다.

소크라테스 잠깐만. 단단한 것의 단단함은 촉각을 통해 지각될 테고, 무른 것의 무름도 마찬가지가 아닌가?

테아이테토스 그렇습니다.

소크라테스 그리고 단단한 것과 무른 것 그 양자의 있음, 그 양자가 무엇인가 하는 것, 양자의 서로에 대한 대립성, 그리고 또 그 대립성의 있음, 이런 것들에 대해서는 영혼 자체가 그것들을 되새기어[631] 서로 비교함으로써 우리에게 판정을 내려 주는 시도를 하네.

테아이테토스 확실히 그렇습니다.

소크라테스 몸을 통해 영혼에 이르는 모든 경험들은 인간이나 동물이나 태어나자마자 자연적으로 지각하게 되어 있지만, 그런 경험들을 있음과 이로움의 측면에서 헤아린 결과[632]는 그런 것이 누구에게 생기게 되더라도 오랜 시간에 걸쳐 많은 애를 쓰고 교육을 받아야 가까스로 생기게 되지 않겠나?

테아이테토스 전적으로 그렇습니다.

소크라테스 그러면 있음에 적중하지[633] 못하는 자가 진리에 적중하는 게 가능한가?

테아이테토스 불가능합니다.

소크라테스 어떤 자가, 어떤 것의 진리에 적중하지 못하는 경우, 도대체 그러고도 그 어떤 것에 대해 아는 자일 수 있겠는가?

테아이테토스 도대체 어떻게 그럴 수 있겠습니까, 소크라테스 선생님?

소크라테스 그렇다면 앎은 경험들[634] 속에 있지 않고, 그런 경험들과 관련된 추론[635] 속에 있는 것일세. 추론 속에서는 있음과 진리를 파악하는 것이 가능한 일이나, 경험 속에는 그게 불가능한 것 같으니까.[636]

테아이테토스 그런 것 같습니다.

소크라테스 그럼 자네는 저것과 이것[637]을 동일한 것이라고 부르는가? 그 정도로 차이가 있는데 말이야.

테아이테토스 어쨌거나 그건 정당하지 못한 일이죠.

소크라테스 그러면 저것에 대해, 즉 봄, 들음, 냄새 맡음, 차게 느낌, 뜨겁게 느낌에 대해 무슨 이름을 붙이겠나?

테아이테토스 저로서는 '지각함'이라고 하겠습니다. 달리 뭐라 하겠습니까?

소크라테스 자네는 그것 일체를 지각이라 부르는가?

테아이테토스 필연적으로 그래야 합니다.

소크라테스 그것[638]이 진리를 파악하는 데는 관여하지 못한다고 우리는 말했네. 있음을 파악하는 데 역시 관여하지 못하니까.[639]

테아이테토스 그렇고말고요.

소크라테스 그러면 앎에도 관여하지 못하네.

테아이테토스 그럼요.

소크라테스 그러면 테아이테토스, 지각과 앎은 결코 동일한 것일 수 없을 것이네.

테아이테토스 분명히 그렇습니다, 소크라테스 선생님. 앎은 지각과 다른 것이라는 게 이제는 정말 더없이 분명해졌습니다.

소크라테스 하지만 애당초 우리가 대화를 시작한 건 앎이 도대체 무엇인지를 찾아내기 위해서였지, 앎이 무엇이 아닌지를 찾아내기 위해서가 결코 아니었네. 그렇긴 해도 우리가 다음 정도만큼의 진전은 보았네. 앎을 결코 지각 속에서 찾지 않고, 영혼 자체가 있는 것들에 그것 자체로 몰두할 때 수행하는 것이 도대체 무엇이든[640] 그런 이름 속에서 찾을 정도는 된 거지.

테아이테토스 그건 물론 판단함[641]이라고 불린다고 생각합니다, 소크라테스 선생님.

소크라테스 이보게, 정말 옳은 생각일세. 그럼 이제 이전 것들은 전부 지워 버리고 다시 처음부터 자네가 더 잘 알아볼 수 있는지 생각해 보게. 여기까지 자네가 진척을 보았으니까 말이야. 그러면 앎이 도대체 무엇인지 다시 말해 보게.

테아이테토스 모든 판단을 앎이라고 하는 건 불가능합니다,[642] 소크라테스 선생님. 거짓인 판단도 있으니까요.[643] 참인 판단이 앎일 수 있을 겁니다.[644] 그리고 이것을 제 대답이라고 해 두죠. 진행해 나가다가 지금처럼 그게 아닌 것으로 밝혀지면, 우리는 다른 어떤 말을 시도할 테니까요.

소크라테스 암, 그렇게 열성적으로 말해야 하네, 테아이테토스. 처음에 했던 식으로 대답하길 주저하기보다는 말이지.[645] 우리가 그렇게 열성적으로 하면 다음의 둘 중 한 사태가 일어나게 될 테니까. 우리가 좇는 것을 찾게 되든가, 아니면 우리가 어떤 방식으로도 알지 못하는 것에 대해 안다는 생각을 덜하게 되든가 하겠지. 이 같은 것이라도 못마땅한 보상은 아닐 것이네. 자 그럼, 지금 자네는 무슨 말을 하고 있는 것인가? 판단에는 두 종류[646]가 있으며, 하나는 참이고 다른 하나는 거짓이기에 앎을 참인 판단이라고 정의하는 것인가?[647]

테아이테토스 전 그렇습니다. 이번에는 다시 그렇게 보이거든요.

소크라테스 그러면 판단과 관련해서 다시 또 붙들고 늘어질 만한 일인지…. [648]

테아이테토스 대체 어떤 걸 말씀하시는 건가요?

d 소크라테스 다른 때도 누누이 그랬지만 어쩐지 지금도 계속해서 그게 날 괴롭히고 있네. 나 자신을 상대로나 다른 사람을 상대로나 정말 어찌할 바를 모를 정도였지. 우리에게 일어나는 이 경험이 도대체 무엇인지, 또 그게 어떤 방식으로 생기게 되는지를 말할 수가 없어서 말일세.

테아이테토스 대체 어떤 것 말씀인가요?

소크라테스 어떤 사람이 거짓인 판단을 하는 것[649] 말이네.[650] 그래서 그것을 고찰 중인데, 난 지금도 여전히 갈피를 못 잡고 있네. 우리가 이것을 그냥 제쳐 놓아야 할지 아니면 좀 전과는[651] 다른 방식으로 살펴보아야 할지 말일세.

테아이테토스 뭐가 문제이겠어요, 소크라테스 선생님? 어떻게든 정말로 살펴볼 필요가 있는 것으로 보인다면 말이죠. 방금 선생님과 테오도로스 선생님께서 여가에 관해 딱 좋은 말씀을 하셨잖아요. 이와 같은 논의에서는 재촉하는 게 아무것도 없다고 말씀입니다.[652]

소크라테스 제대로 환기시켜 주었네. 지나온 발자취를 다시 좇는 것이 아마도 때에 안 맞는 일은 아닐 테니까. 많은 것을 불충분하게 하기보다 조금이라도 잘 마무리하는 것이 확실히 더 나은 일이니 말일세.

테아이테토스 물론입니다.

소크라테스 그러면 어떻게 하도록 할까? 우리는 진정 무슨 말을 하고 있는 것인가?[653] 판단을 하는 모든 경우에 거짓인 판단이 있을 수 있으며, 그래서 사태가 원래 그러하듯이, 우리[654] 중 누군가는 거짓인 판단을 하고 다시 누군가는 참인 판단을 한다는 것이 우리가 주장하는 바인가?[655]

테아이테토스 바로 그것이 우리가 주장하는 바입니다.

소크라테스 자, 그런데, 대상들 그 전부와 관련해서나 개개의 것과 관련해서나 우리에게 있을 수 있는 건 아는 경우 아니면 알지 못하는 경우 아니겠나? 배움과 잊음은 이것들 사이에 있다는 점에서 지금 단계에서는 제쳐 놓자는 말일세. 현재로서는 우리 논의와 아무 상관도 없으니까.[656]

테아이테토스 물론 그렇지요, 소크라테스 선생님. 각각의 것에 관해 아는 것 아니면 알지 못하는 것 말고 다른 어떤 여지도 없습니다.

소크라테스 그럼 판단을 하는 자가 판단을 할 때는 아는 것들 중 어떤 것을 판단하거나 아니면 알지 못하는 것들 중 어떤 것을 판단할 게 결국 필연적이지 않겠나?

테아이테토스 필연적입니다.

소크라테스 그리고 동일한 것을 알면서 알지 못한다거나, 알지 못하면서 안다는 건 물론 불가능하네.[657]

b

테아이테토스 어찌 그렇지 않겠습니까?

소크라테스 그럼 거짓인 것들을 판단하는 자[658]는 자기가 아는 어떤 것들을 그것들로 생각하지 않고 자기가 아는 다른 어떤 것들이라고 생각하는 것인가? 그래서 그는 양쪽 다를 알면서도 다시금 양쪽 다를 모르는 것인가?

테아이테토스 그건 불가능합니다, 소크라테스 선생님.

소크라테스 그게 아니라 그는 알지 못하는 어떤 것들을 자기가 알지 못하는 다른 어떤 것들이라고 여기는 것인가? 그래서 테아이테토스도 소크라테스도 알지 못하는 자가 '소크라테스는 테아이테토스이다.'라는 생각에 이르거나 '테아이테토스는 소크라테스이다.'라는 생각에 이르는 그런 게 있을 수 있는 것인가?

c

테아이테토스 아니 어찌 그럴 수 있겠습니까?

소크라테스 그런데 자기가 아는 것들을 알지 못하는 것들이라고 여기는 경우는 없으며, 다시 또 알지 못하는 것들을 아는 것들이라고 여기는 경우도 확실히 없네.

테아이테토스 그럼요, 그건 괴상한 일일 겁니다.

소크라테스 그러면 더 이상 어떻게 거짓인 판단을 할 수가 있겠는가? 왜냐하면 모든 대상들에 대해 우리가 알든가 아니면 알지 못하든가 하는 만큼 방금 언급한 경우들을 빼면 판단을 한다는 것이 확실히 불가능한데, 이들 경우에는 거짓인 판단을 하는 것이 결코 가능해 보이지 않으니까.

테아이테토스 더없이 맞는 말씀입니다.

소크라테스 그럼 우리가 찾고 있는 것을 다음과 같은 방식으로 살펴봐야 하는 것 아닌가? 앎과 알지 못함의 관점이 아니라 있음과 있지 않음의 관점에서 해나가는 방식 말일세.[659]

테아이테토스 무슨 말씀이신가요?

소크라테스 단순히 이런 것 아닐까 싶네. 무엇과 관련해서든 있지 않은 것들을 판단하는 자[660]는, 그때 드는 생각의 상태가 달리 어떠하든 간에, 거짓인 판단을 하지 않을 수 없다는 것 말일세.

테아이테토스 다시 이제는 이게 그럴듯하군요, 소크라테스 선생님.

소크라테스 어째서인가? 누군가가 다음과 같이 우리를 심문한다면 우리는 뭐라고 대답할까, 테아이테토스? "방금 언급된 사태가 누구에겐가 가능한 일일까요? 도대체 어떤 사람인들 있지 않은 것을 판단할 수 있겠느냐는 말입니다. 있지 않은 것을 있는 것들 중 어떤 것과 관련해서 판단하든, 있지 않은 것 자체를 그것 자체로 판단하든 말입니다."라고 말일세. 그러면 이에 대해 우리는 이렇게 말할 것 같네. "그럼요. 뭔가 생각은 하지만 참이 아닌 것들을 생각할 경우에 그게 가능합니다." 아니면 우리가 어떻게 말할 것인가?

테아이테토스 그렇게 말할 겁니다.

소크라테스 그럼 또, 다른 어떤 경우에 이러한 것이 있을 수 있는가?

테아이테토스 어떤 것 말씀인가요?

소크라테스 어떤 사람이 어떤 것을 보지만 어느 하나도 아닌 것을 보는 경우[661] 말일세.

테아이테토스 아니 어떻게 그럴 수 있겠습니까?

소크라테스 아무렴, 하나의 어떤 것을 본다면 있는 것들 중 어떤 것을 보는 것이네.[662] 아니면 자네는 하나라는 것이 있지 않은 것들 가운데 있을 수가 있다고 생각하는가?

테아이테토스 전 없다고 생각합니다.

소크라테스 그러므로 하나의 어떤 것을 보는 자는 있는 어떤 것을 보는 것이네.

테아이테토스 그런 것 같습니다.[663]

소크라테스 그러므로 어떤 것을 듣는 자 또한 하나의 어떤 것을, 그러니까 있는 것을 듣는 것이네.

테아이테토스 그렇습니다.

소크라테스 그리고 어떤 것을 만지는 자는 하나의 어떤 것을 만지는 것이며, 그것이 하나인 한에서는 있는 것을 만지는 것이지?

테아이테토스 그 또한 그렇습니다.

소크라테스 그런데 판단하는 자는 하나의 어떤 것을 판단하는 것 아닌가?

테아이테토스 필연적으로 그렇습니다.

소크라테스 그런데 하나의 어떤 것을 판단하는 자는 있는 어떤 것을 판단하는 것 아닌가?

테아이테토스 동의합니다.

소크라테스 그러므로 있지 않은 것을 판단하는 자는 어느 하나도 아닌 것을 판단하는 것[664]이네.

테아이테토스 그런 것 같습니다.

소크라테스 아무렴, 어느 하나도 아닌 것을 판단하는 자는 아예 판단조차 하지 않는 것이네.

테아이테토스 그게 명백한 것 같네요.

소크라테스 그러므로 있지 않은 것을 판단할 수는 없네. 있는 것들과 관련해서든 있지 않은 것 자체를 그것 자체로 해서든 말일세.[665]

테아이테토스 그런 것 같습니다.

소크라테스 따라서 거짓인 판단을 하는 것은, 있지 않은 것들을 판단하는 것과는 다른 어떤 것이네.

테아이테토스 다른 것인 것 같습니다.

소크라테스 그러므로 이런 식으로도[666] 좀 전에 우리가 검토한 식으로도[667] 우리 안에 거짓인 판단은 없네.

테아이테토스 정말 없고말고요.

소크라테스 그럼 우리는 다음과 같은 사태가 일어날 때 거짓인 판단이라고 부르는 건가?

테아이테토스 어떤 말씀이신지요?

소크라테스 착오 판단[668]이라는 것이 있을 때 우리는 거짓인 판단이 있다고 하네. 어떤 사람이 있는 것들 중 어떤 것[669]을, 생각에서 서로 바꾸어, 그것 대신에 있는 것들 중 다른 것이라고 말할 경우 말이네. 왜냐하면 그는 언제나 이런 식으로 있는 것을 대상으로 판단하지만, 어떤 것 대신 다른 것을 판단하고 있는 것이며, 그래서 자신이 겨냥한 것을 빗맞히기[670] 때문에 거짓인 판단을 하는 자라고 부르는 것이 정당할 테니까.

테아이테토스 제게는 지금 선생님께서 아주 옳은 말씀을 하신 것으로 생각됩니다. 어떤 사람이 아름다운 것 대신에 추한 것을 판단하거나 또는 추한 것 대신에 아름다운 것을 판단할 때,[671] 그런 경우에 그는 참으로 거짓인 판단을 하고 있는 것이니까요.

소크라테스 테아이테토스, 자네가 나를 얕잡아 보고 있는 게 분명하군. 겁도 없이 말이야.

테아이테토스 대체 왜 그런 말씀을 하시는가요?

소크라테스 보니까 자네는 '참으로 거짓인'이란 표현을 두고 내가 따지지 않을 것이라고 여기는 것 같군. 느리게 빠르거나 무겁게 가벼울 수 있는지, 아니면 또 다른 어떤 대립적인 것이 자신의 본성을 따르지 않고 자신과 대립적인 것의 본성에 따라 자신과 대립되게 될 수 있는지를 내가 묻지 않을 것 같은가?[672] 하지만 이건 그냥 두겠네. 자네의 자신감이 헛된 것이 되지 않도록 하기 위해서 말이지. 자네 말로는, 거짓인 것들을 판단하는 것이 착오 판단을 하는 것이라는 걸로 족하다는 것이지?

테아이테토스 저야 그렇게 말합니다.

소크라테스 그러므로 자네의 판단에 따르면, 누군가 생각을 할 때 어떤 것을 바로 그것으로 놓지 않고 다른 것으로 놓는 경우가 있네.

테아이테토스 물론 있습니다.

소크라테스 그런데 누군가의 생각이 이런 식으로 이루어질 경우, 그 생각은 그것들 양쪽 다를 생각하든가 아니면 어느 한쪽을 생각하든가 할 것이 또한 필연적이지 않나?[673]

테아이테토스 필연적이고말고요. 동시에 생각하든가 아니면 하나씩 차례로 생각하든가 할 겁니다.

소크라테스 더없이 훌륭하네. 그런데 자네는 '생각한다'는 것을 나처럼 부르는가?

테아이테토스 뭐라고 부르시길래요?

소크라테스 '영혼이 무엇을 고찰하든 그것과 관련해서 영혼 자신이 자신을 상대로 이루는 말'[674]이라고 부르네. 내가 알지 못하는 상태에서 자네에게 표명하는 정도이긴 하지만 말이네. 내게는 다음과 같은 그림이 떠올랐거든. 영혼이 생각할 때는, 다름 아니라 그 자신이 자신에게 묻고 대답하며 긍정하고 부정하면서 대화를 나눈다고 말이야. 그런데 영혼이 더디게 하든 급속히 달려들어 하든 결단을 내리고 나면, 그때부터는 망설임 없이 동일한 주장을 하게 되는데, 이것을 우리는 영혼의 판단으로 놓네.[675] 그래서 나로서는 판단하는 것을 말하는 것이라 부르고, 판단을 발언되는 말이라고 부르네. 물론 다른 사람을 상대로 소리 내어 이루어지는 게 아니라 자기 자신을 상대로 묵묵히 이루어지는 것이지만. 그런데 자네 쪽에서는 뭐라 부르나?

테아이테토스 저도 그렇게 부릅니다.

소크라테스 그러므로 누군가가 어떤 것을 다른 어떤 것으로 판단할 때는, '어떤 것이 다른 어떤 것이다.'라고 자신에게 말하는 것이기도 하겠네.

테아이테토스 물론입니다.

소크라테스 그럼, '정녕 아름다운 것이 단연 추하다.'라거나 '불의한 것이 단연 정의로운 것이다.'라고 자네 자신에게 말한 적이 있는지[676] 떠올려 보게.[677] 그게 아니라도 요컨대 다음을 검토해 보게. '어떤 것이 단연 다른 것이다.'[678]라고 자네 자신을 설득해 본 적이 있는가? 아니면 완전히 그 반대인 것인가? 즉, 자네는 '홀수는 전적으로 짝수이다.'라든가 그런 유의 다른 어떤 것을 꿈속에서라도 감히 자네 자신에게 말해 본 적조차 없었던 것인가?

테아이테토스 뒤의 말씀이 맞습니다.

소크라테스 그런데 자네는, 다른 누군가가 멀쩡한 상태에서든 미친 상태에서든, 소가 말임에 틀림없다거나 둘이 하나임에 틀림없다고 자신을 설득하며 그 자신을 상대로 감히 진지하게 말하는 경우가 있다고 생각하는가?

테아이테토스 제우스께 맹세코 저로서는 없다고 생각합니다.

소크라테스 그러면 자기 자신을 상대로 말하는 것이 판단하는 것이라면, 두 가지 다른 것들과 관련해서 그 두 가지 모두를 말하고 판단하며 영혼에 의해 두 가지 모두에 접하는 자는,[679] 어느 누구도 '한쪽의 것이 다른 쪽 것이다.'라고 말하거나 판단할 리는 없겠네. 그런데 자네도 그 표현 방식만큼은 그냥 넘길 필요가 있네.[680] 나는 그것을 다음과 같은 의미로 말한 것이거든. 누구도 '추한 것이 아름다운 것이다.'라는 판단이나 이런 유의 다른 어떤 판단은 결코 하지는 않는다는 의미로 말한 것이네.

테아이테토스 그럼 소크라테스 선생님, 그 표현 방식은 그냥 넘어가겠습니다. 제가 보기에는 선생님 말씀대로인 것 같습니다.

소크라테스 그러므로 두 가지 모두를 판단하면서 한쪽의 것을 다른 쪽 것이라고 판단하는 건 불가능하네.

테아이테토스 그런 것 같습니다.

소크라테스 더 나아가 한쪽만 판단하고 다른 쪽은 전혀 판단하지 못하는 경우엔,[681] 한쪽의 것이 다른 쪽 것이라는 판단은 결코 하지 못할 걸세.

테아이테토스 맞는 말씀입니다. 그렇지 않으면, 그는 판단하고 있지 않은 것에 대해서까지도 접하고 있어야 할 테니까요.

소크라테스 그러므로 두 가지 모두를 판단하는 자든 한쪽만 판단하는 자든 착오 판단을 할 여지는 없네. 그래서 만일 어떤 사람이 혼동하는 판단을 하는 것[682]을 거짓인 판단이라고 정의한다면 그는 무의미한 말을 하는[683] 셈이겠네. 이런 식으로든 이전의 방식으로든 우리 안에는 거짓인 판단이 있지 않다는 게 분명하니까.

테아이테토스 그런 것 같습니다.

소크라테스 그렇지만 테아이테토스, 만일 이것[684]이 있지 않다는 게 분명하다면, 우리는 어쩔 수 없이 많은 이상한 것들에 동의할 수밖에 없게 될 것이네.

테아이테토스 어떤 것들 말씀입니까?

소크라테스 모든 각도에서 그걸 검토해 보기 전에는 자네에게 말하지 않으려네. 우리가 어찌할 수 없는 난관에 빠져 내가 말하는 그런 것들[685]에 어쩔 수 없이 동의하게 된다면, 난 그런 우리 모습 때문에 부끄러움을 느끼게 될 것이기에 하는 말일세. 하지만 우리가 찾던 것을 찾아내고 자유롭게 된다면, 우리는 그때야 비로소 웃음거리에서 벗어난 처지가 되어 다른 사람들이 어찌서 그런 일들을 당하는지 말할 수 있게 될 것이네. 그러나 만일 우리가 완전히 난관에 봉착한다면, 내 생각에 우리는 움츠러들어 논변에게 우리를 내맡겨 버리고 말 것이네. 우리를 마치 뱃멀미를 하는 사람을 다루듯[686] 짓밟으며 원하는 대로 다루도록 말일세.[687] 그럼 우리의 탐구를 위한 그 이상의 돌파구를 내가 어떤 식으로 찾아내는지 들어 보게.

테아이테토스 말씀만 해 주십시오.

소크라테스 난 우리가 옳게 동의했다는 걸 부인하려네. 어떤 사람이 알고 있는 그것들을 자신이 알지 못하는 것들이라고 판단하고, 거짓인 생각을 하는 것은 불가능하다는 데 우리가 동의했을 때 말일세.[688] 그게 어떤 식으로는 가능한 일이네.

테아이테토스 우리가 그것이 그처럼 불가능하다고 말한 그 순간 저 또한 의심스럽게 여겼던 경우를 말씀하시는 건가요? 어떤 때 제가 소크라테스를 알고 있으면서도, 알지 못하는 다른 사람을 멀리서 보고서 그 사람을 제가 알고 있는 소크라테스인 것으로 믿는 경우 말씀이에요. 바로 이와 같은 경우에 선생님께서 말씀하신 그런 사태가 일어나니까요.

소크라테스 우리가 그런 것을 멀리한 건 그 경우가 우리로 하여금 아는 것들을 알면서 알지 못하게 만들었기 때문이 아니겠나?

테아이테토스 확실히 그렇습니다.

소크라테스 그런 식으로 놓지 말고 이런 식으로 놓아 보게. 이런 식으로 놓은 것[689]이 어쩌면 어떤 점에선가 우리에게 동조할 수도 있고, 어쩌면 우리에게 맞설지도 모를 일이지만, 우리로서는 어쩔 수 없이 온갖 논변을 자꾸 바꾸어 가며 시험해[690] 볼 수밖에 없는 그런 처지에 있네. 그럼 내가 뭔가 의미 있는 말을 하는지 검토해 보게. 어떤 것을 전에는 알지 못하다가 나중에 배울 수 있는가?

테아이테토스 물론이지요.

소크라테스 다른 것을 배우고, 다시 또 다른 것을 배울 수 있지 않겠나?

테아이테토스 왜 아니겠어요?

소크라테스 그러면 논의를 위해서 이렇게 놓아 주었으면 하네. 우리의 영혼 속에 밀랍(蜜蠟)으로 된 새김판[691]이 있다고 놓아 보게. 사람에 따라 더 큰 것이 있기도 있고 더 작은 것이 있기도 하며, 더 깨끗한 밀랍으로 된 것이 있기도 하고 더 더러운 밀랍으로 된 것이 있기도 하며, 더 단단한 밀랍으로 된 것이 있기도 하고 더 무른 밀랍으로 된 것이 있기도 한데, 어떤 사람들한테는 그것이 알맞은 상태로 있다고 해 보게.

테아이테토스 그렇게 놓아 보겠습니다.

소크라테스 그럼 그 밀랍판을 무사 여신들의 어머니인 므네모쉬네 여신[692]이 준 선물이라고 말해 보세. 그리고 우리가 보고 듣거나 또는 스스로 생각해 내는 것들 중 기억하고자 하는 것이 무엇이든 그런 지각들과 생각들[693]을 밀랍판 위에 대고서 거기다 그것들의 인상(印象)들을 찍는다[694]고 해 보세. 마치 반지들의 인장(印章)들로 날인(捺印)하듯이 말일세. 그리고 그렇게 찍어 내는 것이 무엇이든 그것의 상(像)[695]이 남아 있는 한 우리가 그것을 기억하고 알지만, 상이 지워져 버리거나 찍어 낼 수가 없게 된 것은 우리가 잊어버리고 알지 못한다고 하세.

테아이테토스 그렇다고 하죠.

소크라테스 그러니까 그런 상(像)들을[696] 아는 자가, 자기가 보거나 듣는 것들 중 어떤 것을 고찰하다가 결국 다음과 같은 방식으로 거짓인 판단을 하게 될 것인지 주목해 보게.

테아이테토스 어떤 방식이요?

소크라테스 자신이 아는 것들을 어떤 때는 아는 것들이라고 생각하나, 어떤 때는 알지 못하는 것들이라고 생각하는 방식 말일세. 이전에 우리가 이런 일들이 불가능하다고 동의했을 때 그건 제대로 한 동의가 못 되니까 하는 말일세.[697]

테아이테토스 지금 무슨 말씀을 하시는 거예요?

소크라테스 그것들과 관련해서는 애초부터 다음과 같이 구별을 하면서 이야기해야 하네.[698] 즉 [1] 어떤 사람이, 영혼 속에 그것에 대한 기억상(記憶像)을 지니고 있기에 알고는 있지만 지각은 안 하고 있는 그런 것을, 자신이 알고 있는 것들 중 그것에 대한 인상까지 가지고 있되 지각은 안 하고 있는 다른 어떤 것이라고 생각하는 건 불가능하네. [2] 그리고 다시 자신이 알고 있는 것을, 자신이 알지 못하며 그것에 대한 인장(印章)을 가지고 있지도 않은 다른 어떤 것이라고 생각하는 것은 불가능하네. [3] 그리고 자신이 알지 못하는 것을, 다시 알지 못하는 다른 어떤 것이라고 생각하는 것은 불가능하네. [4] 그리고 자신이 알지 못하는 것을, 알고 있는 다른 어떤 것이라고 생각하는 것은 불가능하네. [5] 그리고 지각하고 있는 어떤 것을, 지각하고 있는 것들 중 다른 어떤 것이라고 생각하는 것은 불가능하네. [6] 그리고 자신이 지각하고 있는 것을, 지각하고 있지 않은 어떤 것이라고 생각하는 것은 불가능하네. [7] 그리고 자신이 지각하고 있지 않은 것을, 자신이 지각하고 있지 않은 것들 중 다른 어떤 것이라고 생각하는 것은 불가능하네. [8] 그리고 자신이 지각하고 있지 않는 것을, 지각하고 있는 것들 중 어떤 것이라고 생각하는 것은 불가능하네. [9] 더 나아가 또다시, 자신이 알고 있고 지각하고 있으며 지각과 일치되는 표시[699]를 가지고 있는 것을, 다시 자신이 알고 있고 지각하고 있으며 지각과 일치되는 그것의 표시를 갖고 있는 것들 중 다른 어떤 것이라고 생각하는 것은, 그럴 수 있다 해도, 앞서의 경우들보다 한층 더 불가능하네. [10] 그리고 자신이 알고 있고 제대로 기억상을 지닌 채 지각하고 있는 것을, 자신이 알고 있는 다른 어떤 것이라고 생각하는 것은 불가능하네. [11] 그리고 자신이 알고 있고, 알고 있을 때와 마찬가지 상태로 그것을 지닌 채[700] 지각하고 있는 것을, 자신이 지각하는 다른 어떤 것이라고 생각하는 것은 불가능하네. [12] 그리고 다시 자신이 알지도 못하고 지각하고 있지도 않은 것을, 자신이 알지도 못하고 지각하고 있지도 않은 다른 어떤 것이라고 생각하는 것은 불가능하네. [13] 그리고 자신이 알지도 못하고 지각하고 있지도 않은 것을, 자신이 알지 못하는 어떤 것이라고 생각하는 것은 불가능하네. [14] 그리고 자신이 알지도 못하고 지각하고 있지도 않은 것을, 지각하고 있지 않은 어떤 것이라고 생각하는 것은 불가능하네. 이 모든 경우에 어떤 사람이 거짓된 판단을 한다는 것은 불가능하디불가능한 일이네. 그래서 그런 일[701]이 다른 경우에 일어날 수 있다면, 다음과 같은 경우들에서 그런 일이 일어날 여지가 있네.

테아이테토스 도대체 어떤 경우들을 두고 말씀하시는 건가요? 어쩌면 그것들을 통해 뭔가를 더 배울 수 있을지도 모르겠지만, 지금으로서는 따라가질 못하겠기에 드리는 말씀입니다.

소크라테스 [15] 자신이 알고 있는 것들의 경우에, 그것들을 자신이 알고 있고 지각하고 있는 것들 중 다른 어떤 것들이라고 생각할 때나, 또는 [16] 그것들을 자신이 알고 있지 못하지만 지각하고 있는 것들 중 다른 어떤 것이라고 생각할 때 그럴 여지가 있네. [17] 또는 자신이 알고 있고 지각까지 하고 있는 것들 중 어떤 것을, 다시 자신이 알고 있고 지각하고 있는 것들 중 다른 어

떤 것들이라고 생각할 때 그럴 여지가 있네.[702]

테아이테토스 아까보다도 지금 훨씬 더 못 따라가겠습니다.

소크라테스 그럼 다시 이런 식의 설명을 들어 보게. 나는 테오도로스 님을 알고 있고 그분이 어떤 분인지 나 자신 속에서 기억하고 있네. 그리고 난 테아이테토스에 대해서도 마찬가지라네. 그런 나도 어떤 때는 그들을 보고 어떤 때는 보지 못하며, 어느 땐가는 그들을 만지고 어떤 때는 만지지 못하며, 어떤 때는 당신들에 관해 듣거나 다른 어떤 지각을 하는 반면 어떤 때는 당신들에 관해 아무 지각도 지니지 못하면서도, 나 자신이 당신들을 기억하고 나 자신 속에서 알고 있는 게 사실 아닌가?

e 테아이테토스 확실합니다.

소크라테스 그러니까 내가 명확히 하려고 한 것들 중 이런 것이 일차적인 논점임을 알아 두게. 알고 있는 것들을 지각 못하는 경우가 있는가 하면 지각하는 경우도 있다는 것 말일세.

테아이테토스 맞습니다.

소크라테스 알지 못하는 것들에 대해서도 그렇지 않겠나? 지각까지 못 하는 경우가 자주 있는가 하면 지각만 하는 경우도 자주 있겠지?

테아이테토스 그 또한 그렇습니다.

소크라테스 자 그럼, 지금 자네가 더 잘 따라올 수 있을지 보게.

193a 소크라테스가 테오도로스 님과 테아이테토스를 알지만, 두 사람

어느 쪽도 보지 못하며, 그들에 관한 다른 지각 또한 그에게 없다면, 그가 자신 속에서 테아이테토스가 테오도로스 님이라고 판단할 리야 없겠네. 내 말이 의미 있는가, 무의미한가?

테아이테토스 의미 있죠. 맞는 말씀이기도 하고요.

소크라테스 그러니까 이것이 내가 말한 저 경우들 중 첫 번째 경우이네.

테아이테토스 예, 그렇습니다.

소크라테스 그리고 두 번째 경우는 이런 것이네. 즉 내가 당신들 중 한쪽은 알고 다른 쪽은 알지 못하면서 두 사람 어느 쪽도 지각하지 못한다면, 다시 이 경우에 내가 아는 자를 알지 못하는 자라고 생각할 리는 없을 것이네.

테아이테토스 옳습니다.

소크라테스 세 번째 경우로, 내가 두 사람 어느 쪽도 알지 못하고 지각하지도 못한다면, 내가 알지 못하는 자를 알지 못하는 자들 중 다른 어떤 자라고 생각하지는 않을 것이네. 그리고 앞에서 언급한 다른 모든 경우를 자네가 차례로 다시 들은 것으로 치게. 그런 경우들에서 내가 자네와 테오도로스 님에 관해 거짓인 것들을 판단하는[703] 일은 결코 없을 걸세. 내가 양쪽 모두를 알든 양쪽 모두를 모르든, 또는 어느 한쪽은 알고 다른 쪽은 모르든 말일세. 그리고 지각의 경우도 그건 마찬가지일세. 자네가 날 잘 따라오는지는 모르겠지만 말이야.

테아이테토스 따라가고 있습니다.

소크라테스 그러니까 거짓인 것들을 판단할 여지가 다음과 같은 경우에 있네.[704] 내가 자네와 테오도로스 님을 알고 있고 당신들 두 사람에 대한 표시들을, 마치 반지들의 인장들처럼,[705] 내 안의 저 밀랍 속에 가지고 있다고 해 보세. 그때 내가 당신들 두 사람을 멀리서 불분명하게[706] 본 채로, 당신들 각자의 고유한 표시를 각자의 고유한 보임새에 할당하여, 그 보임새를 그 자신의 자국[707]에 넣어 맞추려고[708] 애를 쓴다고 해 보세.[709] 당신들에 대한 알아봄[710]이 생길 수 있도록 하려고 말이지. 그러다가 내가 그것들을 빗맞히어, 마치 신발을 거꾸로 엇맞추어[711] 신는 사람들의 경우처럼, 당신들 각자의 보임새를 다른 쪽의 표시에다 엇맞추어 갖다 댔다고 해 보세. 또는 거울 속에서 보임새의 오른쪽과 왼쪽이 바뀔 때 일어나는 일들과 같은 것을 겪고서 내가 잘못을 하게 되었다[712]고 해 보세. 바로 그럴 경우 혼동하는 판단[713]과 거짓인 판단을 하는 것이 일어나게 되네.

테아이테토스 정말 그런 것 같습니다, 소크라테스 선생님. 판단에서 일어나는 일을 어쩌면 그렇게 놀랍도록 잘 말씀해 주시는지요.

소크라테스 그리고 더 나아가 내가 양쪽 모두를 알면서, 그중 한쪽에 대해선 아는 것에 더해 지각까지 하지만 다른 쪽에 대해서는 지각을 하지 못한 상태에서, 둘 중 한쪽에 대한 앎을 그 지각과 일치되게 지니지 못할 경우에도 거짓인 판단이 있게 되네.[714]

좀 전에도 이런 경우를 이렇게 설명했건만, 그때는 자네가 내 말을 알아듣지 못했지.

테아이테토스 정말 알아듣지 못했습니다.

소크라테스 사실 내 말 뜻은 이런 거였네. 둘 중 한쪽을 알고 지각도 하며 그 사람에 대한 지각에 일치되는 앎을 지니고 있는 사람이, 다른 쪽에 대해서도 알며 지각도 하고 거기다 다시 그에 대한 앎까지 지각에 일치되게 지니고 있을 때는, 결코 전자를 후자라고 생각할 리 없을 거라는 말이었네.[715] 그랬지?

테아이테토스 예.

소크라테스 그런데 아마도 방금 말한 다음과 같은 경우가, 거짓인 판단이 생긴다고 우리가 말하는 경우일 여지가 있네. 양쪽 다 알면서 그 양쪽 다를 보거나 양쪽 다에 대한 다른 어떤 지각을 지니는 자가 그 대상에 대한 각각의 지각에 일치되지 못하게 두 가지 표시들을 지니고 있고, 형편없는 궁수가 활을 쏠 때처럼 과녁을 빗나가 빗맞히는 경우 말일세.[716] 그리고 '빗맞힌다'[717]는 것이야말로 바로 거짓이라 불리네.

테아이테토스 그거야 당연합니다.

소크라테스 그리고 또 표시들 중에는 지각이 현존하는 것도 있고 그렇지 않은 것도 있는데, 현존하지 않는 지각에 대한 표시를 현존하는 지각에다 맞추는 경우, 이런 모든 경우에 생각은 거짓되게 되네. 그리고 한마디로 말해, 어떤 이가 알지 못하고 지각한

적도 전혀 없는 것들과 관련해서는 거짓인 생각을 할 수도 없고
거짓인 판단도 없을 것 같네. 우리가 지금 뭔가 건전한 말을 하
고 있는 것이라면 말일세. 하지만 우리가 알기도 하고 지각도 하
는 것들과 관련해서는, 판단이 참이 되기도 하고 거짓이 되기도
하며 바로 그런 것들 속에서 오락가락하고 갈팡질팡하는데, 판
단이, 원래 찍혀 있는 고유의 인상들과 새로운 인상들[718]을 마주
하게 똑바로 맞댈 때는 참이 되나, 비뚤어지고 어긋나게 맞댈 때
는 거짓이 되네.

테아이테토스 소크라테스 선생님, 그건 훌륭하게 이야기된 것 아
니겠습니까?

소크라테스 거기에다 자네가 다음과 같은 것까지 듣고 나면 더
욱 그런 말을 하게 될 걸세. 참인 것들을 판단하는 것은 아름답
지만, 거짓인 생각을 하는 것은 흉하니 말일세.

테아이테토스 어찌 그렇지 않겠습니까?

소크라테스 그러니까 사람들은 그런 것들[719]이 다음과 같이 생긴
다고들 말하네. 지각들을 통해 들어오는 것들이 어떤 이의 영혼
의 '가슴'(kear)[720,721](호메로스는 '밀랍'(kēros)[722]과 닮은 점을 암시
하여 그렇게 말했다네.)에 찍혀 표시가 될 때, 그의 영혼 안에 있
는 밀랍이 두껍고 널찍하며 보드랍고 적절하게 무른 것일[723] 경
우, 그때 이런 자들[724]에게 생기는 표시들은 깨끗하기도 하고 충
분한 두께를 가지고 있어서 오랜 시간 지속되기도 한다는 거지.

그리고 그런 사람들은 우선 쉬 배우며 기억력 또한 좋고, 더구나 지각들에 대한 표시들을 엇맞추지 않고 참인 판단을 한다는 것일세. 표시들이 명확하고 찍히는 공간도 넉넉하기에, '있는 것들'이라고 불리는 것들을, 그 표시들 나름의 각각의 새김판들에 신속하게 배치하기 때문이라는 거지. 그리고 이런 사람들이 '지혜로운 자'라고 불린다는 거야. 자네에게는 그리 생각되지 않는가?

테아이테토스 넘치도록 그리 생각됩니다.

소크라테스 그리고 누군가의 가슴이 털북숭이일 때면(온갖 것에 지혜로운[725] 한 시인이 바로 그런 경우를 찬양하셨지.[726]) 어떨지 생각해 보게. 또는 가슴이 깨끗한 밀랍으로 되어 있지 않고 오물투성이일 때나 너무 축축하거나 너무 단단할 때면 어떨지 생각해 보게. 가슴이 축축한 자들의 경우는 쉬 배우지만 잘 잊어버리게 되고, 가슴이 단단한 자들의 경우는 그 반대가 되지. 그런가 하면 털북숭이이며 꺼끌꺼끌한 가슴을 지닌 자들은, 자갈과 뒤섞인 흙이나 오물로 가득 찬 가슴을 가지고 있기에, 새김판들을 불명확한 형태로 지니고 있네. 그리고 단단한 것들을 지니고 있는 자들도 불명확한 형태로 새김판들을 지니고 있네. 거기엔 깊이가 생길 수 없기 때문이네. 축축한 것들을 가지고 있는 자들도 불명확한 형태로 새김판들을 지니고 있네. 쉽게 엉겨 버리는 탓에 불분명하게 되기 때문이지. 이 모든 것에 더해 찍힐 공간이 비좁은 탓에 서로 포개질 경우, 그리고 어떤 이의 작은 영혼이 크기가 작을 경우, 저 경우들보다 한층 더 불명확한 형태가 되네. 그러니까 이런 모든 자들이 거짓인 판단을 하는 그런 자들로 된다네. 왜냐하면 뭔가를 보거나 듣거나 생각할 때면, 그들은 각각의 것들을 각각의 새김판들에 신속하게 배분할 능력이 없는 탓에, 더디기도 하고 다른 자리에다 배치하기도 하는 터라, 대개의 경우 잘못 보거나 잘못 듣거나 잘못 생각하기 때문이네. 그리고 다시 이런 자들이, 있는 것들에 대해 바로 거짓인 생각을 하는 자들로, 그리고 무지한 자들로 불리네.

테아이테토스 그 누구보다도 더없이 옳게 말씀하셨습니다, 소크라테스 선생님.

소크라테스 결국 우리 안에 거짓인 판단들이 있다고 해야 할까?

테아이테토스 그렇다마다요.

소크라테스 참인 판단들 역시?

테아이테토스 참인 판단들도요.

소크라테스 그럼 이제 우리 생각으로는, 단연 이 양쪽의 판단이 있다는 데 우리가 충분히 합의를 본 것인가?

테아이테토스 그야 넘치도록 그렇습니다.

소크라테스 테아이테토스, 수다스러운 사람은 참말이지 무서우면서도 껄끄러운 자일 성싶네.

테아이테토스 그게 뭐 어떻다는 거죠? 뭐 하러 그런 말씀을 하시나요?

소크라테스 나 자신의 아둔함이, 그리고 참말이지 나 자신의 수다스러움[727]이 못마땅해서 하는 말일세. 어떤 사람이 어리석은 탓에 확신할 능력이 없어 논의를 할 때 횡설수설하고 어느 논의에서나 좀처럼 헤어 나오지 못할 경우에, 그걸 달리 무슨 이름으로 부를 수 있겠나?

테아이테토스 아니 선생님께선 왜 그리 못마땅해 하시는 겁니까?

소크라테스 못마땅하기만 한 게 아닐세. 누군가 내게 이렇게 물어오면 뭐라 응답할지 두렵기까지 하네. "그래요 그래,[728] 소크라테스. 당신은 거짓인 판단을 찾아냈다는 거죠? 그게 지각들끼리나 생각들끼리의 관계에서가 아니라, 지각과 생각의 접촉에서 성립된다는 거죠?"라고 물어 올 때 말일세. 그럼 난 우리가 뭔가 멋진 것을 찾아낸 것인 양 우쭐거리면서 긍정의 대답을 할 것으로 보이네.

테아이테토스 소크라테스 선생님, 지금 밝혀진 건 제가 보기에 흉하지 않은 것 같은데요.

소크라테스 "그렇다면" 하면서 그는 이렇게 물을 걸세. "어떤 사람에 대해 우리가 생각하기만 하고 보지는 않을 경우, 그런가 하면 어떤 말(馬)에 대해 우리가 보지도 않고 만지지도 않고 생각하기만 할 뿐이라 그것에 관해 아무 지각도 못할 경우, 우리가 그 사람을 그 말이라고 여길 리는 없다는 게 당신 주장 아니겠습니까?" 난 그게 내 주장이라는 데 내가 동의할 것으로 생각하네.

테아이테토스 그야 옳은 말씀입니다.

소크라테스 "그럼" 하면서 그는 이렇게 물어볼 걸세. "누군가 생각만 하고 다른 것은 아무것도 안 하는 열하나의 경우는 어떻습니까? 이 논의에 따르면 어떤 사람이 열하나를, 역시 생각하기만 하는 열둘이라고 여길 리는 없는 거 아닙니까?" 자 그러면, 자네가 대답해 보게.

테아이테토스 전 이렇게 대답하겠습니다. 어떤 사람이 보거나 만질 경우라면 열하나를 열둘이라고 여길 수 있을 테지만, 생각으로만 지니고 있을 때는 그것에 관해 그런 식의 그런 판단을 할 리는 없을 것이라고요.

소크라테스 다음은 어떤가? 자네는 누군가가 혼자서 자기 안에서 혼자서 다섯 더하기 일곱을 고찰해 본 적이 있다고 여기는가? 내 말은, 다섯 사람들 더하기 일곱 사람들이나 그런 어떤 것이 아니라 다섯 더하기 일곱 자체[729]를 앞에다 놓고[730] 고찰하는 경우를 말하는 것일세. 거기서[731] 우리는 이것을 새김판 속의 기억상이라고 했고 또 그런 경우에는 거짓인 판단을 하는 게 가능치 않다고 했는데, 만일 누군가가 자신을 상대로 바로 이것들에 대한 말을 하고[732] 더한 값이 얼마인가를 물으며 고찰한 적이 이미 있다면, 이것이 열하나라고 여기어 그렇게 말하는 사람이 있는가 하면 열둘이라고 여기어 그렇게 말하는 사람도 있는 것일까, 아니면 모든 사람이 이것을 열둘이라고 말하고 또 그렇게 여기는 것일까?

테아이테토스 제우스께 맹세코 모든 사람이 다 그렇게 여기는 건 아닙니다. 아주 많은 이들이 열하나라고 합니다. 그리고 누군가 더 큰 수를 가지고 고찰할 경우는 더욱더 실수를 범합니다. 선생님께서 모든 수와 관련해[733] 말씀하시는 거라고 여기기에 드리는 말씀입니다.

소크라테스 그거 옳은 생각일세. 그럼 이걸 곰곰이 생각해 보게. 그 경우에 일어나는 건 새김판 속의 열둘 자체를 열하나라고 여기는 것 아닐까?

테아이테토스 그야 그런 것 같습니다.

소크라테스 그렇다면 애초의 논의들로 다시 돌아가게 된 것 아니겠나? 왜냐하면 이런 일을 겪는 자는, 자기가 알고 있는 그것을, 역시 자신이 알고 있는 것들 중의 다른 어떤 것이라고 여기게 되는데, 우리는 이것이 불가능하다고 했고,[734] 바로 이 점 때문에 우린 거짓인 판단은 없다고 할 수밖에 없었으니까 말일세. 그렇게 하지 않으면 동일한 사람이 동일한 것들을 아는 동시에 알지 못한다고 할 수밖에 없게 될 터이니까.

테아이테토스 더없이 맞는 말씀입니다.

소크라테스 그러면 거짓인 것들을 판단하는 것을 뭐로 제시하든, 생각과 지각의 엇맞춤 아닌 다른 것으로 제시해야 하네. 만일 거짓인 판단이 그런 것이었다면, 우리가 생각한 것들 자체에서[735]

거짓인 생각을 할 수는 없었을 테니까 말이야. 사실은 거짓인 판단이 없거나 아니면 어떤 사람이 알고 있는 것을 알지 못할 수가 있거나 둘 중 하나일세. 그럼 이 둘 중 어느 쪽을 선택하겠는가?

테아이테토스 막다른[736] 선택을 제안하시는군요, 소크라테스 선생님.

소크라테스 그렇지만 논변은 양쪽 다 허용하지 않을 성싶네. 그런데도 (모든 걸 감행해 봐야 하니까 하는 말일세.) 우리가 파렴치한 짓을 시도한다면 어떨까?

테아이테토스 어떻게 말입니까?

소크라테스 안다는 것이 도대체 어떠어떠한 것[737]인지 말하려 듦으로써 말일세.

테아이테토스 아니 그게 왜 파렴치한 짓인가요?

소크라테스 애초부터 우리가 한 모든 논의는 앎에 대한 탐구였는데, 우리가 그런 탐구를 할 때 앎이 도대체 무엇인지를 알지 못하는 상태에서 시도했다는 걸 자네가 염두에 두지 못하는 것 같구먼.

테아이테토스 염두에 두고 있는데요.

소크라테스 그럼 앎을 알지 못하면서도, 안다는 것을 어떠어떠한 것이라고 제시하는 게 파렴치하지 않다고 생각하는가? 실은 말이야, 테아이테토스, 우린 순수하지 못한 방식의 대화에 벌써부터 물들어 있었네. 우리는 셀 수 없을 만큼 여러 번 '우리가 인식한다.',[738] '우리가 인식하지 못한다.', '우리가 안다.', '우리가 알지 못한다.'라고 말했으니까. 여전히 앎을 모르는 동안에도 뭔가 서로를 이해하고 있는 양 말일세. 원한다면 사례를 더 들어 볼까? 지금 당장에도 우리는 '모른다'뿐 아니라 '이해한다'는 표현을 다시 사용했네. 우리가 앎을 결여하고 있는데도 그런 표현들을 사용하는 게 적절한 일인 양 말일세.[739]

테아이테토스 소크라테스 선생님, 이런 표현들을 삼간다면, 선생님께선 어떤 방식으로 대화를 하시겠다는 건가요?

소크라테스 적어도 나 같은 사람이라면 그런 표현을 삼가고서는 어떤 방식으로도 할 수 없을 것이네. 물론 내가 반박에 능한 자[740]라면 할 수 있을 테지. 만일 그런 사람이 지금도 이 자리에 있었다면 그 사람은 그런 표현들을 삼가라고 할 테고, 내가 하는 말을 우리 면전에서 심하게 타박할 테지. 그런데 우리는 별것 아닌 사람들이니까, 안다는 것이 어떠어떠한 것인가를 내가 과감히 말했으면 좋겠나? 내가 보기에는 그게 뭔가 보탬이 될 것 같아 묻는 것일세.

테아이테토스 그럼 제우스께 맹세코 과감히 말씀해 주세요. 그런 표현들을 삼가지 않으시더라도 관대하게 넘어갈 것입니다.

소크라테스 그럼 자넨, 아는 것을 사람들이 요즘 뭐라고들 하는지 들어 보았나?

테아이테토스 아마 들어 보았을 것 같은데요, 당장 기억나진 않습니다.

b 소크라테스 아마 사람들은 그것을 앎을 지니고 있음[741]이라고 하는 것 같네.

테아이테토스 맞습니다.

소크라테스 그럼 우리는 그것을 좀 바꾸어 앎의 소유[742]라고 말해 보세.

테아이테토스 그럼 뒤의 것과 앞의 것이 정확히 무슨 차이가 있다고 하시겠습니까?

소크라테스 아마 아무 차이가 없을지도 모르지. 하지만 차이점으로 보이는 것을 듣고서 나와 함께 심사해 보게.[743]

테아이테토스 제가 그럴 수 있다면요.

소크라테스 그런데 내게는 지니고 있는 것이 소유하는 것과 동일한 것으로 보이지 않네. 이를테면 겉옷을 사서 그것의 주인이 된 어떤 사람이 그걸 걸치지 않을[744] 경우, 우리는 그가 그것을 지니고 있는 것은 아니지만, 적어도 소유하고는 있다고 말할 걸세.

테아이테토스 그야 옳은 말씀이죠.

c 소크라테스 그럼 그런 식으로 앎의 경우도 소유는 하면서도 지니고 있지는 않는 경우가 가능한지 생각해 보게. 그러니까 어떤 사람이 비둘기나 그 밖의 어떤 들새들을 사냥해서 집에 새장[745]을 마련해서 키우듯이 그렇게 하는 게 가능한지 생각해 보게. 그가 그것들을 소유하고 있으니까 아마도 우린 그가 어떤 방식에서는

그 새들을 지니고 있다고 말할 것이네. 그렇지?

테아이테토스 그렇습니다.

소크라테스 그리고 다른 방식에선 그것들 중 어느 하나도 지니고 있지 않다고 우린 말할 걸세. 오히려 그는 그것들을 자기 울타리 속에 넣어 수중에 있는 것들이 되게 했으니까, 언제든 자신이 원하는 새를 사냥하여, 그리고 싶을 때는 붙잡아 지닐 능력이 그에게 있으며 그러다 다시 놓아줄 능력도 있으며, 그가 그렇게 하는 게 좋겠다고 여길 때마다 그만큼 자주 그렇게 하는 것이 가능하다고 우린 말할 걸세.

테아이테토스 그렇습니다.

소크라테스 그러면 다시 계속해 보세. 전에 우리는 영혼들 속에 밀랍으로 된 새김틀[746]을 마련했었네. 그게 무엇인지 내가 알고 있는 건 아니지만 말일세. 다시 이번에는 각각의 영혼 속에 갖가지 새들이 들어 있는 새장이 있다고 해 보세. 새들 중에는 나머지와 떨어져 떼를 지어 있는 것들도 있고, 몇 마리만 함께 있는 새들도 있는가 하면 홀로 있으면서 되는 대로 다른 모든 것들 사이로 날아다니는 새들도 있다고 해 보세.[747]

테아이테토스 그렇게 되어 있다고 해 보죠. 그럼 거기서부터 따라 나오는 건 뭔가요?

소크라테스 우리가 어린아이였을 때는 이 용기(容器)[748]가 비어 있다고 해야 하네. 그리고 앎들을 새들로 이해해야 하네. 그런데 어떤 사람이 무슨 앎을 울타리 안에 가두어 소유하고 있든 그렇게 소유하고 있을 때는, 이 앎이 대상[749]으로 삼는 것을 그런 이가 배웠다고 하거나 찾아냈다고 해야 하며, 안다는 건 그런 것이라고 해야 하네.

테아이테토스 그렇다고 하죠.

소크라테스 그러니까 앎들 중 원하는 것을 다시 사냥하는 것, 그리고 그것을 붙잡아서 지니고 있다가 다시 놓아주는 것에 대해 무슨 이름들이 필요한지 생각해 보게. 즉 처음에 그가 그것들을 소유했을 때의 이름들과 같은 이름들이 필요한지, 다른 이름들이 필요한지 생각해 보게. 그런데 내가 뭘 말하는지 자네는 다음과 같은 것을 통해 더 분명하게 이해하게 될 것이네. 자네는 수론[750]이란 기술이 있다고 하는가?

테아이테토스 예.

소크라테스 그럼 이 기술을, 모든 홀수와 짝수에 대한 앎들의 사냥이라고 간주해 보게.

테아이테토스 그렇게 하겠습니다.

소크라테스 그러니까 내 생각엔, 어떤 사람 자신이 수들에 대한 앎들을 수중에 있는 것들로 지니고 있는 것도, 그리고 이것들을 다른 사람에게 넘겨줄 수 있는 것도 바로 이 기술 덕이네.

테아이테토스 그렇습니다.

소크라테스 그리고 넘겨주는 경우 우린 가르친다고 부르고, 넘겨

받는 경우는 배운다고 하며, 그리고 또 저 새장에서 새들을 소유함에 의해 지니고 있는 경우는 아는 것이라고 부르네.

테아이테토스 확실히 그렇죠.

소크라테스 그런데 이제 이로부터 따라 나오는 것에 주의를 기울여 보게. 실로 수에 완벽하게 능한 자라면 그는 모든 수들을 알고 있는 것 아니겠나? 그에게는 모든 수들에 대한 앎들이 영혼 속에 들어 있으니까.

테아이테토스 그야 물론입니다.

소크라테스 그럼 그런 자는 뭔가를 계산한 적이 있을까? 스스로 혼자서 수들 자체를 계산하든, 아니면 수로 계산할 수 있는 어떤 외부 대상들[751]을 계산하든 말일세.

테아이테토스 어찌 없겠습니까?

소크라테스 그런데 계산한다는 것을, 우리는 다름 아니라 어떤 수가 얼마만큼인가를 고찰하는 것이라고 놓을 것이네.

테아이테토스 그렇습니다.

소크라테스 그러므로 모든 수들을 안다고 우리가 합의한 그런 자는, 자신이 아는 것을 고찰할 때도 마치 알지 못하는 자인 양 고찰하는 게 분명하네. 아마 자넨 이러한 논란거리를 들어 보았을 거야.[752]

테아이테토스 예, 들어 본 적이 있습니다.

소크라테스 우리는 비둘기들의 소유 내지 사냥에 비유해서 사냥에는 두 가지가 있다고 말할 수 있을 걸세. 하나는 소유하기 이전 상태에서 소유하기 위해 하는 사냥이고, 다른 하나는 이미 소유한 자가 전부터 소유하던 것들을 붙잡아 수중에 지니기 위해 하는 사냥이네. 그리고 그런 식으로 해서, 이미 배운 그런 것들에 대한 앎들이 전부터 그자에게 있었고 또 그가 그런 것들을 알고 있었다고 해도, 바로 그것들 각각에 대한 앎을 그자가 다시 붙잡아[753] 지님으로써 다시 철저히 배우는 것[754]이 가능하겠지? 이때의 앎을 그는 전부터 소유하고는 있었지만, 생각을 할 때 언제든 손에 넣을 수 있는 것으로 지니고 있었던 건 아니겠지?

테아이테토스 맞습니다.

소크라테스 방금 내가 물었던 건,[755] 그런 경우들에 관해 말할 때 이름들을 어떻게 사용해야 하는가 하는 바로 그 점이었지? 수에 능한 자가 계산을 하려 들거나 또는 읽고 쓰는 데 능한 자가 뭔가 읽으려[756] 들 때 말일세. 결국 그런 상황에서는 수에 능한 자나 읽고 쓰는 데 능한 자가, 아는 자이면서도 알고 있는 것들을 자신에게서 다시 배우려 들게 된다고 말해야 하는 것인가?

테아이테토스 그건 이상한 일입니다, 소크라테스 선생님.

소크라테스 그럼 그가 모든 글자들을 알거나 모든 수를 안다는 걸 인정했는데도, 우린 그가 알지 못하는 것들을 읽거나 계산하는 것이라고 해야 할까?

테아이테토스 아니, 그 또한 불합리합니다.

소크라테스 그러면 어떤 사람이 '안다'와 '배운다'는 것을 어떤 식으로 끌어들이는 걸 즐기든 그때의 이름들은 우리 관심사가 전혀 아니라고 했으면 좋겠나? 그리고 앎을 소유하는 것과 앎을 지니고 있는 것을 우리가 다른 것으로 구별했으니까 이렇게 말했으면 좋겠나? 어떤 이가 소유하는 것을 소유하지 못하는 건 불가능하며, 그 결과 어떤 이가 자기가 아는 것을 알지 못하는 법은 결코 없는 것으로 되지만,[757] 그럼에도 알고 있는 그것과 관련해서 거짓인 판단을 붙잡을 순 있다고 말일세. 그것에 대한 앎은 지니고 있지 못하지만, 그것 대신 다른 앎을 지니고 있을 수는 있는 일이니까. 앎들이 이리저리 날아다니고 있는 동안 누군가가 어떤 때에 어디선가 어떤 앎을 사냥하려다 잘못해서 그것 대신 다른 앎을 붙잡게 될 때면, 바로 그럴 경우에 그는, 마치 비둘기 대신 파타 새[758]를 붙잡듯이, 열둘에 대한 앎 대신 자신 속에 있는 열하나에 대한 앎을 붙잡고서 열하나를 열둘이라고 여기고 마네.

테아이테토스 그거 정말 말이 되는군요.

소크라테스 그리고 붙잡으려고 하는 것을 붙잡을 때면, 그럴 경우에는 거짓이 아닌 생각을 하고, 있는 것들을 판단하는 것이며, 바로 그렇게 해서 참인 판단도 있고 거짓인 판단도 있는 것이라고 하면 어떨까? 그래서 앞서[759] 우리가 못마땅해 하던 것들 중 그 어떤 것도 더는 장애가 되지 않는다고 말이야. 모르긴 몰라도 자넨 내게 찬성하겠지? 아니면 어떻게 하겠나?

테아이테토스 찬성하겠습니다.

소크라테스 옳지. 이제 우리는, 아는 것들을 알지 못하게 되는 사태에서 벗어나게 되었네. 소유한 것들을 소유하지 않게 되는 일은, 어떤 것에 대해 거짓인 생각을 하는 경우든 그렇지 않은 경우든, 어느 경우에도 더는 일어나지 않게 되니까 말일세. 하지만 내가 보기엔 한결 더 무서운 다른 사태가 덩달아 나타나게 되는 것 같네.

테아이테토스 어떤 사태요?

소크라테스 앎들을 서로 바꾸는 것이 거짓인 판단으로 된다면 겪게 될 사태 말이네.

테아이테토스 대체 무슨 말씀이신가요?

d 소크라테스 우선 어떤 것에 대해 앎을 지니고 있는 자가 무지함[760]에 의해서가 아니라 자신의 앎에 의해 바로 그 대상에 대해 무지한 그런 사태 말이네. 그다음으로 다시 이것을 다른 어떤 것이라고 판단하고, 다른 것을 이것이라고 판단하는 사태 말이네. 이는, 앎이 나타나 있게 돼도[761] 영혼이 아무것도 알지 못하고 모든 것들에 무지하다는 것이니, 이 어찌 터무니없이 불합리한 일이 아니겠나? 이 논의에 따르면 무지가 나타나서 어떤 것을 알게 만들고, 눈멂이 보게 만드는 것을 막을 길이 없네. 정말로 앎이 어떤 사람을 무지하게 만들 경우가 대체 있다면 말일세.

테아이테토스 맞아요, 소크라테스 선생님. 우리가 새들을 앎들로만 놓았을 때 아마 그건 제대로 한 게 아닐 겁니다. 모름들[762]도 영혼 속에서 함께 여기저기 날아다닌다고 놓았어야 하는 것이죠. 그리고 사냥하는 자는 어떤 때는 앎을 붙잡고 동일한 것과 관련해서 어떤 때는 모름을 붙잡기도 하는데, 거짓인 판단은 모름에 의해 하게 되는 것이고 참인 판단은 앎에 의해 하게 되는 것이라고 했어야 했습니다.

소크라테스 테아이테토스, 자네를 칭찬하지 않기란 정말 쉽지 않은 일이군. 그렇지만 자네가 한 말을 다시 고찰해 보게. 일단 자네가 말한 대로라고 해 보세. 그런데 자네는 모름을 붙잡는 자는 거짓인 판단을 할 것이라고 했네. 그렇지?

테아이테토스 예.

소크라테스 틀림없이 그는 자신이 거짓인 판단을 한다는 생각은 하지도 못할 것이네.[763]

테아이테토스 어떻게 그런 생각을 할 수 있겠습니까?

소크라테스 오히려 참인 판단을 한다고 생각하겠지. 그리고 자신이 거짓인 생각을 한 것들과 관련해서 아는 자로 행세할 걸세.

테아이테토스 물론입니다.

소크라테스 그러므로 그는 자신이 사냥해서 지니고 있는 것이 모름이 아니라 앎이라고 여길 걸세.[764]

테아이테토스 분명 그렇습니다.

소크라테스 그렇다면 우린 먼 길을 돌고 돌아 애초의 난관으로 다시 돌아오고 만 것이구먼. 논박에 능한 그분[765]께서 우리를 비웃으면서 이렇게 말씀하실 테니 말일세. "정말 훌륭들도 하셔라! 어떤 자가 앎과 모름 둘 다를 알고서, 자기가 아는 그것을 아는 것들 중 다른 어떤 것이라고 여기는 것이오? 아니면 그 어느 쪽도 알지 못하고서, 알지 못하는 것을 알지 못하는 것들 중 다른 어떤 것이라고 판단하는 것이오? 아니면 한쪽은 알되 다른 한쪽은 알지 못하고서, 자기가 아는 것을 알지 못하는 것이라고 판단하는 것이오? 아니면 알지 못하는 것을 아는 것으로 믿는 것이오? 그도 아니면 다시 이번에는 당신들은, 앎들과 모름들에 대한 앎들 또한 있다고 내게 말하겠소?[766] 그래서 이런 앎들을 소유한 자는 그것들을 다른 어떤 우스꽝스러운 새장이나 밀랍으로 된 틀들 속에 가두어 놓고 있는데,[767] 그가 그것들을 소유하고 있는 한에서는 알고 있다고 하겠소? 그가 그것들을 영혼 속에서 손에 넣고 지니고 있지 못할 경우라도 말이오. 그리고 그런 식으로 해서 당신들은 더는 한 발짝도 나아가지 못한 채 어쩔 수 없이 같은 곳을 수없이 맴돌 수밖에 없게 되겠소?"라고 말일세. 테아이테토스, 이에 대해 우리가 뭐라 대답할까?

테아이테토스 전혀 모르겠습니다, 소크라테스 선생님. 저로선 뭐라고 해야 할지 알 수가 없군요.

소크라테스 그럼, 여보게, 그 논변은 우리를 훌륭하게 질책하면서 다음과 같은 점을 지적하고 있는 것일까? 우리가 앎은 제쳐 놓은 채 앎을 찾기도 전에 거짓인 판단을 찾으려 한 게 옳지 않다고 말이야. 사실 말이지, 앎이 도대체 무엇인지를 충분히 파악하기 전에 그것[768]을 인식하는 건 불가능한 일이네.[769]

테아이테토스 현재로서는 선생님께서 말씀하신 대로 생각할 수밖에 없습니다, 소크라테스 선생님.

소크라테스 그럼 처음으로 다시 돌아가서 앎을 무엇이라고 해야 할까? 아직은 우리가 단념하려 들지 않을 게 확실하니까 묻는 것일세.

테아이테토스 결코 단념하지 않을 겁니다. 선생님께서 포기하지 않으신다면요.

소크라테스 그럼 말해 보게. 우리가 그것을 정확히 무엇이라고 하면 우리가 자신과 모순되는 일이 최소한으로 될까?

테아이테토스 소크라테스 선생님, 우리가 이전에 시도한 바로 그것이라고 하겠습니다. 저로서는 달리 지니고 있는 게 아무것도 없거든요.

소크라테스 어떤 것 말인가?

테아이테토스 참인 판단이 앎이라는 것 말입니다. 참인 판단을 하는 건 어쨌거나 틀리지 않은 것[770]이며, 그래서 그것에 의해 생겨나는 모든 것이 아름답고 훌륭한 것이 됩니다.

소크라테스 테아이테토스, 강(江)의 여울목을 안내해 주는 자[771]가 이르길 "그것이 자신을 드러낼 것이다."⁷⁷²라고 했네. 그처럼 우리가 이것을 검토하면서 나아가면, 아마 우리가 찾고 있는 그것이 부딪쳐 와서 나타나겠지만, 우리가 그냥 머물러 있으면 분명해지는 것이 아무것도 없을 것이네.

테아이테토스 옳은 말씀입니다. 그럼 검토해 보면서 나아가도록 하죠.

소크라테스 그럼세. 그건 잠시만 검토해 보면 될 일이네. 그 기술 전체가 참인 판단이 앎이 아니라는 걸 자네에게 보여 주는 그런 기술이 있기에 하는 말일세.

테아이테토스 아니, 어떻게요? 그리고 그건 무슨 기술인가요?

소크라테스 지혜에서 가장 위대한 이들의 기술일세. 바로 이들을, 사람들은 연설가나 법정 변론가들이라고 하지.⁷⁷³ 아마도 이들은 자신들의 기술을 가지고 설득하지만, 가르쳐서 설득하는 게 아니라 자신들이 원하는 대로 판단하게끔 만듦으로써 설득한다네.⁷⁷⁴ 아니면 자네는, 현장에 다른 사람들이 없는 상황에서 재물을 강탈당하거나 다른 어떤 폭행을 당한 이들이 있을 때 그들에게 일어난 사태의 진상을 물시계 앞에서 짧은 시간 동안⁷⁷⁵ 충분하게 가르쳐 줄 수 있을 만큼 그렇게 능수능란한 교사들이 있다고 여기는가?⁷⁷⁶

테아이테토스 그렇게 가르쳐 줄 수 있는 자는 결코 없지만, 그렇게 설득할 수 있는 자야 있다고 여깁니다.

소크라테스 자넨, 설득한다는 것으로 판단하도록 만드는 것을 뜻하는 것 아닌가?

테아이테토스 달리 뭐겠습니까?

소크라테스 오로지 목격한 사람만 알 수 있고 달리는 알 수 없는 그런 일들과 관련해서 재판관들[777]이 정당한 방식으로[778] 설득될 경우, 그때에 이 일들을 청문(聽聞)을 통해 판정하여 참인 판단을 얻는다면, 그들은 앎은 지니지 못한 채 판정을 내린 것 아니겠나? 그들이 판결을 훌륭하게 내린다면, 옳은 것들에 대해 설득된 것이긴 하지만 말일세.[779]

테아이테토스 전적으로 그렇습니다.

소크라테스 여보게, 적어도 참인 판단과 앎이 동일한 것이라면, 최고의 재판관이 앎도 없는 채로 옳게 판단을 하는 경우는 없었겠지. 그러나 실은 그 두 가지가 각기 다른 어떤 것인 것 같네.

테아이테토스 그래요, 소크라테스 선생님, 어떤 사람이 바로 그런 이야기를 하는 걸 들은 적이 있습니다. 잊어버리고 있었는데[780] 이제 생각이 나네요. 그는 설명[781]을 동반한 참인 판단이 앎이며,[782] 설명이 없는 것[783]은 앎에서 배제된다고 말했습니다. 그리고 설명이 없는 것들은, (그가 이름을 부르는 방식으로는) 알려질 수 있는 것들[784]이 아니고, 설명을 지니고 있는 것들은 알려질 수 있는 것들이라고 했습니다.

소크라테스 훌륭하게 말했네. 그런데 알려질 수 있는 것들과 그렇지 않은 것들을 그가 어떤 식으로 나누었는지[785] 말해 보게. 자네와 내가 같은 방식으로 들었는가 해서네.

테아이테토스 제가 그걸 찾아낼 수 있을지 모르겠습니다. 그렇지만 다른 사람이 말할 경우 좇아갈 수 있을 것이라는 생각은 합니다.

소크라테스 그럼 자네 꿈 대신 내 꿈을 들어 보게.[786] 내 쪽에서도 어떤 사람들에게서[787] 다음과 같은 이야길 들었던 것 같네. "일차적인 것들, 말하자면 그것들로부터 우리나 다른 모든 것들이 합성되는 요소들[788]과 같은 것들은 설명을 지니고 있지 않을 것이네. 그 각각 그 자체는 그것 자체로는 오직 이름만 붙일 수 있을 뿐, 다른 아무것도 덧붙여 말하는 것이 가능하지 않을 테니까.[789] 있다고 하는 것도, 있지 않다고 하는 것도 가능하지 않을 것이네. 왜냐하면 그건 이미 있음이나 있지 않음을 그것에 덧붙이는 것일 터인데, 그것 자체만을 말하려 하는 한에서는, 어떤 것도 덧보태서는 안 되기 때문이네. '자체'도 '그것'도 '각각'도 '오직'도 '이것'도, 그리고 그 밖에 이와 같은 많은 것들도 덧보태서는 아니 되기 때문이지. 이것들은, 그것들이 덧붙여지는 저것들과는 다른 것임에도, 돌아다니며 온갖 것에 덧보태지지만, 그것[790]이 정말로 그 자체로 설명되는 것[791]이 가능하고 그것이 그 자신의 고유한 설명을 지니고 있었다면야, 다른 모든 것들은 없는 채로 설명되었어야 하네. 하지만 사실은 일차적인 것들 중 그 어떤 것이든 간에 설명에 의해 서술되는 건[792] 불가능하네. 그것은 이름만 붙여질 수 있을 뿐 그 이외의 일은 있을 수 없기 때문이네. (오직 이름만을 지니고 있으니까.) 하지만 이제 이것들로부터 합성된 것들[793]의 경우엔, 그것들 자체가 엮이어 있듯이, 그것들의 이름들도 그런 식으로 함께 엮이어 설명이 되기 때문이네. 이름들의 엮임[794]이 설명의 본질이기 때문이지. 바로 그렇게 해서 요소들은 설명이 없는 것들이자 인식될 수 없는 것들[795]이지만, 지각될 수 있는 것들이긴 한 것이네.[796] 하지만 복합체들[797]은 인식될 수 있는 것들일 뿐만 아니라 서술될 수 있는 것들[798]이면서 참인 판단에 의해 판단될 수 있는 것들이네. 그러니까[799] 누군가가 어떤 것에 대해 설명 없이 참인 판단을 취할 때면, 그의 영혼은 그것에 관해[800] 참인 생각은 하고 있는 것이나 인식하고 있는 건 아닐세. 설명을 주고받을 수 없는 자[801]는 그것과 관련해서 앎이 없는 자[802]이니까. 반면에 설명을 추가로 얻은 자는 이 모든 것을 할 수 있게 되고, 앎에서 완벽하게 되네."[803] 자네는 꿈속에서 그렇게 들었나, 아니면 다른 식으로 들었나?

테아이테토스 전적으로 그런 식으로 들었습니다.

소크라테스 그럼 자네는 이런 식으로 놓는 것, 즉 설명을 동반한 참인 판단이 앎이라고 놓는 것에 만족하는가?

테아이테토스 바로 그렇습니다.

소크라테스 그럼 테아이테토스, 수많은 현자들 또한 예전부터 그걸 찾다가 발견해 내기 전에 늙어 버리고 만 그런 것을, 이제 오늘 이 시점에 이렇게 우리가 포착해 낸 것인가?

테아이테토스 소크라테스 선생님, 어쨌든 제게는 방금 이루어진 서술이 훌륭한 설명이라고 생각됩니다.

소크라테스 맞아, 그것 자체[804]는 그럴 법한 일이지. 설명과 옳은 판단 없이 더 이상 무엇이 앎일 수 있겠는가? 그렇지만 서술된 것들 가운데 뭔가 한 가지는 내게 불만족스럽네.

테아이테토스 어떤 것 말씀입니까?

소크라테스 가장 미묘하게[805] 설명된 것으로 보이는 바로 그 점을 말하는 것일세. 요소들은 인식될 수 없는 것들이지만 복합체의 부류는 인식될 수 있는 것이라는 점 말일세.[806]

테아이테토스 그게 옳지 않겠습니까?

소크라테스 바로 그걸 알아내야 하네. 그런 이[807]가 이런 모든 이야기를 할 때 사용하는 예들을, 우리가 설명의 담보와 같은 것으로 삼았기에 하는 말일세.

테아이테토스 어떠한 예들 말씀인가요?

소크라테스 자모들의 음소들과 음절들[808] 말일세. 아니면 자네는 우리가 설명하고 있는 것들을 원래 이야기한 사람이 어디 다른 데를 주목하고서 이야기한 것으로 여기는가?

테아이테토스 아닙니다. 그것들을 주목한 것이지요.

소크라테스 그러면 그것들을 다시 붙잡고서 시험해 보도록 하세. 아니 더 정확히 말해 우리 자신을 시험해 보도록 하세. 우리가 자모들을 배울 때 그런 식으로 배웠는지 아닌지 말일세.[809] 자 우선, 음절들은 설명을 지니고 있으나 음소들은 그에 대한 설명이 없는 것들인가?

테아이테토스 아마도 그렇습니다.

소크라테스 확실히 내게도 그렇게 보이네. 그런 점에서 어떤 사람이 소크라테스(Σωκράτης)의 첫 번째 음절에 대해 이런 식으로 물었다고 해 보세. 즉 "테아이테토스, 'ΣΩ'[810]가 무엇인지 말해 주게."라고 한다면, 자네는 뭐라 대답하겠는가?

테아이테토스 "시그마(Σ)와 오메가(Ω)"라고 하겠습니다.

소크라테스 그럼 자네는 이것을 그 음절에 대한 설명으로 삼고 있는 게 아니겠나?

테아이테토스 저로서는 그렇습니다.

소크라테스 자 그럼, 시그마에 대한 설명도 그런 식으로 말해 보게.

테아이테토스 아니 누가 음소의 음소들[811]을 서술할 수 있겠습니까? 소크라테스 선생님, 사실 시그마는 자음에 속하는 것으로, 혀가 '쉬' 소리를 낼 때의 소리[812]에 지나지 않습니다. 그런가 하면 '베타(Β)'에는 모음[813]도 소리도 없으며, 대부분의 음소들 또한 그러합니다. 그래서 그것들에 대해 설명이 없는 것들이라고 말하는 건 아주 타당하며, 그것들 중 가장 명확한 것들은 바로 일곱 가지로 모음만을 지닐 뿐, 그 어떤 설명도 지니고 있지 않습니다.[814]

소크라테스 여보게, 그러므로 앎과 관련해서 우리가 이 점만큼은 제대로 해낸 것이군.

테아이테토스 그런 것 같습니다.

소크라테스 다음은 어떤가? 음소는 인식될 수 없는 것이지만, 음절은 인식될 수 있는 것이라는 걸 우리가 옳게 보여 준 것인가?

테아이테토스 당연히 그렇습니다.

소크라테스 자 그럼, 우리는 음절이 음소들로 된 쌍이라고 말하며, 둘 이상일 경우에는 그것들 전부(全部)들[815]이라고[816] 말하는가? 아니면 그것들이 결합될 때 생긴 어떤 단일한 형상(形相)이라고 말하는가?[817]

테아이테토스 전 우리가 그것들 전부들이라고 말한다고 생각합니다.

소크라테스 그럼 시그마와 오메가, 이 쌍의 경우를 고려해 보게. 내 이름의 첫 번째 음절이 이 쌍이네. 그 음절을 인식하는 자는 이 쌍을 인식하는 게 아니고 무엇이겠는가?

테아이테토스 물론입니다.

소크라테스 그러므로 시그마와 오메가를 인식하는 것이네.

테아이테토스 그렇습니다.

소크라테스 다음은 어떤가? 그는 그 둘 각각의 것에 대해 모르고 있고, 그래서 그 어느 쪽도 알지 못하면서 그 쌍을 인식하는가?

테아이테토스 소크라테스 선생님, 그건 무섭고도 불합리한 일입니다.

소크라테스 그렇지만 어떤 사람이 쌍을 인식하려면 필연적으로 그 둘 각각을 인식해야 한다면, 정녕 음절을 인식하려고 하는 자는 음소들을 먼저 인식해야 할 것이 전적으로 필연적이네.[818] 그리고 이렇게 해서 우리의 훌륭한 논의는 달음질쳐 사라져 버리고 말 것이네.[819]

테아이테토스 그러게요. 너무도 갑작스레 그렇게 되어 버렸네요.

소크라테스 그렇게 된 건 우리가 그것[820]을 훌륭히 지켜 내지 못하기 때문이지. 아마도 음절을 음소들이라고 놓아서는 안 되고, 오히려 그것들[821]로부터 생겨난 어떤 하나의 종(種)[822]이라고 놓았어야 했네. 그때의 종이란 그것 자체가 자신의 단일한 형상을 지니고 있고, 음소들과는 다른 그런 것일세.[823]

테아이테토스 물론이죠. 아마 이전 논의보다는 지금의 논의가 한결 더 맞을 거예요.

소크라테스 그걸 검토해 봐야 하네. 위대하고 장엄한 설명을 그렇게 비겁하게 포기하면 안 되는 것이지.

테아이테토스 그렇고말고요.

소크라테스 그럼 지금 우리가 주장한 대로라고 해 보세. 음절은 각각의 음소들이 조합될 때 그것들로부터 단일한 형상이 되는데, 이는 자모들의 경우도 그 밖의 모든 경우도 마찬가지라고 말일세.

테아이테토스 물론입니다.

소크라테스 그러면 음절에는 그것의 부분들이 있으면 안 되네.

테아이테토스 아니 왜요?

소크라테스 부분들이 있는 것이 무엇이 되었든 그것의 전체(全體)는 부분들 전부(全部)들[824]일 게 필연적이기 때문이네. 아니면 자네는 전체가 부분들로부터 생겨난 것이면서도, 부분들 전부들과는 다른 어떤 하나의 종이라고 말하겠는가?

테아이테토스 저로서는 후자라고 하겠습니다.

소크라테스 그리고 자네는 총체(總體)[825]와 전체가 동일한 것이라고 할 텐가, 아니면 그 각각이 다른 것이라고 할 텐가?[826]

테아이테토스 제게 분명한 건 전혀 없지만, 선생님께서 열의를 갖고 대답하라고 요구하시니까,[827] 위험을 감수하고 말씀드린다면 다른 것이라고 하겠습니다.

소크라테스 테아이테토스, 열의는 옳은 것이지만, 자네의 대답까지 그런지는 검토해 봐야 하네.

테아이테토스 그래야 하고말고요.

소크라테스 지금의 설명에 따르면 전체는 총체와 차이가 있지 않겠나?

테아이테토스 그렇습니다.

소크라테스 그럼 다음은 어떤가? 전부들과 총체가 다를 수가 있을까? 이를테면 우리가 하나, 둘, 셋, 넷, 다섯, 여섯이라고 말하거

나,[828] 셋의 두 곱, 또는 둘의 세 곱, 또는 넷 더하기 둘이나, 셋 더 c
하기 둘 더하기 하나라고 말할 때,[829] 우리는 이러한 모든 경우에
동일한 것을 말하는 것인가, 아니면 다른 것을 말하는 것인가?

테아이테토스 동일한 것을 말하는 것입니다.[830]

소크라테스 여섯[831] 아니고 뭐겠나?

테아이테토스 다름 아니라 바로 그것입니다.

소크라테스 그러면 우리는 각각의 표현으로 여섯 전부들을 말한 것 아니겠나?

테아이테토스 그렇습니다.

소크라테스 그런데 우리가 그 전부들을 말할 때 우리가 말하는 총체는 전혀 없는 것인가?[832]

테아이테토스 필연적으로 총체가 있습니다.

소크라테스 그건 여섯 그것[833] 아니고 뭐겠나?

테아이테토스 다름 아니라 바로 그것입니다.

소크라테스 그러므로 적어도 수(數)로 이루어지는 그 모든 것들[834] d
의 경우에, 우리는 동일한 것을 '총체'라고 부르기도 하고 '전부들'이라고 부르기도 하겠지?

테아이테토스 그런 것 같습니다.

소크라테스 그럼 그것들에 관해 다음과 같은 식으로 말해 보세. 플레트론의 수(數)와 플레트론은 동일한 것이네.[835] 그렇지?

테아이테토스 그렇습니다.

소크라테스 스타디온[836]의 수도 마찬가지이네.

테아이테토스 그렇습니다.

소크라테스 더 나아가 군대의 수와 군대도 마찬가지이며,[837] 이와 같은 모든 것들이 마찬가지이겠지? 그것들의 총합(總合)[838]은 그것들 각각인 총체이니까 말일세.

테아이테토스 그렇습니다.

소크라테스 그리고 각각의 것들의 수는 부분들 이외의 다른 어떤 건 아니겠지?

테아이테토스 다른 것일 리가 없습니다.

소크라테스 그러므로 얼마만큼의 부분들을 가지든, 그것은 부분들로 이루어져 있겠지?

테아이테토스 그런 것 같습니다.

소크라테스 그리고 총합이 총체이기도 할 것이라면, 전부들이 총체라는 데 합의가 된 것이네.[839]

테아이테토스 그렇습니다.

소크라테스 그러므로 전체는 부분들로 이루어진 것이 아닐세. 아니라면 전체는 모든 부분들이기에 총체가 될 테니 말이네.[840]

테아이테토스 그런 것 같습니다.

소크라테스 그런데 부분이, 전체 이외의 다른 어떤 것에 속하는 그런 부분으로 있는 게 가능한가?

테아이테토스 적어도 총체의 부분일 수 있습니다.

소크라테스 와, 테아이테토스, 자네는 정말 용감하게 싸우고 있군. 그런데 총체와 관련해서 말하자면, 아무것도 부족한 게 없을 경우, 바로 그것이 총체 아닌가?[841]

테아이테토스 필연적으로 그렇습니다.

소크라테스 그리고 전체는 바로 그것 아니겠는가? 어느 면에서든 결여된 게 전혀 없는 것 말일세. 그리고 결여된 게 있는 것이면 전체도 아니고 총체도 아니지 않겠는가? 그런 사태는 동일한 원인으로부터 동시에 생겨난 동일한 결과이니까.[842]

테아이테토스 지금 제가 보기엔 총체나 전체나 아무 차이가 없는 것 같습니다.

소크라테스 어떤 것에 그것의 부분들이 있는 것이면, 그게 전체이든 총체이든, 부분들 전부들일 것이라고 우린 말하지 않았던가?

테아이테토스 확실히 그랬죠.

소크라테스 그럼 다시, 방금 전에 내가 하려고 했던 바로 그것으로 돌아가 보세.[843] 복합체가 요소들이 아니라면 복합체는 요소들을 제 자신의 부분들로 가지고 있지 않거나, 아니면 복합체가 요소들과 동일한 것이라면 그것들과 마찬가지로 인식될 수 있는 것이거나 할 게 필연적이지 않나?

테아이테토스 그렇습니다.

소크라테스 사태가 이렇게 되지 않도록 하기 위해 우리는 복합체를 요소들과 다른 것으로 놓았던 것 아니겠나?

테아이테토스 그렇습니다.

소크라테스 다음은 어떤가? 요소들이 복합체의 부분들이 아니라면 자네, 복합체의 부분들이지만 그러면서도 복합체의 요소들이 아닌 그런 어떤 것들을 말할 수 있는가?

테아이테토스 결코 없습니다. 소크라테스 선생님, 제가 복합체의 어떤 부분들을 인정할 경우, 요소들을 제쳐 두고 다른 것들을 찾아 나선다는 건 확실히 우스꽝스러운 일이니까요.

c 소크라테스 그럼 테아이테토스, 전적으로 이렇게 될 걸세. 즉 지금의 논의에 따르면 복합체는 부분으로 나뉠 수 없는 어떤 단일한 형상일 걸세.

테아이테토스 그럴 것 같습니다.

소크라테스 자, 여보게, 자네는 좀 전에 우리가 다음과 같은 것을 훌륭한 설명이라고 여기며 받아들였던 걸 기억하는가?[844] 즉 일차적인 것들로부터 다른 모든 것들이 합성되는데, 그런 일차적인 것들에 대해선 설명이 없으며, 그 까닭은 일차적인 것들 각각 그 자체가 그것 자체로 비복합적인 것[845]이고, 또 그것과 관련해서 '있다'라는 말이나 '이것'이라는 말을 적용해 말하는 것조차, 그것과 이질적인 다른 것들을 말하는 것이라는 점에서 옳을 수 없으며, 그래서 바로 이런 이유 때문에 일차적인 것들 각각은 설명이 없는 것으로, 그리고 인식될 수 없는 것으로 된다고 한 것 말일세.

테아이테토스 기억합니다.

소크라테스 그러면 그것이 단일한 종(種)[846]이면서 부분들로 나뉠 수 없는 것인 이유는 다름 아니라 그런 이유 때문 아닌가? 나로선 다른 이유를 찾을 수가 없기에 하는 말일세.

테아이테토스 예, 확실히 그런 것 같습니다.

소크라테스 만일 복합체도 부분들을 갖지 않으며 단일한 형상이라면, 요소 그것과 동일한 종으로 귀착되는 것 아니겠나?

테아이테토스 전적으로 그렇습니다.

소크라테스 그러므로 복합체가 여러 요소들이며 일종의 전체이고, 이 요소들이 그것의 부분들이라면, 복합체들도 요소들도 마찬가지로 인식될 수 있는 것들이며 서술될 수 있는 것들이네. 부분들 전부들이 전체와 동일한 것으로 드러났으니까 말일세.

테아이테토스 물론입니다.

소크라테스 하지만 복합체가 단일한 것이고 부분들이 없는 것이라면, 요소와 마찬가지로 복합체도 설명이 없는 것이며 인식될 수 없는 것이네. 동일한 이유에서 그것들이 그런 것들로 되어 버릴 테니까.

테아이테토스 달리 드릴 수 있는 말씀이 없군요.

소크라테스 그러므로 누군가가 복합체는 인식될 수 있는 것이며 서술될 수 있는 것이지만 요소는 그 반대의 것이라고 말한다 해도, 그걸 받아들이지 말도록 하세나.

테아이테토스 그럼요. 우리가 이 설명에 따른다면요.

소크라테스 하지만 다시 다음은 어떤가? 누군가가 그와 반대되는 설명을 할 경우, 자네는 읽고 쓰는 것을 배울 때 자네 자신이 자기 자신에게서 깨닫게 된 것들에 따라 그런 반대되는 설명을 더 받아들이지 않겠는가?

테아이테토스 어떤 것 말씀이에요?

소크라테스 이런 것 말일세. 읽고 쓰는 것을 배울 때, 자네는 다름 아니라 보고 듣는 과정에서 음소들[847] 각기 그 자체를 그것 자체로 분간하려는 시도를 계속했는데, 이는 그것들을 말하고 쓸 때 그것들의 배열이 자네에게 혼란을 일으키지 않도록 하기 위함이었네.

테아이테토스 더없이 맞는 말씀이십니다.

소크라테스 그리고 키타라 탄주를 배우는 경우에, 다름 아니라 각각의 음조(音調)를 따라갈 수 있을 때, 즉 각각의 음조가 어느 현에 속하는가를 따라갈 수 있을 때, 완벽하게 배운 것 아니겠나?[848] (바로 이 음조들이 음악의 요소들로 일컬어진다는 데 대해 모든 사람이 동의할 것이네.)

테아이테토스 다름 아니라 바로 그렇습니다.

소크라테스 그러므로 우리 자신이 그런 것들의 요소들 및 복합체들에 경험이 있을 경우, 이것들을 통해 다른 것들에 대한 증거를 제시해야 한다면, 우리는 다음과 같이 말할 것이네. 즉 요소들의 부류가 더 명확한 인식을 가지고 있고, 각각의 배움을 완벽하게 얻는 것과 관련해서 이 인식이 복합체에 대한 것보다 더 권위 있다고 말할 것이네. 그리고 만일 누군가가 복합체는 인식될 수 있는 것이지만 요소는 본성상 인식될 수 없는 것이라고 한다면, 그가 일부러 그랬든 마지못해서 그랬든, 우리는 그가 장난을 치고 있다고 생각할 것이네.

테아이테토스 바로 그렇습니다.

소크라테스 그런데 내가 보기에, 이 점을 밝혀 주는 논증으로 그 이상의 다른 논증들이 더 나타날 것 같네. 하지만 그런 것들 때문에 우리 앞에 놓여 있는 문제를 알아보는 일을 잊지는 마세나. 즉 참인 판단과 함께 설명이 덧붙여진 것이 가장 완벽한 앎[849]이 된다는 게 도대체 무엇을 뜻하는가 하는 문제 말일세.

테아이테토스 그럼요, 그걸 알아봐야 하죠.

소크라테스 자 그럼, 그는 설명이라는 말로 우리에게 무엇을 가리키려고 하는 것일까? 내 생각에 그것은 세 가지 중 어느 하나를 말하는 것 같네.

테아이테토스 세 가지란 정확히 어떤 것들이죠?

소크라테스 첫 번째 것은 자신의 생각을 표현 및 이름들[850]과 함께 소리를 통해 드러나도록 하는 것일 것 같네. 이를테면 거울이나 물에다 찍어 내듯이 판단을 입을 통한 흐름에다 찍어 내는 것 말일세. 자네는 그러한 것이 설명이라고 생각하지 않는가?

테아이테토스 그렇다고 생각합니다. 어쨌든 그렇게 하는 자를 두고 우리는 '말한다'[851]고 합니다.

소크라테스 그러니까 다시 보자면, 적어도 이것은, 애초부터 귀머거리나 벙어리인 사람이 아니라면, 이르게든 더디게든 누구나 해낼 수 있는 일이네. 각각의 것과 관련해서 자신에게 무슨 생각이 드는가를 드러내는 것 말일세. 그리고 그렇게 해서, 옳은 판단을 하는 사람들이라면 누구나 설명과 함께 옳은 판단을 지니게 분명하며, 앎을 떠나서는 어느 경우든 더 이상 옳은 판단이 생기지 않게 될 것이네.

테아이테토스 맞는 말씀이십니다.

소크라테스 그런데 현재 우리가 검토하고 있는 그것을 앎이라고 제시한 사람을 두고 무의미한 말을 했다고 경솔하게 비난하지 말도록 하세. 아마도 그 말을 한 사람은 이런 뜻으로 말한 게 아닐 것 같으니까. 그자는 각각의 것이 무엇인지 질문을 받았을 때 물어 오는 자에게 요소들을 통해서 대답을 해 줄 수 있다는 뜻으로 말한 것 같으니 말일세.

테아이테토스 소크라테스 선생님, 예를 들자면 무엇을 말씀하시는 건가요?

소크라테스 예를 들자면 헤시오도스는 짐수레와 관련해서 "짐수레의 백 개의 널빤지들"[852]이라고 말했네. 그것들을 내가 일일이 거론할 수는 없겠고, 자네 또한 그럴 수는 없을 것으로 생각되네. 그렇지만 우리가 짐수레가 무엇인가라는 질문을 받고서, 바퀴, 차축, 차대, 가로대, 멍에를 말할 수 있다면 그로써 우리는 만족할 듯싶네.

테아이테토스 확실히 그렇습니다.

소크라테스 그런데 모르긴 몰라도 그자는 우리를 우스꽝스럽다고 생각할 걸세. 자네의 이름이 뭔지 질문을 받고 우리가 자네 이름의 음절을 가지고 대답하는 꼴로 생각할 거란 말일세. 우리가 말하는 대상을 옳게 판단하고 말한다 해도, 우리가 우리 자신을 읽고 쓰는 데 능하다고 생각하고, 그래서 우리 자신이 테아이테토스의 이름에 대한 설명을 지니고 있고, 읽고 쓰는 데 능한 방식으로 말할 수 있다고 생각한다면, 그런 우리를 우스꽝스럽게 생각할 거란 말일세. 그런데 어떤 사람이 참인 판단과 함께 요소들을 통해 각각의 것을 모두 나열할[853] 때까지는 그 무엇도 아는 자답게 설명할 수 없을 것이라는 것, 바로 이것이 아마 전에도 언급된 적이 있네.[854]

테아이테토스 맞습니다. 그렇게 언급되었었죠.

소크라테스 그러니까 짐수레와 관련해서도 그자는 그렇게 생각할 걸세. 우리는 옳은 판단을 가지고 있을 뿐이라고 말일세. 오히려 저 백 개의 널빤지를 통해 짐수레가 무엇인지 이야기할 수 있는 자는, 이것[855]을 덧붙여 포착하여, 참인 판단에 덧붙여 설명을 포착하며, 그저 판단을 형성하는 대신에 전체를 요소들을 통해 모두 나열함으로써 짐수레가 무엇인지에 관한 전문가 내지 아는 자가 된다고 그자는 생각할 걸세.

테아이테토스 소크라테스 선생님, 선생님에게는 그것이 훌륭하다고 생각되시는 거군요?

소크라테스 여보게, 자네에게 그렇게 생각되는지를 말해 주게. 그리고 각각의 것에 관한 요소를 통한 열거는 설명인 반면, 복합체들에 따른 열거나 그 이상의 더 큰 것에 따른 열거는 설명이 안 된 것[856]으로 받아들이는지, 그 점을 내게 말해 주게. 이 문제를 우리가 고찰해 볼 수 있도록 말일세.

테아이테토스 그럼요, 그걸 전적으로 받아들입니다.

소크라테스 자네가 그렇게 받아들이는 건, 무엇에 대해서든 누군가가 다음과 같을 때 아는 자인 것이라고 생각하기 때문인가? 동일한 것이 때로는 어떤 것에 속하고 때로는 다른 것에 속한다고 여길 경우나 아니면 때로는 어떤 것이 때로는 다른 것이 동일한 것에 속한다고 판단할 경우 말일세.

테아이테토스 제우스께 맹세코 전 그렇게 생각지 않습니다.

소크라테스 그러면 자네 자신도 그렇고 다른 사람들도 그렇고, 읽고 쓰는 것을 맨 처음 배울 때 그렇게 했다는 것을 자넨 기억 못하는가?

테아이테토스 선생님께서는, 우리가 어느 때는 어떤 자모를, 다른 때는 다른 자모를 동일한 음절에 속하는 것으로 생각하고, 그리고 또 동일한 자모를 어느 때는 적절한 음절에 다른 때는 다른 음절에 놓는 경우를 말씀하시는 건가요?

소크라테스 그걸 말하는 것일세.

테아이테토스 제우스께 맹세코 기억합니다. 그리고 전 그런 상태에 있는 자들[857]은 아직 아는 것이 아니라고 생각합니다.

소크라테스 다음은 어떤가? 그런 단계에서 누군가가 '테아이테토스'를 쓰면서 테타(Θ)와 엡실론(E)을 써야 한다고 생각하고 또 그렇게 쓰고, 그런가 하면 다시 그가 '테오도로스'를 쓰려고 하면서 타우(T)와 엡실론(E)을 써야 한다고 생각하고 또 그렇게 쓴다면, 우리는 이 사람이 당신들의 이름 가운데 첫 음절을 알고 있다고 말해야 할까?[858]

테아이테토스 아뇨, 방금 우리는 이런 단계에 있는 사람은 아직 아는 것이 아니라는 데 동의했습니다.

소크라테스 그럼 동일한 사람이 두 번째 음절, 세 번째 음절, 네 번째 음절의 경우에도 그런 상태에 있지 않도록 해 주는 것이 뭐 있는가?

테아이테토스 아뇨, 아무것도 없습니다.

소크라테스 그러면 그때 그가 음소를 통한 열거를 지니고 있다면, 순서대로 쓸 때는 옳은 판단과 함께 '테아이테토스'를 쓰게 되겠지?

테아이테토스 예, 분명히 그렇습니다.

b 소크라테스 그러면 우리가 말하는 바로는, 그가 그렇게 할 때, 옳은 판단을 하면서도 여전히 알지 못하는 채로 그런다는 것이지?

테아이테토스 그렇습니다.

소크라테스 적어도 그는 옳은 판단과 더불어 설명을 지니고 있는데도 그런 것이지. 그는 요소를 통한 방법을 지니고서 쓴 것이니까. 그런데 바로 이 방법이 설명이라는 데 우리는 동의했네.

테아이테토스 맞는 말씀입니다.

소크라테스 이보게, 그러므로 설명을 동반한 옳은 판단이 있지만, 아직은 그걸 앎이라고 부르면 아니 되는 것일세.

테아이테토스 아마 그런 것 같습니다.

소크라테스 그럼 우리가 앎에 대한 가장 참인 설명을 지니는 것으로 생각했을 때 우린 허망한 꿈에 부풀었던 것 같군. 아니면 우

c 리가 아직은 그런 비난을 하지 말아야 하는 것인가? 아마도 누군가는 설명에 대한 정의로 이것을 제시하지 않고, 세 가지 중 남은 종류를 정의로 제시할 수도 있을 테니까 말일세. 앎을, 설명을 동반한 옳은 판단이라고 정의하는 자가 제시할 만한 것으로 우리가 이야기했던 것들 중에서 한 가지가 남아 있네.

테아이테토스 제대로 환기시켜 주셨습니다.[859] 여전히 남은 한 가지가 있으니까요. 하나는 말하자면 소리 속에 반영된 생각의 모상이고, 다른 하나는 방금 언급된 것으로 요소를 통해 전체에 이르는 방법이었습니다. 그런데 선생님께서는 세 번째 것으로 무

엇을 말씀하시는 건가요?

소크라테스 바로 다중이 말함직한 것이네. 즉 질문의 대상이 다른 모든 것과 어떤 점에서 차이가 나는지를 말할 수 있게 해 주는 어떤 징표를 가지는 것 말일세.[860]

테아이테토스 어떤 것에 대한 어떤 설명인지 예를 들어 제게 말씀해 주실 수 있겠습니까?

소크라테스 자네가 괜찮다면, 해와 관련해 예를 들어 보겠네. 해가 하늘에서 지구 둘레를 도는 것들 가운데 가장 밝은 빛을 내는 것이라는 건 자네가 받아들이기에 충분한 것이라고 생각하네.

테아이테토스 물론입니다.

소크라테스 그럼 무엇 때문에 그런 말을 하는지를 파악해 보게. 바로 그건 방금 우리가 말했던 것으로, 각각의 것을 다른 것들과 차이가 나게 해 주는 그 차이를 자네가 파악한다면, 어떤 사람들이 말하듯,[861] 자네는 그것에 대한 설명을 파악하게 될 걸세. 하지만 자네가 공통적인 어떤 것을 포착하는 한에서는, 자네의 설명은 그 공통성이 속하는 그런 것들에 관한 것이 되고 말 것이네.

테아이테토스 알겠습니다. 그리고 그런 것[862]을 설명이라고 부르는 게 훌륭한 일이라고 제게는 생각됩니다.

소크라테스 있는 것들 가운데 어떤 것과 관련해서든 옳은 판단에 덧붙여 그것이 다른 것들과 구별되는 차이까지 포착한 사람은, 전에는 판단을 하는 자로 머물렀던 바로 그 대상에 대해 이제는 아는 자가 될 걸세.

테아이테토스 어쨌든 그게 우리 주장이죠.

소크라테스 사실 말이네만, 테아이테토스, 나로 말할 것 같으면 언급했던 것에 가까워지자 마치 음영화(陰影畫)[863]에 가까워지듯이 되고만 꼴이라, 조금이라도 이해한 게 전혀 없는 것일세. 거기서[864] 멀리 떨어져 있는 동안에는, 내가 뭔가 의미 있는 말을 하는 것처럼 보였지만 말이야.

테아이테토스 왜, 어쩌다 그런 일이 일어난 건가요?

소크라테스 내가 할 수만 있다면 보여 주겠네. 내가 자네에 관해 옳은 판단을 지니면서, 이에 덧붙여 자네에 대한 설명까지 포착하고 있다면, 나는 자네를 정말 인식하는 것이지만, 그렇지 못하면 나는 자네에 대해 판단만 하는 것이네.

테아이테토스 그렇습니다.

소크라테스 그런데 그때의 설명이란 자네의 차이점에 대한 해명이었네.

테아이테토스 그렇습니다.

소크라테스 그러니까 내가 자네에 관해 판단만 했을 때는, 자네가 다른 사람들과 차이가 나는 점들 중 어떤 것에 대해서도 생각이 닿지 못한 것 아니겠는가?

테아이테토스 그런 것 같습니다.

소크라테스 그러므로 난 공통적인 것들 중 어떤 것을 생각하고 있었을 뿐이며, 그런 것들은 다른 사람보다 자네가 더 지니고 있는 그런 것이 결코 아닌 것이지.

테아이테토스 그게 필연적입니다.

소크라테스 그럼 자, 제우스의 이름을 걸고, 이런 경우에 내가 한 판단이 도대체 어떻게 해서 다른 누구보다도 자넬 대상으로 한 것이겠는가? 내가 이런 생각을 하고 있다고 놓아 보게. 즉 '여기 테아이테토스가 있는데, 그는 사람일 뿐더러 코와 눈과 입을 지니고 있고, 바로 그런 식으로 각각의 지체(肢體)를 지니고 있다.'라고 생각한다고 놓아 보게. 그러니까 이런 생각 때문에, 내가 생각하는 대상이 테오도로스 님이기보다 테아이테토스이게 될 수가 있는가? 또는 가장 극단적인 경우로 내 생각의 대상이 뮈시아 사람들[865]이기보다 테아이테토스이게 될 수가 있는가?

테아이테토스 어찌 그럴 수 있겠습니까?

소크라테스 그런데 내가 자네를 코와 눈을 지니는 자로만 생각하는 게 아니라 들창코와 퉁방울눈을 지니는 자로까지 생각한다고 해서,[866] 이번에는 내가 나 자신이나 이와 같은 생김새의 다른 모든 사람들을 대상으로 판단하기보다 자네를 대상으로 판단하는 것이 되는 건 아니겠지?

테아이테토스 결코 아닙니다.

소크라테스 그런데[867] 내가 생각하기로, 테아이테토스의 이런 들창코의 상태가, 내가 목격한 다른 들창코의 상태와 차이가 나는 어떤 것을 내게 새겨 주고서 기억상을 남겨 주기 전까지는, 테아이테토스가 내 안에서 판단의 대상으로 되지는 못할 것 같네. 그리고 자네의 모습을 이루는 다른 점들의 경우도 마찬가지일세. 내가 내일 자네를 다시 만나도, 나로 하여금 자네에 관해서 상기하게 해 주고[868] 옳은 판단을 내리도록 만들어 줄 것은, 바로 이들창코의 상태일세.

테아이테토스 더없이 맞는 말씀이십니다.

소크라테스 그러므로 각각의 것과 관련되는 차이성에 관해서도 옳은 판단이 있게 되겠네.

테아이테토스 그야 그런 것 같습니다.

소크라테스 그렇다면 옳은 판단에 덧붙여 설명을 포착한다는 것이 더 이상 무엇일 수 있겠는가? 한편으로는[869] 만일 그것이 어떤 점에서 다른 것들과 차이가 나는가에 대해 추가적인 판단을 하는 것을 뜻한다면, 그렇게 추가적인 판단을 하라고 요구하는 건 아주 우스꽝스러운 것이 되고 마니까 말일세.

테아이테토스 어째서요?

소크라테스 그런 요구는, 다른 것들과 어떤 점에서 차이가 나는지에 대해 우리가 옳은 판단을 갖고 있는 그런 것들에 대해, 바로 그것들이 다른 것들과 어떤 점에서 차이가 나는지에 대한 옳은 판단을 추가로 포착하라고 지시하는 것일세. 그리고 그렇게 해서 축(軸)이나 공이 혹은 뭐라 불리는 것이든 그런 것을 돌리는 일은 이런 요구에 비하면 별일도 아니라고 함직하고,[870] 차라리 그건 눈먼 사람의 권고라 불리는 게 더 정당할 것이네. 우리가 이미 판단하고 있는 대상들을 이해할 수 있도록 우리가 이미 지니고 있는 그런 것들을 추가로 포착하라고 지시하는 것은, 정말이지 그야말로 몽매한 자의 행태 같으니까.

테아이테토스 만일 다른 한편이라면…?[871] 선생님께서 방금 그렇게 말씀하실 양 탐문하신 게 뭐죠?

소크라테스 이보게, 설명을 추가로 포착한다는 게 차이성을 판단하라는 게 아니라 인식하라고 지시하는 것이라면, 앎에 관한 설명 중에서도 가장 아름다운 이런 설명은 그것 참 즐거운 것이기도 할 걸세.[872] 인식하는 것은 모르긴 몰라도 앎을 포착하는 것일 테니까. 그렇지?

테아이테토스 그렇습니다.

소크라테스 그러니 앎이 무엇인가 하는 질문을 받게 되면, 차이성에 대한 앎을 동반한 옳은 판단이라는 답변이 제시될 것 같네. 저 설명에 따르면, 이 답변이 설명을 추가로 포착함일 테니까 말일세.

테아이테토스 그런 것 같습니다.

소크라테스 그렇지. 우리가 앎을 찾을 때, 차이성이 되었든 그 어떤 것이 되었든 그런 것에 대한 앎을 동반한 옳은 판단을 앎이라고 말하는 건 전적으로 어리석은 일일세. 그러므로 테아이테토

b 스, 앎은 지각도, 참인 판단도, 참인 판단에 덧붙여진 설명도 아닐 것이네.

테아이테토스 그런 것 같습니다.

소크라테스 여보게나, 그렇다면 말이야, 우리는 앎에 관해서 여전히 뭔가를 임신한 채 산고를 겪고 있는 것인가, 아니면 모든 것들을 출산해 낸 것인가?

테아이테토스 물론 제우스께 맹세코 후자입니다. 저로서야 선생님 덕분에 제 안에 지니고 있는 것 이상을 말씀드릴 수 있었습니다.

소크라테스 그러면 우리의 산파의 기술은 이 모든 것들이 쭉정이로 태어났음을, 그래서 키울 가치가 없는 것들임을 말해 주고 있는 게 아니겠나?

테아이테토스 전적으로 그렇습니다.

소크라테스 그러니까, 테아이테토스, 이후에 자네가 다른 것들을 잉태하고자 시도한다면, 그러다 실제로 잉태하게 될 경우도 속
c 이 비어 있을 경우도 지금보다 더 낫게 될 것이네. 잉태하게 될 경우엔 지금의 탐문 덕에 자네는 더 훌륭한 것들로 가득 차게 될 것이고, 속이 비어 있을 경우엔 분별 있게도 자네가 알지 못하는 것들을 안다고 여기지 않는 탓에 함께하는 이들한테 덜 모질고 더 부드러운 사람이 될 것이네. 내가 지닌 기술은 그만큼만을 할 수 있을 뿐 그 이상은 아무것도 할 수 없다네. 그리고 옛날

분이든 요즘 분이든 위대하고 놀라운 다른 모든 분들이 알고 있는 것들을 난 알지 못하네. 그런데 이 산파술은 내 경우나 어머니 경우나 신에게서 소명으로 받게 된 것이네. 어머니의 경우는 여인들을 대상으로 하고, 내 경우는 젊은이들과 고귀한 이들 그리고 아름다운 모든 이들을 대상으로 하는 것이지. 그런데 이제 나로서는 나를 고소한 멜레토스의 공소에 응하기 위해 왕의 회랑[873]에 출두해야 하네. 하지만 테오도로스 님, 동틀 녘[874]에 여기서 다시 만나기로 하죠.[875]

주석

1 플라톤의 대화편 중에는 본(本) 대화를 이야기로 전해 주는 방식을 취하는 경우가 있는데, 이를 액자(영어로는 frame, 독일어로는 Rhamen) 구조라고 한다. 액자가 그림을 둘러서 그림을 꾸며 주듯, 바깥의 외부 이야기가 그 속의 내부 이야기를 포함하고 있기에 그렇게 부른다. 『천일야화』나 『데카메론』 또는 김만중의 『구운몽』이나 김동리의 『등신불』 등도 액자 형식을 취하고 있다. 액자 구조를 취하는 플라톤의 대화편으로는 『테아이테토스(Theaitētos)』 이외에도 『프로타고라스(Prōtagoras)』, 『파이돈(Phaidōn)』, 『향연(Symposion)』, 『파르메니데스(Parmenidēs)』가 있고, 『에우튀데모스(Euthydēmos)』도 액자 구조의 대화편으로 볼 수 있다. 지금의 대화도 소크라테스가 등장하기 전에 에우클레이데스가 이야기를 전하게 되는 배경을 설정하고 있는 액자 이야기(frame story)가 되겠다.

2 아고라(agora) : '아고라'는 호메로스 이래 '모임' 내지 '모이는 장소'를 뜻하는 말이었으나, 나중에는 시장도 뜻하게 된다. 사람들이 모일 수 있는 널찍한 공간에서 사사로운 이야기도 나누었겠지만, 정치·경제·사회적 차원의 공적인 활동이 자연스럽게 이루어졌다고 보면 된다. 우리

말로는 흔히 '광장'으로 옮기기도 하는데, 아고라는 인민들이 자유롭게 정치적인 이야기를 펼칠 수 있는 공간이었다는 점에서 '광장'이라는 번역어도 의미를 잘 살린 측면이 있다. 그러나 우리 사회에서도 그리스의 아고라가 지닌 다중적 기능이 널리 알려져 있는 듯해서 여기서는 우리말로 따로 옮기지 않기로 한다. 지금의 아고라는 에우클레이데스와 테릅시온의 출신지인 메가라(Megara)의 아고라이다. 메가라는 아테네(Athēnē)에서 북서쪽으로 40여 킬로미터 떨어진 곳에 위치해 있다.

3 **실은 … 터였습니다.** : 이 한 문장에 이 대화편의 주제와 밀접히 연관된 동사들이 한꺼번에 등장하고 있다. '찾아다녔는데요'는 'zētein'을, '뵐'은 'heurein'을, '의아해하던'은 'thaumazein'을 옮긴 말이다. 이 낱말들은 철학적 맥락에서는 각기 '탐구하다', '발견하다', '놀라다'(경이로워하다)로 옮길 수 있다. 세 낱말 모두 인식론적 맥락에서 중요한데, 'zētein'은 탐구의 시작점과 과정을, 'thaumazein'은 그런 시작점을 가능하게 하는 심적 동인을 뜻하며, 'heurein'은 탐구의 끝점, 즉 탐구가 완료된 상태를 가리키는 용어이다. 이런 점에서 플라톤은 『테아이테토스』의 철학적 주제를 극(劇)중 장면 속에 의도적으로 설정해 놓고 있는 셈이다.

4 **도시(polis)** : 'polis'는 나라 내지 국가(state)의 의미로 주로 사용되지만, 여기서는 시골(agros)과 대비되는 도시의 의미로 보는 것이 좋겠다.

5 **항구** : 메가라에는 서쪽으로는 코린토스 만(灣) 연안에 위치한 페가이(Pēgai) 항이 있고, 동쪽으로는 에게 해 연안에 위치한 니사이아(Nisaia) 항이 있는데, 지금의 항구가 어느 쪽 항구인지는 명확하지 않다.

6 이후 대화에서 짐작할 수 있듯이 극중 배경은 전쟁 상황이다. 이에 대한 세부 사항은 「작품 안내」 참고.

7 이 질문의 어조는 당시에 이질이 치명적인 질병이었음을 시사한다. 헤로도토스(Hērodotos)는 『역사(Historiai)』 VIII. 115에서 페르시아 전쟁 당시 페르시아의 크세륵세스(Xerxēs)의 군대가 퇴각하면서 이질로 고생한 이야기를 전한다.

8 **아름답고도 훌륭한 사람**(kalos te kai agathos) : 고대 그리스에서 덕(德) 내지 훌륭함을 뜻하는 'aretē'를 지닌 이상적인 사람을 가리킬 때 곧잘 사용되던 표현이다. 이런 사람이 가진 덕성인 'kalokagathia'에 대해서는 아리스토텔레스의 『에우데모스 윤리학(*Ethica Eudemia*)』 8권 3장 참고. 한편 소크라테스는 185e에서 테아이테토스를 '아름다운 사람'으로 부르기도 한다. 이런 형용은 조금 있다가 테오도로스가 테아이테토스의 용모가 추하다고 말하는 것과 대비된다. 주석 37도 참조.

9 **기억이 떠올라**(anemnēsthēn) : 'anamnēsis'(상기(想起))의 동사 표현. 초기에서 중기로 이행하는 시기의 대화편인 『메논(*Menōn*)』 이래 플라톤의 인식론에서 상기론은 핵심적인 테제로 알려져 있다. 앎은 본디 다시 떠올리는 것, 즉 상기함이라는 것이다. 『테아이테토스』에서는 『메논』에서처럼 상기론이 명시적으로 주제화되는 건 아니지만, 플라톤의 드라마적 서술 방식을 고려할 때 상기(想起)가 이 대화편의 숨은 주제임을 간접적으로 암시하는 것으로 볼 수도 있다.

10 **청소년**(meirakion) : 'meirakion'은 어린이(pais)보다는 나이가 많고 성인(anēr)보다는 어린 연령대를 가리킨다. 이를 고려해 '청소년'으로 옮겼지만, 이후의 맥락에서, 이를테면 142c6에서는 그냥 '아이'라고 옮기기도 했다. 정확한 연령대에 대해서는 논란이 적지 않은데, 대체로 15세 직전에서 10대 후반까지의 나이를 가리킨 것으로 보인다. Davidson(2006) 참고. 그런데 극중에서 테아이테토스는 어린이를 가리키는 낱말인 'pais'나 'paidion'으로 불리기도 하며(162d3, 166a3, 168d8, 184d1, 209e7), 'meirakion'으로 불리기도 한다(142c6, 143e5, 144c8, 146b2, 168e3). 아직 키가 다 자란 상황은 아니기 때문일 것이다. 극중에서 테아이테토스가 소크라테스와 대화를 나누는 시점에 그의 나이가 약 16세였다는 점을 기억해 두는 것도 좋겠다.

11 **자질**(physis) : 'physis'는 '본성'으로 옮길 수도 있다. 이 대목에서는 잠재적 가능성으로 타고난 본성의 의미로 보아 '자질'로 옮긴다.

12 **성년**(hēlikia) : 'hēlikia'는 한창 때인 '盛年'을 뜻하면서 동시에 '成年'을 뜻

하기도 한다.
13 어쨌거나 당장 … 외우고 있지는 못하네 : '구두(口頭)로 이야기할 수 없다'고 직역할 수도 있다. 여기서 '구두로'는 잊지 않고 기억을 해내서 말하는 것을 뜻한다. 크세노폰(Xenophōn)의 『회상(*Apomnēmneumata*)』 III. 6. 9에서도 같은 표현이 같은 의미로 사용된다.
14 적바림(hypomnēmata) : 기억을 위한 수단인 비망록 내지 메모를 뜻한다. 요즘은 외래어 '메모'라는 표현을 더 많이 쓰지만, 좋은 우리말을 살리자는 의도에서 '적바림'으로 옮겼다. 『파이드로스(*Phaidros*)』 275에서는 문자를 수단으로 삼아 환기하는 것을 'hypomnēmata'와 동근어인 'hypomnēsis'(환기)라고 부르면서, 이런 기억의 방식은 진짜 지혜가 아니라 지혜처럼 보이는 것만을 제공할 뿐이라고 비판한다. 이런 기억은 적바림과 같은 환기 수단에 의존적이기에 늘 활용할 수 있는 앎이 되지 못한다. 기억의 수단인 적바림을 잃어버리면 기억해 내지 못하기 때문이다. 이에 대비되는 기억 방식이 바로 '상기'(anamnēsis)이다. 상기는 기억하는 자와 내재적으로 결속되어 있는 기억이다. 그렇기 때문에 상기하는 자는 기억하는 것을 늘 활용할 수 있는 자이다. 이런 차원의 기억 문제가 2부의 '새장의 비유'에서 논의된다.
15 '여기'는 메가라를 가리킨다.
16 소크라테스가 테아이테토스와 만난 시점이 죽기 얼마 전이었다는 142c의 언급을 고려하면, 에우클레이데스가 소크라테스에게 여러 번 찾아갔다는 지금의 언급이 이상해 보일 수 있다. 대화편 말미인 210d에서는 소크라테스가 '사전 심리'(anakrisis)를 받기 위해 '왕의 회랑'으로 가야 한다고 언급되고 있는데, 그 시점에서 얼마 지나지 않아 소크라테스가 독배를 마시고 세상을 떠나기 때문이다. 그러나 소크라테스가 사형 선고를 받은 후 한 달 간 사형 집행이 유예되었다. 『파이돈』 58a~c 참고. 델로스(Dēlos) 섬으로 사절단을 보내는 신성한 종교 행사 덕인데, 이 배가 델로스 섬에 갔다가 돌아오기까지 그 기간 동안에는 사형 집행이 금지되었기 때문에 소크라테스의 사형 집행이 한 달 늦추어졌다. 한

달도 사실 길다고 볼 수는 없지만, 그 기간 동안 에우클레이데스가 여러 차례 소크라테스를 찾아갔던 것으로 극중(劇中) 상황을 이해해 보는 수밖에 없다.

17 이곳의 텍스트 독법은 학자에 따라 다르다. 20세기의 일반적인 전통은 사본에 따라 'alēthē'라고 읽는 데 반해(이를테면 OCT 구판), 최근의 OCT 신판에서 힉켄(Hicken)은 하인도르프(Heindorf)를 좇아 'all' ēdē'로 읽는다. 그러나 옮긴이는 원래의 사본에 따라 'alēthē'로 읽었다. 사실 플라톤이 'alēthē'로 대답을 구성하는 경우는 흔히 볼 수 있다. 이를테면 『테아이테토스』만 해도 144e7, 192e4 등에 등장한다. 그런데 이런 경우들은 대화 상대의 언급에 대해 동의하는 경우이나 지금의 경우는 그렇게 보기 어렵다는 점 때문에 하인도르프의 대안 독법이 제시된 것 아닌가 싶다. 그러나 굳이 텍스트를 수정하지 않고 이해할 수 있다면 그것이 최선일 것이다. 테릅시온이 그다음 표현된 생각을 떠올리면서 '아, 그래요.' 또는 '아, 맞아요.'하는 식의 혼잣말에 가까운 표현을 한 것으로 보면 텍스트를 자연스럽게 이해할 수 있다.

18 여기서 '선생님'은 에우클레이데스를 가리킨다.

19 **선보여(epideixai)** : 이 낱말의 명사는 'epideixis'이다. 플라톤의 여러 대화편에서 'epideixis'는 소피스트들이 자신들의 지적 탁월함을 뽐내기 위해 펼쳐 선보이는 '공개 연설' 내지 '공개 강연'으로 소개가 된다. 이런 점에서 'epideixis'가 소피스트들의 활동과 연관된 용어임이 틀림없다. 그러나 플라톤 텍스트를 보면 소크라테스가 자신의 생각을 제시할 때도 이 용어를 사용하는 경우를 곧잘 볼 수 있다. 이를테면 『메논』 82b, 『파이돈』 100b, 『국가(Politeia)』 391e 등. 따라서 이 낱말이 무조건 부정적 맥락에서 사용된다고 볼 필요는 없다. 지금 테릅시온의 말도 일상적인 맥락의 넓은 의미로 이해하는 것이 적절하다.

20 이와 관련된 극중 시점의 문제에 대해서는 「작품 안내」 참고.

21 **에리네오스(Erineos)** : 메가라 지역과 아티케(Attikē) 지역의 경계 지점에 있는 마을. 엘레우시스(Eleusis)로 향하는 관문이다. 메가라에서 약 16

킬로미터. 아테네에서는 약 23킬로미터 떨어진 케피소스(Kēphissos) 강가에 위치해 있다. 전승에 따르면 페르세포네(Persephonē)가 하데스(Hā(i)dēs)한테 납치된 곳이 바로 이 지점이다. 기원후 2세기의 파우사니아스(Pausanias)는 하데스의 별칭인 플루톤(Ploutōn)의 이름으로 이 이야기를 전하고 있다. 『그리스 여행기(Hellados periēgēsis)』 I. 38. 5.

22 휴식을 취하러 에우클레이데스 자신의 집으로 이동하자는 것을 함축한다.

23 노예(pais): 'pais'는 일차적으로는 어린이를 가리키는 말이지만, 노예를 낮추어 부르는 말로 사용되기도 했다. 그러니까 'pais'가 사용되었다고 해서 곧 나이 어린 노예를 가리키는 것은 아니다. 여기서 책을 읽을 줄 아는 노예는 틀림없이 성인 노예였을 것이다. 왜냐하면 고대 그리스어는 띄어쓰기를 하지 않는 '연속 서법'(scriptio continua)으로 쓰였기에 읽을 때 띄어서 읽기 위해서는 상당한 교육을 받아야 했기 때문이다. 그리고 파피루스로 된 책이 귀한 시절이었기 때문에 노예를 시켜 낭독하게 하는 것이 당시의 통례였다. 묵독은 후대의 일이다. 스벤브로(Svenbro), '고대기와 고전기의 그리스 — 묵독의 발명', 『읽는다는 것의 역사』 참고.

24 두 사람은 함께 에우클레이데스의 집으로 간다. 이후의 대화는 에우클레이데스의 집에서 이루어진다. 이렇게 건물 밖에서 대화를 시작해서 안으로 대화 장소가 바뀌는 경우를 『뤼시스(Lysis)』 206d~e와 『고르기아스(Gorgias)』 447c에서도 볼 수 있다.

25 전해 주는 이야기 투로(diēgoumenon): 아래 주석에서 설명할 'diēgēsis'의 동사인 'diēgesthai'의 분사 형태. 세부적인 설명은 아래의 주석 참고.

26 이야기 투 화법들(diēgēseis): 'diēgēsis'의 복수 표현. 플라톤 텍스트는 편지를 비롯한 몇몇 글을 빼면, 초기부터 줄곧 등장인물들 사이의 대화를 소크라테스나 제삼자가 전해 주는 이야기(diēgēsis, 영어로는 'narrative'를 뜻함.)의 형식을 취한다. 『소크라테스의 변론』조차 겉으로는 소크라테스가 직접 법정 연설을 하는 방식을 취하고 있지만, 내부적으로는 이야

기 구성을 취하고 있다고 이해할 수 있는 측면이 있다. 플라톤은 『국가』 392d에서 'diēgēsis'를 '이야기'(narrative)를 가리키는 낱말로 사용하며, 이를 세 가지로 구별한다. ①이야기하는 자(ho legōn = narrator)가 직접 이야기하는 방식의 '단순한 이야기'(haplē diēgēsis). ②이야기하는 자가 극중의 발언자로 밝힌 각각의 인물을 자신이 최대한 모방하는 방식의 '모방을 통한 이야기'(dia mimēseōs diēgēsis). ③이 양쪽 방식을 통한 이야기. 플라톤은 ②의 경우로 비극과 희극을, ③의 경우로 서사시를 들고 있다. 『에우튀프론(*Euthyphrōn*)』, 『라케스(*Lachēs*)』, 『고르기아스』, 『메논』처럼 대화자들이 직접 대화를 나누는 방식으로 대화편이 구성되어 있는 경우도 있지만, 등장인물들 사이의 대화를 소크라테스나 제삼자가 전해 주는 이야기(diēgēsis)의 형식을 취하는 경우도 적지 않다. 이를테면 소크라테스가 이야기를 전해 주는 대화편으로는 『뤼시스』, 『카르미데스(*Charmidēs*)』, 『프로타고라스』, 『에우튀데모스』, 『국가』가 있다. 이런 경우는 ③의 방식으로 구성된 대화편이라고 할 수 있다. (이와 관련해서는 주석 1도 참고.) 지금 『테아이테토스』에서 제시된 언급은 ③의 방식을 취하지 않고 ②의 방식을 취하겠다는 말이다. 이는 '이야기를 전하는 자'(narrator)가 '이야기를 전할 때 사용하는 표현'(narration)을 생략하겠다는 의도에서 하는 말이라고 할 수 있다. 그런데 『테아이테토스』의 이 부분에서 'diēgēsis'는 넓은 의미의 '이야기'(narrative)를 뜻하지 않고, '내가 말했네'와 같은 '이야기 투 화법', 즉 내레이션(narration)을 뜻한다. 『테아이테토스』 이전에도 이야기 투 화법이 생략되는 경우가 있지만, 이런 표현을 생략하겠다는 명시적인 언급을 하는 건 『테아이테토스』에 와서야 이루어진다. 이런 점에서 『파르메니데스』는 우리의 대화편보다 먼저 쓰인 게 분명하다. 『파르메니데스』는 이야기 투 화법을 여전히 사용하고 있기 때문이다. 한편 후대의 디오게네스 라에르티오스(Diogenes Laertios)는 플라톤의 대화편을 글쓰기 방식에서 분류하는 법으로, '드라마적인 대화편'(hoi dramatikoi dialogoi), '서술적인(이야기를 전하는) 대화편'(hoi diēgēmatikoi), '혼합적인 대화편'(hoi meiktoi

dialogoi)으로 구분하는 분류법이 있었음을 전해 주기도 한다. 이는 각기 위에서 플라톤 자신이 분류한 ②, ①, ③에 상응하는 것으로 이해할 수도 있다. 디오게네스 라에르티오스, 『유명한 철학자들의 생애와 사상(*Vitae et Sententiae eorum qui in philosophia probati fuerunt*)』 III. 50 참고.
27 얘야(pais) : 앞에서 '노예'로 번역했던 말이다. 주석 23 참고.
28 읽어 보거라(lege) : 소리를 내지 않고 읽는 것이 아니라 소리 내어 읽는 것을 뜻한다. 'legein'이 '읽다'라는 뜻으로 쓰일 수 있음을 보여 주는 특이한 사례이다.
29 여기서부터 액자 내부 이야기이다.
30 퀴레네(Kyrēnē) : 테오도로스가 퀴레네 출신이기에 이런 식으로 언급하고 있는 것이다. 퀴레네는 북아프리카의 지중해 연안에 세워진 그리스의 유명한 식민 도시이다. 나중에 소크라테스의 추종자인 아리스티포스(Aristippos : 기원전 약 435~기원전 약 356)가 퀴레네학파를 세운 곳으로 유명하며, 그보다 더 후대에는 천문학자 에라토스테네스(Eratosthenēs : 기원전 285~기원전 194)가 태어난 곳으로도 유명하다. 헤로도토스는 『역사』 IV. 154 이하에서 퀴레네 창건과 관련된 이야기를 상세하게 전하고 있다.
31 지혜사랑(philosophia) : 여기서 'philosophia'는 『국가』에서처럼 수학을 배제한 학문 분야로서의 '철학'을 뜻하는 말로 사용된 것이 아니라 넓은 의미에서 지혜를 사랑하는 모든 지적 탐구를 뽀쌀석으로 지칭하고 있다. 『티마이오스(*Timaios*)』 88c의 문맥도 비슷하게 사용된 경우로 볼 수 있다. 영어권 번역 중 콘포드(Cornford, 1935)가 'liberal study'로 옮기고 있는데, 이는 의미 있는 시사점을 제공한다. 플라톤이 제시한 교육체계가 나중에 그리스에서 'enkyklios paideia'(교양 교육)의 이념으로 발전되며('enkyklios paideia'에서 영어 'encyclopedia'라는 말이 왔다.), 로마인들은 이를 받아들여 이른바 '자유 교양'(artes liberales)으로 체계화한다. 알다시피 이런 교육의 전통이 키케로(Cicero)의 'Humanitas'(인문학)

의 전통으로 수렴된다고 할 수 있다. 콘포드의 번역은 이를 염두에 둔 것이다. 그리고 'philosophia'를 '지혜사랑'으로 간명하게 옮기는 건 박종현(2010)과 강성훈(2011)의 번역 방식에 따른 것이다.
32 아테네 사람들을 가리킨다.
33 아테네에 대한 관심, 그리고 지혜사랑에 대한 관심, 그리고 젊은이에 대한 관심, 이것이 소크라테스가 평생 마음을 기울인 것이라는 점은 잘 알려져 있다. 예를 들어 초기 대화편인 『카르미데스』 153d에서는 이런 관심사가 『테아이테토스』와 거의 동일한 방식으로 표현된다. 특히 될성부른 젊은이들에게 관심을 가졌다는 사실을 『소크라테스의 변론(Apologia Sōkratous)』과 함께 놓고 보면 『테아이테토스』의 액자 내부 이야기의 출발점이 의미심장하다는 것을 알아챌 수 있다. 알다시피 소크라테스가 기소된 죄목 가운데 하나는 젊은이들을 타락시켰다는 데 있는데, 될성부른 자, 특히 테아이테토스에 대한 소크라테스의 관심이 젊은이를 타락시키는 결과와는 전혀 무관하다는 것이 『테아이테토스』 말미에서 제시된다.
34 아이(meirakion) : 142c6행에서는 '청소년'으로 옮겼던 낱말이다. 맥락상 여기서는 '아이'로 옮긴다.
35 잘생겼다면(kalos) : 'kalos'는 일상적으로는 '아름다운'으로 옮길 수 있는 말이다. 이 대목의 'kalos'는 동성애에서 '사랑을 받는 자'(paidika 또는 eromenos)를 가리키는 통상적인 표현에 해당된다. 당시 동성애가 사회적으로 상당히 용인되고 있었음은 잘 알려져 있다. 지금 테오도로스의 이야기는, 테아이테토스가 잘생겼다면 그가 매력적인 터라 그와 동성애 관계를 맺고 있는 것으로 뭇사람들에게 오해받을까 두려웠는데, 실은 그가 못생겼기에 그런 오해를 받을 위험이 없다는 뜻이다. 그래서 안심하고 그에 대한 칭찬을 할 수 있다는 설명이 되겠다.
36 사랑(epithymia) : '욕정'으로 옮길 수도 있다. 이 문맥에서는 동성애를 가리키는데, 보통은 'erōs'라는 낱말로 표현되는 것이 바로 그것이다. 참고로 『향연』에서는 'epithymia'와 'erōs'라는 두 낱말이 교체되어 사용되

기도 한다.

37 소크라테스가 추남(aischros)이라는 것은 잘 알려진 사실이다. 크세노폰의 『향연(Symposion)』 5.5~5.7에서도 소크라테스의 들창코 및 퉁방울눈에 대한 묘사가 등장하며, 같은 책 2.19에서는 소크라테스가 올챙이배를 하고 있었다고도 전하고 있다. 플라톤의 『향연』에서는 소크라테스의 모습을 사튀로스(Satyros)(215b) 내지 실레노스(Silēnos)(216d)에 빗대기도 한다. 플라톤 텍스트에서 소크라테스의 용모가 지닌 추함은 곧잘 그의 정신이 지니고 있는 아름다움을 끌어들이는 역설적인 반전의 장치로 사용되곤 한다. 『테아이테토스』에서도 테아이테토스가 소크라테스와 비슷하게 추한 용모를 가지고 있다는 육체적 유사성을 강조하는 데서 시작해서 종국에는 정신적 유사성, 즉 정신적 아름다움을 강조하는 쪽으로 진행된다. 그런데 바로 이런 점에서 『테아이테토스』는 『향연』과 대비되는 측면이 있다. 『향연』에서는 육체적으로는 알키비아데스의 아름다움과 소크라테스의 추함이, 정신적으로 알키비아데스의 추함과 소크라테스의 아름다움이 대비된다. 이에 반해 테아이테토스와 소크라테스는 육체적으로는 추하고 정신적으로는 아름답다는 점에서 유사한 측면이 강조된다. 이런 차이가 대화의 방식에도 차이를 가져온다.

38 그래서 : 번역의 한계 탓으로 '그래서'가 정확히 어느 문장과 연관되는지가 불분명해 보일 수 있다. 여기서 '그래서'는 테아이테토스가 소크라테스를 닮았을 정도로 못생겼다는 것에 붙는 내용이다. 주석 35에서 밝혔듯이 동성애의 오해를 피할 수 있기에 거리낌 없이 이야기를 한다는 뜻이다.

39 바닥짐 없는 배처럼 : 바닥짐이 없는 배는 쉽게 뒤집힐 수 있기 때문에 바닥에 짐을 놓아 배의 안정성을 도모하곤 했다. 이 바닥짐을 'herma'라고 한다. 요즘의 유조선이 기름을 싣지 않고 항해할 때 바닷물로 탱크를 채우는 것도 같은 원리이다. 지금은 이런 배가 가벼운 탓에 파도에 쉽게 흔들려 쏜살같이 나가다 휩쓸려 침몰하는 상황을 떠올리면 되겠다.

40 『국가』 503c~d에서는 『테아이테토스』와 거의 동일한 표현을 써서 대립적인 기질이 양립하기 어려움을 강조하고 있다. 특히 격정(thymos)과 온유함(prāiotēs)이 양립하기 어려운 기질이라는 것이 『국가』에서는 여러 차례 강조된다. 『국가』에서는 그 같은 대립적 기질을 함께 지니면서 조화로운 상태에 이른 자를 수호자로 제시한다. 따라서 대립적인 두 기질을 어떻게 융화시킬 것인가가 『국가』의 핵심 문제 가운데 하나로 등장한다. 375a~e, 410b~412a 등 참고. 그리고 『법률(Nomoi)』 731b~d 또한 참고. 이를 염두에 둘 때 테아이테토스는 적어도 기질적으로 수호자가 될 만한 성품을 이미 지니고 있는 셈이다. 그리고 이런 측면에서 『테아이테토스』에서 이루어지는 교육 및 앎에 대한 논의를, 『국가』의 수호자(철인) 교육에 대응시켜 이해해 볼 수 있다. 『정치가(Politikos)』 309~310에서도 왕도적 치자(basileus)의 기질과 관련해서, 표현의 사소한 차이가 있을 뿐, 비슷한 논조의 논의가 제시되고 있다.

41 테아이테토스가 가운데에 있다는 언급을 통해 3명이 오고 있는 것으로 추리할 수 있다. 3명 중 또 다른 한 사람은 같은 이름의 젊은 소크라테스이고, 다른 한 사람은 누구인지 따로 거론되지 않는다. 어쨌든 대화 현장에는 어른 소크라테스와 테오도로스를 포함해 5명이 자리에 있었음을 알 수 있다.

42 **바깥 경주로**(ho exō dromos) : 'dromos'는 달린다는 뜻의 동사 'dramein'에서 온 명사로 원래 '달리기'를 뜻한다. 148c2, 173a1에서는 그런 의미로 'dromos'가 사용된다. 그런데 'dromos'는 이미 호메로스 시절부터 의미가 확장되어 '경주로'(race-course)를 뜻하기도 했다. 『일리아스(Ilias)』 XXIII. 373행과 758행에서 'dromos'가 '경주'의 의미로 사용되고, XXIII. 321행에서는 '경주로'의 의미로 사용된다. 고전기에 오면 귐나시온(gymnasion)의 경주로에 열주(列柱 : colonnade)가 세워지기도 하면서 'dromos' 자체가 열주를 가리키는 뜻으로 사용되기도 한 것 같다. 아마 이렇게 된 건, 고전기의 귐나시온이 야외에서 운동하기 위한 개방 경주로(open track)뿐만 아니라 지붕이 덮인 열주 형태의 경주

로(covered track)까지 갖추고 있었기 때문으로 보인다. 기원전 5세기까지 귐나시온에는 별다른 건축물이 없었으나 나중에 경주로(육상트랙 : dromos), 레슬링장(palaistra), 목욕탕(loutron), 탈의실(apodytērion), 지붕 덮인 열주(xystos) 등의 건축이 마련되었던 것으로 보인다. 로마의 건축학자 비트르비우스(Vitruvius)는 그리스인들이 개방 경주로를 'paradromis'(복수는 paradromides)라고 부르고, 지붕 덮인 열주를 'xystos'라고 불렀다고 전하고 있다. 비문(碑文)에도 그런 표현이 남아 있다. 비트르비우스에 따르면 'xystos'는 우기(雨期)인 겨울철에 사용되었고 지붕은 플라타너스 나무로 덮여 있었다고 한다. 비트르비우스, 『건축에 관하여(De Architectura)』 V.11.4 참고. 그리고 현대 문헌으로는 Harris(1964), 145쪽 참고. 그런데 '열주가 있는 'dromos'는 바로 이 'xystos'를 가리키는 것 같다. 'dromos'는 원래 개방 경주로를 뜻하지만, 기원전 5세기경부터 귐나시온에 건축물이 건조되어 비가 올 때 사용할 수 있도록 지붕 덮인 경주로가 마련되면서 'dromos'가 열주를 뜻하게도 된 것 같기 때문이다. 어쨌든 『테아이테토스』의 'dromos'는 'ho exō dromos'라고 표현되어 있는 만큼 열주 밖의 개방 경주로, 즉 'paradromis'를 가리키는 것으로 보인다. 한편 『에우튀데모스』 273a의 '지붕 덮인 경주로'(katastegos dromos)는 열주 안의 경주로, 즉 'xystos' 였던 것으로 보인다.

43 이 언급을 보면 액자 내부의 대화가 이루어지던 곳은 귐나시온임에 틀림이 없다. 귐나시온은 달리기, 말타기, 레슬링 등을 할 수 있는 체육 공간으로 아테네의 경우 원래는 18세 이상의 성년이 된 청년, 즉 에페보이(epheboi)가 체력 단련을 하는 공간이었으나, 나중에는 사상적 대화가 이루어지는 공간으로 변형되기도 하며, 그 터에 학원이 세워지기도 한다. 아테네에는 성벽 밖에 동쪽으로는 뤼케이온(Lykeion)(플라톤 대화편 중 『에우튀프론』 2a, 『에우튀데모스』 271a, 『뤼시스』 203a, b, 『향연』 223d8에서 거론됨.), 북서쪽으로는 아카데미아(Akadēmia)(『뤼시스』 203a, b에서 거론됨.), 동남쪽으로는 퀴노사르게스(Kynosarges)(위서로 간주되는

『악시오코스(*Axiochos*)』 364a, 372a에서 거론됨.)라는 큰 규모의 귐나시온이 있었다. 나중에 플라톤은 아카데미아에 학당을 세우고, 아리스토텔레스는 뤼케이온에 학당을 세운 것으로 유명하다. 현재 극중의 귐나시온이 어느 귐나시온인지 『테아이테토스』에서는 명확히 언급되고 있지 않지만, 아마도 뤼케이온이었을 가능성이 높다. 우선 플라톤의 다른 대화편에서 뤼케이온이 대화의 장소로 곧잘 등장한다. 『뤼시스』, 『에우튀데모스』의 극중 장소도 그러한데, 이건 성벽에서 가장 가까운 귐나시온이 뤼케이온이었던 데 이유가 있는 것 같다. 특히 극중 시점상으로 『테아이테토스』에 곧바로 이어지는 대화편인 『에우튀프론』(2a)을 보면 소크라테스가 뤼케이온에 자주 찾아갔다는 언급이 등장한다. 『향연』 223d에서도 대화를 끝내고 소크라테스가 뤼케이온을 찾아가는 장면이 묘사되어 있기도 하다.

44 수니온(Sounion) : 아티케 지방의 남쪽 끝에 위치한 곶(串)으로 포세이돈 신전이 있는 곳으로 이름이 높다. 클레이스테네스(Kleisthenēs)는 기원전 6세기에 10개 부족(phylē)과 30개의 트리튀스(trittys), 139개의 촌락(dēmos)(나중에는 더 늘어남.)으로 행정구역을 개편했는데, 수니온은 이런 촌락 가운데 하나이다. 고전기 아테네 시민은 촌락의 명부에 이름이 등재됨으로써 정식 시민이 되었기에, 이름을 부를 때 출신 촌락을 함께 표기하는 것이 하나의 관례였다.

45 후견인(epitropos) : 당시에는 미성년 남자와 여성은 후견인을 두게 되어 있었다. 후견인은 피후견인의 재산을 보호할 뿐만 아니라 육체적 양육과 교육의 일까지 맡도록 되어 있었다. 후견인은 후견이 끝날 때 감사를 받게 되어 있었지만, 피후견인의 재산을 탕진하여 소송이 일어나는 사태도 있었던 것으로 보인다. Harrison(1968), I권, IV장 참고.

46 자유인다움(eleutheriotēs) : 자유를 소유의 차원이 아니라 베풂의 차원에서 이해하는 배경이 전제되어 있다. 이 구절을 이해하기 위해 아리스토텔레스(Aristotelēs)의 『니코마코스 윤리학(*Ethica Nicomachea*)』 IV. 1120b5~7을 보는 것이 도움이 될 것 같다. "주는 데 지나치기도 하

는 것은 자유인다운 사람의 대단히 전형적인 면모"(김재홍 등 역)이다. 이런 자유 개념은 서양 근대의 자유 개념과 근원적인 차이가 있다. 고대 그리스에서 호메로스 이래의 전통은 재물의 소유보다는 재물의 사용, 즉 소비를 중심으로 하는 경향이 있다. 이를 보통 '선물 경제'(gift economy)라고 한다. 이익을 취하는 데 궁극적인 관심을 두기보다 남에게 선물을 줌으로써 권위를 확보하고 명예를 얻으려는 것이 호메로스 세계가 지닌 전통 사회의 핵심 면모라고 할 수 있다. 이런 전통은 고전기의 '자유' 개념에도 영향을 미쳤으며, 바로 지금의 맥락이 그런 뉘앙스를 담고서 사용되는 경우가 되겠다. 물론 이런 자유 개념에는 '자유인 대 노예의 대비'가 놓여 있다는 점을 놓쳐서는 안 된다.

47 사내(anēr) : 여기서 남자 성인을 가리키는 낱말인 'anēr'가 사용된 데 주목할 필요가 있다. 사실 테아이테토스가 실제 연령상으로는 청소년(meirakion)이지만, 테오도로스의 묘사가 함축하는 바에 따르면 테아이테토스의 정신적 풍모는 이미 성숙함을 보이고 있기 때문에 소크라테스가 'anēr'란 표현을 사용하는 것으로 이해할 수 있다.

48 테오도로스는 지금까지 소크라테스와 대화를 나누다가 테아이테토스한테 말을 건넨다.

49 뤼라(lyra) : 현을 치거나 뜯는 방식으로 연주되던 악기. 현대 악기 중 하프(harp)와 다소 비슷하다. 악기의 공명통은 거북이의 등껍데기를 사용하다가 나중에는 목재로 된 공명통에 쇠가죽을 씌워 만들기도 했다. 현은 보통 7줄이었으나 그 이상일 경우도 있었다. 뤼라는 다른 악기의 연주를 위한 반주용으로 사용되기도 했지만, 시를 음송할 때 단독으로 사용되기도 했다.

50 음악에 능한 분(mousikos) : 고대의 시가(詩歌 : mousikē)는 운율이 있는 시와 노래, 그리고 무용이 함께 하는 종합 예술이었다. 따라서 '시가에 능한 분'으로 옮길 수도 있지만, 여기서는 '뤼라'라는 악기를 사례로 들고 있기 때문에 '음악에 능한 분'으로 옮긴다.

51 소묘에 능한 분(graphikos) : 일반적으로는 '그림에 능한 자'로 옮길 수 있

지만, 뒤에 등장하는 'zōgraphikos'(채색에 능한 자)와 구별되는 측면이 있다. 미술상의 'graphē'는 드로잉 내지 데생 또는 스케치, 즉 소묘를 가리킨다. 따라서 'graphikos'는 '소묘에 능한 분'으로 옮긴다.

52 **채색에 능한 분**(zōgraphikos) : 정확하게는 '채색화를 그리는 데 능한 이'를 뜻한다. 'graphikos'(소묘에 능한 자)와 구별되는 맥락에서는 '페인팅'을 가리킨다. 『파이드로스』 275d에서는 'zōgraphia'(채색하기)와 관련해서 다음과 같은 언급이 제시된다. "채색을 하는 것의 소산 역시 살아 있는 듯이 서 있으나 …." 이런 언급은 'zōēgraphia'가 '생명'을 뜻하는 'zōos' 내지 'zōē'와 '그리는 것'을 뜻하는 'graphē'의 합성어라는 점을 연상케 한다. 어쩌면 고대 그리스인들은 그림에 채색을 하는 것을 생명을 불어넣는 것으로 보았을지도 모르겠다. 고대 그리스에서는 빨강, 노랑, 검정, 하양의 네 가지 색이 채색하는 데 사용된 것으로 전해지는데, 실제로 남아 있는 회화가 거의 없기 때문에 고대 회화의 실상이 어떠했는지는 거의 복원 불가능하다.

53 **수 … 에도 능한**(logostikos) : 일반적으로 'logistikos'와 연관된 'logistikē'는 실용적 용어라면, 'arithmētikē'는 이론적 용어이다. 따라서 전자는 산수 내지 산술, 후자는 수론으로 옮길 수 있다. 이를테면 『고르기아스』 450d와 451b, 『국가』 525a의 경우가 그렇다. (물론 『필레보스(*Philēbos*)』 56d에서는 'arithmētikē'를 정확성을 지닌 것과 정확성을 덜 지니는 것으로 나누어, 전자는 학문하는 자들(hoi philosophountes)의 것이고 후자는 다중의 것으로 설명한다. 이 경우는 다중의 'arithmētikē'를 'logistikē'로 이해할 수 있을 것이다.) 그러나 지금 『테아이테토스』의 맥락에서 'logostikos'는 산술과 수론을 엄밀하게 구별하지 않고 사용한 표현으로 볼 수 있기에 그 둘을 포괄하는 낱말로 '수에 능한'으로 옮긴다.

54 **교육**(paideia) : 『국가』를 고려하면 지금 거론된 교과들은 교양 교육과정에 해당된다. 『국가』 522c~531c에서는 철학 교육을 받기 전에 받아야 할 교육과정으로 수론, 기하학(평면기하학과 입체기하학), 천문학, 화성학이 제시되고 있다. 플라톤의 이 같은 교육 체계가 서양에서 교양 교

육 시스템의 기초를 놓았다고 할 수 있다. 이 같은 교육체계가 후대에 미친 영향에 대해서는 주석 31 참고.

55 덕(aretē) : 'aretē'는 원래 말과 같은 동물뿐만 아니라 날씨 등에 대해서도 사용될 수 있는 낱말이다. 그러나 고대 그리스에서는 이 낱말이 인간과 관련해서 사용될 때 무엇보다도 중요한 의미를 가지는 것으로 받아들여졌다. 이 낱말은 호메로스 이래 인간이 갖출 수 있는 '좋은 상태' 내지 '좋은 능력'을 가리키는 낱말로 주로 사용된다. 호메로스 영웅들의 경우에는 영웅들의 신분적 우월성과 영웅들 간의 경쟁에 기초한 '탁월성'(excellence)을 주로 뜻하는 경향이 있다. 이를테면 『일리아스』의 맥락은 전쟁 상황이기 때문에 당연히 남보다 뛰어나게 싸울 수 있는 능력, 또는 그와 관련된 심성인 남자다움 내지 용기가 부각된다. 그런데 이 같은 'aretē'를 기능(ergon)적 관점에서 이상적인 좋음(to agathon)으로 이해하는 것이 플라톤의 새로운 접근이다. 특히 플라톤의 『국가』 I 권 참고. LSJ에서는 'aretē'를 'goodness'로 먼저 뜻풀이한 뒤 그다음에 'excellence'로 풀이하고 있는데, 거의 대부분의 학자들은 이 둘의 차이를 눈여겨보지 못하는 것 같다. (아마도 거의 유일한 예외는 박종현(2006), 『플라톤』, 45쪽의 각주 34일 것이다.) 플라톤 철학을 이해할 때 'aretē'의 'excellence' 차원과 'goodness' 차원을 구별하는 것이 중요한 이유는, 플라톤은 전자의 'aretē'를 흔히 탐욕으로 옮겨지는 'pleonexia'와 연관 짓는 반면('pleonexia'는 남보다 더 가지려 하거나 남을 이기려는(excel) 성향이기 때문이다.), 후자의 'aretē'는 철학자의 훌륭함, 즉 우리말의 '德'으로 옮길 수 있는 것과 연관 짓기 때문이다. 전자의 경우는 언제나 비교 상대에 대한 우월함 내지 탁월성을 함축하지만, 후자의 경우는 이상적 상태(telos)로서의 좋음, 즉 훌륭함을 함축한다. 플라톤 텍스트에서는 이 두 가지 차원이 미분화된 상태에서 'aretē'의 가치 양상이 상반되게 발현될 수 있음을 들추어내는 쪽으로 논의가 전개될 때가 있기 때문에 번역자에게는 언제나 번역의 고통을 안겨 주는 낱말이다. 맥락에 따라 달리 옮길 수밖에 없기 때문이다. 여기서는 '德'으로 옮겨도 무방한

맥락이다.

56 여기서는 아테네 시민들을 가리킨다.

57 **구실을 대면서**(skēptomenos) : 'skēpsis'는 절차법의 한 용어이다. 이 말을 이해하려면 먼저 'leitourgia'라는 공역(公役)에 대해 알아 둘 필요가 있다. 고대 아테네는 현대 국가처럼 공공 지출을 위한 조세제도가 확립되어 있지 않았고, 이를 대신하는 것이 'leitourgia'라고 일컬어지던 공역이었다. 부자들은 나라의 공공 행사나 공공사업에 드는 경비를 댈 의무를 지고 있었는데, 이것이 바로 'leitourgia'이다. 이런 공역 중에서 'choregia'라는 공역이 있었는데, 이는 연극이나 음악 경연에 참가하는 합창가무단(choros)의 훈련 비용을 부담하는 공역이었다. 'skēpsis'는 'choregia'라는 공역의 의무를 면제받고자 할 때 자신에게 부과된 의무가 부당함을 호소하는 절차였다. 이에 대해서는 Harrison(1971), 2권, 232~238쪽 참고.

58 여기서 소크라테스가 법정 용어를 쓰는 것은 의도적이다. 법정 용어를 써서 테아이테토스를 논의에 참여하게 구속하려는 것이다. 그런데 테아이테토스가 이렇게 논의에 참여한다는 건 테오도로스의 칭찬에 따라 그 자신을 선보인다는 것을 뜻한다. 여기에 대해 테아이테토스가 구실을 대자, 소크라테스는 그것이 테오도로스로 하여금 증언까지 하게 하는 사태를 가져올 수 있음을 경고하여 논의에 참여하도록 속박하고 있다.

59 **위증죄로 고발하려 들**(episkepsasthai) : 명사는 'episkēpsis'. 'episkēpsis'는 위증소송(dikē pseudomartyriōn)의 첫 단계로 반대쪽 증인을 위증죄로 고발하는 절차를 가리켰던 것 같다. Harrison(1971), 2권, 192~193쪽 참고. 플라톤의 『법률』 937b에는 이와 관련된 절차가 세부적으로 소개되고 있다. 『테아이테토스』 148b5에서는 'pseudomartyria'(중성 복수 형태)라는 표현이 등장하기도 한다.

60 원문의 풀이표를 지우고 옮겼다. 그런데 이런 언급이 정확히 어떤 의도로 표현된 것인가는 분명하지 않다. 아마 테오도로스는 진지한 학자였던 것 같다. 농담하는 것이 테오도로스의 기질이 아니라는 소크라테스

의 언급에서 우리는 테오도로스의 진지함에 대한 소크라테스의 인식을 엿볼 수 있다. 결국 이 같은 테오도로스의 인품을 고려할 때 아무도 테오도로스를 위증했다고 고발하려 들지 않을 테니까, 괜히 '농담 삼아 말한 것'이라는 식으로 이야기를 해서 테오도로스가 증언을 하는 일까지 벌어지게 하지 말자는 이야기가 아닌가 싶다. 물론 법률에 비유하는 맥락이기 때문에 이때의 증언이란 선서를 하는 증언을 뜻할 것이다.

61 화성학(harmonia) : 고대 그리스의 'harmonia'는 하나의 성부로 이루어지는 단선율을 기초로 한다. 따라서 다선율에 기초한 서양 근대의 화성학과는 다르지만, 다른 번역어를 찾기 어려워 '화성학'으로 옮긴다. 고대 그리스의 'harmonia'는 기본적으로 '선법'(旋法 : musical mode)의 성격을 가지고 있는데, 이는 일정한 음계에 따라 성립되는 음높이들 간의 변화에 대한 선율을 조직하는 것을 뜻한다. 따라서 근대의 화음의 구성과는 다르다. 여기서 '화성학'이란 이 같은 선법을 비롯한 음악에 대한 포괄적인 기술 또는 앎을 가리킨다고 보면 되겠다.

62 수론(logismoi) : 일반적으로는 '헤아림' 정도로 옮길 수 있는 낱말이지만, 여기서는 'logistikē'(산술)와 'arithmētikē'(수론)를 포괄하는 의미로 사용된 것 같다. 'logismos'(단수 형태임.)가 천문학이나 기하학 또는 화성학과 같이 거론되는 경우로는 『프로타고라스』 318e, 『국가』 510c, 『파이드로스』 274c 등이 있다.

63 소크라테스가 수학을 꽤 이해하고 있다는 극중 설정 자체는 역사적 소크라테스에 부합하기 어려울 것이다. 이런 점에서 『테아이테토스』의 소크라테스는 플라톤의 소크라테스이다. 디오게네스 라에르티오스(Diogenes Laertios)에 따르면 소크라테스 사후 플라톤은 테오도로스에게서 배움을 얻었다고 한다. 디오게네스 라에르티오스, 『유명한 철학자들의 생애와 사상』 II. 103과 III. 6 참조.

64 여기서 말하는 문제가 조금 있다가 146e에서 '앎이란 무엇인가?'라는 문제였음이 명시적으로 제시된다. 소크라테스는 '사소한 어떤 것'으로 표현하지만 사실 나중에는 큰 문제로 드러나며, 이것이야말로 이 대화

편의 주제이다. 이런 식으로 논의거리를 슬그머니 던져 놓는 것이 전형적인 소크라테스식 논법이다. 실제로 148c에서는 중대한 문제로 드러난다.

65 **난관에 봉착해 있네**(aporein) : 플라톤의 초기 대화편에서 소크라테스는 대화 상대자를 논박하여 난관(aporia)에 빠뜨리는 것으로 마무리하곤 한다. 그래서 현대 학자들 사이에서 초기 대화편은 '난관 종결식 대화편'(aporetic dialogues)이라고 불린다. 그런데 『메논』에서는 소크라테스가 메논을 난관에 빠뜨린 후 그 난관을 탐구의 발판으로 삼아 새로운 방식의 논의를 진행시킨다는 점에서 초기 대화편들과는 다른 면모를 보인다. 『테아이테토스』도 대화의 주제에 대한 궁극적 해결을 보지 못하고 난관으로 종결된다는 점에서 초기 대화편과 같은 모습을 보이긴 한다. 그러나 문제의 난관이 소크라테스 자신의 것으로 제시되며, 그것도 대화편 초반부에 등장한다는 점에서는 엄밀한 의미에서 초기 대화편의 일반적인 양상과 동일한 것은 아니다. 대화의 종결 시점 이전에 'aporia'(난관)를 강조한다는 점에서는 『메논』과 유사하고, 그 'aporia'를 소크라테스가 자신의 난관으로 제시한다는 점에서는 독특한 측면이 있다. 『테아이테토스』에서 'aporia'가 강조되는 대목으로는 145d6, 146e8, 151a7, 158c3, 168a3, 168c1, 174c5, 174d1, 175b6, 175d4, 187d2, 190e9, 191a4, 196c9, 200a12 참고. 이에 대해서는 Blondell(2002), 251쪽, 각주 1에서 도움을 받았다.

66 **앎**(epistēmē) : 이 대화편의 주제어가 처음으로 등장하는 대목이다. 이 낱말의 동사 'epistasthai'는 '사실을 아는 것'(know-that)뿐만 아니라 '~을 할 줄 아는 것'(know-how)을 뜻하는 의미로도 사용된다. 특히 동사 'epistasthai'가 부정사(不定詞)를 취할 경우 'know-how'의 의미로 사용된다. 우선 호메로스를 보면 이미 'know-that'의 차원에서 사용되는 경우가 있다. 예를 들어 『오뒷세이아』 ii. 117 참고. 또한 'know-how' 차원에서 사용될 때도 구체적인 실천적 행위를 할 줄 안다는 의미로 사용되는 경우가 있는가 하면(이를테면 『일리아스』 XXI. 320 참고), 어떤 분

야에 대해 높은 수준의 능력(faculty)을 가지고 있다는 의미로 사용되는 경우도 있다(이를테면 『일리아스』 XXIII. 705). 이런 점에서 'epistasthai'는 오래 전부터 구체적인 실천 영역뿐만 아니라 이론 영역에 걸쳐 아주 포괄적으로 사용되던 용어라고 해석할 수 있다. 이에 대한 좀 더 구체적이고 세부적인 설명은 Snell(1924), VI장 참고. 그러니까 플라톤 텍스트에서 'epistēmē'가 때로는 '지혜'를 가리키는 'sophia'와 동일시되기도 하고 때로는 '기술'을 뜻하는 'technē'와 동일시되기도 하는 건, 'epistēmē'의 동사 'epistasthai'가 그 만큼 폭넓은 의미로 사용된 언어적 전통이 있었기 때문이다. 그러나 명사 'epistēmē'는, 적어도 LSJ의 목록에 근거하는 한, 고전기 이전에 사용된 용례는 거의 찾기 어렵다. 고전기 문필가 중 투퀴디데스(Thukydidēs)나 소포클레스(Sophoklēs)만이 이 낱말을 의미 있게 자주 사용한 것으로 보인다. 그러나 이 낱말을 가장 많이, 그리고 가장 중요한 전문용어로 사용한 사람은 다름 아닌 플라톤이었다. 플라톤 당대에 소피스트는 새로운 앎을 내세우는 경향이 있었음에도 전통적인 용어인 'sophia'(지혜)를 선호했던 데 반해, 플라톤도 'sophia'를 사용할 경우가 자주 있긴 하지만, 자신이 의도한 '철학적 앎'을 가리킬 때는 'epistēmē'라는 용어를 선호하는 경향이 있다. 이것은 전통과도 거리를 두고 소피스트와도 거리를 두기 위한 플라톤의 의도적인 선택이었을지도 모른다. 플라톤은 이렇게 '철학적 앎'을 가리켜 'epistēmē'로 지칭하곤 하지만, 동사 'epistasthai'가 그렇듯, 맥락에 따라 상당히 다의적으로 또는 아주 넓은 의미로 사용하기도 한다. 따라서 플라톤 텍스트를 읽는 독자는 플라톤이 'epistēmē'를 한 가지 의미 또는 한 가지 층위에서만 사용하지 않는다는 것을 늘 유의해야 한다. 예를 들어 『라케스』에서는 말을 탈 줄 아는 앎, 전투를 할 줄 아는 앎, 활을 쏠 줄 아는 앎 등을 가리킬 때도 사용되고, 악기를 다루는 기술을 가리킬 때도 사용된다. 그런가 하면 『고르기아스』 등에서는 의술을 비롯한 각종 기술(technē)을 가리킬 때 이 낱말을 사용하기도 한다. 이 낱말이 플라톤 자신에 의해 아주 폭넓게 사용된다는 점에 대해서는 Benitez(1989), 5장 참고. 이러한 사용 방식은 『테아이테토스』에서도 마찬가지이지만 수학자인 테오도로스와 테아이테토스를 상대로 논의를 펼치는 이유가, 만일 『국가』의 교육 단계 중 수학에서 철학으로 이행하는 과정을 보이기 위한 것이라면, 『테아이테토스』에서 궁극적으로 '지향하는' 'epistēmē'는 '철학적 앎'으로 이해해볼 수 있을 것이다. 이때의 철학적 앎이란 대상에 대한 단편적인 정보(information)를 뜻하는 것이 아니라 대상에 대한 본질적이고 전체적인 이해를 뜻한다. 서양의 플라톤 연구자들 가운데는 'epistēmē'를 'knowledge'라고 옮기기보다 'understanding'으로 옮기는 것이 낫다는 견해를 제시하는 이들이 있는데, 그런 의견이 제시되는 건 바로 이런 까닭에서다. (그러나 'understanding'은 'epistēmē'의 대상 연관적 측면을 배제할 위험이 있기에 다른 점에서는 한계가 있다는 것 또한 기억해 둘 필요는 있다.) 또한 플라톤이 초기부터 '설명을 제시하는 것'(logon didonai)에 대해 지속적인 관심을 두었던 것을 고려하면(이에 대해서는 주석 781 참조), 'epistēmē'는 일종의 '설명적 통찰'로 이해하는 것이 더 나을지도 모르겠다. 이런 해석에 따를 때, 문제의 대상을 설명할 수 없는 자는 플라톤적인 의미에서 진정으로 아는 자로 간주하기 어렵다고 하겠다. 한편 'epistēmē'가 사용되는 양상을 동사와 연관 지어 보면, 능력(faculty)을 가리킬 수도 있고, 배우는 과정을 가리킬 수도 있고, 그 결과를 가리킬 수도 있다. 이런 측면을 지적하는 논의로는 박홍규(1995), 187쪽 참고. (아마도 박홍규는 스넬의 *Die Ausdrücke für den Begriff des Wissens in der vorplatonischen Philosophie*(Weidmann, 1924)의 87쪽을 주목한 것 같다.) 이런 점에서 'epistēmē'는 우리말로 '인식'(認識)이라고 옮길 수도 있겠고, 배움의 결과로 얻게 된 '지식'(知識)으로 옮기는 것도 어떤 경우에는 불가능하지 않다. 그러나 아래의 주석 67에서 드러나듯, 『테아이테토스』에서 주제화되는 명사 'epistēmē'는 '지식'에 한정되기보다 인지자가 지니게 되는 '능력'으로서의 '덕'(德)에 초점을 맞추고 있다. 이런 점에서 '인식'이라는 번역어도 부적절한 것은 아니지만, 'epistēmē'

가 능력·과정·결과를 모두 포괄할 수 있다는 점까지 고려하면 우리말 '앎'으로 옮기는 것이 가장 적절해 보인다.

67 앎과 지혜는 동일한 것이지? : 여기서 'epistēmē'(앎)와 'sophia'(지혜)를 동일시하는 데는 여러 가지 복선이 있을 수 있다. 우선 앞의 주석 66에서 설명했듯이 '명사' 'epistēmē'는 고전기에 들어와서 새롭게 사용되는 용어인 것 같다. 그리고 명사 'epistēmē'가 비교적 새로운 용어였다는 것은, '앎'에 대해 뭔가 새로운 이해를 제시하려는 의도가 플라톤한테 있었다고 추측케 한다. 그런데 '앎'을 가리키는 전통적인 용어는 바로 'sophia'이다. 이런 점에서 새로운 함축을 가지는 'epistēmē'와 전통적 함축을 가지는 'sophia'를 동일시하는 것에 대해서는 설명이 필요하다. 더구나 'sophia'는 소피스트(sophistēs)가 선호했던 용어 아니던가! 그리고 'sophia'를 선호하는 이런 특징이 『테아이테토스』의 프로타고라스의 경우에도 유지된다는 점에서 여기서 소크라테스가 'epistēmē'와 'sophia'를 동일시하는 것에 대해서는 더더욱 설명이 필요하다. 이를 해석해 낼 단초를, 145d11행의 '지혜로운 이들이 지혜로운 건 지혜에 의해서이다.'라는 언급에서 찾을 수 있을 것 같다. 이 언급은 어떤 사람이 지혜로워질 수 있는 것은 '지혜'(sophia)라는 덕(aretē)에 의해서라는 의미를 함의하는 것 같다. 이 언급이 아니라도 'sophia'는 대표적인 'aretē'이다. 이런 점에 주목할 때 여기서 플라톤이 'epistēmē'와 'sophia'를 동일시하는 것은, 'epistēmē'를 '덕'(德) 차원에서 다루겠다는 것을 밝히는 것이 될 것이다. 다시 말해 단순히 명제적인 앎을 다루는 것이 아니라는 뜻이 되겠다. 이에 따르면 『테아이테토스』에서 다루어지는 'epistēmē'는 인지적 차원에서 행위자가 지니게 되는 일종의 덕이다.

68 앎이 도대체 무엇인가 : 이 대화편의 주제이다. '도대체 무엇인가?'(ti pote estin)를 묻는 것은 초기부터 지속되어 온 소크라테스적 물음이며, 플라톤 또한 이것을 철학적 물음의 기본 형태로 간주한다. 소크라테스가 이런 물음을 던지기 시작했다는 것이 바로 기나긴 서양철학사의 향방에 결정적인 계기가 된다. 왜냐하면 '그것이 무엇인가'라는 물음에

대한 대답을, 그 대상의 있음(to on) 내지 본질(ousia)에서 찾고, 이것에 대한 탐구를 문제의 대상의 '자체성'(auto)에 대한 탐구로 전개했던 노력이 이른바 본질 철학의 기초가 되었기 때문이다. 나중에 1부 말미에서는 이런 물음이 다시 부각되며, 그런 물음이 'aisthēsis'(감각) 차원을 넘어선 것임이 강조된다. 그러나 『테아이테토스』의 'to on' 또는 'ousia'가 중기의 'idea' 또는 'eidos'(형상)를 가리키는가는 크디큰 논란의 대상이다.

69 **말할**(legein) : 여기서 '말하다'는 맥락상 '설명하다'를 함축한다. 이 말의 명사형 'logos'가 3부의 핵심적인 주제어이다.

70 지금까지는 테아이테토스를 상대로 이야기를 하다가 얼굴을 돌려 참석한 사람 전부를 대상으로 이야기를 하는 장면이다. 대화 상대 중에 테오도로스도 포함되기에 존댓말로 옮긴다.

71 **자기 차례에** : 'aei'를 옮긴 말이다. 보통은 '언제나' 정도로 옮길 수 있는 'aei'를 이렇게 옮긴 것은 놀이가 진행되는 동안 서로 공을 주고받는 행위가 계속 진행되면서 그것이 번갈아 이루어질 것이기 때문이다. 그리고 이는 번갈아 가면서 문답이 진행되는 것을 빗대고 있다.

72 사실 지금의 공놀이가 정확히 어떤 형태의 것이었는가는 불확실하다. 우리에게 남아 있는 문헌 중 『테아이테토스』편 「고주석(scholia in Platonem(scholia recentiora Arethae))」과 폴뤼데우케스(Ioulios Polydeukēs, 라틴명으로는 Iulius Pollux)의 『어휘집(*to onomastikon*)』 IX에서 일부의 설명을 들을 수 있다. 두 문헌 모두 고대 그리스의 공놀이로 네 가지를 소개하고 있다. 'ourania', 'aporrhaxis', 'episkyros', 'pheninda'(또는 'phaininda'). 고주석의 설명을 정리해서 소개하면 다음과 같다. 'aporrhaxis'는 공을 벽이 아니라 땅바닥 쪽으로 세게 던져 바닥에 부딪친 공을 다시 잡는 공놀이이다. 'episkyros'는 'skyros'(돌자갈)이라고 불리는 돌조각 위에 서서 상대편의 공을 쳐 (밖으로) 떨어뜨렸기 때문에 그렇게 불렸다. 'skyros'(돌자갈) 위에서 하는 놀이라 'episkyros'라고 불렸다는 게 고주석의 설명인 셈이다. 그리고

'pheninda'. (고주석은 'paininda'라고 표기하기도 하며, 폴뤼데우케스도 후자의 표현을 사용하고 있다.) 'pheninda'는 상대편에게 공을 내보이고서 그 공을 상대편에서 던져 보내는 공놀이이다. 그리고 끝으로 'ourania'는 하늘로 향해 공을 위로 던지는 공놀이이다. 고주석과 폴뤼데우케스 모두 『오뒷세이아』 viii. 372~376을 'ourania'의 경우로 지목하고 있다. 고주석은 네 가지 놀이 모든 경우에 "공놀이를 하는 이들 중 이긴 자들은 왕이라고 불렸고, 그들이 다른 이들에게 지시하는 것이 무엇이든 다른 사람들은 그것을 따랐다."라고 전하며 "진 자들에 대해서 나귀가 앉았다고 하고, 이긴 자들에 대해서는 왕이 앉았다."라고 표현한다는 이야기도 전해 준다. 그런데 폴뤼데우케스는 '왕'과 '나귀'라는 명칭을 'ourania'에 대해서만 언급하고 있다(IX. 106). 혹시 그의 전언이 맞는다면 현재의 공놀이는 'ourania'가 되겠다.

73 **실수를 하지 않고**(anhamartētos) : 여기서는 놀이의 맥락에서 등장하는 낱말이지만, 플라톤 인식론에서 아주 중요한 용어이다. 따라서 여기서 플라톤이 이 용어를 사용해 복선을 깔고 있다고 이해해볼 수 있다. 이 낱말은 200e4~5의 철학적 맥락에서 다시 등장한다. 주석 159와 770 참고.

74 **문답식 대화**(dialektos) : 이미 소크라테스가 테아이테토스를 상대로 펼쳐 보인 문답식의 대화를 염두에 두고 하는 말이다. 문답식 대화는 소크라테스의 전형적인 논의 방식으로, 플라톤은 소피스트의 과시적인 공개 강연(epideixis)과 곧잘 대비한다. 그런데 소크라테스의 '문답법'(dialektikē)은 중기의 플라톤에 가면 일종의 사유술로서의 '변증술'(dialektikē)로 발전된다. 우리의 『테아이테토스』 189e~190a에서 '생각하는 것'을 '영혼의 내적 대화'로 설명하는 대목에서 그런 발전의 성격을 짐작해볼 수 있다. 주석 674 참고.

75 OCT 구판(Burnet판)에서는 이 부분을 'apeithein'으로 보고 있으나, OCT 신판은 'apistein'으로 보고 있다. 옮긴이는 신판을 따랐다. 사본(codex)도 갈리는데, β 사본 및 T 사본은 'apistein'으로, W 사본은

'apeithein'으로 보고 있다. 그런데 뒤에서 '안 따른다'로 옮긴 대목은 모든 사본이 'apeithein'으로 보고 있다. 물론 'apistein'과 'apeithein' 이 동근어인 데다 같은 뜻으로 사용되기도 한다. 그렇지만 신판 OCT 가 새로운 독법을 취한 건 'apistein'을 단순히 '안 따른다'는 것으로 본 게 아니라 '불신한다'는 의미로 보았기 때문일 것이다. 이때의 불신은 전문가인지, 즉 지혜로운 자인지 여부에 대한 불신이라고 볼 수 있겠 다. 여기서 테오도로스가 전문가인지를 검토하는 대목인 144e6에서 'apistein'이 사용된 적이 있다는 것도 기억해 둘 필요가 있다.

76 기술(technē) : 여기서는 '기술'로 옮겼지만, 'technē'는 '術' 내지 '法'의 성격을 가지는 것, 즉 '노하우'(know-how)의 성격을 가지는 인간의 활 동 일체를 가리킨다. 따라서 '기술'로 옮기는 건 엄밀히 말해서 'technē' 의 포괄적인 의미 전체를 반영한다고 하기는 어렵지만, 그렇다고 달 리 더 나은 대표 번역어를 찾기도 쉽지 않다. 'technē'의 인도유럽어상 의 원형적인 어근은 'tek-'인데, 이것은 원래 '목재'를 가리키거나 '목재 들을 짜 맞추는 활동'을 뜻하기 때문에 'technē'는 원초적으로는 목공 술처럼 뭔가를 짜 맞추어 제작하는 기술을 가리킨다. 그렇지만 이 낱 말은 제작의 결과물이 없는 영역에서도 일반적으로 사용된다. 『카르미 데스』 165d~166a 참고. 'arithmētikē'(산술)와 같은 학술의 경우뿐 아 니라 말의 기술인 'rhētorikē'(연설술)도 모두 'technē'라는 말이 생략된 형태로 함의되어 있다. 그 밖에 예술의 경우도 'technē'의 범주에 포함 이 될 정도이다. 그런데 지금 『테아이테토스』의 맥락에서 앎(epistēmē) 과 관련해서 'technē'의 사례가 제시되는 건 우연이 아니다. 이미 초기 대화편에서부터 플라톤은 자신이 추구하는 철학적 앎의 정체를 분명히 하기 위해 'technē'의 사례를 곧잘 끌어들이기 때문이다. 어떤 경우에 는 'epistēmē'와 'technē'가 교체적으로 사용되기도 한다. 이는 초기 대 화편뿐만 아니라 『정치가』와 같은 후기 대화편에서도 유지되는 견해이 다. 애초부터 플라톤이 인식론의 맥락뿐만 아니라 실천의 맥락에서도 'technē'의 가능성을 여러 차원에서 검토하며 탐색하는 것은 사실이지

만, 그가 모든 'technē'들을 같은 수준에서 같은 방식으로 긍정적으로 받아들이는 것은 결코 아니다. 따라서 플라톤 철학을 이해하고자 할 때는 그가 'technē'의 성격을 어떻게 보고 어떻게 분류하는가를 눈여겨볼 필요가 있다.

77 원문에서는 이 문장과 다음 문장이 한 문장으로 묶여 있지만, 자연스러운 번역을 위해 끊어서 옮겼다.

78 다채로운 것(poikila) : 이곳의 논의는 『메논』과 정확히 일치된다. 『메논』 71e~72b에서 메논은 덕(aretē)이 무엇인지를 묻는 소크라테스의 물음에 남자의 덕, 여자의 덕, 아이의 덕, 어른의 덕 등으로 개별적인 사례를 제시하는 방식으로 답변한다. 이에 대해 소크라테스는 그런 답변은 본질(ousia)이 아니라 무리들을 제시한 꼴이라고 비판하며, 그런 식의 답변을 두고 '많고 다양한 것'(pollas kai pantodapas)을 제시한다는 비판을 한다. 지금 『테아이테토스』에서도 한 가지 정의를 제시하지 못하고 여러 사례를 나열하는 것에 대해 비판이 이루어지고 있다.

79 신발(hypodēmata) : 원래 뜻은 '가죽 끈으로 발밑에 동여맨 신 바닥'을 의미하지만, 고대의 신발은 다 이런 형태로 되어 있기에 '샌들'을 뜻하기도 한다.

80 신발 제작에 대한 앎(epistēmē hypodēmatōn ergasias) : 'epistēmē hypodēmatōn ergasias'에서 두 가지 속격(genetive)이 연달아 등장하는데, 여기서는 둘 다 목적격적 속격(objective genitive)으로 옮겼다. 직역하면 '신발에 대한 제작에 대한 앎'이지만, 이를 축약해서 옮겼다. 그러나 'hypodēmatōn'을 목적격적 속격으로 보고 'ergasias'는 'epistēmē'에 대한 동격적 속격(appositional genitive)으로 보는 독법도 불가능하지는 않다. 후자의 경우라면 '신발에 대한 제작이라는 앎'으로 이해할 수 있겠다.

81 '어떤 것들에 대한 앎인가' : 맥도웰(McDowell, 1973)은 소크라테스가 이런 물음을 던지는 접근에 대해 비판하는 데 주목해서 『테아이테토스』에서는 인식 대상의 문제가 의도적으로 배제되고 있다고 본다. (원래 이

런 시각은 라일(Ryle, 1990)에서 비롯된 견해이다. 라일의 논문은 1952년의 발표문을 기초로 번옛(Burnyeat)이 정리하여 추후에 학술지에 실린 것이다.) 이것이 문제가 되는 이유는 중기 대화편인 『국가』에서 앎(epistēmē)과 '판단 내지 의견'(doxa)을 구별할 때 대상의 차이를 통해 구별하기 때문이다. 『테아이테토스』에서 인식 대상이 논의의 주된 초점이 아니라는 건 분명한데, 이것을 『국가』에 대한 비판으로 볼지 아닐지가 문제가 된다. 라일처럼 『테아이테토스』에 와서 플라톤이 자신의 원래 학설을 버리고 거리를 두고 있다는 해석도 있지만, 적어도 지금의 문맥을 가지고 그런 결론을 정당화하기는 힘들어 보인다. '어떤 것들에 대한 앎인가'를 탐문하는 것이 아니라고 할 때, 방점은 어떤 것'들'이 복수(複數)라는 데 있고, 그래서 앎의 대상을 여럿으로 잡다하게 제시하는 것을 비판하는 것으로 읽을 수 있기 때문이다. 그렇다면 앎을 대상 연관적으로 이해하려는 중기의 노선이 견지될 가능성이 닫히는 건 아니다.

82 **자체(auto)** : 초기부터 플라톤은 어떤 사물의 '자체'가 있다고 보고 이런 '자체'를 탐문하려는 시도를 지속한다. 이 점에서 지금의 질문은 전형적인 플라톤적인 물음이다. 나중에 제시될 프로타고라스의 인간척도설은 이 같은 '자체'를 거부하는 인식론이다. 이런 점에서 플라톤은 『테아이테토스』에서 '자체'를 거부하는 인식론적 노선을 비판적으로 검토하고 있다고 할 수 있다.

83 **어떤 것에 대해 그것이 무엇인지 알지 못할 때 그것에 대한 어떤 이름을 누군가가 이해하리라고 생각하나?** : 어떤 것의 '무엇임'을 알지 못하면 그 어떤 것에 대한 이름 또한 이해하지 못한다는 주장이다. 적잖은 주석가들은, 이 주장이 언어적 이해를 위해 정의적 앎(definitive knowledge)을 전제하는 것으로 해석한다. 이렇게 해석된 견해는 상식적으로 받아들이기 어렵기 때문에 이와 관련된 수많은 비판이 있었다. 어떤 낱말의 정의를 모른다고 해서 그 낱말의 의미를 모른다는 것은 상식적으로 받아들이기 어렵기 때문이다. 이런 점에서 플라톤을 비판하는 견해로는 기치(Geach, 1966)와 비트겐슈타인(Wittgenstein), 『청갈색책(*The Blue*

and Brown Books)』참고. 그러나 여기서 사용된 '이해하다'(synienai)라는 낱말은, 플라톤 텍스트에서 단순히 낱말 뜻을 아는 정도를 가리키지 않고 '엄밀한 이해'를 뜻하는 낱말로 사용된다. 『테아이테토스』 184a, 196d~e, 『카르미데스』 160a, 『프로타고라스』 325c, e, 339a, 『에우튀데모스』 278a, 『크라튈로스(*Kratylos*)』 412a1~b1, 『소피스트(*Sophistēs*)』 253a10~b3, 『법률』 791e 참고. 특히 『크라튈로스』 412a1~b1에서는 'synienai'(이해하다)와 'epistasthai'(안다 : 'epistēmē'의 동사)가 같은 것임이 지적된다. 따라서 위의 주장이, 정의적 앎이 없으면 언어를 사용할 수 없다는 불합리한 견해를 함축한다고 볼 이유는 없다. 어떤 것의 '무엇임'을 알지 못한 상태에서 그것의 이름을 사용할 경우, 그것은 낱말의 의미를 모른다는 것을 뜻하는 것이 아니라 '엄밀한' 이해를 하지 못한다는 것을 뜻하는 것에 지나지 않기 때문이다.

84 앎을 모르는 상태에서 '앎'이라는 이름이 포함된 '신발에 대한 앎'이란 표현을 이해할 수는 없다는 말이다. 곧바로 이어지는 논의에서 "앎을 모르는 자는 제화술을 이해하지 못"한다고 언급되는 이유는, 146d에서 제화술을 '신발 제작에 대한 앎'으로 규정했기 때문이다. 정리하자면 무엇인지 모르는 것에 대한 이름에 여러 가지 덧붙는 언급을 한다고 해서 그 이름을 제대로 이해했다고 볼 수는 없다는 말이다.

85 이런저런 어떤 것에 대한(tinos) : 여기서 'tinos'는 악센트가 끝음절(ultima)에 있기 때문에 의문사가 아니라 '부정관사'(indefinite article)로 읽어야 한다. 이를 살리기 위해 '이런저런'이란 형용을 덧붙였다. 콘포드(Cornford)도 이를 명확히 의식한 번역을 하고 있다. 따라서 이 경우는 앎의 대상을 '그 자체'로 제시하는 경우가 아니라 이런저런 대상의 사례를 제시하는 것으로 보아야 한다. 아닌 게 아니라 위의 사례에서 앎의 대상으로 거론되는 건 이를테면 신발 등의 개별적인 경우이다. 따라서 이런저런 대상의 사례를 제시하는 것을 비판하는 대목으로 보는 것이 합당하다.

86 끝없는(aperanton) : 'aperanton'은 한정(peras)을 지을 수 없음을 의미한다.

지금 맥락에서는 사례 내지 그런 사례를 제시하는 대답의 무한성을 가리킨다. 이를 통해 플라톤의 생각을 짐작할 수 있다. 즉 규정의 내용이 한정되지 않으면, 그 대상은 정확히 이해될 수 없다는 것이다. 이것은 나중에 논의되는 헤라클레이토스적 만물유전설의 노선과 대비된다. 헤라클레이토스적 노선은 '무한성'을 옹호하는 것으로 그려지기 때문이다.

87 **점토는 물로 반죽된 흙이다.** : 그리스어로는 '점토'(pēlos)와 '흙'(gē)이 아예 다른 낱말이기 때문에 순환정의가 되지 않는다. 그러나 우리말로는 순환정의를 피하지 못하는데, 점토의 '토'(土)도 흙이기 때문이다. 순환정의를 피할 수 있는 우리말을 찾지 못한 번역의 한계가 있다. 여기서 제시된 플라톤의 정의 사례는 최근 류와 종차를 제시하는 규정 방식에 부합한다.

88 **좀 전에(enanchos)** : 소크라테스를 만나기 전인 것은 분명하지만, 정확히 어느 시점인가는 불분명하다. 'enanchos'는 최근을 가리킬 수도 있지만 방금 전을 뜻할 수도 있기 때문에 테아이테토스가 소크라테스를 만나기 직전일 수도 있다.

89 **소크라테스** : 소크라테스와 동명이인인 젊은 소크라테스. 「작품 안내」의 등장인물 소개 참조.

90 **제곱근(dynamis)** : 'dynamis'는 원래 힘(power) 또는 능력(faculty)을 뜻한다. 그러나 지금의 맥락에서는 '곱을 해서 일정한 자연수나 자연수 단위의 면적을 가지는 도형을 형성할 수 있는 잠재적인 힘 내지 그런 힘을 가진 것'을 가리킨다. 따라서 번역에서 일상용어인 '힘'으로 옮기지 않고 '제곱근'으로 옮기는 데는 부담스러운 점이 있다. 그러나 일상용어로 옮길 때 오히려 독자들의 혼동이 가중될 것 같아 수학 전문 용어를 번역어로 채택했다. 그러나 여기서의 'dynamis'가 곱하면 자연수가 될 수 있는 '잠재력'(potentiality)을 뜻한다는 점은 주목해야 한다. 가능성 내지 잠재력의 'dynamis'를 부정하는 것이 메가라학파가 주장하는 견해로 전해지고 있는데(아리스토텔레스의 『형이상학(Metaphysica)』 IX. 3 참고), 이런 점을 고려하면 액자 이야기의 대화자가 메가라학파의 일원

들로 설정된 것은 우연이 아니라고 볼 수 있다. 플라톤은 잠재력과 그 것의 현실태를 구별하지 못하는 메가라학파의 입장이 '앎'의 개념을 제 대로 이해할 수 없는 난점을 가지고 있다고 보고 있는 것 같기 때문이 다. 아닌 게 아니라 앎에 대한 두 번째 정의에 대해 논의할 때 소크라 테스는 '새장의 비유'를 제시하기도 하는데, 거기서는 잠재적인 앎 개 념과 현실화된 활동적인 앎 개념을 구별하고 있다. 어쨌든 우리에게 전 해지는 문헌들 가운데 'dynamis'와 유관성이 있는 용어가 이런 수학적 의미로 사용되는 건 이미 『국가』 546a~547a 등의 맥락에서 여러 번 볼 수 있지만, 'dymamis'를 엄밀하게 수학적으로 규정하는 시도를 하는 것은 이 대목이 최초의 일이다. 우리는 『테아이테토스』 이후에 『티마이 오스』 32a에서처럼 'dynamis'가 '제곱근'의 의미로 사용되는 경우를 만 날 수 있기도 하다. 이 낱말은 나중에 유클리드(Euclid : 그리스어 이름으 로는 Eukleidēs)의 『원론(stoicheia)』 X권, 정의 4와 명제 17에서 사용된다. 그리고 보통 원론의 X권은 테아이테토스의 저작이 포함되어 있는 것으 로 간주되고 있는 것이 사실이다.

91 3피트의 제곱근과 5피트의 제곱근은 면적이 3 또는 5인 정사각형의 변의 길이를 가리킨다. '피트'로 옮긴 'pous'는 원래 발을 뜻하는 말이 었는데, 도량형 길이로는 'daktylos', 즉 손가락의 너비의 16배였다. 1 daktylos는 약 1.85cm이다. 그러니까 1pous는 약 29.60cm 정도였던 것 같다. 이것은 아티케 기준이고, 지역에 따라 그리고 발의 길이에 따라 차이가 있었던 것 같다. 현재 미국식 피트가 30.48cm로 고대 그리스의 도량과 정확히 일치하지는 않지만, 기본적인 발상은 동일하므로 'pous'를 '피트'로 옮긴다.

92 **작도를 해 주시면서**(egraphe) : 도형을 그리면서 기하학적인 증명을 하는 것을 뜻한다.

93 길이(mēkos) : 여기서는 피트 단위의 자연수 크기를 가리키는 말이다.

94 LSJ에 따라 'grammaē(i)'(변)이라는 낱말이 생략된 것으로 보고 옮겼다.

95 **통약될**(symmetroi) : 'symmetron'(단수)의 어원적 의미는 "metron"(척도)으

로 함께 잴 수 있음'을 뜻한다. 수학적으로는 산술 차원뿐만 아니라 기하학 차원에서도 사용된다. 어원적 의미를 살리면 '함께 측정할 수 있는'으로 옮길 수 있지만, 여기서는 독자들의 통상적인 선이해를 전제로 '통약'이란 말을 넣어 옮겼다. 여기서 '길이' 단위의 수와 통약될 수 없다는 건 그것이 무리수임을 뜻한다. 참고로 유클리드의 『원론』 X권, 정의 4는 'asymmetron'(통약 불가능한 것)한 것을 'aloga'(단수는 'alogon'), 즉 무리수라고 규정하고 있다.

96 **보여 주셨고**(apophainōn) : 부정사는 'apophainein'. OCT 구판이나 신판 모두 T 사본을 따라 'apophainōn'을 빼는 쪽을 택한다. 그러나 필사본 βW는 'apophainōn'을 넣는 쪽을 택한다. 옮긴이는 뒤쪽을 좇았다. 이런 논란은 아마도 후대의 아르키메데스(Archimedēs)의 경우처럼, 증명 없는 주장으로서의 'apophasis'('apophainein'의 명사형)와 증명으로서의 'apodeixis'를 구별하는 용례가 있기 때문인 것 같다. 아르키메데스의 『에라토스테네스의 방법에 관하여(*Ad Eratosthenem methodus*)』 III. 84 참고. 그러나 후대의 아르키메데스의 용어 사용법을 가지고서 플라톤 시기에 이미 같은 방식으로 사용되었다고 단정할 만한 명확한 근거는 없어 보인다. 이런 점에서 노어(Knorr)에 따라 이 대목의 'apophainōn'을 '증명하다'(prove)라는 의미로 보아 필사본 βW를 따른다. Knorr(1975), 75~78쪽 참고. 물론 여기서 증명하는 방식은 작도법에 의한 것이었을 게 분명하기에 번역상으로는 '보여 준다'로 옮겼다.

97 **막히셨습니다**(enescheto) : 'enescheto'의 의미 자체가 애매하다. 우리의 번역과 달리 중립적인 의미로 '멈추었다'로 이해할 수도 있기 때문이다. 그러나 옮긴이는 테오도로스가 뭔가 난관에 봉착해서 '막힌' 것으로 이해하고 옮겼다. 사실 여기서 테오도로스가 왜 $\sqrt{17}$에서 멈춘 것인지와 관련해서는 고대 이래 지금까지 논란이 끊이지 않고 있다. 어쨌든 아마 $\sqrt{3}$부터 제곱근마다 작도법에 의한 개별적인 논증이 이루어졌던 것으로 보인다. 이와 관련해서는 Knorr(1975) 참고.

98 테아이테토스는 '무한한 것'(apeiron)을 정의(定義)에 의해 '하나'(hen)로

99 물론 자연수이다. 테아이테토스는 단수 표현을 쓰고 있다. 이는 수를 사례가 아닌 종(種)의 차원에서 접근하고 있음을 시사한다.

100 정사각수는 4, 9, 16 등이 해당된다. 이런 수들을 '정사각수'라고 부르는 건, 이를테면 변의 길이가 동등하게 2인 두 변이 면적 4인 정사각형을 구성하기 때문에 그렇게 부른다는 것이다. 이런 식의 기하학적 크기를 표현할 수 있는 것은 산술적으로 정사각수로 분류된다. 이렇게 기하학적인 양을 산술적 양으로 표현하는 것을 '도형수'(圖形數) 내지 '형상수'(形象數 : figurate number)라고 하는데, 이 전통은 피타고라스학파에 기원을 두고 있는 것으로 알려져 있다. 도형수와 관련해서는 아리스토텔레스의 『자연학(physica)』 203a 참고. 피타고라스학파의 도형수는 곡척인 '그노몬'(gnomon)을 사용해서 표현된다. (아래 그림 참조.) 그런데 여기서 제시된 테아이테토스의 제곱근에 대한 정의는 유클리드의 『원론』 X권, 명제 9의 네 번째 부분에 해당된다. 참고로 아래 그림은 피타고라스학파의 도형수가 어떤 것인지를 알려 주는데, 왼쪽은 정사각수를, 오른쪽 그림은 직사각수를 가리킨다.

101 4, 9, 16 등의 정사각수 사이에 있는 수. 즉 3, 5, 6, 7, 8, 10, 11, 12, 13, 14, 15, 17 등이다.

102 제곱한다는 뜻이다.

103 **평면수**(epipedos arithmos) : 영어 'square number'에 대응되는 낱말이다. '제곱수'로 옮길 수도 있으나 그리스어의 원래 의미를 좇아 옮겼다.

104 **제곱될 때**(dynasthai) : 앞에서 제곱근으로 옮긴 'dynamis'의 동사 형태이다.

105 입방체의 경우도 세제곱의 근을 제시할 수 있다는 말이다. 사족처럼

이런 말이 붙는 데는 이유가 있다. 전승되는 바로는 테아이테토스가 정다면체의 작도법에 대해 연구했고 입체기하학을 창시했다고 알려져 있다. 지금 대목은 그런 사실을 대화 맥락에서 시사하는 대목으로 볼 수 있겠다.

106 테아이테토스에 대한 소크라테스의 칭찬을 어떻게 볼 것인가와 관련해서 학자들 사이에 논란이 있다. 왜냐하면 테아이테토스의 정의는 기하학적인 유비에 의한 것이기에 산술적으로 완벽한 정의는 못 되기 때문이다. 번옛(Burnyeat)은 테아이테토스의 발견이 수학적으로는 한계가 있지만 대화편의 철학적 방법 차원에서는 중요하다는 해석을 제시하기도 한다. Burnyeat(1979) 참고.

107 145c 참고.

108 비슷한 방식의 유비가 『프로타고라스』 335e~336a에 등장한다.

109 145d6에서 소크라테스는 '앎은 무엇인가' 하는 문제를 '사소한 것'이라고 표현한 적이 있다.

110 정의(logos) : 주석 68에서 밝혔듯이, '그것이 도대체 무엇인가?'라는 물음은 초기 대화편부터 이어진 플라톤 철학의 일관된 탐문 방식이다. 이에 대한 대답이 바로 '정의'(定義)로 옮긴 'logos'로 간주된다. '정의'에 해당되는 일반적인 그리스어는 'horos' 내지 'horismos'인데, 여기서는 'logos'가 '정의'의 의미로 사용되었다. 그런데 3부에서는 'logos'의 여러 의미가 탐문의 대상이 되는데, 지금 'logos'가 사용되는 방식을 보면 우리는 3부의 'logos'도 대상의 본질(ousia) 내지 정체를 '설명해 주는 것'을 찾기 위한 시도라는 차원에서 이해해 볼 여지가 있다. 이에 대해서는 주석 781 참고.

111 번역으로는 그리스어 원문의 뉘앙스를 완전하게 살리지 못했다. 테아이테토스의 표현은 불변화사(particle) 'men'이 그에 대조되는 'de' 없이 사용된 경우이다. 이런 경우를 문법적으로는 'men-solitarium'이라고 부른다. 148e 이하의 내용을 고려하면 테아이테토스는, 미처 발언하지는 못했지만, 'de'로 시작하는 구문으로 '열의만 가지고 되는 일인

지 모르겠습니다.' 정도의 내용을 표현할 의도를 가지고 있었을 것이다. 그런데도 테아이테토스가 'de'로 시작하는 표현을 하지 못한 이유는 그러기 전에 소크라테스가 끼어들기 때문이다. 테아이테토스가 따로 단서를 다는 말을 하기 전에 소크라테스가 본격적인 논의를 재촉하려 한 것이라고 볼 수 있다.

112 앞의 주석에서 설명했듯이, 소크라테스가 테아이테토스의 말을 가로채는 대목이다.

113 **특성**(eidos) : 'eidos'라는 낱말이 이 대화편에서 처음 사용되는 경우이다. 'eidos'는 'eidō'(보다)라는 동사에서 온 낱말로, 일상적 의미로는 '용모' 내지 '보임새' 정도를 의미한다. 이것이 이미 히포크라테스 문헌(corpus Hippocraticum) 등에서 사물의 '특징' 또는 '종'(種) 내지 '종류'의 의미로 사용되던 것을 플라톤은 초기부터 애용하고 있다. 이를테면 히포크라테스(Hippokratēs)의 『전통 의학에 관하여(*peri archaiēs iētrikēs*)』 15, 21 참조. 'idea'라는 용어도 히포크라테스의 『인간의 본질에 관하여(*peri physios anthrōpou*)』에서 'ideē'로 표기되어 등장하고 있다. 플라톤은 중기 대화편 이래 이른바 '형상'(形相)을 가리키는 낱말로 이 용어를 사용한다. 그런데 『테아이테토스』에서는 이 낱말이 아주 드물게만 사용되며, 특히 'eidos'가 앎의 대상으로 명시적으로 언급되고 있지 않다. 그래서 『테아이테토스』가 중기의 형상(形相: idea) 이론을 완전히 배제하고 있는지 논란이 된다.

114 '앎이 무엇인가'라는 문제. 따라서 테아이테토스의 이야기로 볼 때, 소크라테스가 제기한 문젯거리들 중 하나가 바로 '앎이란 무엇인가'라는 문제였을 것이다. 극중의 테아이테토스는 16살밖에 안 된 인물이지만, 이 대목을 보면 소크라테스와 만나기 전에 이미 철학적 사유를 시도했던 인물로 설정되어 있음을 알 수 있다.

115 그건 자네가 산고(産苦)를 겪고 있기 때문이야. 자네 속이 비어 있지 않고 임신 상태라는 말일세. : 『테아이테토스』에서는 여러 가지 인식 모델이 제공된다. 그 가운데 플라톤 자신이 취하는 모델은 '임신(kyēsis)과 출산

(tokos)' 모델이다. 이에 대해서는 정준영(2013) 참고. 이어지는 논의에서 소크라테스의 역할을 산파(maia)로 놓는 것은 이런 인식 모델에 상응한다. 소크라테스는 임신한 대화 상대자의 출산을 돕는 지적 산파의 역할을 하기 때문이다. 『테아이테토스』 이전에 '임신과 출산' 모델을 적극적으로 제시하는 대화편은 『향연』으로 특히 206b~207a 부분을 주목할 필요가 있다. 그런데 아래에서 제시되는 산파의 비유가 역사적 소크라테스의 면모인가와 관련해서는 아주 심각한 논란이 있다. 전통적으로는 소크라테스를 정신적 산파로 이해해 왔으나, Burnyeat(1977b)의 논문이 발표된 이후 텍스트에 대한 치밀한 연구가 계속되었고, 그 결과 최근에는 소크라테스를 산파로 묘사하는 것이 플라톤의 창안이라는 설이 유력하다. 'maia'(산파) 및 이와 연관된 동근어가 플라톤 전체 텍스트에 사용되는 경우는 총 26회인데, 그 가운데 『크라튈로스』 421a5와 『정치가』 268b1을 빼면 『테아이테토스』에서 24회 등장하며, 소크라테스를 산파에 빗대는 대화편은 『테아이테토스』가 유일하다. 이에 대해서는 Wengert(1988) 참고. 산파의 비유는 지금 148e6~151d7에서 제시되지만, 이후에도 몇 차례에 걸쳐 소크라테스는 이 비유를 끌어들인다. 특히 대화편 말미에서 소크라테스는 다시 산파의 비유를 끌어들이면서 마무리하고 있다. 『테아이테토스』에서 제시된 산파의 비유를 직설적으로 받아들인 것인가, 아니면 단순히 플라톤의 문학적 장치로 볼 것인가는 여전히 심각한 논란거리이다. 이와 관련해서는 『작품 안내』 참고.

116 **고상하고 건장한**(gennaias te kai blosyras) : 이 표현은 『국가』 535b에서 통치자의 품성(ta ēthē)으로 거론된다.

117 **파이나레테**(Phainaretē) : 'Phainaretē'는 어원상의 의미로 보면 '덕(aretē)을 드러낸다'는 뜻이다. 이 때문에 어떤 이는 'Phainaretē'가 플라톤의 조어일 수 있다고 보기도 하지만, 플라톤이 스승의 모친 이름까지 바꾸어 표현했다고 보기는 힘들 것이다. 더구나 아무리 극중이라 해도 테아이테토스가 들어 보았다고 할 정도면, 이건 역사적 사실로 간주

하는 것이 자연스럽다. 『알키비아데스』 131e에도 소크라테스가 아버지 소프로니스코스(Sōphroniskos)와 어머니 파이나레테의 아들이라는 언급이 등장한다.

118 **너무도 별난 사람**(atopōtatos) : '이상한'을 뜻하는 'atopos'의 최상급. 기인(奇人) 내지 괴짜라는 뜻으로 이해할 수도 있다. 플라톤의 『향연』(215a, 221d)에서도 알키비아데스는 소크라테스의 별남(atopia)을 언급하고 있다. 소크라테스를 별나다고 보게 된 이유들로는 여러 가지가 있는데, 우선 그의 생김새가 너무 못생겼다는 이야기가 많이 전해지고 있고(이에 대해서는 주석 37 참고), 그의 옷차림에 대한 이야기도 많이 전해진다. 헐어 빠진 겉옷만 입은 채(『프로타고라스』 335d) 맨발을 하고(『파이드로스』 229a) 특유의 걸음걸이로 다녔다고 한다(아리스토파네스(Aristophanēs)의 『구름(Nephelai)』 362 및 플라톤의 『향연』 221d). 그러나 소크라테스가 당대 사람들한테 이상하게 보였을 것은 무엇보다 그가 펼친 특유의 대화술에 있다고 할 수 있을 것이다. 대화 상대자를 난관(aporia)에 빠뜨리는 소크라테스의 모습을 두고 『메논』 79e 이하에서는 '시끈가오리'(narkē)에 빗대는 대목이 등장하며, 『국가』 337a에서는 트라쉬마코스(Thrasymachos)가 소크라테스의 논법을 두고 '반어법(反語法)'(eirōneia)의 수사법을 쓴다고 비아냥거리는 대목이 등장하기도 한다. 『고르기아스』 521e~522b도 참고할 만한 대목이다.

119 **아르테미스**(Artemis) : 아르테미스 여신이 데메테르(Dēmētēr)의 딸이라는 전승도 있지만, 일반적으로는 제우스와 레토(Lētō)의 딸로 알려져 있다. 아르테미스는 영원히 젊은 처녀신으로 야생적인 아가씨의 모습을 하고 사냥을 즐겼다. 그래서 보통 사냥의 여신 내지 숲을 보호하는 여신으로 간주된다. (그리스 신화에서는 한 신이 대립적 기능을 동시에 가지는 경우가 자주 있다.) 또한 아르테미스는 아폴론(Apollōn)의 쌍둥이 누나였는데, 먼저 태어나자마자 어머니 레토가 아폴론을 낳는 것을 도왔다고 한다. 아르테미스를 분만의 여신으로 간주하는 건 이런 신화와 연관이 있을 것이다. 그래서 경우에 따라서는 출산의 여신으

로 간주되는 '에일레이튀이아'(Eileithyia)와 동일시되기도 한다. (우리는 '에일레이튀아아'에 대한 언급을 『일리아스』 XIX. 103에서 볼 수 있다.) 한편 아르테미스가 남동생 아폴론처럼 활과 화살을 사용했다는 건, 두 신들 사이의 상당한 유사성을 상징하는 것으로 볼 수 있다. 따라서 『테아이테토스』의 아르테미스를 『소크라테스의 변론』 20e 이하의 아폴론 신과 연관 지어 이해해 볼 수도 있을 것이다. 이런 가능성에 대한 좀 더 자세한 설명은 주석 135 참고.

120 **분만 경험이 없는 분**(alochos) : 'alochos'는 일반적으로는 '결합을 뜻하는'(copulative) 'a'(알파)와 침대를 뜻하는 'lechos'의 합성어로 '한 침대를 함께 쓰는 배우자', 특히 아내를 뜻한다. 그러나 이 대목에서 플라톤은 곧이어 등장하는 'locheia'(분만)와 연관 지어 'alochos'를 사용하고 있다. 따라서 여기서 플라톤은 'lochos'(분만)에, '결여를 함의하는'(privative) 'a'(알파)가 붙은 의미로 'alochos'를 사용하고 있다. 즉 '분만 경험이 없는' 내지 '아이가 없는'의 의미로 쓰고 있다. 이런 의미로 사용할 때 'alochos'는 'locheia'의 반대말이 된다. 현재까지 남아 있는 비문(inscription) 가운데 아르테미스 여신을 가리켜 'Locheia'(분만의 여신)라는 이름을 사용하는 경우가 있기도 하다. LSJ의 'locheia' 항목 II. 2 참고.

121 **임무를 맡기셨네**(prosetaxe) : 『소크라테스의 변론』 28e4~5와 33c7에서는 아폴론 신이 소크라테스더러 철학을 하고 자신과 다른 사람들을 캐묻도록 하는 '임무를 맡겼다'고 하는데, 이때 같은 계열의 동사인 'tattein'과 'prostattein'을 사용하고 있다. 이를 볼 때 『테아이테토스』에서 소크라테스에게 맡겨진 산파의 임무를 묘사할 때 플라톤은 『소크라테스의 변론』의 소크라테스의 이미지를 의도적으로 중첩시키고 있는 셈이다. 그렇다면 정신적 산파의 임무는 바로 소크라테스적인 철학의 임무에 대응된다고 볼 수도 있다.

122 **주문을 읊어**(epā(i)dousai) : 157c9행의 해당 주석 248 참고.

123 사본 자체가 혼란스럽다. 십자가(crux) 표기가 되어 있다. 원문은 분

사 구문으로 되어 있는데 주어가 무엇인지 문법적으로는 불명확하다. 그러나 캠벨이 지적하듯이(Campbell(1861), 26쪽) 'to brephos'(태아)가 생략된 것으로 보는 것이 합리적일 것이다. 옮긴이는 'nomimon'(합법적인 것)으로 본 샨츠(Schanz)의 가설이나 'nēdyn'(자궁)으로 보는 애덤(Adam)의 제안은 받아들이지 않는다. 캠벨을 따라 읽고서 직역하면 '태아가 임신 초기 단계일 때'정도로 옮길 수 있는데, 문맥에 맞게 표현을 다듬었다.

124 **열매들(karpoi)** : 열매(karpos : 단수 형태임.)는 그것 자체가 씨이며, 거기서 생장한 결과는 다시 씨로 생성된다. 따라서 여기서 'karpos'는 씨와 열매의 양의성을 가지고 있다.

125 **심으며 … 뿌려야 하는지(katablēteon)** : 원문상으로는 '뿌리다'를 뜻하는 'katablēteon'이 일종의 간략어법(brachylogia)으로 제시되고 있다. 이를 번역에서는 '심다'와 '뿌리다'로 두 번 살려 옮겼다.

126 심고 뿌리는 일.

127 **뚜쟁이질(proagōgia)** : 크세노폰의 『향연』 III. 10, 그리고 IV. 56~64에서는 소크라테스가 뚜쟁이 노릇을 자처하는 이야기가 등장한다. 거기서는 'mastropos'(IV. 57)와 'mastropeia'(III. 10)라는 낱말이 사용되는데, 이 낱말들은 지금 『테아이테토스』에서 '뚜쟁이질'로 옮긴 'proagōgia'와 비슷한 뜻으로 사용된다. LSJ(1083쪽)의 'mastropeuō' 항목 참고. 플라톤은 긍정적 의미의 중매술(promnēstikē)과 부정적 의미의 뚜쟁이질을 구별하고 있다는 점에서 크세노폰의 논의보다 훨씬 더 세련된 논법을 취하고 있다.

128 **모상(模像)** : 여기서 '모상'은 '진짜'와 대비되는데, 이때 모상이 단순히 거짓이라는 함축만 지니는 것은 아니다. 150c2~3을 보면 모상은 생식력이 있는 '씨알 있는 것'(gonimon)과 대비되고 있다. 따라서 모상이란 '생식력이 없는 것'을 가리킨다. 텍스트에서는 나중에 이를 '쭉정이'(anemiaion)라고 표현한다. 주석 149 참고. 한편 '씨알 있는 것'에 대해서는 아래의 주석 131 참고.

129 무엇을 지시하는지 불분명하다. 내용상 '모상인지 진짜인지'를 가리키는 것으로 보인다.

130 분만의 기술(technē tēs maieuseōs) : 『테아이테토스』 161e5 및 210b8에서는 'maieutikē'(산파술)란 표현이 직접 등장한다. 이 표현은 『정치가』 (268b1)에서도 한 번 등장하지만, 이것이 소크라테스의 면모와 연관되어 언급되는 건, 플라톤의 전 텍스트 중 『테아이테토스』가 유일하다. 이와 관련된 논란거리에 대해서는 『작품 안내』 및 주석 115 참고.

131 씨알 있는(gonimos) : 'gonimos'는 생식력이 있는 것이라는 뜻이다. 동근어 'gonē'는 씨, 즉 정자를 뜻하기도 하고 자궁을 뜻하기도 한다. 데모크리토스(Dēmokritos)의 단편 DK8B122 참조. 여기서 플라톤은, 어떤 생각이 앎인가를 가늠하는 기준을 단순히 참에서만 찾지 않는다. 그런 생각이 생식력이 있을 때 앎의 조건을 만족시킨다는 생각이 'gonimos'라는 표현 속에 숨어 있다. 이런 플라톤적인 앎의 개념은, 앎을 지니고 있는 자가 다른 이에게 앎을 낳을 수 있는 자이어야 한다는 좀 더 일반적인 가정과 결속된다. 즉 남에게 가르칠 수 없는 자는 진정으로 아는 자가 아니라는 것이다. 사실은 'sophos'(지혜로운 자)에 대한 당대의 통념이 그러하다. 플라톤은 그런 통념을 철학적 차원에서 탐문하고 있다고 할 수 있다. 어쨌든 이런 가정은 근현대 인식론에서는 아예 찾아볼 수 없는 것이며, 그런 점에서 플라톤적인 앎 개념은 근현대의 앎 개념보다 훨씬 더 강한 조건이 붙어 있는 개념이라고 할 수 있다.

132 시험할(basanizein) : 동근어 'basanos'는 시금석을 뜻한다. 따라서 'basanizein'은 원래 귀금속의 진위 여부를 검사하거나 시험하는 것을 뜻한다. 이런 용례를 『고르기아스』 486d에서 볼 수 있다. 여기서 의미가 확장되어 어떤 주장이나 논변을 점검하고 입증하는 것을 뜻하기도 하며, 더 나아가 대화 상대자를 시험하고 검토하는 것을 뜻하기도 한다. 『향연』 184a, 『국가』 361c 등 참고. 결국 이 낱말은 '엘렝코스'(elenchos, 논박 내지 검토)의 맥락에서 사용되는 주요 용어라 할 수

있다. 참고로 『테아이테토스』에서 명사 'elenchos'라는 말은 사용되지 않지만 동사 'elenchein'은 157e5, 161a2, 161e7, 162a5, 165d8, 166b1, 169c6에서 일곱 번 사용되며, 강조 접두사 'ek'가 덧붙은 'exelenchein'은 166c3, 171d2에서 두 번 사용된다.

133 **난 지혜를 낳지 못하네.** : 원문상으로는 번역문의 앞 문장("낳지 못하는 자라는 점 말일세.")과 하나의 문장인 것을 지시 대상을 분명하게 드러내기 위해 두 문장으로 나누어 옮겼다. 여기서 '낳지 못하는 자'로 옮긴 'agonos'는 타고난 불임을 뜻할 수도 있고 나이 탓에 야기된 불임일 수도 있다. 이런 양의성을 열어놓기 위해 '낳지 못하는 자'라고 중립적으로 옮긴다. 어쨌든 지금의 대목은 소크라테스가 자신의 무지를 표명하는 대표적인 경우이다. 자신이 무지하다는 것을 표명하는 것(주로 'oiomai'(생각한다) 동사로 표현된다.)은 초기 대화편부터 일관되게 지속된 소크라테스의 면모이다. 『소크라테스의 변론』 20c1~3, 21d2~7, 23b2~4, 『카르미데스』 165b4~c2, 166c7~d6, 『에우튀프론』 5a7~c5, 15c12, 15e5~16a4, 『라케스』 186b8~c5, d8~e3, 200e2~5, 『뤼시스』 218b1, 『히피아스 I』 286c8~e2, 304d4~e5, 『고르기아스』 509a4~6, 『메논』 71a1~7, 80d1~4, 『국가』 337e4~5 등. 『테아이테토스』에서 소크라테스가 무지를 표명하는 경우로는 지금의 150c4, 그리고 150c6, 157c7~9, 161b1~5, 179b2~3, 189e7, 210c5~6에서 만날 수 있다. 그러나 『테아이테토스』 161b3~5에서처럼 소크라테스는 자신이 '조금은 알고 있다'는 언급을 하기도 하며, 결정적으로는 여담의 대목인 177b1에서 'oida'(안다)는 용어를 명시적으로 사용하기도 하기 때문에 『테아이테토스』에서 소크라테스의 무지 표명을 어떻게 해석할 것인가는 아주 어려운 난제이다.

134 주석 118 참고.

135 **신**(ho theos) : 원문은 남성형으로 되어 있지만 일차적으로는 여신 아르테미스를 가리킨다고 보는 것이 자연스럽다. 그러나 지금 이 대목 150c8뿐만 아니라 150d4, 150d8에서도 계속 남성형을 사용하는 것

을 보면 좀 더 심층적인 해석도 가능해 보인다. 『소크라테스의 변론』 21e~22a, 23b, 33c와 『파이돈』 85a~b 등에서 플라톤은 아폴론 신을 자주 언급하는데, 우리는 『테아이테토스』의 아르테미스의 이미지를 남동생인 아폴론과 연관 지어 이해해 볼 수도 있겠다. 참고로 텍스트 말미인 210c7에서는 정관사 없이 남성형인 'theos'가 다시 사용된다. 주석 119 참고.

136 『소크라테스의 변론』 29d~30a, 특히 30a7에서 소크라테스가 자신의 철학적 임무를 '신에 대한 봉사'(tōi theōi hypēresia)로 기술하는 것을 연상케 한다.

137 전혀 지혜롭지 못하며(ou pany ti sophos) : 'ou pany ti sophos'는 부분 부정으로 읽을 수도 있고 전체부정으로 읽을 수도 있다. 기원후 150년 경에 쓰인 것으로 보이는 「플라톤의 『테아이테토스』에 대한 익명 주석가의 주석」(55. 42~5)은 부분부정으로 보고 있고 세들리 또한 부분부정으로 본다. Sedley(1996), 31쪽. 그러나 이미 앞에서(150c6) 소크라테스는 '지혜를 전혀 지니지 못했다'는 자신에 대한 비난이 옳은 것으로 언급하고 있다. 따라서 이 대목도 전체부정으로 읽는 것이 훨씬 자연스럽다.

138 지혜로운 것을 가리킨다.

139 원인(aitios) : 형용사를 명사적으로 옮겼다. 부정적인 맥락에서는 '탓'으로 옮길 수도 있는 낱말인데, 여기서는 긍정적인 의미의 원인으로 '공로'를 함축한다. 그래서 곧 이어지는 대목에서 등장하는 동근어 'aitiasathai'의 분사는 '공이 있다고 여기다'로 옮긴다.

140 아리스테이데스(Aristeidēs) : 아리스테이데스를 어떻게 교육시킬까 하는 문제가 『라케스』의 논의 출발점이다. 그런데 그의 아버지 뤼시마코스(Lysimachos)에 대해서는 별로 알려진 바가 없다. 다만 같은 이름의 할아버지, 즉 뤼시마코스의 아버지 아리스테이데스(기원전 약 520~기원전 약 467)는 아테네의 유명한 정치인으로 490년의 마라톤(Marathon) 전투에서 지휘관들 가운데 한 사람이었으며, 플라타이아(Plataia) 전투

에서도 아테네군의 지휘를 맡았다. 그는 테미스토클레스와 달리 정직한 품성을 지녔던 것 같고, 그래서 '정의로운 아리스테이데스'로 곧잘 불리었다. 할아버지 아리스테이데스는 『메논』 94a에서도 거론된다. 한편 지금의 손자 아리스테이데스는 위서로 간주되는 『테아게스(Theagēs)』 130a~e에 등장하는데, 거기서는 그가 소크라테스와 대화를 나누어 짧은 시간에도 큰 진척을 보지만 곧 그 재능을 잃고 마는 이야기가 소개된다.

141 신령한 것(daimonion) : 'daimonion'은 신 내지 정령 또는 영령을 가리키는 'daimōn'에서 온 말이다. 'daimonion'은 소크라테스가 어렸을 때부터 나타났다고 하는데(『소크라테스의 변론』 31d2~3), '신령한 신호'(『소크라테스의 변론』 40c2~3, 41d6, 『에우튀데모스』 272e4, 『국가』 VI. 496c4, 『파이드로스』 242b8~9) 내지 일종의 '소리'(『소크라테스의 변론』 31d3, 『파이드로스』 242c2)로 표현되기도 하고, '신령한 것'(『소크라테스의 변론』 31c8~d1, 40a4, 『에우튀프론』 3b5~7, 『파이드로스』 242b8~9)으로 표현되기도 한다. 'daimonion'은 주로 소크라테스가 하려는 일이 잘못된 것일 경우 '가로막는'(enantiōsthai) 방식으로 나타나지만(『소크라테스의 변론』 31d3~4, 40a4~6, 40c1~3, 『알키비아데스 I』 103a), 'daimonion'이 가로막지 않는 것을 두고 오히려 적극적인 권유를 하는 것으로 소크라테스가 해석해내는 경우도 있다. 『테아이테토스』의 이 대목을 비롯해 『소크라테스의 변론』 40b~c, 『테아게스』 128d~131a 참고. 크세노폰의 저술에서는 'daimonion'이 단순히 가로막고 저지하는 것을 넘어 권유까지 하는 것으로 등장한다. 『회상』 I.1.4, IV.3.12, IV.8.1, 크세노폰의 『변론』 12 참고.

142 프로디코스(Prodikos) : 케오스(Keōs) 출신의 소피스트로 기원전 약 460년에 출생해서 399년 이후에 사망함. 그는 유사한 낱말들의 의미를 세분하고 정확한 어휘 사용을 강조한 것으로 유명하다. 『프로타고라스』 339e~341d, 『에우튀데모스』 277e, 『메논』 75e 참고. 특히 프로디코스는 『프로타고라스』에서 대화 인물로 잠깐 등장하기도 하는데, 『프

로타고라스』337a~c, 340a~b, 358a~e 대목은 프로디코스를 모방한 논의 방식으로 이해해 볼 수도 있다. 다른 한편 소크라테스와 관련해서 주목할 만한 대목은 『크라튈로스』 384b 부분이다. 거기서는 프로디코스가 언어 용법에 관한 강연으로 50드라크메짜리 강연과 1드라크메짜리 강연을 열었는데, 소크라테스는 돈이 없어 뒤의 강연만 들었다는 이야기가 소개된다.

143 영험한(thespesios) : 호메로스 이래 사용된 운문의 용어. 어근을 고려하면 '신처럼 말하는 자'라는 뜻으로 신처럼 훌륭하고 뛰어나다는 의미로 사용된다.

144 148e 참고.

145 어떤 신께서도 인간들에게 악의를 가지고 있지 않고 : 이러한 신 관념은 호메로스 이래의 전통 종교와는 다른 관점이다. 호메로스 작품 등에서 신들은 인간에게 호의를 가지기도 하고 악의를 가지기도 한다. 반면에 플라톤의 경우에는 신을 악(惡)과 연관 짓는 전통 종교에 대한 비판이 『국가』 II권에서 제시되며, 신은 전적으로 선한 존재이어야 한다는 합리적 신학이 제시된다. 『법률』에서도 이런 노선이 견지되는데(이를테면 885d 참고), 『법률』은 여기서 더 나아가 신을, 인간들에게 호의를 가지고 있고 인간들에게 행운을 가져다주는 존재로 간주하기까지 한다. 『법률』의 신학적 관점에 대한 이런 해석에 대해서는 Mayhew(2010) 참고. 따라서 우리는 『테아이테토스』의 언급이 『법률』과 일관된 것으로 이해할 수 있겠다.

146 지각하는 것(aisthanesthai) : 여기서 '지각하는 것'으로 옮긴 동사 'aisthanesthai'는 곧이어 명사 형태인 'aisthēsis'로도 제시된다. 이 낱말은 '감각'(sense 또는 sensation)으로 옮길 수도 있겠는데, 어떤 이는 '감각적 지각'(sense-perception)으로 옮기기도 한다. 『테아이테토스』 1부가 끝날 즈음(184~187)에 가서는 '감각'이라는 좁은 의미로 사용되지만, 지금의 문맥에서는 그 의미의 폭이 확정되지 않은 상태로 사용되고 있다. 이렇게 핵심 개념을 애매한 상태로 놓고 대화 상대자의 의

견이나 통념을 가지고 논의를 시작해서 그 개념을 분명하게 세분하는 것이 전형적인 소크라테스식 논법이다. 여기서 'aisthanesthai'는, 한국어로 '지각 있다'고 할 때의 고차원적 인지까지 포괄하는 것으로 보는 것이 자연스럽다. 그렇지 않다면, 앎을 지각으로 규정하는 테아이테토스의 첫 번째 정의가 자연스럽게 도입되는 맥락을 받아들이기가 쉽지 않기 때문이다. 결국 'aisthanesthai'는 '알아채고 깨닫는' 높은 수준의 인지에서부터 지각(perception)과 같은 것을 뜻하기도 하고, 감각(sensation)과 같은 낮은 수준의 인지까지 포괄하는 용어라고 할 수 있다. 『테아이테토스』에서 'aisthēsis'는 넓고 느슨한 의미의 '지각'이란 의미로 사용되다가 나중에 '감각'의 의미로 좁아지지만, 핵심 용어의 통일성을 기하기 위해 일관되게 '지각'으로 옮겼다.

147 떠오르는(phainetai) : 'phainesthai'(부정사(不定詞) 형태임.)는 앞으로 이어지는 논의에서 'aisthanesthai'와 동일시되게 되는데, 그때는 '나타나다'로 옮겼다. 영어로는 'appear'로 옮기면 딱 좋은 말이지만, 우리말로는 문맥에 따라 '나타나다', '보이다', '떠오르다' 등으로 달리 옮겼다. 명사 'phantasia'에 대해서는 주석 155 참고.

148 이것은 『테아이테토스』가 주제적으로 다루는 첫 번째 정의이다.

149 쭉정이(anemiaion) : 이 표현은 여기 151e와 함께 157d, 161a, 210b에서 다시 등장한다. 'anemiaion'은 원래 속이 비었다는 뜻이고, 이 낱말이 'ōion'(달걀)과 결합되어 '무정란'의 의미로 쓰이기도 한다. 여기서는 씨알 있는 것과 반대말로 호응되게 쭉정이로 옮겼다.

150 함께 검토해 보도록 하세(koinē(i) skepsōmetha) : 탐구를 함께 하자는 이야기인데, 이는 초기부터 견지되고 있는 소크라테스적 '공동 탐구'의 이념을 드러낸다. 이를 그리스어로는 보통 'syzētēsis'라 한다. 다른 대화편에서 공동 탐구를 시도하는 대표적 사례로는 『메논』 80d(syzētēsai), 86c(koinē(i) zētein), 90b(syzētēson) 등 참고.

151 있는 것들(ta onta) : 'ta onta'는 영어 'be'에 해당되는 'einai'의 복수 분사. 그리스어 'einai'는 우리말의 '있다'뿐만 아니라 '~이다'의 의미를

모두 포괄한다. 따라서 인간척도설도 '~인 것들(ta onta)에 대해서는 ~이다'라는 식으로 이해할 수도 있다. 이 번역서에서는 대체로 '있음'의 번역을 선호하고 옮겼지만, 간혹 '~임'으로 옮긴 적도 있다. 그리스어 'einai'와 관련해서는 여러 가지 복잡한 문제와 논란이 있지만, 워낙 어려운 주제라 설명을 생략하고 다음의 논문을 소개하는 것으로 대신한다. 강성훈(2012), 「고대 그리스어 'einai'에 해당하는 한국어는? : 비정언적 존재 개념으로서의 '있음'과 'einai'」 참고.

152 OCT는 번역문상으로 '인간은 ~이다'의 부분, 즉 'anthropon einai'에 대해서는 인용 부호를 빼고 있지만, 이 부분 또한 프로타고라스의 인간척도설에 포함되기 때문에 OCT와 달리 인용 부호를 확장해서 표기한다.

153 프로타고라스의 인간척도설(Homo-Mensura These)을 전하는 텍스트로는 우리의 대화편 이외에 다음과 같은 것이 있다. 섹스투스(Sextus Empiricus), 『학설가들에 대한 반박(*Adversus Dogmaticos*)』 I.60~61, 디오게네스 라에르티오스, 『유명한 철학자들의 생애와 사상』 IX.51. 아주 지엽적인 것을 빼면 전해지는 단편 자체는 거의 동일하다. 따라서 우리는 현재의 인용이 역사적인 프로타고라스의 언명이라고 간주해도 될 것이다. 플라톤의 『크라튈로스』 386a1에서도 거의 비슷한 형태로 인간척도설이 소개되고 있다. 인간척도설을 정확히 어떻게 번역하느냐는 논란의 대상이며 번역의 문제가 해석의 문제로 곧장 발전된다. 세부적으로는 아주 많은 논란거리가 있지만 핵심적인 세 가지만 소개하면 이렇다. ①'chrēmata' 해석 문제(여기서는 '만물(萬物)'의 '物'로 옮김). ②'anthropos' 해석 문제('인간'으로 옮겼음.). ③'hōs' 해석 문제('~라고'라고 옮겼음.). 역사적인 프로타고라스와 관련해서는 논란이 많지만, 『테아이테토스』 안에서 ①과 ②는 큰 문제를 일으키지 않는다. ①과 관련해서는 152a6에서 'hekasta'(각각의 것들)라는 표현을 통해 '개별적인 것들'을 가리킨다는 것을 알 수 있고, ②와 관련해서는 152a8에서 '자네'와 '나'가 사례로 거론되고 있기에 '개별적인 인간'을

가리킨다고 확정할 수 있다. ③의 경우 그리스어 'hōs'는 영어의 'that'의 의미와 'how'의 의미를 다 가지는데, 어느 쪽으로 해석해야 하느냐는 것이 논란의 대상이다. 'how'의 의미로 옮기면 '인간은 만물의 척도이다. 있는 것들에 대해서는 어떠하게 있다고, 있지 않은 것들에 대해서는 어떠하게 있지 않다고 하는 척도이다.'로 옮길 수 있다. 이어지는 논의를 보면 'how'의 의미로 보는 것이 자연스러워 보일 수 있지만, 우리말의 자연스러움을 고려해 번역본에서는 'that'의 의미로 옮겼다. 그렇지만 독자는 'how'로 이해될 여지도 있다는 것을 염두에 두고 텍스트에 접근할 필요가 있다.

154 각자에게 상대적으로.
155 나타남(phantasia) : 'phantasia'는 영어로는 보통 'appearance' 내지 'seeming'으로 옮겨진다. 이 번역본에서는 '나타남'으로 옮긴다. 물론 '나타남'이란 번역어는 인식론적 의미가 분명치 않다는 점에서 번역상의 한계가 분명히 있다. 그러나 어떤 특정한 인지 능력을 가리키는 용어로 옮기는 건 더욱 부담이 많다. 플라톤의 경우는 이 용어가 아리스토텔레스만큼 중요성을 지니지 않을 뿐만 아니라 어떤 인지 능력인지 자체가 명확하게 한정되지 않고 사용되는 경향이 있기 때문이다. 어원적으로 보면 이 낱말의 동사 'phainesthai'는 '빛'을 뜻하는 명사 'phaos' 내지 'phōs'와 연관된다. 이런 점에서 동사 능동태 'phainein'는 '밝히다'나 '드러내다'라는 뜻을 가지며, 수동태 'phainesthai'는 '드러나다'나 '보이다' 내지 '나타나다'라는 의미를 가진다. 이런 점에서 'phantasia'를 '나타남'으로 옮긴 것은 수동태의 의미를 일차적인 것으로 보고 옮긴 것이다. 한편 아리스토텔레스는 『영혼에 관하여(*De Anima*)』 428a5 이하에서 'phantasia'를 감각으로서의 'aisthēsis'와 구별하며, 이때의 'phantasia'는 '상상력'을 뜻한다. 그러나 『테아이테토스』의 'phantasia'는 감각에서부터 인상과 판단, 그리고 상상(想像)하는 것까지 포함하는 넓은 의미를 지니고 있다. 1부 논의에서 'aisthēsis'가 감각에서 판단으로까지 확장되어 논의되는 데

는 'aisthēsis'가 'phantasia'와 동일시되는 것과 무관하지 않다. 물론 이후의 대화편인 『소피스트』 264b에서 'phantasia'는 '감각(aisthēsis)과 판단(doxa)의 섞임(symmixis)'으로 제시되고, 이는 『소피스트』 264a를 고려할 때 '감각을 통해 이루어지는 판단'으로 어느 정도의 한정성을 가지고 있긴 하다. 그러나 『테아이테토스』에서 첫 번째 정의를 논의할 때는, 논의의 전개상 'phantasia'와 'aisthēsis'를 동일시하기 때문에 이 둘 간의 관계를 구별하는 문제는 주제화되지 않는다. 따라서 『테아이테토스』의 'phantasia'는 의도적으로 애매하게 사용되고 있다고 봐야 한다. 이 낱말의 동사 'phainesthai'는 으레 여격(dative)과 함께 사용되는데, 그때에 자연스러운 번역인 '~에게 나타나다'에 맞추어 'phantasia'를 '나타남'으로 옮기는 길을 택한다. 『테아이테토스』의 지금의 맥락에서 나타남과 지각의 동일시가 가지는 철학적 측면은, 지각이 나타남처럼 원근법적인(perspective) 성격을 가진다는 데 있다. 그리스어 'phainesthai'의 구문은 으레 상대화하는 표현을 사용하는데, 나타남과 지각의 동일시는 나타남의 상대성을 지각에도 적용할 수 있게 해 주는 전제 역할을 한다. 그리고 이것이 테아이테토스의 첫 번째 정의를 프로타고라스의 상대주의와 연관 짓는 단초가 된다.

156 이 문장의 시작 부분과 관련해서 독법상의 논란이 있다. OCT는 구판이나 신판이나 원래 사본에 따라 'gar'로 읽지만, 맥도웰(McDowell)은 배담(Badham)을 좇아 'g'ar'로 읽는다. 맥도웰은 'gar'를 이유의 접속사로 보면 논변의 구조를 적절하게 이해할 수 없다고 보고 'gar'로 읽는 독법을 거부한다. McDowell(1973), 120~121쪽 참고. 하지만 'gar'를 강한 이유가 아니라 일종의 설명적 기능을 하는 'epexegetic 'gar''로 간주하면 이 맥락의 논변을 자연스럽게 이해할 수 있을 것이며, 이런 시각에서 보면 맥도웰의 고민은 안 해도 되는 괜한 고민에 지나지 않는다. 어쨌거나 워터필드가 옮긴이가 취하려는 그런 번역을 하고 있기도 하다. 옮긴이는 이런 이해를 기반으로 OCT에 따라 사본을 그대로 유지하기로 한다.

157 있는 것(to on) : 『국가』 477a 등에서 앎의 대상은 'to on'으로 규정된다. 'to on'은 '있음' 내지 '~임'으로도 옮길 수 있는 낱말이다. 그리고 존재론적 맥락의 용어인 'to on'이 인식론적 맥락에서는 지성(nous) 내지 지적 직관(noēsis)의 대상이라는 점에서 『파이돈』과 『국가』에서는 'ta noēta'(가지적인 것들)로 제시되며, 이 '가지적인 것들'이 다름 아니라 형상(形相 : idea, eidos)으로 제시된다. 반면에 『테아이테토스』에서는 앎의 대상으로 'to on' 규정만이 명시적으로 제시된다. 엄밀히 말해서 『테아이테토스』에서는 'ta noēta'라는 표현은 전혀 등장하지 않고 'nous'라는 낱말도 일상적인 맥락에서만 등장할 뿐 철학적 맥락에서는 사용되지 않는데, 이것을 어찌 해석할 것인가는 큰 논란거리이다.

158 앎인 한에서 : '앎인 한에서'를, 지각의 틀리지 않음을 도출하기 위한 가정으로 간주하면 논증은 아주 이상한 것이 되어 버린다. '앎이란 무엇인가?'를 다루면서 단순히 지각을 앎으로 '가정'하고서 다른 논증을 한다는 건 전체 논의 맥락상 적절한 그림이 되지 못하기 때문이다. 따라서 '지각이 있는 것을 대상으로 하며 틀리지 않는 것'이라는 결론 자체에 이미 지각이 앎이라는 것이 함축되어 있음을 설명하는 진술로 보는 것이 합리적일 것이다. 대화식 문체에는 표현에 많은 융통성이 있을 수 있음을 고려해야 한다. McDowell(1973), 120~121쪽 참고. 이런 이해 방식을 좇을 때, 소크라테스는 지금의 전체 문장을 통해 그 대상('있는 것')이 무엇인지, 또 그 작용('틀리지 않음')이 무엇인지를 앎의 기준으로 제시하고 있다고 볼 수도 있다. 만약 그렇다면 이런 기준은 『국가』가 제시하는 앎의 기준과 크게 다르지 않다고 볼 여지도 있다. 이와 관련된 세부 설명은 아래의 주석 참고.

159 지각은 언제나, 있는 것에 대한 것이며, 앎인 한에서 틀리지 않는 것이네. : 여기서 소크라테스는 앎의 두 가지 기준을 제시하고 있다. 하나는 앎의 대상이 '있는 것'(to on)이어야 한다는 것이고, 다른 하나는 앎을 지닌 주관의 상태 내지 인식 방식이 '틀리지 않음'(apseudes)의 상태이어야 한다는 것이다. 『테아이테토스』와 마찬가지로 『국가』 V권 476e

이하, 특히 477c~d에서도, 앎을 규정할 때 이 두 기준을 제시하고 있다. 『국가』에서 전자는 말 그대로 '인식의 대상'이라는 의미로 'to gnōston'으로 표현되기도 하고, '지적 직관'인 'noēsis'의 대상이 된다는 의미에서 'ta noēta'로 표현되기도 한다. 그리고 이런 대상들이 '의견 내지 판단의 대상'(to doxaston)과 근본적으로 구별된다는 것이 『국가』의 핵심 논지 가운데 하나이다. 다른 한편, 'apseudes'에 해당하는 『국가』의 낱말은 'to anhamartēton'인데, 이 말은 '틀리지 않은 것' 내지 '틀릴 수 없는 것'으로 옮길 수 있다. 그런데 플라톤은 『테아이테토스』 200e4~5에서 바로 이 낱말을 사용하고 있으며, 이전의 예비적인 논의에서도(146a4) 사용하고 있다. 'to anhamartēton'은 『카르미데스』 171d6과 『알키비아데스 I』 117e4를 제외하곤, 『국가』와 『테아이테토스』에만 등장한다는 점에서 주목해야 할 용어이다. 지금의 대목에서 사용된 'apseudes'를, 플라톤은 나중에 200e4~5에서 'to anhamartēton' 개념으로 대치하고 있다고 볼 수 있다. 그러나 이때 'to anhamartēton'을 어떻게 해석해야 할 것인가는 여전히 논의의 여지가 많다. 이와 관련해서는 주석 770 참고.

160 카리스 여신들(Charitēs) : 단수는 'Charis'. 그렇지만 늘 복수 형태인 'Charitēs'로 불린다. 라틴어로는 'Gratiae'로 표현된다. 원래 단수 형태인 'charis'란 일반명사는 서로 주고받는 데서 생기는 상호적 '선의'와 '호의', 그리고 거기서 동반되는 '기쁨'을 뜻한다. 카리스 여신들은 이와 같은 기쁨을 상징하는 여신들이라고 할 수 있다. 카리스 여신들의 수는 전승마다 다르긴 한데, 헤시오도스(Hesiodos)는 빛남을 대변하는 아갈라이아(Aglaia)와 환희와 기쁨을 대변하는 에우프로쉬네(Euphrosynē), 그리고 청춘의 개화를 의미하는 탈레이아(Thaleia)의 세 여신으로 전하고 있다(『신들의 계보(*Theogonia*)』, 907~909). 또한 이 여신들의 부모가 누구였는지에 대해서도 여러 전승이 있지만, 헤시오도스는 제우스와 에우뤼노메(Eurynomē, 오케아노스의 딸임)의 딸들로 소개하고 있다. 세 여신은 나중에 나신(裸身)으로 상징화되면서

이른바 삼미신(三美神)으로 일컬어지게 된다. 그런데 『테아이테토스』의 이 대목에서 소크라테스가 왜 카리스 여신들을 끌어들이고 있는가에 대해 주석가들 사이에 혼란이 있다. 하지만 155d~e를 주목하면 손쉬운 독해가 가능할 듯하다. 거기서 소크라테스는 프로타고라스 등의 생각 속에 감추어진 진리를 자신이 들추어내면 테아이테토스가 '감사히 여길 것'이라는 언급을 한다. 바로 거기서(155d9) 'charis'가 사용되고 있다. 우리는 152c의 대목도 그와 유사한 방식으로 언급되고 있는 것으로 이해할 수 있다. (아리스토텔레스의 『니코마코스 윤리학』 1132b32~1133a6을 보면 원래 카리스 여신들이 '보답' 내지 '감사'와 연관된다는 것을 알 수 있다.) 이런 점을 고려할 때, 우리는 『테아이테토스』의 이 대목에서 (제자들에게) 진리를 말해 준 프로타고라스에 대한 감사를 표현하기 위해 소크라테스가 카리스 여신들을 끌어들이고 있다고 해석할 수 있다. 그러나 프로타고라스가 비밀스럽게 전한 이야기는 나중에 일종의 '비의'(ta mystēria)로 소개되기 때문에 이것이 역사적인 프로타고라스의 실질적인 학설인지는 의문의 대상이 된다. 이에 따라 지금의 '카리테스 여신들'의 호격 표현을 통해 감사함을 표현하는 것을 액면 그대로 받아들여야 할지는 논의의 여지가 있다. 일종의 드라마적 장치일 수도 있기 때문이다.

161 비밀리에(en aporrhētō(i)) : 'aporrhēton'은 그리스의 비교의식(秘敎儀式 : ta mystēria)이 비밀스럽게 진행될 때 사용되던 용어이다. ('mystēria'에 대해서는 주석 221 참고.) 비의(秘儀)를 공개적으로 발설해서는 안 된다는 의미에서 사용된 용어이다. 그런데 『테아이테토스』에서 프로타고라스가 비밀스럽게 전한 이야기는 나중에 헤라클레이토스적 지각설로 제시된다. 여기서 플라톤이 프로타고라스와 관련해서 'aporrhēton'이란 용어를 사용하는 것은 두 가지로 해석될 수 있다. ①프로타고라스가 실제로 제자들에게 가르침의 정수를 비밀스럽게 전했을 가능성. ②역사적인 프로타고라스의 가르침과는 무관하게, 플라톤이 인간척도설의 이론적 한계를 최대한 폭로하기 위해, 인식론의 교설인 인간

척도설을 헤라클레이토스적인 흐름의 형이상학과 연관 지어 구성했을 가능성. 뒤에 이어지는 논의에서 소크라테스가 프로타고라스만을 거론하지 않고, '프로타고라스와 동일한 주장을 하는 자들'을 자주 거론하는 것을 보면(154b8~9, 154c7) 두 번째 가능성을 받아들이는 것이 합리적일 것 같다. 어쨌든 나중에 156a에서는 프로타고라스가 비밀리에 언급하는 것을 'mystēria'(비의)라고 칭하고 있기도 하고, 162a에서는 프로타고라스가 '성역(聖域)'으로부터 그의 이야기를 밝힌 것으로 묘사한다.

162 진리(alētheia) : 프로타고라스는 『진리(*Alētheia*)』라는 책을 썼다고 전해지고 있다. 『테아이테토스』 155d~e, 161c, 162a, 170e, 171c, 『크라튈로스』 386c 참고.

163 내가 말해 보도록 하지. : 초기 대화편과 달리, 소크라테스가 (자기 자신의 견해가 아니라도) 이렇게 특정 견해를 해설하며 제시하는 경우가 『테아이테토스』에는 보기보다 적지 않다. 지금의 152d, 156a, 156c, 158b, 158e, 164a, 164d, 191a5~6, 192d3, 192e2, 198a4~5 등 참고. 그리고 이렇게 인도하는 역할을 하는 소크라테스에 대응해서 테아이테토스가 따라가는 역할을 하는 것으로 묘사되는 경우가 있다. 'hepomai'(따라가다) 동사를 사용하는 185d4, 192c8, 192d2 참고.

164 학설(logos) : 'logos'는 그리스어 중에서 가장 다의적인 낱말이다. 이 대목의 'logos'도 논의, 주장, 논변, 견해, 교설 등 여러 의미로 옮길 수 있다. 여기서는 프로타고라스가 제시하는 이론적 견해라는 의미에서 '학설'로 옮긴다. 나중에 156c에서 소크라테스는 헤라클레이토스적 지각설에 대해 'mythos'라는 표현을 쓰기도 한다. 이는 헤라클레이토스적 지각설을 인간척도설과 연관 짓는 것이 일종의 '꾸민 이야기'(mythos)일 가능성을 시사한다.

165 '어떤 것'은 사물을, '어떠어떠한 것'은 성질을 가리킨다.

166 운동(phora) : 'phora'는 '장소 이동'(locomotion)을 가리킨다. '運動'이란 말 자체가 장소 이동을 함축하는 것으로 보고 이 번역본에서는 '운동'

으로 옮긴다.

167 **움직임**(kinēsis) : 'kinēsis'는 『테아이테토스』에서 정지(靜止 : stasis)의 반대말 중 가장 포괄적으로 사용되는 용어이다. 181d5~6을 보면 'kinēsis'는 성질이 바뀌는 질적 변화(alloiōsis)와 장소가 바뀌는 운동(phora) 두 가지로 분류된다. 이 두 가지 의미를 포괄하는 우리말로 어떤 낱말을 택하는 것이 좋을지가 참으로 문제인데, 이 번역본에서는 '움직임'을 번역어로 택한다. 한국의 서양 고전학계에서 기존에 'kinēsis'에 대해 일반적으로 사용하는 번역어는 '운동'이지만, '지구의 자전 운동'이라고 표현할 때처럼 '운동'은 이미 장소 이동을 함축하는 뜻으로 주로 쓰이기에 기존의 통상적인 번역 관례를 피했다. 그리고 운동과 변화를 포괄하는 한자어가 따로 없기 때문에 어쩔 수 없이 '움직임'으로 옮긴다. 사실 이런 번역은 'kinēsis'의 원초적 의미에 가까운 번역이기도 하다.

168 **생성 중에 있으니까**(genetai) : 'einai'가 '있음'과 '임'의 중층적 의미를 가지듯이, 'gignesthai'('genetai'의 부정사임.)는 '생성'과 '됨'의 중층적 의미를 가진다. 여기서 'genetai'는 그냥 '생성되다'로 옮길 수도 있지만, 'aei'(언제나)와 함께 사용된 것을 고려할 때 끊임없는 과정을 연상하는 것이 좋다. 이런 점에서 지금 제시된 학설은 단순한 발생의 학설로 머무는 것이 아니라 끊임없는 과정이나 흐름(flux)의 학설이기도 하다.

169 지금까지 제시된 학설의 내용은 전체적인 논조가 아래에서 언급되는 헤라클레이토스를 떠올리게 한다. 대립성을 강조하는 것과 움직임 내지 생성을 강조하는 것은 전형적인 헤라클레이토스의 면모이기 때문이다. 그리고 '혼합'(krasis)이란 표현은 엠페도클레스를 연상케 한다. 엠페도클레스는 모든 변화를 네 뿌리(rhizōmata)의 혼합과 분리로 설명하는데, 이때 '혼합'에 해당되는 낱말로 'mixis'를 쓰기도 하고 'krasis'를 쓰기도 한다.

170 **파르메니데스**(Parmenidēs) : 이탈리아 남부 해안가의 그리스 도시인 엘레아(Elea) 출신. 엘레아학파의 거두이다. 생몰 연대는 기원전 약 515

년부터 최소한 기원전 450년까지로 추정됨. 소크라테스 이전 철학사의 크디큰 전환점을 마련한 대철학자이다. '있음'(to eon)에 대한 가장 추상적인 차원의 탐구를 시작한 파르메니데스는 흔히 있음의 불변성을 강조했다고 이해되곤 한다. 파르메니데스가 남긴 서사시 운율의 철학시 단편은 소크라테스 이전 사상가들 중 가장 난해하다는 평을 듣고 있다. 그런데 『테아이테토스』 184a를 보면 소크라테스는 파르메니데스를 가리켜 '완전히 고상한 어떤 심오함을 지닌 분'이라고 묘사한다. 『테아이테토스』에서는 파르메니데스가 중점적으로 다루어지지는 않지만, 『파르메니데스』와 『소피스트』 등에서는 파르메니데스가 주제적으로 논의되고 있으며, 플라톤이 파르메니데스에 대한 적극적인 검토를 시도했음을 확인할 수 있다.

171 헤라클레이토스(Hērakleitos) : 소아시아의 이오니아(Ionia) 지방의 에페소스(Ephesos) 출신. 생몰년도는 기원전 약 540~기원전 약 480년. 대립물의 통일성과 변화를 강조한 철학자. 『테아이테토스』에서 플라톤은 '모든 것들은 움직인다'(ta panta kineitai)는 학설, 즉 만물유전설(萬物流轉說)을 헤라클레이토스와 연관 짓는다(156c, 168b, 181c~d, 183a). 특히 182c3~4에서는 "모든 것들이 움직이며 흐른다."(kineitai kai rhei ta panta)라는 표현이 등장하여 '흐른다'에 해당하는 'rhein'이라는 표현이 사용된다. 플라톤 텍스트에서 이 동사를 사용하는 경우는 『필레보스』 43a3이다. 그 곳에서 지칭하는 '지혜로운 자들이' 누구인지 명시적으로 밝히고 있지는 않지만, 헤라클레이토스주의자들로 봄직한 대목이다. "aei gar hapanta anō te kai katō rhei."(모든 것들은 언제나 뒤죽박죽으로 흐른다.) 중요한 점은 여기서 '언제나'에 해당하는 'aei'가 사용되었다는 점이다. 그런데 헤라클레이토스의 견해를 고려할 때 보통은 심플리키오스(Simplikios)의 『아리스토텔레스의 『자연학 강의』에 대한 주석(eis to tēs Aristotelous physikēs akroaseōs hypomnēma)』 1313.11에 소개되는 "aei panta rhei."(모든 것들은 늘 흐른다.) 내지 같은 책 1313.11~12에 연이어 소개되는 "eis ton auton potamon dis ouk an

embaiēs."(그대는 동일한 강물에 두 번 발을 담글 수는 없을 것이다.)라는 구절을 주목하는 경향이 있다. 그런데 어순만 다를 뿐이지 바로 후자의 진술이 플라톤의 『크라튈로스』 402a에서 헤라클레이토스가 한 말로 소개되고 있다. (아리스토텔레스의 『형이상학』 1010a14에도 그렇게 소개된다.) 플라톤이 본 헤라클레이토스는 어떤 형태의 동일성도 받아들이기 어려운 극단적인 '흐름 이론'(theory of flux)을 주장하고 있는 셈이다. 이후에 『테아이테토스』에서 소개되는 헤라클레이토스적 지각설도 바로 이런 성격을 함의하는 지각설로 보아야 한다.

172 엠페도클레스(Empedoklēs) : 시켈리아(Sikelia)의 아크라가스(Akragas) 출신. 생몰년도는 기원전 약 492~기원전 432년. 파르메니데스 이후의 대표적 다원론자. 4원소설을 체계적으로 제시한 철학자이다. 이 대목에서 엠페도클레스가 거론되는 이유에 대해서는 주석 169 참조.

173 에피카르모스(Epicharmos) : 생몰 시기는 기원전 6세기 중반~기원전 5세기 중반이며 출신지는 불분명하다. 아리스토텔레스의 『시학 (Poetica)』(1449b5~7)과 사전 『수다(Souda)』(기원후 10세기경에 수이다스(Souidas)가 쓴 비잔틴(Byzantine)의 대 사전(辭典))에는 시켈리아로, 디오게네스 라에르티오스(『유명한 철학자들의 생애와 사상』 VIII.78)는 코스(Kōs)로 출신지를 전하고 있다. 아리스토텔레스는 『시학』(위의 대목)에서 에피카르모스와 포르미스(Phormis)가 희극적 플롯(mythos)을 최초로 구성했다고 설명한다. 전해지는 단편에 따르면, 그는 "사람들은 카오스가 신들 중 최초로 생겨났다고 말한다."(단편 DKB23.1)라고 했고, "어떤 사람은 자라나고 어떤 사람은 작아지며, 모든 사람들은 모든 시간 내내 변화 속에 있다."(단편 DKB23. 2. 7~8행)라고 말하기도 했다. 그러나 그의 단편의 진위 여부는 언제나 논란의 대상이다. 『고르기아스』 505e에는 그의 단편 일부가 인용되고 있기도 하다.

174 비극의 호메로스 : 서사 시인인 호메로스(Homēros)를 비극 시인으로 언급하는 것이 의아해 보일 수 있지만, 『일리아스』의 경우에는 내용상으로나 플롯상으로나 비극적인 요소가 정말로 많다. 플라톤은 『국가』 X.

595b~c에서 호메로스를 '모든 훌륭한 비극 시인들의 최초의 스승이며 지도자'로 칭하고 있다. 지금 언급되는 학설과 연관해서 호메로스가 거론되는 이유에 대해서는 아래 주석 참고.

175 『일리아스』 XIV. 201행과 302행에 등장하는 표현이다. 『크라튈로스』 402a~c에서는 이렇게 오케아노스(ōkeanos)와 테튀스(Tēthys)를 신들의 기원으로 보는 것을 호메로스에 국한시키지 않고 헤시오도스 및 오르페우스(Orpheus)까지도 그렇게 말한 것으로 제시한다. 『크라튈로스』의 그 대목 또한 헤라클레이토스의 견해를 소개하는 맥락이라는 점은 주목할 만하다. 그런데 오케아노스는, 강은 강이되 단순한 강이 아니다. 대지를 둘러싼 가장자리로 흘러가서 자기 자신에게로 되돌아오는 순환을 계속하는데, 강과 개울 및 샘을 아우르는 바다 전체까지 오케아노스의 광대하고 강력한 원천으로부터 끊임없이 흘러나온다. 테튀스에 대해서는 그녀가 오케아노스의 딸들과 아들들의 어머니였다는 것을 제외하곤 거의 알려진 바가 없다. 테튀스를 땅으로 보는 전승도 있지만 태초의 물의 여신으로 보는 경우도 있다. 지금의 맥락에서는 뒤의 전승이 잘 어울린다.

176 여기서 플라톤이 이처럼 여러 사람을 한꺼번에 같은 부류로 묶는 것을 아주 엄밀한 일치에 근거한 것으로 보기는 어렵다. 주석 168에서 언급한 바와 같이 'giginesthai'가 '생성'과 '됨'이란 중층적 의미를 가지듯이, 앞으로 제시될 소크라테스의 설명도 두 가지 중층적 의미 사이에서 진동한다. 그래서 호메로스의 발생론적 견해와 헤라클레이토스의 흐름의 교설이 한 가지 학설로 묶일 수 있게 된다.

177 가만있음(hesychia) : 심리적 맥락에서는 '평온'으로 옮길 수도 있는 낱말이지만, 지금은 구상적으로나 형이상학적으로나 움직임과 대비되고 있다. 나중에 'hesychia'는 형이상학적 차원의 '정지'를 뜻하는 'stasis'로 개념화된다. 157b, 180b, d, e, 그중에서도 180d 참고.

178 이 문장에 대한 이해방식은 엇갈린다. 'hoti' 구문을 'tade'에 연관 짓는 번역도 있고(Fowler, Waterfield, Chappell), 'tō(i) logō(i)'에 붙여서

이해하는 번역도 있다(Cornford, Benardete, Sachs). 옮긴이는 후자를 택했다. 152d~e의 학설은 생성만 거론하나 여기서는 소멸까지 언급하고 있는 점이 부담이 되지만, 'hoti' 이하의 내용을 곧바로 징표로 보기 어렵기 때문이다. 따라서 'tade'는 이어지는 'gar' 이하의 문장을 가리키는 것으로 보았다.

179 이런 내용의 설명을 누구의 견해로 보아야 할지는 상당히 애매하다. 헤라클레이토스가 불(pyr)을 시원으로 제시했다는 점을 떠올릴 수는 있으나, 그의 경우 운동과 마찰을 불의 기원들로 제시하지는 않기 때문이다. 따라서 이 대목에서 플라톤은 철학사가가 아니라, '흐름의 형이상학'(metaphysics of flux)을 그럴듯하게 묘사하기 위해 이러저러한 그림을 구성적으로 제시하는 시도를 하고 있다고 보는 것이 합리적일 것이다.

180 '운동과 마찰'이 동물 발생의 기원이 된다는 건 성적인 이미지를 함축하는 것 같다. Waterfield(1987), 33쪽, 각주 참고.

181 **상태**(hexis) : 엄밀하게는 '습성'으로 옮길 수도 있다. 지속되는 고정된 상태를 가리킨다. 나중에 『테아이테토스』 197b에서는 이 용어가 잠재된 앎과 구별되어 현실화되어 사용되는 앎 개념 차원에서 쓰인다. (거기서는 'hexis'를 '지니고 있음'으로 옮겼다.) 아리스토텔레스가 『니코마코스 윤리학』에서 '덕'(aretē)을 'hexis'로 강조하는 건 플라톤적 사유에 기원을 둔 것으로 이해할 수 있는 여지가 있다.

182 **종지부**(kolophōn) : 'kolophōn'에 대해서는 전승되는 두 가지 이야기가 있다. 하나는 스트라본(Strabōn)의 전언으로 LSJ도 이 전언을 지목하고 있다. 이에 따르면 콜로폰(Kolophōn)이라는 나라의 사람들은 말타기에 능해 그들이 출전하면 승마경주의 승부가 결정되었다고 한다. 다른 전승은 『테아이테토스』에 대한 고대 주석(「scholia vetera」)에 전해지는 내용으로, 이 전승을 헤로도토스의 전언을 참고해서 재구성하면 다음과 같다. 전승에 따르면 이오니아의 폴리스들은 공적인 일을 결정하기 위해 '파니오니온'(Paniōnion)이라 불리는 곳에 모여 투

표했는데, 한때 득표수가 동수였을 때 콜로폰 사람들이 이긴 쪽에 투표를 하면서 이 같은 속담이 생겨났다고 한다. 헤로도토스의 『역사』 I.141~143 참고. 지금 『테아이테토스』의 맥락은 후자의 전승을 고려할 때 좀 더 잘 이해할 수 있을 것 같다. 그래서 'kolophōn'은 논의의 문제를 최종적으로 결정짓는 이야기라는 의미로 볼 수 있을 것 같은데, 종지부를 찍는 '화룡점정'의 논변을 뜻한다고 볼 수 있다.

183 호메로스의 『일리아스』 VIII. 17~27행 참고. 이 구절에서 제우스는, 모든 다른 신들이 황금 밧줄을 하늘에 매달아 놓고 그 밧줄에 매달려도 제우스를 하늘에서 들판으로 끌어내리지 못할 테지만, 제우스 자신이 나서 황금 밧줄을 올림포스의 꼭대기에 매어 놓으면 모든 것이 공중에 매달리게 될 것이라고 말한다. 아래에서 소크라테스는, 황금 밧줄은 태양으로, 공중에 매달리는 것은 뒤죽박죽이 되는 것으로 해석한다.

184 OCT 구판과 신판 모두 사본의 'anangkazō'를 지우고 'prosbibazō'로 읽고 있다. 그러나 여러 사례를 이야기하다 보니 결국 결정적인 사례를 이야기하지 않을 수 없겠다는 식으로 언급하는 것 또한 자연스러운 표현일 수 있다. 따라서 우리의 번역본은 βTW 사본에 따라 'anangkazō prosbibazōn'으로 읽도록 할 것이다. 뷔데(Budé)판이 그렇게 보고 있다. 그리고 이는 고주석 「scholia vetera」의 전승과도 일치된다. 물론 'anangkazō'가 직접 분사를 받을 수는 없는 만큼 'legein' 정도가 생략된 것으로 이해하는 것이 합리적일 것이다.

185 '하늘에서나 지상에서나'라는 뜻으로 볼 수 있겠다.

186 뒤죽박죽으로(anō katō) : 직역하면 '위로 아래로'이지만, 호메로스의 『일리아스』의 맥락을 고려해서 옮겼다. 그런데 'anō katō'란 표현은 헤라클레이토스의 단편 DK22B60을 연상케 한다. "hodos anō katō mia kai ōutē."(올라가는 길과 내려가는 길은 하나이며 동일하다.)(김인곤 외 옮김(2005), 242쪽.) 그러나 논란의 여지는 있지만 아마도 전승되는 헤라클레이토스의 단편이 무질서를 함축하는 것 같지는 않다. 따라서

'anō katō'가 직접적으로 헤라클레이토스를 염두에 두고 쓴 표현인지에 대해서는 논란의 여지가 있을 수도 있다. 그렇지만 플라톤의 경우 『필레보스』 43a3에서는 "aei gar hapanta anō te kai katō rhei,"(모든 것들은 언제나 뒤죽박죽으로 흐른다.)라는 언명을 하는 지혜로운 자들(hoi sophoi)이 있다고 하는데, 아무래도 이 언급은 헤라클레이토스 내지 그를 좇는 사람들을 가리키는 것으로 보인다. 그렇다면 『테아이테토스』의 'anō katō'라는 표현 또한 헤라클레이토스를 향한 표현으로 이해할 수도 있겠다. 아마도 플라톤은 헤라클레이토스의 견해가 무질서를 함축하는 것으로 이해하고 있었던 듯싶다.

187 152d에서 제시되었던 핵심 내용을 다시 제시한 것이다. 이후에서는 이를 지각 내지 지각 상황에 적용해서 설명하는 시도를 하고 있다.

188 **충돌**(prosbolē): 지각을 주관과 대상 사이의 '충돌 모델'로 설명하고 있다. 이런 설명 방식은 『티마이오스』 46b 등에서도 볼 수 있다. 그러나 지각에 대한 『테아이테토스』의 전체 설명이 『티마이오스』와 전면적으로 일치되는가는 심각한 논란거리이다.

189 **그런데**(oukoun): 이 대목의 불변화사 'oukoun'을 어떤 뉘앙스로 읽느냐는 건 보기보다 쉽지 않은 문제이다. 'oukoun'은 엄밀한 추론의 접속사로 사용될 수도 있고, 느슨하게 논의가 이행되는 뉘앙스로 사용될 수도 있다. 서양학자들의 번역도 갈린다. 그리고 이런 번역의 차이가 전체 맥락에 대한 이해의 차이를 수반한다. 그런데 'oukoun'으로 시작하는 문장이 앞의 언급에서 추론된 결과로 보기는 거의 불가능해 보인다. 이에 대한 세부적인 설명은 아래의 주석 193 참고. 따라서 옮긴이는 지금의 'oukoun'을, 논의가 새로운 논점이나 새로운 단계로 전개되는 뉘앙스를 표현하는 것으로 보고 옮겼다. 'oukoun'에 대한 일반적 설명은 Denniston(1950), 434~435쪽 참고.

190 **우리 자신과 비교해 재어 볼 경우에**(parametroumetha): 여기서 사용된 동사 'parametroumetha'에는 'metron'(척도)이라는 말이 포함되어 있다. 이것은 이어지는 설명이 프로타고라스의 인간척도설을 염두에 둔 것

임을 시사한다.
191 비교해서 재거나 만져 보는 쪽. 즉 주관.
192 방금 제시된 설명 방식은 인간척도설의 설명 방식과 대립된 그림이다. 그래서 그것에 대한 비판이 프로타고라스 쪽에서 제기될 것이라는 언급이다. 여기서 무엇이 놀랍고 우스꽝스럽게 되는지는 아래의 주석 참고.
193 지금의 논의와 관련해서는 논란이 아주 많다. 본문 자체가 애매한 터라 맥락이 어떻게 전개되고 있는가에 대해 연구자들은 의견 일치를 거의 보지 못하고 있다. 일단 153e4~154a4의 언급(이를 ①이라고 부르자.)은 지각 성질을 주관이나 대상 어느 한 쪽의 것으로 귀속시킬 수 없다는 노선이다. 따라서 지각 성질은 상대적으로 성립된다. 그런데 인간척도설은 주관과 대상이 맺는 관계의 차이에서 비롯되는 지각 성질의 '변화(바뀜)'를 인식론적 상대성에 의해 설명한다. 이런 점에서 ①은 인간척도설을 뒷받침하기 위한 그림이다. 반면에 우리는 지각 성질을 주관과 대상의 상대적 관계에 의존하지 않고, 지각 성질을 주관에 귀속시키거나 아니면 대상에 귀속시키는 그림을 그려 볼 수도 있을 것이다. 이것이 154b1~6의 언급이 제시하는 그림이다. 이를 ②라고 부르자. 그런데 ②는 지각 성질을 주관과 대상의 상대적 관계에 의존하지 않고 설명하려고 하기 때문에, 지각 성질의 '변화(바뀜)'는 주관 자체의 변화 아니면 대상 자체의 변화로 설명될 수밖에 없다. 결국 ②는 주관이나 대상 그것 자체가 변하지 않는 한에서는 지각 성질의 변화를 설명할 수 없게 된다. 따라서 ②에 따르면 모든 변화는 '자체 변화'(self-change) 내지 '절대적 변화'(absolute change)가 되고 만다. 이런 점에서 ②의 그림은 상대적 관계에 따른 변화를 부정하고, 지각 성질의 변화를 주관 아니면 대상의 자체 변화로 설명하는 노선이다. 여기서 소크라테스는, 지각 성질을 상대적 관계에 따른 변화로 설명하는 ①과 상대적 변화를 부정하는 ②의 그림을 대립시켜 놓고서, '주사위의 사례'를 제시함으로써 어느 쪽 그림이 더 나은 그림인가를 숙

고하도록 유도한다. 그런데 기본적으로 '주사위의 사례'는 두 관계항이 그 자체의 성질 변화는 없으면서 다른 것과 관계함으로써 성질의 '바뀜'이 일어난 경우이다. (텍스트는 이런 성질의 '바뀜' 내지 '달라짐'을 일종의 변화로 간주하고 논의를 진행하려 한다.) 따라서 '주사위의 사례'는 ②의 그림으로는 설명할 수 없는 경우가 되고 만다. 그렇다면 소크라테스는 '주사위의 사례'를 통해 ②의 노선이 지닌 난점을 제기하고 있는 셈이다. 따라서 암묵적으로는 ①의 그림이 매력적일 수 있는 가능성을 열어 놓는 장치로 '주사위의 사례'를 제시하고 있다고 볼 수 있다. 그러나 ①이 '주사위의 사례'를 어떻게 설명할 수 있는가 하는 것은 또 다른 문제이다. 이 문제는 이어지는 논의에서 다시금 다른 차원에서 다루어진다.

194 지금의 물음과 관련해서 드는 생각을 대답한다면, 그럴 수 없다고 하겠습니다. 하지만 앞서의 물음과 관련해서 드는 생각을 대답한다면, 전과 대립된 말을 하지 않도록 유의하며 그럴 수 있다고 하겠습니다. : 여기서 '지금의 물음'은 '어떤 것이 증가되는 것 말고 달리 더 커지거나 더 많아질 수가 있는가?'라는 질문이고, '앞서의 물음'은 주사위 사례를 제시할 때 제기된 질문이다. '지금의 물음'은 헤라클레이토스적 지각설을 도입하기 위해 양적 변화를 그 자체의 증가로 설명하려는 의도에서 던지는 경우이다. 이렇게 자체 변화를 언급한다는 점에서 주석 193의 ②와 같은 노선이 아닌가 하는 의문이 들 수도 있는데, ②는 상대적 변화를 부정하고 자체 변화만을 옹호하는 노선이라면, '지금의 물음'은 상대적 변화를 자체 변화에 의해 설명하는 그림을 전제한 물음이라는 점에서 ②의 노선과는 다르다. 오히려 나중에 155c에서 거론되는 테아이테토스의 키(신장)의 경우와 관련지으면 '지금의 물음'은 주석 193의 ①을 지지하기 위해 던진 질문이다. 여기서 새로 다루는 문제는, 앞에서 '주사위의 사례'를 통해 ②의 노선을 논박했지만, '주사위의 사례'가 함축하는 상식적 가정을 다시 ①의 노선과 대립시키는 맥락에서 제기되고 있다. ②가 논박되었다고 해서 곧바로 ①의 정당

성이 확보되는 것은 아니기 때문이다. 그렇다면 '주사위의 사례'가 함축하는 가정과 ①의 노선이 함축하는 가정 사이의 대립 지점은 어디에 있는가? '주사위의 사례'에서는, 여섯 개의 주사위는 증가됨이 없지만 네 개의 주사위와 관계할 때와 열 두 개의 주사위와 관계할 때의 크기가 '다르다.' 따라서 주사위의 사례는 대상 '자체'의 증가 없이 그 대상의 속성이 바뀌는 것을 인정하는 경우가 된다. (사실 이게 우리의 상식이다.) '앞서의 물음'이란 이 같은 주사위의 사례에 따른 상식적 가정의 관점을 가리킨다. 반면에 테아이테토스가 커지는 사태와 관련된 '지금의 물음'은 ①의 노선을 지지하는 관점을 가리킨다. (이후의 논의에서 ①의 노선은 "그 자체가 그것 자체로 하나인 건 아무것도 없다."라는 헤라클레이토스적 견해와 결합되어 점점 극단적인 형태를 띠게 된다.) 따라서 두 물음 사이에 함축되어 있는 대립은, 상대적 관계에 따라 속성이 바뀌는 것을 헤라클레이토스적 노선에 따라 자체 변화에 따른 '실질적 변화'(genuine change)로 간주할 것인가, 아니면 '주사위의 사례'처럼 실질적 변화 없는 상대성으로만 설명할 것인가 하는 것이 되겠다. 여기서 중요한 점은, 헤라클레이토스적 노선은 비교 상대에 따라 속성이 바뀌는 것, 즉 '더 컸다가 더 작아짐'과 같은 사태를 일종의 '변화'로 설명하려 한다는 것이다. 그렇지만 지금 맥락에서는 이 문제에 대한 답변이 직접적으로 제시되지 않는다. 테아이테토스가 곧바로 현기증을 느낄 정도의 난관에 빠지기 때문이다. 그러나 나중에 소크라테스는 ①의 노선에 따른 헤라클레이토스적 지각설이 어떤 그림이 될지를 자세히 설명한다. 그 그림에 따를 때, 여섯 개의 주사위가 네 개의 주사위와 관계할 때와 열 두 개의 주사위와 관계할 때 성질이 달라지는 것, 즉 '더 크다'에서 '더 작다'로 성질이 달라지는 사태는, (우리의 상식과는 달리) 실제로 일어나는 '실질적 변화'로 간주된다. 이것이 나중에 제시되는 헤라클레이토스적 지각설의 핵심이다. 이어지는 논의에서 '증가됨 없이 커질 수 없다'는 식의 가정이 갑자기 도입되는 것은, 상대적 변화(달라짐)를 자체 변화라는 실질적 변화에 의해 설명하는 헤라클레이토스적 지각설을 도입하기 위한 예비적 장치이다.
195 헤라 여신께 맹세코 : 이런 맹세는 원래 주로 여자들이 사용하는 표현이다. 플라톤의 대화편에서는 『소크라테스의 변론』 24e, 『라케스』 181a, 『고르기아스』 449d, 『히피아스 I(*Hippias meizōn*)』 291a, 『파이드로스』 230b 등에서도 등장한다. 주로 감탄의 맥락에서 등장한다.
196 에우리피데스(Euripidēs) : 아테네의 3대 비극 시인 중 한 사람. 생몰 연대는 기원전 480년대에서 기원전 407~6년. 소포클레스와 같은 해에 사망하긴 했으나 그보다 조금 일찍 세상을 떠났다. 그는 대(大) 디오뉘소스 제의(Dionysia)에서 4번밖에 우승하지 못했는데, 아이스퀼로스가 13번, 소포클레스가 18번 우승한 것에 비하면 놀랍도록 적은 횟수이다. 그의 작품은 세계의 분열적 양상과 인간 내면의 갈등을 노출시키는 경향이 있다. 그의 작품 양상에 관해서는 아리스토파네스(Aristophanēs)의 『개구리(*Batrachoi*)』를 통해 추측할 수 있는데, 에우리피데스는 전통을 뒤집어엎는 혁신적 사상가이자 리얼리스트로서의 면모를 보여 준 시인이었다. 에우리피데스의 리얼리즘과 관련해서는 아리스토텔레스의 『시학』 1460b32 이하 참고. 아리스토텔레스는 그에게 부족한 점이 있지만 '가장 비극적인 시인'이었다는 평가를 하고 있다(『시학』 1453a28~30). 그가 쓴 것이 아닌 것으로 보이는 『레소스(*Rhesos*)』를 빼면, 비극 17편, 사튀로스 극 1편이 우리에게 전송되고 있다.
197 에우리피데스의 『히폴리토스(*Hippolytos*)』 612행에서는 "맹세를 한 것은 혀고, 내 마음은 맹세하지 않았소."라고 표현되어 있다.
198 능수능란하고(deinoi) : 이 대화편에서 'deinos'(단수 형태임.)가 처음으로 중요하게 거론되는 대목. '무서워하다'를 뜻하는 'deidō'에서 온 말. 『라케스』 198b에서 보듯이 'deinos'는 '무서움'을 뜻하는 'deos'와 동근어이기도 하다. 그러나 무섭다는 뉘앙스 이외에도 '명민하고'(clever) '능숙하다'(skillful)는 뉘앙스도 포함한다. 명민한 사람이 한도를 넘어설 정도로 너무 유능해서 무섭다는 느낌을 불러일으키는 경우

를 연상하면 되겠다. 플라톤은 『국가』 등에서 'deinos'(능수능란한 자)와 'phronimos'(슬기로운 자)를 구별하고 있다. 이런 구별은 『테아이테토스』의 여담(곁가지 이야기) 부분에서도 제시된다. 'deinos'는 도덕성과 무관하게 뛰어난 것이고 'phronimos'는 도덕적으로 뛰어난 자를 가리킨다. 이런 의미 구별을 기초로 플라톤은 곧잘 소피스트를 규정할 때 그들에게 'deinos'란 형용을 사용한다. 이는 소피스트의 유능함이 도덕성과는 무관하다는 비난을 함축한다. 이 용어의 이런 뉘앙스를 고려해서 여기서는 '능수능란하다'로 옮긴다.

199 **마음속에 넘치는 자산**: 정신적으로 가진 것. 즉 지혜(라고 서로 생각하는 것).

200 **이런 싸움에 소피스트가 하는 식으로 임하여 서로의 주장을 주장으로 치고받고 하겠지**: 소피스트들은 다른 쪽이 취한 견해에 대립된 견해를 취해 상대를 논박하는 방식을 곧잘 취했다. 그런 논변 구성을 작자 불명의 『이중 논변(dissoi logoi)』에서 확인할 수 있다. 그리고 일설에 따르면 프로타고라스의 책 『진리』는 또 다른 이름으로 『엎어치기 논변들(hoi kataballontes)』이라고 전해지기도 하는데, 이는 프로타고라스가 상대를 반박하는 데 능했다는 일부의 전승에 잘 들어맞는 제목이다. (그러나 프로타고라스와 반박술(antilogikē)의 관계에 대해서는 상충되는 전승이 있다. 이와 관련해서는 주석 335 참고.) 여기서 '엎어치기'라는 말은 레슬링 용어이다. 지금 본문의 '치고받다'로 옮긴 'krouein'은 원래 '치다, 가격하다'를 뜻하는 권투 용어이다. 두 용어 모두 승리를 목표로 하는 경쟁 맥락의 용어이다. 이렇게 논쟁에서 상대를 이기는 데 주력하는 소피스트의 모습 때문에 그들의 기술, 즉 소피스트술(sophistikē)은 곧잘 '쟁론술'을 뜻하는 'eristikē'나 '반박술'을 뜻하는 'antilogikē'와 연관된다. 그들이 논쟁을 벌이는 목적은 논쟁의 승리에 있기 때문이다. 또한 아리스토텔레스의 전승에 따르면 프로타고라스는 "더 약한 논변을 더 강한 것으로 만들기"(to ton hēttō logon kreittō poiein)를 공언했다고 하는데(『수사학(Rhētorikē)』 1402a24~26), 이 또한 소피스트가

경쟁적인 정신적 풍토를 배경으로 하고 있음을 시사한다. 『소크라테스의 변론』 18b~c1에서는 소크라테스가 자신에 대해 그런 형용을 하는 소문을 부정하는 대목이 등장하기도 한다. 이후의 주석 338도 참고할 것.

201 합치하지(symphōnein) : 이 용어는 『파이돈』에서 '차선의 항해 방법'(deuteros plous)에 빗댄 '가정의 방법'(the method of hypothesis)의 핵심 용어이다. 『파이돈』 100a와 101d에서 이 낱말이 정확히 어떤 방법적 절차를 가리키는가는 아직도 완벽하게 해명되지 못했다. 그렇지만 같은 낱말이 『테아이테토스』에서도 사용되는 것을 통해 우리는 '가정의 방법'이 『테아이테토스』에서도 사용되는 것으로 유추해 볼 수 있다. 가정의 방법은 『메논』에서 처음 제시되는 새로운 방법으로, 문제의 대상에 대해 아직 알지 못하는 상태에서 논의를 진척시키는 방법이다. 그 주제나 대상과 관련해서 일정한 가정(hypothesis)을 놓고서 논의를 전개하기 때문에 후대의 학자들이 '가정의 방법'이라는 명칭을 붙이고 있다. 『테아이테토스』 165d1에서는 동사 'hypethemēn'이, 183b1에서는 명사 'hypothesis'가 사용되는 것을 보면, 『테아이테토스』에서도 『파이돈』의 '가정의 방법'이 사용되고 있는 것으로 해석해 볼 여지가 있다. 이런 관점을 1부의 논의에 적용하면, 테아이테토스의 첫 번째 정의, 프로타고라스의 인간척도설, 헤라클레이토스적 지각설은 서로 '합치'(symphōnein)하는 관계를 맺고 있다고 볼 수도 있을 것이다. 아닌 게 아니라 160d에서는 세 가지가 '동일한 것으로 맞아떨어진다'(eis tauton sympeptōken)고 규정하기도 한다.

202 나타남들(ta phasmata) : 구체적으로는 '떠오른 생각'을 가리킨다. 'phasmata'는 'phainesthai'(나타나다)에서 형성된 명사로, 나타나는 작용의 결과를 가리킨다.

203 동등한(ison) : 'ison'은 양적 동일성을 가리킨다.

204 우리가 합의한 이 세 가지들 자체가 다음과 같은 경우에는 우리 영혼 속에서 그 자신과 싸우게 된다고 난 생각하네. : 여기서 일어나는 싸움

이 어떤 상대들을 대상으로 이루어지는 것인가에 대해 해석상의 논란이 있다. 맥도웰의 경우는 위에서 제시된 세 가지 가정들 중 첫 번째 가정 및 두 번째 가정이 세 번째 가정과 대립된다고 이해한다. McDowell(1973), 133~137쪽 참고. 그러나 세 가지 가정들은 궤를 같이하는 것으로 보인다. 그 자체가 동등한 크기를 지니는 한에서는 증감이 없고, 크기의 증감은 더해짐이나 감해짐을 통해서 이루어지고, 이런 증감은 시간적 생성을 동반한다는 내용의 가정들이기 때문이다. 즉 세 가정은 모두 사태 자체의 '실질적 변화'를 옹호하는 가정들이다. 여기서 해석의 논란이 벌어지는 까닭은 원문 표현 때문이다. 'machetai auta hautois'는 직역하면 '그것들 자체가 그 자신들과 싸운다.'로 옮길 수 있어서 원문대로는 맥도웰의 독법이 불가능하지 않다. 그러나 전체 맥락을 보면 이 문장은, 세 가정들이 그 자체로 취할 때는 참이지만, 주사위의 사례에 적용했을 때는 거짓이 되는 것을 뜻하는 것으로 이해할 수 있다. 즉 세 가정들은 각기 어느 때는 참이 되었다가 어느 때는 거짓이 되니 그 자체적으로 자신과 싸울 수밖에 없다고 해석할 수 있다. 이런 이해 방식에 대해서는 Dorter(1994), 75쪽 참고. 이런 이해를 토대로 했기 때문에 'hautois'를 복수 표현인 '그 자신들과'로 옮기지 않고 단수로 옮겨 오해를 피하려 했다. 세 가지 나타남들 간의 싸움이 아니라, 다른 맥락에서 성립되는 각각의 가정들 자신과의 싸움으로 이해되도록 하기 위함이다.

205 자란(auksēthenta) : 위의 155a8행의 '증가하다'로 옮긴 'auksanesthai'의 분사형.

206 몸집(ongkos) : 155a3행에서는 '부피'로 옮겼던 말이다.

207 되는 과정(genomenos) : 'genomenos'는 'gignesthai'의 분사. 앞에서 '생성되다'나 '생겨나다'로 옮겼던 낱말인데, 여기서는 '되는 과정'이라고 풀어서 옮겼다. 그냥 '됨'이라고 옮길 수도 있겠다.

208 원문에는 '과정'이란 낱말도 '결과'라는 낱말도 없다. 'gignesthai'가 두 번 쓰이는데, '과정'을 넣어 옮긴 경우에는 현재형으로, '결과'라는 낱

말을 넣어 옮긴 경우에는 과거를 가리키는 부정시제(aorist)로 되어 있다. 이를 의미를 풀어 의역했다.

209 지금 『테아이테토스』의 논의는 『파이돈』 102b~e를 연상케 한다. 거기서는 '심미아스가 소크라테스보다는 더 크지만, 파이돈보다는 더 작은 경우'를 다루고 있다.

210 144a~b 대목을 가리킨다.

211 **놀라워하는 것, 이것이야말로 철학자가 겪는 상태이기에 하는 말이네. 이것 말고 철학의 다른 시작은 없으니까.** : 철학의 시작과 관련된 유명한 대목. 여기서 '놀라워함'으로 옮긴 'to thaumazein'은 '경이로워함'으로 옮길 수도 있는 낱말이다. 흔히 철학의 발단을 놀라움(경이)에서 찾는 것을, 아리스토텔레스의 『형이상학』 982b를 통해 거론하곤 하는데, 지금 보다시피 실은 플라톤이 먼저 제시하고 있는 관점이다.

212 헤시오도스(Hesiodos)를 말한다. 타우마스(Thaumas)는 폰토스(Pontos)와 가이아(Gaia)의 아들인데, 『신들의 계보』 780에서 이리스(Iris)의 아버지로 거론되고 있다. 타우마스는 오케아노스의 딸 엘렉트라(Elektra)와 결합해서 이리스를 낳는다. 이리스는 일차적으로 무지개를 상징한다. 그리고 추상적으로는 무지개가 나타내는 하늘과 땅의 결합 내지 신들과 인간의 결합을 상징한다. 특히 이리스는 헤르메스(Hermes)처럼 신들의 명령이나 충고를 전달하는 역할을 맡았는데, 이는 『크라튈로스』 408b에서 'Iris'의 어원을 'eirein'(말하다)에서 찾고 있는 것과 잘 어울린다. 이는 철학의 본질을 대화에서 찾고 있는 플라톤의 견해와 잘 부합되며(『크라튈로스』 398d 참고), 이런 점에서 이리스는 철학의 여신으로 해석된 것이라 볼 수 있다. 그런가 하면 176a~177a에서 철학을 '신에 동화됨'으로 제시하는 맥락을 고려할 때, 이리스는 신들과 인간들을 연결해 주는 역할을 하는 것으로 이해해 볼 수도 있겠다. 후자의 해석에 대해서는 Waterfield(1987), 37쪽 참고. 또한 '타우마스'가 일상적인 의미로 '놀라움(경이)'을 뜻한다고 할 때, 소크라테스는 철학의 발단인 경이가 대화적 철학으로 귀결될 수 있음을 헤시오도스

의 계보를 통해 빗대고 있다고 볼 여지도 있다. 타우마스가 '말하다' (eirein)를 상징하는 이리스를 낳았기 때문이다.

213 우리가 합의를 본 세 가지 것들.

214 **내게 감사히 여기겠군**(charin moi eisē(i)) : 주석 160 참조.

215 152d~e 참고.

216 아마 프로타고라스의 책 『진리』를 암시하고 있다. 따라서 152c10의 언급을 가리킨다고 볼 수 있다. 그렇다면 이때의 '진리'는 비밀리에 전수되는 진리를 뜻한다.

217 **입교하지 않은 자들**(amyētoi) : 『고르기아스』 493b에서도 같은 표현이 등장하는데, 거기서는 '철학에 입문하지 않은 자들'을 가리킨다. 사실 플라톤의 대화편에는 철학에 입문하는 것을 '입교'하는 것에 빗대는 경우가 자주 있다. 『파이돈』 69c~d, 『향연』 209e~210a, 『파이드로스』 250c. 그런데 여기서 'amyētoi'를 사용하는 건, 프로타고라스의 학설이 비밀리에 전해졌다는 것을 종교적으로 유비하는 것이다. 따라서 'amyētoi'는 직설적으로는 프로타고라스의 이야기를 들을 준비가 안 되어 있는 자들을 가리킨다. 중요한 점은 프로타고라스의 비의에 해당되는 것이 바로 헤라클레이토스적 흐름의 학설로 제시된다는 점이다. 한편 비교의식(mystēria)에 대한 세부적인 설명은 아래의 주석 221 참고.

218 **있는 것**(ousia) : 'ousia'는 영어의 'be'에 해당하는 'einai'의 여성형 분사(ousa)를 추상명사화한 것이다. 일상적인 의미는 움직이지 않는 자산, 즉 토지와 같은 부동산을 뜻한다. 이런 점에서 'ousia'는 'genesis'(생성)와 대비되는 의미를 가지며 지속적이며 불변적인 것을 뜻한다. 또한 'ousia'는 플라톤에 의해 속성 또는 우유성(偶有性)을 뜻하는 'pathos'와 대비되어 '본질'의 의미를 가지는 낱말로 사용되기도 한다. 또한 플라톤은 'einai'(~로 있다)를 'dokein'(~로 보이다)에 대비하여 곧잘 사용하는데, 이런 대비는 실재(reality) 대(對) 현상(appearance)의 형이상학적 구별의 기원이 된다. 이런 맥락에서 'ousia'는 '실재' 내지

'실재성'을 뜻하기도 한다. 『테아이테토스』의 이 맥락에서는 '실재하는 것'이란 의미로 이해할 수도 있을 텐데, 여기서는 'ousia'를 특정한 해석에 기반을 두고 옮기기보다 원래 '있다'를 뜻하는 'einai'에서 형성된 개념어라는 점에 주목해서, 되도록 '있음' 내지 '있는 것'으로 옮기기로 한다.

219 이들이 누구를 가리키는지는 극히 불분명하다. '손으로 움켜잡을 수 있는 것'만을 있는 것으로 인정한다는 말을 통해 원자론자를 연상할 수 있겠으나, 'ahoraton'(보이지 않는 것)의 표현 때문에 원자론자와 연관 지을 수는 없다. 원자론자들은 '원자'는 감각되지 않는 것으로 상정하는 만큼, 그들로서는 감각되지 않는 것이 있을 수 있다는 것을 이미 인정하고 있기 때문이다. 그런데 『소피스트』 246a8~b3을 참고하는 것이 도움이 될 것 같다. "한쪽 진영의 사람들은 정말로 손으로 바위와 나무를 움켜잡은 채 모든 것들을 하늘과 보이지 않는 곳으로부터 땅 쪽으로 끌어내립니다. 이들은 그와 같은 모든 것들에 들러붙어서는, 이것, 즉 접촉할 수 있고 부딪칠 수 있는 것만 있다고 강하게 주장합니다."(이창우 역) 만일 『소피스트』에서 지칭하는 사람들과 『테아이테토스』이 대목에서 지칭하는 사람들이 같은 사람들이라면, '세련되지 못한 물질론자' 정도로 이해해 볼 수 있다. 『소피스트』의 물질론자와 관련된 여러 시각에 대해서는 Cornford(1935), 231쪽, 각주 2 참고.

220 더 세련된 … 이들(kompsoteroi) : 텍스트 안에서는 헤라클레이토스적 흐름의 학설을 지지하는 이들이다. 그래서 여기서 '더 세련된 이들'이 텍스트상으로 가정된 존재일 뿐이라고 봐야 하는지, 역사적으로 실존했던 이들인지는 논의의 여지가 있다. 학자들은 이 대목의 '세련된 자들'이 딱히 지칭하는 부류가 없다고 보거나, 아니면 크라틸로스(Kratylos)와 같은 헤라클레이토스주의자로 보거나 또는 퀴레네학파의 아리스티포스(Aristippos)로 보는 경향이 있다. 어쨌든 '더 세련된 이들'은 '손으로 움켜잡을 수 있는 것만을 있다고 생각하는 자들'보다 더 명민한

자들로 이해할 수 있다. 'kompsos'(원급 형태임.)란 표현은 미묘한 맥락에서 사용되는 미묘한 용어이다. 나중에 171a에서 프로타고라스에 대한 자기 논박을 시도할 때 이 표현이 다시 사용된다. 또한 202d에서도 사용된다.

221 비의(秘儀 : mystēria) : 풍요와 곡물의 여신인 데메테르(Dēmētēr) 여신 및 (그녀의 딸이라서 'Korē'('korē'는 원래 '소녀' 내지 '딸'이라는 뜻이다.)로 불리는) 페르세포네(Persephonē)를 기리는 엘레우시스(Eleusis) 종교의 비교의식. 데메테르 여신에 대한 숭배는 올림포스(Olympos) 종교의 전통을 확립하는 호메로스 등에서는 주목되고 있지 않지만, 원래는 뮈케네(Mykēnē) 문명 당시부터 비롯된 오래된 전통을 가지고 있다. 이런 종교가 주로 '엘레우시스'를 배경으로 두었기 때문에 '엘레우시스 종교'라고 불리게 된다. 엘레우시스가 대략 기원전 7세기 말 아테네에 복속되면서 이 종교 및 의식이 아테네뿐만 아니라 그리스 전역으로 퍼져 나갔다. 논란의 여지가 없는 것은 아니지만 'mystēria'는 'teletai'라고도 불렸는데, 엘레우시스 비의의 절차는 두 단계로 이루어졌던 것 같다. 하나는 입교의식인 '작은 비교의식'(ta mikra mystēria)으로, 아그라이(Agrai)에 있는 아르테미스 신전에서 멀지 않은 일리소스(Ilissos) 강기슭에서 행해졌다. 다른 하나는 본(本) 의식인 '큰 비교의식'(ta megala mystēria)으로 엘레우시스의 성소 텔레스테리온(Telestērion)에서 거행되었다. 작은 비교의식은 'myēsis'로 불렸고, 큰 비교의식은 신비적 '보임'의 단계를 뜻하는 'epopteia'로 불렸다. ('epopteia'는 좀 강한 번역이긴 해도 '見性' 정도로 옮길 수 있을지도 모르겠다. 어쨌든 지금의 주석 안에서는 잠정적으로 '견성'으로 옮기기로 한다.) 전자는 매년 이루어진 반면 후자는 5년마다 열렸던 것으로 보인다. 'myēsis'와 'mystēria'는 영어 'close'의 의미를 지니는 'myein'에서 형성된 말이다. 입교자가 비밀을 지키겠다는 서약을 했기에 그런 낱말이 형성되었다고 해석하는 쪽이 있는가 하면, 눈을 감았다가 뜨고서 성스러운 것을 보는 체험으로 비의의 절차가 마무리되었기에 그

런 명칭이 붙었다는 설도 있다. 후자의 해석을 취하면 본 의식이 왜 'epopteia'로 불렸는가를 이해할 수 있게 된다. 이 낱말은 '보다' 내지 '참관하다'를 뜻하는 'epopsosthai'에서 형성된 말이기 때문이다. 정리하면 본(本) 의식은 아테네에서 출발해서 성스런 길을 따라 행렬을 이루어 엘레우시스의 텔레스테리온에 도착해서 신비적인 '보임'의 체험을 하는 절차로 마무리되었던 것 같다. 그런데 'teletai'가 예비 입교의 식에서만 사용된다고 오해하는 경우가 있는데, 적어도 플라톤의 용례를 보면 그렇게 보기 어렵다. 사실 고대 그리스의 비교의식을 연구하는 학자들에 의하면 'teletai'(단수는 'teletē')는 넓게 사용되었던 것 같은데, 플라톤은 최고 단계의 비교의식을 가리킬 때 이 낱말을 곧잘 사용하기도 한다. 예를 들어 'teletai'라는 표현이 직접 등장하는 것은 아니지만 『향연』 210a1에서는 'ta telea kai epoptika'(최고의 의례이자 견성의 의례)라는 표현이 사용되며, 『파이드로스』의 249c7~8에서는 'teleous teletas teloumenos'(최고 의례를 완결 지어)라는 표현을 사용하고, 250b8에서는 'etelounto tōn teletōn'(최고 의례를 완결 지었다)이라는 표현을 쓴 뒤 이것을 250c4에서는 'epopteuontes'(견성(見性)하여)라는 분사 표현과 연관 짓고 있다. 이런 경우 플라톤은 'teletai'를 'telos'(끝점 내지 완성 내지 최고)와 연관 지어 이해하고 있는 것으로 보는 것이 자연스럽고, 이런 맥락에서는 'teletai'를 '최고 의식' 내지 '최종 의례'로 옮기는 것이 적절할 것이다. 다른 한편 『테아이테토스』 152c10행에서 프로타고라스의 인간척도설을 헤라클레이토스의 만물유전설과 연관 지을 때 'en aporhrētō(i)'(비밀스럽게)라는 표현이 사용되었는데, 엘레우시스 종교에서 최종 비의가 'arrhetos teletē'(발설할 수 없는 최고 의례)라고 불리기도 했다는 것을 고려할 때, 헤라클레이토스적 학설을 비의와 연관 짓는 지금의 설정은 플라톤의 의도적 구성이라고 볼 수도 있겠다. 엘레우시스의 비교의식과 관련해서는 Kerényi(1967), 45~47쪽, Meyer(1987), Burkert(1987), 6~11쪽 참고.

222 힘(dynamis) : 여기서 힘으로 옮긴 'dynamis'는 앞의 수학의 예에서

는 '제곱근'으로 옮긴 낱말이다. 그 사례에서나 지금의 설명에서나 'dynamis'는 현실화될 '잠재성'의 의미를 가지고 있다. 나중에 157a에서 언급되듯, 작용을 가하는 것과 작용을 받는 것은 서로 마주치기 전에는 어떤 것으로 있는 것이 아니기 때문이다. 즉 서로 마주칠 때야 그것들의 잠재성은 현실화된다.

223 '작용을 가할'은 'poiein'을, '작용을 받을'은 'paschein'을 옮긴 것이다. 전자는 '능동'으로 후자는 '수동'으로 옮길 수도 있다. 현재의 지각 이론은 능동적 힘과 수동적 힘의 마주침에 의해 지각자와 지각 성질이 발생되는 것으로 설명하고 있다. 인간척도설에서 제시된 상대성이, 여기서 능동과 수동의 상관적 마주침으로 설명되고 있다고 할 수 있다.

224 마찰(tripsis)은 153a9행에서 사용된 낱말이다.

225 이 대목은 엠페도클레스의 본을 따서 색을 규정하는 『메논』을 떠올리게 한다. "색은 시각에 들어맞아(symmetros) 지각되는(aisthētos), 형태들의 유출(aporrhoē)이다"(『메논』 76d4~5).

226 '냉각'(冷覺)으로 옮길 수도 있다.

227 '온각'(溫覺)으로 옮길 수도 있다.

228 **동족적인 것**(syngenē) : 지각들과 지각되는 것들의 동족성(syngeneia)이란, 특정한 유형의 지각에는 특정한 유형의 지각되는 것들이 상관적(correlative)임을 뜻한다. 앞의 예에서 보듯이, 시각에는 색깔이, 청각에는 소리가 상관적인 대상이다. 현대 철학자들은 이런 상관성을 보통 '지향성(志向性)'(intentionality)이라고 부르는데, 이 개념은 인식론적 맥락에서는 마음의 특정한 인지 작용과 특정한 대상이 상관적임을 함의한다. 이러한 지향 관계의 관점에서 보면 특정한 인지는 특정한 대상으로 향해 있기 마련이기 때문이다. 그런데 이 같은 지향성 개념을 플라톤이 명시적으로 처음 제시하는 경우는 아마도 『카르미데스』 167~169 대목일 것이다. 또한 『국가』 IV권도 그런 관점이 제시되는 대목으로 이해할 여지가 있다. 『국가』 438a7행의 '어떤 것에 대함'(einai tou)이 바로 지향성 개념을 제시한 대목으로 이해할 수 있을 것

이기 때문이다. 438a에서는 엄밀하게는 욕구의 지향성을 논의하지만, 플라톤은 438c~d에서 그런 지향성을 인식론적 맥락의 지향성 차원에 적용해서 진행한다. 서양 철학사에서 '지향성' 개념에 주목한 이로 프란츠 브렌타노(Franz Brentano)와 그의 영향을 받은 에드문트 후설(Edmund Husserl)만 주목하는 경향이 있지만, 브렌타노조차 고대의 아리스토텔레스 및 아퀴나스(Aquinas) 같은 중세철학의 연구를 통해 자신의 관점을 구축했다는 것을 놓쳐서는 안 된다. 사실 스콜라철학에서는 'intentio'(지향성)가 상당히 깊숙하게 탐구되기도 했다. 오히려 '지향성' 개념은 서양만의 것이 아니라 유식(唯識) 불교 등 인도철학에서도 쉽게 발견할 수 있다는 점을 염두에 둘 필요가 있다. 다만 옮긴이의 이해가 맞다면 서양 철학사에서 이를 명시적으로 체계화하고 의식한 최초의 사상가가 바로 플라톤이라는 점을 기억해둘 필요가 있다. (여기서 세부적으로 밝힐 계제는 아니지만, 플라톤의 지향성 개념을 이해하지 못해 플라톤을 오해한 잘못된 오랜 논쟁사가 있기 때문에 이런 언급을 굳이 밝혀둔다.) 어쨌든 플라톤이 『파이돈』이나 『국가』에서 'aisthēsis(감각 또는 지각)'의 대상을 'ta aisthēta(감각되는 것들)'로 칭하고, 'nous(지성)' 내지 'noēsis(지적 사유)'의 대상을 'ta noēta(가지적인 것들)'로 칭하는 것도 인식론적 지향 관계로 이해할 수 있다. 『파이돈』 79d4에서는 'syngenēs'가 쓰이기도 한다. 한편 '지향성'이란 용어를 끌어들이지는 않지만, 박종현은 『국가』 490b4행의 'syngenei'가 바로 인식론적 동류 관계를 가리키는 낱말임을 지적하고 있다. 박종현 역주(2005), 398쪽, 각주 16 참고. 박종현의 좀 더 포괄적인 설명에 대해서는 박종현 역주(2009), 159~160쪽, 각주 36 참고.

229 이야기(mythos) : 지금까지 우리가 '학설'로 옮긴 'logos'라는 말을 사용하다가 여기서는 'mythos'라는 낱말을 쓰고 있다. 『프로타고라스』 324b, 『파이돈』 61b, 『티마이오스』 26e 등에서 'mythos'는 신화 내지 설화 같은 허구적 이야기를 가리키고 'logos'는 이에 대비하여 사실적 설명 내지 합리적인 설명 또는 논변을 가리키는 말로 사용된다. 이런

대비를 고려할 때, 여기서 'mythos'라는 표현을 사용하는 것은 지금의 논의 내용이 사실이 아니라 각색된 이야기임을 시사한다. 즉 인간척도설의 비의를 헤라클레이토스적 지각설로 제시한 것은 플라톤이 구성해 본 허구적인 이야기일 수 있다는 것이다.

230 156a.

231 지금까지는 명사 'kinēsis'가 사용되다가 이제는 동사 'kinein'이 사용된다. 흐름의 학설의 성격에 맞게 이후에 동사 표현이 늘어난다.

232 **동일한 곳에서**(en tō(i) autō(i)) : 원문에는 '곳'을 가리키는 용어가 없다. '동일한 곳에서'를 강하게 읽으면 가능한 운동은 회전운동밖에 없다. 그러나 여기서 '느린 운동'이 빠른 운동에 비해 상대적으로 고정된 것에 가깝다는 의미로 이해하면, 지금의 '동일한 곳에서'는 느슨한 의미의 고정성, 즉 빠른 운동에 대해 상대적으로 성립되는 느린 운동의 고정성으로 이해할 가능성도 있다. 후자의 이해 방식에 대해서는 이태수(1995) 참고.

233 이 대목에서 사본 자체에 손상(lacuna)이 있는 것 같다. 페이퍼스(Peipers)와 같은 이는 사본에 있는 'houtō dē'를 삭제하기도 하는데, 이는 지나친 것 같다. 코르나리우스(Cornarius)와 샨츠(Schanz)는 'houtō dē' 다음, 즉 'thattō' 앞에 사본 손상(lacuna)이 있다고 지적하지만, OCT 신판 텍스트를 편집한 힉켄(Hicken)은 'ta de gennōmena' 다음에 사본 손상이 있다고 본다. 힉켄은 손상된 부분에 'heteran tēn kinēsin kinoumena'를 보충한다. 그런데 사본의 손상된 부분에 뭔가를 보충하지 않으면 텍스트를 이해하기 어렵다. 옮긴이는 여러 제안 중 힉켄의 안이 가장 설득력 있는 것이라고 판단했다. 그래서 본문의 번역은 힉켄의 제안을 보충해서 옮겼다.

234 **들어맞는**(symmetrōn) : 'symmetron'의 복수 형태. 147d에서는 '통약될 수 있는 것'으로 옮긴 낱말이다. '같은 척도(metron)로 잴 수 있는 것' 내지 '척도를 같이하는 것'이란 뜻이다. 여기서는 후자의 의미이다. 즉 눈과 눈의 대상이 척도를 같이한다는 의미이다. 그렇기에 인지 관계

가 성립될 수 있다는 것이다. 『티마이오스』 66a 및 67c의 설명이 이와 유사하다. 특히 67c를 주목할 만하다. "이것[색깔]은 각각의 물체에서 흘러나오는 광채이며, 감각적 지각이 가능하도록 시각 광선에 대해 '비례 관계를 이루는'(symmetra) 입자들을 갖고 있습니다."(박종현·김영균 역) 이런 설명은, 감각에서 성립되는 '지향(志向) 관계'를 대상과 주관의 물리적인 '들어맞음'(symmetria)으로 구체화한 설명으로 볼 수 있다. 주석 228 참고. 『테아이테토스』의 이런 설명 때문에 『티마이오스』와의 유사성이 강조되곤 하는데, 유의해야 할 점이 있다. 『티마이오스』의 감각 설명에 따르면, 외적 대상을 구성하는 입자들이 감각 기관을 구성하는 입자들에 수축(synkrisis)이나 확장(diakrisis)을 일으킴으로써 감각 성질이 생기게 되지만, 『테아이테토스』에서는 '수축'이나 '확장'을 끌어들이는 설명이 전혀 없다.

235 부모 운동, 즉 눈과 눈에 들어맞는 대상.
236 '시각'이라고 옮길 수도 있다.
237 힘을 낳는 대상.
238 눈과 대상 사이.
239 이곳의 텍스트 독법에 대해서는 상당한 논란이 있다. 우선 156e7행에서 βTW 사본은 'hotou oun … chrōma'로 읽고 있다. OCT 신판은 'hotioun … chrēma'로 읽고 있고(이는 파리시누스(Parisinus) 1811판에 따른 것이다.), OCT 구판(Burnet 판)은 'hotō(i)oun … chrēma'로 읽고 있으며(이때 'hotō(i)oun'은 파리시누스(Parisinus) 1812판에 따른 것이다.), 뷔데(Budé) 판은 'hotououn … chroa'로 읽고 있다. 그 밖에 뒤의 낱말과 관련해서 파리시누스(Parisinus) 1814판은 'sōma'로 보고 있으며, 샨츠(Schanz)는 'schēma'로 수정하자고 제안했는데, 하인도르프(Heindorf)는 이것을 받아들인다. 옮긴이는 OCT 신판을 따른다.
240 152d와 153e.
241 예를 들어 어떤 사람이 타인의 눈을 볼 때 그 눈은 작용을 가하는 것(대상)이지만, 타인의 그 눈이 다른 것을 볼 때는 작용을 받는 것(주관)

이 된다.

242 152d, e 참고.

243 152e 참고.

244 언어적 지칭을 하는 것을, 정지시키는 것으로 이해하고서 언어적 고정 지칭의 가능성 자체를 부정하는 견해이다. 이 학설의 이 같은 극단성이 나중에 183a~b에서 귀류법적으로 비판된다. 언어적 지칭이 안될 경우의 문제에 대해서는 『크라틸로스』 439d~e 참고. 그리고 맥락은 좀 다르지만 『티마이오스』 49d~e 참고. 나중에 1부 말미에 바로 이 측면을 두고 소크라테스는 헤라클레이토스주의를 비판한다. 주석 591 참고.

245 종(eidos) : 이 낱말은 148d, 156a에서 이미 사용된 적 있다.

246 154e 참고.

247 150b~c

248 주문의 노래도 부르고(epā(i)dein) : 앞의 149d1에서 산파가 수행하는 일 중 하나로 이미 거론된 적이 있다. 『메논』 80a2~4에서 메논은 소크라테스가 자신에게 주술을 쓰며 주문에 걸려들게 하여 난관(aporia)에 빠뜨린다는 언급을 하고 있다. 그런가 하면 『카르미데스』 155e~158c에서는 카르미데스의 두통에 대한 치유책으로 소크라테스는 주문(epō(i)dē)을 거는 것을 거론하는데, 이는 영혼에 대한 돌봄을 위한 소크라테스적 문답을 가리킨다. 『메논』과 『카르미데스』에서 모두 문답식 대화를 '주문'에 빗대고 있다. 지금 『테아이테토스』도 같은 방식으로 이해할 수 있는 대목이다. 또한 '주문'의 표현과 관련해서 『법률』 659c~660a는 결정적인 설명을 제시해 준다. 거기서는 어린아이들을 이끌고 인도하는 교육(paideia)을, 바로 "혼들을 위한 주문들"(epō(i)dai tais psychais)(『법률』 659e1~2)이라고 표현하고 있다. 이미 『파이돈』 77e~78에서도 어린아이에게 해 주는 설명을 '주문'이라고 표현하고 있기도 하다. 따라서 이 주제와 관련해서 만일 플라톤을 상호텍스트적으로 이해하는 것이 용인된다면, 우리는 『테아이테토스』에서 언

급되는 산파의 주문의 노래란 바로 문답법식 교육을 비유적으로 표현한 것으로 해석할 수 있을 것이다.

249 떠오르는(phainēatai) : 부정사로는 'phainesthai'. 151e2의 경우와 같은 용법. 대화 상대자에게 떠오르는 '나타남'이 탐구 과정에서 논의의 긍정적 자료로 사용될 수 있음을 알려 주는 대목이다. 노예와 수학적 사례를 다루는 『메논』 81c~86c 대목에서도 '참인 판단'(alethēs doxa)이 앎으로 상승하는 데 긍정적 계기가 될 수 있음을 지적한다. 플라톤이 이렇게 'doxa'를 긍정적으로 활용하기도 한다는 점을 고려할 때 'doxa'를 '억견(臆見)'으로 옮기는 건 플라톤 철학에 대한 큰 오해를 불러일으킬 수 있기에 피해야 할 번역이다.

250 끊임없이 다른 것으로 되는 과정(process)에 있다는 의미로 이해할 수도 있다.

251 광기(mania) : 여기서 '광기'로 옮긴 'mania'는 비극의 맥락에서는 곧잘 병, 즉 'nosos'로 간주된다. 그리고 그때의 'mania'가 극단적인 분노를 가리킬 경우가 아주 많다. 어원적 측면에서 접근하면 그런 이유를 쉽게 이해할 수 있다. 'mania'는 'maiomai'라는 동사에서 나온 낱말인데, 뒤의 낱말은 원래 '격분하다'(rage)를 뜻한다. 호메로스의 『일리아스』의 핵심 주제어인 'mēnis'(분노) 또한 'maiomai'에서 형성된 명사이다. 그런데 사람이 극도로 화가 나면 제정신이 아닌 상태가 되듯 'mania'는 '제정신이 아닌 상태'로 의미가 전이되기도 한다. 이렇듯 제정신 아닌 상태에서 하는 지각을 착각과 연관 짓는 것은 아주 자연스럽다.

252 '착청'(錯聽)이란 말이 없기 때문에 어쩔 수 없이 풀어서 옮긴다.

253 이 대목의 번역은 각인각색이다. 번역은 크게 네 가지로 갈린다. (1) 네 가지 항목 해석 : 꿈, 병, 광기, 착각을 따로따로 나열한 것으로 보는 경우. (2) 세 가지 항목 해석 : ①꿈, 병을 나열하고, 광기는 병의 특징적 사례로 보고, 그리고 또 착각을 나열한 것으로 보는 경우. ②꿈, 병, 그리고 착각을 비롯한 광기 세 가지로 보는 경우. (3) 두 가지 항목

해석 : 꿈, 병을 나열하고, 광기와 착각을 이것들의 특수 사례로 보는 경우. 옮긴이는 기존의 어떤 해석도 따르지 않는다. 옮긴이는 언급된 모든 경우가 착각의 범주 아래에서 논의되는 것으로 이해한다. 즉 '거짓인 지각'을 '착각' 차원에서 문제로 다루고 있는 대목으로 이해한다. 그리고 착각의 대표 사례로 두 가지가 제시되는데, 하나는 꿈의 경우, 다른 하나는 생시의 경우라고 본다. 생시의 경우가 바로 병든 경우인데, '광기'는 위의 주석 251에서 설명했듯이 '병'의 일종으로 보는 것이 옳다. 이를테면 158d8행의 'peri nosōn te kai maniōn'에서 'te kai'는 'nosos'과 'mania'가 다른 유형의 사례가 아니라 한 유형으로 묶여 있는 것임을 시사한다.

254 148c~d, 151d, 157c~d 참고.

255 거짓인 판단을 하는(pseudē doxazein) : '판단을 하다', '의견을 가지다'라는 의미의 'doxazein'이 처음 사용되는 대목. 'doxazein'의 뉘앙스 및 번역 문제와 관련해서는 주석 641 참고.

256 대칭(antistropha) : 'antistrophē'의 복수 형태. 비극을 상연할 때는 코로스가 무대 입구(eishodos)를 통해 오르케스트라(orchestra)로 들고 나며 노래하고 춤을 추었다. 왼쪽 입구를 통해 들어와 춤추며 노래하고서 오른쪽 출구로 나가는 코로스는 'strophē'라 한다. 그리고 그에 화답하여 오른쪽에서 들어와 왼쪽으로 나가면서 춤추고 노래하는 코로스를 'antistrophē'라고 한다. 보통은 운율까지도 서로 대(對)가 되게 구성하는 것이 일반적이었다. 지금 소크라테스는 꿈의 생각들과 생시의 생각들을 비극의 'antistrophē'가 'strophē'에 상응하는 것에 빗대고 있다.

257 꿈속에서 꿈들에 대해 설명하는 경우.

258 생시에 꿈들에 대해 설명하는 경우.

259 꿈과 생시를 어떻게 구별할까 하는 문제에 대해 플라톤은 명시적인 답변을 제시하지 않고 있다. 우리는 참고로 데카르트(Descartes)의 대답을 눈여겨볼 수도 있겠다. 『성찰(*Meditationes de prima*

*philosophia)』89 참고.

260 잠자는 시간과 깨어 있는 시간의 길이는 엄밀하게 보면 다르다. 그러나 지금의 논변이 그 두 시간이 엄밀하게 같다는 것까지 요구할 필요는 없을 것 같다. 잠자는 시간이 상당히 긴 시간이라는 것만 확보되어도 지금의 논변이 가지는 설득력은 유지될 수 있기 때문이다.

261 이 대목에서 인간척도설이 내세우는 '척도'(metron)가 진리에 대한 것임이 명시적으로 표명된다. 프로타고라스의 저술이 『진리』라는 이름을 가지고 있다는 것을 연상할 필요가 있겠다. 이런 맥락에서 인간척도설이 제시되는 경우를 『크라튈로스』 386c에서 볼 수 있다.

262 우리가 문제 삼는 것이 어떤 측면에서는 동일하지만 다른 측면에서는 다른 것이라고 이해하지 말고, 완전히 다른 것이라고 이해하도록 하세.: 왜 이런 극단적인 언급을 하는 것인지 논란이 많은 대목이다. 우리가 기억해야 할 것은, 헤라클레이토스적 흐름 이론이 프로타고라스의 인간척도설을 뒷받침하는 설명으로 도입되었다는 것이다. 따라서 지금의 언급도 인간척도설에 대한 조리 있는 설명으로 시도되고 있다고 보는 것이 자연스럽다. 앞의 주석 193과 194에서 설명했듯이, 헤라클레이토스적 지각설은 인간척도설이 옹호하는 상대성을 자체 변화를 통해 설명하려 한다. 그러나 측면상의 차이를 객관적으로 인정하는 쪽으로 가면, 인간척도설의 상대화 전략은 유지되기 어렵다. 특정 주관과 특정 대상은 그것들이 마주치는 지각 상황(에피소드)으로 해체되지 않는 한, 인간척도설의 상대주의는 유지되기 어렵기 때문이다. 그 때문에 각각의 주관과 대상이 특정 지각 상황으로 해체될 수밖에 없게 된다. 따라서 각각의 지각 상황마다 성립되는 주관과 대상은 전적으로 다른 것으로 놓을 수밖에 없다. 그 결과 t1 시점의 지각 상황 속의 주관 및 대상은, t2 시점의 지각 상황의 주관 및 대상과 전적으로 다른 것으로 간주되게 된다. 다시 말해 측면상의 차이를 인정하는 상대적 차이와 절대적 차이를 구별할 수 없고, 모든 차이를 절대적 차이로 간주하게 된다. 측면상의 차이를 인정하는 한, 그러니까 두 가지 비교 대상이

어떤 측면에서는 다르고 다른 측면에서는 그렇지 않다는 것을 인정하는 한, 상대화되지 않는 객관적 측면을 인정할 수밖에 없기 때문에, 헤라클레이토스적 흐름 이론은 상대적 차이를 거부하는 쪽으로 전개될 수밖에 없게 된다. '닮았다'고 일컬어지는 것은 전적으로 동일한 것으로, '안 닮았다'고 일컬어지는 것은 전적으로 다른 것으로 귀결되고 마는 것이다. 결과적으로 이런 귀결은 헤라클레이토스적 흐름 이론에서 상대적 차이와 절대적 차이의 구별이 무화(無化)된 결과라고 해석할 수 있다.

263 전혀 다른 것.
264 전혀 다른 것(절대적 차이)과 안 닮은 것(상대적 차이)의 차이가 무화되고 있는 대목.
265 156a.
266 156d.
267 '아픈 소크라테스'나 '건강한 소크라테스'의 경우.
268 156c~e 참고. 여기서 '우리 쌍'은 부모 운동이다. 그리고 '낳다'는 'gennēsthai'에 대한 번역이다. 이는 지금의 설명이 발생론적 차원에서 제시되고 있음을 알려 준다.
269 156e 이하.
270 포도주 주위에서. 154a, 156e 참고.
271 **있음에서도 나타남에서도**(kai einai kai phainesthai) : 애초에 인간척도설은, 나타남(phainesthai)이 있음(einai)과 일치된다는 것을 근간으로 하는 학설이었음을 상기할 필요가 있다.
272 능동적인 것의 사례로 '포도주'가 언급되다가 이제는 '포도주를 마심'으로 표현된다. 명사에서 동사로 이행하는 논조가 강화된다.
273 156e 참고.
274 **다른 성질의**(alloion) : 'alloion'에서 '질적 변화'를 뜻하는 'alloiōsis'라는 말이 나왔다는 것을 염두에 둘 필요가 있다. 사실 소크라테스는 나중에 182a에서 '성질'에 해당하는 그리스어 'poiētēs'라는 낱말이 낯설게

보일 것이라고 하면서 새로운 개념을 사용하는 것을 조심스러워하기 때문에 이 대목에서 번역어로 '성질'이란 말을 미리 사용하는 것은 문제가 있다. 그러나 이 대목에서 우리말로 '성질'이라는 번역어를 대신할 방도를 찾지 못했기 때문에 어쩔 수 없이 그렇게 옮긴다.

275 여기서 옮긴이가 '그런 성질의'라고 옮긴 'toioutos'와 'toiouton'을 몇몇 번역자(Benardete, Sachs, Chappell)는 'of the same sort as' 또는 'similiar'라고 옮긴다. 이런 번역의 의미를 곱씹으면 문맥상으로 '내가 나와 닮지 않고 대상도 대상 자신과 닮지 않았다'는 뜻이 되는데, 이런 해석에 따를 때 이 문장은, 지각 상황 t1과 t2 사이의 주관과 대상이 자기 자신과 닮지 않았다는 것을 논지로 하고 있다고 보는 것이 된다. 즉 지각 상황마다 주관과 대상은 서로 닮지 않고 해체된다는 것이다. 헤라클레이토스적 지각설에 이런 함축이 들어 있는 것은 사실이다. 그러나 이어지는 논의를 고려할 때 지금의 문장은 다른 것을 논지로 하는 것 같다. 이 문장이 염두에 두는 상황은, 소크라테스가 '지각하는 소크라테스'가 되고 포도주가 '쓴 포도주'가 될 때의 상황이다. 그래서 '지각하는'이란 성질을 지니게 되는 소크라테스와, '쓴'이란 성질을 지니게 되는 포도주가 자체적으로 홀로 그런 성질을 지닐 수 있는 것이 아님을 밝히는 것으로 보인다. 그렇다면 이 문장의 논점은, 주관이든 대상이든 어떤 성질을 지니게 될 때는 그 자체적으로 지니는 것이 아니라 상대적으로 성질을 지니게 된다는 것이다. 즉 소크라테스는 "그 자체가 그것 자체로 하나인 건 아무것도 없다"는 헤라클레이토스적 견해를 인간척도설의 주-객 상대성에 적용하고 있다. 콘포드와 맥도웰이 이런 이해를 지지한다.

276 지각하는 자와 지각되는 것을 묶어 '우리'로 표현하고 있다.

277 여기서 확립되는 건 주관과 대상이 인식론적 차원에서 상관적인 것을 넘어 존재론적으로도 상관적이라는 것이다.

278 이때의 필연은 160a9~b3행에서 제시된 필연을 기초로 한 것이다.

279 있음(ousia) : 이전의 주석 218 참고. 이 대목의 'ousia'를 어떻게 이해

할 것인가는 쉽지 않은 문제이다. '생성'을 뜻하는 'genesis'와 대비된다고 보는 것도 이상하고, '술어적 속성'을 뜻하는 'pathos'와 대비된다고 보는 것도 이상하며, '우유성'을 뜻하는 'symbēbekos'에 대비된다고 보는 것도 맥락에 맞지 않는다. 헤라클레이토스적 지각설을 염두에 두면 'dynamis'(잠재성)에 대비되는 '현실화된 있음'을 뜻하는 것으로 보는 것이 자연스러워 보인다. 지각자와 지각 대상은 그 둘이 필연에 의해 묶여 만나기 전까지는 아직 현실적으로 있는 것이 아니라는 의미를 함축하는 것 같다. 이런 이해 방식에 대해서는 아래의 주석 281 또한 참고.

280 주관끼리, 또는 대상끼리 묶이게 하지는 않는다는 뜻이다.

281 나의 지각은 언제나 나의 있음에 속하니까. : 원문의 풀이표를 빼고 옮겼다. 이 문장에 대한 번역은 여러 가지로 갈린다. 'tēs emēs ousias'(나의 있음)를 '서술적 속격'(predicate genitive)으로 보는 데는 이견이 없으나(이는 '관형적 속격'(attributive genitive)이 아니라는 말이다.), 구체적으로 ①대격적 속격(objective genitive)으로 볼지(Cornford, Levett, McDowell, Narcy), ②부분 속격(partitive genitive)으로 볼지(Fowler, Bostock, Chappell), ③소유격적 속격(possessive genitive)으로 볼지(Sachs) 의견이 갈린다. 이런 문법 사항에 대해서는 Goodwin(1892), *A Greek Grammer*, 1094 항목 참고. 옮긴이는 ③으로 이해하고 옮겼다. 그런데 이런 문법적 이해의 차이는 내용 이해에 큰 차이를 가져온다. ①의 노선은 지각의 대상이 실재(reality)이기 때문에 지각이 참이라고 보는 관점이다. 이 노선에 따르면 나의 지각이 왜 참인지가 잘 설명이 된다. 그러나 '나의 있음'을 나(지각자)의 대상으로 보기에는 어려움이 있는 것 같다. 이에 대해 콘포드는 뒤에 160c9행에서 나오는 'tōn ontōn emoi'와 'tēs emēs ousias'를 동일한 것으로 보는 설명을 제시한다. Cornford(1935), 57쪽, 각주 3 참고. 대상으로서의 존재가 지각자인 나에 의존적이라는 것을 'tēs emēs ousias'라고 표현한 것으로 보는 셈이다. 콘포드는 이를 '지각이 대상에 대한 실재성(the

real)을 가진다는 점에서 참이라는 주장'을 하고 있는 것으로 해석하고 있다. 그러나 보스톡이 지적하고 있듯이(실상 그의 비판은 주로 맥도웰(McDowell)을 겨냥하고 있지만)(Bostock(1988), 77~80쪽), 그런 해석은 'tēs emēs ousias'를 'tēs emmoi ousias'로 간주하는 것인데, 이는 이상한 그리스어 독법으로 보인다. ②의 해석은 나의 지각 자체가 나의 있음의 일부라고 보는 것이지만, 이런 해석이 정확히 무엇을 뜻하는가는 애매할 수가 있다. ②의 노선에서 한 가지 그럴 듯한 그림을 제시한 이가 보스톡이다. 보스톡은 후자의 해석이 '다발 이론'(theory of bundle)을 겨냥하고 있다고 주장한다. 그렇지만 지금의 논의 맥락이 굳이 그런 측면을 부각시켜 봐야 할 대목인지에 대해서는 좀 더 면밀한 텍스트 독해가 요구된다. 더구나 ②의 노선에 설 때 '나의 지각이 나의 있음의 일부이기 때문에 나의 지각이 참이다'는 논리가 어떻게 성립되는가는 이해하기가 쉽지 않다. 일찍이 캠벨이 적절하게 지적하고 있듯이(Campbell(1861)), 'tēs emēs ousias'라는 표현은 160b6~7의 '우리의 있음'(hēmōn tēn ousian)이라는 표현을 곧바로 연상케 한다. 그렇다면 주석 279에서 밝혔듯이, 160b6~7의 'ousia'는 'dynamis'(가능성)와 대비하여 이해하는 것이 좋을 듯하다. 애초에 능동적인 것과 수동적인 것은 'dynamis'일 뿐 그 둘이 만나기 전에는 현실적으로 존재하는 것이 아니다. 160b의 언급은 그 둘이 묶였을 때 그 둘의 'ousia'가 성립된다고 하고 있다. 즉 능동적 지각 대상도 수동적 지각 능력도 지각 상황에서 만나 그 둘이 상관적으로 묶일 때, 즉 현실화될 때 있게 된다. 이때의 주관이 지각하는 자가 되고 대상이 이를테면 '흰 것'이 되는 것은 그 둘이 만나 현실화된 있음이 될 때이다. 그리고 이때의 '있음'은 160b6~7의 맥락에서 제시되었듯이, 필연에 의해 묶여 있다. 즉 특정한 지각 성질은 특정한 지각 상황(에피소드)에서 특정한 주관과 특정한 대상의 필연적 묶임에 의해 성립되기 때문에 다른 주관이나 다른 대상과는 전적으로 독립적으로 성립된다. 그러므로 지금의 '있음'은 특정 대상과의 필연적인 결속에 의해 현실화된 상태를 가리키며, 그때 성립되는 지각은 다른 지각 상황에 독립적이기에 다른 지각자는 이런 지각에 대해 시비를 걸 수 없다. 바로 그런 점에서 '나의 있음'에 속한다는 것을 근거로 참을 이야기할 수 있다는 것이다. 정리하자면, 이 대목은 헤라클레이토스적 지각설이 어떤 점에서 지각의 '참'을 뒷받침하는가를 설명하는 대목이다. 우리의 해석에 따르면, 헤라클레이토스적 지각설은 개별적인 지각 상황마다 성립되는 주관과 대상의 필연적 결속에 의해, 그리고 그때의 주관과 대상이 지각 상황마다 해체된다는 것에 의해 지각의 '참'을 설명한다. 우리는 텍스트에서 나중에 이 같은 설명 논리를 비판적으로 검토하는 대목을 만나게 된다. 거기서는 각각의 지각 상황마다 성립되는 주관과 대상의 필연적 결속을 두 가지 차원에서 설명한다. 하나는 논박 불가능성(irrefutability)의 차원이다. 지각 상황마다 해체되는 마당에 다른 지각 상황에 대해 시비(是非)를 제기한다는 것이 불가능하고, 그런 점에서 논박불가능하다는 것이다. 이와 관련해서는 주석 543 참고. 다른 하나는 주관과 대상의 필연적 결속이 함의하는 것을 인식론적 명증성 차원에서 제시한다. 이와 관련해서는 주석 544 참고. 물론 소크라테스는 나중의 논의에서 이런 논리를 모두 비판한다.

282 **나에게 있지 않은 것들에 대해 있지 않다고 하는** : 여기서 '있지 않은 것들'로 옮긴 'ta mē onta'를 어떻게 이해할지는 아주 어려운 문제이다. 왜냐하면 167a에서는 'ta mē onta'가 판단의 대상이 될 수 없다는 언급이 등장하기 때문이다. 160c의 'ta mē onta'를 '전적으로 있지 않은 것들'(non-existents)로 해석하게 되면 지금 제시되는 'ta mē onta'에 대한 판단(판정)이 어떻게 가능하다는 것인지 납득되지 않을 수 있기 때문이다. 이와 관련된 해석 문제에 관해서는 주석 372 참고.

283 **판정관(kritēs)** : 'kritēs'는 드물게 법정의 재판관, 즉 'dikastēs'와 같은 의미로 사용될 수도 있지만, 보통은 비극과 같은 경연의 심판을 뜻한다. 여기서는 원래의 인간척도설의 척도(metron)에 대응되는 낱말이라고 할 수 있다. 'krisis'(판정), 'kritēs', 그리고 178b6의 'kritērion'(판

정기준)은 모두 동근어이다.

284 애초에 152a2~4에서 제시된 인간척도설에는 '나에게'(emoi)라는 상대화하는 한정어가 없이 소개되었다. 그런데 이제 플라톤은 인간척도설의 기본적인 성격이 상대주의의 성격임을 이 대목에서 분명히 하고 있다.

285 **틀리지 않고**(apseudēs) : 152c와 관련된 주석 159 참고.

286 **지각자**(aisthētēs) : 『테아이테토스』에서만 등장하는 낱말. 'aisthēsis'(지각)에 사람을 뜻하는 어미 'tēs'가 합성된 낱말이다.

287 **세 학설이 동일한 것으로 맞아떨어지게 된 것이네**(eis tauton sympeptōken) : 세 가지 학설이 일치되어 하나로 수렴된다는 뜻이다. 그러나 세 학설의 논리적 관계에 대해서는 정설이 없을 정도로 논란이 많다.

288 이런 대목을 보면 헤라클레이토스적 견해와 프로타고라스적 견해가 적어도 테아이테토스의 정의에 대한 근거 역할을 한다는 것을 알 수 있다.

289 원문에는 없는 표현이지만 우리말 문답의 방식에 맞게 삽입했다.

290 **화덕 돌기 의식**(Amphidromia) : 이 의식(儀式)은 새로 태어난 아이를 가족의 일원으로 받아들이는 아테네의 출생 의식이다. 『수다(*Souda*)』에 따르면 이 제의는 생후 닷새째 되는 날에 열렸다. 제의는 저녁에 거행되었으며, 부모의 친지들이 오징어나 조개류와 같은 선물을 들고 와 참석했다. 아들이 태어나면 집 밖을 올리브 가지로 꾸미고 딸이 태어나면 양털 화관으로 꾸몄다고 한다. 보모가 아이를 들고 화덕 주위를 도는 것이 이 의식의 핵심이었으며 그때 아이의 이름도 붙였다고 한다. 'Amphidromia'는 화덕 주위(amphi)를 돈다(dromos)는 뜻에서 형성된 말임에 틀림이 없다. 여기서 화덕, 즉 'hestia'는 화덕의 신인 헤스티아(Hestia)를 가리킨다. 'Hestia' 여신은 올림포스(Olympos) 종교의 12신에 포함되는 경우도 있지만(올림포스 12신이 누구누구인지는 경우에 따라 다르다.), 원래는 가족 종교의 신이다. 따라서 화덕 돌기 의식은 조상신에게 아이의 건강을 기원하고 아이를 가족의 일원으로 받아들

이는 가족 종교의 전통에서 이루어진 의식이라고 할 수 있다.
291 테아이테토스의 아이는 논의에 의해 태어난 것이므로 이런 언급을 하는 것이겠다.
292 이 역시 논의의 화덕 돌기 의식을 염두에 두고 하는 말이다. 그리고 이것이야말로 산파로서 소크라테스가 할 역할이다. 150a~c 참고.
293 화덕 돌기 의식에서 아이가 키우기에 부적절할 경우에는 내다 버리는 경우가 있었음이 전제되어 있다.
294 테아이테토스의 아이, 즉 테아이테토스의 정의.
295 OCT 신판은, OCT 구판에서 버넷(Burnet)이 수정 제안한 대로 'hē(i)'로 읽고 있다. 테아이테토스의 아이가 논박당하는 것을 감당할 수 있느냐고 소크라테스가 묻는 것을 보고, 테오도로스는 뭔가 문제가 있다고 느끼고 질문하는 대목이 되겠다.
296 지혜로운 자의 논변에 해당되는 것.
297 **동료**(hetairos) : 테오도로스는 한때 프로타고라스의 제자였던 것으로 알려져 있다. 여기서 사용된 'hetairos'는, 뜻을 함께 하는 사람들의 관계를 지칭한다. 스승과 제자 사이도 이 낱말로 표현되곤 했다. 따라서 여기서 '동료'란 실상 '스승'을 함축한다. 테오도로스가 프로타고라스와 친한 관계였다는 것은 자주 강조된다. 161b8, 162a4, 168c3, 168e7, 171c8 참고.
298 '돼지'는 무지 내지 어리석음의 상징이다. 『라케스』 196d 참고.
299 이 문맥에서는 'aisthēsis'에 대한 번역어로 '지각'보다 '감각'이 적절하지만, 핵심 번역어의 통일성을 위해 '지각'으로 옮긴다.
300 **슬기**(phronēsis) : 'phronēsis'는 우리말로 옮기기가 아주 어려운 낱말이다. 'phronēsis'는 광기의 상태처럼 정신(phrēn)이 제 기능을 못하는 것과 대비될 때는 '분별' 내지 '사려분별'의 의미를 뜻하기도 하지만, 영어로는 보통 'practical wisdom'으로 옮기는 낱말이다. 플라톤 철학에서 'phronēsis'는 보통 'sophia'와 서로 교체되어 사용되곤 한다. 그런데 두 낱말의 뉘앙스를 아리스토텔레스를 통해 접근하는 것

이 일차적으로 도움이 될 듯하다. 아리스토텔레스는 『니코마코스 윤리학』에서 'sophia'는 원리를 파악하는 '이론적 지혜'의 의미로 사용하고, 'phronēsis'는 '실천적 지혜'의 의미로 구별해서 사용한다. 여기서 세부적인 근거까지 제시하기는 어렵지만, 플라톤의 경우에도 'phronēsis'는 대개 실천적 맥락에서 사용되는 것으로 보인다. 반면에 전통적인 의미의 'sophia'는 원래 이론과 실천 맥락을 가리지 않고 두루 사용되지만, 플라톤 텍스트에서는 주로 이론적인 앎을 가리킬 때 자주 사용되는 경향이 있다. 그럼에도 플라톤은 'sophia'와 'phronēsis'를 아주 자주 교체해서 표현하기도 한다. 이런 용어 사용 방식을 어떻게 이해해야 할까? 플라톤이 두 낱말을 교체해서 사용하는 것은 이론적 영역과 실천적 영역을 구별하지 못해서가 아니라, 아마도 이론 영역의 지혜나 실천 영역의 지혜나 근원적으로는 하나의 지혜라고 보기 때문인 것 같다. 한편 또 다른 중요한 측면은, 플라톤의 경우나 아리스토텔레스의 경우나, 우리 현대인이 도덕적이라고 부를 만한 뉘앙스를 가지는 것으로 'phronēsis'를 사용한다는 점이다. 그래서 'phronēsis'를 지닌 자, 즉 'phronimos'는 언제나 도덕이 내면화된 자이다. 따라서 'phronēsis'가 가리키는 실천적 지혜는 이익과 처세에 밝은 비도덕적 명민함(deinotēs)이나 도구적 계산에만 밝은 것을 가리키지 않고, 언제나 도덕적 차원의 지혜를 가리킨다. 그래서 이 번역본에서는 '슬기'로 옮기기로 한다. 우리말 '슬기'는 실천에 밝으면서도 도덕적 함축까지 지니는 것 같기 때문이다. 우리는 비도덕적이면서 계산에만 밝은 경우를 슬기롭다고 형용하지는 않으니까 말이다.

301 인간척도설이 함축하는 바를 가지고 비아냥거리고 있다.

302 지각의 차원에서 판단(doxa) 차원으로 논의를 확장하고 있음을 알 수 있는 대목.

303 느낌(pathos) : 'pathos'는 동사 'paschein'의 명사이다. 'paschein'은 앞에서 '겪다' 내지 '작용을 받다'로 옮겼던 말이다. 이런 점에서 'pathos'는 '겪음' 내지 '수동성'을 뜻한다. 이런 'pathos'는, '만듦' 내지 '함' 또

는 '능동성'을 뜻하는 'poiēsis'와 대비된다. 'pathos'의 수동성이 심리적 차원이나 지각 차원에서 성립될 때 '느낌'으로 옮길 수도 있다.

304 판단(doxa) : 'doxa'가 명사 형태로 처음 등장하는 대목이다. 이에 대한 번역 문제와 관련해서는 이후의 주석 641 참고.

305 프로타고라스가 돈을 받고 가르쳤다는 사실에 대해서는 『히피아스 I』 282d, 『프로타고라스』 328b~c 참고.

306 대중에 영합해서(dēmoumenon) : 프로타고라스를 이렇게 묘사하는 것은 당대 아테네가 민주정 체제였다는 것을 염두에 둘 때만 납득이 된다. 대중을 설득하는 것이 힘을 발휘하는 체제일 때만 대중에 영합하는 활동이 부각되었을 것이기 때문이다. 인간척도설을 민주주의와 연관될 수 있게 각색하는 버전은 172a~b에서 제시된다. 『고르기아스』에서 소크라테스는, 연설술(rhētorikē)이 대중연설(dēmēgoria)로 펼쳐질 때 대중에게 영합하는 아첨(kolakeia) 내지 아첨술(kolakeutikē)로 드러나게 된다고 비판한다. 'dēmēgorein'(대중연설을 하는 것)은 부정적 의미로 사용되기도 하지만(이를테면 『고르기아스』 482c, 곧이어 등장하는 『테아이테토스』 162d), 중립적으로 사용될 때도 있다. 반면에 'dēmoumenon'(부정사 표현은 'dēmoesthai')은 오로지 부정적 맥락에서만 사용된다.

307 나 자신의 경우뿐 아니라 내 기술인 산파술의 경우와 관련해서 말하자면 우리가 얼마나 비웃음을 사게 될지에 대해서는 … 난 일체의 대화 활동도 사정이 마찬가지라고 생각합니다. : 프로타고라스의 인간척도설이 맞다면, 산파술도 일체의 대화 활동도 비웃음의 대상이 된다는 이야기이다. 우선 산파술이 비판의 대상이 되는 이유는 이렇다. 150a~c에서 언급되었듯이 대화 상대자의 판단이 참인가 거짓인가를 분간하는 것이 정신적 산파의 핵심적인 일인데, 인간척도설에 의하면 거짓인 판단은 가능하지 않기에 산파술은 유의미하게 성립될 수 없다. 참과 거짓을 구별하는 행위 자체가 터무니없는 일이 되어 버리고 말기 때문이다. 그러나 대화의 경우는 어떠한가? 이 문장의 표현은 인간척도설

이 맞는다면 유의미한 대화 또한 불가능하다는 것을 시사한다. 왜 그렇게 보아야 하는지는 논란의 여지가 많다. 텍스트에서 드라마적으로 각색된 시사점을 얻을 수 있는 대목이 있는데 바로 171d의 대목이다. 그 문맥에서는 프로타고라스가 논박당한 뒤 무덤에서 머리를 치켜들고 자기 이야기만 하고 다시 땅 밑으로 쏙 들어가는 상황이 각색되고 있다. 모르긴 몰라도 이것은 인간척도설을 옹호하는 한, 실질적인 대화가 불가능하다는 것을 드라마적으로 각색한 것 같다. 다른 한편 플라톤은 『파르메니데스』 135b~c에서는 형상(eidos)이 없으면 '대화의 힘'(hē tou dialegesthai dynamis)을 전적으로 파괴하게 될 것이라고 말하기도 한다. 이는 플라톤이 '대화' 자체의 가능성의 조건을 인식론적으로나 형이상학적으로나 의식적으로 탐문했음을 시사한다.

308 이런 표현은 진리에 대한 인간척도설의 견해가 참인가를 다룬다는 점에서 메타(meta)적 논의이다.

309 **성역**(adyton) : 들어가면 안 되는 성스런 금역(禁域)이란 뜻이다. 152c와 156a에서 제시된 종교적 유비가 계속되고 있는 대목이다.

310 161b9에서 프로타고라스를 테오도로스의 동료(hetairos)라고 표현한 소크라테스의 언급을 가리킨다.

311 아래에서 제시될 레슬링의 비유를 시작하는 대목이다. 즉 상대를 붙잡는 것을 가리킨다.

312 **라케다이몬**(Lakedaimōn) : 스파르타를 가리킨다. 아테네가 아티케 지방의 중심지이듯, 라코니케(Lakōnikē) 지방의 중심지는 'Lakedaimōn'이었다.

313 극중의 대화가 귐나시온에서 진행되고 있음을 상기하면 이런 비유는 자연스럽다고 하겠다.

314 고대 그리스에서 레슬링은 발가벗고 행해졌다. 『국가』 452a~b 참고. 일종의 체력 단련장인 'gymnasion'이란 말도 발가벗고(gymnos) 단련하는 곳이라는 의미를 가지고 있다. 그리고 나중에 169a~b에서 테오도로스가 하는 언급을 보면 라케다이몬 사람들은 레슬링장에 들어

온 구경꾼들에게 발가벗고 함께 동참하든가 아니면 떠나도록 강요했음을 알 수 있다. 지금 소크라테스의 질문은 이 같은 측면을 배경으로 한 것이라고 할 수 있다.

315 '당신에게 좋으면 내게도 싫지 않다.'는 속담의 출처는 전해지지 않는다.

316 왜 테아이테토스에 대해 '지혜롭다'는 형용을 했을까? 프로타고라스의 인간척도설에 따를 때 귀결되는 바를 염두에 두고 이렇게 형용했을 것이다. 누구나 척도가 될 테니까.

317 161c~162a에서 이루어진 프로타고라스에 대한 비판.

318 **프로타고라스적 척도**(Prōtagoreion metron) : 'Prōtagorou metron'(프로타고라스의 척도)으로 표현하지 않고 'Prōtagoreion'이란 형용을 한 것은, 지금 논의되는 '척도'를 프로타고라스가 직접 내세운 견해에 한정하지 않고 그보다 더 넓은 맥락에서 다룬다는 인상을 준다. '프로타고라스적'이란 표현이 우리말로 모호하고 어색한 표현임을 모르는 바는 아니나 별다른 대안이 없어 어쩔 수 없이 '的'이라는 표현을 사용한다.

319 "신들에 관해서 그들이 있는지도 있지 않은지도 어떤 형태를 가지는지도 난 알 수가 없다."(DK80B4)라는 프로타고라스의 단편이 전해지는데, 지금의 언급은 이 같은 프로타고라스의 견해를 고려한 것이다. 플라톤의 『법률』 716c4~5에서는 인간척도설에 반대하는 플라톤의 시각을 드러낸 다음과 같은 표현이 등장한다. "신이 만물의 척도이다."

320 **대중연설**(dēmēgoria) : 주석 306 참고. 곧이어 프로타고라스를 대변한 논변은 프로타고라스에 대한 비판을 대중연설로 간주한다. "당신들은 모여 앉아 대중연설이나 하고 있구려." 그런데 『프로타고라스』 336b에서는 '모여서 서로 대화하는 것'(to syneinai allēlois dialegomenous)과 '대중연설을 하는 것'(to dēmēgorein)이 다른 것이라고 대조하고 있다. 전자는 짧은 문답으로 이루어지는 대화라면 대중연설은 '긴 연설'(makrologia)의 형태로 제시되기 마련이다. 그런데 지금 『테아이테토스』에서 '대중연설'을 부정적으로 언급하는 이유가, 그것이 길다는

데 있는 것 같지는 않다. 나중에 프로타고라스를 대변한 논변에서는 (166a~168c) 길게 이야기하고 있기도 하기 때문이다.(『프로타고라스』 329b를 보면 프로타고라스는 '긴 연설'뿐만 아니라 짧게 논의하는 데도 능숙했다.) 여기서 소크라테스가 대중연설에 너무 민감할 필요가 없다는 논조의 이야기를 하는 것, 그리고 곧이어 프로타고라스(를 대변한 논변)가 상대에게 대중연설을 하고 있다고 비판하는 것은 이야기의 길고 짧음에 관계되는 것이 아니라, 적절한 엄밀성을 갖추지 못한 논의를 비판적으로 이야기하는 것으로 보인다.

321 소크라테스가 펼친 예비적인 비판. 소크라테스는 예비적 비판을 대중연설 정도로 간주해 놓고 진행하고 있다.

322 '어린이들'은 테아이테토스 및 동명이인인 젊은 소크라테스를, '노인들'은 소크라테스와 테오도로스를 가리킨다.

323 앞의 주석 319 참고.

324 **논증**(apodeixis) : '보여 주다'를 뜻하는 'apodeiknynai'에서 온 명사. 중립적으로는 '증명' 정도로 옮길 수도 있지만, 곧이어 필연성(anankē)이란 낱말이 등장하는 것을 보면 논리적 증명인 논증을 가리키는 것으로 보인다. 『파이돈』 73a와 92d에서도 'apodeixis'가 거론되는데, 그때도 논증을 가리키는 방식으로 사용된 것으로 볼 수 있다. 나중에 아리스토텔레스는 『분석론 후서』 71b17에서 'apodeixis'를 연역 논증을 가리켜 설명하며, 81a40에서는 귀납 논증에 해당하는 'epagōgē'와 대비하고 있다.

325 그럴듯함(to eikos)과 필연성(anankē)을 대비하는 것은 플라톤 텍스트에서 종종 볼 수 있다. 『향연』 200a, 앞의 주석 324에서 언급한 『파이돈』 92d 참고.

326 여기서부터(163a) 168c까지 소크라테스는 프로타고라스를 대변하는 논변을 펼친다.

327 **부추긴**(ekinēsamen) : 'ekinēsamen'은 'kinein'(움직이다, 움직이게 하다)의 부정 시제(aorist)로 지금은 타동사로 사용되었다. 여기서 '많고도

기이한 것들'이란 헤라클레이토스적 지각설에서 제시된 설명들을 가리킨다. 플라톤은 그런 지각이론이 움직임의 학설임을 염두에 두고 'kinein'이라는 표현을 의도적으로 사용하고 있다. 직역하면 '움직이게 하다' 내지 '충동(衝動)하다'로 옮길 수도 있다.

328 고대 그리스어는 강세 악센트(stress accent)가 아니라 피치 악센트(pitch accent)를 취했기 때문에 '높낮이'로 표현되고 있다.

329 글 선생들(grammatistai) : 글자를 읽고 쓰는 것을 가리키는 교사들.

330 테아이테토스가 무슨 뜻의 질문인지 의아한 표정을 짓는 것을 보고 하는 말이리라.

331 151e에서 제시된 앎은 지각이라는 주장. 그리고 지금의 논의 맥락과 직접 연관되는 대목은 163a이다.

332 봄과 지각을 동일시하는 것은 오류이다. 부분과 전체를 동일시하는 것이기 때문이다. 이 둘을 구별하는 것이 1부 말미에서 문젯거리로 등장하며, 거기서는 지각을 일종의 종(種 : eidos)으로 간주하고 그것에 귀속되는 부분들로서의 지각 항목들과 구별하고 있다. 그리고 종과 그것의 부분들의 관계에 대한 문제가 다시 3부에서 다루어진다.

333 163d6~7.

334 울어 젖히는 건 물론 승리의 찬가를 부르는 것을 상징한다.

335 **반박을 일삼는 방식으로**(antilogikōs) : 이 낱말은 동사 'antilegein'(반박(反駁)하다)에서 형성된 부사이다. 여기서 'antilogikē'(반박술)라는 말도 형성이 되었는데, 어원을 통해 짐작할 수 있듯이, '반박술'이란 상대의 진술이나 입장에 대립되는(anti) 반박을 제기하는 논법이다. 따라서 상대의 진술에 대한 반대 내지 모순되는 주장이나 논변을 제시하는 것이 이 논법의 핵심이다. 그리고 반박술은 상대의 견해를 무너뜨린다는 점에서 파괴적인 성격을 가진다. 물론 소크라테스 내지 플라톤의 'elenchos', 즉 논박(論駁) 내지 검토도 반박술과 비슷하게 사용되는 경우가 있지만, 소크라테스적 논박술의 경우는 반박술처럼 상대를 무너뜨리기 위해 논리적 반대나 모순에 빠뜨리는 것만을 유일한 목적으

로 삼는 건 아니다. 'elenchos'로서의 논박술은 상대의 견해(들)가 참일 수 있는 여지를 열어 놓고 진행되는 검토로서의 탐구 방법이기 때문이다. 즉 'elenchos'의 궁극적 목적은 상대를 무너뜨리는 데 있는 것이 아니다. (여기서 '논박'과 '반박'이 우리말로는 별 차이 없이 들릴 수 있어서 번역상의 한계가 있긴 하다. 그렇지만 'antilegein'의 'anti'를 살리는 번역으로 가려면 '반박(反駁)'으로 옮기는 것이 무난할 듯하다.) 그리고 소크라테스적 논박술은 좀 더 거시적인 방법인 'dialektikē'(문답법 내지 변증술)의 차원에서 진행된다는 것을 염두에 둘 필요도 있다. 물론 반박술이 선용될 수도 있겠으나, 그럴 경우에도 반박술이 변증술(dialektikē)과 같은 의미와 지위를 얻을 수는 없다. 변증술은 잘못된 의견을 제거하는 파괴적 측면만으로 성립되지 않고 진리로 향한 구성적인 방법이기도 하기 때문이다. 그런데 플라톤 텍스트에는 『파이돈』 90b~c처럼 반박술을 부정적으로 묘사하는 대목도 있고(거기서 직접적으로는 '반박적 논변들'(hoi antilogikoi logoi)이 거론된다.), 반박술의 선용과 악용 가능성을 열어 놓는 텍스트도 있다. 『파이드로스』 261c~e에서는 반박술이 모든 것을 닮아 보이게 은폐할 수도 있지만, 그런 은폐를 폭로하는 데도 사용될 수 있다고 언급되고 있다. 그렇지만 플라톤 텍스트에서 반박술은 주로 논쟁의 승리를 위한 말다툼, 즉 쟁론술(eristikē)의 맥락에서 자주 등장한다. (『소피스트』 225b~c에서는 반박술의 하위 범주로 쟁론술을 놓고 있다. 이에 대해서는 아래의 주석 338 참고.) 그런데 지금 'antilogikōs'라는 말이 사용되는 이유는 이렇다. 우선 163a~164b에서 '앎과 지각이 동일한 것이라고 말한다면 불가능한 어떤 것이 뒤따를 것'이라고 할 때, 상대의 견해를 모순에 빠뜨리는 방식으로 반박하기 때문이다. 즉 상대의 견해를 F이면서 non-F를 주장하는 것으로 만들어 모순에 빠뜨리는 논법을 취하고 있다. 둘째로는, 그런 식의 비판이 실질적인 비판이 못 되고 말만 가지고 늘어지는 반박이라고 보고 소크라테스는 이 표현을 사용한다. 이런 점에서 현재의 'antilogikōs'는 부정적 뉘앙스로, 즉 쟁론술적 차원에서 사용되고 있다. 『테아이테토스』의 바로 앞 대목에서 '나쁜 품종의 싸움닭'이 거론되는 것을 보면 지금의 '반박술'은 '쟁론술'의 맥락에서 거론되고 있음을 확인할 수 있다. 어쨌든 여기서는 프로타고라스를 변호하면서 프로타고라스에 대해 이루어진 비판 논변을 반박술 차원의 것에 지나지 않는다고 재비판하고 있는 셈이다. 그런데 소크라테스가 이렇게 프로타고라스 쪽에 서서 프로타고라스에 대한 비판을 반박술 차원에 지나지 않는다고 재비판하는 데는 역설적인 측면이 있다. 프로타고라스가 반박술을 사용했다고 볼 수 있는 전거도 있기 때문이다. (앞의 주석 200도 참고.) 『소피스트』 232d~e에서는 반박의 기술을 가르쳐주는 책으로 프로타고라스가 쓴 저술들이 언급된다. (디오게네스 라에르티오스(『유명한 철학자들의 생애와 사상』 IX.8.55)에 따르면 프로타고라스는 『보수 청구의 소송, 반박 논증들(Dikē hyper misthou, Antilogiōn a' b')』이라는 책을 썼다고 한다.) 그러나 상반되는 전거도 있기 때문에 실제로 프로타고라스와 반박술의 관계가 어떠했는가는 심각한 논란의 대상이 된다. 『에우튀데모스』 (285d~286b)에서는 '반박 불가능성'(ouk estin antilogein) 논변이 제시되는데, 그 논변이 끝나자마자(286b~c) 프로타고라스를 비롯한 사람들이 그 논변을 '꽤 많이'(sphodra) 사용했다고 언급된다. 『에우튀데모스』에 따르면 프로타고라스는 오히려 반박 불가능성을 옹호한 것으로 보이기 때문에 이는 『소피스트』에서 프로타고라스가 반박술을 활용했다는 전언과 상충되는 것처럼 보인다. 문제는 플라톤 자신이 프로타고라스와 반박술의 관계를 어떻게 보았느냐는 것인데, 『테아이테토스』 안에서도 이를 확정적으로 판정하기는 어렵다. 지금의 맥락에서는 소크라테스가 프로타고라스 쪽에 서서 반박술을 부정적으로 보고 있는 것으로 그리고 있고, 나중에 소크라테스는 인간척도설이 함축하는 헤라클레이토스적 학설을 반박이 불가능한 형태의 학설로 그리고 있기도 하다. 하지만 170e~171c에서는 프로타고라스에 대한 자기논박 논변을 펼치는데, 그 대목은 프로타고라스의 입장을 반박 가능성을 허용하는 형태로 묘사하고 있다. 이런 양 측면을 고려할 때, 만일 역사적인 프로타고라스와 반박술의 관계가 명확했다면, 플라톤이 이렇게 상반되는 두 가지 맥락을 설정하기는 어려웠을 것 같다. 그런 점에서 플라톤은 프로타고라스의 불확정적인 면모를, 비판하는 맥락에 따라 달리 그리고 있다고 보는 것이 합리적인 이해방식이 될 것 같다. 인간 척도설과 반박 불가능성이 연관되는가 하는 어려운 문제와 관련해서는 주석 419 참고. 한편 197a에서는 '반박에 능한 자'(antilogikos)를 부정적으로 표현하는 대목이 등장하기도 한다.

336 이름들(onomata) : 그리스어 'onoma'(단수 형태임.)는 명사뿐만 아니라 형용사도 가리킬 수 있다.

337 압도했다고 : '압도하다'(prevail)는 'perigignesthai'를 옮긴 것인데, 이 말이 속격(genetive)을 지배하면서 'prevail'의 의미로 사용될 경우는 사물이 아니라 사람을 취한다. 문장은 'tou logou'(그 학설)를 속격으로 제시하고 있다. 따라서 여기서 '그 학설'은 경쟁 상대로 의인화되었다고 볼 수 있다.

338 경합을 벌이는 자(agōnistai) : 단수는 'agōnistēs'. 이 낱말은 '경쟁' 내지 '경합'을 뜻하는 'agōn'에서 온 낱말이다. 고대 그리스가 경쟁 문화가 지배한 사회였음은 잘 알려져 있다. 'agōn'은 문화적 맥락뿐만 아니라 정치적 맥락에서도 자주 사용되는 용어이다. 지금 『테아이테토스』의 'agōnistēs'는 말의 경합이 이루어지는 경우이기 때문에 실질적으로는 '논쟁가'로 옮길 수도 있지만, 『소피스트』의 세부적인 분류를 고려해 '경합을 벌이는 자'로 옮긴다. 『소피스트』 224e~226a에서는 '소피스트'를 정의하려는 가운데 다음과 같은 나눔(dihairesis)을 시도한다. 이는 소피스트에 대한 다섯 번째 나눔으로, 거기서 한쪽 분류만을 모으면 다음과 같다. 획득술(ktētikē) → 경합술(agōnistikē) → 싸움술(machētikē) → 논쟁술(amphistikē) → 반박술(antilogikē) → 쟁론술(eristikē) → 돈벌이를 하는 족속(to chrēmastikon genos). 『테아이테토스』에서 좀 전에 언급된 '반박술'이 '경합술'의 하위 부류로 나뉘어 있음을 알 수 있다. 지금의 맥락은 승리를 위해 논쟁을 벌이는 경우이기

때문에 실질적으로는 쟁론술의 경우로 볼 수 있다. 『소피스트』 225b에서는 위의 나눔 중 논쟁술(amphistikē)을 나눌 때, 공적 영역에서 길게 말하는 경우와 사적 영역에서 짧게 문답을 나누는 경우로 구별하는데, 후자는 바로 '반박술'로, 전자는 '법정 변론술'(dikanikē)로 나눈다. 『테아이테토스』 172e에 등장하는 '경합'(agōn)은 법정에서 이루어지는 법정 변론을 가리키며(『파이드로스』 269d에서도 그런 용례를 만날 수 있다.), 201a에서는 법정 변론가(dikanikos)가 거론되기도 한다.

339 **무시무시한 족속들**(hoi deinoi) : 단수로는 'deinos'. LSJ는 이 대목의 'deinos'가 'sophos'(지혜로운 자)에 대비되어 'of practical ability'를 뜻한다고 본다. 그런 점에서 다른 맥락에서 'deinos'를 옮길 때처럼 '능수능란한 족속들'로 옮길 수도 있겠다. 다만 이 대목에서는 능수능란함이 지나쳐 무섭게 보인다는 뉘앙스를 포함하고 있다고 보았기에 '무시무시한 족속들'로 옮겼다. 물론 이들은 '소피스트'를 가리킨다. 스스로 소피스트임을 공언한 프로타고라스를 향해 변호하면서 소피스트처럼 프로타고라스를 비판하면 안 된다고 하는 건 어떤 점에서 아이러니컬하다. 한 측면에서 보면 철학자의 진지함을 보인다고 볼 수도 있겠고, 다른 측면에서 보자면 소피스트의 한계를 이중으로 폭로하는 장치라고 볼 수도 있겠다. 'deinos'와 관련해서는 주석 198 참고.

340 무시무시한 족속들이 하는 짓, 즉 그들의 논변.

341 이 논증은 바로 앞인 163d~164b 부분을 가리킨다. 여기서 논증으로 옮긴 'apodeiknynai'는 'apodeixis'의 동사 형태이다. 주석 324 참고.

342 **프로타고라스식의 이야기**(mythos Prōtagoreios) : 다시 'logos'(학설) 대신 'mythos'라는 낱말이 사용되고 있다. 여기서 'mythos'가 다시 사용된 것은, 156c에서처럼, 프로타고라스에게 귀속시킨 헤라클레이토스적 지각설이 각색된 견해임을 시사한다고 볼 수 있다.

343 **이야기가 무너져 버렸고**(mythos apoleto) : 그리스의 속담. 『필레보스』 14a와 『법률』 645b(그 대목에서는 부정어와 함께 등장함.)에도 등장한다.

344 프로타고라스를 가리킨다. 이야기를 두고 표현할 때, 그 이야기를 지은 자의 자식에 빗대고 있다.

345 대화의 시점이 프로타고라스가 죽고 난 다음이기에 프로타고라스의 학설을 '고아'에 빗대고 있다.

346 프로타고라스의 견해를 그가 죽고 남은 자식, 즉 고아에 빗대었기 때문에 여기서 후견인이란 프로타고라스의 견해를 뒷받침해 줄 이를 가리킨다. 실질적으로는 프로타고라스의 제자 내지 추종자를 가리킨다.

347 칼리아스(Kallias) : 칼리아스는 소피스트들의 후원자였다. 『프로타고라스』를 보면 소크라테스가 칼리아스의 집에서 프로타고라스와 만나는 것으로 극중 설정이 되어 있다. 이는 프로타고라스가 칼리아스 집에서 기거했다는 것을 뜻한다. 크세노폰의 『향연』의 장면 설정 또한 그러하다. 『소크라테스의 변론』 20a에서 소크라테스는 칼리아스를 두고 "소피스트들한테 돈을 쓰기를 다른 사람들 모두가 쓴 것보다도 더 많이 쓴 사람"(박종현 역)이라고 칭하기까지 한다. 지금 테오도로스가 후견인으로 칼리아스를 거론하는 것은, 프로타고라스의 학설에 대한 옹호의 책임을 회피하려는 시도이다. 이미 소크라테스는 테오도로스가 프로타고라스에게서 배움을 얻었다는 것을 알고 있기 때문에(텍스트에서는 이런 측면이 161b9에서 'hetairos'(동료)란 표현을 통해 암시되고 있다.) 프로타고라스의 학설을 구하려고 하지 않는 것에 대해 비난한다. 이어서 등장하는 변명을 통해 드러나듯, 테오도로스는 자신이 일찍이 '말로만 이루어진 논변들'을 떠나 기하학으로 방향 전환을 했다고 하고서 이런 책임을 회피하려고 한다.

348 말로만 이루어진 논변들(psilos logos) : 'psilos'는 차림이나 꾸밈이 없는 것을 가리킨다. 이를테면 악기를 가지고 하는 노래에 대비하여 '운율 없는' 산문(poiēsis psilos)을 가리킬 때 이 낱말이 사용된다. 『향연』 215에서 그런 용법을 확인할 수 있다. 여기서는 테오도로스가 기하학자였다는 것을 고려하면서 이해하는 것이 적합할 듯하다. 따라서 아마 작도(作圖) 같은 것이 없이 말로만 이루어진 논변을 가리키는 것으

로 보인다. 테오도로스는 기하학자인 만큼 기하학적 논증을 하는 것을 선호했던 듯하고 그래서 그런 논증과 구별되는 언어적 논변을 지금 거론하고 있다. 말할 것도 없이 이는 프로타고라스식으로 하는 논변을 가리킨다.

349 이런 언급은 한때 테오도로스가 프로타고라스에게서 배움을 얻었다는 것과 관련이 있다. 한편 아리스토텔레스는 프로타고라스가 기하학에 반대되는 주장을 했다고 전하고 있다. 『형이상학』 997b35~a4.

350 163c6~164b12에서 이루어진 논변.

351 겉옷(himation) : 주석 496 참고.

352 우물에 빠져 손을 쓸 수 없는 상태를 가리킨다. 즉 궁지에 몰려 있음을 빗대는 표현이다. 여기서 우물은 일종의 함정이 되겠다.

353 비슷한 표현이 『에우튀데모스』 276e에서도 사용된다. 그곳의 질문은 '배우는 사람들은 그가 아는 것을 배우는가 아니면 알지 못하는 것을 배우는가?'의 형태를 취하고 있는데, 전자 쪽으로 대답해도 후자 쪽으로 대답해도 궁지에 몰리게 되어 있다. 지금의 질문도, 본다고 대답해도 보지 못한다고 대답해도 궁지에 몰리게 되어 있는 형태의 질문이다. 따라서 달아날 길 없는 질문은 일종의 함정 질문이 되겠다.

354 가정했던(hypethemēn) : 'hypethemēn'이란 표현은 이른바 가정(hypothesis)의 방법이 사용된 것으로 추측할 수 있게 해 준다. 이에 대한 세부적 설명은 주석 201 참고.

355 여기서 사용된 부사들은 감각에 적용되는 정도(程度) 부사들이다. 앎의 경우에도 이 같은 정도 부사를 적용할 수 있겠느냐는 물음이 되겠다.

356 고전기 시민들은 주로 중무장 보병 역할을 했고, 경무장 보병 역할은 대개 용병에게 맡겼다. 경무장 보병은 보수를 받고 용병 역할을 했다는 점에서 돈을 받고 가르치는 소피스트와 유사하다. 여기서는 경무장 보병의 전투 방식을 승리를 위해 상대에게 반박을 가하는 소피스트에 빗대고 있다.

357 자네를 손아귀에 넣고 꽁꽁 묶어버린 뒤 자네와 그 사이에 쌍방이 결정한

만큼의 몸값을 받고 나서 그때 가서야 풀어주겠지. : 보수를 받고 가르치는 프로타고라스를 비아냥거리는 대목이다. 프로타고라스의 이런 면모에 대해서는 『히피아스 I』 282d, 『프로타고라스』 328b~c 참고. 『프로타고라스』 328b~c를 보면 프로타고라스는 보수를 받고 가르치는 것을 당연시한다. 『소피스트』 231d에서 소피스트는 '보수를 받는 사냥꾼'(emmisthos thēreutēs)으로 분류되기도 한다. 여기서 우리는, 돈을 받고 가르침을 전하는 방식에 대해 플라톤이 일관되게 비판적이었다는 사실을 기억해둘 필요가 있다.

358 162d~e와 164c~165a에서 이루어진 프로타고라스를 대변하는 변호.

359 앞 문맥의 전투 유비를 적용한다면 '접근전을 펼치다'라는 뜻으로 이해할 수도 있다.

360 '뒤따르는 결과'라는 표현은 원문에 없지만 콘포드의 이해를 좇아 옮겼다. Cornford(1935), 68쪽 참고.

361 여기서 경험(pathos)은 직접 제시(presentation)되는 경우를, 기억은 간접 제시(representation)되는 경우를 가리킨다. 간접 제시되는 기억은 애초에 직접 제시되는 경험과 동일할 수 없다는 이야기이다.

362 **이전과 달라지는 사람**(ho anhomoioumenos) : 동사 'anhomoiousthai'는 상태를 가리킬 수도 있고 변화의 과정을 가리킬 수도 있다. 이에 따라 번역자들의 해석도 갈린다. 그래서 옮긴이처럼 '달라지는'으로 옮길 수도 있고 '안 비슷한' 내지 '안 닮은'으로 옮길 수도 있다. 그런데 번역에서 "그렇게 되기 전"은 'prin anhomoiousthai'를 옮긴 것인데, 이 대목은 시간적 맥락의 변화를 가리키는 것으로 보는 것이 자연스럽다. 그런데 변화를 가리키는 것으로 보아도 사실 직역은 '안 비슷하게 되는'이다. 이것을 '달라지는'으로 좀 더 강하게 옮긴 이유는, 일차적으로는 우리말의 자연스런 독해를 위해서이다. 그러나 내용상으로도 158e~159a에서 '닮은 것은 동일하고 안 닮은 것은 다른 것'이라고 극단적인 가정을 할 때와 지금의 논의가 같은 논조라는 것을 염두에 두고 옮긴 것이다.

363 157b 참고.

364 **달라짐**(anhomoiōsis) : 직역하면 '안 비슷하게 됨' 내지 '안 닮게 됨'으로 옮기거나 '비슷하지 않음' 내지 '안 닮음'으로 옮길 수도 있다. 앞의 주석 362 참고.

365 160b 참고.

366 161c.

367 **말을 자구(字句)만 가지고 좇아오지 말고** : 말꼬리를 잡지 말라는 뜻이다. 완벽히 일치되는 건 아니나 『에우튀데모스』 305a와 『고르기아스』 489b에서도 비슷한 표현이 등장한다. 바로 앞부분인 『테아이테토스』 166c에서도 비슷한 표현이 이미 사용되었다.

368 소크라테스가 여기서 '상기'라는 표현을 사용하는 것은 역설적이다. 왜냐하면 인간척도설은 상기를 설명할 수 있는 학설도 아니요, 상기를 전제하는 학설도 아니며, 오히려 상기의 가능성을 부정할 수밖에 없는 인식론적 견해이기 때문이다.

369 159b~e 참고.

370 **상태**(hexis) : 'hexis'는 지속적인 상태를 가리킨다. 이 낱말에 대해서는 주석 181 참고. 2부의 주석 741도 참고.

371 **소피스트**(sophistēs) : 지혜를 뜻하는 'sophia'와 사람을 뜻하는 어미 'tēs'가 결합된 낱말. 헤로도토스나 히포크라테스 문헌에서는 현자 내지 철학자를 가리키는 낱말로 사용되기도 하지만, 고전기에 '소피스트'는 새로운 지식층을 가리키는 낱말로 사용된다. 이들은 전통사회의 시인들과 달리, 그리고 자연철학자들과도 달리, 자연 세계뿐만 아니라 인간 및 인간 사회에 대한 새로운 관점을 취하는 경향이 있었다. 그런 점에서 전통의 파괴자들이었으나 이들의 사상을 일정한 노선으로 묶기는 쉽지 않다. 다만 그들의 지적 활동에서 공통적인 특징은 새로운 지식을 가르치는 데 주력하는 경향이 있었다는 데서 확인할 수 있다. 『프로타고라스』 313c에서 소피스트를 "영혼을 양육시키는 상품들의 무역상이나 행상"으로 규정하는 것은, 그들이 돈을 받

고 가르침을 전했기 때문이다. 이러저러한 이유로 고전기 아테네에서 'sophistēs'라는 칭호는 부정적 뉘앙스를 함축하는 것으로 사용되기도 했다. 『메논』 91c~92c, 『프로타고라스』 312a 참조. 그러나 『프로타고라스』 317b, 318d, 349a에서 프로타고라스는 공개적으로 자랑스레 자신을 '소피스트'로 내세운다. 『테아이테토스』의 이 대목도 그런 프로타고라스의 면모를 반영해서 각색한 부분이라 할 만하다.

372 있지 않은 것들을 판단하는 것도 ⋯ 불가능하며(oute ta mē onta dynaton doxasai) : 이 부분은 표현상으로만 보면 인간척도설의 언급과 상충되는 설명으로 보일 수 있다. 왜냐하면 152a에서 인간척도설은 '있는 것들'(ta onta)에 대해서뿐만 아니라 '있지 않은 것들'(ta mē onta)에 대해서도 척도라고 소개되었기 때문이다. 이런 대립을 합리적으로 해결하는 길은, 152a의 'ta mē onta'를 '전적으로 없는 것들'(non-existents)로 이해하지 않고, '어떠하지 않은 것으로 있는 것들'로 이해하는 방도이다. 이를테면 152b에서 '똑같은 바람이 불 때 한쪽은 추위하고 다른 쪽은 안 추위할 경우'처럼 '안 춥다'에 해당하는 경우로 이해해 볼 수 있다. 이런 경우는 바람이 '춥지 않은 것으로 있는' 경우로 볼 수 있다. 따라서 152에서 인간척도설을 인용할 때의 'ta mē onta'는 예를 들자면, '춥지 않은 것으로 있는 것들' 내지 '춥지 않은 것들'의 경우에 해당된다. 이에 따라 167a의 'ta onta'는 인간척도설에 등장하는 'ta onta'뿐만 아니라 'ta mē onta'까지 포괄하는 것으로 보아야 하고, 이 대목의 'ta mē onta'는 '전적으로 없는 것들'(non-existents)로 해석해야 일관된 이해가 가능할 듯하다. 인간척도설의 'ta mē onta'는 지각 내지 판단의 대상이지만, 167a의 'ta mē onta'는 지각 내지 판단의 대상이 될 수 없기 때문이다. 여기서 세부적으로 설명하기는 어렵지만, 이런 문제는 인간척도설이 부정(否定)의 가능성 내지 모순의 가능성을 용인하거나 설명할 수 있는 노선이냐는 좀 더 근원적인 난제와 연관되어 있다.

373 사본에 전승되는 'ponērās' 대신 신판 OCT처럼 'ponērā(i)'로 읽었다.

374 영혼의 이로운 상태에 의해 판단하게 된 것들.

375 161c~d 참고.

376 번역의 일관성 때문에 '지각'이라고 옮겼지만, 식물의 경우는 분명 '감각'이다.

377 **참이기도 한**(te kai alētheis) : '참인' 지각이 굳이 언급될 필요가 없다는 점에서 많은 학자가 논란을 벌이는 대목이다. 좀 전에 프로타고라스는 "더 나은 것들이라고 할지언정, 더 참인 것들이라고 부르진 않는다오."라고 말했으니, 이 대목에서 지각에 대해 '참'이라는 형용을 하는 것이 이상해 보일 수 있다. 그래서 콘포드(Cornford)는 아예 'te kai alētheis'를 생략하고 있다. 슐라이어마허(Schleiermacher)는 'alētheias'라는 추상명사로 추측하고 있고, 그런가 하면 디에(Diès)는 'hexeis'로, 리차즈(Richards)는 'pathas'로 수정 제안하고 있다. 우선 슐라이어마허의 제안은 콘포드가 의식하는 난점을 해결하는 것으로 보이지 않는다. 그렇다고 디에나 리차즈처럼 수정 제안하는 게 특별한 장점을 가지는 것 같지는 않다. 합리적인 독법은 사본을 그대로 놓거나 콘포드처럼 제거하는 두 길 가운데서 선택하는 독법일 것이다. 그런데 주목할 점은, 프로타고라스가 '더 참인 것들이라고 하지 않고 더 나은 것들'이라고 할 때의 맥락은 더 나쁜 것들과 비교하는 상황이라는 점이다. 여기서 변환된 후의 감각이 이롭고 건전하다는 점에 강조가 부여되어야 하지만, 그때의 감각 역시 참이라는 건 역시 프로타고라스의 학설 중 일부로 타당하게 유지될 수 있다. 따라서 옮긴이는 사본을 그대로 살리는 쪽으로 옮긴다.

378 **연설가**(rhētōr) : 말 잘하는 기술, 즉 'rhētōrikē'를 지닌 사람을 가리킨다. 그래서 'rhētōr'는 보통 '수사가'(修辭家)로 옮기기도 한다. 그러나 이때의 '말'은 민회나 법정 같은 공공의 장(場)에서 연설 방식으로 이루어졌기 때문에 여기서는 여러 사람 앞에서 말을 한다는 의미를 함축하는 '연설가'(演說家)로 옮긴다. 이때 나라의 일과 관련해서 'rhētōr'가 언급되는 건, 아테네 민주정의 의사 결정이 연설가들이 시민들을

설득함으로써 이루어졌기 때문이다. 따라서 아테네의 정치 문화를 배경으로 할 때 연설가는 곧 정치가의 성격을 동시에 지니기도 한다. 플라톤은 초기 대화편인 『고르기아스』에서 연설술이 대중에 영합하는 아첨술로 드러나는 것을 비판하고, 나중에 중기 대화편인 『파이드로스』에서 진정한 기술로서의 연설술의 가능성을 모색한다. 『테아이테토스』에서는 이후에 여담(곁가지 이야기)의 대목에서(172c~177b) 연설가와 철학자가 대조적으로 제시되는데, 이런 대조에는 연설술에 대한 프로타고라스의 긍정적 태도와 소크라테스의 부정적 태도가 배경으로 놓여 있다.

379 앞에서 '나라'는 단수로 등장하나 여기서는 복수 지시사를 사용한다. 그래서 'hekastois' 정도가 생략된 것으로 보고 옮겼다. 문제의 해로운 대상이 개개의 것들로 언급되는 것에 따라 이런 표현이 생략된 것으로 보고 옮긴다.

380 주석 371 참고.

381 166d~167d에서 프로타고라스를 대변하는 논변의 논점이 무엇인가는 엄청난 논란의 대상이다. 정확히 말해서 프로타고라스가 어떤 관점에서 인간척도설을 옹호하는 동시에 지혜와 무지의 차이를 인정할 수 있느냐가 문제 된다. 어쨌든 지금의 대목을 보면 프로타고라스는 인간척도설에 따라 누구나 진리의 척도라는 것을 인정하면서도 자신이 남들보다 더 지혜롭다는 것을 옹호하고 있다. 그런데 이 대목을 일종의 실용주의적 진리론을 제시하는 것으로 오해해서는 안 된다. 프로타고라스는 진리의 기준을 유용성에서 찾는 것이 아니라, 진리의 맥락과 유용성의 맥락을 분리하는 논변을 꾀하고 있기 때문이다. 진리의 맥락에서는 누구나 척도이지만, 유용성의 맥락에서는 더 낫고 못한 사람을 구별할 수 있다는 것이다. 프로타고라스는 의사의 유비에 기초해서 유용성의 맥락에서 더 이로운 것을 야기할 수 있는 자를 지혜로운 자로 제시하고 있다. 이때 유용성의 맥락에서 거론되는 술어들이 '좋음과 나쁨', '정의와 불의', '아름다움과 추함' 같은 가치 술

어라는 것에 주목하면, 어쩌면 프로타고라스는 사실과 가치를 구별하는 관점을 취하고 있는 것일지도 모른다. 또 한 가지 중요한 측면은 프로타고라스가 유용성의 맥락을 개개인의 판단의 차원이 아니라 나라(polis) 차원에서 거론하고 있다는 점이다. "지혜롭고도 훌륭한 연설가는 나라(polis)로 하여금 해로운 것들 대신에 이로운 것들이 정의로운 것들이라고 여기게 만들어 준다고 난 주장하는 바이오."(167c2~4)라는 언급이 바로 그런 점을 잘 보여 준다. 소크라테스가 프로타고라스를 이런 식으로 묘사하는 것은, 프로타고라스가 투리오이(Thourioi)의 입법을 할 정도의 정치적 활동을 했던 것을 의식한 것으로 볼 수도 있다. 우리는 『프로타고라스』에서 제시되는 프로타고라스의 '긴 연설'(makrologia(great speech) 부분 : 320c~324d)이 바로 정치 사상가로서의 프로타고라스를 드러낸다고 생각할 수 있는데, 『테아이테토스』에서 프로타고라스를 정치적 차원과 연관 지을 수 있게 해 주는 대목이 바로 지금의 대목이다. 더군다나 좀 전의 인용문에서 프로타고라스는 '지혜롭고도 훌륭한 연설가'라는 표현을 사용했는데, 이는 프로타고라스의 경우 지혜로운 자를 연설가로 간주하고 있음을 시사한다고 볼 수 있다. 그렇다면 나중에 여담(곁가지 이야기) 부분에서 플라톤이 연설가와 철학자를 대비하는 이야기를 하도록 구성한 것은, 프로타고라스와 소크라테스를 대비하려는 의도 때문이라고 해석해 볼 수도 있을 것이다.

382 대체할 수 있는 설명을 쭉 제시하면서(antidiexelthōn) : 이것은 아래의 문답식 진행과 대비된다. 원문에는 학설(logos)에 해당하는 낱말이 없지만, 처음부터 끝까지 계속해서 반대 설명을 해 보라는 것은 맥락상 반대 학설을 길게 말하는 방식으로 제시하라는 것이 된다.

383 만일 … 대체할 수 있는 설명을 쭉 제시하면서 이의를 제기해 보도록 하시오. 그게 아니라 질문을 통해 하고 싶으면, 그렇게 하도록 하시오. : 질문을 통해 말하는 건 문답식 대화를 가리키며, 이것은 짧은 문답으로 이루어지게 마련이다. 『프로타고라스』 329b와 334e~335a를 보면 프로타

고라스는 '길게 말하기'(makrologia)와 '짧게 말하기'(mikrologia) 둘 다에 능한 것을 알 수 있다. 지금의 대목에서 프로타고라스(를 대변한 논변)가 양쪽 어느 것이나 택하라고 하는 것은, 양쪽 말하기 방식에 모두 능한 프로타고라스의 자신감을 반영한다. 더 정확히 말해서 그런 자신감을 가지고 있는 프로타고라스를 의식해서 플라톤이 이야기를 각색하고 있다고 할 수 있다.

384 분별(nous) : 'nous'는 보통 '지성'으로 옮기지만, 여기서는 맥락에 적합한 의미로 '분별'로 옮긴다. 'nous'가 『테아이테토스』에서 거의 사용되지 않지만, 'ho noun echōn'(분별을 지닌 자)이라는 표현은 일상적으로 자주 사용되는 표현인 만큼 특별한 의미를 부여하고 해석할 대목은 아닐 듯하다.

385 덕을 돌본다(aretēs epimeleisthai) : 'epimeleisthai'는 열의를 바쳐 관심을 쏟고 신경을 쓰며 마음을 기울이는 것을 뜻한다. 소크라테스는 평생 덕(aretē)을 가꾸는 데 심혈을 기울였다. 그리고 『소크라테스의 변론』(이를테면 36c)을 보면 소크라테스는 아테네 시민을 향해서 '자신이 최대한 훌륭하고 지혜로워지도록 자기 자신을 돌보라.'라고 권유한다. 이런 점에서 소크라테스에게 '자신을 돌보는 것'(heautou epimeleisthai)과 덕을 돌보는 것은 다른 일이 아니라 한 가지 일이다. 그런데 『프로타고라스』에서 제시되는 프로타고라스의 '긴 연설' 대목(320c~324d) 및 그 뒤에 이어지는 추가 설명, 그리고 이와 관련된 논의를 보면, '덕을 돌보는 일'은 프로타고라스와 소크라테스의 공통 관심사이다. 다만 차이는 프로타고라스는 덕을 가르친다고 하고 소크라테스는 그렇지 않다는 데 있다. 이는 『테아이테토스』에서 프로타고라스는 '지혜로운 자'(sophos)라고 하고 소크라테스 자신은 지혜를 낳지 못하는 자(agonos)라고 대비하는 것과 연속적인 측면이 있다. 우리는 플라톤이, 『테아이테토스』를 통해 두 사람이 덕을 돌보는 방식의 차이, 그리고 그것을 젊은이들에게 전달하는 방식, 즉 교육 방식의 차이를 제시하려 했다고 이해해 볼 수 있다. 이 문제는 『테아이테토스』와 『프로타고

라스』를 함께 놓고 비교할 때 좀 더 포괄적인 비교를 할 수 있을 것이다. 어쨌든 『테아이테토스』에서는 프로타고라스가 내세우는 교육 방식과 그가 제시하는 인식론적 견해인 인간척도설 간에 대립되는 문제점이 있음을 제기하고 있다고 이해할 수 있다.

386 경합을 벌이면서 논의하는 것과 문답식의 대화를 나누면서 논의하는 것 : 여기서 '경합을 벌이다'는 'agōnizesthai'를, '문답식 대화를 나누다'는 'dialegesthai'를 옮긴 것이다. 『필레보스』 17a에서는 '쟁론적으로 말하기'(eristikōs legein)와 '대화적으로 말하기'(dialektikōs legein)를 대비하기도 한다. 전자는 승리를 목표로 한다면 후자는 진리를 목표로 삼는다. 주석 338 참고.

387 잘못 빠져든(parekekrousto) : 'parekekrousto'에는 'krouein'이란 낱말이 포함되어 있는데, 이는 원래 권투에서 상대방을 때려 정신을 잃게 만든다는 뜻이다. 따라서 'parekekrousto'는 잘못된 교제로 제정신을 차리지 못하는 상태를 함축하는데, 번역에서 이런 구체적인 뉘앙스까지 살리지는 못했다.

388 철학(philosophia) : 앞에서는 '지혜사랑'으로 옮겼던 낱말이다.

389 표현 및 이름들(rhēmata te kai onomata) : 『소피스트』 261d~262e에서 'onoma'는 낱말들을 가리키는 이름의 의미를, 'rhēma'는 행위를 지시하는 동사의 의미로 사용된다. 그리고 이름과 동사의 결합은 진술(logos)로 제시된다. 그렇지만 『테아이테토스』의 이 대목에서는 아직 그런 구별을 명시적으로 하는 건 아니기 때문에 '표현'과 '이름'으로 옮긴다. 물론 3부에서는 이름(onoma)과 동사(rhēma)의 결합가능성에 대한 논의가 암시되어 있기는 하다. 이와 관련해서는 주석 850 참고.

390 164c 참고.

391 인간척도설을 선언하며 한 말들.

392 프로타고라스.

393 주석 41 및 322 참고.

394 설명을 제시하지(logon didonai) : 설명을 제시하는 것(logon didonai)에 대

한 관심은 초기부터 이어지는 플라톤 철학의 핵심적 관심사이다. 이와 관련된 세부적인 설명은 주석 782 참고.

395 162b.

396 스키론(Skirōn) : 스키론은 메가라와 코린토스(Korinthos) 사이의 해안가 길목에서 여행자들을 습격하여 재물을 강탈한 강도로 전해지는 신화적 인물이다. 그는 나그네들로 하여금 자기 다리를 씻게 하고서, 그 사이에 그들을 걷어차서 절벽으로 떨어뜨렸다. 그는 나중에 테세우스(Thēseus)한테 같은 방식으로 죽임을 당한다.

397 라케다이몬 사람들은 레슬링을 관전만 하는 것을 허락하지 않았다. 참여하거나 아니면 그 자리를 떠나도록 했다.

398 안타이오스(Antaios) : 안타이오스는 포세이돈(Poseidōn)과 가이아(Gaia)의 아들로 거인족(gigantes)이었으며 뤼비아(Lybia : 키레네에 이웃한 북부 아프리카의 그리스 식민지)에서 살았는데, 동굴에 거주하면서 지나가는 길손이 있으면 억지로 레슬링을 하게 하여 자기에게 패한 자들을 죽여 버렸다고 한다. 그의 힘은 땅(gaia)에 닿아 있는 데서 솟아 나왔는데, 나중에 헤라클레스는 그를 공중으로 들어 올려 진압했다. 스키론과 안타이오스는 모두 자신들이 하는 방식으로 각기 테세우스 및 헤라클레스에게 당했다. 여기서 테오도로스가 소크라테스를 안타이오스에 빗대는 건 그처럼 무지막지한 레슬링의 방식으로 논의를 벌이고 있다고 보기 때문이다.

399 배역을 맡아 행하는 것(to drama dran) : 테오도로스는 소크라테스가 프로타고라스를 대신해서 논의를 펼치는 것을 일종의 드라마에 빗대고 있으며, 그 드라마 안으로 자꾸 들어오라고 강요하는 소크라테스의 배역을 안타이오스 역에 빗대고 있다. 'drama'는 극중 행동을 가리키기도 하지만 극중 배역을 가리키기도 한다. 여기서는 후자를 뜻한다.

400 내가 지닌 병 : 소크라테스가 논의하길 좋아했다는 것은 잘 알려져 있다. 지금은 그것을 '병'(nosos)이라고까지 묘사하고 있다. 『파이드로스』 237e에서 소크라테스는 자신을 'philologos'(논의하길 좋아하는 자)

로 묘사한다. 『국가』 582e에서는 'philologos'가 'philosophos'(철학자)와 동시에 거론되기도 한다. 『테아이테토스』 161a에서는 소크라테스가 테오도로스를 향해 'philologos'라고 묘사하는 대목이 등장하기도 한다.

401 헤라클레스(Hēraklēs) : 고대 그리스의 대표적인 신화적 영웅. 아르고스(Argos)나 테바이(Thēbai)를 배경으로 공적을 쌓았으며 도리스(Dōris)를 대표하는 영웅이었다. 인간인 아버지 암피트뤼온(Amphitryon)과 어머니 알크메네(Alkmēnē)의 아들이자, 페르세우스(Perseus)의 자손이다. 그러나 제우스가 암피트뤼온의 모습으로 알크메네와 관계를 맺어 태어났다는 설화에 따르면 아버지는 제우스이다. 헤라클레스와 관련된 영웅적 모험은 주로 열두 가지 과업에 대한 이야기를 중심으로 전승되며, 이러한 과업을 수행하면서 영웅이 역경을 극복하는 모습을 통해 영웅성이 더욱 부각되었다. 결국 그리스에서 헤라클레스는 신격화될 정도로 공경을 받게 된다.

402 테세우스(Thēseus) : 아티케를 대표하는 신화적 영웅. 트로이아 전쟁보다는 한 세대 이전의 영웅으로 보인다. 아버지 아이게우스(Aigeus)와 어머니 아이트라(Aithra) 사이의 아들이다. 페르세우스(Perseus)나 카드모스(Kadmos)처럼 창건 신화의 인물로 등장한다. 칼과 샌들을 들고 아테네로 귀환하는 그의 모험담은 나중에 아테네 민주정의 틀을 잡은 것으로 각색·변형되어 이데올로기적 기능을 하기까지 한다. 지금 소크라테스는 아킬레우스와 같은 트로이아 전쟁의 영웅들 이전의 대표적인 두 영웅을 거론하고 있는 것이다.

403 논의하는 일.

404 소크라테스의 질문에 대답은 하겠지만, 직접 나서서 프로타고라스를 옹호하는 논변까지 펼칠 수는 없겠다는 이야기이다. 169a 참고.

405 유치한(paidikon) : 앞에서 프로타고라스가, 소크라테스더러 어린애(pais)를 대상으로 논의를 편다고 한 비판을 의식한 언급이다.

406 진리의 맥락이 아니라 가치의 맥락에서 지혜의 차이를 주장한 프로타

고라스를 염두에 두고 하는 이야기이다.
407 167a4, 67c7~d2.
408 앞 단락에서 소크라테스가 제기한 문제, 즉 각자가 슬기로움의 측면에서 자족적인 존재인가 하는 문제.
409 프로타고라스 말씀대로인지 아닌지.
410 161c, 168b 참고.
411 **프로타고라스 님** : 프로타고라스를 직접 대면하듯이 테오도로스에게 부르는 호칭 방식이다. 앞에서 그분 자신의 학설로부터 동의를 얻어내자고 한 데 따른 표현 방식이라고 할 수 있다.
412 145e5에서 지혜와 앎은 동일시되었다.
413 **참인 생각**(alēthēs dianoia) : 2부의 정의인 '앎은 참인 판단이다.'라는 견해가 시사되고 있는 대목이다. 지금의 구별에는 참과 거짓의 이분법을 지혜 대(對) 무지의 이분법에 대응시키는 관점이 놓여 있다. 그래서 2부 초반에서는 배움의 과정이 배제된다.
414 플라톤은 프로타고라스의 인간척도설이 이 주장을 함의하고 있는 내용으로 보고 있다. 167a 참고.
415 원문에 '선택지들'이란 표현은 없지만, 문장의 의미를 분명히 하기 위해 삽입한다.
416 참인 판단과 거짓인 판단.
417 바로 앞의 두 의문문은 양립할 수 없는 판단들을 함축한다. 따라서 함축된 두 판단 모두가 동시에 참일 수는 없다. 양립할 수 없으니까. 그리고 동시에 거짓일 수도 없다. 따라서 한 쪽이 참이면 다른 쪽은 거짓이다. 이로부터, 즉 두 가지 의문문이 함축하는 두 판단으로부터 최소한 둘 중 한 판단은 거짓이라는 것이 논리적으로 귀결된다. 그러므로 모든 판단이 다 참인 판단인 것은 아니다. 이와 관련된 논의는 정준영(2001), 123쪽 참고.
418 **불가피하게 그런 궁지로까지**(eis touto anankēs) : 의미를 명확하게 드러내기 위해 'anankēs'를 이중으로 옮겼다. 여기서 'anankēs'는 논변상의

필연성을 함의한다. 162e5의 '논증과 필연'을 떠올릴 필요가 있겠다.

419 170d4~9는 인간척도설에 대해 가능한 접근 태도를 세 가지로 분류한다. ①인간척도설에 대해 타인이 판정할 수 없는 경우. ②인간척도설에 대해 타인이 판정할 수는 있으나 그것을 참인 판단이라고만 판정하는 경우. ③인간척도설이 거짓인 판정이라고 프로타고라스와 반대되는 판단을 하는 경우. ①은 판단을 공유할 수 없는 경우이다. ②는 판단을 공유할 수는 있으나 반대되는 판단을 하며 '이의 제기나 논쟁'(amphisbētēsis)을 걸 수 없는 경우이다. ③은 반대되는 판단을 하면서 이의를 제기할 수 있는 경우이다. 그런데 만일 역사적인 프로타고라스가 반박 불가능성(irrefutability)을 옹호하는 입장을 일관되게 내세웠다면, 인간척도설과 관련해서 소크라테스가 이런 구별들을 가능한 경우들로 제시하며 논의하는 것은 부자연스러운 일이 될 것이다. (반박 불가능성 논변과 관련해서는 주석 335 참고.) 그렇기 때문에 『테아이테토스』에서 그려지는 프로타고라스를 반박 불가능성 논변을 적극적으로 내세우는 인물로 이해하기는 어렵다. 반박은 생각의 차이, 더 나아가 생각의 대립, 그리고 그런 생각의 대립을 논쟁 상황에서 펼쳐 내는 이의 제기의 가능성을 전제하고 있는데, ③은 바로 그런 가능성을 염두에 둔 경우이기 때문이다. 즉 ③은 반박이 가능할 수 있는 경우이다. 그런데 여기서 사용된 'antidoxazein'(반대되는 판단을 하다)은 171a7에서도 다시 사용되는데, 이는 『에우튀데모스』의 'antilegein'(반박하다)에 상응한다. 이런 점에서 지금 제시되는 인간척도설 비판은 대화적 맥락에서 논쟁의 가능성을 받아들이는 상황에서 이루어지고 있다. 그러나 헤라클레이토스적 세계는 언어적 의미의 고정 지시가 불가능한 세계이기 때문에 당연히 반박 또한 불가능하게 된다. 이 점은 나중에 독립적으로 비판된다. 어쨌든 『테아이테토스』에서 플라톤이 프로타고라스를 다루는 방식을 고려할 때, 역사적인 프로타고라스가 '명시적으로' 반박 불가능성 논변을 옹호했던 것 같지는 않다. 그런 옹호를 했다면 플라톤이 『테아이테토스』의 프로타고라스를 논쟁 가능성을 받아

들일 수 있는 상황 속으로 넣어 묘사하지는 않았을 것이기 때문이다. 아마도 플라톤은 프로타고라스의 견해가 수반하는 함축(implication)을 여러 차원에서 비판하기 위해 다각도의 비판을 제기하는 것 같다. 정리하면 지금 맥락의 프로타고라스는 논쟁을 수용하는 인물로 그려지지만, 헤라클레이토스와 연관된 프로타고라스는 논쟁 자체를 할 수 없는 극단적 학설의 소유자이다. 즉 ①의 경우에 해당된다. 따라서 후자의 경우는 반박 자체가 불가능하게 될 터인데, 그것을 프로타고라스가 직접적으로 옹호했다고 보기보다는 인간척도설이라는 학설 속에 함축되어 있는 문제점을 플라톤이 노출시키고 있다고 보는 것이 그럴듯한 해석이 될 듯하다.

420 『오뒷세이아』 xvi.121, xvii.422, xix.78에서 사용된 과장의 표현.

421 어느 누구에게도 그렇지 않을(mēdeni einai) : 앞에서 'einai'는 되도록 '있다'로 옮겼지만, 여기서는 '그렇다'로 옮겼다. (부정어와 함께 등장하기 때문에 '그렇지 않을'로 옮겼을 뿐이다.) 그리스어 'einai'가 이런 의미로 사용되는 경우를 보통 '진리적 용법(veridical use)'이라고 부른다. 여기서 '그렇다'는 실제 사실이 그렇다는 의미로 이해하면 적절하다.

422 170e7~171c7까지는 유명한 '자기논박 논변'(argument of self-refutation)이 제시되는 부분이다. 이것을 좀 더 넓은 맥락에서 보려는 학자들은 168c2~171c7의 대목 전체를 자기논박 논변으로 이해하기도 한다. 그런데 헬레니즘 시대에는 이것을 'peritropē' 논변이라고 불렀다. 'peritropē'는 '상대의 논변을 그 자신에게 반대되도록 돌려주는 것'(turning an opponent's arguments against himself)을 뜻한다. 이 낱말에 대해서는 섹스투스 엠피리쿠스, 『학자들에 대한 반박(Adversus Mathematicos)』 7.389 참고. 그런데 대다수의 학자들은 보통 지금의 논변을 '논리적' 자기논박 논변으로 이해하고, 플라톤이 실패했다고 평가하곤 한다. 그러나 번옛은 'peritropē' 논변이 '논리적 자기논박 논변'이 아니라 대화 맥락에서 이루어지는 '변증적 자기논박 논변'(dialectical argument of self-refutation)이라고 해석한다. 그리

고 이런 맥락에서 볼 때는 플라톤의 논변이 성공적이라고 평가한다. Burnyeat(1976c) 참고. 이와 관련된 국내 논의로는 정준영(2001) 참고. 맥락은 다소 다르지만, 『에우튀데모스』 286c에서는 프로타고라스를, "다른 사람들을 엎어치기 하면서(anatrepōn) 동시에 자기 자신을 엎어치기 하는 사람"으로 묘사하기도 한다.

423 아리스토텔레스의 『형이상학』 1009b2~7에도 비슷한 논변이 등장한다. 그렇지만 플라톤이 이 대목에서 왜 이런 식의 논변을 구성하는가에 대한 설득력 있는 설명은 전무하다. 옮긴이의 추측으로는 '사실이 다수결에 의해 확립되는 것이냐'는 반문이 숨어 있는 것 같다. 즉 사실 내지 진리는 다수결의 문제가 아니라는 비판이 지금의 물음 속에 숨어 있는 것으로 보인다. 그렇다면 그것은 민주정이라는 정치 상황을 의식하고 있는 셈이다.

424 167a7~8 참고.

425 OCT 구판과 신판 사이의 독법이 다르다. 엄청난 논란의 대상이 되는 대목이다. 구판은 βT 사본에 따라 'heautois'(여격 형태)로, 신판은 W 사본에 따라 'heautous'(대격 형태)로 읽는다. 이런 독법의 차이는 엄청난 해석의 차이를 가져올 수 있다. 프로타고라스는 자신을 반대하는 자들의 의견을 인정하는데, 사본 독법의 차이는 이때 프로타고라스가 인정하는 상대의 의견 내용을 무엇으로 보느냐에 대한 해석 차이를 가져오기 때문이다. 문법적인 표현의 차이가 함축하는 것을 고려하면, 여격(dative) 형태로 보는 경우는 인간척도설을 반대하는 자 쪽에서도 상대화하는 표현을 사용하는 것으로 보는 것이고, 대격(accusative) 형태로 보는 경우는 상대화하지 않고 무조건적으로(simpliciter) 자신들의 생각을 표현하는 것으로 이해하는 것이다. 어느 쪽이 합리적인 독법일까? 인간척도설에 반대하는 자들은 상대주의를 받아들이지 않는다. 따라서 그런 생각을 가진 자들이 자신들의 생각을 표현하면서 '상대화하는 한정사'를 사용하기 위해 여격 표현을 썼을 리는 없을 것이다. 반대하는 자들은 자신들의 생각을 무조건적으

로 표명한다. 그렇다면 프로타고라스가 자신에게 이의를 제기하는 자들의 주장을 도대체 왜 인정해야 하는가? 인간척도설은 '모든' 인간들의 '모든' 판단(나타남)에 대해 개개의 판단이 그런 판단을 하는 자에게 참이라고 주장하는 학설이기 때문이다. 따라서 프로타고라스는, 인간척도설이 거짓이라는 것을 객관적으로, 즉 비상대적으로 표명하는 타인들의 주장에 대해서도 그것이 참임을 인정할 수밖에 없기 때문에 대화적 맥락에서 내적 상충을 스스로 인정할 수밖에 없다. 이와 관련된 좀 더 세부적인 논증은 정준영(2001) 참고. 이런 각도에서 옮긴이는 신판 OCT의 독법이 옳다고 보았다. 신판 OCT 독법은 프로타고라스를 비판하는 자들의 판단 내용이 상대적인 성격의 것이 아니라 객관적인 성격을 가진다고 볼 수 있게 해 주기 때문이다.

426 사냥감을 모는 것에 빗대는 표현이다.

427 166d5~167a4의 대목 참고.

428 여자, 아이, 짐승은 남자보다 못한 존재들로 상정하고 언급하는 대목이다.

429 건강 문제나 질병 문제.

430 원문이 파격구문임을 의식해서 원문에 명시적으로 표현되고 있지 않지만, "그분은 다음과 같이 말하려 들지 않겠습니까?"라는 문장을 삽입해서 옮겼다.

431 정의로운 것들이나 불의한 것들(dikaia kai adika) : 'dikaia'는 '정의(正義)'를 뜻하는 'dikaiosynē'의 형용사 복수 표현이고, 'adika'는 '불의(不義)'를 뜻하는 'adikia'의 형용사 복수 표현이다. 고대 그리스어에는 '도덕적인 올바름'을 가리키는 낱말이 딱히 없으며, 그런 뉘앙스에 가장 가까운 낱말이 바로 'dikaiosynē' 계열의 낱말들이다. 이런 점에서 '올바름'으로 옮길 수도 있겠다. 그런데 'dikaiosynē'는 도덕적 차원을 함축하는 동시에 우리가 '사회 정의'라고 할 때의 뉘앙스를 동시에 가지고 있다. 우리는 개인적 도덕과 사회 정의를 구별할 때도 있지만, 그것을 연속적인 것으로 이해하는 것이 플라톤의 핵심 관점이라는 점을 고려

하면서 'dikaiosynē'라는 낱말을 이해할 필요가 있겠다. 한편 'adikia'(영어로는 'injustice') 계열의 용어들을 우리말로 어떻게 옮기는 것이 좋을까 정말 고심을 많이 했지만 딱히 좋은 대안을 찾지는 못했다. 우선 '정의롭지 못함'이란 번역은 오역은 아니지만, 'adikia'가 'dikaiosynē'와 극(極)을 이루는 반대말이라는 뉘앙스를 죽이는 한계가 있다. 그런가 하면 한국의 철학계는 'adikia'(영어로는 'injustice')를 '정의'의 반대말 '부정의(不正義)'라고 옮기는 경향이 있지만, 명사로 그 낱말이 국립국어원 표준국어대사전에 등재된 것이 사실 그리 오래된 일은 아니다. 또한 용언 표현의 가능성 여부 등 여러 차원에서 논의의 여지가 많을 수밖에 없는 문제이지만, 옮긴이는 명사 '不義'가 '正義'의 반대말 표현으로 언중들 사이에게 가장 오랫동안 사용된 전통이 있다는 점을 고려해서, 여기서는 '불의하다'는 용언 표현 방식을 택해 옮기기로 한다.

432 **진리의 관점에서**: 166d~167d의 대목, 좀 더 한정하면 167a~c에서 프로타고라스(를 대변한 논변)는 진리의 맥락이 아니라 이로움의 맥락(즉 유용성의 맥점)에서는 사람들마다 낫고 못함이 있다는 주장을 한다. 소크라테스는 이를 다시 진리의 맥락으로 끌어들여 비판을 하고 있다.

433 166d~167d에서 프로타고라스(를 대변한 논변)는 진리의 맥락에서는 인간척도설의 상대주의를 주장하지만, 이로움이란 유용성의 맥락에서는 지혜로움과 무지함의 차이를 인정한다. 그런데 그때의 논변에서 프로타고라스는 '좋음과 나쁨', '정의와 불의', '아름다움과 추함'의 술어를 이로움의 맥락에서만 사용한다. 반면에 지금 소크라테스는 그런 가치 술어들을 인간척도설의 규정(formula) 방식에 따라 표현하고 있다. 즉 프로타고라스가 사실과 가치의 구별에 따라 진리의 맥락과 유용성의 맥락을 구별했지만, 지금 소크라테스는 그런 맥락 구별을 무화하는 예비적인 비판을 제시하는 셈이다. 어쨌든 지금 소크라테스가 제시하는 표현은, 인간척도설의 규정 방식에 따라 이로움이 결정된다는 주장을 프로타고라스가 할 정도로 무모하지는 않을 것이라는 이야기가 된다. 무엇이 이롭고 이롭지 않은지가 인간척도설의 규정 방식

에 따라 상대화된다면, 이로움 여부와 관련해서도 누구나 모두 척도가 되기 때문에 프로타고라스의 자기 변론은 금방 무너지고 말 것이기 때문이다. 그러나 나중에 가면 소크라테스는 여기서 논의되는 '이로움'이 미래의 사태와 연관된다는 측면을 고려해서 결국 프로타고라스가 자가당착에 빠질 수밖에 없음을 논증한다. 소크라테스는, 지금 대목에서는 '이롭게 될 것이다'(synoisein : 172b2)라는 '미래 표현'을 사용해서 장차 이루어질 비판의 복선을 깔아 놓는 정도로 만족한다. 이것은 인간척도설이 일관되려면 미래 판단에 대해서까지 적용되어야 한다는 비판을 숨겨 놓는 장치일 수 있다.

434 그리스어는 맥락에 따라 주어를 생략하고 표현하기도 한다. 그런데 앞 문장까지는 3인칭 단수 표현이기 때문에 프로타고라스를 주어로 보는 것이 합당하다. 그런데 여기서 갑자기 3인칭 복수 동사가 등장하는데, 명시적인 주어가 없다. 이럴 경우 그리스어에서는 일반적인 사람들을 가리키는 것이 보통이다. 이때의 사람들은 프로타고라스를 추종하는 자들을 가리킬 수도 있고 아닐 수도 있다. 학자들에 따라 입장이 갈린다. 그런데 후자라면 '느슨한 의미에서' 프로타고라스와 비슷한 생각을 가질 수 있는 당대의 보통 사람들을 지칭하는 것이겠다. 아닌 게 아니라 이어지는 표현들을 보면 당시 민주정 아래서 사용되는 정치 맥락의 용어가 등장한다. 따라서 지금의 '사람들'은, 민주정의 상황에서 당시 아테네에 통용되던 통념을 가진 사람들을 가리키는 것으로 보는 것이 자연스러울 듯하다. 그렇다면 지금의 논의는, 역사적인 프로타고라스의 견해를 곧이곧대로 제시하는 것으로 보기는 힘들 것 같다. 오히려 프로타고라스의 견해가 '함축'하고 있는 문제점을 당대의 현실과 연관 지어 비판해 보려는 시도라고 할 수도 있을 것이다. 172b7~8에서 "프로타고라스 님의 학설을 주장하면서 판에 박은 듯 내세우지 않는 모든 이들"이라는 표현을 사용하는 것은 이런 이해가 그럴듯할 수 있음을 시사해 준다.

435 **본질**(ousia) : 'ousia'의 다양한 의미와 번역 가능성에 대해서는 앞의 주

석 218과 279 참고.

436 **공적으로 가결된 것(koinē(i) doxan)** : 당시 아테네 사람들은 어떤 의견(doxa)이 설득력이 있으면, 협의회(boulē)에서 의제로 채택한 다음 민회(ekklēsia)로 넘기곤 했는데, 이때 어떤 의견이 의제로 채택되면 'edoxe tē(i) boulē(i) tade'(협의회에 의해 이렇게 가결되었다.)라는 표현을 사용하곤 했다. 또한 민회에서는 'edoxe tō(i) dēmō(i) tade'(인민에 의해 이렇게 가결되었다.)는 표현을 사용했다. 'dokei'의 이런 용례를 주목하는 논의에 대해서는 박종현(2001), 130쪽 참고. 우리는 'dokei'의 이런 용례를 통해 지금의 'koinē(i) doxan'을 이해해 볼 수 있다. 여기서 'doxan'은 앞에서 '판단'으로 옮긴 'doxa'의 동사 형태인 'dokei'의 중성 분사 형태이다. LSJ의 'dokeō' 항목 II. 4. c를 보면 'when it was decreed or resolved'라고 뜻풀이되어 있다. 지금의 번역은 이런 뜻풀이를 기반으로 옮긴 것인데, 이렇게 이해해 놓고 보면 'koinē(i) doxan'은 민주정 하의 폴리스 차원에서 판단이 성립되는 경우를 가리킨다. 어쩌면 플라톤은 민주정 하에서 정치적 판단이 내려질 때 대중들이 취하는 태도가 프로타고라스적인 상대주의와 어딘가 유사하다고 본 것일 수 있다. 논의 맥락을 이런 식으로 이해하면 이후에 왜 민주정 하의 법정 상황이 묘사되는가를 아주 잘 이해할 수 있다.

437 **프로타고라스 님의 학설을 주장하면서 판에 박은 듯 내세우지 않는 모든 이들** : 주석 436에서 밝혔듯이 엄밀한 의미의 프로타고라스주의자들이 아닌 것으로 볼 수 있다. 그런데 여기서 '판에 박은 듯 내세우지 않는'은 'mē pantapasi … legousin'을 옮긴 것이다. 그리스어의 부정어 'mē'(영어로는 'not')는 부사 'pantapasi'에 걸리는데, 우리말 구문 구조와 달라서 그리스어의 뉘앙스를 살리는 데 어려움이 있다. 그래서 'legein'을 '주장하다'와 '내세우다'로 두 번 옮기는 방식을 취했는데, 이는 일종의 고육지책이다. 굳이 풀어서 옮기자면 '프로타고라스 님의 학설을 주장하긴 하되 똑같이 주장하지는 않는 모든 이들'을 뜻한다. 한편 이때의 부정은, 그리스어상으로는 전체부정으로도 부분

부정으로도 읽힐 수 있기에 논란이 있다. 전체부정으로 읽으면 '프로타고라스님의 학설을 전혀 주장하지 않는 모든 이들'이 된다. 그러나 옮긴이는 부분부정으로 읽었다. 앞의 주석 436에서 설명했듯이, 플라톤은 프로타고라스의 인간척도설을 당대 민주정 하의 일반 사람들의 통념과 연관 지어 제시해 보는 것 같기 때문이다. 좀 더 정확히 말해 지금의 대목에서 플라톤은 인간척도설을 당대 현실의 '가치 상대주의'와 연관 짓는 것으로 보인다. 이런 해석을 전제로 놓고 보면 지금 거론되는 사람들을 '프로타고라스의 학설을 전혀 주장하지 않는 이들'로 이해하는 건 거의 불가능하다. 이와 관련된 논란에 대해서는 Sedley(2004), 64쪽, 각주 15 참고. 더욱이 『테아이테토스』 175b8에서도 'pantapasi ta gignomena legeis'라는 표현이 등장하는데, 그때의 'pantapasi legeis'는 사태 '그대로' 말한다는 뜻으로 사용된 듯하다. 우리는 『국가』 329d1에서도 'pantapasi'가 비슷하게 사용되는 경우를 볼 수 있다. 그렇다면 지금의 대목도 'pantapasi'를 '액면 그대로' 정도의 의미로 이해하면서 부분부정으로 독해하는 것이 가장 자연스러운 이해로 보인다. 이런 이해를 기반으로 여기서는 'pantapasi'를 '판에 박은 듯'으로 의역한다.

438 『테아이테토스』는 철학을 제대로 하려면 논의를 할 시간 내지 여가가 있어야 한다는 가정을 반복해서 제시한다. 이런 가정과 연관된 맥락은 143a~b, 150e, 154e, 180b, 187d, 201b 등이다.

439 **철학 작업들**(philosophiai) : 베나데테(Benardete(1986), I. 187, 주석 42)에 따르면 플라톤 텍스트 중 플라톤이 'philosophia'를 복수로 쓰는 경우는 이 대목이 유일하다. 이 대목에서 플라톤이 이 낱말을 왜 복수로 표현했는가는 불분명하다. 아마도 이 문제를 풀려면 여담(곁가지 이야기)에서 다루는 '철학'의 성격을 어떻게 이해해야 하느냐는 문제를 함께 고려해야 할 것 같다. 어쩌면 플라톤은 여담에서 제시되는 '철학'이 자신이 생각하는 진정한 철학이 아니라고 보았을 수 있다. 그리고 'philosophia'로 일컬어지는 것이 당대에 하나가 아니었을 수도 있

다. 아닌 게 아니라 당대의 이소크라테스(Isokratēs)도 자신의 작업을 'philosophia'라고 부르기도 했다. 이에 대한 논의는 김헌(2009, 2013) 참고. (김헌에 따르면, 이소크라테스의 전승 문헌에는 'philosophia'가 56회 등장하고, 플라톤 텍스트에는 357회 등장한다고 한다. 김헌(2013), 84쪽, 각주 29 참고.) 실제로 플라톤 텍스트 가운데 『파이드로스』 278e~279b에서는 이소크라테스를 'philosophia'와 연관해서 언급하는 대목이 명시적으로 등장하기도 한다. 그렇다면 '철학'이란 이름으로 불리는 것 '들' 중 무엇이 진정한 철학인가를 플라톤 자신이 탐문하기도 하고, 또 독자들로 하여금 그럼 탐문을 하도록 유도하기 위해 복수 표현을 사용했을 수도 있을 것이다. 물론 플라톤은 자신의 철학을 이소크라테스의 작업과 구별하려 했을 것이다. 앞의 베나데테는 이소크라테스가 세 번에 걸쳐 'philosophiai'라고 복수 표현하고 있다는 언급을 남기고 있기도 하다.

440 **철학 작업들에 많은 시간을 쏟는 자들이 법정에 연설가로 가게 되면 우스꽝스럽게 보이는 게 얼마나 당연한 일인가 하는 생각이 지금도 드는군요.** : 철학자가 법정에서 보이는 미숙함에 대해서는 『소크라테스의 변론』 17a~18a, 『고르기아스』 486b에서도 언급된다. 특히 『고르기아스』에서는 "법정에 나가서 아주 비열하고 사악한 고발자를 만나 그가 당신에게 사형을 선고하길 원한다면 당신은 죽게 될 것입니다."라고까지 표현된다. 『고르기아스』가 소크라테스의 죽음을 암시하듯이, 이곳의 『테아이테토스』도 소크라테스의 죽음을 암시하며 지금의 언급을 하고 있다고 볼 수도 있다.

441 **여유롭게(epi scholēs)** : 바로 직전에 '여가'로 옮긴 'scholē'가 포함된 구절이다. 같은 낱말을 여기서 '여유'로 옮긴 까닭은, 지금의 맥락이 물리적인 여가를 '심리적 차원의 여유'와 연관 짓고 있다고 보았기 때문이다. 즉 소크라테스는 물리적 시간에 초점을 맞추고 있는 것이 아니라 철학자의 정신적 태도에 초점을 맞추고 있다. 이런 각도에서 보면 'scholē'가 있고 없음은 정신적 성숙의 차이를 상징한다고 볼 수도 있

을 것이다.

442 첫 번째 논변과 두 번째 논변이 어떤 것을 가리키는지가 아주 불분명하다. 번옛(Burnyeat(1990), 300쪽, 주석 27)은 지금의 여담을 세 번째로 잡고, 첫 번째는 161b에서 시작된 논변으로, 두 번째는 169d에서 시작된 논변으로 보고 있다. 아마도 번옛은 프로타고라스에 대한 첫 번째 비판 논변, 그리고 두 번째 비판 논변, 그리고 여담의 순으로 보는 것 같다. 그런가 하면 워터필드는 첫 번째 논변을 테아이테토스의 첫 번째 정의, 두 번째 논변을 그 정의에 뒤따르는 모든 것들(아마도 헤라클레이토스적 지각설)로 볼 수도 있다고 하고, 아니면 첫 번째 논변은 프로타고라스에 대한 비판을, 두 번째 논변은 이 비판에 대한 반동, 그리고 지금의 대목을 세 번째 논변으로 보기도 한다. Waterfield(1987), 67쪽, 각주 1 참고. 번옛의 해석이나 워터필드의 두 번째 해석 중 하나가 무난해 보인다.

443 있는 것(to on) : 'to on'에 대해서는 주석 157 참고.

444 흐르는 물이 그들을 재촉하기 때문이죠. : 여기서 '흐르는 물'은 물시계의 물을 가리킨다. 물시계는, 직역하면 '물 도둑'을 뜻하는 'klepsydra'라고 불렸다. 당시의 재판은 논고든 변론이든 물시계의 물이 흐르는 사이에 하게 되어 있었다. 1930년대 아고라에서 발굴된 '클렙쉬드라'를 기준으로 하면 6분 만에 물이 다 빠지는데, 아리스토텔레스의 『아테네의 정치 체체(*Athēnaiōn Politeia*)』 67을 보면 관련 사건에 따라 물의 양이 많이 달랐음을 알 수 있다. 따라서 큰 법정의 물시계는 더 컸을 것으로 짐작된다. 그리고 재판 과정에서 여러 번 물을 다시 채웠던 것으로 전해진다. 어쨌든 재판정에서 이루어지는 발언은 시간 제약이 있을 수밖에 없었는데, 이미 『소크라테스의 변론』 37a~b에서는 이런 시간 제약이 가져오는 한계점을 지적하는 대목을 볼 수 있다. 『테아이테토스』 201b에서 물시계의 사례가 다시 언급된다.

445 OCT는 이 문장을 생략하고 있지만, 모든 사본에 전승되기 때문에 그대로 살려 옮겼다. 선서진술(antōmosia)은 소송 상대 양쪽이 서로에

대해 맹세를 하고 하는 진술로, 이런 진술은 맹세에 의해 확증되었다. 『소크라테스의 변론』 19b에도 이 법정 용어가 등장한다. 아마 이런 명칭은 당대의 누구나 다 알만한 것이기에 신판은 사족 같아서 뺀 것 같다.

446 **그들의 법정 진술은 언제나 동료 노예에 관한 것으로** : 법정 연설은 원칙적으로 시민만이 할 수 있었다. 거류민의 경우 개인적 소송은 제기할 수 있으나, 법정 연설은 자신을 '후원해 주는 시민'(prostatēs)이 대신하게 되어 있었다. Todd(2005) 참고. 이런 점에서 상대 시민을 상대로 소송하는 일을 노예를 상대로 하는 것으로 기술하는 것은 의도적인 묘사이다. 실제로는 노예가 아니기 때문이다. 소크라테스는 법정의 자유민이 자유민답지 못할 수밖에 없는 면모를 '노예'에 빗대고 있는 셈이다. '노예'에 빗대는 측면과 관련된 좀 더 세부적인 설명은 아래의 주석 449 참고.

447 여기서 주인은 재판관, 즉 배심원으로 참석한 아테네 시민들을 가리킨다.

448 **송사**(dikē) : 송사로 옮긴 'dikē'는 원래 '정의'나 '벌'을 뜻하지만, 여기서는 '공소'(公訴)를 뜻하는 'graphē'에 대비되는 것으로 '사적인 소송'을 가리킨다. 느슨하게 보자면 'graphē'는 현대의 '형사 소송'에, 'dikē'는 '민사 소송'에 대응시킬 수 있지만, 그렇다고 현대의 민형사 구별에 정확히 일치하는 것은 아니다. 이를테면 '살인 사건'은 'graphē'가 아니라 'dikē'의 소송으로 다루어졌다. Lanni(2006), 35쪽 참고. 또한 형사 소송을 담당하는 검찰이 따로 있지 않고 시민 중 '원하는 자'(boulomenos)라면 누구든 공적인 사안에 대해 소송을 걸 수 있었다는 점에서 현대의 법적 체제와는 달랐다.

449 여기서 노예는 이중적인 의미로 사용되고 있다. 첫째는 물시계가 흐르는 한정된 시간과 소송 상대방의 제재권(anankē)에 속박되어 있다는 의미로 사용되고 있고, 둘째는 판결의 결정권이 일반 시민들, 즉 '인민'인 'dēmos'에게 있는 만큼 배심원들에 속박되어 있다는 의미

로도 사용되고 있다. 따라서 여기서 주인이라고 한 건 다름 아니라 'dēmos'를 가리키고, 동료 노예는 소송 상대방을 뜻한다.

450 법정 경합(agōn) : '경합'으로 옮겨야 하지만 맥락을 고려해 '법정'이란 낱말을 덧붙여 옮긴다. 'agōn'에 대해서는 앞의 주석 338 참고.

451 사형 선고를 받은 소크라테스의 재판을 연상케 한다.

452 환심을 사는(charisasthai) : OCT는 테미스티우스(Themistius)에 따라 코벳(Cobet)이 수정 제안한 'hypelthein'으로 읽는다. 사실 'charisasthai'를 수동태로 보면 내용이 이상해지긴 한다. 'charis', 즉 '호의'를 받는다는 뜻이 되어 문맥에 맞지 않기 때문이다. 그러나 'charisasthai'를 중간태로 이해하면 원래의 사본을 유지하고 이해하는 길이 열린다. '호의를 받도록 행동하다'라는 뜻으로 이해할 수 있기 때문이다. 이런 의미에서 '환심을 사는'으로 옮긴다. 이 대목에서는 'charis'가 원래 상호 관계(reciprocal relation)를 기초한 낱말임을 기억할 필요가 있다. 상호성(reciprocity) 맥락에서 성립되는 'charis' 개념의 특징에 대해서는 MacLachlan(1993) 참고.

453 『고르기아스』에서 연설술을 아첨술로 규정하는 것을 연상케 한다. 앞의 주석 378 참고.

454 진실함(to alēthes) : 'to alēthes'는 직역하면 '참인 것'(the true)을 뜻하는 문구이지만, 사람의 심성을 가리킬 때는 진실함을 뜻한다. 『국가』 I권 331c 참고.

455 우리 쪽의 합창가무단 : 철학하는 무리에 빗댄 표현이다. 플라톤은 가끔 일정한 무리를 '합창가무단'(choros)에 빗대며 논의할 때가 있다. 이를테면 『국가』 580b 참고.

456 172d.

457 비평할(epitiman) : 'epitiman'은 중립적으로는 '평가하다'는 뜻으로 사용되며, 법적 맥락에서는 '형벌을 부여하는 것', 즉 양형(量刑)을 뜻한다. 지금의 맥락은 연극 경연의 맥락으로, 아리스토텔레스의 『시학』 1461b3을 보면 시인들에 대한 비난 내지 비평의 의미로 사용된다. 비

극과 관련된 당대의 비평 기준에 대해서는 『시학』 25장을 참고할 수 있다.

458 고대의 희곡은 운율이 있었기 때문에 희곡 작가는 시인으로 불렸다. 또한 이 같은 작품이 읽기용으로 쓰인 것이 아니라 공연(performance)을 위해 쓰였다는 것을 주목해야 한다. 연극 공연의 우승자는 10명의 심사위원(kritēs)들이 결정했는데, 이들은 아테네의 10개 부족(phylē)에서 각기 제비뽑기로 뽑혔다. 아마 이들 심사 위원들이 심사를 할 때 관객들의 함성 소리에 상당한 영향을 받았을 것이다. 여기서 관객이 언급되는 건 그런 배경을 두고 한 말일 것이다. 중요한 점은 법정의 논쟁이든 극장의 경연이든 모두 경쟁에서 이기는 것을 겨냥하고 있는데, 철학자의 무리(합창가무단)는 경쟁과는 무관하다는 게 지금의 논지이다.

459 번역이 갈린다. 전체 내용을 시인들에 빗대는 것으로 본 번역도 있지만, 옮긴이는 '교차 대구법'(chiasmos)으로 보았다. 'dikastēs'(재판관)는 법적 맥락에서 사용되지 'kritēs'처럼 경연의 심판이란 뜻으로 사용되지는 않기 때문이다.

460 합창가무단의 지휘자는 최고의 철학자들을 빗대어 하는 표현이다.

461 하위 족속 말고 최고를 다루어 보자는 뜻.

462 법정(dikastērion) : 아테네에서 정책이 결정되고 법률이 탄생한 곳은 민회(ekklēsia)였지만, 그 법을 해석하고 적용하는 공간은 법정이었다. 이런 점에서 법정은 현대 우리의 대법원 및 헌법재판소와 같은 역할까지 했다고 할 수 있다. 그러나 아테네의 재판관은 일반 시민들 중에서 매년 추첨으로 6천 명이 선발되어 그중에서 다시 추첨으로 재판을 맡는다는 점에서 한국의 재판제도와는 근본적으로 다르다. 일종의 배심원들이라고 할 수 있다. 아테네는 411년 이후 재판관을 재판일 새벽에 배정하는 제도를 도입하여 특정 이익을 위한 몰표를 방지하는 제도적 장치를 마련했으며, 또 재판관들을 뽑는 '추첨 기계'(klērōtērion)를 발명했고, 그 밖에 조약돌 내지 청동륜으로 된

'psēphisma'를 개발해 비밀투표가 가능하게 했다. 보통의 법정은 추첨에 의해 배정된 200~500명 정도의 재판관으로 구성되었다. 아테네에는 여러 법정이 있었는데, 『테아이테토스』 말미는 소크라테스가 종교법정인 '왕의 회랑'을 찾아가는 것으로 마무리된다.

463 **협의회장**(bouleutērion) : 고대 아테네의 의회(議會) 가운데 하나인 협의회(boulē)가 열리던 곳. 협의회는 클레이스테네스(Kleisthenes)의 민주 개혁이 이루어진 다음, 10개 부족(phylē)에서 50명씩 추첨으로 뽑아 총 500명으로 구성되었다. 이 추첨은 30세 이상의 시민들을 대상으로 매년 이루어졌다. 프뉵스(Pnyx)에서 10일마다 열리는 민회의 의제를 준비하는 것이 협의회의 주요 역할 가운데 하나였다. 또한 사안을 민회에 회부할 것인지 법정에 회부할 것인지를 결정할 수도 있었다.

464 대표적으로 민회(ekklēsia)가 열리는 프뉵스(Pnyx) 언덕을 떠올릴 수 있겠다.

465 이런 측면은 역사적 소크라테스와는 다르다. 소크라테스는 늘 큅나시온이나 아고라에 가곤 했다. 지금 언급되는 법정이나 협의회장이 모두 아고라에 자리했기 때문에 그런 장소를 소크라테스는 틀림없이 알고 있었을 터이다.

466 **법**이나 **법령들**(nomoi kai psēphismata) : 'nomos'(nomoi의 단수 형태)는 관습 또는 법률을 뜻한다. 그런데 고전기 이전에는 '헌법 내지 국법'과 '개별적인 법률' 모두에 대해 무차별적으로 'nomos'가 사용되었던 것 같다. Todds(1993), 18~19쪽과 Glossory, 그리고 Hansen(1999), 161~162쪽 참고. 참고로 영어에서는 관사의 차이를 통해 이런 구별을 시도하고 있다. 이를테면 'the law'(법)과 'a law'(개별적인 법률)로 구별한다. 라틴어는 'ius'와 'lex'로, 프랑스어는 'droit'와 'loi'로, 독일어는 'Recht'와 'Gesetz'로 구별한다. 그런데 고대 아테네에서도 고전기에 오면 단수 'nomos'와 복수 'nomoi'가 구별되어 사용되기도 했다. 'nomos'는 특수한 법률을, 'hoi nomoi'는 헌법(constitution) 내지 법적 체제(the legal system) 또는 정체(hē politeia) 자체를 가리키는 뜻으

로 사용되기도 한다. 『크리톤』에서 최상위의 '법'이 의인화되어 표현될 때 'hoi nomoi'라는 복수가 사용되는 것도 이런 맥락에서 이해할 수 있다. Todds(1993), 18쪽 참고. 이런 점을 고려해서 여기서는 'nomoi'를 그냥 '법'으로 옮긴다. 한편 'psēphismata'(단수는 psēphisma)는 민회(ekklēsia)에서 투표용 조약돌(psēphos)을 던져 표결된 것, 즉 민회의 법령을 가리킨다. 'psēphos'로는 원래 기원전 5세기경에는 조약돌이 사용되다가 기원전 4세기에 가면 청동륜이 사용된 것으로 보인다. 우리 시대에는 법령 중 상당수가 의회의 표결과는 무관하게 행정적인 법령으로 구성되지만, 아테네 민주정에서 법령은 '표결된' 법령이었다. 'nomoi'와 'psēphisma' 두 용어와 관련해서 보자면, 기원전 5세기경에는 둘이 명확히 구별되지 않고 겹치는 측면이 있으나, 기원전 403년 내지 402년부터는 일반적이고 항구적인 효력을 가지는 'nomoi'와 잠정적인 규칙에 한정되는 'psēphisma'가 구별되어 쓰였다. 데모스테네스(Dēmosthenēs)의 『연설문』 LVII. 29 이하에서도 이런 대비를 확인할 수 있다. 그러나 'nomoi'가 언제나 무조건 헌법 차원의 법을 가리키는 것으로 사용되었다고 단정할 수 없기는 하다. 플라톤의 『법률(*nomoi*)』이나 (진위 논란이 있지만) 『미노스』 초반을 보면 다른 용례가 있기 때문이다. 그렇지만 지금의 'nomoi'는 개별적인 법령을 지칭하는 'psēphisma'와 대비된 의미로 사용되고 있기 때문에 법령에 대비하여 '법'으로 옮기기로 한다.

467 **아울로스를 부는 소녀(aulētris)** : 아울로스(aulos)는 고대 그리스의 목관악기로, 로마 시대에는 'tibia'라고 불렸다. 흔히 플루트(flute)로 오해하기도 하지만 플루트와는 달리 리드(reed)를 혀로 불어 소리를 내는 악기였다. 이런 점에서 연주 방식 자체는 현대의 오보에나 클라리넷에 더 가깝다고 할 수 있다. 아울로스 연주는 희생 제의, 연극, 레슬링 경기에서까지 이루어지기도 했다. 플라톤이 『국가』(399d)에서 아울로스 제작자 및 연주자를 이상적인 나라(polis)에서 내쫓아야 한다고까지 주장하고 있는 것을 보면 아울로스 연주는 자극적인 측면이 있었

던 것 같다. 플라톤은 아울로스가 음역이 가장 넓다는 것을 알려 주고 있기도 하다. 신화적 전승에서는 아울로스를 사튀로스(Satyros)인 마르쉬아스(Marsyas)가 직접 만들었거나 아니면 아테네 여신이 버린 것을 마르쉬아스가 주워왔다고 전한다. 그런데 플라톤이 곧잘 아울로스 연주를 디오뉘소스 축제나 코뤼반테스(Korybantēs : Kybelē 여신을 받드는 자들. 아울로스와 드럼 소리에 맞추어 열광적인 춤을 추는 의식을 즐김.) 들과 연관 짓는 것을 보면, 아울로스는 주연을 벌일 때 자주 연주되었던 것으로 보인다. 아닌 게 아니라 크세노폰의 『향연』 II. 1~22를 보면 즐거운 만찬을 위해, 아울로스를 부는 소녀가 곡예단과 함께 나타나 볼거리(thauma)를 제공하는 장면이 있다. 플라톤의 『향연』 176e에서도 주연을 벌일 때 아울로스를 부는 소녀가 등장하는 장면이 있다. 그 밖에 『프로타고라스』 347d에서도 무희(舞姬 : orchēstris) 및 하프를 연주하는 소녀(psaltria) 등과 함께 '아울로스를 부는 소녀'(aulētris)가 거론되는 대목이 있다.

468 주어가 복수에서 갑자기 단수로 바뀌었다. 유형적으로 이야기하는 대목이 되겠다.

469 바닷물의 용량은 잴 수 없으리라. 이런 점에서 잴 수 없는 용량을 모르는 경우에 빗대어, 세속적인 것에 대한 철학자의 무지를 과장해서 표현하고 있다. 여기서 '되'로 옮긴 낱말은 'chous'이다. '쏟다' 내지 '붓다'를 뜻하는 'choeein'이란 동사에서 온 말로, 액체의 용량을 가리키는 도량 단위 가운데 하나이다. 약 3.25리터이다.

470 철학자가 빠지게 되는 무지의 무지를 제시하고 있다. 당연한 이야기이지만, 이것을 어떻게 이해할지는 논란의 대상이다.

471 이후에 따옴표를 한 부분은 핀다로스(Pindaros)의 『단편(*Fragmenta*)』 292에 나오는 대목이다. 『네메아 찬가(*Nemeonikai*)』 10.87로 보는 이가 있는데, 그 대목은 약간 다르다.

472 원래의 사본에는 'ta te gas hypenerthe'로 되어 있다. 맨 앞의 'ta'를 클레멘스(Klēmens)의 전승과 캠벨(Campbell)의 편집본에 따라 'tas'로

읽었다. OCT도 그렇게 읽고 있다. 클레멘스의 관련 텍스트에 대해서는 아래의 주석을 참고.

473 온갖 곳을 날아다니며(pantachē(i) petetai) : 우선 '온갖 곳을'이라고 옮긴 'pantachē(i)'를 어디에 붙이느냐에 따라서 번역이 갈린다. 어떤 이들은 앞에서 '경멸하다'로 옮긴 'atimasasa'에 붙이기도 하지만, 옮긴이는 'petetai' 쪽에 붙였다. (아래에서 보겠지만, 'petetai'를 'pheretai'로 읽는 이들도 있는데 이럴 경우는 자연스레 'atimasasa'에 붙이는 쪽을 선택하게 될 것이다.) 이 부분과 관련해서는 사본 전승에 차이가 있다. βT 사본은 'pheretai'로 전하지만, WPB² 사본은 'petetai'로 전한다. 흥미로운 것은 후대의 플라톤주의자들이 이 대목을 전하고 있다는 점이다. 한 사람은 클레멘스(Klēmens : 기원후 약 150~약 215)이고 또 다른 이는 이암블리코스(Iamblikos : 기원후 약 245~약 325)이다. 클레멘스는 『참된 철학에 따른 영지주의적 주석 잡록(ta kata tēn alēthē philosophian gnōstika hypomnēmata strōmata)』 V.14.98.5.3~V.14.98.8.4에서 『테아이테토스』 173c7~174a2 부분을 축약적으로 인용한다. 클레멘스는 'petetai'라고 기록하고 있다. 그리고 이암블리코스는 『철학으로의 권유(protreptikos epi philosophan)』 14장에서 『테아이테토스』 173c9~174a2 부분을 옮기고 있다. 피스텔레(Pistelli) 편집본 쪽수 표기로는 72.23~73.14 대목이다. 핀다로스가 인용되는 문장은 73.10~14행이다. 그의 전승은 불변화사(particle) 등이 사소하게 다른 것을 빼고는 거의 동일하다는 점에서 신뢰할 만한 것 같다. 이암블리코스는 'petetai'로 기록하고 있다. 옮긴이는 이암블리코스의 전승을 신뢰해서 그에 따라 텍스트를 옮겼다. OCT 신판도 이에 따르고 있다.

474 측량하기도 하고(geōmetroura) : 면적을 측량한다는 뜻.

475 천체를 관측하기도(astronomousa) : 철학자에 대한 이런 이미지가 『소크라테스의 변론』 18b에도 소개된다. 소크라테스가 "하늘 높이 있는 것들(ta meteōra)을 골똘히 생각하는 자"(박종현 역)였다는 소문이 소개된다. 아닌 게 아니라 아리스토파네스는 『구름』 266에서 소크라테스를

그렇게 묘사한다. 따라서 여기서 플라톤이 철학자와 관련해서 천체를 관측하는 자로 묘사하는 것은 철학자, 특히 소크라테스에 대한 당시 세간의 오해를 반영하고 있다. 그렇기 때문에 여담(곁가지 이야기) 부분에서 제시되는 철학자의 모습을 곧바로 플라톤이 지지하는 철학자의 모습으로 이해하는 것은 텍스트에 너무 소박하게 접근하는 것이다.

476 탈레스(Thalēs): 생몰 연도는 기원전 약 624~기원전 약 546년. 밀레토스(Milētos)의 탈레스는 고대 그리스에서 곧잘 회자되던 일곱 현인(sophos) 중 한 사람이다. 그는 최초의 철학자로 간주되곤 하는데, 이런 시각을 아리스토텔레스의 『형이상학』 983b20에서 확인할 수 있다. 지금 『테아이테토스』에서 '철학자'를 거론하면서 굳이 탈레스를 언급하는 것은 아마도 플라톤 또한 탈레스를 최초의 철학자로 보았기 때문일 것이다. 『테아이테토스』에서 이후에 탈레스와 관련된 일화로 제시한 것과 비슷하면서도 좀 더 상세한 전언을 우리는 아리스토텔레스의 『정치학』 I. 11, 1259a6~19에서 확인할 수 있다.

477 우물(phrear): 'phrear'는 자연적인 샘인 'krēnē'와 구별되어 인공적인 샘을 가리킨다. 'phrear'가 물탱크 내지 저수지의 뜻으로 사용되는 건 고전기에 와서이다. 따라서 여기서는 우물로 옮긴다.

478 172c~d.

479 왕을 목자에 빗대는 것은 호메로스 이래의 전통이다. 호메로스 텍스트의 경우는 따로 전거를 들 필요가 없을 정도로 아주 자주 등장한다. 이를테면 왕을 부를 때 '백성들의 목자'(poimēn laōn)라는 호격 표현을 사용하는 경우를 쉽게 볼 수 있다. 플라톤의 『국가』 I권에서도 트라쉬마코스가 통치자를 목자에 빗대는 대목이 등장하기도 한다. 그런데 『고르기아스』 516a~b에서는 페리클레스가 사람들을 돌보는(epimelein) 것을 나귀나 말이나 소를 돌보는 것에 유비하여, 페리클레스가 훌륭하지 못함을 논증하고 있다. 그런가 하면 『정치가』 264b~266e와 267e~268c에서 집단 양육의 관점에서 나눔(dihairesis)을 시도하고 결국 목자와 왕의 차이를 찾는 쪽으로 논의를 발전시킨

다. 목자의 양육과 왕의 양육 간에 차이가 있다는 것이다. 지금 『테아이테토스』에서도 목자의 유비를 긍정적으로 보기보다 부정적으로 묘사하고 있다.

480 피지배자를 목자의 유비에 따라 표현한 대목이 되겠다.
481 **성벽에 둘러싸인 채 … 촌스럽고 교양도 없는 자가 될 게 필연적이라고 생각합니다.** : '성벽에 둘러싸인' 상태는 갇혀 있는 상태를 상징하는 것 같다. 그런데 『국가』의 566b에서는 참주를 가리켜 자신을 지킬 경호대(phylakas)에 의지하는 존재로 그린다. 그 부분의 앞뒤 맥락에서는 참주가 자기 내면을 잘못 다스려 두려움에서 빠져나오지 못하기 때문에 물리적인 경호대를 필요로 한다고 묘사하고 있다. 이는 『테아이테토스』에서 지금 묘사하는 대로 성벽에 갇혀 있는 모습과 큰 차이가 없어 보인다. 그렇다면 여기서 '성벽에 갇혀 있음'은 참주나 왕이 심리적 여유를 결여한 족속임을 보여 주는 대목이 될 것이다. 그렇기 때문에 보통 '여가 부족'으로 옮길 수 있는 'ascholia'를 '여유가 없음'으로 옮긴다. 즉 그들의 시간 부족은 물리적 문제가 아니라 기질의 문제라는 것이다. 주석 441 참고.
482 **플레트론(plethron)** : 길이를 가리키기도 하고 부피를 가리키기도 한다. 여기서는 부피를 가리키는데, 그리스 기준으로는 100^2푸스(pous). 현대의 용량으로는 약 $29.6m^3$의 부피.
483 철학자.
484 **헬라스 사람(Hellēnes)** : 고대 그리스 사람들을 총칭하는 표현이다. 현재 쓰이는 'Greece'라는 명칭은 로마(Roma)인들이 서북부 헬라스에 살고 있던 '그라이코이'(Graikoi) 족을 가리켜 'Graecia'라고 부른 데서 연원한 것이다. 고대 그리스인들은 자신들을 신화적 인물인 헬렌(Hellēn)의 후손이라고 인식했고, 이런 맥락에서 자신들을 'Hellēnes'라고 불렀다. 이에 대해서는 헤로도토스의 『역사』 I.92 참고.
485 신화적 인물로까지 거슬러 올라간다는 비판이다.
486 철학 내지 철학자가 비난받는 이야기는 플라톤의 대화편 곳곳에서 볼

수 있다. 이미 『소크라테스의 변론』에서부터 소크라테스는 철학에 대한 비난이 어떤 점에서 잘못된 것인가를 변호한다. 그런가 하면 철학을 대놓고 비난하는 가장 강한 논의는 『고르기아스』 484c~485e에서 칼리클레스에 의해 제기된다. 그 밖에 『에우튀데모스』 304d~307c, 『국가』 489d~497a도 참고할 만한 대목이다. 그런데 지금 『테아이테토스』에서 철학자가 비난받는 이유는 구체적인 실천의 차원에서 철학자가 무능하기 때문이다. 플라톤은, 『국가』 517d~e에서 철학자가 좋음의 형상을 본 다음에 '신적인 관상(觀想)들에서 인간적인 나쁜 일들로 옮겨 가서 주위의 어둠에 익숙해지기 전에 법정 같은 곳에서 말다툼을 할 경우 우스꽝스럽게 된다'고 말하는데(박종현 번역 참고), 바로 그런 경우가 지금 『테아이테토스』의 철학자의 경우에 해당된다. 『국가』에서는 좋음의 형상을 본 다음 인간사로 내려올 때도 익숙해지는 과정이 필요하다고 하고 있는데, 이는 원리를 파악하고 나서도 구체적인 것에 적용할 때 일정한 노력의 과정이 필요하다는 것을 시사한다. 다른 한편 『필레보스』 62a~d에서는 철학자가 어떻게 실천적일 수 있는가를 설명하고 있기도 하다.

487 플라톤은 이른바 '동굴의 비유'를 제시하는 대목에서 지금 『테아이테토스』에서 '이끌다'로 옮긴 'helkein' 동사를 사용한다. 『국가』 VII. 515e. 아마도 플라톤은 『국가』의 동굴의 비유를 의식하면서 지금 『테아이테토스』의 대목을 썼을 것이다.

488 정의와 불의 자체에 대한 고찰(skepsis autēs dikaiosynēs te kai adikias) : 중기 대화편의 맥락에서 이런 표현이 등장했다면, 학자들은 서슴없이 이것들이 형상으로서의 정의와 불의를 가리킨다고 받아들였을 것이다. 그러나 『테아이테토스』가 플라톤 자신의 견해를 제시하기보다 열린 태도로 논의를 하고 있다고 보는 학자들은 그런 해석을 받아들이지 않는 경향이 있다. 하지만 중기에 자신이 즐겨 쓰던 표현이 독자들에게 어떻게 받아들여질지를 플라톤 자신이 의식하지 않고 이런 표현을 사용했다고 보는 건 더욱 이상하다. 그런 점에서 '자체'로 표현되는

고찰의 대상이 형상을 가리키지 않는다고 보는 쪽에 증명의 부담이 있다고 보는 것이 합리적일 것이다.

489 무엇인지 : 이런 형태의 물음이 가지는 중요성과 의미에 대해서는 주석 68 참고.

490 이를테면 『고르기아스』 470d~e에서는 마케도니아(Makedonia)의 왕 아르켈라오스(Archelaos)가 행복한지 비참한지를 묻는다.

491 텍스트 독법과 관련해서 여러 논란이 있지만, βT 사본에 따르는 것을 유지한 OCT 신판을 따른다. 다만 'au'는 인용 따옴표 밖으로 처리했다. 대부분의 학자들은 '왕이 행복한 자인지 황금을 소유한 자가 행복한 자인지'라고 옮기고 있지만, 이는 'au'를 고려할 때 가능한 독법이 아닌 것 같다. 옮긴이처럼 '황금의 소유'라는 조건을 덧붙이는 방식으로 옮기거나 아니면 Waterfield(1987, 72쪽)처럼 분사 구문을 이유로 옮기는 길 밖에 없어 보인다.

492 이런 인간 유형에 대한 묘사는 172c~173a 참고.

493 상황이 반전되고 맙니다(ta antistropha apodidōsin) : 문자 그대로는 "strophē'에 대해서 'antistrophē'를 되돌려주다.'를 뜻한다. 'antistrophē'와 관련해서는 158c의 주석 256 참고.

494 자유와 여가 속에서 양육된 자의 기질로 바로 당신이 '철학자'라 부르는 그런 자의 기질입니다. : 여가와 연관해서는 172d4 참고. 그런데 여기서 거론되는 '철학자'(philosophos)의 기질(tropos) 내지 철학자 상(像)이 소크라테스와 일치되는가 여부에 대해서는 많은 논란이 있다. 이를테면 소크라테스는 아고라로 가는 길을 잘 알고 있으며 또한 자신의 무지를 깨닫고 있고 동료 시민에게 관심이 많다는 점에서 여기서 거론되는 '철학자'와는 차이가 있다. 이와 연관해서는 Benitez & Guimarares(1993) 참고. 어떤 이들은 여기서 거론되는 '철학자'의 상(像)이 플라톤 자신의 것이며, 그런 점에서 지금의 곁가지 이야기는 소크라테스의 한계를 비판하는 대목이라고 보기도 한다. 이를테면 Sedley(2004) 참고. 어쨌든 여기서 거론되는 철학자의 상을 무조건 이

상적이라고 보기는 힘들다. 예를 들어 구체적인 것에 대한 자신의 무지를 깨닫지 못하는 철학자는 어떤 의미에서든 '무지의 무지 상태'에 빠져 있는 것이다. 플라톤이 이런 무지를 긍정적으로 보았다고 이해해야 할 어떤 이유도 없다. 다시 말해 구체적인 현실에 대해 무지한 철학자, 실천에 무지하고 이론만 추구하는 철학자를 플라톤적인 의미에서 철학자의 이상이라고 볼 이유는 없다. 사실 『국가』 VII권을 보면 좋음의 형상을 보고 나서도 구체적인 사물에 익숙해지지 않아 혼란 상태에 빠지는 경우를 들고 있는데(518a), 그때의 상황은 여기서 거론되는 철학자의 경우와 일치된다. 『국가』 520a~b는 공동체에 대한 철학자의 의무를 강조하고, 520c는 시민들과의 동거를 위해 구체적인 것들(『국가』의 텍스트 표현으로는 '어두운 것들'(ta skoteina))에 익숙해지려는 노력이 필요함을 역설하고 있다. 따라서 『국가』의 이상적 철학자의 상은 이론과 실천의 능력을 겸비한 자라는 점에서 『테아이테토스』의 곁가지 이야기에서 묘사되는 철학자와는 다르다. 그렇다면 지금 『테아이테토스』에서 제시되는 철학자의 면모는 『국가』에서 좋음의 형상을 보고 내림길(katabasis)을 제대로 내려오지 못한 상태의 철학자에 상응하는 것으로 볼 여지도 있다. 주석 486, 487 참고. 오히려 『고르기아스』 521d~e에서 소크라테스를 두고 '참된 정치가'라고 할 때, 플라톤이 그리고 있는 철학자의 상은 철학과 정치의 일치를 이념으로 하는 관점이며, 이것이 『국가』에서는 철인치자(哲人治者)의 상으로 제시되었다고 볼 수도 있을 것이다. 그렇다면 플라톤적인 철학자는 단순히 정치와 불화하는 존재가 아니다. 역사적인 소크라테스처럼 현실의 정치와는 불화할 수 있지만, '이상적인 정치'와는 합치될 수 있는 존재가 플라톤적인 철학자라고 할 수 있기 때문이다.

495 『고르기아스』 462b~466a에서는 '연설술'을 요리술과 치장술에 빗대면서 아첨술로 규정한다.

496 겉옷을 자유인처럼 우아하게 입을 줄도 모르고 : 생략된 동사를 넣어 직역하면 '겉옷을 자유인처럼 오른쪽으로 넘겨 입을 줄도 모르고'로 옮

길 수 있다. 여기서 거론되는 옷은 겉옷, 즉 히마티온(himation)이 분명하다. 그래서 원문에 없지만 '겉옷'을 넣어서 옮겼다. 고대 그리스의 남성들은 주로 '키톤'(chitōn)만 입거나 아니면 그 위에 히마티온을 걸쳐 입었는데, 키톤은 양 어깨에 고정시키는 방식으로 착용했기에 지금 거론되는 옷은 키톤이 아니다. 그런데 히마티온을 착용하는 방식과 관련해서는 혼동스러운 점이 없지 않다. 플라톤의 표현을 액면 그대로 옮기면 '(옷을) 오른쪽 위로 던지다'(anaballesthai)가 되는데, 이때의 오른쪽 위치가 몸의 어디인지가 불분명하다. 그리스어로만 보면 가장 자연스런 독법은 어깨가 되겠는데, 그러면 히마티온을 오른쪽 어깨로 넘기는 것이 된다. 그러나 남아 있는 도기 그림 가운데 히마티온을 왼쪽 어깨에 걸치고 있는 경우가 더 많은 것 같다. 따라서 'anaballesthai'는 왼쪽 어깨로 넘겨 오른쪽을 향해 뒤로 천을 던지는 행위를 가리키는 표현으로 보인다. 그렇다면 히마티온을 걸치는 방식은, 먼저 왼쪽 어깨로 천을 넘기고서 오른쪽으로 천을 던지면서 허리 주위를 에둘러 감싼 다음 왼쪽 팔에 남은 천을 올려놓는 것으로 이해할 수 있겠다. 아마 그런 동작을 세련되게 하기 위해서는 어느 정도 반복된 훈련이 필요했을 것이고, 그래서 소크라테스가 옷을 입는 법까지 거론하는 것으로 볼 수 있겠다. 한편 에이브라함스(Abrahams)는 그리스인들이 '히마티온을 오른쪽으로 입는다'고 표현한 까닭을, 몸의 오른쪽에 더 밀착되게 옷을 당겼기 때문일 것으로 추측하고 있다. Abrahams(1908), 54쪽 참고. 그리고 아리스토파네스(Aristophanēs)의 『새들(Ornithes)』(1567~1568행)에서는 'anaballesthai'가 아니라 'ampechein'이라는 표현이 사용되지만, 역시 오른쪽으로 두르는 것이 교양 있는 것으로 묘사된다.

497 대부분의 번역자는 'eudaimonōn'을 'andrōn'에만 붙이지만, 'te kai'를 고려할 때 'theōn'에도 붙이는 것이 자연스럽다. '행복'이란 형용을 신들에게도 붙이는 건 이미 호메로스 때부터 자연스러운 일이기 때문이다. 호메로스 사전에는 'eudaimonōn'은 등장하지 않고 비슷

한 낱말인 'makar'(복된)(후대의 철자로는 'makarios')가 사용되는데, 이 낱말은 인간을 형용할 수도 있고(예를 들어 『일리아스』 III. 182 등), 신을 형용할 수도 있다(예를 들어 『일리아스』 I. 339, 406, 599 등). 그리고 'eudaimonōn'과 'makarios'의 외연을 날카롭게 구별하는 것도 정당한 것 같지는 않다.

498 OCT 신판에서는 'bion' 다음의 'alēthē'를 빼고 있지만, 옮긴이는 원래의 사본에 있는 것을 굳이 뺄 필요가 없다고 판단했다.

499 좋은 것에 상반되는 어떤 것이 항상 있을 수밖에 없는 일이니까요. : 전승되는 바에 따르면 『테아이테토스』에서 액자 대화를 주도하는 인물로 설정된 메가라학파의 에우클레이데스는, 좋음은 하나이며 좋음과 대립되는 것은 아무것도 존재하지 않는다고 했다고 한다. 디오게네스 라에르티오스, 『유명한 철학자들의 생애와 사상』 II.10.106 참고. 이 전승이 맞는다면, 지금 플라톤은 이 대목에서 메가라의 에우클레이데스를 비판하고 있는 셈이다. 그렇다면 메가라학파에 대한 비판은 액자 이야기에도 있고 액자 내부 이야기에도 들어 있다고 볼 수 있다.

500 신을 나쁨과 단절시키고 오로지 '좋음'하고만 연관 짓는 합리적 신학은 『국가』뿐만 아니라 『법률』 등에서도 제시되는 플라톤의 일관된 관점이다. 주석 145 참고.

501 '이곳'은 '차안'(此岸)으로 '저곳'은 '피안'(彼岸)으로 옮길 수도 있다.

502 가능한 한 신에 동화됨(homoiōsis tō(i) theō(i) kata to dynaton) : '신에 동화됨'으로 옮긴 'homoiōsis tō(i) theō(i)'는 '신과 닮게 됨' 내지 '신과 같이 됨'으로 옮길 수도 있다. 가능한 한 신에 동화되는 삶을 이상적으로 보는 대목이다. 인간에게 가능한 최선의 삶(aristos bios)(『티마이오스』 90d6)을 이런 식으로 묘사하는 대목으로는 『국가』 500c, 613a~b, 『파이드로스』 248a, 252c~253c, 『티마이오스』 29e~30c, 『법률』 716c~d, 904d~905a 등이 있다. 이들 텍스트를 직접 비교해 보면 그것들과 『테아이테토스』의 언급이 아주 많이 닮아 있음을 쉽게 확인할 수 있다. 그런데 이후의 『테아이테토스』 176e~177a의 언급을 보

면 신에 동화되는 삶은 신적인 본을 닮는 것인데, 아마도 이것은 『국가』 518d~e처럼 '실재(to on)로의 혼의 전환'을 가리키는 것 같다. 『티마이오스』 90a~d를 통해 우리는 이런 삶이 우주적 질서의 조화에 동화됨으로써 가능하게 된다는 것을 알 수 있다. 비슷한 맥락의 설명으로 『국가』 500b8~d3을 참고하면 결국 신에 동화되는 최선의 삶은 절도 있는 사람으로 살아가는 것을 가리키는 것으로 볼 수 있다. 참고로 박종현은 이런 동화를 아예 '동화 사상'이라고까지 부르고 있는데, 그는 이런 사유의 기원을 피타고라스학파에서 찾는다. 박종현(2009), 327~328쪽, 주석 75 참고. 최선의 삶을 신에 동화되는 삶으로 보는 플라톤의 관점은 이후에 아리스토텔레스(『니코마코스 윤리학』 10.8 참고)나 플로티노스(Plōtinos)(『엔네아데스(*Enneades*)』 1.2 참고) 등에 깊은 영향을 미치며, 후대의 신플라톤주의자인 이암블리코스에서도 이런 영향을 확인할 수 있다.

503 신에 동화됨이란 슬기를 갖추고 정의롭고 경건하게 되는 것입니다. : 『파이돈』 69b에서는 '용기, 절제, 정의도 슬기(phronēsis)를 갖출 때(meta) 참된 덕(alēthēs aretē)일 수 있다'는 견해가 소개되는데, 지금의 설명과 정확히 일치된다. 그런데 'phronēsis'에 대한 언급 때문에 이 대목을 어떻게 이해할 것인가가 아주 큰 논쟁거리가 될 수밖에 없다. 176a에서 '이곳(차안)에서 저곳(피안)으로의 달아남'을 긍정적으로 표현하고 있기 때문에 그런 표현을 액면 그대로 받아들이면, 우리는 여기서 '플라톤'이 속세 내지 정치를 떠나는 것이 좋다는 주장을 하는 것으로 해석하게 된다. 더구나 그런 달아남을 '신에 동화됨'으로 설명하는 대목에서는 더욱더 그런 추정을 하게 될 가능성이 있다. 그러나 주석 300에서 설명했듯이, 'phronēsis'가 '실천적 지혜'라는 것을 염두에 두면, 지금 '플라톤'이 제시하는 '신에 동화된 삶'은 현실을 초탈한 삶이 아니라, 오히려 현실 속에 슬기를 구체화하는 삶을 가리키는 것일 수도 있다. 다른 맥락이긴 하지만 『법률』 712e~714a에서는 크로노스(Kronos) 시대의 통치와 경영이 '복 받은 삶'(makaria zōē : 713c2)을 가

능하게 했다는 설화가 제시되고, 결국 714a2에서는 이를 '지성의 배분'(hē tou nou dianomē)으로 설명하는데, 이런 설명 방식을 『테아이테토스』에 적용하면 '신에 동화됨'이란 다름 아니라 '지성의 지배'를 뜻한다고 볼 수도 있을 것이다. 그러나 엄밀하게 말하면 텍스트는 이 양쪽의 길 중 어느 쪽으로 봐야 할지 불확정적인 방식으로 묘사하는 것 같다. 결국 이 문제를 어찌 볼 것인가 하는 것은 『테아이테토스』를 독자가 얼마나 심층적으로 이해할 수 있느냐에 달려 있다고 할 것이다. (주석 486과 494에서는 현실 속에서 슬기를 구체화하는 삶을 가리키는 쪽으로 해석할 가능성을 소개해 놓았다.)

504 주석 500에서 제시한 관점이 이 경우까지 지속되고 있다.

505 **진짜 능수능란함** (hē hōs alēthōs deinotēs) : 플라톤 텍스트 안에서 'deinotēs'가 긍정적인 방식으로 사용된 희귀한 경우. 'deinotēs'와 관련해서는 주석 198 참고.

506 신에 동화됨.

507 **이것에 대한 인식이 지혜요 참된 덕인 반면 이것에 대한 무지는 어리석음이요 명백한 악덕이며** : 여기서는 '앎'으로 옮긴 'epistēmē' 대신 'gnōsis'(인식)가 사용되지만, 플라톤은 그 두 낱말을 교체해서 사용하는 경향이 있다. 그런 전제 하에 보면 이 대목에서는 앎 내지 인식을 '지혜'와 동일시하면서 명시적으로 일종의 '덕'(aretē)으로 간주하고 있다. 이것은, 이전의 주석 66에서 설명했듯이, 『테아이테토스』에서 논의되는 주제인 '앎'(epistēmē)이 명제적 차원의 앎이 아니라 덕(德)으로서의 앎이라는 것을 명시적으로 보여 준다. 그리고 인식은 덕이고 무지는 악덕(kakia)이라고 제시하는 것은 주지주의적 도덕적 관점을 전형적으로 보여 주는 대목이라고 할 수 있다.

508 **못 할 짓이 없는**(panourgia) : 맥락에 맞게 옮기다 보니 용언 표현을 사용했지만, 원래 'panourigia'는 '못 할 짓이 없음'으로 옮길 수 있는 명사이다. '모든' 내지 '아무것이나'를 뜻하는 'pan'과 '행위'를 뜻하는 'ergon'의 복합어이다. 따라서 아무 짓이나 가리지 않고 멋대로 하는

것을 뜻한다. 대표적으로 『국가』에서는 탐욕(pleonexia)이 바로 '못 할 짓이 없음'의 원천으로 제시된다.

509 **대지의 공연한 짐짝**: 『일리아스』 XVIII.104와 『오뒷세이아(*Odysseia*)』 xx.379에 빗댄 언급. 그리고 『소크라테스의 변론』 28d에서도 비슷한 표현이 등장한다.

510 아래의 주석 516 참고.

511 **실재(to on)**: 앞에서는 '있음' 내지 '있는 것'으로 옮긴 'to on'을 여기서 '실재'로 옮긴 이유는, 보임 내지 겉보기(dokein)의 영역과 구별되어 거론되고 있기 때문이다. 일상적인 사람들이 보지 못하는 영역인 저곳, 즉 피안을 가리키는 것으로 보는 것이 맥락상 합리적이다. 물론 중기 대화편을 염두에 두면 이때의 'to on'은 형상을 가리키는 것으로 볼 수도 있지만, 『테아이테토스』 안에 그런 관점이 '이론적으로 체계적인 방식으로' 제시되고 있지 않고 있기 때문에 이 문제는 늘 논란이 될 수밖에 없다.

512 **신적이지 않은(atheos)**: 동시에 '불경한'을 뜻할 가능성도 있다.

513 176d의 '불의를 저지르는 자나 불경한 것들을 말이나 행동으로 저지르는 자'를 가리키는 것으로 보인다.

514 **생각이 없는(anoia)**: 'anoia'는 'nous'(지성)의 부재를 가리키는 명사인데, 우리말의 자연스러움을 위해 탓을 수식하는 용언으로 처리했다. '어리석음'으로 옮길 수도 있는 말이다. 지성(nous)의 부재, 즉 '생각 없음'(thoughtlessness)을 악(惡)의 원천으로 생각하는 사유가 현대 철학에서도 곧잘 등장하는데, 지금 대목의 설명에서 드러나듯 서양에서 이런 전통은 거슬러 올라가면 소크라테스에 기원을 두고 있다. 플라톤의 여러 텍스트, 특히 『국가』와 『법률』에서는 'meta nou'(지성과 함께)라는 것이 거의 구호처럼 등장하고 있는데, 이는 우연이 아니다.

515 **정화되어 있는(katharos)**: 플라톤은 종교의식인 '비교의식'(mystēria)에 빗대어 철학에 입문하는 것을 설명하듯이, 성스런 영역으로 진입하기 위해 속세의 때를 제거하는 정화의식(katharmos)에 빗대어 철학적 상

승 과정을 설명하곤 한다. 따라서 『테아이테토스』의 이 대목도 종교와 철학의 유비에 따라 이해하는 것이 적합하다. 『파이돈』 81~83에서는 몸 내지 감각에서 벗어나는 것을 '정화'로 설명한다. 특히 82d에서는 그런 정화를 "철학을 통한 해방(lysis)과 정화(katharmos)"라고 설명한다. 『소피스트』 230d에서 '논박(elenchos)을 가장 중요하고 가장 주된 정화'라고 설명하는 것도 그런 유비 맥락에서 보아야 잘 이해할 수 있는 대목이다.

516 그들은 이곳에서 나쁜 사람들끼리 어울림으로써 항상 자신들과 닮은 삶의 방식을 영위하게 될 것이라고 말입니다. : 잘못 사는 자가 겪게 되는 벌로 플라톤은 주로 사후(死後)의 천벌을 이야기하곤 한다. 이를테면 『고르기아스』 523a~526d에서는 사후에 심판을 받고 '축복받은 자들의 섬들로 가는 길' 아니면 '타르타로스로 가는 길'로 가야 하는 상황을 이야기한다. 그리고 『파이돈』 113d~114c에서도 심판을 받고 악행(adikēmata)에 대해 벌을 받는 이야기가 소개된다. 그런가 하면 『국가』 614b~621d의 에르(ēr) 신화에서도 사후에 심판을 받고 벌을 치르는 이야기가 소개된다. 『파이드로스』 248c~250c에서는 사후에 심판을 받는 이야기(249a)뿐만 아니라 윤회에서 벗어나는 이야기까지 소개된다. 『파이드로스』가 특이한 점은 이렇게 윤회에서 벗어날 수 있게 해 주는 것을 바로 철학적 '광기'(mania)에서 찾는다는 점이다. 또한 『티마이오스』 42a~d, 90e~92c에서는 나쁜 사람들의 윤회, 그리고 철학을 통해 윤회에서 벗어나는 것을 이야기하고 있다. 『파이돈』 83d~84b도 윤회에서 벗어나는 이야기가 나오는 대목으로 이해할 수 있다. 이 같이 플라톤 텍스트에서는 종말론(eschatology)에 가까운 사후 처벌론이 심심찮게 등장한다. 이런 이야기는 보통 '응보와 심판'의 관점에서 제시되는데(『고르기아스』 523b3에서는 이를 '응보와 심판의 감옥'(to tēs tiseōs te kai dikēs desmōtērion)이라고 부른다.), 이 같은 인과응보적 처벌론은 호메로스부터 이미 확인할 수 있는 오래된 사유의 전통이다. 이런 점에서 플라톤은 전통적인 인과응보의 사유를 각색 ·

활용하고 있다고 할 수 있다. 그런데 우리는 『테아이테토스』에서 아주 놀라운 새로운 이야기를 듣게 된다. 지금의 맥락에서 제시된 벌은 176d~e에서 드러나듯 매질이나 사형 같은 외적 처벌이 아니라 '비참한 본'을 모사하는 삶을 사는 것이다. 이는 사후에 주어지는 외적 처벌이 아니라 현생에서 살아 있는 동안 겪게 되는 벌이며, 행위자의 행위 방식에 따라오는 벌이라는 점에서 행위자의 삶 자체에 내재하는 벌이다. 176e에서 제시되듯 이런 벌은 '피하려야 피할 수가 없는' (adynaton ekphygein) 벌이다. 주석가들은 별로 주목하고 있지 않지만, 이 대목은 플라톤의 새로운 처벌적 관점을 보여 준다. 플라톤을 깊이 있게 이해하려고 할 때 정말 심사숙고할 필요가 있는 대목이다. 우리는 『법률』 728b 이하에서도 '악행에 대한 최대의 벌은 나쁜 사람들을 닮게 되는 것'이라는 같은 논조의 이야기를 들을 수 있다.

517 정말이지 그건 제가 잘 알고 있는 바입니다. : '그건 제가 아는 바입니다.'가 직역이겠는데, 이보다 좀 더 강조하는 표현으로 옮겼다. 소크라테스가 자신의 무지를 아는 경우 이외에 특정한 생각에 대해 이렇게 안다고 표현하는 대목은 드물다. 그러나 전혀 없는 것도 아니다. 이미 『소크라테스의 변론』 29b, 『메논』 98b 등에서 그런 대목을 만나게 된다. 그런데 지금 『테아이테토스』의 문장은 목적어를 생략하고 있기 때문에 정확히 무엇을 알고 있다고 하는 것인지가 다소 애매하게 보일 수도 있다. 아마도 직접적으로는 앞에서 언급된 176a~177a 부분이나 177a 부분으로 국한해서 이해할 수도 있겠으나, 전체적인 문맥을 보면 여담(곁가지 이야기) 전체를 가리키는 것으로 이해하는 것이 좀 더 합리적일 듯하다. 177b8에서 지금의 이야기를 '곁가지'(parerga)로 지칭하는 언급이 등장하기 때문이다. 그런데 곁가지 이야기는 상당히 형이상학적 함축을 가지는 견해들로 가득하다. 이런 점에서 곁가지 이야기를 두고 '안다'고까지 표현하는 것을 어떻게 해석해야 할 것인가는 쉽지 않은 문제이다. 물론 앞에서 언급했듯이 플라톤의 소크라테스는 이미 『소크라테스의 변론』 이래 '안다'(oida)(29b)고 언급

하는 경우가 있긴 하지만, 초기 대화편에서 소크라테스가 확신하며 '안다'는 표현을 사용하는 것들은 거의 대부분 윤리적 확신일 경우이다. 곁가지 이야기에도 윤리적인 차원이 포함되어 있지만 그것을 형이상학적 차원으로까지 확장시키고 있다는 점에서 『테아이테토스』에서 제시된 소크라테스의 확신은 초기 대화편의 소크라테스보다 더 나간 측면이 분명히 있다. 더구나 곁가지 이야기의 내용은 중기의 플라톤이 제시한 형이상학과 일치되는 그림이라는 점에서, 여기서 '안다'는 표현은 플라톤 자신의 생각을 드러내는 대목일 가능성이 있다. Cornford(1935), 88~89쪽 참고.

518 **비난하는 것들** : 여기서 능수능란한 자들이 비난하는 대상은 콘포드가 해석하듯 '철학'을 가리키거나 챠펠이 해석하듯 '철학적 주제에 대한 [철학자]의 설명'으로 보는 것이 자연스러워 보인다.

519 연설하는 방식이 아님을 뜻한다.

520 **놀라운 분이시여(daimonie)** : 'daimonie'라는 표현은 172c3에서도 등장했다. 여기서는 테오도로스를 가리켜 사용하는 호격 표현으로 보기는 어려울 듯하다. 곧이어 나오는 '이상한 일'을 거론하기 위해 호칭 자체를 통해 논의의 분위기를 형성하는 경우로 보는 것이 자연스러울 듯하다. 사실 고대 그리스의 대화체에서는 이렇게 이야기 내용과 연관 지어 호칭을 사용하는 경우를 가끔 볼 수 있다. 따라서 의역하자면 '기이하기도 하여라' 정도로 옮길 수도 있겠다. 나시(Narcy)는 172c와 이곳에서 테오도로스가 마치 소크라테스의 '다이모니온'(daimonion)과 같은 역할을 하는 것으로 보고 있는데, 이는 그리 매력적인 해석이라 하기 어렵다. Narcy(1995), 285쪽, 주석 347 참고.

521 **대단하던(ekeinos)** : 'ekeinos'를 강조해서 옮긴 말이다. 그리스어 표현 'ekeinos'(영어로는 'that')는 때로 지시 대상의 위대함을 함축하기도 하는데, 여기서는 그것이 반어적으로 사용된 것으로 볼 수 있다.

522 **곁가지(parerga)** : 직역하면 '부수적인 작업'쯤으로 옮길 수 있다. 172~177까지의 이야기가 본론에서 벗어난 '곁가지 이야기', 즉 여담

(餘談 : digression)임을 밝히는 대목이 되겠다.
523 원문의 풀이표를 제거하고 옮기면서 지금의 문장 접속사를 넣었다.
524 172b 대목을 가리킨다.
525 운동하는 있음(hē pheromenē ousia) : 『소피스트』 246c1~2에서는 'ousia' (있음)를 'genesin pheromenēn'(운동하는 생성)과 대비하는 대목이 있다. 이런 대비를 고려하면 지금 『테아이테토스』의 표현은 이상해 보일 수 있다. 그런가 하면 운동의 형이상학을 내세우는 헤라클레이토스적 흐름 이론의 경우에는 '있다'(einai)라는 표현을 쓰기보다 '생겨나다' 내지 '되다'로 옮길 수 있는 'gignesthai'라는 표현을 사용하는 것이 적절하다고 한 터이기에 또 다른 측면에서도 이상해 보일 수 있다. 152d~e 참고. 그러나 곧이어 등장하는 내용을 보면, 프로타고라스의 인간척도설이 다시 제시되고 있다. 따라서 여기서 '운동하는 있음을 주장하는 이들'은 헤라클레이토스적으로 해석된 인간척도설을 옹호하는 자들을 가리킨다고 보는 것이 자연스럽다. 인간척도설은 내내 'einai'의 표현을 사용하기 때문에 헤라클레이토스적 흐름 이론을 가리키는 맥락에서도 'ousia'가 사용된 것으로 이해해 볼 수 있겠다. 179d3행에서 이 표현이 다시 등장한다. 한편 우리는 '있음'(ousia)이 '생겨나다'(gignesthai)와 결합되어 사용되는 표현을 『필레보스』에서 볼 수 있다. 26d8의 'genesis eis ousian'(있음으로의 생성)과 27b8의 'gegenēmē ousia'(생성된 있음)란 표현이 바로 그런 경우인데, 아무래도 지금 『테아이테토스』와 같은 맥락으로 이해하면 안 될 것이다. 『필레보스』는 '한도' 내지 '한도 지우는 것'인 'peras'와 '한도 지어지지 않은 것'인 'to apeiron'을 혼합(mixis)시키는 맥락이기 때문이다. 즉 『테아이테토스』에서 헤라클레이토스적 관점은 '있음'을 '움직임'으로 환원하는 극단적 견해가 제시되는 대목이라면, 『필레보스』는 (『소피스트』처럼 '있음'과 '생성'을 구별하는 관점을 유지하면서도) 그 둘의 새로운 결합 가능성을 모색하는 대화편으로 보인다. 우리는 이런 두 차원의 것을 결합시키는 설명이 『티마이오스』 전체의 논조라고 이해할 수도 있을

것이다.

526 누군가가 '이로운 것들'이라는 이름으로 그것을 부를 경우를 제외하면 말입니다. : 입법가가 법률을 제정하면서 그 법의 명칭을 '이로운 것들'(ōphelima)이라고 붙이는 경우를 말한다. 이런 언급에 함축되어 있는 주장은, 명칭상으로 '이로운 것들'이라고 불리는 법이라고 해도 그 법의 실제적 이로움은 그런 명칭과는 전혀 상관이 없다는 이야기이다.

527 이름을 말하지 말고 그 이름이 가리키는 대상을 바라보게 해야 하니까요. : 달을 가리키는 손가락을 보지 말고 달을 보라는 뜻이다. '이로운 것들'이라는 말 말고 그 말이 가리키는 대상, 즉 실제로 이로운 것을 논의해야 한다는 말이 되겠다. 이전의 166e1~2의 언급도 같은 방식으로 이해할 수 있다. 또한 아리스토텔레스의 『형이상학』 1006b18~22 참고.

528 판정 기준(kritērion) : 'kritērion'은 그리스어 낱말의 어미를 고려할 때는, 판정을 내리는 자, 즉 'kritēs'가 판정(krisis)을 내리는 공간을 가리킨다. '재판정' 내지 '재판소'로 옮길 수 있는 'dikastērion'과 같은 조어법이다. 이런 의미에서 '판정소'(判定所)로 이해할 수도 있다. 이미 『국가』 582a6에서는 비슷한 의미로 사용된 적이 있고, 『법률』 767b5에서는 법정의 의미로 사용된다. 그런데 '판정소'란 판정을 내려주는 곳이기에 일정한 판정의 기준(criterion)을 가지고 있기 마련이며, 그런 맥락에서 'kritērion'이 '판정 기준'을 가리키는 의미로 전이되었을 것이다. 옮긴이는 지금의 맥락에서 이미 그런 전이가 일어났다고 보고 '판정소' 대신 '판정 기준'으로 옮긴다. 플라톤 이후에 'kritērion'은 중요한 철학 개념으로 등장한다. 섹스투스 엠피리쿠스에 따르면(『학자들에 대한 반박』 VII. 145~146 참고), 아카데미아(Akadēmia)학파의 2대 수장이었던 스페우시포스(Speusippos, 기원전 약 410~기원전 약 340)가 바로 이 용어를 철학적인 전문용어로 사용한다. 그 이후에 퀴레네학파, 에피쿠로스(Epikouros)학파, 스토아(Stoa)학파는 'kritērion'을 '진리의 기준'(kritērion tēs alētheias)'이란 의미로 사용하여 이 낱말이 고대의 철학 전문용어로 굳어진다.

529 키타라 연주자(kitharistēs) : 키타라(kithara)는 'U' 자 모양의 나무로 된 공명통에 3~12개의 줄을 매어 손가락이나 채로 퉁겨 연주했다. 구조는 뤼라와 흡사하나 크기는 훨씬 더 컸다. 뤼라가 대중적 악기였다면 키타라는 음악가들의 전문적인 악기였다. 아리스토텔레스는 『정치학』 1341a18~19에서 키타라를 가리켜 'organon technikon'(전문적 기술을 요하는 악기)이라고 부르기도 한다.

530 아직은(pō) : 지금 단계에서는 시비를 걸지 말자는 이야기이다. 그러나 곧이어 179c 이하에서 이 문제를 주제화한다. 특히 즐거움이 당장 나타나 있는 경우, 즉 직접 제시되는 경우가 주된 논의 대상으로 제시된다.

531 설득력 있음(pithanon) : 'pithanon'은 나중에 헬레니즘 시대의 중요한 철학적 용어로 사용된다. 그러나 플라톤의 경우는 전문적인 용어로 사용되는 건 아니다.

532 벗이시여(ō mele) : 중립적으로는 친근한 사이에 부르는 호칭이다. 때로는 비꼬는 뉘앙스로 사용될 수도 있는데, 지금의 대목을 어느 쪽 뉘앙스로 봐야 할지가 불분명하다. 플라톤 텍스트에서는 이 호칭이 여기서 유일하게 사용되고 있기 때문이다. 부정적 뉘앙스라면, 프로타고라스를 비꼬는 뉘앙스를 테오도로스에 대한 호칭을 통해 표현하고 있다고 볼 수도 있다. 이 표현을 아리스토파네스에서는 자주 볼 수 있다. 이를테면 『구름』 1338행.

533 프로타고라스가 돈을 받고 가르침을 주었다는 점에 대해서는 주석 371 참고. 이런 모습을 비난하는 논조가 165e에서 이미 제시된 적이 있다.

534 178a 참고.

535 프로타고라스.

536 적절할(metriōs) : 'metriōs'라는 부사는 'metron'(척도)과 동근어이다. 직역하면 '척도에 맞을' 정도로 옮길 수 있다. 소크라테스는 'metron'이란 말의 부사 형태를 가지고 프로타고라스의 문제점을 풍자하

고 있다. 지금(179a) 대목 이외에도 180c에서도 쓰이며, 181b에서는 'metrion' 형태로 쓰이기도 한다.

537　171b~c 참고.

538　162e에서 소크라테스가 대변하는 프로타고라스는 그럴듯함에 호소하지 않고 논증의 필연성을 보여 줄 것을 요구한다. 지금의 비판은 그런 필연성을 보여 주는 대목이 되겠다.

539　167d 참고.

540　**공략되는 것**(haliskesthai) : 여기서 'haliskesthai'는 군사적 맥락에서는 '포로로 붙잡히다' 내지 '포획되다'를 뜻하며, 법적 맥락에서는 '유죄 판결을 받다'라는 의미로 사용된다. 지금 맥락에서는 논의에서 '잘못을 추궁당하는 것' 내지 '잘못이 드러나 책잡히는 것'을 가리킨다. 따라서 '책잡히다'나 '공박당하다'나 '추궁을 당하다' 또는 '논박당하다' 등의 번역이 가능하다. 플라톤이 이 낱말을 원래 전문적인 학술 용어로 사용하지 않았기 때문에 옮긴이는 플라톤이 의도하는 유비를 노출하기 위해 원초적인 군사적 의미를 살리는 쪽으로, 즉 '공략되다'로 옮긴다. 플라톤은 이 낱말을 지금 문맥에서 네 번 사용한다. 179b6~7, 179b7, 179c2, 179c4. 그리고 헤라클레이토스를 비판하는 과정인 182d3에서도 이 낱말을 다시 사용한다. 참고로 179c4행의 'helein'은 'hairein'의 이차 부정시제 부정법(second aorist infinitive) 형태인데, 'haliskesthai'에는 따로 능동 형태인 'haliskō'라는 표현이 없기에 'hairein'이 대신 사용된다. 따라서 179c4행의 'helein'은 '공략하다'로 옮겨야 한다.

541　'dogma' 정도가 생략된 것으로 보고 옮겼다.

542　**각자에게 나타나 있는 느낌과 관련해서는** : 직접 제시되는 지각이 생생하게 나타나는 경우를 떠올리면 되겠다. 우리는 이런 논의를 서양 근대 인식론과 비교해서 이해하는 시도를 해 볼 수도 있을 것이지만, 이 번역서에서는 이에 대한 상상은 절제하도록 하겠다.

543　**난공불락의 것들**(analōtoi) : 주석 540에서 설명한 'haliskesthai'에다 부

정 접두어 'an'이 합성된 반대말 형용사. LSJ는 이 낱말의 일반적인 의미를 'not to be taken, impregnable'로 뜻풀이하고, 『테아이테토스』의 이 대목을 지목해서 'unassailable, convincing'으로 풀이한다. 이 낱말의 인식론적 의미를 어떻게 해석해야 할 것인가가 분명하지 않다. 이 용어는 주석 540에서 언급했듯이, 일차적으로는 군사적 맥락의 용어이기 때문에 '공략할 수 없음'을 뜻하며, 지금의 번역어는 그런 원초적인 의미를 살린 것이다. 그런데 논의에서 공략할 수 없다는 것은 결국 논박 불가능성(irrefutability)을 함의한다고 볼 수 있다. 그렇다면 논박 불가능성이 함의하는 인식론적 의미는 무엇일까? 이전에 155c~160e 부분에서 제시된 헤라클레이토스적 지각설에 따르면, 개개의 지각은 개개의 지각 상황에서 지각되는 것과 필연적으로 묶여 있다. 이런 그림에서 어떤 지각의 논박 불가능성은 타자의 개입불가능성을 전제로 하기 때문에(왜냐하면 지각 상황마다 고유하기 때문이다.) 시비(是非) 불가능성을 함축한다. 또한 '아픈 소크라테스'와 '건강한 소크라테스'의 경우에서 보듯이 주관도 지각 상황마다 해체되기 때문에 동시에 교정 불가능성(incorrigibility)을 함의한다고 볼 수 있다. 이런 점에서 챠펠이 'analōtoi'를 'incorrigible'로 옮기는 데는 정당한 측면이 있다. 그렇다면 우리는 'analōtoi'라는 군사적 용어를 통해, 지금의 논의가 개개의 느낌(pathos)이 교정 불가능한 것이라는 인식론적 논의를 펼치고 있다고 이해할 수 있을 것이다. 그런가 하면 'analōtoi'라는 단어를 통해 오류 불가능성(infallibility)을 끌어내는 학자도 있지만(Modrak(1981) 참고), 이는 논란의 여지가 많은 문제이다. 교정 불가능성(incorrigibility)이 곧 오류 불가능성을 함축한다고 보지 않을 수도 있기 때문이다.

544 **명증적인 것들(enarges)** : 'enarges'는 일반적으로 '명백한', '분명한' 정도로 옮길 수 있는 낱말이지만, 그렇게 옮기면 이 대목의 인식론적 뉘앙스가 죽어버린다. 그래서 어려운 표현이지만 '명증적인'이라고 옮기기로 한다. 아마 서양철학사에서 최초로 등장하는 명증성(明證

性 : evidence) 개념인 듯하다. '명증성'은 인식론적인 맥락에서 추론을 거치지 않고 직접적으로 주어지는 명백함 내지 확실성을 가리킨다. '명증성'은 특정한 인식 방식 때문에 인식 내용이 명백하게 드러날 때 사용하는 개념이라고 할 수 있다. 헤라클레이토스적 지각설이 이렇게 명증적 차원을 내포하고 있다고 볼 수 있는 이유는, '나타나 있음' 내지 '현존함'을 뜻하는 'parousia' 계열의 표현을 반복해서 사용하기 때문이다. 이 낱말은, 헤라클레이토스적 지각설의 맥락에서는, 느낌(pathos)을 느끼는 순간에 그 느낌이 당면한 것으로 직접 제시 (presentation)되어 있다는 의미를 함의한다.

545 있는 것들을 말하는 것(ta onta legein) : '있는 그대로 말하다' 내지 '실제 사실을 말하다' 정도의 의미를 함축하는 것으로 볼 수 있다.

546 166c 그리고 168b.

547 177c에 등장했던 용어. 주석 525 참고.

548 도자기를 굽고서 깨진 데가 없는가를 검사하는 것에 빗대고 있다.

549 이오니아(Iōnia) : 소아시아 서쪽 연안의 중심부이다. 철학의 아버지로 일컬어지는 탈레스 등이 여기 출신이기 때문에 이오니아학파라는 말도 생겼다. 그런데 지금 여기서는 이오니아 지역에 포함되는 에페소스(Ephesos)를 염두에 두고 쓰인 말이다. 좀 더 정확하게 말하자면 에페소스 출신의 헤라클레이토스를 염두에 두고 사용되었다.

550 152e에서 파르메니데스를 제외하고 호메로스로부터 시작해서 일렬로 현자들을 모아서 열거했었다.

551 152e 참고. 『크라튈로스』 402a에서는 헤라클레이토스가 말하는 지혜를 거론한 뒤, 402b에서는 이와 연관해서 호메로스와 헤시오도스를, 그리고 그보다 옛사람인 오르페우스(Orpheus)를 '흐르는 것들'(rheumata)과 연관 짓는다.

552 에페소스(Ephesos) : 현재 터키(Turkey) 셀주크(Selçuk)의 이즈미르(Izmir) 지역. 이오니아 지방의 유명한 도시. 기원전 약 10세기에 그리스인들의 식민 도시로 건설되었다. 여기서는 헤라클레이토스가 에페

소스 출신이기 때문에 그와 연관된 맥락에서 거론되는 것이다.

553 **발광 난 자들**(hoi oistōntes) : 동사 'oistān'의 분사 형태. 이 낱말은 '등에'를 가리키는 'oistros'에서 온 말이다. 따라서 'hoi oistōntes'는 등에에게 쏘여 격분해서 미친 듯이 날뛰는 자들을 가리킨다. 이와 관련해서는 재미있는 신화적 이야기를 떠올릴 만하다. 제우스의 사랑을 받은 이오(Iō) 이야기이다. 제우스가 이오를 사랑하고 애착을 갖게 되자, 예의 헤라(Hēra)가 등에 떼를 보내 이오의 옆구리에 달라붙게 했고, 그 결과 그녀는 발광 나서 날뛸 수밖에 없게 되었다고 한다. 그리하여 그녀가 그리스를 가로질러 내달리다가, 이오니아(Iōnia) 지역의 만(灣) 연안을 따라 달리게 되었는데, 아이스퀼로스는 『결박된 프로메테우스(*Prometheus desmōtēs*)』 840행에서 등장인물 프로메테우스로 하여금 그녀의 이름을 따서 그곳이 'Ionios'라고 불릴 것이라는 언급을 하도록 각색한다. 플라톤은 아이스퀼로스의 이런 각색 버전을 분명히 기억하고서 지금 'hoi oistōntes'라는 표현을 사용했을 것이다. 이오는 등에 때문에 발광 나게 되었고, 그런 그녀의 이름을 딴 '이오니오스'(Ionios) 해에 접한 이오니아 사람들을 '발광 난 자들'로 부르는 건 재치 있지 않은가. 우리는 한참 설명을 들어야 감을 잡지만, 고대 그리스의 독자 내지 청자라면 저절로 미소를 지었을 대목이다.

554 **운동할**(pherontai) : 일관성을 견지하는 데는 관심 없고 저술들 속에 제시되는 주장에 따라 입장이 움직인다는 내용이다. 이를 '운동'의 학설을 주장하는 그들의 관점을 고려해 재치 있게 표현하는 대목이다. 우리에게 전승되는 헤라클레이토스의 단편은 운동과 변화, 그리고 대립성을 강조할 뿐만 아니라, 신탁 투의 상징적 표현으로 가득 차 있어서 플라톤의 이런 표현이 적절하다는 인상을 줄 수 있다. 그러나 헤라클레이토스가 나름의 일관성을 가지는 입장으로 이해될 가능성도 없는 건 아니다. 헤라클레이토스와 관련된 이런저런 논쟁거리에 관해서는 김인곤(2013) 참고. 우리는 플라톤이 엄정한 철학사가(哲學史家)가 아니라는 것을 기억해 둘 필요가 있다.

555 차분하게(hēsychiōs) : 애초에(153a) 운동과 정지를 대립적으로 도입하는 논의에서 '가만있음'으로 옮긴 낱말 'hēsychia'의 부사 형태.

556 퍼부어 댈 겁니다(peplēksē(i)) : 원래는 권투 선수가 상대를 가격한다(strike on)는 뜻이다. 의역했다.

557 이상한 말씀 하지 마세요(daimonie) : 172c와 177b에서는 소크라테스가 테오도로스에게 쓴 호칭이다. 직역하면 '놀라운 분이시여' 정도로 옮길 수 있지만, 여기서는 테오도로스가 소크라테스의 언급에 대해 부정적인 뉘앙스로 사용한 것이 분명하다. ('daimonie'는 이미 호메로스의 경우에도 부정적 뉘앙스로 사용되는 경우가 있다.) 원래는 호격 표현이나 맥락의 의미를 고려해서 의역한다.

558 기하학적 문제(problēma) : 테오도로스가 기하학자라는 것을 연상시킨다.

559 152e에서 호메로스의 언급으로 소개된 바 있다.

560 『프로타고라스』 316d~e에서는 소피스트술을 위장하는 이야기가 나온다. 거기에서 프로타고라스는, 소피스트술이 불쾌감을 일으킬까 봐서 시(詩)로 위장하는 경우, 종교적 입교의식이나 예언으로 위장하는 경우, 체육술로 위장하는 경우, 음악으로 위장하는 경우를 들고 있다. 이 가운데 시로 위장하는 사례로는 호메로스, 헤시오도스, 시모니데스를 들고 있다. 지금 『테아이테토스』에서 '시로 뜻을 숨겨 놓았다'는 부정적 언급은 『프로타고라스』의 그 대목을 연상케 한다.

561 요즘 사람들이 더 지혜롭다고 한 건, 아마도 헤라클레이토스를 의식한 표현일 것 같다. 남아 있는 헤라클레이토스의 단편을 보면 헤시오도스나 피타고라스 등 옛사람들을 비판한 대목이 많이 있다. 이런 대목을 모아 놓은 설명으로는 김인곤(2013), 112~114쪽 참고.

562 제화공(hoi skytotomoi) : 여기서 '제화공'은 무지한 사람들의 대표격으로 제시되었다. 『소크라테스의 변론』 등에서 소크라테스는 기술자(technikos)가 근거 내지 설명을 제시하는(logon didonai) 능력을 가진 측면을 긍정적으로 묘사하기도 하지만, 당대의 일반적인 통념은 그런 이들을 교양이 부족한 '저속하고 천박한 이들'로 보고 있다. 이에 해당

하는 그리스어 표현이 'banausos'라는 표현인데, 176c7에서는 그것의 복수 형태가 사용된 적이 있다. 지금은 당대 일반 사람들이 가지고 있는 통념을 반영하여 논의를 진행하는 맥락이다. 이 문맥의 내용은, 천박한 이들조차 그들 자신의 지혜를 이해하도록 헤라클레이토스주의자들이 공개적으로 자신들의 견해를 드러내 놓았다는 이야기가 되겠다.

563 바로 앞에서 언급된 요즘 사람들.

564 152e에서 파르메니데스만 예외로 언급된 적이 있다.

565 "그것은 유일하고, 움직일 수 없는 것이다. '있음'은 모든 것에 대한 이름이다." : 신판 OCT의 독법은 다음과 같다. 'oion akinēton telethei tō(i) panti onom' einai'. OCT 구판(Burnet 판)은 첫 낱말 'oion'을 'hoion'으로 읽고 있는데, 전승되는 사본이 그렇다. 'hoion'으로 읽는 노선은 대개의 경우 『테아이테토스』 180d1행이 역사적인 파르메니데스의 단편 8.38행(DK29B8.38)을 잘못 옮긴 것으로 이해하는 경향이 있다. 그런데 일반적으로 받아들여지는 DK29B8.38행은 'oulon akinēton t' emenai· tō(i) pant' onomastai'로 되어 있다. 엄밀하게 보면 콘포드가 지적하듯이, 『테아이테토스』 180d1행은 단편 8.38행과는 절반이나 다르다. 따라서 8.38행을 연상시킨다고 보는 것 자체가 부자연스런 일이다. 이런 점에서 『테아이테토스』 180d1행은 (심플리키오스의 『아리스토텔레스의 『자연학 강의』에 대한 주석』이 전해 주는 것을 고려해서) 콘포드처럼 독립적인 단편으로 이해할 필요가 있을 듯하다. 콘포드는 『테아이테토스』 180d1행을 파르메니데스의 단편 19에 이어지는 내용으로 보며, 있음(to eon)의 단일성과 불변성(움직이지 않음)에 대한 언급으로 보아야 한다고 주장한다. 옮긴이는 지금 인용된 구절을 콘포드의 독법에 따라 이해하고 옮겼다. 기본적으로 신판 OCT는 콘포드의 독법을 좇고 있는데, 다만 콘포드가 제시한 방점을 아예 빼놓았다는 점에서만 다르다. 콘포드의 방점까지 넣고 옮긴이가 따른 독해는 다음과 같다. 'oion akinēton telethei, tō(i) panti onom' einai.' 콘포드의 설명에 대해서는 Cornford(1935), 94쪽, 각주1 참고. 한편 번역문의 '그

것'은 '모든 것'을 가리키는 것으로 보이며, '모든 것'은 단수로 표현되어 있다는 데 유의할 필요가 있다. 참고로 강철웅의 번역(김인곤 외 (2005) 참고)은 사소하게 옮긴이와 다르다.

566 멜리소스(Melissos) : 사모스의 멜리소스(Melissos)는 기원전 5세기경의 인물로 파르메니데스의 제자로 알려져 있다. 그는 군인 신분이었으며 파르메니데스에 대한 다원론자들의 대응을 다시 반박하려고 노력한 것으로 알려져 있다. 멜리소스에 대한 개설적 소개로는 강철웅(2013) 참고.

567 터전(chōra) : 'chōra'를 부정하는 것은 운동할 공간을 부정하는 것을 함축한다. 'chōra'라는 낱말은 『티마이오스』에서 플라톤이 인정하는 공간 개념으로 사용된다. 'chōra'라는 낱말은 곧이어 181c7에서도 등장하는데 거기서는 '장소' 내지 '곳'으로 옮겼다.

568 금을 그어 놓고 놀이를 하는 사람들 : 이울리오스 폴뤼데우케스(Ioulios Polydeukēs)에 따르면, 이 놀이는 'dielkystrinda'로 불리는데, 레슬링장에 선(線)을 그린 다음 그 선을 두고 양편으로 나뉘어 상대편을 끌어당기는 놀이이다. 폴뤼데우케스의 『어휘집(to onomastikon)』 IX. 112 참고.

569 흐르는 사람들(hoi rheontai) : 운동론자들인 헤라클레이토스주의자들을 그들의 주장 내용에 따라 재치 있게 부르는 표현이다.

570 좀 전의 끌어당기기 놀이에 빗대는 것이 계속 적용되고 있다.

571 전체 쪽에 서는 사람들(hoi tou holou stasiōtai) : 일상적인 용어로는 '내란'(stasis)을 벌이는 당파의 일원을 가리는 말이다. LSJ는 이런 뜻에서 이 대목을 'Partisan'으로 보고 있다. 그러나 여기서는 철학적 맥락을 고려해서 이해할 필요가 있다. 여기서 'stasis'는 '내란'이 아니라 '정지'의 의미로 쓰인 것 같다. 마치 앞에서 헤라클레이토스를 지지하는 자들을 '흐르는 자들'이라고 표현했듯이, 엘레아학파를 가리키는 것으로 보인다. 알다시피 엘레아학파의 단편에는 '전체'(holon)를 거론하는 대목이 심심찮게 등장하며(DK28B9 또는 DK21B24 등), 이들이 '정지'를

옹호했다는 것도 잘 알려져 있다. 여기서는 '정지'에 해당되는 동사를 가지고 '전체 쪽'을 옹호하는 쪽에 '서는' 것으로 재치 있게 표현한 대목으로 보는 것이 합당해 보인다.

572 **의견을 지니게**(dokeitō) : 'dokeitō'는 앞에서 '판단하다' 내지 '여겨지다'로 옮긴 낱말이다.

573 **그걸 함께 감당하게끔**(hina koinē(i) paschōmen) : 논의의 결과를 함께 감당하자는 이야기이다. 그런데 여기서 'koinē(i) paschōmen'은 중립적으로 옮기면 '함께 겪는다'라는 뜻이다. 이전의 헤라클레이토스적 지각설에 따르면 '함께 겪는 것'은 불가능한 일이다. 그렇다면 소크라테스는 헤라클레이토스적 지각설을 이론적으로 비판하기 전에 드라마 속의 대화 표현을 통해 이미 비판적 암시를 던지고 있는 것이다. 공통의 겪음(pathos)이 가능함을 전제로 부탁을 하고 있기 때문이다. 여기서 '함께'라고 옮긴 'koinē(i)'는 '공통적으로'라고 옮길 수도 있다.

574 이 대목의 텍스트 독법은 다르다. ①TW 사본에는 'emoige dokei anangkaion men oun'으로 되어 있다. 이 사본은, 'emoige dokei'(내가 보기엔 그런 것 같습니다)는 테오도로스에게 귀속시키고, 'anangkaion men oun'(필연적으로 그런 것이지요)는 소크라테스에게 귀속시킨다. ②β 사본은 위의 언급을 모두 테오도로스에게 귀속시킨다. ③스토바이오스(Stobaios)는 'emoige dokei'를 생략하고, 'anangkaion men oun'을 테오도로스의 언급에 할당한다. 그런데 구판 OCT는 'emoige dokei' 부분에 대해 **빼자는** 대괄호 처리를 하고 있고, 신판 OCT는 아예 본문에서 제거하고 있다. 즉 ③의 노선을 좇고 있다. 그런데 데니스톤(Denniston(1950), 476쪽)은 이 부분의 'men oun' 용법에 대해 흥미로운 설명을 제시하고 있다. 첫 번째 화자가 한 말에 대해 두 번째 화자가 동의하면서도, 첫 번째 화자가 쓴 표현보다 훨씬 더 강한 표현으로 대체함으로써 첫 번째 화자가 쓴 표현이 부적절하다는 것을 보여 줄 때 불변사 'men oun'을 쓰기도 한다는 것이다. 나는 데니스톤의 해석을 좇으면 대화 분위기를 아주 잘 살릴 수 있다고

보았다. 그래서 TW 사본의 전승을 그대로 살리는 쪽으로 옮겼다. 이에 따라 OCT가 테오도로스의 언급으로 귀속시킨 'anangkaion men oun' 부분을 소크라테스에게 귀속시키면서 'men oun' 번역은 데니스톤의 뉘앙스 해석을 고려해 옮겼다.

575 두 가지 움직임을 제시하는 경우로는 『국가』 380e, 『파르메니데스』 138b~c 참고.

576 156d~e, 159d~e.

577 **성질**(poiotēs) : 'poiotēs'는 형용사 'poion'에다 추상명사형 어미가 결합되어 합성된 낱말로, 영어로는 'quality'에 해당된다. 사실 영어 'quality'는 라틴어 'qualitas'에서 온 낱말인데, 'qualitas'는 '어떠어떠한'을 뜻하는 'qualis'에서 형성된 낱말이다. 'qualitas'라는 낱말을 이런 식으로 조어하고 설명하는 대목은 키케로(Cicero)의 『아카데미카(Academica)』 I.24~6을 참고할 수 있다. 'poiotēs'의 형용사 'poion'을 앞에서는 '어떠어떠한' 내지 '어떤 성질의'로 옮겼다. 앞쪽의 번역 방식을 좇으면 'poiotēs'는 '어떠어떠함'으로 옮길 수도 있지만, 여기서 플라톤이 추상명사로 개념화하는 의도를 드러내기 위해 추상적인 한자어 '性質'로 옮긴다. 지금 플라톤은 이 낱말을 주저하면서 사용하고 있는데, 이는 이 낱말을 이 대목에서 처음으로 만들어 사용하기 때문이다.

578 **총괄적으로**(hathroon) : 'hathroon'은 원래 '덩어리' 내지 '집단'의 뉘앙스를 가지는 형용사이다. 여기서는 아래의 '개별적으로 사용되는 경우'에 대비되는 의미를 가진다. 따라서 '추상적으로'라는 의미로 이해할 수도 있겠다.

579 156e~157a 그리고 152d, 153e 참고.

580 **지각되는 성질들**(ta aisthēta) : 직역하면 '지각되는 것들'이다. 그러나 여기서 언급되는 'ta aisthēta'는 '지각들'(aisthēseis)과 함께 생겨나는 자식 움직임들이다. 결국 'ta aisthēta'는 지각과 지각 성질을 낳는 부모 움직임들이 아니기 때문에 '것'으로 실체화할 수 있는 대상이 아니다.

그렇기 때문에 궁여지책으로 '지각되는 성질들'로 옮긴다. 이를테면 '흰 것'에서 '흰'을 가리켜 'ta aisthēta'로 지칭하고 있는 맥락이다. '것'에 해당되는 것은 부모 움직임이기 때문이다. 그런데 원문의 표현도 사실 궁색하기는 마찬가지이다. 원문에서도 우리가 '지각되는 성질들'로 옮긴 'ta aisthēta'라는 표현으로 '흰'과 같은 것을 가리키다 보니, 그리스어로 '지각되는 대상들'을 표현할 방도가 없게 된다. 그래서 부모 움직임들 중 대상을 가리키는 표현으로 지시사인 'ta men'만 덩그러니 사용하고 있다. 곧바로 이어지는 번역에서 '지각되는 것들'은 바로 'ta men'을 옮긴 것이다. 일찍이 주석가들은 이런 어려움을 의식했는지 'aisthanomenon'(Heindorf), 'aisthētikon'(라우렌티아 사본(Laurentianus) 85.6), 'aisthētēn'(Buttmann)으로 읽자는 대안 독법을 제시하기도 했다. 그러나 지금 제기되는 표현상의 문제는 이를테면 '흰 것'에서 '흰' 과 '것'을 구별하는 특이한 맥락에서 발생되는 문제이기에, 대안 독법이 더 나은 장점을 가지는 점은 없어 보인다. 따라서 이 부분은 사본대로 읽고 번역에서만 달리 옮긴다.

581 155c~157c 참고.
582 182a 참고.
583 『크라튈로스』 439c~e 참고.
584 테아이테토스와 소크라테스.
585 지각이 앎이라는 테아이테토스의 답변.
586 **된다**(gignesthai) : 주석 168에서 언급했듯이 '생기다'와 '되다'의 양의성을 가진 낱말이다.
587 **'그렇게'라는 이 말조차 하지 말아야 하고** : 『크라튈로스』 439d~e, 정확히는 439d에서 '그것은 이것이다.'라든가 '그것은 그러그러하다.'라고 말할 수 없다는 설명이 제시되는데, 이는 지금 『테아이테토스』에서 'houtō'(그렇게)라고 말하면 안 된다는 내용에 상응하는 것 같다.
588 **가정**(hypothesis) : 앞의 주석 201에서 설명했듯이, 『테아이테토스』에서 이른바 '가정의 방법'이 사용된다고 볼 수 있는 근거가 되는 대목이다.

소크라테스는 헤라클레이토스적 흐름 이론의 가정 자체의 한계를 공략하고 있다.

589 표현(rhēmata) : 특정한 해석을 개입시키지 않기 위해 'rhēmata'를 '표현'으로 옮겼지만, 'rhēmata'가 '술어'(predicate)를 뜻할 가능성의 여지도 있다. 주석 389 참고.

590 한정 없는 것으로(apeiron) : 이에 대한 해석 가능성과 관련해서는 아래의 주석 참고.

591 '어떻게도 아닌'이란 표현은 제외하고 말입니다. 그런 표현은 한정 없는 것으로 언급된 것이라 그렇게 하면 그들에게 제일 잘 어울릴 겁니다. : 사본의 전승이 갈리는 대목이다. 이에 따라 주석가들의 의견 역시 갈리고 있다. 대부분의 주석가들은 이 문제를 부분적으로만 주목하고 깊이 고찰하지 않는 경향이 있지만, 아주 자세히 따져보아야 할 대목이다. βT 사본의 독법은 'ei mē ara to "oud' hopōs", malista d' houtōs an autois harmottoi, apeiron legomenon.'으로 읽고 있다. 이런 독법을 취하는 이들로는 콘포드, 로엡(Loeb) 판의 파울러(Fowler), 워터필드 등이 있다. 옮긴이는 이 같은 βT 사본의 독법을 따랐다. 이에 반해 OCT는 구판이나 신판이나 'ei mē ara to "oud' houtōs" malista an autois harmottoi, apeiron legomenon.'으로 읽고 있다. 여기서 '"oud' houtōs"' 독법은 W 사본의 고주석을 따른 것이며, βT 사본의 'malista d' houtōs an'을, W 사본은 'malista an'으로 전하고 있는데, OCT는 이를 따르고 있다. 그런데 이런 독법의 차이가 헤라클레이토스적 흐름 이론이 어떤 함축을 가지는가에 대한 해석 차이를 야기하며, 여기서 플라톤의 비판이 정확히 무엇을 겨냥한 것인가에 대한 해석 또한 갈리게 된다. 편의상 OCT 독법을 ①이라고 하고, βT 사본의 독법을 ②라고 하자. ①에 따라 옮기면 해당 부분을 다음과 같이 옮길 수 있을 것이다. "결국 한정되지 않은 의미로 언급된 '그렇게도 아닌'이란 표현이 그들에게 딱히 어울리는 게 아니라면". 그런데 ①의 독법을 따르는 학자들은, 이 대목이 언어의 불가능성을 함축

하는 언급이라고 이해하는 경향이 있다. 즉, 소크라테스가 헤라클레이토스를 비판할 때 핵심 논점은 '언어의 불가능성'에 있다고 해석한다. 그러나 이런 해석은 여러 난점을 안게 된다. 우선 텍스트에서 언어의 불가능성이 명시적으로 거론되고 있지 않다. (이 때문에 원문과는 무관하게 학자들 사이에 상상적 차원의 논의만 있게 된다.) 둘째는 ①의 독법에 따를 때, 183b2~3에서 "이런 학설을 주장하는 사람들로서는 어떤 다른 언어를 상정해야 합니다."라고 한 표현은, 실제로는 불가능한 것을 요구하는 이상한 언급이 되고 만다. 헤라클레이토스적 흐름 이론에 따르면 언어는 불가능한데(①의 독법에 따를 때 그렇다는 것이다.), 그들에게 다른 언어를 상정하도록 해야 한다는 말을 굳이 할 까닭이 없기 때문이다. 셋째로, 그다음 등장하는 테오도로스의 언급을 이해할 수 없게 만든다. 테오도로스는 "그것이 바로 그들 특유의 어법(oikeiotatē dialektos)입니다."라고 한다. 여기서 테오도로스는 흐름 이론을 옹호하는 자들에게 특유의 어법이 있다고 하고 있는데, ①의 독법에 따르면 그런 어법에 해당되는 언어가 있을 수 없어야 한다. 그런데도 테오도로스는 '그것'(hautē)이라는 지시사를 사용한다. 즉, 그런 어법에 해당하는 것이 있다는 것이다. 그런데 문맥상 테오도로스의 언급(183b6)에서 지시사 'hautē'는 (①의 독법을 전제하고 볼 때) 'oud' houtōs'(183b4)라고 볼 수밖에 없다. 그런데 이것은 183b1의 'mē houtō'(그렇지 않게)와 같은 표현이 아니다. 따라서 ①의 독법을 취하는 이들은 'oud' houtōs'에서 왜 '-de'가 추가로 들어갔는가를 설명해야 하는 부담을 안을 수밖에 없다. 그 독법을 좇는 이들은, '어쩌면' 'mē houtō'는 부정판단으로 보는 반면, 'oud' houtōs'는 무한판단(無限判斷 : propositio infinita)으로 보는 대안을 제시해 보려 할지도 모르겠다. 183b5에서 'apeiron legomenon'(①에 따를 때 '한정되지 않은 의미로 언급된')이란 표현이 바로 'oud' houtōs'가 무한판단임을 드러내 준다고 해석해 볼 수도 있을 터이니 말이다. 그런데 부정판단이 'S는 P가 아니다.'의 형식을 취한다면, 무한판단은 'S는 -P이다.'의 형식을 취한다. 이런 판단은 어떤 점에서 술어의 부정을 주어 S에 적극적으로 귀속시킨다. 따라서 무한판단조차 흐름 이론의 형이상학적 가정에 부합하지 않는다. 그리고 ①에 따를 때, 해당 문장은 무한판단이 헤라클레이토스적 흐름 이론에 적합하다는 것이 아니라, 그런 것조차 부적합한 언어라는 것을 함축하고 있다. 따라서 ①의 노선에서는 테오도로스의 언급을 설명할 길이 없는 것 같다. 이에 따라 옮긴이는 ②의 독법을 좇는다. ②의 독법에서는 위와 같은 문제가 생기지 않는다. 또한 무한판단을 헤라클레이토스적 흐름 이론에 적합한 언어로 볼 필요도 없다. ②의 독법에서 'oud' hopōs'(어떻게도 아닌)는 무한판단을 뜻하는 것이 아니라, 어떤 규정에 대해서든 부정하는 표현이 되기 때문에 ①과 같은 부담을 질 필요가 없다. 다만 ②의 독법에 설 때 헤라클레이토스적 흐름 이론이 '언어 불가능성'을 함축하는 것으로 보아야 하는가는 독립적인 논의거리가 된다. 그런데 185b5의 'apeiron legomenon'을 고려할 때, 흐름 이론을 옹호하는 자들이 어떤 한정(限定)이든 피하려는 표현만 한다는 게 소크라테스가 의도하는 의미인 것 같다. 그것을 'oud' hopōs'(어떻게도 아닌)란 표현으로 제시하고, 테오도로스가 그런 어법이 그들 특유의 것임을 곧바로 동의한다고 보면, 문맥을 가장 자연스럽게 이해하는 독해가 될 것 같다. 따라서 헤라클레이토스에 대한 비판의 논점은, 그들의 학설에 따를 때 언어가 불가능하다는 것이 아니라, 아무런 언어적 고정성도 확보할 수 없다는 것이다. 우리는 어떤 언어적 고정성도 인정하지 않는 언어나 언어 이론을 인정하지 않겠지만, 텍스트가 언어 불가능성을 직접적으로 비판했느냐는 것은 어쨌든 다른 문제이다. 한편 아리스토텔레스의 『형이상학』 1008a.31~34 또한 참고할 만하다. "그[모순배제율을 부정하는 사람]는 '그렇다'고도 '그렇지 않다'고도 하지 않고, '그러면서 그렇지 않다'고 말한다. 그리고 다시 이 양자를 부정하여 '그렇지도 않고 그렇지 않지도 않다'고 말한다. 그가 이런 식으로 하지 않으면 한정된 어떤 것이 이미 있게 될 테니까."

592 168c~169c에서 소크라테스가 논의를 레슬링에 빗대어 테오도로스를 논의의 장으로 끌어들였고, 결국 그때 테오도로스가 논의에 참여하기로 약속했었다.

593 합의를 깨고 : 앞에서 테오도로스는 인간척도설을 지켜내는 논의까지만 힘을 쓰겠다고 합의를 보았었다. 앞의 주석 592 참고.

594 파르메니데스와 멜리소스를 가리킨다.

595 속담 표현이다. 기병은 평원에서 물 만난 고기처럼 활약할 수 있다는 것을 염두에 둔 표현이다.

596 유일무이한 분(hen) : 직역하면 '하나'이다. 파르메니데스가 '모든 것을 하나'라고 주장하는 것을 염두에 두고 그를 '하나'라고 부르고 있다. 맥락을 자연스럽게 이해할 수 있게 하려고 '유일무이한 분'으로 옮긴다.

597 "내겐 황공하기도 하고"(aidoios te moi)와 "두렵기도 한"(deinos te)은 『일리아스』(III. 172)의 이른바 '성벽에서 바라보기'(teichoskopia)의 한 대목에 등장하는 표현이다. 시아버지인 프리아모스(Priamos)가 트로이아(Troia) 성벽에 서서 누구인지 모른 채 멀리 보이는 아가멤논(Agamemnōn)을 가리켜 칭찬하자, 그때 헬레네(Helenē)가 아가멤논에 대해 사용하는 표현이 바로 지금 사용된 낱말들이다. 옮긴이는 천병희의 번역을 받아들여 문맥에 맞게 표현만 조금 다듬었다. 『오뒷세이아』 viii. 22, xiv. 234에도 비슷한 표현이 다시 등장한다.

598 여기서는 소크라테스가 파르메니데스를 만난 것으로 되어 있지만 이것이 역사적 사실인지는 불분명하다. 『파르메니데스』를 보면 소크라테스가 젊었을 때 노년의 파르메니데스를 만나 대화를 나누는 것으로 설정이 되어 있는데, 여기서 플라톤은 『파르메니데스』의 극중 설정을 염두에 두고 이런 표현을 하고 있는 것으로 이해해 볼 수도 있다. 『파르메니데스』 127b~c 참조. 이런 이해 방식이 타당하다면 『테아이테토스』는 『파르메니데스』보다 나중에 쓰인 것이 더더욱 확실하다.

599 **술꾼들처럼 밀치고 들어오는 수선스러운**(epeiskōmazontōn) : 같은 표현이

사용되는 대목으로 『향연』 212c, 『국가』 500b 참고. '수선스러운'은 번역상의 자연스러움을 위해 덧붙인 말이다.

600 **인간은 무엇에 의해서 ··· 보며, 무엇에 의해서 ··· 듣는가?** : 여기서 '무엇에 의해서'는 중성 의문사 여격인 'tō(i)'를 옮긴 것이다. 일반적으로 여격은 수단을 나타내는 도구적 여격(instrumental dative)으로 주로 사용되기 때문에 영어로는 'with which'로 번역될 경우가 있다. 소크라테스의 물음에 대해 테아이테토스가 '눈과 귀'로 대답하는 것은, 그가 지금의 여격을 도구적 여격으로 받아들였음을 알려 준다. 그럼에도 우리말로 '~으로써'라고 옮기지 않은 이유는, 소크라테스의 의도는 도구적 용법으로 사용하지 않고 원인적 여격(causal dative)으로 사용하고 있다고 보았기 때문이다. 이에 대한 세부적인 설명은 아래의 주석 603 참고.

601 **이름과 표현**(ta onomata te kai rhēmata) : 주석 389 참고.

602 **엄밀하게**(di' akribeias) : 'akribeia'는 '엄밀성' 내지 '정확성'으로 옮길 수 있는 낱말이다. 『고르기아스』 487c~d에서는 엄밀하게 철학을 하는 것에 대해 부정적인 견해를 가진 사람들이 있다는 이야기가 제시되기도 하지만, 플라톤 철학에서 엄밀성의 추구는 철학 작업의 핵심적 측면 가운데 하나이다. 플라톤 이래 엄밀성의 추구는 철학이란 학문의 영원한 이념이라고 해도 과언이 아니다. 『국가』 503b5에서는 '가장 엄밀한 의미의 수호자들'(akribestatoi phylakai)을 '철학자들'(philosophoi)로 규정하고, 503d8에서는 이들이 받아야 할 교육을 '가장 엄밀한 의미의 교육'(paideia hē akribestatē)이라고 칭하기까지 한다. 플라톤은 『필레보스』 57d 등에서도 철학자와 관련된 학술(technē)의 엄밀성을 강조하고 있기도 하다. 그리고 『필레보스』 58c에서도 드러나듯, 플라톤 철학에서 '엄밀성'은 곧잘 '명확성'('to saphes' 내지 'sapheneia') 및 '진리성'('alētheia' 내지 'to alēthes')과 연관되어 거론되곤 한다. 그런가 하면 최후의 대화편인 『법률』 817e~818b에서는 엄밀성을 가지는 교과는 자유민에 귀속시키고 그렇게 엄밀한 탐구는 대중에게는 쉽지 않

거나 불가능할 것이라는 판정을 내리기도 한다. 지금 『테아이테토스』에서 엄밀하게 따지고 들지 않는 것을 고상하다고 하는 건 겉보기에 『법률』과 상충되는 것처럼 보일 수 있으나, 아마도 『테아이테토스』는 앞에서 언급된 말꼬리 잡기식 논의를 염두에 두었을 수도 있다. 오히려 『국가』의 수호자 교육 단계를 고려하면 『테아이테토스』의 논의를 철학적 엄밀성을 지향하는 논의라고 할 수 있다. 특히 『테아이테토스』 1부 말미는 지각을 설명하기 위해 필요한 개념 장치를 엄밀하게 탐구하는 대목이 되겠다.

603 **우리가 어떤 것을 보게 되는 건 눈 그것에 의해서라는 대답이 옳을까, 아니면 눈 그것을 통해서라는 대답이 옳을까? 그리고 … 대답이 옳을까?**: 지금 이루어지는 논의는 의문 관계대명사 여격 형태인 'hō(i)'(무엇에 의해서)와 'di' hou'(무엇을 통해서)의 차이를 강조하는 데 있다. 이 둘의 차이로 플라톤이 무엇을 가리키느냐는 것은 상당한 논쟁의 대상이다. 번옛(Burnyeat)과 같은 이는 'hō(i)'는 주체(subject)를, 'di' hou'는 주체가 사용하는 수단이나 장비(equipment or device)를 가리킨다고 보기도 한다. Burnyeat(1976a) 참고. 그러나 'hō(i)'를 사용하는 주체가 따로 언급되는 대목이 있다. 184b9의 문장에서는 '인간'(anthropos)이 작용의 주체로 따로 언급되고 있다. 184d4~5와 184d7~e1도 참고. 따라서 'hō(i)' 자체가 직접적으로 주체인 것은 아니다. 그것은 주체가 사용하는 능력(faculty = dynamis)을, 'di' hou'는 주체가 그런 능력을 행사할 때 쓰는 도구(organon)를 가리키는 것으로 보는 것이 합리적으로 보인다. 이때의 도구는 몸의 기관을 가리킨다는 점에서 시각의 도구는 눈이라는 기관, 청각의 도구는 귀라는 기관으로 이해하면 될 것이다. 다른 대화편에서 'di' hou'를 이렇게 사용해서 표현하는 경우로는 『파이돈』 79b, 82e, 83a 등을 고려할 수 있다. 그리고 'hō(i)'와 같은 여격 표현을 통해 어떤 인지 능력을 가리키는 경우로는 대표적으로 『파이돈』 96b를 고려할 수 있다. 거기서 소크라테스는 '그것에 의해 우리가 생각할 수 있게 되는 것(hō(i) phronoumen)'이 피인지, 공기인

지, 불인지, 아니면 뇌인지'를 묻는데, 여기서 생각을 가능하게 해 주는 것을 여격 'hō(i)'로 표현하고 있다. (물론 생각을 가능하게 해 주는 능력은 피도 공기도 불도 뇌도 아닐 것이다.) 그 밖에 결정적으로 주목할 대목은 『국가』 477c 및 477e 부분이다. 특히 『국가』의 그 대목에서 '능력'(dynamis)을 규정하면서 'hō(i)'라는 표현이 사용된다는 것은 주목할 만하다. (『국가』의 그 대목은 복수 형태로 'hais'를 사용한다.) "우리는 능력(dynamis)들을 있는 것들의 부류로 말할 터인데, 우리가 할 수 있는 것들을 할 수 있게도 되고, 또 해내게 되는 일이 다른 무엇이든 그 모든 것을 할 수 있게 되는 것도 바로 그것들에 의해서(hais)인 것이네. 그런 능력들로 난 시각과 청각 같은 걸 말하는 것일세."(477c1~3) 이런 규정을 고려하면 'faculty'로서의 'dynamis'는 어떤 작용을 가능하게 하는 능력을 가리킨다고 볼 수 있다. 정리해서 말하자면 소크라테스는 지각 작용에서 능력과 수단, 그리고 그 수단을 통한 인지적 경로의 구별에 따른 인지의 차이를 구별하는 시도를 하고 있다.

604 번역어의 일치를 위해 '지각'으로 옮겼지만, 이 맥락에서는 감관을 뜻한다.

605 마치 목마(木馬) 안에 드러누워 있는 듯이 : 트로이아(Troia) 전쟁에서 10년 동안의 지루한 전투를 통해서도 승리를 거두지 못하자 그리스 연합군 측은 오뒷세우스(Odysseus)의 제안에 따라, 전쟁을 그만두고 그리스로 되돌아가는 시늉을 하면서 트로이아군에게 거대한 목마를 선물한다. 그리고 목마 속에는 전사들을 숨겨 놓고 밤사이에 이들이 나와 트로이아 성문을 열어젖힘으로써 그리스 연합군은 트로이아를 파멸시킬 수 있었다. 지금 소크라테스는 '트로이아의 목마'에 숨어 누워 있던 병사들에 빗대는 이야기를 하고 있다. 그렇게 누워 있는 병사들은 수동적 상태 있는 것이니, 지금의 논의는 지각의 수동성을 누워 있는 병사들의 수동적 상태에 유비하고서 비판하고 있는 셈이다. 『오뒷세이아』 viii. 493, 512 참고.

606 형상(idea) : 이때의 'idea'를 어떻게 이해할지는 논란거리이다.

607 『에우튀데모스』 295b~296d 참고. 그리고 『파이돈』 96b의 질문 방식도 참고.

608 다다르지(synteinei) : '이 모든 것들이 한 형상의 어떤 것에 다다르지 못한다면 그것이 괴상한 일일 것'이라는 언급은 두 가지 측면을 이야기하려는 것 같다. 하나는 지각들이 '영혼'과 같은 것에 다다라야 한다는 것이고, 또 다른 하나는 지각들은 여럿으로 언급되는데 '영혼'은 한 형상의 어떤 것으로 언급된다는 점이다. 전자의 의미를 강조하는 번역자들은 'synteinein'을 'lead to' 정도로 옮기고, 후자의 의미를 강조하는 번역자들은 'converge on to' 정도로 옮기고 있다. 'teinein'은 '이르다' 내지 '다다르다'를, 'syn'은 '함께'라는 의미를 가지고 있기 때문에 플라톤은 두 가지의 의미를 모두 포괄하려고 했을 수 있다. 이 대목을 이해하기 위해서는 『필레보스』 33d~34a의 흥미로운 설명을 떠올려 보는 것이 큰 도움이 될 것이다. 거기서 플라톤은 몸과 관련된 '느낌들'(pathēmata) 중 일부는 영혼에 이르기 전에 몸속에서 소멸되어 영혼이 아무것도 알아차리지 못하지만, 몸과 영혼 양쪽에 미치는 것은 영혼이 알아차린다(mē lanthanein)고 설명한다. 그리고 이런 점에서 플라톤은 '한 가지 느낌(pathos) 속에서 영혼과 몸이 함께 있게 되어 함께 운동하는 것'을 'aisthēsis'라고 부른다. 이는 'aisthēsis'가 인지 작용으로 성립되려면 영혼에 다다라야 한다는 것을 뜻한다. 바로 이어지는 문장에서 '이것들'은 'aisthēseis'를 가리키는 것으로 보이는데, 그것은 수단으로서의 감관을 가리키는 것 같다. 그리고 지각하는 작용 '자체'는 한 형상의 어떤 것, 즉 영혼에 '의해서' 가능한 것으로 제시된다. 이를 총괄적으로 정리하면, 플라톤은 아리스토텔레스처럼 '공통 감각'(koinē aisthēsis)을 따로 인정하지 않았던 것 같다. 여러 감관(aisthēsis)은 수단 역할을 하는 기관이고, 그것을 통해 감각 작용이 이루어지지만, 『필레보스』에서 설명하듯이 몸과 관련된 느낌들이 영혼에 다다라야 우리 주관은 그것을 알아차리게 되고, 이런 알아차림이 바로 '지각한다'(aisthanesthai)로 표현되는 인지 작용이다. 그렇다면 이 대목은 영

혼이야말로 인지 작용의 주체라는 점, 그리고 감관을 통한 운동도 영혼에 다다를 때에야 인지적 깨달음(覺)으로서의 지각 작용이 성립된다는 것을 시사하는 대목이 되겠다. 따라서 'aisthēsis'를 오뒷세우스의 누워 있는 병사들처럼 수동적인 존재로만 상정했을 때는, '지각적 깨달음'을 설명할 도리가 없다는 것이다.

609 도구(organōn) : 단수는 'organon'. 여기서는 이 낱말의 일반적인 의미인 '도구'로 옮겼지만, 정확히는 '기관'(器官)을 가리킨다.

610 '이 지각들'은 'aisthēseis'를 가리키는 것으로 보인다. 구체적으로는 감관들을 가리키는 것으로 보는 것이 합리적이다. 이와 관련된 논란은 주석 615 참고.

611 지금 소크라테스가 탐구하는 방식을 지각적 인지의 '가능성의 조건'을 탐구하는 것으로 보면, 근대의 칸트(Kant)적 측면을 볼 수도 있다. 이런 이해 방식에 대해서는 Kahn(1981) 참고. 그러나 플라톤의 설명방식 전체를 칸트식의 접근과 동일시하기는 어려울 것이다. 이 문제는 독자의 몫으로 열어 놓도록 하겠다.

612 앞의 방식은 목마 속에 드러누워 있는 방식이고 뒤의 방식은 하나의 형상에 의해서 지각하는 방식을 가리킨다.

613 힘(dynamis) : 184~186의 맥락에서 'dynamis'는 다의적으로 사용된다. 몸이 지니는 '힘'(power)을 가리킬 때도 있고 영혼의 '능력'(faculty)이라는 의미로 사용될 때도 있다. 그리고 영혼의 능력은 몸을 통한 능력과 혼 자체의 능력으로 다시 구별된다. 지금의 'dynamis'는 'dia-'(~을 통한) 구문에서 사용되고 있는데, 몸이 지니는 힘을 가리킨다. 즉 눈의 힘이나 귀의 힘 등을 가리킨다. 세부적인 문제는 아래의 주석 615 참고.

614 들음을 통해서 지각하게 된 것들은 봄을 통해서는 지각할 수 없고, 봄을 통해서 지각하게 된 것들은 들음을 통해서는 지각할 수 없다 : 곧이어 명시적으로 표현되겠지만 시각의 대상은 색깔을, 청각의 대상은 소리를 가리킨다. 『카르미데스』 168d~e에서도 비슷한 논의가 소개되고 있

다. 『테아이테토스』의 논의는 오관(五官)의 도구(organon)에 상응하는 방식으로 각각의 감각과 그 대상이 상관적 관계를 맺고 있음을 보여준다. 좀 더 정확히 말하자면 플라톤은 감관의 '인지적 통로'(epistemic route)의 차이를 매개로 감각과 감각 대상의 상관성을 설명하고 있다. 이를 지향성의 관점에서 이해할 수 있는 설명과 관련해서는 주석 228과 234 참고.

615 쿠퍼는 184~186의 대목에서 'aisthēsis'가 두 가지 다른 방식으로 사용되고 있음을 지적한다. '몸의 기관의 힘'으로 사용될 때도 있고 '지각하는 마음의 작용'으로 사용될 때도 있다는 것이다. Cooper(1970), 129쪽 참고. 날카로운 지적이다. 그런데 이런 이중성은 'dynamis'(힘)의 사용에서도 성립된다는 것을 함께 주목할 필요가 있다. 지금 대목에서 보듯이 'dynamis'는 'dia'에 걸치는 방식으로 사용될 수도 있다. 이는 앞에서 'dynamis'가 'hō(i)'의 맥락에서 사용되던 것과 분명하게 불일치한다. 바로 이것이 오랜 혼란의 출처이다. 아마도 플라톤은 몸의 'dynamis'와 영혼의 'dynamis'를 구별하길 의도한 것 같다. 감각 작용이 성립될 때, 몸의 힘은 수단 역할을 하고, 영혼의 힘은 능력(faculty) 역할을 한다. 이런 구별을 받아들인다면, 지금의 대목에서 "봄(opsis)을 통해서"나 "들음(akoē)을 통해서"에서 'opsis'와 'akoē'는 인지적 깨달음(awareness)을 가리키는 것이 아니라 '시각적 기관인 눈의 힘'이나 '청각적 기관인 귀의 힘'을 가리키는 것으로 보아야 할 것이다. 사실 이 같은 설명을 납득하기가 그리 쉬운 일은 아니다. 하지만 우리가 앞에서 『필레보스』 33d~34a를 참고해서 이해했듯이, 플라톤은 '몸의 신체적 과정'과 '영혼의 인지적 과정'을 구별하고 있다. 따라서 이런 이해를 기초로 보면, 플라톤은 『테아이테토스』에서 감각의 경우에, 몸의 신체적인 힘이 수단으로 작동하는 경우는 'dia'의 'dynamis'로, 인지적 힘인 능력의 경우는 'hō(i)'의 'dynamis'로 설명하는 것으로 보인다. 전자의 'dynamis'는 신체적 기능으로 感'官'을, 후자의 'dynamis'는 인지적 깨달음인 感'覺'을 뜻하기 때문에 그 둘

을 동일시할 수는 없는 일이다. 그런데 플라톤은, 전자의 'dynamis'에 대해서도 후자의 'dynamis'에 대해서도 'opsis'나 'akoē' 같은 'aisthēsis'라는 표현을 사용하고 있다. (물론 感覺과 관련해서는 동사 표현 'aisthanesthai'가 주로 사용되는 것이 사실이다.) 그러나 플라톤은 감관과 감각을 구별해줄 그리스어 표현을 따로 가지고 있지 못했다. 따라서 혼란의 원천은 플라톤의 애매모호함에 있는 것이 아니라 당시 그리스어 용어의 한계에 있다고 할 수 있고, 플라톤은 그런 혼란을 피하기 위해 적어도 'dia'-맥락과 'hō(i)'-맥락을 구별했다고 그를 변호해 볼 수도 있을 것이다. 번역어 문제와 관련해서 정리하자면, 이를테면 'opsis'와 'akoē'는 신체적 맥락과 인지적 맥락의 양의성을 가지고 있기 때문에 번역 또한 그런 양의성을 살리는 쪽으로 옮긴다. 따라서 184~186의 맥락에서는 '시각'과 '청각'으로 옮기지 않고 '봄'과 '들음'으로 옮기기로 한다.

616 이를테면 소리와 색깔 양쪽.

617 생각이 떠오른다면(dianoē(i)) : 이후의 논의를 위한 예비적인 복선으로 'dianoein'이라는 동사가 사용되었다. 나중에 명사 'dianoia'(생각)는 감각으로서의 'aisthēsis'와 날카롭게 구별된다.

618 소리와 색깔.

619 혀를 통한 힘(hē dia tēs glōttēs dynamis) : 이때의 '힘'(dynamis)은 184e8의 "어떤 힘을 통해서"라고 할 때의 '힘'과는 구문상의 차이를 보인다. 184e8행의 'dynamis'라는 표현은 'dia-' 구문에서 전치사 'dia'의 지배를 받는 것으로 표현되어 있기에 수단적 기능을 하는 힘이다. 반면에 지금의 "혀를 통한 힘"에서 'dynamis'는 전치사 'dia'의 지배를 받지 않고 그것 밖에 위치해 있다. 따라서 이때의 힘은 수단 기능을 하는 힘이 아니라 혀를 수단으로 '사용하는' 힘이다. 따라서 능력(faculty)을 가리킨다. 구체적으로는 '미각적 깨달음(awareness)'을 가리킨다고 볼 수 있다. 그렇다면 텍스트의 문답은 아주 이상하다. 왜냐하면 우리는 미각이 소리와 색깔이 짠지 안 짠지를 고찰할 수 있는 힘이 아니라

는 것을 곧바로 알아챌 수 있기 때문이다. 지금 소크라테스는 '개별적인' 감각 대상들을 넘는 '공통적인 것'(to koinon)을 고찰할 수 있는 힘이 무엇인가를 묻기 위해 논의를 진행하고 있는데, 사실 이상야릇한 방식으로 질문을 던지고 있다. 그러다 보니 테아이테토스 또한 이상한 답변으로 대응하게 되었다고 볼 수 있다.

620 봄, 들음, 그리고 맛봄과 같은 감각들을 가리킨다.

621 **공통적인 것**(to koinon) : 여기서 언급되는 '공통적인 것'이 무엇을 가리키는가는 엄청난 논란거리이다. 이미 185b8에서 이 표현이 등장했었는데, 거기서는 소리와 색깔에 공통적인 것을 논의하는 맥락이었다. 이제 그것이 상승해서 지금 185c5, 그리고 185e1(거기서는 'ta koina'로 복수 형태가 등장함.)에서는 추상적 차원의 '공통적인 것'을 논의한다. 이를테면 공통적인 것의 사례로, '있음과 있지 않음, 유사성과 비유사성, 동일성과 타자성' 등이 제시된다. 전통적인 해석은 이런 것들이 바로 중기의 형상을 가리킨다고 보는 경향이 있다. 그러나 20세기 후반에 이른바 '의미론적 해석'(semantic interpretation)을 취하는 이들은 184~186의 논변이 비명제적인 감각 작용과 명시적 판단(explicit judgement) 작용을 구별하기 위한 것이라고 보는 경향이 있고, 이런 이들은 'to koinon'을 명제적 차원에서 이해하는 경향이 있다. 그래서 그들은 위의 사례들을 명제가 성립하기 위한 명제적 조건들로 해석하는 경향이 있다. 이를테면 칸과 같은 경우는 공통적인 것들 가운데 'ousia'가 '명제적 구조'(propositional structure)라고 이해하기도 한다. Kahn(1981) 참고. 따라서 독자로서는 지금 논의의 맥락을 놓고 어떻게 이해해야 할지 심각하게 고민해야 할 대목이 되겠다.

622 **공통적인 것이란** : 185c5행의 'hō(i)'의 선행사를 'to koinon'으로 보고 옮긴 것이다.

623 주석 620에서 지시한 것들과 같은 것을 가리킨다. 즉 봄, 들음, 그리고 맛봄.

624 색과 소리.

625 영혼 자체가 자신을 통해서 고찰하는 것(autē di' hautēs hē psychē ⋯ episkopein) : 우리는 앞에서 영혼이 감각할 때 몸을 통해서, 즉 몸을 수단으로 해서 감각적 느낌을 깨닫게 된다는 것을 보았다. 이에 대한 설명은 주석 608 참고. 여기서는 영혼 자체가 영혼을 통해서, 즉 영혼을 수단으로 해서 고찰하는 것이 가능하다는 것이 제시된다. 의미론적 해석을 취하는 최근의 학자들은 이런 대목을 '명시적 판단'에 국한시켜 이해하는데, 바로 이런 대목이 그런 해석에 대해 난제를 안겨 줄 수 있다. 왜냐하면 지금의 언급은, 최소한 몸을 통해서 이루어지는 지각 '판단'이 고려 대상이 아님을 시사하기 때문이다. 의미론적 접근을 하는 노선에서는 왜 지각 판단이 배제되는지 설명의 부담을 안게 될 수밖에 없다. 따라서 지금 맥락의 초점은 다른 데 있는 것 같다. 그렇다면 (논의의 여지가 많지만) 영혼 자체가 자신을 통해서 고찰하는 대상, 즉 '공통적인 것들'을 최소한 비감각적 차원의 것으로 간주하는 것이 합리적일지도 모른다. 참고로 『파이돈』 65b, 79c, 83a~b 등 여러 대목에서도 『테아이테토스』처럼 영혼의 고찰을 두 가지로, 즉 몸을 통한 경우와 영혼 자체를 통한 경우로 구별하고 있다. 한편 『테아이테토스』에서 '영혼 자체가 자신을 통해서 하는 고찰'과 관련해서는 'analogizesthai'(186a11)(헤아리다), 'epanieinai'(186b8)(되새기다), 'symballein'(186b8)(비교하다)과 같은 동사가 사용된다. 참고로 『파이돈』에서는 'logizesthai'(65c2)(헤아리다, 추론하다)가 사용된다.

626 자넨 정말 아름다운 사람이야. : 육체적으로는 못생겼으나 영혼은 아름답다는 이야기이다. 따라서 애초에(143e) 테오도로스가 테아이테토스의 용모를 두고 소크라테스를 닮아 추하다고 한 것이, 여기 와서 역전된다. 정신적 차원에서 테아이테토스는 아름다운 존재로 드러나기 때문이다.

627 아름답고도 훌륭한 자 : 142b 대목의 주석 8 참고.

628 이것이야말로 나 자신의 의견이기도 했는데(moi edokei) : 'edokei'를 앞에서는 거의 대부분 '판단'으로 옮겼지만 여기서는 '의견'으로 옮겼다.

그런데 소크라테스가 이렇게 자기 의견을 내놓는 것은 157c의 소크라테스의 언급과 상충된다. 거기서 소크라테스는 자신이 아무것도 알지 못하며, 어떤 것[생각]도 자신의 것으로 삼고 있지 않다고 말한다. 그런데 1부 말미에서는 소크라테스가 직접 자신의 의견을 표명하고 있다. 더구나 테아이테토스도 그렇게 생각하길 권유하기까지 하지 않는가. 이런 대목 때문에 우리는 『테아이테토스』를 초기 대화편과 같은 차원에서 볼 수 없게 된다. 『테아이테토스』의 소크라테스는 무지를 표명하는 역할로만 머물지 않고, 자신의 생각을 표명할 뿐만 아니라 권유하기도 하기 때문이다. 그런데 이런 언급이 앞에서 제시된 산파로서의 역할과 비일관된 것인지는 생각해 볼 문젯거리이다.

629 텍스트 자체로는 정관사가 없기에 '아름다운 것과 추한 것, 좋은 것과 나쁜 것'으로 옮길 수도 있지만, 논의 맥락이 추상적인 것을 지칭하는 것으로 보고 옮겼다.

630 헤아리며(analogizomenē) : 'analogizesthai'는 수학적 의미의 '계산하다'를 뜻하며, 이보다 확장되어 '추론하다'라는 의미를 가지기도 한다. 'ana'가 들어가 있기 때문에 '비교하여 헤아리는 것'을 뜻한다. 이 동사가 사용되는 것과 관련해서는 주석 625 참고.

631 되새기어(epaniousa) : 'epanienai'는 '되돌아가다' 내지 '거슬러 올라가다'를 뜻한다. 이 낱말이 『티마이오스』 61d, 『법률』 693c에서는 논의의 원래 주제로 되돌아간다는 뉘앙스로 사용된다. 그러나 『법률』 857d에서는 원리 내지 근원으로 거슬러 올라간다는 의미로 사용되며, 『향연』 211b6과 211c2에서는 아름다움 자체를 직관하기(kathoran) 위해 상승해가는 것을 표현할 때 이 낱말을 사용한다. 주석가들 중에 이 점을 주목하는 이는 없지만, 『테아이테토스』의 이 낱말을 『향연』과 연관 지어 해석해 볼 여지도 있다.

632 헤아린 결과(analogismata) : 앞에서 '헤아리다'라고 옮긴 'analogizesthai'와 동근어이다. '추론한 결과'로 옮길 수도 있겠다.

633 적중하지(tychein) : 'tynchanein'의 부정시제(aorist). 원래 '과녁을 맞

히다'(hit a mark)는 뜻을 가지고 있다. 『에우튀데모스』 280a7~8에서 "지혜가 조금이라도 실수하는 법이 없고, 옳게 행하고 적중할(tyngchanein) 수밖에 없"다고 할 때도 같은 의미의 사용 용례를 만날 수 있다.

634 **경험들**(pathēmata) : 이미 186c2에서 등장했던 낱말이다. 헤라클레이토스적 지각설에서 '작용을 받다'로 옮긴 'paschein'에서 형성된 낱말이다. 수동적 겪음(pathos)의 결과들을 뜻한다. 여기서 앎이 경험들 속에 있지 않다는 말은 일차적으로 수동적 겪음에 해당되는 감각 속에 있지 않다는 것을 뜻한다. 그런데 『테아이테토스』에서 플라톤이 경험론(empiricism)을 옹호한다고 보는 견해도 있는데, 그런 노선에서는 'pathēmata'를 '경험'으로 옮기는 것이 탐탁하지 않을 수도 있다. 'pathēmata'를 너무 넓은 의미를 뜻하는 말로 옮긴 것이라고 비판할 수도 있다는 말이다. 옮긴이는 이 대목에서 이미 플라톤이 경험론적 시각에 대해 비판적이라고 보고 있기 때문에 이런 번역어를 채택했지만, 독자들로서는 옮긴이처럼 단정하지 않고 좀 더 열어놓고 볼 수도 있겠다.

635 **추론**(syllogismos) : 'syllogismos'는 아리스토텔레스의 논리학 용어로 잘 알려져 있다. 플라톤의 경우에도 '추론을 통해 결론을 끌어내는 헤아림'의 의미로 사용되는 듯하다. 이를테면 『국가』 517c1, 531d2 등에서 그런 용례를 확인할 수 있다. 특히 『국가』 517c1은 이른바 '좋음의 형상'을 거론하는 맥락이라는 것 또한 눈여겨보는 것도 의미가 있겠다.

636 'pathēmata'라는 표현이 사용되지 않고 'aisthēsis'라는 표현이 사용되지만, 감각을 가지고 진리를 파악할 수 없다는 견해가 『파이돈』 65b 이하에서 비슷한 논조로 제시된다.

637 경험과 추론.

638 지각.

639 이 대목은 『테아이테토스』 전체를 이해하는 데 결정적인 영향을 미칠 수도 있다. 진리를 파악하려면 '있음'(ousia)을 파악해야 한다고 말하

고 있기 때문이다. 그런 전제가 결국 플라톤의 견해를 대변한다고 가정할 경우, 『테아이테토스』에서 앎의 대상 문제를 주제화하지 않는 것은 플라톤의 의도적 구성이라고 해석해 볼 여지도 있을 것이다.

640 **수행하는 것이 도대체 무엇이든**(hoti pot' echei) : 이 부분에 대한 번역이 갈린다. 소수의 번역에서는 'hoti'의 선행사를 앞의 문장의 'onomati'(이름)로 보지만, 대부분의 번역은 'hoti'를 'echei'의 목적어로 보면서 선행사가 생략된 것으로 보고 그것을 다시 'onomati'와 연관 짓는다. 옮긴이도 후자의 번역 노선을 좇았다.

641 **판단함**(doxazein) : 『파이돈』과 『국가』 같은 중기 대화편에서 'doxazein'의 명사 'doxa'(판단)는 'aisthēsis'(감각적 지각)와 날카롭게 구별되지 않고 나란히 언급되는 경향이 있다. 지성(nous) 내지 지적 직관(noēsis)의 대상은 'ta noēta'(가지적인 것들)로 제시되고, 이와 대비되는 대상은 때로는 'ta doxasta'(판단의 대상들)로 때로는 'ta aisthēta'(감각적 대상들)로 제시된다. 그리고 몸과 독립적으로 영혼 자체가 작용하는 경우는 전자, 즉 지성의 경우와 연관된다. 이런 점에서 『테아이테토스』의 '판단함' 내지 '판단'은 이전의 일반적인 용어 사용과는 다른 측면을 보인다. 『테아이테토스』는 2부에서 지각과 기억뿐만 아니라 수학적 계산의 경우도 '판단'의 맥락에서 논의하고 있기 때문이다. 따라서 『테아이테토스』에서 'doxazein' 내지 'doxa'는 중기 대화편보다 훨씬 더 넓게 사용된다고 보아야 한다. 중기 대화편의 전형적인 대화편들과 대비되는 측면을 강조한다면, 『테아이테토스』에서는 영혼 자체가 영혼을 통해 생각할 때도 'doxa' 내지 'doxazein'이라는 표현을 사용하는 것이 특징적이다. 중기 대화편에서 후자의 인지가 이성(logos) 차원으로 국한되었던 것과는 대비가 된다. 이런 점 때문에 『테아이테토스』가 중기의 전형적인 인식론적 그림을 아예 폐기했다고 해석하는 경우도 있는데, 이는 그렇게 섣불리 판단할 문제는 아니다. 『테아이테토스』에서 'doxa'라는 용어는 텍스트에서 설정된 논의 맥락 속에서 사용되고 있기 때문이다. 그런데 이 같은 'doxa'를 우리말로 어떻게 옮기

는 것이 좋은지는 쉽지 않은 문제이다. LSJ에서는 'notion, opinion, judgement' 등으로 뜻풀이하고 있는데, 이런 의미뿐만 아니라 LSJ에는 등재되어 있지 않지만 'belief'(믿음)의 의미를 함축하기도 한다. 사실 'doxa'는 '판단', '의견', '믿음'의 모든 뉘앙스를 다 포괄한다고 보는 것이 합당하기 때문에 어느 특정 번역도 'doxa'의 모든 의미를 다 포괄하기는 힘들다. 이 번역본에서는 그 가운데 '판단'을 대표 번역어로 택하기로 한다. 이런 선택을 한 부분적인 이유에 대해서는 주석 675 참고.

642 **불가능합니다**(adynaton) : 불가능하다는 것을 뜻하는 'adynaton'과 가능하다는 것을 뜻하는 'dynaton'이란 표현이 2부 초반에 눈에 띄게 많이 사용된다. 'adynaton'은 지금 대목인 187b4~5를 비롯해서 188b1, 188b6, 188c6에서, 'dynaton'은 188c7, 188d8에서 등장한다. 스테파누스 쪽수로 두 쪽도 안 되는 분량에서 이런 표현이 6회나 사용되는 것은 플라톤의 의식적 선택일 가능성이 있다. 나중에 191a9에서도 188c의 '아는 것을 알지 못하는 것으로 판단하는 것'이 불가능하다고 한 것이 잘못된 것이었다고 할 때 'adynaton'이란 표현이 추가적으로 사용된다. 2부 초반부의 논의는 188a에서처럼 '배움과 잊음'을 배제하고 논의하고 있는데, 이는 모름에서 앎으로의 이행이 가능한 가능성 내지 잠재성을 배제하고 논의 맥락을 설정하는 셈이다. 어쩌면 플라톤은, 이 같이 'dynamis'(가능성)를 배제하는 2부 초반의 이분법적 접근이 난관(aporia)의 원인이라는 것을 'dynaton'과 'adynaton'이라는 표현을 사용함으로써 간접적인 방식으로 암시하고자 했을 수도 있다.

643 170c~171b 참고.

644 **참인 판단이 앎일 수 있을 겁니다.** : 테아이테토스가 시도하는 두 번째 정의이다. 『메논』에서도 앎과 옳은 판단의 관계에 대한 논의가 시도되지만, 『메논』 96e~98b에서는 둘 간의 실질적 차이가 없을 가능성이 논의될 뿐, 그 둘을 직접적으로 동일시하지는 않는다. 그러다가 『메논』 말미에서는 둘 간의 차이가 선언(宣言)적으로 제시된다. 그러나 그

역시 논증적으로 부각되지는 않는다. 이런 점에서 참인 판단과 앎 간의 관계를 이렇게 자세히 탐색하는 것은 『테아이테토스』가 유일하다. 참고로 플라톤은 '옳은 판단'(orthē doxa)과 '참인 판단'(alēthēs doxa)을 호환해서 사용한다.

645 148b, 148e.

646 **종류**(ideai) : 'idea'의 복수형태.

647 170b9~10에서 "지혜는 참인 생각이고 무지는 거짓인 판단"이라는 관점이 이미 제시된 적이 있었다.

648 소크라테스가 제시하는 표현에는 목적어가 빠져 있다. 그렇게 된 이유는 뒤에 이어지는 언급에서 테아이테토스가 급하게 끼어들어 소크라테스의 말을 낚아챘기 때문이다. 187d6을 고려할 때, 소크라테스의 표현에서는 아마도 (판단과 관련해서) '거짓인 것'쯤이 빠져 있다고 볼 수 있다. 그렇다면 이 문장은 '거짓인 판단'을 다시 주제화할 필요가 있는가 하는 반문을 함의한다고 하겠다. 이미 167a~b에서 프로타고라스를 대변하는 논변은 모든 판단이 다 참이라고 주장했다. 이에 따르면 거짓인 판단의 가능성이 부정된다. 그러나 170c에서 소크라테스는 '인간들이 언제나 참인 판단을 하는가, 아니면 때로는 참인 판단을, 때로는 거짓인 판단을 하는가?'를 묻고, 이 질문의 유의미성을 통해 참인 판단뿐만 아니라 거짓인 판단도 있다는 것을 끌어낸다. 이에 대해서는 주석 417 참고. 따라서 현재의 소크라테스는, 이전에 거짓인 판단의 존재가 가능하다는 것이 합의된 마당에 왜 그 문제를 다시 끄집어내는가를 문제 제기하는 셈이다. 그러나 1부의 논의는 사람들의 상식과 문답의 유의미성에 근거해서 거짓인 판단이 있다는 사실만 도출할 뿐 거짓인 판단이 어떻게 가능한가를 '인식론적으로' 해명하는 단계까지 나가는 것은 아니다. 그러나 2부의 논의는 거짓인 판단의 가능성을 인식론적으로 해명하는 것을 목적으로 하며, 이후의 논의는 이를 초점으로 진행된다. 이런 주제를 초점으로 삼는 것이 서양의 근현대 인식론과 구별되는 플라톤 인식론 특유의 관심사 가운데 하나이

649 거짓인 판단을 하는 것(doxazein pseudē) : 'doxazein pseudē'는 '거짓인 것들을 판단하는 것'으로도 옮길 수 있다. 'pseudē'는 복수 목적격 형태인데, 그리스어 목적격은 목적어를 직접 표현할 수도 있지만 부사적 용법(adverbial use)으로 사용될 수도 있다. 우리의 텍스트는 그리스어의 이 애매성을 활용해서 논의를 진행하기도 한다. 이 번역본에서 거의 대부분은 부사적 용법으로 사용된 것으로 이해하고 '거짓인 판단을 하다'로 옮겼지만, 원문에서 명시적인 정관사 'ta'가 사용되었을 때는 '거짓인 것들을 판단하다'로 구별해서 옮겼다. 우리말로는 그렇게 옮기는 것이 부자연스럽게 보일 수 있지만, 원문상의 차이를 드러내기 위해서이다. 주석 641에서 설명했듯이, 그리스어 'doxazein'은 '판단하다'뿐만 아니라 '의견을 가지다' 내지 '믿는다'는 뉘앙스까지 포함하는 아주 넓은 개념이다. 따라서 '거짓인 것들을 믿는다'로 표현할 때처럼 직접 목적어를 취할 수도 있는 동사이다. (이 경우 '판단하다'로 옮기는 것이 우리말로는 이상할 수 있지만, 핵심어에 대한 번역어의 일치를 위해 어색함을 감수했다.) 이후의 논의 중 일부는 'doxazein'의 이런 넓은 의미를 이용해 '거짓인 것들'에 해당되는 대상을 한정하는 방식의 논의를 다루기도 한다. 즉 플라톤은 목적격의 이중적 사용을 통해, 거짓인 판단을 판단 대상의 차이라는 관점에서 논의하기도 하고 판단 방식의 차이라는 관점에서 논의하기도 한다.

650 거짓인 판단의 가능성에 대한 난제를 제기하는 부분이다. 이 문제는 플라톤의 오랜 관심사이다. 『에우튀데모스』 284a~c, 『크라튈로스』 429d~e, 『소피스트』 259d~264b 참고.

651 170c~171b.

652 154e, 172c~d 참고.

653 테아이테토스의 두 번째 정의가 뜻하는 바가 무엇인가를 묻는 질문이다.

654 이때의 '우리'는 인간을 가리킨다.

655 여기서 본성상 그렇다는 건, 우리 인간에게 주어져 있는 판단의 능력이 언제나 참을 포착하는 것이 아니라 거짓을 포착할 수도 있다는 것을 염두에 두고 언급된 것이다. 즉 인간의 오류 가능성을 가리킨다. 아리스토텔레스의 『형이상학』 1009a9~12 참고.

656 배움과 잊음은 이것들 사이에 있다는 점에서 지금 단계에서는 제쳐 놓자는 말일세. 현재로서는 우리 논의와 아무 상관도 없으니까. : 배움(manthanein)과 잊음(epilanthanesthai)을 배제하는 것은 인식론적인 의미의 '과정'(process)을 배제한다는 것을 뜻한다. 이런 과정이 논의와 상관없다는 지금의 언급은 실제로는 소크라테스의 진의가 아니다. 왜냐하면 나중에 2부의 '밀랍의 비유'와 '새장의 비유'에서 배우는 것이 문제로 부각되기 때문이다. 여기서 '상관없다'고 하는 건, 아마도 '지금 단계'에서는 문제를 이분법적으로 탐문하려는 의도 때문인 것 같다. 즉 '알든가 알지 못하든가'의 이분법, 있음과 있지 않음의 이분법. 이런 이분법 중 특히 전자의 이분법은 『메논』 80d~e의 쟁론적 논변(eristikos logos)을 연상케 한다. "자넨 자네가 이것을 쟁론적인 주장으로 자아내고 있다는 걸 인지하는가? 사람은 자기가 아는 것도, 또한 알지 못하는 것도 탐구할 수 없다는 것 말일세. 알고 있는 것만큼은 탐구하려고 하지 않을 것이네. 이미 알고 있는 터라, 그런 사람으로서는 탐구가 전혀 필요하지 않으니까. 또한 알지 못하는 사람도 탐구하려고 하지 않을 것이네. 자기가 탐구할 것이 무엇인지 알지 못하니까." '메논의 역설'(Meno's paradox) 내지 '배우는 자의 역설'(learner's paradox)이라 불리는 이 역설은, 인지적 가능성을 앎과 알지 못함이라는 흑백의 차원에서 접근하기 때문에 앎도 아니고 무지도 아닌 제3의 가능성을 부정한다. 따라서 이런 접근법에 따르면 인지적 배움의 과정은 부정될 수밖에 없으며, 잠재된 앎을 전제하는 상기론은 성립될 수가 없게 된다. 이런 점에서 『테아이테토스』의 두 가지 이분법적 접근은 『메논』의 쟁론적 논변의 잘못된 가정을 공유하는 측면이 있다. 둘 다 문제를 '무조건적으로'(simpliciter) 다루고 '경우에 따른'

(secundum quid) 차이나 관점의 차이를 전혀 고려하지 않고 있다. 따라서 '안다'는 것은 전면적으로 아는 것(total knowledge)으로 간주되고, '모른다'는 것은 전면적으로 모르는 것(total ignorance)으로 간주된다. 이런 오류를 어떻게 해석할 것인가는 심각한 논란의 대상이다.

657 동일한 것을 알면서 알지 못한다거나, 알지 못하면서 안다는 건 물론 불가능하네. : 1부의 프로타고라스를 대변하는 논변 중 166b에서는 이런 불가능한 사태가 가능하다고 주장한다. 반면에 플라톤은 이런 모순적 사태가 불가능하다는 것을 텍스트 내내 지속적으로 강조한다. 지금의 대목뿐만 아니라 191b, 196b, 196c, 199c 참고. 알면서 알지 못하는 사태의 가능성을 부정하는 것이 플라톤의 입장이라면, 이는 자연스레 특정한 '앎' 개념으로 귀결될 가능성이 있다. 보통 현대 인식론자들은 특수한 경우에는 앎과 알지 못함이 양립할 수 있다고 보는 경향이 있으며, 그런 현대적 '앎' 개념은 플라톤적인 앎 개념만큼 강한 조건을 요구하지 않을 수 있기 때문이다. 이런 차이에 관한 흥미로운 논의는 Burnyeat(1990), 74쪽의 사례 참고.

658 거짓인 것들을 판단하는 자(ho ta pseudē doxazōn) : 앞의 주석 649에서 언급했듯이 정관사 'ta'가 사용되기 때문에 목적어 표현을 살렸다. 이때 '판단하는'은 '믿는' 내지 '의견을 가지는'의 의미를 동시에 함축한다는 것을 염두에 두고 이해할 필요가 있다.

659 188c8~189b8의 논변은 『에우튀데모스』를 연상케 한다. 『에우튀데모스』 284a~c에서는 있지 않은 것들을 말하는 것을, 거짓인 말을 하는 것으로 볼 가능성을 탐문하나, 결국 거짓말은 불가능한 것으로 결론짓는다.

660 있지 않은 것들을 판단하는 자 : 이것은 '있지 않은 것들(ta mē onta)를 판단하는 건 불가능하다'는 167a의 프로타고라스의 가정과 대립된다. 결국 189b에서도 이런 가능성이 부정된다. 189b에서는 '있지 않은 것'(to mē on)을 있는 것들과 관련해서든 그것 자체로든 판단할 수 없다고 하는데, 나중에 『소피스트』에 가면 있는 것들과 '관련해서' '있

지 않은 것'을 판단하는 것은 가능하다는 논증이 이루어진다. 『소피스트』 252c~259d에서 'to mē on'은 다름(thateron)으로서 '있는 것'이라는 것이 해명된다. 물론 이때의 'to mē on'은 'to mēdamōs on'(그 어떤 점에서도 있지 않은 것)과는 구별된다. 다름으로서의 'to mē on'은 있는 것들과 관련해서 'to mē on'을 진술하는 경우로 볼 수 있는데, 『테아이테토스』에서 이런 가능성이 명시적으로 논의되는 것은 아니다.

661 어느 하나도 아닌 것을 보는 경우(ouden horan) : 'ouden'은 영어로 말하자면 'nothing'에 해당하는 목적격 표현이다. 이 목적격이 목적어로 간주될 수도 있고 부사적 용법(adverbial use)으로 간주될 수도 있다. 따라서 'ouden'은 '아무것도 아닌 것'으로 옮기거나 부사적으로 '전혀'라고 옮길 수도 있는 낱말이다. 그런데 고대 그리스어의 경우 일상적인 맥락에서는 대개 후자로 이해되는 것이 일반적이다. 이 경우 'ouden'은 부정 부사(否定 副詞)로 사용되는 것이며, 그렇게 이해할 경우 'ouden horan' 전체는 '전혀 보지 못하다.'로 옮길 수 있다. 그러나 지금의 맥락에서 소크라테스는 'ouden'을 일상적 용법으로 사용하지 않고, 봄의 대상을 가리키는 낱말로, 즉 목적어로 사용하고 있다. 이 때문에 우리말로는 어색하더라도 '어느 하나도 아닌 것을 보다'로 옮긴다. 'ouden'을 이렇게 옮길 수 있는 이유는, 'ouden'이 부정어(否定語) 'ou'(영어로는 'not')와 '하나'를 뜻하는 'hen'의 합성어이기 때문이다. 그렇기 때문에 'ouden'은 '하나'(hen)에 대한 부정을 뜻할 수 있다. 지금의 논의는, 'ouden'의 이런 어원적 측면을 고려해서 대상이 'ouden'(어느 하나도 아닌 것)인 경우와 'hen'(하나)인 경우를 대비하고 있다.

662 하나의 어떤 것을 본다면 있는 것들 중 어떤 것을 보고 있는 것이네. : 인지 대상이 '어떤 것'(ti)이라면 그것은 '있는 것'(to on)일 것이라는 가정은 『국가』 476e에서도 제시된다. 이런 가정을 논변 형태로 좀 더 명확히 제시하는 경우를 『테아이테토스』 말고도 『소피스트』 237c~e에서 볼 수 있다. 지금의 논변에서 밝히려는 함축 관계는 『테아이테토

스』189a1~2에서 분명하게 제시된다. "어떤 것을 듣는 자 또한 하나의 어떤 것을, 그러니까 있는 것을 듣는 것이네." 따라서 '어떤 것(ti) → 하나의 어떤 것(hen ge ti) → 있는 것(to on)'의 함축(implication) 관계가 성립된다. (추론 관계가 아니라는 데 주목할 필요가 있다. 즉 '어떤 것'에는 이미 '하나의 어떤 것'이 함축되어 있고, '하나의 어떤 것'에는 '있는 것'이 함축되어 있다는 것이다.) 이때의 함축관계를 『소피스트』237c~d를 고려해 이해하면, '어떤 것'(ti)은 모든 있는 것들로부터 고립되어 벌거벗겨진 채 그 표현만을 사용하는 것이 불가능하기 때문이다. 즉 'ti'(어떤 것)라고 하면 이미 존재론적으로 'on'(있는 것)을 전제한 표현이라고 볼 수 있다는 것이다. 『소피스트』의 이런 설명을 『테아이테토스』까지 확장하면 이렇다. '어떤 것'이라는 건 이미 그것이 '하나의 어떤 것'이라는 것을 전제하며, '하나의 어떤 것'이라는 것은 그것이 '있는 것'이라는 것을 전제한다는 것이다.

663 그런 것 같습니다(phainetai) : 'phainetai' 다음에 부정사(infinitive)가 오면 '~인 것 같다'는 의미를 뜻하고, 분사가 오면 '~임이 명백하다'를 뜻한다. (LSJ에는 이런 구별이 등재되어 있지 않기에 결정적인 결함이 있다.) 여기서는 두 가지 가능성이 다 열려 있지만, 일단 전자 쪽으로 옮긴다.

664 어느 하나도 아닌 것을 판단하는 것(ouden doxazein) : 주석 661의 문장과 같은 경우이다. '전혀 판단하지 않는 것'으로 옮길 수도 있지만, 지금 맥락에서 소크라테스는 'ouden'을 목적어로 이해하게끔 유도하고 있다. 이미 188e6행에서 그런 식의 이해를 유도한 적이 있다.

665 있는 것들과 관련해서든 있지 않은 것 자체를 그것 자체로 해서든 말일세. : 전자는 '~에 관련해서'(peri)를 사용하는 경우로 프랑스어 'savoir'에 상응한다면, 후자는 인지 동사에 대해 직접 목적어가 걸리는 경우로 프랑스어 'connaître'에 상응한다. 달리 말해 전자는 명제적 앎(propositional knowledge)에, 후자는 대상적 앎(objective knowledge)에 해당된다. 그러나 그리스어의 구문상으로 그 둘은 날카롭게 구별되지 않는 경우가 많다. 그리고 플라톤이 '앎'(epistēmē)의 차원에서 그 둘을 구별하지 못하는

오류를 범한다고 보는 학자들도 있지만, 이 문제를 그렇게 단순하게 볼 것인지는 논란의 여지가 많다. 지금 사용되는 표현은 그 둘을 구별하고 있음을 시사하는 것으로 이해될 수도 있기 때문이다. 어쨌든 최소한 이 두 가지 형태의 앎을 날카롭게 구별하는 것이 플라톤의 주된 관심사는 아니었다고 보는 것이 안전한 해석이 될 것 같다.

666 원래의 사본에는 'ou gar'로 되어 있지만, 신판 OCT는 호이스데(Heusde)에 따라 'out' ar"로 읽고 있다. 맥락상 이런 독법이 타당해 보이기에 신판에 따라 옮긴다.

667 188a1~188c7.

668 착오 판단(allodoxia) : 'allodoxia'는 플라톤이 만들어 낸 낱말이다. 어떤 것을 다른 것으로 잘못 뒤바꾸어 하는 판단을 가리킨다. 그러므로 우리말의 '착오'(錯誤)보다는 좁은 개념으로 사용되었다고 하겠으나, '뒤바꾸는 판단'이라는 식으로 옮기는 것 또한 오해의 소지가 있기에 간명한 번역 방식을 좇는다. 여기서 '착오'는 두 대상 간의 엇맞춤(mismatching)에서 발생된다. 그런데 소크라테스는 190e1에서 동사 'allodoxein'이란 표현을 사용하고, 190e2에서는 이를 'heterodoxein'과 교체 가능한 의미로 사용한다. 190e에서 두 낱말을 대입해서 사용한다는 것에는 의미심장한 함축이 들어 있다. 두 낱말은 각기 'allon'과 'heteron'을 접두어로 삼고 형성된 복합어인데, 전자는 영어로 'another'를, 후자는 'other'를 뜻하는 낱말이다. 후자는 두 개의 항(term)간의 관계가 대립적임을 함축하나, 전자는 제3의 다른 것을 가리킬 수도 있다. 그런데 텍스트는 반드시 대립성을 함의하는 것은 아닌 'allon'을 대립적인 의미에서 다른 것인 'heteron'으로 환원한다. 따라서 지금의 논변은 이분법적인 접근을 통해 진행된다고 할 수 있다. 이것이 오류라는 것은 분명한데, 그렇다고 플라톤 자신의 오류라고 볼 수는 없을 듯하다. 다른 텍스트에서 그런 경우가 오류라는 것이 이미 여러 차례 지적된 적이 있기 때문이다. (다른 텍스트에서 아주 자주 지적되기 때문에 따로 전거를 제시하지 않는다.) 따라서 지금의 맥락에서

등장하는 오류를 어떻게 볼 것인가는 텍스트 맥락을 이해하는 데 영향을 미칠 수 있다.

669 지금의 번역은 사본(codex) 베네투스(Venetus 186 이하)에서 'ti'가 삽입된 전통을 따른 것이다. OCT 신판이 그 버전을 따르고 있다. 번옛(Burnyeat(1990), 322쪽, 각주 42)은 'anti tinos'를 넣지만 옮긴이는 굳이 'anti'가 없이도 그리스어로는 그런 뉘앙스를 담을 수 있다고 보았다. 문장의 분사(分詞) 'antallaxamenos'에 'anti'가 들어가 있기 때문이다.

670 빗맞히기(hamartanōn) : '과녁을 빗맞히는 것'(miss the mark)을 뜻한다. 'hamartanein'은 인지적 차원에서 실수하고 틀리는 것에서 도덕적 과오를 범하는 것에 이르기까지 '잘못'을 가리키는 가장 포괄적인 그리스어 용어이다. 나중에 아리스토텔레스의 『시학』에서는 이 낱말의 명사 'hamartia'가 비극 이론의 핵심 개념으로 제시되기도 한다. 그런데 여기서 '착오 판단의 대안'이 이전의 난제들과 별다른 측면이 없다고 보는 주석가들도 있지만, 'hamartanein'이라는 낱말의 등장은 지금의 대안이 이전과 어떤 점에서 다르고 뭐가 새로운가를 보여 준다. 이 낱말은 거짓인 판단을, '주관이 대상을 겨냥하고서 빗맞히는 것'으로 설명하려는 시도를 하고 있기 때문이다. 한편 『테아이테토스』에서는 'hamartanein'의 반대말인 'anhamartēton'에 대해서도 주목할 필요가 있는데, 이와 관련해서는 주석 159와 771 참고.

671 어떤 사람이 아름다운 것 대신에 추한 것을 판단하거나 또는 추한 것 대신에 아름다운 것을 판단할 때 : 아름다운 것은 'kalon'을, 추한 것은 'aischron'을 옮긴 것이다. 그런데 그리스어 두 낱말은 형용사 형태로, 지금 옮긴 것처럼 '아름다운 것'을 가리킬 수도 있지만, 추상적인 '아름다움'을 가리킬 수도 있다. 서양의 번역서에는 "a man judges 'ugly' instead of 'beautiful'"과 같은 식으로 옮기는 것이 다반사이지만, 우리말로 이렇게 옮길 수는 없는 일이다. 그런가 하면 '어떤 사람이 아름답다고 하는 대신 추하다고 판단하거나 또는 추하다고 하는 대신

아름답다고 판단할 때'로 옮길 여지도 전적으로 배제되는 것은 아니다. 이런 점에서 현재의 번역문은 원문의 애매성을 온전히 살린 것은 아니다. 원문은 구체적인 '아름다운 것'과 추상적인 '아름다움' 양쪽으로 다 이해될 가능성을 열어 놓고 진행된다. 따라서 엄밀히 말하면 애매어의 오류를 범하면서 논의가 진행되고 있다. 이것을 어떻게 볼 것인가는 논란의 대상이다.

672 표면적으로는 "참으로 거짓인"이란 역설적 표현을 두고 하는 농담조의 물음이다. 그러나 심층적으로는 테아이테토스의 두 번째 정의가 실상 참과 거짓을 구별하지 못하는 한계가 있지 않느냐는 의문을 드라마적 장치로 설정한 것일 수도 있다.

673 이후에 진행되는 발언들을 각기 어떤 인물에게 귀속시키느냐와 관련해서 견해가 갈린다. βTW 사본대로 읽으면 아래와 같이 된다. "테아이테토스 : 필연적이고말고요. / 소크라테스 : 동시에 생각하든가 아니면 하나씩 차례로 생각하든가 할 거라는 거지? / 테아이테토스 : 더 없이 훌륭하십니다. / 소크라테스 : 그런데 자네는 '생각한다'는 것을 나처럼 부르는가?" 반면에 OCT 구판과 신판 모두 βTW 사본이 아니라 소수 사본을 좇는데, 내용 전개상 그런 독법이 더 자연스러워 보여 이 번역본도 OCT를 좇기로 한다. 테아이테토스가 소크라테스에게 '더없이 훌륭하다'고 칭찬한다는 것은 이상하기 때문이다.

674 영혼이 무엇을 고찰하든 그것과 관련해서 영혼 자신이 자신을 상대로 이루는 말 : '생각하다'(dianoesthai)를 이렇게 규정하는 것은 『소피스트』 263e3~5에서도 반복된다. "생각(dianoia)과 말(logos)은 동일한 것이 아닌가요? 영혼 안에서 음성 없이 생겨나는, 영혼 자신과의 대화(dialogos), 바로 이것을 우리는 '생각'이라고 불렀다는 점만 제외하고 말입니다."(이창우 역) 또한 『소피스트』 264a9~b1에서는 '생각'을 "영혼 자신이 자신과 나누는 대화"라고 간명하게 규정하고 있기도 하다. 그런가 하면 『필레보스』 38c~39c, 특히 38c~e에서는 자문자답을 통해 생각이 형성되는 과정을 구체적으로 묘사하고 있다. 따라서 이 대

목에서 '생각'에 대해 제시된 언급들은 명백히 플라톤 자신의 모델이라고 보는 것이 합당하다.

675 『소피스트』 264a1~2에서는 "이런 것[긍정과 부정]이 생각에 따라 묵묵히 영혼 안에 생길 때" '판단'이라고 부른다고 이야기된다. 그런데 『테아이테토스』의 설명과 관련해서 좀 더 의미심장한 규정도 제시되는데, 『소피스트』 264b1에서는 "판단은 생각의 완결(dianoias apoteleutēsis)"이라고 정리된다. 여기서 '완결'이란 규정을 『테아이테토스』와 연관 지어 해석하면, '판단'이란 긍정과 부정 여부를 '결정'하여 동일한 주장을 가지는 것이라고 이해할 수 있다. 이 번역본에서 'doxa'의 대표 번역어를 '판단'으로 한 것은 이런 뉘앙스를 고려한 것이다.

676 '정녕 아름다운 것이 단연 추하다.'라거나 '불의한 것이 단연 정의로운 것이다.'라고 자네 자신에게 말한 적이 있는지 : '아름다운 것'으로 옮긴 'to kalon'은 추상적인 '아름다움'으로 이해될 수도 있다. 원문의 애매성을 그대로 안고 가려고 일부러 애매하게 옮겼는데, 문장은 다음의 두 가지 중 하나를 뜻할 수 있다. ①어떤 특정한 아름다운 것이 추하다. ②아름다움은 추함이다. ①은 유의미할 수 있으나, ②는 실질적으로는 무의미한 진술이다. 그런데 이어지는 언급에서 '홀수는 짝수이다.'라는 진술을 거론하는 것을 보면, 여기서 소크라테스는 ②로 이해하도록 유도하고 있다. 그러니까 그런 모순 개념을 포함하는 진술을 한 적이 있는가를 떠올려 보라는 이야기가 되겠다. 소크라테스는 분명 애매어의 오류를 사용하고 있는데, 이를 어찌 봐야 할지는 독자의 몫이다.

677 떠올려 보게(anamimnē(i)skou) : 직역하면 '상기해 보게.'이다.

678 '어떤 것이 단연 다른 것이다.' : 이 문장은 우리말로 의미를 살려 옮기기가 쉽지 않다. 원문은 'to heteron heteron estin'인데, 이를 영어로는 'the other is an other.' 정도로 옮길 수도 있다. 그리스어 'heteron'은 둘 중 한쪽(each of two)을 가리키는 낱말이다. 영어로 'another'를 가

리킬 수 있는 그리스어는 'allon'인데, 앞의 주석 668에서 설명했듯이, 지금 맥락에서는 'heteron'(영어로 'other')과 'allon'(영어로 'another')의 차이가 무화되고 있다.

679 **영혼에 의해 두 가지 모두에 접하는 자는** : 양쪽 대상에 대해 인지적 접촉을 하는 자.

680 앞 문장에서 "한쪽의 것이 다른 쪽 것이다."라고 옮긴 문장의 그리스어 문장을 직역하면, '다른 것(to heteron)은 다른 것(heteron)이다.'라고 이해될 가능성이 열려 있다. 문장을 후자의 방식으로 이해하면 그냥 동어반복이 되어 버린다. 여기서 소크라테스는 그런 식으로 이해되는 경우를 배제하고, 두 번 등장하는 'heteron'이 서로 다른 것을 지칭하는 경우를 놓고 이야기하고 있는 것이다. 『에우튀데모스』 301a~c에서는 'heteron'이 서로 다른 것을 지칭하는 맥락을 배제하고 동어반복적인 의미로 위의 문장을 사용해서 궤변을 제시하기도 한다.

681 콘포드가 지적하듯이(Cornford(1936), 119쪽, 각주 2), 이 경우의 'doxazein'은 'thinking of'를 뜻하기에 이를 '판단하다'로 옮기는 데는 한계가 있다. 그러나 번역어의 일치를 꾀하기 위해 어색함을 감수하고 옮긴다.

682 **혼동하는 판단을 하는 것**(heterodoxein) : 'allodoxein'(착오 판단을 하는 것)과 'heterodoxein'이 교체적으로 사용되고 있음을 알 수 있는 대목이다. 여기서 영어로 'another'를 뜻할 수 있는 'allon'과 'other'를 뜻하는 'heteron'의 차이가 무화되고 있음을 다시 한 번 확인할 수 있다. 이에 대해서는 주석 668 참고.

683 **무의미한 말을 하는**(ouden legein) : 앞에서 'ouden'을 옮긴 방식으로 취하면 '어느 하나도 아닌 것을 말하다.'로 옮길 수도 있고 '전혀 말을 하지 않다.'로 옮길 수도 있는 표현이다. 그러나 지금 맥락에서는 일상적인 그리스어 의미를 취하고 있는 것으로 보이며, 그럴 경우 'ouden'은 영어로 'nonsense'를 뜻한다.

684 거짓인 판단.

685 거짓인 판단을 불가능하게 하는 불합리한 것들을 가리킨다.
686 이 대목과 관련해서 당시 그리스인들이라면 소포클레스의 『아이아스 (Aias)』 1142 이하를 쉽게 연상했을 듯하다. (인용하기에는 길기 때문에 여기서는 생략한다.)
687 철학을 하는 것을 항해의 위험에 빗대는 경우가 플라톤 대화편에는 곧잘 등장한다. 『라케스』 194c, 『에우튀데모스』 293a, 『국가』 457b 등 여러 군데, 『필레보스』 29b 등 참고.
688 188c에서 한 동의를 비판하고 있다.
689 새로운 시도를 하는 것을 가리킨다.
690 **시험해(basanizein)** : 'basanizein'은 1부의 '산파의 유비' 중 150c1에서 정신적 산파술의 핵심적 활동으로 제시된 동사 표현이다. 이 낱말은 『테아이테토스』에서 총 세 번 사용되는데, 2부의 지금(191c3)과 3부 203a1에서 사용된다. 이런 점에서 어떤 학자들이 생각하듯 산파의 비유가 1부에 국한된 것으로 보기는 힘들다. 임신된 아이가 참인가 거짓인가를 시험하는 시도가 계속 지속되기 때문이다.
691 **밀랍(蜜蠟)으로 된 새김판(kērinon ekmageion)** : 밀랍 서판(書板)을 가지고 사유 모델을 구성해 보는 시도이다. 여기서 '새김판'으로 옮긴 'ekmageion'은 서판 전체의 '板'을 가리킬 수도 있고, 개별적인 블록(block)들로서의 '版들'을 가리킬 수도 있다. 지금처럼 단수로 표현되면 서판 전체를 가리키는 것으로 보이지만, 194d6과 194e6에서는 복수 'ekmageia'로 표기되어 서판 속의 여럿의 블록들을 가리키기도 한다. (서양의 번역서에 이에 대한 혼란이 있는 경우가 있기 때문에 독자들의 주의가 필요한 대목이다.) 'ekmageion'은 동사 'ekmassein'에서 형성된 낱말인데, 'ekmassein'은 원래 밀랍이나 석고로 모형 내지 틀을 본뜨는 것을 뜻한다. 이에 상응해서 'ekmageion'은 일정한 모양이 찍히는 형판을 뜻할 수도 있고 돋을새김을 뜻할 수도 있는데, 밀랍 서판의 경우는 찍힐 수 있는 판을 가리킨다고 보면 된다. 그리고 『테아이테토스』의 밀랍 서판의 비유에서는 '인상(印象 : typos)'이 찍히거나 박

히는 판'을 뜻한다. 그래서 그냥 '판'으로 옮길 수도 있겠으나 그럴 경우는 가리키는 것이 너무 불명확해지는 터라 문제이고, '찍힘판'으로 옮길 수도 있겠으나 그럴 경우는 낱말이 너무 낯설고 어감도 좋지 않다. 그래서 여기서는 '새김판'으로 옮기기로 한다. '판'을 '틀'로 옮기지 않은 것은 '틀'이 'mold'가 아니라 'frame'을 가리키는 것으로 오해될까 봐서이다. 어쨌든 이때의 'ekmageion'이 새겨지는 판이 아니라 찍히는 판이니까 독자 입장에서는 번역어에 대해 불만을 가질 만하지만, 궁여지책이었음을 실토한다. 한편 '서판'을 가리키는 그리스어로는 'pinax', 'deltos', 'grammateion' 등이 있으며, 나무로 된 서판을 가리키는 'sanis' 또는 석재 볼록인 'stēlē'도 유관어이다. 서판으로는 돌, 나무 등이 사용될 수도 있지만, 그런 것들은 지울 수 없다는 한계가 있다. 이런 문제 때문에 지우고 새로 쓸 수 있는 기능을 할 수 있는 밀랍 서판이 고대에 일반적으로 활용되었다. 밀랍 서판에는 골필 내지 철필인 'stylos'(라틴어로는 'stylus')가 사용되었는데, 펜 기능을 할 수 있도록 뾰족한 모양을 한 부분이 있고, 반대쪽은 눌러 문질러 지울 수 있게 납작한 모양을 했다. 나무, 동물뼈, 철 등이 재료로 사용되었다. 그리스에서 서판에 대한 최초의 기록은 호메로스의 『일리아스』 VI. 169행에 "겹으로 된 서판"(pinax ptyktos)이란 표현으로 등장한다. 한편 플라톤이 말년에 쓴 최후의 저작 『법률』은 파피루스로 옮겨지지 못하고 밀랍 서판에 기록된 채로 남겼다는 전승이 있다. 디오게네스 라에르티오스, 『유명 철학자들의 생애와 사상』 III. 37 참고. 어쨌든 인간의 사유를 서판에 비유하는 건 서양 사상에서 아주 오래된 전통인데, 이와 관련된 최초의 모델이 바로 지금 『테아이테토스』에서 제시되고 있다고 보면 된다. 이후에 아리스토텔레스도 『영혼에 관하여』 II. 12. 424a17~20과 『기억과 상기에 관하여(*peri mnēmēs kai anmnēseōs*)』 450a27~b11에서 감각을 설명할 때 밀랍 서판의 모델을 적용한다. 그리고 『영혼에 관하여』 III. 4. 430a1~2에서는 지성(nous)을 '아무것도 쓰이지 않은 서판'에 빗대어 설명하기도 한다. 그런가 하면

주석 | 395

후대의 스토아학파의 경우도 이런 영향을 확인할 수 있다. 섹스투스 엠피리쿠스, 『학자들에 대한 반박』 VII. 228~241, 248~252 참고. 한편 근대에 영국 경험론자들이 인간의 마음을 '빈 서판'(blank slate)으로 이해하는 건 잘 알려져 있는데, 대표적으로 존 로크(John Locke)는 『인간오성론(*An Essay Concerning Human Understanding*)』 II. 29. §3에서 역시 '밀랍(Wax)'을 끌어들여 설명한다. 그는 같은 책 II. 11. §17에서 외적 감각과 내적 감각을 두고서 그것들만이 '빛이 암실에 깃들 수 있게 해 주는 창문들'(the Windows by which light is let into this dark Room)이라고 주장한다. 여기서 로크는 인간의 마음이나 사유를 '암실'에 빗댄 것인데, (정당한 해석인가에 대해선 논란이 있지만) 나중에 라이프니츠(Leibniz)가 로크를 비판할 때 로크의 견해를 가리켜 마음을 일종의 'tabula rasa'(지워진 서판)로 간주한 것이라고 표현하면서 이 낱말이 경험주의의 견해를 표명하는 대표어로 굳어지게 되었다. 'tabula rasa'라는 표현은 라이프니츠의 『신 인간오성론(*Nouveaux essais sur l'entendement humain*)』에 아주 자주 등장한다.

692 므네모쉬네 여신(Mnēmosynē) : 'mnēmosynē'는 보통명사로는 '기억'을 뜻한다. 이런 신화적 설명 장치는 밀랍 서판의 비유가 기억과 연관된 것임을 시사한다. 이런 계보는 헤시오도스의 『신들의 계보』 52~4에서 제시된다. 구송 문화(oral culture)에서 시인들은 시를 시작할 때 곧잘 무사 여신에게 노래를 청하는 것으로 시작하는데, 여기에는 시인이 신들려서 노래를 한다는 생각이 깔려 있다. 구송 시인들은 엄청난 분량의 시들을 암송했으니 엄청난 기억력의 소유자라 할 만하다. 지금 기억의 여신을 무사 여신의 어머니로 강조하는 건 그 같은 문화적 배경을 깔고 하는 말이다.

693 생각들(ennoia) : 여기서 논의되는 '생각들'은 실질적으로는 기억상이다. 그것을 '생각들'로 표현하는 이유는 기억상이 감각상과 구별되는 차원이라는 것을 드러내기 위함으로 보인다.

694 인상(印象)들을 찍는다(apotypousthai) : 한자어 '印象'이 이미 '상을 새기

다'는 뜻을 가지고 있음을 고려하면 중복 표현이라 그냥 '상을 찍는 다'로 옮길 수도 있겠다. 그러나 '인상'으로 옮긴 'typos'가 이미 '찍힌 상', 즉 'impression' 내지 'imprint'의 의미를 가지고 있다. 결국 한국 어나 고대 그리스어를 비롯한 서양어도 중복 표현을 사용하는 것은 마찬가지이다. 한편 근대 영국 경험론자들이 이야기하는 'impression' 에 대한 아이디어는, 지금 플라톤이 제시하는 '밀랍 서판의 모델'과 크 게 다른 것 같지 않다는 것도 기억해 둘 필요가 있다.

695 상(像, eidōlon) : 여기서 '상'(像)으로 옮긴 'eidōlon'은 기본적으로 물이 나 거울에 비친 모상(模像)을 가리킨다.

696 원문은 지시사 'auta'로 되어 있는데, 내용 이해를 위해 지시하는 것을 명시적으로 밝혀 옮긴다. 위에서는 안다는 것을 상이 찍힌 것에 비유 를 했기에 여기서 앎의 대상은 '상들'이 된다. 논의 맥락은 찍힌 상들 과 지각을 비교하는 맥락이다.

697 188a~c의 언급을 소크라테스가 직접 개입해서 뒤엎는 대목이다.

698 원래 텍스트에는 없지만, 독자의 이해를 돕기 위해 경우별로 번호를 붙인다. [1]부터 [14]까지는 거짓인 판단이 불가능한 경우이고, [15] 부터 [17]은 거짓인 판단이 가능한 경우로 제시된다. 대상 항목을 각 기 'a'와 'b'로, 그 대상들에 대한 앎이 있을 때는 'K'로, 지각이 있을 때는 'P'로, 이에 대한 부정은 '-'로 표현하고, 지각되는 대상을 성공 적으로 다시 알아보는 경우는 '*'로 표기하면 각기 다음과 같이 정리 할 수 있다. 아래의 정리는 Polansky(1992), 188쪽에서 도움을 받아 다듬은 것이다.

'유형 A : 앎이 있고 없느냐에 따른 경우들'
　: [1] aK-P와 bK-P [2] aK와 b-K [3] a-K와 b-K [4] a-K와 bK
'유형 B : 지각이 있고 없느냐에 따른 경우들'
　: [5] aP와 bP [6] aP와 b-P [7] a-P와 b-P [8] a-P와 bP
'유형 C : a항목은 앎(기억상)과 지각이 일치되는 경우들'

: [9] aKP*와 bKP* [10] aKP*와 bK [11] aKP*와 bP

'유형 D : a항목은 앎(기억상)도 지각도 없는 경우들'

: [12] a-K-P와 b-K-P [13] a-K-P와 b-K [14] a-K-P와 b-P

'유형 E : 거짓인 판단이 가능한 경우들'

: [15] aK와 bKP [16] aK와 b-KP [17] aKP와 bKP

699 표시(sēmeion) : 여기서 'sēmeion'은, 직접 제시(presentation)되는 지각과 구별되어 지각을 표시하여 간접 제시(representation)하는 것을 가리킨다.

700 기억상을 지니고 있음을 뜻한다.

701 거짓인 판단을 하는 것.

702 [9]와 [17] 간의 차이점에 주목할 필요가 있다. [9]는 지각과 그에 대한 표시 간의 일치를 포함하지만, [17]은 그런 조건까지 제시하고 있지 않다.

703 이 경우는 '믿는'으로 옮길 수도 있지만, 번역어의 일치를 위해 '판단'으로 옮긴다.

704 아래의 경우는 [17]에 해당된다.

705 동일한 낱말 'ta sēmeia'가 다의적으로 사용되고 있다. 그래서 한 번은 '표시'로 한 번은 '인장'으로 옮긴다.

706 직역하면 '불충분하게'.

707 여기서 '자국'은 기억상으로 밀랍에 찍힌 표시를 가리킨다.

708 맞추려고(prosharmosai) : 'prosharmosai'는 '조화시키다' 내지 '일치시키다'를 뜻하는데, 지금의 맥락이 '맞춤'(matching)의 차원에서 진행되기에 그렇게 옮기기로 한다.

709 그리스어 표현은 발을 발자국에 일치시킨다는 일상적 의미를 동시에 지니고 있다. 이때 발은 보임새를, 자국은 기억상으로서의 표시를 가리키는 것으로 보면 된다.

710 알아봄(anagnōrisis) : 'anagnōrisis'는 동사 'anagignōskein'에서 형성된 명사. 'anagignōskein'은 '다시 알아보다'(know again) 내지 '재인(再認)

하다'(recognize)를 뜻한다. 이미 호메로스의 『오뒷세이아』 iv. 250에서 이런 의미로 사용되는 용례가 등장하기도 한다. 한편 비극의 경우 아이스퀼로스(Aischylos)의 『제주(祭酒)를 바치는 여인들(*Choēphoroi*)』 197행 이하에서 오레스테스(Orestēs)의 누이 엘렉트라(Elektra)가 땅에 찍혀 있는 발자국에 자기 발을 맞추어 보고 오레스테스가 곁에 있다는 것을 알아보는 대목이 있는데, 이런 상황은 『테아이테토스』의 밀랍서판의 비유와 성격상 비슷한 측면이 있다. Fowler(1921), 193쪽 참고. 'anagnōrisis'는 나중에 아리스토텔레스가 『시학』에서 플롯의 핵심 요소 가운데 하나로 강조하면서 서양 문학사에서 아주 중요한 용어가 된다. 어쨌든 지금 맥락에서 앎이 단순히 직접적 파악의 차원에서 논의되기보다 '다시 알아봄'의 차원에서 논의되고 있다는 것은 주목할 만한 점이다. 그런데 책을 읽는 것도 책의 내용을 다시 알아보는 것이라는 점에서 'anagignōskein'은 '읽는다'는 뜻을 가지기도 하는데, 나중에 198e3에서 동사 'anagignōskein'이 이런 의미로 사용되며 등장한다. 이와 관련해서는 주석 756 참고.

711 엇맞추어(parallattein) : '엇맞추다'는 국어사전에 등재되어 있지 않은 낱말이지만, '어긋나게 맞추다'라는 의미를 자연스럽게 연상시키기 때문에 이 맥락의 번역어로 적절하다고 판단해서 사용하기로 한다.

712 잘못을 하게 되었다(diahamartein) : '잘못하다' 내지 '빗맞히다'를 뜻하는 'hamartein'에 'dia'가 붙은 강조 동사이다. 주석 670 참고.

713 혼동하는 판단(heterodoxia) : 'heterodoxia'라는 표현은, 이전의 '착오 판단' 논변을 떠올리게 한다. 이런 점에서 밀랍서판의 비유는 이전 논의와 전적으로 단절된 것이 아니라 발전적인 상승을 의도한 것임을 알 수 있다. 잘못을 '엇맞춤'(mismatching)의 관점에서 찾는 전략은 계속 견지되고 있는 셈이다.

714 [15]의 경우.

715 [9]의 경우.

716 다시 [17]의 경우.

717 빗맞힌다(hamartein) : 주석 670 참고.

718 원래 찍혀 있는 고유의 인상들과 새로운 인상들(ta oikeia apotypōmata kai typous) : 'apotypōmata'와 'typous'가 동근어이기 때문에 다른 용어로 옮기기가 어려웠다. 구체적으로는 'apotypōmata'가 기억상을, 'typous'가 현존하는 감각상을 가리키기 때문에 이를 명확히 구별하기 위해 원문에는 없지만 'typous'를 옮길 때 '새로운'이라는 낱말을 덧붙여 옮긴다.

719 참인 판단과 거짓인 판단이라는 두 가지 다른 것이 생기는 사태.

720 '가슴'(kear) : 여기서 '가슴'은 'kear'를 옮긴 말이다. 심장으로 옮길 수도 있다. 'kear' 또는 그 낱말의 축약형인 'kēr'는, 그리스어로는 이어서 나오는 'kēros'(밀랍)와 철자가 유사하다. 『일리아스』에서 'kear'가 언급되는 대목과 관련해서는 『일리아스』 II. 851, XVI. 554 참고.

721 우리말의 자연스러움을 위해 원문의 순서를 바꾸어 옮겼기에 '두껍고 널찍하며 보드랍고 적절하게 무른 것'을 가리키는 지시사 'touto'를 번역문에서는 빼고 옮긴다.

722 앞의 주석에서 말했듯이 'kēros'가 'kear'와 철자가 비슷한 것을 염두에 두고 하는 말이다.

723 텍스트 독법이 다른 경우이다. 사본에는 'eirgasmenos'로 되어 있는데 『수다』에는 'ōrgasmenos'란 수정 독법이 제시되어 있다. 신판 OCT에 따라 후자 쪽으로 읽고 옮겼다.

724 이런 자들(toutois) : 거의 모든 번역자들이 'toutois'를 이 문맥에서 거론되는 영혼의 소유자들로 보고 있다. 이 문장의 전건(protasis)에서는 단수로 '어떤 이'로 표현되었지만, 그리스어에서는 불특정한 사람을 단수로 표현한 뒤 이를 다시 복수 지시사로 받는 경우가 있다.

725 온갖 것에 지혜로운(passophos) : 'passophos'는 '온갖 방면에서 지혜로운 자', 즉 지혜의 팔방미인을 가리킨다. 소피스트들이 자신들을 자랑하며 '온갖 것에 지혜로운 자'(passophos)라고 할 때 플라톤은 이 말을 비아냥거리는 맥락에서 사용하기도 한다. 대표적으로 『에우튀데모스』

초입 부분에서 소크라테스는 디오뉘소도로스(Dionysodōros)와 에우튀데모스(Euthydēmos) 형제를 '종합격투기'(pankration)에 능한 이들로 빗대고서 그들을 '만능 싸움패'(pammachos : 단수 형태임)(김주일 역에 따름)라고 부르면서 'passophoi'(복수 형태임)라는 표현을 사용한다(『에우튀데모스』 271c6). 『테아이테토스』에서 소크라테스가 152c8에서 프로타고라스를 형용할 때도 그런 뉘앙스가 들어가 있을지도 모르겠다. 그러나 149d6에서 '산파들'을 가리켜 'passophoi'라는 표현을 쓰는 것을 보면, 플라톤 텍스트에서 이 표현이 언제나 부정적 뉘앙스로만 사용되는 것 같지는 않다. 지금도 호메로스를 두고 이 표현을 쓸 때 부정적인 뉘앙스가 들어가 있는지는 단정하기 어렵다.

726 『일리아스』 II. 851에 '털북숭이'라는 표현이 등장한다. XVI. 554에서도 등장하며, I. 189에서는 아킬레우스가 털북숭이 가슴을 가지고 있는 것으로 묘사된다.

727 수다스러움(adoleschia) : 당대에는 소크라테스를 '수다쟁이'(adoleschēs)로 지칭한 사람들이 있었는데, 에우폴리스(Eupolis)와 아리스토파네스가 바로 그들이다. 에우폴리스의 단편 352, 아리스토파네스의 『구름』, 1480, 1484~5 참고. 플라톤의 대화편에서도 소크라테스를 두고 이렇게 부르는 자들이 있다는 말이 『파이돈』 70c에서 거론된다. 『소피스트』 225d에서는 '수다스러운 것'을 쟁론술(eristikē) 가운데 '돈을 낭비하는 쪽'의 것으로 거론하고 있다. 이런 점에서 소크라테스를 '수다쟁이'로 지칭하는 것을 어떻게 이해할까 하는 문제는 그리 쉬운 문제가 아니다. 그런데 누구보다도 아리스토파네스가 소크라테스를 수다쟁이로 비난했다고 할 때, 여기서 소크라테스의 철학적 대화를 수다로 간주하는 당대의 통념적 해석을 플라톤이 염두에 두고 있다고 보는 건 아주 자연스럽다. 플라톤은 수다스러움이 가져온 상태를 테아이테토스의 난관으로 제시함으로써(196c) 겉으로는 수다스러움의 부정적 측면을 드러낸다. 이런 점에서 표면적으로 보자면 등장인물 소크라테스가 자신의 수다스러움을 부정적으로 묘사하는 것이 이해가

된다. 그러나 그 이후에 이어지는 대화를 보면 문답을 통해 논의의 핵심으로 박차를 가하는 것은 바로 그 수다스러움 덕분이다. 이런 점에서 플라톤은 표면적으로는 수다스러움을 부정적으로 묘사하지만, 심층적으로는 수다스러움이라 불리는 소크라테스식 문답이야말로 진정한 철학적 대화임을 긍정하고 있다고 할 수 있다. 그러나 이 낱말이 명시적으로 부정적으로 사용되는 경우도 있다. 『정치가』 299b7에서 '소피스트'를 형용하면서 'adoleschēs'란 형용사가 사용되며, 『소피스트』 225d10~11에서도 'adoleschikon'이 부정적 의미로 사용된다. 다른 한편 『크라튈로스』 401b에서는 천체관측자들(meteōlogoi)이자 수다쟁이들(adoleschai)인 사람들을 언급하며, 『파이드로스』 279a에서는 수다(adoleschia)와 천체관측(meteōlogia)을 한 묶음으로 언급하기도 한다. 그리고 『국가』 488e4~498a1에서도 '키잡이의 유비'를 제시할 때 참된 키잡이인 철학자가 선원들, 즉 일반 사람들에게 천체관측자(meteōroskopos)나 수다쟁이(adoleschēs)로 불릴 것이라고 언급된다. 그러나 'adoleschia'가 'meteōlogia'(천체관측)와 함께 거론될 경우는 맥락에 따라 복합적인 층위가 있기 때문에 해석할 때 유의할 필요가 있다.

728 데니스톤(Denniston)은 이곳의 'dē'가 아이러니하거나(ironical) 조롱(scorn) 내지 의분(indignation)을 표현하는 것으로 본다. 그의 책(1950), 236쪽 참고. 이런 의도에서 소크라테스가 거짓인 판단을 찾아냈다고 하는 것을 비아냥거리는 뉘앙스로 '그래요, 그래'라고 옮겼다.

729 **자체(auta)** : 플라톤은 여기서 물리적인 것들의 더함과 수학적인 것들의 더함을 구별하고 있다. 이 대목에서 '자체'라는 표현은 이런 구별을 하는 기능을 하고 있다.

730 **앞에다 놓고(prothemenon)** : 'prothemenon'은 'protithēnai'의 분사형이다. LSJ는 이 대목을 'propose to oneself as a task or object'의 뜻으로 뜻풀이하고 있는데, 이는 물리적인 것들이 아니라 추상적인 사유 차원에서 '다섯 더하기 일곱'을 마음 앞에다 놓고 사유하는 것, 즉 표

상(表象)하는 것을 가리킨다. 이런 점에서 지각의 수동성과 대비되는 사유의 능동성을 함축한다.

731 밀랍 서판의 비유가 논의될 때를 가리킨다.

732 189e~190a 참고.

733 이 문장의 텍스트 독법에는 차이가 있다. βT 사본은 'pantos mallon arithmou'로, W 사본은 'mallon'을 빼고 'pantos arithmou'로 읽는다. 디에(Diès)는 βT 사본의 'mallon'을 'mellein'으로 고쳐 읽자고 제안하기도 한다. 그러나 바로 위의 행에 'mallon'이 등장하는 것을 보면 필경사들의 실수로 봄직하다. 따라서 옮긴이는 W 사본에 따라 'mallon'은 빼고 읽었다. OCT 신·구판도 그렇게 보고 있다.

734 188a~c.

735 감각과 독립된 생각 자체를 가리킨다. 이런 점에서 감각의 배제가 이 맥락에서 중요한 논점이 되겠다.

736 막다른(aporon) : 'aporon'은 '길'을 뜻하는 'poros'가 막혀 있음을 뜻한다. 이 낱말과 동근어로는 '당혹스러운 상태' 내지 난관을 뜻하는 'aporia'라는 낱말이 있다. 지금 테아이테토스는 자신이 난관에 빠져 있음을 자기 인식하고 있는 셈이다.

737 어떠어떠한 것(poion) : 무엇(ti)인지를 알지 못하면 어떠어떠한 것 내지 어떤 성질의 것(poion)인지도 알 수 없다는 것은, 초기부터 견지된 플라톤의 입장이다. 이를 현대 학자들은 보통 '정의 우선성 원리'(the principle of priority of definition)라고 부른다. 대표적으로 『메논』 71b에서 이런 견해가 표명되며, 『에우튀프론』 11a에서는 '무엇인가'에 대한 질문에 대한 적절한 답변은 그것의 본질(ousia)이지 속성(pathos)이 아니라는 것이 시사된다. 이런 점에서 플라톤적 인식에서는 본질(ousia) 인식이 성질 내지 속성(pathos) 인식에 우선한다고 할 수 있다. 지금의 대목에서도 무엇임에 대한 인식이 우선성을 가진다는 것을 강조하고 있다. 그러나 곧이어 197a3~4에서는 안다는 것이 무엇인지 모른 채 어떠어떠한 것인지를 이야기하는 것이 논의에 보탬이 될 것이라고 말

한다. 이것은 무엇에 대한 앎이 어떠어떠함에 대한 앎에 대해 우선성을 가진다는 테제와 상충하는가? 이와 관련해서 우리가 연관 지을 수 있는 대화편이 있다. 앞에서 언급했듯이 『메논』도 정의 우선성 원리를 지지하지만, 86d~e에서는 무엇인지 모르는 상태에서 어떠어떠한 것인지를 고찰할 것을 제안한다. 거기서 그 유명한 '가정의 방법'이 도입된다. 가정의 방법은 어떤 것의 무엇임을 모르는 상태에서 그것의 어떠어떠함을 논의하기 위해 도입된 방법이다. 이런 점에서 플라톤은 이미 『메논』에서부터 무엇임을 모른다고 해서 어떠어떠함을 논의하는 것이 불가능한 일이 아니라고 보고 있었다. 『테아이테토스』에서도 그런 가능성이 인정되고 있다고 보는 것이 자연스러울 것이다. 다만 무엇인지 모르는 상태에서 어떠어떠함을 논의하는 것은 정의 우선성 원리를 포기한 것이라기보다 탐구의 발생적 맥락에서 도입된 전략이라고 볼 수 있을 것 같다. 그렇다면 앎에 대한 정의 우선성 원리가 여전히 유지되고 있다고 볼 여지가 있다.

738 인식한다(gignōskomen) : 1인칭 직설법 단수 현재 형태로는 'gignōskō'인데, 'epistamai'와 교체적으로 사용된다. 다만 다른 낱말이기 때문에 번역어는 달리한다.

739 이런 언급을 보면 플라톤은 주석 83에서 언급한 비판 같은 것을 미리 의식하고 있었던 것 같다. 앎을 결여한 상태에서 '앎'이라는 말을 사용하는 것은, '앎'이라는 개념에 대한 '엄밀한' 이해를 하지 못한 상태이기 때문에 그 개념에 대한 엄밀한 사용을 보장한다고 할 수 없다. 그런 점에서 지금 소크라테스가 하는 비판에는 정당한 측면이 있는 것 같다. 그럼에도 이후에 소크라테스는 계속해서 논의를 지속시켜 나간다. 이것은 '앎에 대한 엄밀한 이해'가 없는 상황에서도 그 낱말을 사용할 수 있음을 전제한 것이다. 물론 이런 전제가 어떻게 정당화될 수 있느냐는 건 여전히 논의할 필요가 있는 주제이긴 하다.

740 반박에 능한 자(antilogikos) : 앞의 주석 335 참고.

741 지니고 있음(hexis) : 한자어로는 '소지'(所持)라고 옮길 수도 있다. 원

어 'hexis'는 동사 'echein'('가지다' 또는 '지니다')에서 파생된 명사로, 영어로는 'having'을 뜻하는 낱말이다. 따라서 보통은 '가짐' 또는 '소유'로 옮길 수도 있는 낱말이지만, 지금의 논의 맥락에서는 뒤에 나올 'ktēsis'('소유' 또는 '획득')와 구별·대비되어 사용되고 있다. 수중에 없던 것을 획득한다는 의미의 소유와 달리 '죽 지니고 있음'을 뜻한다. 후대의 아리스토텔레스가 덕(aretē)을 행위자가 지속적으로 지니고 있는 것으로 설명할 때 이 낱말을 사용하면서 철학적 개념으로 더욱 중요성을 띠게 된다. 우리는 '앎을 지니고 있음'이라는 표현을 『에우튀데모스』 277b에서 디오뉘소도로스가 사용하는 경우를 통해 만나게 된다. 그 곳에서(275c~277c) 다른 오류들도 사용되고 있지만, 『테아이테토스』에서 구별되는 '지니고 있음'과 '소유'를 구별하지 못함으로써 궤변이 생긴다. 이런 구별을 아리스토텔레스의 『소피스트적 논박(peri tōn sophistikōn elenchōn)』 165b31 이하에서도 볼 수 있다. 그런데 '지니고 있음'과 '소유'의 구별은 '활동성 대(對) 잠재성'의 구별에 상응한다. '활동성'은 『에우튀데모스』와 같은 초기 대화편에서 탐색했던 '사용'(chrēia) 개념을 연상케 한다. 『에우튀데모스』 280b~281b와 288d~290d에서는 사용(chreia)과 획득(ktēsis)이 개념적으로 구별되고 있는데, 이는 『테아이테토스』의 이 대목과 일치된 개념적 구별이라고 할 수 있다.

742 소유(ktēsis) : 'ktēsis'는 기본적으로 '획득'(acquisition)의 의미를 가진다. 'ktēsis'는 '사냥(thēra) 모델'(hunting model)을 구체화한 것이다. 197c3, 197d1, 198a2, 199b2에서 동사 'thēreuein'(사냥하다)을 사용하고 198d2에서 명사 'thēra'(사냥)를 사용하는 데서 이 모델을 검토하는 과정이라는 것을 알 수 있다. 플라톤의 대화편에서 논의의 탐구를 사냥 내지 사냥꾼(thēreutēs) 모델에 빗대는 경우로는 『라케스』 194b, 『뤼시스』 218c, 『국가』 432b~d, 『소피스트』 222a~223b와 226a~b, 『필레보스』 44d, 64c~65a 등이 있다. 대부분의 경우 그런 비유는 느슨하게 도입되기도 하지만, 지금 『테아이테토스』에서 'hexis'와 'ktēsis'를 구별

하는 것은 사냥 모델을 인식론적 의미에서 엄밀하게 검토하는 것이라고 할 수 있다.

743 **함께 심사해 보게**(syndokimaze) : 동사 'syndokimazein'은 'dokimasia'를 함께한다는 뜻이다. 그런데 'dokimasia'는 시민이 법률적 요건을 충족하는지를 공적으로 심사하는 절차이다. 굳이 우리말로 옮기자면 '적격 심사'라고 할 수 있겠다. 예를 들어 'epheboi'의 자격 심사를 할 때도 그렇고 군복무를 할 수 있는 육체적 능력을 가졌는가를 심사할 때도 모두 'dokimasia'의 절차를 밟았다. 여러 유형의 'dokimasia'가 있었던 셈이다. 그러나 가장 중요한 경우는 어떤 시민이 관직에 오를 만한 자격이 있는가를 심사하는 경우이다. 아테네에서 이 같은 자격 심사의 절차는 민주정의 합리적 절차로서 상당히 중요한 기능을 했다. 추첨직이든 선출직이든 모든 관직은 'dokimasia'의 심사 절차를 반드시 밟아야 했기 때문이다. 플라톤도 『법률』 VI권에서 'dokimasia'를 관직의 자격 심사 절차로서 중요하게 여긴다. 이런 의미 맥락을 고려할 때, 지금 소크라테스는 '지니고 있음'(hexis)이 앎의 자격이 있는가를 심사해 보자는 말을 하고 있는 셈이다.

744 **걸치지 않을**(mē phoroi) : 사본마다 텍스트 독법이 다르다. W 사본을 따르는 OCT 신판에 따라 'phoroi'로 읽었다.

745 **새장**(peristereōn) : 직역하면 '비둘기장'이지만, 비둘기를 비롯한 다른 들새들도 거론하기 때문에 '새장'으로 옮기기로 한다.

746 **새김틀**(plasma) : 'plassein'의 과거분사에서 형성된 명사. 'plassein'은 원래 진흙이나 밀랍으로 상(image)을 빚어 만드는 것을 뜻한다. 따라서 'plasma'는 상(像)을 뜻할 수도 있다. 그러나 여기서는 그런 상이 찍힐 수 있는 틀로 보는 것이 적절하다. 200b8에서 복수 형태로 다시 등장한다. 그리고 '새김틀'은 앞의 새김판의 다른 표현으로 이해하는 것이 무난하다.

747 새들이 홀로 있고 되는 대로 날아다니는 것은 ①앎들의 고립성을 상징한다. ②앎들 간의 체계적 연관성이 없는 상태를 상징한다. 이와 대

조되는 앎의 개념에 대해서는 『소피스트』 253c~e 참고.
748 새장을 가리킨다.
749 **대상**(to pragma) : 앎의 문제를 다루면서 여전히 앎의 '대상'을 고려하고 있음이 시사되고 있는 대목이다.
750 **수론**(arithmētikē) : 'arithmētikē'는, '산술'인 'logistikē'와 대비되는 엄밀한 수론을 가리킨다. 주석 53 참고.
751 **외부 대상들** : 새장의 비유에서 새들은 영혼 속에 있는 것들로 상정되었다. 따라서 여기서 외부 대상들이란 영혼 외부의 대상들, 즉 새장 밖의 대상들이다.
752 이와 유사한 논란거리는 『에우튀데모스』 276e~277b, 그리고 『메논』 80d~e의 쟁론적 논변(eristikos logos) 참고. 이와 관련된 설명은 주석 656 참고. 곧이어 테아이테토스는 그런 주제를 들어 본 적이 있다고 밝히는데, 이는 어떤 점에서 놀라운 대답이다. 왜냐하면 이런 주제는 수학을 넘어선 철학적 성격의 논란거리이기 때문이다. 이미 148e에서 테아이테토스는 소크라테스가 제기한 문제들을 들은 적이 있다고 밝히고 있고, 또 그런 문제들 가운데 '앎이란 무엇인가'라는 문제가 포함되어 있었던 만큼, 테아이테토스는 이미 철학적 물음을 탐문해 본 적이 있는 사람으로 묘사되고 있는 셈이다.
753 **다시 붙잡아**(analambanein) : 여기서 사용된 'analambanein'은 'ana'(다시) 없이 쓰이는 'lambanein'(붙잡다)과 대비된다. 여기서 'lambanein'은 'echein'(지니고 있다)과 대비되고 'kektēsthai'(소유하다, 획득하다)와 비슷한 개념으로 사용된다. 지금 맥락에서는 여섯 번 등장한다. 197c9, 198a2, 198d3, 199b1, 199b4, 199b5. 'lambanein'이 'kektēsthai'에 상응하는 낱말이라면, 'analambanein'은 'echein'에 상응하는 낱말이다. 그런데 다른 여러 대화편에서, 특히 상기론을 제시하는 대화편인 『메논』과 『파이돈』에서 'analambanein'은 'anamimnē(i)skesthai'(상기하다)라고 설명된다. 『메논』에서는 "스스로 자기 안에서 앎을 다시 붙잡는 것(analambanein)은 상기하는 것"(85d6~7)이라고 설

명하며, 『파이돈』에서는 "우리가 배우는 것이라고 부르는 것은 자기 자신의 앎을 다시 붙잡는 것(analambanein)"이라고 하고서 이것을 다시 "상기하는 것"(anamimnē(i)skesthai)이라고 설명한다(75e5~7). 그 밖에 『필레보스』 34b에서도 'analambanein'을 상기라고 설명한다. 따라서 『테아이테토스』에서도 'analambanein'을 상기론 차원에서 이해해 볼 여지가 다분히 있다.

754 철저히 배우는 것(katamanthanein) : 배움을 이렇게 두 가지로 구별하려는 시도가 이미 『에우튀데모스』 277e~278a에서 이루어진다. 거기서는 배움의 다의성을 지적하고서, '누군가가 처음에는 어떤 대상에 대하여 아무런 앎도 지니고 있지 않다가 나중에 그것에 대한 앎을 붙잡을 때'와 '이미 앎을 지니고 나서 동일한 대상을 이 앎을 가지고 고찰할 때'로 구별한다. 그리고 후자를 '이해하다'(synienai)로 규정한다. 후자가 바로 『테아이테토스』의 '철저히 배우는 것'에 상응한다.

755 198a 참고.

756 읽으려(anagignōskein) : 'anagignōskein'은 일상적으로는 '읽다'라는 의미를 가진다. 당대에는 책을 읽을 때 소리 내어 읽었기 때문에 '구술'(口述)하는 것을 뜻한다. 그런데 어원을 분석해 보면 'anagignōskein'은 '다시'를 뜻하는 'ana'와 '알다'를 뜻하는 'gignōskein'의 합성어이다. 즉 어원적으로는 '다시 알아보다'(=再認, recognition)라는 뜻을 가진다. 지금의 문맥이 알던 것을 다시 알아보는 문제를 주제로 삼고 있다는 점에서 플라톤이 이 표현을 사용하는 것은 의미심장하다. 주석 710 참고.

757 소유도 일종의 앎이기 때문에 이런 언급이 가능하다. 다만 소유는 잠재적으로 아는 방식이라면 지니고 있음은 활동적으로 아는 방식이다. 후자의 경우에만 앎을 사용할 수 있다. 주석 741과 742 참고.

758 파타 새(phatta) : 'phatta'의 학명은 비둘기과에 속하는 'Columba palumbus'이다. 일반 비둘기와 달리 목에 고리 모양의 띠가 있다. 그래서 영어로는 'ringdove'라고 불리고, 독일어로는 'Ringeltaube'라

고 불린다. 나무에 사는 것에 주목해서 'wood pigeon'이라고 불리기도 한다. 우리말로는 '서양낭비둘기'라고 불리지만, 지금의 문맥에서는 '비둘기'에 해당하는 'peristera'와 닮은 '다른' 새를 지칭하기 때문에 그리스어 발음을 노출시키는 쪽으로 옮겼다. 즉 텍스트는 'phatta'가 비둘기와 닮긴 했어도 다른 새라는 점을 초점으로 삼고 있기 때문에, '비둘기'가 들어가는 명칭으로 옮기는 방식을 피하고 어쩔 수 없이 발음을 그대로 표기해서 옮긴다.

759 195c 참고.

760 **무지함**(agnōmosynē) : 플라톤은 '무지'를 가리키는 용어로 보통 'agnoia' 또는 'amathia'를 사용한다. 그런데 이 두 낱말은 단순히 '알지 못하는 상태'를 가리킬 수도 있지만, 알지 못하는 상태를 야기하는 '어리석음'을 뜻할 수도 있다. 전자는 일종의 상태(state)라면 후자는 지적인 차원의 '나쁨'(kakia)에 해당된다. 이때의 '나쁨'(kakia)은 부정적인 덕성적(德性的 : aretaic) 개념이다. 플라톤은 조금 있다가 199d6에서는 'agnoia'라는 낱말을 사용하는데, 아마도 그때는 그 낱말로 '무지한 상태'를 가리키는 것 같다. 그런데 곧이어 'agnoia'라는 익숙한 용어를 사용할 것이면서도, 여기서 'agnōmosynē'라는 낯선 낱말을 사용하는 이유는 무엇일까? 브랜우드(Branwood, 1976)의 플라톤 용어 사전에 따르면 'agnōmosynē'는 (다른 문필가에 의해 사용된 적이 있긴 하지만(LSJ 해당 항목 참고)), 플라톤의 텍스트에서는 지금 『테아이테토스』 199d2행에서 유일하게 사용된다. 그렇다면 우리는 플라톤이 이 맥락에서 이 낱말을 의식적으로 사용하고 있다고 봐야 할 것이다. 주석가들의 해설을 찾아볼 수는 없지만, 이 대목에서 이 낱말이 어떻게 사용되었는가를 이해할 방도로 두 가지 정도의 가능성을 떠올려 볼 수 있을 듯하다. ①LSJ는 이 대목의 'agnōmosynē'에 대해 "want of acquaintance with a thing"이라는 뜻풀이를 달고 있다. 이는 해당 대상과의 인지적 접촉이 없는 상태를 뜻하는 것으로 본 것이다. 아마 LSJ는 열둘과 같은 대상에 대한 '면식적 앎'(acquaintance)이

결여된 경우를 염두에 둔 것 같다. LSJ는 '새장의 비유'에서 새를 붙잡는 것(lambanein)을 인식론적으로 'acquaintance'를 함의하는 것으로 해석한 것으로 볼 수도 있겠다. 따라서 LSJ에 따르면, 이 대목에서 새장의 비유가 제기하는 문제는 이미 열하나를 붙잡았으므로 면식적 앎이 있는데도 무지하게 되는 것이 난제를 낳는 것으로 보는 셈이다. ②어원상으로 볼 때 'agnōmosynē'는 'agnōmōn' + 'synē'의 합성어인데, 전자는 '무지한 사람'을 가리키고 후자는 그런 자의 덕성적 상태를 가리키는 접미어이다. 'sōphrosynē'(흔히 '절제'로 옮겨짐.) 또는 'dikaiosynē'(정의)와 같은 덕목의 이름을 통해 그런 조어법을 쉽게 확인할 수 있다. 그렇다면 'agnōmosynē'는 행위자와 연관된(agent-related) 개념이며, 따라서 인식론적으로 주관 연관적인(subject-related) 맥락에서 사용될 수 있는 개념임을 알 수 있다. 이어지는 논의에서 '무지'를 가리키는 말로 소크라테스는 'anepistēmosynē'('모름'으로 옮김.)라는 낱말을 사용하는데, 그때 'anepistēmosynē'는 새장에서 붙잡을 수 있는 새에 비유되기 때문에 대상 연관적인(object-related) 맥락에서 제시되는 개념이다. (애초에 사냥 모델은 사냥감을 '대상'으로 삼는 모델이 아니었던가!) 플라톤은 새장의 비유에서 후자가 문제를 극복해 줄 대안이 될 수 있는가를 따져보지만 결국 실패하고 마는 것으로 마무리한다. 따라서 텍스트에서는 난제 해결을 모색하는 모델로 대상 연관적 모델만이 논의되고 있다고 할 수 있다. 그래서 'anepistēmosynē'라는 개념만이 주제화되는 것이다. 이런 논의의 맥락에서 볼 때, 플라톤이 주관의 덕성을 지칭하는 'agnōmosynē'라는 개념을 사용하는 것은 모종의 시사점을 암시하고 있는 것인지도 모른다. 새장의 비유가 실패하는 원인이, 주관 연관적 맥락을 고려하지 않았기 때문일 수도 있기 때문이다. 이를테면 '착오 판단의 모델'에서도 '새장의 비유'에서도 거짓인 판단을 설명할 때, 주관의 오류의 원천은 적극적으로 고려되지 않는다. 그렇다면 거짓인 판단의 가능성을 설명하려면, 주관의 오류 가능한 '능력'을 상정해야 한다고 볼 수도 있지 않을까. (우리는 『국가』의 그림이 바로 그런 구별에 기초해 있다는 것을 알고 있다. 이와 관련해서는 주석 770 참고.) 어쨌든 여기서 제시된 ①과 ②의 두 설명을 모두 거부하더라도, '무지'를 지칭하는 용어로 'agnoia', 'agnōmosynē', 'anepistēmosynē'라는 세 용어가 함께 등장하는 것에 대해서는 심도 있는 설명이 요구된다.

761 **나타나 있게 돼도(paragenomenēn)** : '앎이 잠재적으로 있지 않고 현실적으로 사용될 경우도'를 뜻한다.

762 **모름들(anepistēmosynai)** : 단수는 'anepistēmosynē'. 앎을 뜻하는 'epistēmē'의 반대말. 이런 어원적 맥락을 고려하면 '非—앎'이 가장 정확한 번역어이지만, 이렇게 한자 부정어와 순우리말을 뒤섞어 옮길 수는 없는 일이다. 또한 '알지 못함'으로 옮길 수도 있겠으나, 이는 주관의 알지 못하는 상태를 가리키는 것으로 읽힐 가능성이 높기에 지금의 맥락이 의도하는 것을 잘 드러내기 어렵다. 또한 '앎의 결여'라는 번역도 'anepistēmosynē'가 새장의 비유에서 붙잡힐 수 있는 대상으로 설정되는 맥락을 잘 드러내기는 어렵다. 따라서 'anepistēmosynē'의 어원적 뉘앙스를 온전히 살리는 것은 못 되지만, 'epistēmē'와의 대립성은 드러내는 역할을 해 주면서 오해의 소지가 없을 '모름'이란 낱말로 옮기기로 한다. 우리는 'anepistēmosynē'가 『국가』 350a, 560b, 『카르미데스』 169b 이하에서 여러 번 사용되는 경우를 볼 수 있지만, 이 낱말은 그 밖의 경우 플라톤 텍스트에서 거의 볼 수 없는 낱말이다. 그렇다면 이렇게 낯선 낱말을 통해 플라톤이 의도하는 문제 내지 뜻은 무엇일까? 여기서 앎(epistēmē)의 새들뿐만 아니라 '모름'(anepistēmosynē)의 새들 또한 상정해 보는 이유는, 무지의 사태를 설명하기 위한 것이라는 건 아주 명확하다. 그런데 199d2의 'agnōmosynē'가 주관 연관적 맥락에서 사용된다면, 지금 사용되고 있는 'anepistēmosynē'는 무지하다는 사태를 설명하기 위해 대상 연관적 맥락에서 도입된 용어로 보인다. 『국가』의 용례들은 사용 방식이 좀 다르지만, 우리는 인식론적 맥락의 논의를 진행하는 『카르미데스』

169b에서도 'anepistēmosynē'가 대상 연관적 맥락에서 제시되고 있다는 것을 분명히 알 수 있다. 이런 대안은 모름의 새를 붙잡는 행위를 가지고 무지한 행위를 설명해 보려는 시도이다. 그러나 곧이어 드러나겠지만 이런 시도는 큰 난관에 봉착하게 된다.

763 **틀림없이 그는 자신이 거짓인 판단을 한다는 생각은 하지도 못할 것이네.** : 이것은 바로 무지의 무지 상태이다. 사냥을 하는 자가 열둘을 붙잡으려다가 열하나를 붙잡을 경우 거짓인 판단을 하게 되는데, 이때의 새는 모름으로서의 열하나가 된다. 반면에 이때의 새를 앎으로서의 열하나로 간주하면, 문제는 다시 이전 단계의 난관으로 되돌아가 버리고 만다. 그런데 사냥꾼은 실수를 범할 때조차 자신이 앎으로서의 새를 붙잡았다고 생각할 것이다. 자신이 잘못 붙잡았다는 것을 반성할 수 있다면, 그는 애초에 모름의 새를 붙잡았을 리 없기 때문이다. 이는 사냥꾼이 자신이 붙잡은 새가 열하나인지 열둘인지를, 그래서 다시 붙잡은 새가 요구된 맥락에서 올바른 사냥 대상이었는지를 반성할 수 없다는 것을 함축한다. (마치 스스로는 열반(Nirvana)에 이르렀다고 생각하지만 실은 착각에 빠져 있는 스님의 경우가 있을 수 있듯이 말이다.) 그리고 이것은 소크라테스가 그토록 강조하는 '무지의 지'에 대한 깨달음이 새장의 비유를 통해서는 설명될 수 없다는 것을 뜻한다. 좀 더 나아가 말하자면, '무지의 지'와 '무지의 무지'를 구별할 수 없다는 것이다. 결국 새장의 비유에서 소유와 지니고 있음이라는 두 개념을 구별했지만, 무지의 가능성을 배제하지 못하고 만다. 그렇게 된 까닭은 '다시 붙잡는 행위'에서 성공과 실패를 구별할 장치가 인식론적으로 제대로 해명되지 못했기 때문일 것이다. 수학적 계산에서 우리가 계산 착오를 범하고서도 그것의 오류를 인식할 수 있는 것은, 새장의 비유와는 달리 수적 존재들을 서로 연관 지어 생각할 수 있기 때문이다. 이런 점에서 새장의 비유를 통한 논의가 시사하는 점은 대상들, 즉 새들을 고립적 존재들로 놓는 것이 바로 문제를 야기한 원인이라는 가르침일 수 있다. 이런 추정이 맞는다면, 플라톤은 또 다른 차원에서

원자론적 모델(atomistic model)을 거부하고 있는 것이다.

764 무지의 무지를 가리킨다. 앞의 주석 참고. 그리고 비슷한 논의로는, 『카르미데스』 166c~172a, 특히 171d 참고.

765 프로타고라스를 가리킨다.

766 다시 이번에는 당신들은, 앎들과 모름들에 대한 앎들 또한 있다고 내게 말하겠소? : 이것은 무한 퇴행(regressio in infinitum)의 문제를 일으킨다. 무한 퇴행의 문제가 발생하는 이유는, 사냥꾼이 '다시 붙잡는 행위'를 제대로 했는지 그렇지 않은지를 식별해야 인식 개념이 유의미하게 남을 수 있기 때문에, 다시 붙잡음에 대한 인식을 요구할 수밖에 없게 되기 때문이다. 이 같은 요구에 숨어 있는 전제가 있다. '앎은 앎에 근거해야 한다.' 플라톤 연구자들은 플라톤이 이 전제를 받아들인다고 상정하고 있으며, 3부는 거기서 발생할 수 있는 무한 퇴행의 문제를 적극적으로 다루고 있다. 인식 형이상학적 측면에서 앎이 무지를 근간으로 한다는 것은 받아들이기 어렵기 때문에 '앎이 앎에 근거해야 한다.'는 전제를 거부하기는 힘들다.

767 이런 앎들을 소유한 자는 그것들을 다른 어떤 우스꽝스러운 새장이나 밀랍으로 된 틀들 속에 가두어 놓고 있는데 : 왜 다시 밀랍 서판의 비유까지 끌어들여 언급하는 것일까? 새장의 비유뿐만 아니라 밀랍 서판의 비유까지 둘 다 실패한다는 것을 지적하는 데 머물기만 하는 건 아닌 것 같다. 두 비유 모두 일대일 대응의 원자론적 모델을 제시하고 있고 이런 측면과 관련된 형이상학적 난제가 3부에서 거론된다는 것은 의미심장하다.

768 거짓인 판단.

769 앎이 도대체 무엇인지를 충분히 파악하기 전에 그것을 인식하는 건 불가능한 일이네. : 위의 주석에서 밝혔듯이 여기서 '그것'은 '거짓인 판단'을 지시한다. 그렇다면 지금의 언급은 2부에서 왜 거짓인 판단의 가능성을 다루었는지를 알려 주는 대목이 된다. 이 언급을 보면 거짓인 판단을 인식하지 못하는 이유는, 앎이 무엇인지를 모르기 때문이다. 결

국 앎이 무엇인지를 알아야 거짓인 판단이 어떻게 가능한지 알 수 있다는 이야기가 된다. 그러나 왜 그런가? 이것이야말로 아직까지도 주석가들이 결정적인 해명을 내놓지 못하고 있는 문제이다. 따라서 미래의 독자들이 해명해야 할 문제이기도 하다. 우리가 이 문제를 해명하지 못하는 한, 플라톤의 '앎' 개념을 체계적으로 이해했다고 할 수는 없을 것이다.

770 **틀리지 않은 것**(anhamarteton) : 브랜우드(Brandwood(1976), 65쪽)에 따르면, 'anhamartēton'은 플라톤 텍스트에서 드물게 등장하는 낱말이다. 『카르미데스』 171d6, 『알키비아데스 I』 117e4, 『국가』 339c1, 340c9, 477e6에 등장할 뿐이며, 『테아이테토스』에서는 지금의 이 대목 이외에 두 번 더 등장한다. 146a4, 200e4 참고. (물론 『에우튀데모스』 280a처럼 지혜(sophia)는 '틀리지 않는다'를 'ou … hamartanoi'로 표현하는 경우가 있긴 하다.) 이런 점에서 이 낱말은 상당히 주목할 필요가 있다. 'anhamartēton'은, 그리스어 '-tos' 어미의 동사적 형용사(verbal adjective)가 으레 그렇듯이, 완료의 의미를 띨 수도 있고 양상적 의미(modal meaning)를 띨 수도 있다. 그래서 '틀리지 않은 것'을 뜻할 수도 있고 '틀릴 수 없는 것'을 뜻할 수도 있는데, 여기서는 비양상적인 의미로 옮겼다. 번역어 자체로는 152c5의 'apseudes'와 비슷하게 옮긴 셈인데, 그렇게 옮긴 이유는 지금의 논의 맥락에서는 양상적 의미로 사용되었다고 보기 힘들기 때문이다. 참인 판단의 참은 비양상적이기 때문이다. 실은 참인 판단과 앎을 동일시하게 된 잘못, 즉 두 번째 정의의 잘못은 양상성(modality)을 고려하지 못한 데 기인한다고 볼 수 있다. 'anhamartēton'이 양상적 맥락에서 사용되는 경우를 우리는 『국가』 477e에서 볼 수 있는데, 거기서 플라톤은 앎은 '틀릴 수 없는 것'(to anhamartēton)인데 반해, 판단(doxa)은 '틀릴 수 없는 것이 아닌 것'(to mē anhamartēton)이라는 점에서 구별된다고 언급한다. 『국가』의 맥락에서 'anhamartēton'을 비양상적인 완료의 뉘앙스로 읽게 되면, 'doxa'와 관련해서는 '틀리지 않은 것이 아닌 것'으로 해석해야 하

는데 이는 아주 이상한 설명이 되어버린다. 왜냐하면 '틀리지 않은 것이 아닌 것'은 거짓인 판단만을 포함할 뿐 참인 판단은 포함할 수 없기 때문이다. 『국가』의 그 규정은 판단 일반에 대한 규정이기 때문에 유의미한 이해는 'anhamartēton'을 양상적 의미로 읽는 독법밖에 없다. 그렇다면 『테아이테토스』의 경우는 어떻게 보아야 하는가? 우선 『테아이테토스』에서는 비양상적인 용어인 'apseudes'(152c, 160d, 186e에서 등장함. 146a4행은 철학적 맥락이 아님.)가 자주 사용되며, 지금의 맥락도 '참인 판단'만을 고려하기 때문에 역시 비양상적인 의미로 이해해야 한다. 그러나 『국가』의 플라톤이 'anhamartēton'의 양상적 의미를 의식하고 또 그런 의미로 사용하고 있음을 고려할 때, 우리는 『테아이테토스』에서도 그런 이해의 가능성을 직접적으로 드러내지 않았다 해도 적어도 시사는 하고 있다고 해석해 볼 여지가 있다. 참고로 『메논』에서 주제화되는 'didakton'이란 용어도 '가르쳐진 것'(is taught)과 '가르쳐질 수 있는 것'(is teachable)이란 애매성을 가지고 있는데, 『메논』에서는 적어도 표면적으로는 전자의 의미로만 사용된다. 이런 점을 두고 우리는 'didakton'이 양상적 의미로 사용될 가능성을 숨겨놓고 시사만 해 놓고 있다고 볼 수 있기 때문에 『메논』과 『테아이테토스』의 접근 방식이 평행된다고 이해해 볼 수 있다.

771 강(江)의 여울목을 안내해 주는 자 : 강을 건널 수 있는 길을 알려 주는 자를 뜻한다.

772 "그것이 자신을 드러낼 것이다." : 기원전 5세기경의 희극 작가 클라티노스(Klatinos)의 단편 177에 같은 표현이 전해지고 있지만, 전후 맥락 없이 달랑 그 표현만 전해지고 있다. 플라톤의 『히피아스 I』 288b에도 같은 표현이 등장한다. 이런 언급을 어떻게 이해할 것인가는 쉽지 않은 문제이다. 강을 건너는 것을 문제로 본다면, 문제의 대상이 자신을 드러낼 것이라는 답변으로 볼 수 있겠는데, 이는 문제에 직접 부딪쳐 보면 문제의 대상이 결국 자신의 형체를 보여 줄 것이라는 뜻이 되겠다. 아마도 문제의 대상에 대한 직접 체험을 강조하는 것일지도 모르

겠다.

773 175d 참고.

774 이들은 자신들의 기술을 가지고 설득하지만, 가르쳐서 설득하는 게 아니라 자신들이 원하는 대로 판단하게끔 만듦으로써 설득한다네.: 설득과 가르침이 대비되는 결정적인 맥락이다. 『고르기아스』 455a, 『파이드로스』 260a, 272e 참고. 그런데 여기서 설득을 기술과 연관 짓는 것은 '연설술'(rhētorikē)을 떠올리게 한다. 고대 그리스에서, 특히 아테네와 같은 민주정 체제 아래에서는 '설득'(Peithō)이 중요한 문제로 부각될 수밖에 없었지만, 흥미롭게도 '설득술'에 직접 대응되는 그리스어는 없다. 이를테면 'pithanotikē'라는 그리스어는 존재하지 않는다. 그렇게 된 까닭은, '말의 기술'을 지칭하는 'rhētorikē'가 일상생활 속에서 이미 '설득술'의 의미를 끌어안아 버렸기 때문이리라. 한편 우리는 여기서 설득과 가르침이 대비되는 것을, 여담(곁가지 이야기) 부분에서 연설가와 철학자가 대비되는 것에 상응하는 것으로 해석해 볼 수도 있다. 이런 해석이 타당하다면, 플라톤은 여러 대목에서 드라마적인 차원에서 복선 깔기와 연관 짓기를 하고 있다고 이해해 볼 수 있다.

775 짧은 시간 동안 : 직역을 하면 '소량의 물을 앞에 두고서'이다. 『소크라테스의 변론』 19a에 등장하는 표현이다. 『테아이테토스』 172e와 관련된 주석 444 참고.

776 b2행의 지시사 'toutous'가 a10행의 'didaskalous'를 가리키는 것으로 이해하고 옮겼다.

777 재판관들(dikastai) : 단수는 'dikastēs'. 당시 아테네의 법체계로는 '배심원들'을 가리킨다. 이와 관련해서는 주석 462 참고.

778 정당한 방식으로(dikaiōs) : 여기서 '정당한 방식으로'는 '법정의 절차에 맞게'를 뜻한다. 이는 지금 논의되는 문제가 일종의 정당화(justification)의 문제와 관련된 것임을 시사한다. 소크라테스는 법정 절차에 따른 정당성을 확보해도 그것이 앎이 될 수 없음을 강조하는 것 같다.

779 오로지 목격한 사람만 알 수 있고 … 재판관들이 정당한 방식으로 설득될 경우 … 청문(聽聞)을 통해 판정하여 참인 판단을 얻는다면, 그들은 앎은 지니지 못한 채 판정을 내린 것 아니겠나? … 옳은 것들에 대해 설득된 것이긴 하지만 말일세.: 여기서는 목격과 청문이 대비되고 있다. 전자는 문제의 사태에 대한 직접 체험을 상징한다면, 후자는 간접 체험을 상징한다. 우리는 지금 플라톤이 설정하는 사례가 과도하거나 억지스러운 상황이 아니라는 것을 쉽게 이해할 수 있다. 지금 상황이 상정하는 내용은 이렇다. ①플라톤은 훌륭한 판결이 내려진 상황을 고려하고 있다. 즉 재판관의 판결이 실제 사태에 부합하는 참인 판단인 상황을 그리고 있다. ②앞의 '정당한 방식으로'가 함축하듯이, 재판관은 일정한 '추론'을 통해 판정을 내렸을 것이다. 이런 점에서 지금 거론되는 '참인 판단'은 일종의 '정당화된 참인 믿음'(justified true belief)이다. ③그러나 재판관이 판결을 내리기 위해 추론하는 증거로 의존한 것은 직접 목격한 증거가 아니라 간접적으로 얻은 청문이다. 플라톤은 결과적으로는 재판관의 판단이 참일 수 있지만, 그럼에도 앎은 아니라고 결론짓는다. 왜 그런가? 오류 가능성을 배제하지 못하기 때문이다. 다시 말해 법정의 '정당한 절차'만으로는 참인 판단의 '참'이 우연적일 가능성을 배제하기 어렵다는 문제 제기라고 할 수 있다. 이와 관련해서는 Burnyeat(1980) 참고. 한편 지금의 사례를 단순히 인식론적 맥락 안에서만 이해해서는 아니 될 것 같다. 플라톤의 스승 소크라테스는 정당한 절차를 통해 사형선고를 받았다. 플라톤은 이것이 잘못되었다고 확신하는 사람이다. 따라서 우리는 『테아이테토스』의 이 대목을 통해 플라톤이, 스승 소크라테스의 죽음을 가져온 아테네 법정의 인식상의 한계를 철학적으로 비판하고 있다고 해석해 볼 수도 있을 것이다. 그렇다면 지금의 사례는 앎과 정치의 관계를 어떻게 볼 것인가 하는 문제를 '간접적으로' 제기하는 대목이 될 수도 있다.

780 잊어버리고 있었는데(epelelēsmēn) : 'epelelēsmēn'은 'epilanthanesthai'의 과거완료형. 이 낱말은 2부 초반(188a3)에 '배움과 잊음'을 논의

에서 제쳐 놓을 때 사용했던 표현이다. 2부 후반부인 '새장의 유비'에서 'manthanein'(배움)이 주제화되었는데, 3부 초반부에는 'epilanthanesthai'(잊음)이란 낱말이 다시 사용되고 있다. 그런데 『파이돈』을 염두에 두면, 지금의 표현에는 의미심장한 복선이 숨어 있는 것으로 볼 수도 있다. 상기론을 논의하는 『파이돈』 72e~77a의 한 대목은 "앎의 잃어버림을 망각(lēthē)"(75d10~11)으로 설명한다. 여기서 등장하는 'lēthē'와 『테아이테토스』의 'epelelēsmēn'은 동근어이다. 상기(anamnēsis)라는 말 자체가 다시(ana) 기억함을 뜻한다는 점에서 보면, 상기는 망각(잊음)을 전제하는 개념이다. 따라서 『테아이테토스』 3부에서 'epilanthanesthai'를 '과거완료형'으로 표현한 뒤 다시 생각을 떠올린다는 것은 '상기'라는 주제를 암시하고 있다고 볼 수도 있다. 'epilanthanesthai'라는 낱말을 이렇게 주목하는 이유는, 『파이돈』 73e3과 75d7에서 이 낱말이 상기와 관련해서 핵심 용어로 사용되기 때문이다. 『테아이테토스』 209c9에서는 동사 'anamimnē(i)skesthai'(상기하다)가 다시 등장한다.

781 **설명(logos)** : 3부에서 'logos'는 다의적으로 사용되고 있다. 1부의 출발점에서 'aisthēsis'의 애매성을 그대로 놓고 그 개념의 열린 가능성을 여러 각도에서 탐문한 뒤, 최종 단계에서 '감각'으로 한정하듯이, 3부에서도 논의의 출발점에서는 'logos'의 애매성을 그대로 놓고 나간다. 그러나 1부보다 더 문제가 되는 이유는 3부에서는 'logos'에 대한 적절한 규정이나 한정이 이루어지지 않은 채 난관(aporia)에 빠진 채 마무리되기 때문이다. 이런 점에서 'logos' 개념을 이해하는 일은 더 어렵다. 'logos'는 일차적으로 '말'(speech)을 가리킨다. 아닌 게 아니라 3부에서 'logos'에 대한 첫 번째 규정은 '진술로서의 말'을 뜻하는 것으로 제시된다. 그렇지만 'logos'를 어떻게 옮길 것인가는 아주 어려운 문제이다. 학자들 사이에서는 'logos'를 진술 가능성 차원에서 접근할 것이냐, 분석 가능성 차원에서 접근할 것이냐, 정의(定義) 가능성 차원에서 접근할 것이냐를 두고 심각한 논란이 있는데, 독자 입장

에서는 그런 차원들이 서로 배타적인 것이 아닐 가능성도 고려할 필요 또한 있다. 이러저러한 논란을 뒤로 하고 여기서는 'logos'를 '설명'(account)으로 옮기기로 한다. 그렇게 하는 이유는, 'logos'에 대한 3부의 세 가지 규정, 즉 '말로서의 로고스', '열거(diexodos)로서의 로고스', '차이(diaphora)로서의 로고스'는 모두 '설명'의 차원에서 제시된 것으로 볼 수 있기 때문이다. 이를테면 어떤 것을 진술하면 그 진술은 그 어떤 것에 대한 설명으로 간주될 수도 있으며, 열거로서의 로고스는 일종의 분석적 설명이다. 그리고 차이로서의 로고스는 일종의 분류적 설명이다. 3부는 '진술'(statement) 자체의 문제도 다루지만, 기본적인 맥락은 문제의 대상에 대한 '설명'의 지위와 본질을 어떻게 볼 것이냐는 문제를 초점으로 삼고 있다. 이런 점에서 3부의 'logos'에 대한 대표 번역어로 '설명'을 채택하기로 한다. 그런데 '설명'(logos)이 앎의 필수적 요소라는 건 초기부터 지속된 플라톤의 입장이다. 예를 들어 『소크라테스의 변론』 22a~e가 그러하며, 『고르기아스』 465a에서는 '기술'(technē)을 두고 논의하는 맥락이기는 하나 설명이 없는 건(alogon) 기술이 아니라는 언급이 제시되며, 결정적으로 『향연』 202a5~9에서는 옳은 판단을 하면서도 설명을 제시할 수 없는 것은 아는 것일 수 없다는 견해가 표명된다. 그리고 『파이돈』 76b에서도 알고 있는 자는 자기가 알고 있는 것들에 대해 '설명을 할'(logon didonai) 수 있다고 언급되며, 그 밖에 『국가』 510c6 이하, 531e4 이하, 533b8 이하, 534b3 이하 등에서도 같은 노선이 견지되고 있다. 그리고 『티마이오스』 51e5도 같은 측면에서 주목할 만한 대목이다. 그런가 하면 『메논』 98a에서는 참인 판단들이 '원인의 추론'(aitias logismos)에 의해 묶이게 되면 앎으로 전환된다는 견해가 제시된다. 여기서 '추론'으로 옮긴 'logismos'는 'logos'와 동근어이다. 그런 점에서 참인 판단에 'logismos'를 덧붙이는 『메논』의 규정 방식은 어떤 점에서 『테아이테토스』와 일치된다. 그런데 이때의 'logismos'가 『테아이테토스』의 'logos'와 연관된다면, 결정적인 시사점을 얻을 수도 있다. 왜냐하면 『메논』

에서는 원인의 추론에 의해 묶인 참인 판단들을 바로 '상기'라고 규정하기 때문이다(98a4~5). 이 같은 풍부한 언급들을 고려할 때, 『테아이테토스』 3부가 겨냥하는 'logos'에 대한 탐문은, 실상 플라톤 철학에서 오랜 동안 지속적으로 진행되어 온 인식론적 탐구의 주제라고 할 수 있다. 그런데 대부분의 학자들은 3부에 등장하는 'logos'를 논의할 때 3부 안의 좁은 맥락만 주목하다 보니, 『테아이테토스』 전체에서 'logos'가 사용되는 다른 차원을 놓치는 경향이 있다. 하지만 우리가 이미 147d에서 '점토'에 대한 정의(logos)를 제시하는 것을 보았듯이, 플라톤은 'logos'를 '정의'(定義)의 의미로 사용하기도 한다. 이런 점에서 3부의 'logos'에 대한 탐구는 좀 더 넓은 지평에서 보자면 '설명적 정의'를 찾으려는 시도라는 차원에서 이해할 필요가 있다.

782 설명을 동반한 참인 판단이 앎이며(hē meta logou alēthē doxa epistēmē einai) : 세 번째로 시도된 정의이다. 여기서 '설명을 동반한'은 'meta logou'를 옮긴 것인데, 여기서 'meta'는 영어로 보통 'with'로 옮겨지지만 정확히 무슨 뜻으로 사용되었는가는 애매하다. 이런 애매성 때문에 이후에 'logos'에 대한 여러 설명이 시도된다고 할 수 있다. 『테아이테토스』뿐만 아니라 플라톤의 모든 텍스트는, 어떤 개념이나 주장의 애매성을 미리 구별하기보다는 애매한 것을 그대로 논의의 출발점으로 놓고 점차적으로 그 애매성을 구별해 가면서, 제시된 개념이나 주장 속에 함축되어 있는 바를 비판적으로 점검하는 방식을 취하고 있다.

783 설명이 없는 것(alogon) : 'alogon'은 'logos'의 반대말이다. 지금의 대목에서는 설명이 있고 없음에 따라 앎 여부를 구별하고 있다. 학자들은 이것을 '로고스상의 반대칭성'(Asymmetry in Logos)이라고 부른다.

784 알려질 수 있는 것들(epistēta) : 브랜우드(Brandwood, 1976)의 찾아보기 항목을 보면 'epistēta'는 플라톤 텍스트에서 여기 『테아이테토스』 201d2, 3, 4행에서 단 3번 사용될 뿐이다. 이런 점에서 이 표현은 플라톤이 의도적으로 사용하고 있는 표현으로 볼 수 있다. 중기 대화

편에서 플라톤은 앎의 대상을 가리켜 'to gnōston'(인식될 수 있는 것)이나 'ta noēta'(지성에 의해 파악될 수 있는 것들)라는 표현을 사용한다. 그러나 『테아이테토스』에서는 지금의 논의 이후에는 그 가운데 'to gnōston'이라는 표현만 반복해서 사용한다. 202b7(복수형), 202e, 203c1, 205b3(여성형), 205d(복수 여성형), 205e7, 206b10 참고. 이에 대해서는 여러 가지 해석의 가능성이 열려 있기 때문에 더 이상의 설명은 생략하기로 한다.

785 **나누었는지**(diē(i)rei) : 'diē(i)rei'는 『소피스트』와 『정치가』에서 'dihairesis'(나눔)의 방법을 거론할 때 사용되는 명사의 동사 형태이다.

786 **꿈을 들어 보게** : 여기서 새로운 정의를 도입하면서 왜 그 이야기를 꿈속에서 들은 것으로 소개하는가는 영원히 논란거리가 될 수밖에 없다. 이런 방식으로 이야기를 도입하는 것과 관련해서 연상할 수 있는 문화적 배경이 너무 다양하기 때문이다. 꿈은 원시 사회에서도 중요한 상징으로 간주되었고, 문자가 등장하는 호메로스의 작품 속에서도 꿈은 여러 가지 기능을 한다. 도즈(Dodds, 양호영·주은영 옮김, 2002), 4장, '꿈 유형과 문화 유형' 참고. 이를테면 『일리아스』에서 꿈과 관련해서 가장 인상적인 대목은 II권에서 제우스가 아가멤논에게 기만의 꿈을 보내는 경우이다. 그런데 플라톤 텍스트에서 꿈은 긍정적 맥락에서 도입되기도 한다. 특히 꿈이 신비적이거나 예언적인 기능을 하는 것으로 제시될 경우가 있다. 예를 들어 『크리톤(Kritōn)』 44a~b에서는 소크라테스가 델로스에 갔던 배가 언제 올지를 꿈에서 들었다는 이야기가 소개되며, 『파이돈』 61e~62b는 "철학은 가장 위대한 시"라는 유명한 언급이 등장하는 대목으로 '시(mousikē)를 지으라는' 꿈을 소크라테스가 여러 차례 꾸었다는 이야기가 제시된다. 그런데 『파이돈』에서는 그런 이야기를 한 다음 소크라테스가 자기가 꾼 꿈을 합리적으로 해석하는 모습을 보여 준다. 우리는 꿈에 대한 그런 태도를 일반적으로 설명하는 경우를 『티마이오스』 71a~72b, 그 중에서도 71e에서 만나게 된다. "꿈속에서든 깨어서든 예언적인 기질과 신들린 기

질로 해서 언급된 것들을 기억[=상기]해내서 그 뜻을 읽어 내는 것은 사려 분별이 있는 자의 일이거니와…."(박종현·김영균 역). 『티마이오스』는 『테아이테토스』보다 나중에 쓰인 대화편이지만, 이런 언급을 플라톤의 한 시각으로 받아들여 해석해 본다면, 꿈속 이야기는 뭔가 의미심장한 시사점을 암시하는 것으로 상정된 것 같고, 이에 대한 합리적 해석은 깨어 있는 자들의 몫이다. 그 밖에 다른 텍스트에서 논의를 위해 꿈을 끌어들이는 경우로 『카르미데스』 173a, 『크라튈로스』 439c, 『필레보스』 20b도 참고할 수 있다. 그러나 『테아이테토스』의 꿈속 이야기에 플라톤 자신이 얼마나 관여하는가는 또 다른 문제이다. 다만 드라마적인 차원에서 꿈을 도입하는 것을 이해할 수 있는 측면은 있다. 첫 번째 정의와 두 번째 정의를 시도하는 사람은 테아이테토스이다. 그리고 첫 번째 정의에서 두 번째 정의로 상승할 때 그 비약은 그리 크지 않으며, 따라서 독자는 테아이테토스가 어떻게 해서 두 번째 정의를 시도하게 되는지를 좇아갈 수 있다. 그러나 두 번째 정의와 세 번째 정의 사이에는 앞에서보다 더 큰 비약이 있다. 이런 측면 때문에 세 번째 정의는 테아이테토스의 꿈을 단서로 도입되면서도 세 번째 정의가 함축하는 성격은 소크라테스의 꿈으로 소개된다. 산파로서의 소크라테스는 자기 자식을 직접 낳지 못한다고 했으니(150c), 그것을 '꿈'으로 소개할 수밖에 없는 터일 것이다.

787 **어떤 사람들에게서**: 201c7행에서 테아이테토스는 '어떤 사람'에게 들었다고 단수 표현을 쓰는 데 반해, 지금 201e1행에서 소크라테스는 '어떤 사람들'에게 들었다고 복수 표현을 사용한다. 그러다가 202e7(ton eiponta) 및 206e6(ho legōn)에서는 단수 표현을 사용한다. 아마도 '플라톤'은 꿈속 이야기의 이론을 어떤 한 사상가에 귀속시키기보다 여러 사상가에게 공통적으로 귀속시킬 수 있는 견해로 논의하려 했거나 아니면 그것의 실질적 출처에 대해서는 큰 관심이 없었을지도 모른다. 그런데 브론델(Blondell)은 이 대목과 관련해서 플라톤은 소크라테스로 하여금 'tis'(어떤 사람)라는 표현을 써서 때로 새롭거나 창의

적인 견해를 도입하게 만든다는 것에 주목한다. 그는 『에우튀데모스』 290d~291a, 『고르기아스』 493a, 524a, 『메논』 81a~b, 『파이돈』 61d, 108c, 『필레보스』 16c, 20b, 『파이드로스』 235b~d, 『향연』 201d 등을 지목하고 있다. Blondell(2002), 264쪽, 각주 48 참고.

788 요소들(stoicheia) : 단수는 'stoicheion'. 일상적인 의미로는 '문자' 내지 '음소'를 가리킨다. 텍스트는 이후의 논의에서 이런 다의성을 이용해서 논의하기도 한다.

789 어떤 이들은 이런 견해를 안티스테네스(Antisthenēs)에 귀속시키기도 한다. Gillespie(1912~1913) 참고. 『소피스트』 251b에서는 '늦게 배운 사람들'을 거론하면서 '좋은 것은 좋다' 내지 '사람이 사람이다'라고만 말할 수 있다고 주장하는 이들을 소개하는데, 『테아이테토스』에서 지금 제시되는 주장이 『소피스트』 251b의 '늦게 배운 사람들'일 가능성도 있다. 콘포드(1935, 254쪽)는 『소피스트』 251b의 견해를 『에우튀데모스』 272b의 에우튀데모스 및 디오니소도로스에 귀속시키기도 하기에 이런 견해를 누구의 것으로 봐야 할지는 논란의 대상이다. 아리스토텔레스는 『형이상학』 1024b26~1025a1에서 『테아이테토스』의 지금 대목과 비슷한 견해를 안티스테네스의 견해로 소개하기도 한다. 그러나 『테아이테토스』에서는 곧이어 '이다' 내지 '있다'로 옮길 수 있는 'einai'라는 말조차 덧붙일 수도 없다고 하기 때문에 이것이 『소피스트』와 아리스토텔레스의 『형이상학』에 소개된 견해와 동일한 것인지는 논란의 여지가 있다. 그래서 번옛과 같은 이는 소크라테스는 꿈 이론을 통해 안티스테네스의 견해를 곧이곧대로 다시 진술하는 것이 아니라 안티스테네스적인 견해를 재료로 삼아 창조적으로 사용하고 있다는 해석을 하기도 한다. Burnyeat(1990), 166쪽 참조. 따라서 우리는 꿈 이론의 역사적 기원을 정확히 찾는 데 몰입하기보다 꿈 이론 자체가 함축하는 철학적 측면에 초점을 맞출 필요가 있을 것이다.

790 '요소'를 가리킨다.

791 설명되는 것(legesthai) : 앞에서 '설명'으로 옮긴 'logos'의 동사 형태이

다. 따라서 '말하다'로 옮길 수도 있다.

792 **서술되는 건(rhēthēnai)** : 'rhēthēnai'에서 형성된 명사로 'rhēma'가 있는데, 『소피스트』 261d~262a에서는 '동사' 내지 '서술어'의 의미로 사용된다. 이런 점을 고려하면 지금 대목에서 '이름만 붙일 수 있고 서술하는 것이 불가능하다는 것'은 진술(logos)의 불가능성을 함축한다. 『소피스트』에 따르면 '진술'(logos)은 이름(onoma)과 서술어(rhēma)의 결합에 의해 가능하기 때문이다. 그런가 하면 다른 맥락의 용례도 주목할 필요가 있는데, 수학자 유클리드는 『원론』에서 '무리수'를 'arhētas'로 부르고 있으며, 플라톤도 『국가』 546c1에서 같은 표현을 사용하기도 한다. 그런데 플라톤은 역시 『국가』에서 무리수를 'alogon'으로 표현하기도 한다. 즉 'arhētas'와 'alogon'은 비슷한 말이다. 그런데 이런 용어 사용을 배경으로 놓고, 그리고 'arhētas'가 'rhēthēnai'(서술된다)와 동근어라는 것을 고려하면 'rhēthēnai'는 'logos'에 의한 언표, 즉 '합리적인 서술'을 함의하는 표현으로 이해할 수 있다.

793 **합성된 것들(synkeimena)** : '복합체'(syllabē)라는 표현은 202b7행에서 조금 뒤에 사용되지만, 여기서 합성된 것들은 복합체들을 가리키는 것으로 보는 것이 합당하다. 이때의 합성(composition)은 요소들의 합성으로 이해할 수 있다. 나중에 꿈 이론의 담보가 되는 사례로 음소와 음절의 사례가 제시될 때 음소는 '비복합적인 것'(asyntheton)으로 제시되어 복합체로서의 음절과 대비된다(205c7). 즉 음소의 비복합성과 음절 내지 복합체의 복합성 내지 합성의 성격이 대비된다.

794 **엮임(symplokē)** : 앞에서(202b4) '엮이다'로 옮긴 'plekein'이나 '함께 엮이다'로 옮긴 'symplekein'의 명사. 'symplokē'는 『향연』 191c에서 '성적 결합'의 의미로 사용되는 등 몇몇 대화편에서 드물게만 사용되다가, 『테아이테토스』를 비롯한 3부작(『소피스트』와 『정치가』 포함)에서는 아주 중요하게 사용된다. 『소피스트』 259e5~6에서는 형상(eidos)들 상호간의 엮임에 의해 말(logos)이 생겨났다고 설명되며, 262c6에

서는 이름과 동사의 엮임을 '진술로서의 말'(logos)로 설명한다. 이것은 지금 『테아이테토스』에서 이름들의 엮임을 거론하는 것보다 발전된 설명 방식이라고 할 수 있다. 그런가 하면 『정치가』 278a~b에서는 문자들의 엮임이 음절을 형성하고, 음절들의 엮임이 판단(doxa)을 형성한다는 취지의 설명이 제시된다. 『정치가』 281a에서는 '직조(織造)의 기능을 일종의 엮음'으로 제시하며, 306a1에서는 '직조의 유비'에 따라 '왕도적 엮임'(basilikē symplokē)이 거론되기도 한다. 우리는 'symplokē'의 빈도가 3부작에서 갑자기 늘어나는 것을 그저 우연으로만 볼 수는 없을 것 같다.

795 인식될 수 없는 것들(ta agnōsta) : '인식될 수 있는 것'을 뜻하는 'to gnōston'의 반대말의 복수형.

796 요소들이 지각만 될 수 있다는 점에서 이 대목의 요소들을 물리적인 것들로 보는 해석도 있지만, 이는 요소와 복합체를 대비하는 꿈 이론의 핵심적인 논점을 고려할 때, 쉽게 받아들이기 어려운 그림으로 보인다. 그렇다면 플라톤은 요소들을 왜 지각될 수 있는 것으로 설정했을까? 납득할 만한 설명 가운데 하나는 요소들에 대한 'logos' 차원의 인지적 접근이 불가능한 것으로 전제되어 있기 때문에 최소한 지각에 의한 인지적 접근(epistemic access)은 열어두어야 했다는 견해이다. Burnyeat(1990), 181~187쪽 참고. 그러나 꿈 이론이 이 같이 요소의 지각됨을 거론한다고 해서 문제의 초점을, 지각을 논의하는 1부의 지평으로 되돌아가는 것으로 단순히 해석할 필요는 없을 것 같다. 어쩌면 플라톤은 지각에 의한 인지적 접근을 'logos'의 불가능성과 병행해서 고려했을 가능성이 있기 때문이다. 그럴 경우 플라톤은 'logos'의 가능성을, 지각과는 다른 인지적 접근과 연관 짓는 그림을 그렸을 가능성도 있다. 즉 지각과 다른 인지적 접근의 가능성을 열어 두지 않으면 꿈 이론이 가지는 난점을 극복할 수 없다고 생각했을 가능성이 있다는 것이다. 물론 지금의 주석이 제시하는 가능성은 논증에 기초한 것이 아니라 추정에 지나지 않지만, 요소들이 지각된다는 언급을 플

라톤이 왜 했는가라는 문제와 관련해 기존 주석가들이 고려하지 않은 또 다른 가능성을 우리는 열어 놓고 고민할 필요도 있다.

797 복합체들(syllabai) : 단수 표현은 'syllabē'. 이 낱말은 일상적인 의미로는 '음절'을 뜻하기도 한다. 이후에서는 이런 양의성을 이용해서 논의가 진행된다.

798 서술될 수 있는 것들(rhētas) : 'rhēthēnai'와 동근어. 캠벨(Campbell)이 추측하듯이, 'rhētas'(단수는 'rhētē')는 이 낱말의 수학적 의미를 전용한 것일 수 있다. 이런 해석에 기반한 앞의 주석 792 참고.

799 그러니까(men oun) : 불변화사 'men oun'에 대한 해석이 갈리는 대목이다. 'men oun'에서 전자를 강조하는 것으로 보면 논의가 이행되는(transitional) 것으로 보는 것이기에 '그런데' 정도로 옮길 수 있고, 후자 'oun'이 강조되는 것으로 보면 추론적인(inferential) 것으로 이해할 수 있다. 학자들은 'men oun' 이후의 내용이 앞부분의 언급을 통해 도출될 수 있는 것이냐 아니냐를 가지고 논의한다. 그러나 이런 논쟁은 큰 의미가 없을 듯하다. 소크라테스는 'men oun' 이전의 논의를 가지고 'men oun' 이후에 세 번째 정의에 적용하여 결론을 맺는다. 따라서 지금의 'men oun'을 이행적 사용과 추론적 사용 둘 중 어느 하나로 단정 지을 필요는 없을 듯하다. 세 번째 정의에 대한 직접적 논의는 'men oun' 이후에 나온다는 점에서 이행적인 측면이 있지만, 'men oun' 이전에 논의된 'logos'와 관련된 논의를 세 번째 정의에 적용한다는 점에서는 추론적 성격도 있기 때문이다. 이런 맥락에서 두 가지 뉘앙스를 담을 수 있는 것으로 보이는 '그러니까'로 옮기기로 한다.

800 그것에 관해 : 여기서 '관해'는 'peri'를 옮긴 것이다. 영어로는 'about'를 뜻한다. 이는 202a6~7의 '고유한 설명'(oikeios logos)과 대비된다. 'peri'로 표현되는 경우는 문제의 대상이 본질(ousia)과 무관한 경우로, '고유한 설명'은 오로지 대상 자체의 본질을 드러내는 경우로 구별해서 이해해 볼 수도 있을 것이다. 둘의 차이에 주목하는 논의로는 Burnyeat(1990) 참고. 번옛은 고유한 설명의 경우는 영어로 'of'에 대응

시키고, 지금과 같은 '관해'는 'about'에 대응시켜 그 차이를 드러낸다.

801 설명을 주고받을 수 없는 자(ho mē dynamenos dounai te kai dexasthai) : 앞에서 설명 여부가 앎 여부를 결정하는 것으로 제시된 만큼 '설명을 주고받을 수 있는 자'라면 아는 자로 볼 수 있을 것이다. 『국가』 531e에서는 같은 맥락의 언급이 등장한다.

802 앎이 없는 자(anepistēmona) : 'anepistēmōn'의 목적격 형태. 이 낱말의 명사 'anepistēmōsynē'는 2부 말미 새장의 비유에서 사용되었고, 그때 거기서는 '모름'으로 옮겼었다. 우리는 그때와 같은 동근어가 사용된다는 점에서 이 낱말들을 통해 2부의 논의와 3부의 논의의 연관성을 추측해 볼 수 있을 수도 있을 것이다.

803 꿈 이론이 함축하는 바에 대해서는 「작품 안내」 참고.

804 앞에서 진술된 세 번째 정의 자체.

805 가장 미묘하게(kompsotata) : 171a6행에서 자기논박 논변을 제시할 때 단수 형태로 등장했던 표현이다. 소크라테스는 논란의 여지가 복잡하거나 심각할 때 이 표현을 계속 사용하고 있다.

806 복합체는 알려질 수 있는 것이고 요소는 알려질 수 없는 것이라는 것을 학자들은 '인식상의 반대칭성'(Asymmetry in Knowability)라고 부른다.

807 202d1행에서 '지혜로운 자들'(sophoi)이라고 복수로 표현된 것을 지칭하면서 여기서는 단수로 표기하고 있다.

808 음소들과 음절들 : 음소들은 'stoicheia'를, 음절들은 'syllabai'를 옮긴 것으로, 앞에서는 전자를 '요소들'로 옮기고 후자를 '복합체들'로 옮겼었다. 그리스어는 다의적으로 사용될 수 있는데, 플라톤은 그런 다의성을 이용하여 논의를 진행하고 있다.

809 206a 대목에서 이 주제가 다시 등장한다.

810 알파벳 'sigma'와 'omega'이다. 'sigma'는 [s] 음가, 'omega'는 [ō] 음가의 장음이다. (고대 그리스어 알파벳 명칭을 우리말로 표기하기 어려운 경우가 있어서 어쩔 수 없이 우리말로 옮기지 않고 로마 문자로 표기한다.)

811 '요소에 대한 요소들'이라고 옮길 수도 있다.

812 그리스어 유일의 마찰음(fricative)이다.

813 모음(phonē) : 'phonē'를 유성음으로 옮길 수는 없다. 'beta'처럼 자음이면서도 유성음인 경우가 있기 때문이다. 아래 주석의 설명 참고.

814 고대 그리스어에는 17개의 자음이 있는데, 그중 폐쇄음(stop)은 9개로(이하의 설명 참조), 모음이나 이중모음과 결합하지 않는 한 독자적인 소리를 내지는 못한다. 여기서 'beta'에 대해 소리가 없다고 하는 건 그런 맥락에서 나온 언급이라고 볼 수 있다. (참고로 오해하면 안 되는 것이 'beta'가 모음과 결합해서 내는 소리는 성대를 울리기 때문에 유성음이다. 따라서 본문에서 '소리'로 옮긴 'phsopos'를 유성음으로 이해하면 안 된다.) 폐쇄음에는 3가지 유형이 있다. 첫 번째로 순음(脣音 : 입술소리)인 'pi', 'beta', 'phi'가 여기에 해당된다. 두 번째로 치음(齒音 : 잇소리)인 'tau', 'delta', 'theta'가 있다. 세 번째로 구개음(口蓋音 : 입천장소리)인 'kappa', 'gamma', 'chi'가 있다. 그런가 하면 자음들 중 모음 없이 소리를 내는 알파벳으로는 마찰음(sibilant) 'sigma'(소리가 안 나는 'sigma'도 있다.), 유음(流音) 'lambda'와 'rho', 비음(鼻音 : 콧소리) 'mu'와 'nu'가 있다. 텍스트에서 '쉬' 소리가 나는 'sigma'란 바로 마찰음 'sigma'를 가리킨다. 그 밖에 3 가지 복합자음(compound consonant)인 'zeta', 'ksi', 'psi'도 소리를 낸다. 따라서 그리스어 알파벳 중 소리를 내는 자음은 8개이다. 한편 모음은 텍스트에서 언급하듯 7개이다. 'alpha', 'epsilon', 'eta', 'iota', 'omicron', 'upsilon', 'omega'. 플라톤 텍스트에서 음운과 관련해 언급하는 텍스트로는 『크라튈로스』 424c~d, 『필레보스』 18b~c를 참고할 수 있다.

815 전부들(ta panta) : 'ta panta'는 다른 경우라면 '전부'(全部) 또는 '모든 것들'이라고 옮길 수 있는 낱말이다. 204a11행에 등장하는 'to pan'은 'ta panta'의 단수 형태이다. 그리스어로는 이 둘이 유관어이며 단수와 복수로 갈린다는 것을 쉽게 알 수 있지만, 우리말로 이런 뉘앙스를 살리는 적절한 번역어를 찾지 못했다. 영어로는 'all thing'과 'all things'

로 옮길 수 있겠으나, 우리말이 원래 단·복수 구별을 중시하지 않는 언어이기 때문에 영어와 같은 방식으로 옮기기가 어렵다. 그래서 'ta panta'가 복수라는 것을 알리기 위해 '전부들'이라고 옮기고 'to pan'은 '총체'로 옮기기로 한다.

816 이라고 : 원문에는 '이다'에 해당되는 동사 'einai'가 생략되어 있다. 그리스어로는 충분히 가능한 일이다. 그런데 생략된 'einai'를 '이다'의 의미로 옮겼지만, 이곳에서의 논증은 실제로는 '동일하다'는 의미로 사용되고 있다. 우리가 음절과 음소들의 관계를 염두에 두면, 'einai'는 '~로 구성되다'를 뜻할 수도 있다. 그럼에도 텍스트는 '동일하다'의 의미로 사용하고 있다. 이런 점에서 많은 학자들이 오류 논증이라고 지적하고 있다. 세부적인 설명은 「작품 안내」 참고.

817 이것은 이후에 진행될 딜레마 논증의 기본 형식을 예비적으로 보여주는 대목이다. 이에 대한 세부적인 설명은 「작품 안내」 참고.

818 정녕 음절을 인식하려고 하는 자는 음소들을 먼저 인식해야 할 것이 전적으로 필연적이네. : 이것은 '앎은 앎에 근거해야 한다'는 것을 암묵적으로 가정한 진술이다. 꿈 이론에서 복합체에 대한 앎이 요소들로의 분석 덕에 가능하다면, 그리고 요소들에 대해서는 분석이 불가능하기에 그것에 대한 앎이 불가능하다. 그렇기 때문에 꿈 이론은 난관에 봉착한다. 음절을 인식하려면 음소들부터 인식해야 하는데, 그것들은 더 이상 분석이 불가능하여 설명할 수 없는 것들이 되기 때문이다.

819 누군가가 음절을 안다면 각각의 음소들을 먼저 알아야 하기 때문에, 음절은 알려질 수 있지만 음소들은 알려질 수 없다는 '인식상의 반대칭성'이 이렇게 해서 논박된다. 딜레마의 한쪽 뿔이 논박된 것이다.

820 바로 앞에서 '훌륭한 논의'라고 부른 것.

821 음소들.

822 종(種) : eidos를 옮긴 말이다.

823 그때의 종이란 그것 자체가 자신의 단일한 형상을 지니고 있고, 음소들과는 다른 그런 것일세. : 여기서는 음소들, 즉 부분들과 독립된 형상으로서

의 종을 상정하고 있다. 그런데 이런 형상이 가진 단일성은 부분들과 무관하기 때문에 비복합적 단일성이 되고 만다. 그렇다면 요소들로 분석될 수 없는 '비복합성' 때문에 역시 설명이 없는 것이 되고 말 것이다. 적어도 지금 맥락의 귀결로는 그렇다. 이것이 이후에 '부분들과 전체'의 관계에 대한 논의가 진행된 다음, 205a~b에서 다시 문제가 된다. 거기서는 요소들과 복합체의 인식론적 대칭성(epistemological symmetry)의 가능성, 즉 둘 다 마찬가지로 인식될 수 있는 가능성이 질문 형태로나마 제기된다. 추가적인 설명은 「작품 안내」 참고

824 부분들 전부들(ta panta merē) : 번역 문제와 관련해서는 주석 815 참조.

825 총체(總體 : to pan) : 서양권에서는 'to pan'을 'sum'으로 옮기는 경우가 많다. 영어 'sum'은 라틴어 'summa'에서 온 것인데, 이 낱말은 상당히 다의적으로 사용될 수 있고 영어 'sum'도 그렇기 때문에 그런 번역어를 무조건 잘못 되었다고 할 수는 없다. 그러나 다의성 때문에 오해의 위험이 크다는 점을 의식할 필요 또한 있다. 라틴어도 영어도 '합쳐진 것(사물)'을 뜻할 수도 있고 수학적인 차원에서 '합쳐진 양'으로서 '총합' 내지 '합계'를 뜻할 수도 있다. 오히려 'sum'은 뒤의 경우로 사용되는 경우가 더 많은 것이 사실이다. 그런데 『테아이테토스』에서 이 같은 수적인 합(合)을 가리키는 용어는 이후에(204d10) 'ho arithmos pas'(총합)로 표현된다. 반면에 'to pan'은 '합쳐진 것(사물)' 일반을 가리킨다. 나중에 '군대'와 같은 사례가 제시되는 것을 볼 때 바로 이렇게 '총체'와 '총합'을 구별해서 이해하는 것이 텍스트에 부합하는 것 같다. 플라톤은 수학적 사례만 제시하는 데 머물지 않기 때문이다. 다만 사물을 다룰 때, 그것을 수학적 양과 연관될 수 있는 사물(이를테면 군대 등)에 국한시키고 있지만 말이다. 어쨌든 상당수의 서양 번역은 이런 구별을 명확히 하지 않는 측면이 있기 때문에 독자의 혼란을 불러일으킬 위험이 있다. 이런 점을 의식해서 'to pan'을 '총합'으로 옮기지 않고 '총체'(總體)로 옮긴다.

826 187b 참고.

827 148d 참고.

828 개수를 하나부터 여섯까지 세는(counting) 경우이다. 이것이 부분들이 열거된 전부들(ta panta)의 경우이다.

829 이것이 '합쳐진 것'으로서의 'to pan'의 사례이다. 지금 '합쳐진 것'은 수학적 사례의 경우이기 때문에 곧바로 '총합'과 동일시될 수 있다. 수학적 총체는 덧셈이나 곱셈 등의 수학적 연산에 의해 이루어진 합을 가리키기에 총합과 동일시될 수 있다는 말이다.

830 부분들이 열거된 'ta panta'와 수학적 연산에 의해 합쳐진 것으로서의 'to pan'이, 다른 사람도 아니고 어떻게 수학에 능한 테아이테토스에 의해 동일시되는가? 이것들이 동일시되는 데는 유클리드 식의 수학적 사고와 연관이 있었던 것 아닌가 싶다. 유클리드 『원론』 VII권 정의 2에서 '수는 단위들로 합성된 다수성'(arithmos de to ek monadōn synkeimenon plēthos)으로 규정된다. 여기서 '단위'로 옮긴 'monas'는 '1'을 가리키는데, 고대 그리스인들은 '1'을 단위 개념으로 간주했기 때문에 개별적인 수와 같은 존재로 생각하지 않았다. 이런 정의에 따르면 수(arithmos)는 단위들의 복합체라고 여겨졌던 셈이다. 그런데 그 단위들을 모으면 수가 된다고 할 때, 죽 열거하는 것과 수학적 연산에 따른 합을 어떻게 엄밀하게 구별할지는 쉬운 문제가 아니다. 테아이테토스는 아마 단순하게 수를 헤아리는 것을 단위들의 열거로 간주하고, 그것을 총합과 동일시하는 잘못을 범했을 수 있다.

831 여섯(hex) : 여기의 '여섯'은 정관사 없이 표현되고 있다.

832 사본 그대로는 대화의 맥락이 이루어지지 않기 때문에 대부분의 학자들이 이곳의 텍스트를 수정해서 이해하려 하는데, 독법은 학자마다 각양각색이다. 여기서는 OCT 구판(Burnet 판)에 따라 읽었다. 어찌 되었든 이어지는 논의를 보면 내용은 'ta panta'(전부들)와 'to pan'(총체)을 동일시하는 쪽으로 읽어야 함이 분명하다. OCT 구판은 캠벨(Campbell)의 제안을 따른 것으로, 그리스어 'palin'만 'pan'으로 수정 제안하고 나머지는 사본 그대로 살려 놓는다는 점에서 최소한의 수정

을 가한 것이고, 바로 이 점에서 다른 수정 제안보다 미덕을 갖춘 것이라고 할 수 있다.

833 **여섯 그것**(ta hex) : 주석 831에서 언급했듯이, 그 대목의 '여섯'은 정관사가 없는데 반해 지금의 '여섯'은 복수 정관사가 붙어 있다. 한국어에는 영어와 같은 정관사 'the'가 없기 때문에 궁여지책으로 '여섯 그것'으로 옮긴다. 그리고 여기서 복수 정관사가 사용된 이유는 '여섯'이 하나가 아니라 여럿을 가리키는 수이기 때문이다. 그런데 정관사 없는 '여섯'은 '전부들'을 지칭할 수 있다면, 정관사가 붙어 있는 '여섯'은 정관사에 의해 그것을 한정하기 때문에 합쳐진 것으로서의 '총체'를 가리키는 것으로 보는 것이 합리적일 듯하다. 따라서 정관사 없는 '여섯'과 정관사가 있는 '여섯'을 동일시하는 것은, '전부들'과 '총체'를 동일시하는 것을 함축한다.

834 **수(數)로 이루어지는 그 모든 것들** : 수로 헤아릴 수 있는 모든 것들을 가리킨다. 따라서 수학적인 것들뿐만 아니라 물리적으로 불연속적인 사물들도 포함된다. 따라서 이후에는 수로 헤아릴 수 있는 물리적인 사물들이 사례로 등장한다. 이와 관련해서는 그리스어 'arithmos'(수)의 애매성이 작용하는데, 이와 관련해서는 아래의 주석 참고.

835 **플레트론의 수(數)와 플레트론은 동일한 것이네.** : 플레트론(plethron)은 100푸스(pous)의 양을 가리킨다. 약 29.6미터이다. 여기서 '수'(數)는 'arithmos'를 옮긴 것인데, 고대 그리스에서는 산술적 수뿐만 아니라 그에 상응하는 크기에 대해서도 'arithmos'라는 말이 쓰였다. 즉 여기서 'arithmos'는 크기(multitude) 내지 양(quantity)를 가리킨다. 정확히는 100푸스의 양을 가리킨다. 따라서 이 논의에 따르면 플레트론과 100푸스 사이에는 아무런 차이도 없다. 플레트론이 수학적으로 가질 수 있는 질(즉, 형상적 차원)은 고려되지 않고 오로지 양적인 차원에서만 접근하기 때문이다. 결국 단위로서 '플레트론'이 가지는 질적 성격은, 플레트론이 수학적 차원에서 가지는 크기와 구별되지 않는다. 따라서 이 문장은, 질적인 차원의 플레트론과 양적인 차원의 플레트론

을 동일시하고 있는 셈이다. (아쉽지만 이 어려운 문제에 대해서는 번역서의 주석이라는 점에서 설명을 절제해야 할 듯싶다.) 참고로 여기서 제시되는 '플레트론'이라는 사례는 수학적인 양을 가리키지만, 뒤에서 논의되는 '군대'는 그렇지 않다. 따라서 '군대'에 대해서는 또 다른 설명이 필요하다.

836 스타디온(stadion) : 스타디온은 6플래트론으로 약 177.6미터이다. 올륌피아(Olmypia)의 경주로는 1스타디온의 크기였고, 그래서 그 경주로 자체가 'stadion'으로 불리기도 한다. 여기서 새로운 차원의 애매어의 오류가 일어난다. 이제 수학적인 스타디온이 물리적인 올륌피아의 경주로 스타디온과 동일시된다. 이때 일어나는 오류와 관련된 추가적인 세부 설명은 아래의 주석 참고.

837 군대의 수와 군대도 마찬가지이며 : '군대의 수'는 양적인 크기이고, '군대'는 '전체'로서의 사물이다. 이 둘이 동일시되는 건 다음과 같은 전제를 통해서인 것 같다. ①군대에 속한 부분들 전부들(ta panta)은 그 부분들이 합쳐진 것, 즉 총체(to pan)와 동일하다. ②그 부분들이 합쳐진 것(to pan)은 그 부분들이 양적인 차원에서 합쳐진 것(arithmos pas : 총합)과 동일하다. ③그 부분들이 양적인 차원에서 합쳐진 것, 즉 총합은, (전체로서의) 군대와 동일하다. 이 세 단계의 잘못된 동일시를 전제로 할 때만 지금의 언급이 이해가 될 수 있을 것 같다. 여기서 ①은 다음과 같이 해석해 볼 수 있다. 군대의 부분들은 군인들이다. 우리는 느슨하게 이야기하는 맥락에서는, 모든 군인들을 열거함으로써 그것을 군대라고 하기도 하는 것 같다. 거기다가 상대적으로는 그보다 좀 더 엄밀하게 말하는 상황을 떠올려 볼 수 있다. 이를테면 연병장에 모든 군인들이 모여 있을 때, 우리는 모든 군인들이 모인 것, 즉 총체를 군대라고 하기도 한다. 그리고 일상의 우리는 전자의 경우와 후자의 경우를 딱히 구별하지 않는다. 따라서 열거된 모든 부분들(전부들)과 합쳐진 군대(총체)가 은연중에 동일시된다. 물론 이것은 우리가 일상적으로 쉽게 범할 수 있는 오류 가운데 하나이다. 한편 ②가

도출되는 데는 앞에서 제시한 오류들이 영향을 미치는 것으로 보인다. 일차적으로는 대상으로서의 사물을 수학적인 차원의 양과 동일시하는 오류(이를테면 플레트론과 플레트론의 수를 동일시하는 오류)가 문제가 되고, 둘째로는 'arithmos(수)'가 가진 애매성 때문에 '총체'와 '총합'을 동일시하는 오류가 문제의 원인인 것 같다. '군대의 수'라고 할 때, 이미 군인들의 '총체'와 '총합'을 동일시하는 전제가 숨어 있다고 볼 수 있기 때문이다. 이 경우에는 물리적인 더함과 수학적 더함을 동일시하는 오류가 범해지고 있다고 해석할 수 있다. (스타디온의 경우를 떠올려보라!) 한편 ③은 애매할 수도 있지만, 상식 차원에서 우리는 총체와 전체를 엄밀하게 구별하지 않는 것 같다. 군인들이 모인 것, 즉 총체를 군대라고 부를 때, 우리는 그것을 '추상적인 질(質)로서의 군대'와 따로 구별하지 않는 것 같기 때문이다. 이렇게 해서 어찌 보면 납득이 되지 않는 이상한 주장, '군대의 수와 군대가 동일하다'는 결론이 도출된다.

838 **총합(總合 : ho arithmos pas)** : 원문대로 옮기면 '총수'(總數)라고 옮길 수도 있다. 그러나 독자들에게 익숙한 용어로 옮기기로 한다.

839 부분들의 합성과 수들의 합성이 동일시되고 있다.

840 **그러므로 전체는 부분들로 이루어진 것이 아닐세. 아니라면 전체는 모든 부분들이기에 총체가 될 테니 말이네.** : 부분들로 이루어진 것은 부분들 전부들이고, 전부들은 총체와 동일한 것으로 가정되었기에 그렇다. 결국 지금의 논증에 따르면 전체는 부분들이 없는 것이게 된다. 204b 대목에서 전체와 총체가 다른 것이라고 가정했기 때문이다. 그러나 『파르메니데스』 137c7~8에서는 "아무런 부분도 결여하지 않는 것"을 '전체'(holon)라고 규정한다. (『파르메니데스』 157e에도 'holon'이 다루어지는 부분이 있다.) 그런데 아리스토텔레스의 『형이상학(*Metaphysica*)』 1023b26~27에서도 사소한 표현만 다를 뿐 '전체'를 동일하게 규정하는 것을 보게 된다. 그런데 이런 식으로 이해된 '전체'는 '총체'와 구별되면서도 부분들을 가진다. 따라서 우리는 플라톤이 '총체'와 구별되

는 '전체' 개념을 고려했을 가능성을 닫아두면 안 된다. 아닌 게 아니라 번옛(Burnyeat)은 수 '6'을 총합 이상의 의미로, 이를테면 'sextet'(6개 한 벌)의 의미로 생각해 보는 경우를 떠올려 본다. 그렇다면 수 '6'은 부분들로서의 단위들로 구성되면서도 부분들과는 다른 하나의 종이라고 할 수 있을 것이다. '6'을 전체로 놓으면, 부분들로 구성되면서도 부분들과는 다른 종으로서 전체를 생각해 볼 수 있는 것이다. 번옛은 좀 더 일반적인 차원에서 전체가 부분들로 환원되지 않을 수 있는 이유는, 바로 전체가 가지고 있는 부분들의 '구조'(structure) 때문이라는 견해를 제시하기도 한다. 이런 논의에 대해서는 Burnyeat(1990) 참고. 그렇다면 딜레마 논증에서는 이러한 구별이 왜 이루어지지 않는가? 그것은 딜레마 논증에서 '동일하다'의 의미와 '~로 구성되어 있다'가 동일시되기 때문일 것이다. (한편 아리스토텔레스의 『형이상학』 1023b26~1024a10에는 'holon'(전체)뿐만 아니라 'pan'(총체), 'panta'(전부들)를 구별하는 논의가 등장하지만, 이에 대한 설명은 생략한다. 후자의 경우에 그것이 플라톤의 생각과 정확히 일치한다는 보장이 없기 때문이다. 물론 관심 있는 독자들은 꼭 참고할 필요가 있겠다.)

841 『파르메니데스』 157 참고. 그리고 전체(holon)에 대한 규정과 관련해서는 앞의 주석 참고.

842 그런 사태는 동일한 원인으로부터 동시에 생겨난 동일한 결과이니까.: 원문에는 '원인'과 '결과'라는 낱말이 명시적으로 등장하지 않지만 내용 이해를 위해 넣었다. '결여된 게 없는 것'이란 동일한 원인에서, '전체도 아니고'와 '총합도 아니고'가 등가가 되는 동일한 결과가 나오게 되었다는 것을 뜻한다.

843 204a.

844 201e~202e.

845 비복합적인 것(asyntheton): 요소의 비복합성은 요소의 단순성을 함축한다. 그런데 여기서 'asyntheton'이란 표현이 사용된다는 점에 주목해서 이 대목이 바로 중기의 형상 이론을 비판하는 대목이라고 보

는 경우가 있다. 예를 들어 『파이돈』 78c에서는 '가시적인 것'을 가리켜 'syntheton'(복합적인 것)이란 표현이 사용되고 형상을 가리켜 'asyntheton'이란 표현이 사용된다. 여기서 형상의 단순성을 함축하는 데 주목하는 학자들은, 중기의 형상이 단순성을 지니기에 'logos'가 불가능한 문제가 발생한다고 보고, 이에 따라 『테아이테토스』의 꿈 이론이 중기의 형상 이론을 자기 비판하고 있다고 보기도 한다. 그러나 이 같은 표현상의 일치를 가지고 곧바로 플라톤이 중기의 형상 자체를 무조건적으로 비복합적인 것으로 보았는가는 엄청나게 논란이 되는 주제이기 때문에 쉽게 단정할 수 있는 문제가 아니다. 그런 표현들이 어떤 맥락에서 사용되고 있는가를 주목해야 하기 때문이다. 『파이돈』에서 형상의 단순성은 감각적 대상들(ta aisthēta)과 대비되는 맥락에서 제시되고 있는데, 플라톤이 '형상들 간의 관계'에서도 복합성을 배제했다는 것이 직접적으로 추론될 수는 없기 때문이다. 사실 플라톤이 이미 『파이돈』 103e 등에서 형상들의 복합성을 제시하고 있다고 볼 수 있는 대목이 있기도 하다. 예를 들어 '3'의 형상은 홀수이기 때문에 짝수의 형상과 결합할 수 없는데, '3'이 홀수의 성격을 가진다는 것은 어떤 점에서 '3'의 복합성을 함축하는 것으로 볼 수 있고, 이런 점에서 '3'에 대한 'logos'의 가능성이 차단되지 않을 가능성의 여지가 있다. 또한 애덤(Adam(1902), 335~336쪽)이 주목하고 있듯이, 『국가』 476a에서 플라톤은 형상들 간의 결합(koinōnia)을 거론하고 있다. 이때 형상들 상호간의 결합은 형상들 자체의 차원에서 복합성을 함의하는 것으로 이해할 여지가 있으며, 이에 따라 'logos'의 가능성도 닫히지 않는다고 볼 수도 있다. 어쨌든 3부의 논의를 중기와 연관 지어 고려하는 경우, 중기의 형상들을 3부의 요소들과 같은 것으로 간주할 수 있는가가 논란의 대상이 된다.

846 단일한 종(monoeides) : 'monoeides'란 표현은 어원적인 의미를 고려할 때는 '단일한 보임새'로 옮길 수도 있다. 『파이돈』 78d, 『향연』 211b, 『국가』 612a, 『티마이오스』 59b 등에서 사용된다. 이 가운데 적어도

『파이돈』 78d과 『향연』 211b에서는 'monoeides'가 '형상'을 가리키는 말로 사용된 것이 확실해 보인다.

847 **음소들(stoicheiai)** : 앞에서는 '요소'로 옮겼지만, 다시금 문자의 사례를 끌어들이는 대목이기 때문에 여기서는 '음소'로 옮긴다. 언어적으로는 '글'과 '소리'를 동시에 지칭한다. 따라서 '자모'로서의 알파벳과 그 알파벳의 소리인 '음소'를 가리키기도 한다. 여기서는 편의상 '음소'로 옮긴다.

848 **키타라 탄주를 배우는 경우에 … 완벽하게 배운 것 아니겠나?** : 여기서 제시된 완벽한 배움의 두 가지 사례, 즉 문자 내지 음소를 배우는 경우와 키타라를 배우는 경우는 꿈 이론을 논박하는 사례로 제시되고 있다. 꿈 이론은 복합체는 인식될 수 있으나 요소들은 인식될 수 없다는 인식상의 반대칭성을 주장하는데, 지금의 두 사례는 요소가 어떻게 인식될 수 있는가를 설명해 주는 사례이다. 이 사례가 보여 주는 유비의 핵심은, 이를테면 음소 내지 문자를 완벽하게 배운 자들의 경우 요소들을 고립적으로 인식하는 것이 아니라 요소들을 복합체 속에 배열하는 맥락에서 앎을 사용한다는 데 있다. 또한 키타라 탄주의 경우에도 요소들에 해당되는 각각의 음조들이 어떤 현에 속하는가를 알 때 완벽한 배움을 얻었다고 할 수 있다. 결국 이 사례들은 요소들이 어떻게 '엮이어' 복합체를 이루는가를 알아야 한다는 것을 함축한다. 이것은 요소들에 대한 인식조차 고립적으로, 즉 원자론적으로 이루어지는 것이 아니라 상호 연관적 맥락에서 이루어진다는 것을 유비적으로 보여 주고 있다. 이러한 주제와 관련된 훌륭한 논의로는 Burnyeat(1990), 209~218쪽 참고. 그런데 『정치가』 277e~278c에서도 문자를 배우는 것에 유비하는 설명이 등장하는데, 그 대목에서도 요소들의 엮임(symplokē)을 거론하면서 요소들(음소들)에 대한 인식이 복합체(음절)의 맥락에서 이루어진다는 설명이 제시된다. 이런 유비는 요소들에 대한 인식의 가능성은 요소들 각각을 복합체와 무관하게 고립적으로 접근하는 원자론적 차원에서는 이루어질 수 없다는 것을 시

사한다. 한편 우리는 『필레보스』 17a8~18d2에서 제시되는 문자와 음악의 사례도 참고할 필요가 있다.

849 **가장 완벽한 앎**(hē teleōtatē epistēmē) : 여기서 '가장 완벽한'으로 옮긴 'teleōtatē'는 명사 'telos'의 형용사 'teleos'의 최상급 표현이다. 이 낱말은 어원적으로 '끝점'을 함축한다. 따라서 여기서 사용된 '가장 완벽한 앎'이란 표현은 최종적인 앎을 상정했을 때 유의미한 표현이다. 『일곱째 편지』 342a~344d에서는 앎이 단계적으로 상승해 가는 것을 설명하는 대목이 있는데, 거기서 최종적인 다섯 번째 단계를 이야기할 때, 이전의 네 단계가 전제되지 않으면 "다섯 번째 것에 대한 앎에 완벽하게(teleōs) 동참하지 못할 것입니다."(342e1~2 : 강철웅 역)라는 언급이 등장한다. 『일곱째 편지』가 진서(眞書)라면 함께 고려해볼 만한 대목이다. 또한 『국가』 532a~b에서는 '지성에 의해 알 수 있는 것의 끝점'(to tou noētou telos)을 언급하는데, 이때 '끝점'으로 옮긴 'telos'는 앎의 최종적이고 최고의 단계를 함의한다고 볼 수 있다. 그런가 하면 지혜를 사랑하는 자, 즉 철학자를 비교의식에 빗대어 설명하는 대목이긴 하지만, 『파이드로스』 249c7~8도 주목할 만하다. '[지혜를 사랑하는 자]는 언제나 최고의(최종 단계의) 비교의식을 완결 짓기에, 그만이 참으로 완벽한 자가 되네(teleous aei teletas teloumenos, teleos ontōs monos gignetai,).' 여기서는 'teletas'(비교의식)를 빼고도 'telos' 계열의 용어가 세 번이나 등장하고 있다. 이런 설명들은 지혜사랑으로서의 앎의 최종적인 단계를 함축하는 언급들이다. 지금 『테아이테토스』의 언급이 그 같은 앎의 최종 단계를 상정하는 것으로 볼지는 논의거리이다. 한편 지금의 논의는 2부에서 제시된 이분법, 즉 배움이 완결된 아는 상태와 배움이 없는 알지 못하는 상태의 이분법을 부정하고 있다고 이해할 수 있다. 『테아이테토스』 이전에 배움의 차원들을 구별하는 논의로는 『에우튀데모스』 277e~278a 참고. 그리고 이와 관련된 주석 754 참고.

850 **표현 및 이름들**(rhēmata te kai onomata) : 주석 389 참고. 그런데 주석

792에서 설명했듯이 'rhēmata'가 'rhēthēnai'와 동근어라는 것을 주목하면, 동사와 이름을 구별하는 『소피스트』의 관점이 『테아이테토스』의 이 대목에서 예비적으로 제시되고 있다고 볼 여지도 있다. 그렇다면 '표현'이라는 번역어 대신 '동사' 내지 '서술어'로 옮길 수도 있겠다.

851 말한다(legein) : 'legein'의 다의성을 고려하면서 이해할 필요가 있는 대목이다. 여기서는 '말하다'로 옮겼지만, 지금까지는 '설명하다'로 옮겼던 낱말이다. 'logos'의 의미를 해석하는 첫 번째 시도로, 'logos'를 '말'(speech)로 해석하는 시도를 하는 대목이다.

852 짐수레의 백 개의 널빤지들 : 헤시오도스의 『일과 일진(erga kai hēmerai)』 456행에 등장하는 언급이다.

853 모두 나열할(perinē(i)) : 'logos'의 두 번째 의미 해석이 제시되는 대목이다. 뒤에서는 '열거'(diexodos)라는 표현으로 명시화된다.

854 206a~b 참고.

855 바로 앞의 '짐수레가 무엇인지'를 가리키는 것으로 보인다.

856 설명이 안 된 것(alogia) : '설명(logos) 없음' 내지 '불합리함'으로 옮길 수 있는 낱말이지만, 맥락에 맞게 풀어서 옮겼다. 199d4에서 '불합리성'의 의미로 등장한 적이 있던 낱말이다.

857 해당 음절에 자모를 적절하게 배치시키지 못하는 자들.

858 테아이테토스와 테오도로스의 '테'는 모두 'theta'(Θ)와 'epsilon'(Ε)으로 구성되어 있다. 그런데 위의 사례에서는 테아이테토스의 경우는 맞게 썼지만 테오도로스의 경우는 잘못 쓰고 있다. 같은 알파벳을 달리 썼기 때문이다.

859 환기시켜 주셨습니다(hypemnēsas) : 주석 14에서 설명했듯이, 환기(hypomnēsis)는 기억을 위한 수단에 기대서 의존적으로 하는 기억을 뜻한다. 극중의 테아이테토스 자신이 이 낱말을 의식적으로 사용했다고 보기는 힘들다. 그러나 작가 플라톤의 시점에서 보면, 작가는 이 낱말을 의도적으로 사용하는 것 같다. 이미 액자 이야기의 시작 부분에서 이 용어를 쓰면서 플라톤은 '환기'와 '상기'를 구별하고 있다. 조

금 있다가 209c9에서 소크라테스가 'anamimnē(i)skesthai'(상기하다)를 사용하는 것을 보면, 플라톤은 두 낱말을 의도적으로 배치하는 것 같다. 즉 두 낱말은 대화편의 시작과 끝을 장식하고 있다. 어쩌면 테아이테토스가 아직 앎이 무엇인지를 모르기에, 즉 상기의 수준에 이르지 못했기에 이 대목에서 '환기'라는 낱말을 사용하는 것일지도 모르겠다. (새장의 비유 대목을 두고 논의하는 대목이긴 해도, 옮긴이와 달리 맥도웰처럼 『테아이테토스』가 상기론을 비판하고 있다는 해석을 내놓는 학자도 있다는 것을 독자들은 염두에 둘 필요가 있다. McDowell(1973), 221~223 참고.)

860 질문의 대상이 어떤 점에서 다른 모든 것과 다른가를 말할 수 있게 해 주는 어떤 징표를 가지는 것 말일세. : 세 번째 'logos'의 의미가 제시되는 대목이다. 그런데 이것을 다중이 말할 직한 것으로 제시하는 것 또한 흥미롭다. 이에 대해서는 Burnyeat(1990), 219쪽 참고.

861 누구를 가리키는지 알기 어렵다. 캠벨은 메가라학파를 가리킨다고 생각한다. Campbell(1861), xxxvi 참고.

862 각각의 것을 다른 것들과 다르게 해 주는 차이.

863 음영화(skiagraphēma) : 멀리서 보면 입체감이 나도록 음영의 차이를 주는 화법으로 그려진 그림. 플라톤은 『국가』 602d에서 음영화법(skiagraphia)이 착시 효과를 이용한 것이라는 것을 알려 준다. 『파이돈』 69b와 『국가』 365c에서는 제대로 된 덕(aretē)이 아닌 것을 '음영화'에 빗대어 표현하기도 한다. 지금 『테아이테토스』에서는 음영화에 빗대어 멀리서 보면 입체감이 나서 제대로 된 모양으로 보이지만 가까이서 보니까 그런 입체감이 사라져 실재와 다른 모양임을 알게 된 경우를 연상하면 되겠다.

864 언급했던 것에서.

865 뮈시아 사람들(Mysoi) : 뮈시아(Mysia)는 소아시아 북서 지방에 위치해 있는데, 호메로스의 『일리아스』에서는 트로이아의 동맹국으로 거론된다. 플라톤의 『고르기아스』 521b에서도 여기 『테아이테토스』에서도

볼품없는 족속들로 폄하되는 사례이다.
866 143e 참고.
867 여기서부터 210a까지 다시 세 번째 정의를 비판하는 딜레마 논증이 제시된다. 첫 번째 뿔(209c~d)에 따르면 'logos'를 요구하는 것이 옳은 판단을 계속해서 추가적으로 요구하는 무한 퇴행에 빠져 결국 'logos'와 '옳은 판단'을 구별할 수 없게 된다는 것이다. 두 번째 뿔은 209e~210a에서 제시되는데, 순환 정의에 빠지고 만다는 비판이다. 결국 세 번째 정의는 앎에 대한 적절한 정의가 못 되는 것으로 결말이 맺어진다.
868 상기하게 해 주고(anamnēsei) : 명사 'anamnēsis'의 미래형 동사 형태. 텍스트의 3부에서는 이 표현이 유일하게 등장하는 대목이다. 그럼에도 의미심장한 대목이다. 여기서 소크라테스는, 들창코의 상태가 상기를 가능하게 하고 옳은 판단을 내릴 수 있게 해 주는 것으로 상정하는데, 여기에 깊은 복선이 있는 것으로 해석할 수도 있기 때문이다. 2부의 가정은 앎의 조건으로 '참인 판단' 내지 '옳은 판단'이 제시되고, 3부에서는 여기에 '설명을 동반한'(meta logou)이 덧붙는다. 그런데 지금 대목에서는 '들창코의 상태'가 하는 기능으로 옳은 판단을 내리도록 해 주는 것 이외에 상기하게 해 주는 것이 덧붙어 있다. 이 부분은 플라톤이 상기 차원의 앎을 포기한 것이 아니라 여전히 견지하고 있다고 보게 해 주는 중요한 전거가 될 수도 있다.
869 209e6에서는 지금과 대조되는 '만일 다른 한편이라면'(ei de)이 등장한다.
870 여기서 막대기를 돌린다고 할 때, '막대기'는 'skytalē'를 옮긴 것이다. 'skytalē'는 스파르타의 지휘관들 사이에서 비밀스러운 전갈을 전하기 위해 사용한 막대기이다. 막대기는 두 개가 사용되었는데, 지휘관은 두 개의 막대기를 함께 놓고 양피지와 같은 가죽으로 나선형 형태로 막대기들을 둘둘 감는다. 그리고 그렇게 감긴 가죽 위에다 전갈을 기록한다. 따라서 막대기들과 함께 전달된 전언은, 가죽을 두 개의 막대

기에 둘러가며 나선형으로 제대로 감기 전에는 알아볼 수 없다. 그런데 지금 『테아이테토스』에서 '막대기를 돌리는 일'은 두 개의 막대기에 제대로 감는 경우가 아니라, 가죽을 잘못 돌려 감는 경우를 뜻한다. 따라서 전갈을 해독하지 못하고 쓸데없이 헛수고를 하는 것을 가리킨다. 'skytalē'의 사용 방식에 대해서는 플루타르코스(Ploutarchos)의 『비교 열전(*Bioi Parallēloi*)』 중 '뤼산드로스'(Lysandros) 19 참고. 'skytalē'를 돌리는 것이나 공이를 돌리는 것이나 여기서는 다 헛수고를 하는 것을 뜻한다.

871 **다른 한편이라면**(de) : 앞에서 그리스어로 '한편으로는'이라고 옮긴 대목은 불변화사 'men'으로 표현되어 있다. 여기서는 'de'로 표현되어 있는 것을 '다른 한편이라면'이라고 옮겼다. 불변화사 'men'은 으레 대조되는 'de'를 상정하고 사용하는 표현이기 때문에, 테아이테토스는 소크라테스가 대조되는 다른 측면의 이야기를 함축하고 있다고 보고 질문하고 있는 것이다.

872 반어법적인 표현으로 비판하고 있는 대목이다. 앎이 무엇인가를 물었더니 '인식하라'고 하니, 일종의 순환에 빠져 있음을 지적하는 대목이다.

873 **왕의 회랑**(hē tou basileōs stoa) : 여기서는 'hē tou basileōs stoa'로 표기되었지만, 비문(碑文)이나 아리스토텔레스의 『아테네의 정치체제』 7.1 등에는 'stoa basileios'라는 표현이 등장하기도 한다. 왕으로 옮긴 'basileus'는 원래는 말 그대로 '왕'(王)을 가리키는 말이었으나, 아테네의 정치체제가 민주정으로 전환되면서 행정관들 가운데 종교적인 업무를 관장하는 'archōn', 즉 최고 행정관들 가운데 하나를 가리키는 명칭으로 사용된다. (참고로 고전기의 'archōn'은 제비뽑기로 뽑혔기 때문에 '집정관'으로 옮기는 것은 부적절하다.) 그리고 바실레우스의 회랑(stoa)은 지붕 달린 주랑이 있는 건물로 아고라의 북서쪽에 위치했다. (이에 대해서는 'The American School of Classical Studies at Athens'의 아고라 발굴 사이트인 http://www.agathe.gr 사이트를 참고하면 아주 자세한 정

보를 얻을 수 있다.) 소크라테스는 불경죄로 기소되었기에 나중에 소크라테스와 관련된 종교 법정이 이곳에서 열렸다. 이 회랑은 헬레니즘 시대의 스토아학파 사람들의 모임터인 '채색 주랑'(stoa poikilē)의 남서쪽 가까이에 위치해 있다. 아고라에는 여러 개의 열주(列柱)를 가진 주랑 건물이 있었다. 왕의 회랑도 그 가운데 하나로 보면 된다. 어쨌든 지금 소크라테스가 왕의 회랑을 찾아가는 건 '사전 심리'(anakrisis)를 받으러 출두하기 위해서이다. 이것은 본 법정이 열리기 전에 하게 되어 있는 법적 절차였다. 그리고 플라톤이 쓴 대화편들의 극중 배경으로만 보자면 『테아이테토스』는 『에우튀프론』과 연결된다. 『에우튀프론』에서 소크라테스는 사전 심리를 받기 위해 왕의 회랑으로 가다가 에우튀프론을 만나 '경건'(to hosion)에 대한 논의를 하기 때문이다.

874 '내일 아침'으로 옮길 수도 있다.

875 만나기로 하죠 : 여기서 '만나다'로 옮긴 낱말은 앞에서 '출두하다'로 옮긴 'apantān'과 같은 낱말이다. 플라톤은 마지막 장면에서도 'apantān'의 다의성을 이용해서 각색하고 있다. 아닌 게 아니라 『소피스트』와 『정치가』에서는 이 약속이 지켜져 소크라테스와 테오도로스, 그리고 테아이테토스가 다시 만나 철학적 대화를 나누게 된다. 이들 대화편은, 극중 시점뿐만 아니라 대화편 집필 시기상으로도 『테아이테토스』 이후에 연속해서 쓰인 대화편들이다.

작품 안내

『테아이테토스』는 인류 역사상 가장 심오한 인식론 텍스트 가운데 하나이다. 뿐만 아니라 논의의 다양함과 예리함, 그리고 독창성의 측면에서도 독자의 끝없는 상상력을 자극하는 더없이 훌륭한 인식론 텍스트이다. 『테아이테토스』는 아주 다양한 인식론적 주제들을 다룰 뿐 아니라 현재도 유의미한 근본 문제를 다루는 논의를 담고 있다. 이를테면 소크라테스를 '산파'(maia)에 빗대는 '산파의 비유'는 너무도 유명해서 교육철학의 식탁에는 지금도 빠지지 않고 올라오는 논의의 잔치 음식이 되고 있다. 『테아이테토스』는 보통 세 부분으로 구별하는 방식이 일반적으로 받아들여지는데, 그중에서 1부는 프로타고라스의 인간척도설을 다루는 텍스트로 널리 알려져 있다. 플라톤은 1부에서 인간척도설을 상대주의로 해석한 뒤 철학의 역사에서 최초로 세련된 상대주의 비판을 가하고 있다. 또한 2부에서 인간의 사유를 '밀랍 서판'에 비유하는 모델은 이후에 수많은 사상가에 의해 차용되어 즐겨 쓰이기도 한다. 그런가 하면 3부에서 시도되는 '앎은 설명을 동반한 참인 판단이다.'라는 정의(定義)를 현대의 영미 계통에서는 '앎은 정당화된 참인 믿음(justified true belief)이다.'로 변형해서 이해하지만, 지금도 '앎'에 대한 표준적 견해로 받아들이고 있다. 그 밖에도 『테아이테토스』는 쏠쏠한 이야깃거리를 담고 있기도 하다. 철학의 시작을 '놀라워하는 것'(thaumazein)에서 찾는 유명한 글귀가 등장하는 텍스트도 『테아이테토스』이고, 탈레스가 우물에 빠진 이야기의 출처 또한 『테아이테토스』이다.

철학사적으로도 『테아이테토스』는 수많은 사상가의 관심을 받아 왔다. 이를테면 근대 영국의 버클리(Berkeley)는, 실상 오해에 기초한 것이지만, 『시리스(*Siris*)』에서 『테아이테토스』가 자신과 동일한 견해를 제시하고 있다고 생각하기도 했다(항목 §253, §311, §347~349 참고). 한편 20세기의 비트겐슈타인(Wittgenstein)은 『철학적 탐구(*Philosophical Investigations*)』(항목 46)에서 『테아이테토스』 3부에 등장하는 '꿈 이론'을 그대로 인용한 뒤 그것을 자신의 초기 저작인 『논리-철학 논고(*Tractatus Logico-Philosophicus*)』와 동일한 입장으로 이해하기도 했다. 이러저러한 정당한 이유에서 『테아이테토스』는 많은 관심을 받을 만한 대화편인 셈이다.

그러나 『테아이테토스』의 난해함은 악명이 높기로 소문이 자자하다. 이를테면 19세기 영국의 사상가 존 스튜어트 밀(John Stuart Mill)은 어려서부터 플라톤의 대화편을 통해 지적 훈련을 받았음에도 플라톤의 『테아이테토스』를 도저히 이해할 수 없다는 불평을 자서전에 남기고 있다. 굳이 밀의 언급을 빌리지 않아도 『테아이테토스』를 한 번이라도 읽어본 사람이라면 오리무중의 바다에 빠질 가능성이 높다. 논의의 방향이 어디로 향하고 있는지, 왜 그런 논의를 하며, 왜 그런 식으로 주제를 다루는지를 알기 어려운 경우가 너무 많기 때문이다. 물론 대화로 구성되어 있는 플라톤의 텍스트 치고 이런 어려움을 야기하지 않는 경우는 없지만, 그 가운데서도 『테아이테토스』만큼 논의 맥락과 전개 과정을 좇아가기가 어려운 대화편은 없다고 해도 과언은 아니다. (아마 논의 맥락을 이렇게까지 파악하기 어려운 경우는 『프로타고라스』만이 『테아이테토스』에 버금가지 않을까 싶다.)

하지만 이런 난해함은 『테아이테토스』의 주제 및 구성의 일관성을 고려할 때 상당히 역설적으로 다가온다. 플라톤이 쓴 대부분의 대화편은 극(劇)중에서 다루기로 한 대표 주제를 다루다가 곁길로 빠지거나 다른 주제들을 다루는 경우가 다반사이다. 그런데 이런 차원에서 보자면 『테아이테토스』는 가장 안심하고 볼 수 있는 텍스트인 것은 분명하다. 전승되는 바에 따르면 『테아이테토스』는 '앎에 관하여'라는 부제가 붙어 있는데, 이에 걸맞게 텍스트는 '앎이란 무엇인가?'라는 주제를 중단 없이 일관되게 탐문한다. 이런 점에서 플라톤의 대화편 가운데 가장 명확하고 단일한 주제로 묶여 있는 책이 『테아이테토스』이다. 우리의 텍스트에서는 앎에 대해 세 가지 정의가 시도되는데, 그중 첫 번째 정의로는 '앎은 지각이다.'를, 두 번째 정의로는 '앎은 참인 판단이다.'를, 세 번째 정의로는 '앎은 설명을 동반한 참인 판단이다.'를 제시한다. 첫 번째 정의에서 두 번째 정의를 거쳐 세 번째 정의로 나아가면서 점점 더 한정된 정의가 제시되고 있음을 알 수 있다. 그러니까 독자로서는 앎을 파악하려는 논의가 알기 쉽게 전개될 것으로 기대하기 마련이다. 그러나 이런 기대는 텍스트의 본 논의로 들어서자마자 여지없이 허물어지고 만다.

사실 『테아이테토스』와 관련된 전문 학자들의 논쟁점들 가운데 상당수는 논의의 맥락을 어떻게 볼 것인가로 모아지곤 한다. 이를테면 172c~177b의 여담(餘談 : 곁가지 이야기) 대목에서 철학자의 모습을 묘사할 때 플라톤 자신이 이상적으로 생각하는 철학자 상(像)을 제시하기 위해 그러는 것인지, 아니면 대중에게 잘못 알려진 철학자의 면모를 비판하기 위해 그러는 것인지 자체가 학자들을 혼란의 바다에 빠뜨리고 있기도 하다. 『테아이테토스』에서는 이처럼 어떤 논의가 제시될 때, 그것이 어떤 맥락에서 제시되는가를 이해하기 어려운 경우가 많다. 결국 『테아이테토스』가 난해한 결정적 원인은 논의 맥락을 파악하기가 너무도 어렵다는 데 있는 셈이다.

또한 『테아이테토스』에서는 앎에 대해 가능한 여러 그림들을 제시하는데, 이런 그림들이 상당히 불확정적인 성격을 가진다는 데 해석의 큰 어려움이 있다. 앎에 대해 시도되는 세 가지 정의들은 논의가 진척되면서 앎에 대해 점차 확정된 한정을 하는 것처럼 보이지만, 실상 세 정의가 시도되는 각 단계에서 주제화되는 핵심어들의 불확정적 성격은 더 가중되는 것처럼 보인다. 세 가지 정의의 핵심어는 '지각'(aisthēsis)에서 '판단'(doxa)으로, 그리고 다시 '설명'(logos)으로 상승해 가지만, 각 단계에서 그런 핵심 개념들이 가진 불확정적인 측면을 불식해 가는 정도는 증진되지 않기 때문이다. 문제는 이런 불확정성이 어쩌면 플라톤의 의도였을 수 있다는 데 있다. 플라톤의 사유가 모호하다고 보거나 그가 미숙한 작가였다고 보지 않는 한에서는 말이다. 그렇다면 텍스트의 개별적인 문제들을 다룰 때 플라톤이 어떤 '의도'에서 그런 문제들을 다루려 했는가를 해석해 내지 못한다면, 세부 주제들의 맥락 또한 아예 이해하지 못하는 난관에 봉착하기 마련이다. 따라서 작가로서의 플라톤을 심층적으로 고려하지 않으면, 우리는 다른 어떤 대화편보다 『테아이테토스』를 이해하기 어렵게 될 것이다.

그런데 학자들에 따라 분류법이 다르긴 해도 대체로 『테아이테토스』는 중기에서 후기로 이행하는 시기에 쓰인 대화편으로 받아들여진다. 그런데도 이 대화편은 초기 대화편의 형식을 취

작품 안내

하고 있다. '앎이란 무엇인가?'라는 물음을 제기하지만, 결국 이에 대한 궁극적 답변을 찾지 못한 채 난관(aporia)에 빠진 채 마무리되기 때문이다. 현대 학자들은 이렇게 대화편이 난관으로 마무리되는 경우 보통 '난관 종결식 대화편'(aporetic dialogues)이라고 부른다. 플라톤의 초기 대화편은 거의 대부분이 이런 형식을 취하고 있지만, 중기의 플라톤과 후기의 플라톤은 대체로 플라톤 자신의 메시지를 어느 정도 추정해 볼 수 있는 방식으로 글쓰기를 하고 있다. 이런 배경을 놓고 볼 때, 『테아이테토스』는 아주 이상한 구성 방식을 취하고 있는 셈이다. 중기와 후기 사이에 놓인 대화편이 왜 초기의 구성 형식으로 되돌아가는 것일까? (이 물음에 대한 답은 독자의 몫으로 남겨 놓겠지만) 이런저런 문제들 때문에 『테아이테토스』를 읽는 방식은 예나 지금이나 천차만별이다. 그렇다면 『테아이테토스』를 읽는 데 어떤 독법들이 있는지를 먼저 살펴보도록 하자.

I. 『테아이테토스』를 읽는 독법들

플라톤의 대화편에는 플라톤이 전면에 등장하지 않는다. 그리고 상당수의 대화편에서 대화를 주도하는 인물인 소크라테스는 자신을 무지한 자로 표방하고 있기 때문에 대화 내용을 통해 플라톤 자신의 견해를 이끌어 낸다는 것은 쉬운 일이 아니다. 사정이 이렇다 보니 어떤 경우에는 플라톤 나름의 학설이 있는지조차 의문시되기까지 한다. 따라서 플라톤의 대화편을 어떤 방식으로 읽느냐는 문제는 언제나 근원적인 논란거리이다. 그런데 이런 논란의 중심에 있는 텍스트가 바로 『테아이테토스』이다. 좀 긴 설명이 되겠지만, 플라톤의 텍스트 전반에 대한 해석상의 논란 및 『테아이테토스』에 대한 접근의 차이가 얼마나 크게 다를 수 있는가를 검토하는 것은 우리의 텍스트를 이해하는 데 도움이 될 것이다.

이미 고대부터 플라톤 철학에 접근하는 노선은 놀랍도록 상충되고 있는데, 한쪽은 플라톤 나름의 고유한 학설이 있었다는 학설주의(dogmatism)의 해석을 걷지만, 다른 쪽은 플라톤에게 어떤 학설도 없었다는 회의주의(scepticism)적 해석을 가하기까지 한다. 전자의 노선으로는 대표적으로 플라톤 사후 아카데미아(Akadēmia) 학원의 수장을 맡은 스페우시포스(Speusippos)와 크세노크라테스(Xenokratēs)가 주도하는 구(舊) 아카데미아학파가 있고, 또 나중에 등장하는 신플라톤주의가 있다. 구 아카데미아학파는 아마도 플라톤이 남긴 대화편보다는 생전에 플라톤이 강설한 견해를 발전시키는 데 관심을 두었던 것 같다. 그러다 보니 이런 접근은 아카데미아 내부에서 반발에 부딪히게 된다. 그런가 하면 신플라톤주의자들은 난관을 제시하는 것으로 마무리되는 플라톤의 초기 대화편은 무시하고 자신들의 입맛에 맞는 중·후기 대화편을 편중해서 읽었던 것 같다. 따라서 학설주의적 해석은 플라톤이 남긴 글(대화편)을 무시하거나 임의적인 선택적 독서를 한다는 점에서 문제가 될 수 있다.

그런가 하면 플라톤을 회의론적으로 접근하는 노선도 있다. 물론 이때 우리가 유의할 것이 있는데, 고대 회의론은 적극적으로 앎의 불가능성을 주장하는 근대 회의론과는 다르다는 점이다. 근대 회의론은 앎의 불가능성을 주장한다는 점에서 어쨌든 일종의 학설을 내세우는 노선인데 반해, 고대 회의론은 대체로 특정 학설 자체에 개입하는 것에 대해 거리 두기를 하는 노선이기 때문이다. 고대 회의론자들은 인간이 할 수 있는 최선의 길은 끊임없는 탐구(skēpsis)뿐이라고 보았기에 '탐구자들'(skēptikoi)이며, 특정한 학설에 개입하려 하지 않는다는 점에서만 회의론자들일 뿐이다. 그런데 특히 기원전 3세기 중반부터 기원전 1세기 초까지 지속되었던 아카데미아 회의론자들('신(新) 아카데미아학파'로 흔히 불린다)은, 전거가 분명한 것은 아니지만, 『테아이테토스』를 회의론적으로 해석했던 것 같다. 아카데미아 회의론자들이 주로 소크라테스를 그런 식으로 해석하는 것은 무지를 표명한 소크라테스를 떠올려 볼 때 그럴듯한 구석이 있는데, 플라톤까지 회의론자로 보는 것은 사실 놀라운 해석 방식이다. 그런데 그렇게 볼 수 있는 근거가 되는 텍스트가 바로 『테아이테토스』이다.『테아이테토스』는 초기 대화편처럼 난관으로 끝나고 말기 때문이다.

일부만 전해지는 익명 주석가의『플라톤의『테아이테토스』에 대한 주석(*Commentarium in Platonis 『Theaetetum』*)』(54.38~43)은 "어떤 이들은 플라톤이 어떤 학설도 제시하지 않았다는 점에서 그를 '아카데미아학파의 일원'(Akadēmaikos)으로 여긴다."고 전한다. 그런가 하면 익명 저자의『플라톤 철학에 대한 서설(*Prolegomena tēs Platōnos philosophias*)』은 "어떤 사람들은 플라톤을 판단유예자들(hoi ephektikoi) 내지 아카데미아[학파]에 집어넣고서 그가 직접 '파악 불가능성'(akatalēsia)을 끌어들이기라도 한 양 말한다."(10.4~6)고 전하면서, "그[플라톤]는 자신의 대화편에서 '나는 아무것도 알지 못하고 뭔가를 가르치지도 않고 단지 난제를 제기할 뿐이다.(ouden oida oute didaskō ti, alla diaporō monon)'라고 말한다."(10.57~59)고 전한다. 여기서 '자신의 대화편'이란 아무래도『테아이테토스』를 가리키는 것이 확실해 보인다. 따라서 우리는『테아이테토스』를 어떤 식으로 접근해야 할지 심각하게 고민하지 않을 수 없게 된다.

그런데 이런 논란이 고대에만 있었던 것이 아니라는 데 문제의 심각함이 있다. 19세기의 슐라이어마허(Schleiermacher)와 헤르만(Hermann) 이래 플라톤의 집필 시기를 초기, 중기, 후기로 나누는 구별법은 지금까지 일반적으로 받아들여진다. 그런데 19

세기 이래의 전통적 해석은 플라톤을 대체로 학설주의적으로 접근하는데, 그런 노선에도 여러 가지 접근 방식의 차이가 있기도 하다. 가장 강한 학설주의자들은 초·중·후기의 플라톤에게 아무런 입장 변화가 없다고 본다. 그러나 가장 일반적인 견해는, 적어도 초기의 플라톤은 역사적인 소크라테스 내지 그에 가까운 견해를 반영한다면, 중기부터의 플라톤은 자기 나름의 형이상학적 견해를 제시하기 시작한다고 본다. 이때 플라톤의 핵심 견해로 거론되는 것은 보통 세 가지이다. 형이상학의 차원에서는 형상(形相 : idea)이론을, 인식론의 차원에서는 상기(anamnēsis)론을, 심리학의 차원에서는 영혼 삼분설을 제시하는 것을 플라톤 고유의 학설로 간주한다. 사실 플라톤을 학설주의적으로 접근할 때 주제화되는 것들은 바로 이런 학설들을 플라톤이 후기에도 견지하는가 하는 문제로 집중되어 있다.

이 문제와 관련해서 특히 플라톤이 형상 이론을 후기에도 계속해서 주장하는지가 논란의 핵심인데, 이런 견해를 견지한다고 보는 이들을 보통 '단일론자'(unitarian)라고 부르고, 형상 이론을 포기했다고 보는 이들을 '수정주의자'(revisionist)라고 부른다. 또 다른 접근법으로 '발전론(developmentalism)적 접근'이라고 부르는 것이 있는데, 이런 접근은 거슬러 올라가면 이미 19세기에 헤르만이 플라톤의 집필 시기를 초기, 중기, 후기로 구별할 때 함축되어 있는 접근법이다. 사실 어떤 사상가든 평생 동안 그의 사상에 아무런 변화가 없었다고 보는 것은 '인간적인 차원에서' 받아들이기 어려운 해석일 것이다. 핵심 학설은 견지하더라도 문제에 대한 관심사나 문제를 다루는 초점에서는 최소한 변화가 있기 마련이기 때문이다. 이런 점에서 '발전론'이라는 명칭은 상당히 애매성을 지닌 낱말이라고 할 수 있다. 핵심 학설은 견지하면서 다만 부가적인 견해나 초점이 바뀌었다는 접근을 취하는 발전론은 일종의 학설주의, 그 가운데서도 단일론으로 이해될 수 있지만, 핵심 학설 자체가 바뀌었다는 접근을 취하는 발전론은 수정론으로 이해될 수도 있기 때문이다. 그리고 이런 접근법들의 분류로 환원되기 어려운 미묘한 견해들도 제시될 수 있기 때문에 사실상 플라톤에 대한 학자들의 해석 방식은 각양각색이라고 할 수 있다.

그런데 우리가 여기서 플라톤에 대한 여러 접근법들을 다루는 이유는, 그런 논란의 준거점이 되는 텍스트가 바로 『파르메니데스』와 함께 『테아이테토스』이기 때문이다. 더구나 『테아이테토스』에 대한 최근 연구는 고대적인 회의론적 접근이 부활한 것 아닌가 싶을 정도이다. 이들은 『테아이테토스』에서 중기의 견해들이 포기되고 있다는 '수정주의적 접근'을 전제하면서, 『테아이테토스』의 플라톤은 '앎'에 대한 특정한 학설을 추구하기보다 다만 '열린 태도로'(open-minded) 끊임없는 탐구를 하는 면모를 보이고 있다는 해석을 취하는 경향이 있다. 이들은 『테아이테토스』에서 명시적으로 형상 이론이 제시되고 있지 않으며, 더구나 인식론의 탐구를 하면서도 상기론을 주제화하지 않는다는 데 주목하는 경향이 있다.

그러나 『테아이테토스』가 상기론을 전적으로 배제하는 텍스트인지도 논의의 여지가 있는 데다, 이들의 접근은 『테아이테토스』를 고립적으로 놓고 해석한다는 데 문제가 있다. 한 사상가의 생각이 변화 속에서도 일정한 연속성은 가질 수 있다고 본다면, 우리는 플라톤의 텍스트'들'을 이른바 '상호텍스트성'(intertextuality)의 각도에서 접근할 필요가 있을 것이다. 특히 후기 대화편인 『티마이오스』와 『필레보스』는 중기의 견해들을 어떤 방식으로든 견지하고 있다고 전제할 때, 중기와 후기 사이에 놓인 『테아이테토스』를 회의론적으로 읽을 경우 큰 설명의 부담을 안을 수밖에 없다.

그런 까닭에 최근에 이 같은 회의론적 독법과 대립되는 새로운 독법이 제기되기도 한다. 예를 들어 세들리(Sedley)는 『테아이테토스』에 대한 새로운 접근법으로 '산파술적 해석'(maieutic interpretation)을 제시한다(Sedley(2004)). 그에 따르면 『테아이테토스』는 두 수준에서 읽어야 한다. 표면적으로 드러난 '텍스트'(text)의 각도에서 보면 플라톤은 실제 역사에 가까운(semi-historical) 소크라테스를 다시 그리고 있고, 숨어 있는 '심층 텍스트'(subtext)의 각도에서 보면, 플라톤은 특히 산파술적 소크라테스의 면모를 통해 소크라테스가 플라톤 자신 내지 플라톤의 형이상학을 낳을 수 있는 길을 열어젖힌 존재라는 것을 부각한다는 것이다. 이와 연관해서 세들리의 해석에서 중요한 또 다른 점은 그가 『테아이테토스』의 '산파술'까지 두 수준에서 보고 있다는 것이다. 텍스트 내에서 소크라테스의 대화 상대인 테아이테토스는 앎에 이르는 데 실패한다. 그러나 심층 텍스트는 텍스트 외부의 독자를 대상으로 하고 있으며, 그런 독자들로 하여금 『테아이테토스』에서 제시된 난관에 대한 해결책으로 『소피스트』의 형이상학을 예상하도록 유도한다는 것이다. 그렇다면 『테아이테토스』가 난관으로 마무리되는 것은 표층 텍스트의 측면일 뿐이고 심층 텍스트에서는 다른 목소리를 숨기고 있다는 독법도 가능할 수 있다.

어쩌면 우리는 세들리의 접근법을 더 밀고 나가볼 수 있을지도 모른다. 중기의 플라톤이 직관주의자라고 할 때 그의 앎이 궁극적으로는 지적 직관 차원의 것임을 『테아이테토스』에서도 심층적으로 견지하고 있다고 해석해 볼 여지가 없지 않기 때문이다. 그럴 경우 『테아이테토스』는 일종의 방편(方便)일 수도 있다. 달을 직접 보지 못한 사람에게 손가락을 가리켜 달을 보라고 권면하는 것일 수 있다는 말이다. 이런 해석 노선에 설 때 『테아이테토스』는 손가락을 보지 말고 달을 보도록 하기 위한 대화편일 수 있을 것이다. 즉 시선의 방향을 손가락에 집중했을 때 일어나는 한계와 오류를 제시함으로써 손가락이 가리키는 달을 독자들이 볼 수 있도록 권면하는 대화편으로 읽을 수 있다는 말이다.

여기서 이 같은 논란을 소개하는 것은 독자들의 혼란을 가중시키기 위해서가 아니다. 오히려 전문가들 사이의 불일치가 큰 텍스트인 만큼 『테아이테토스』는 독자들이 능동적으로 독해할 만한 여지가 큰 텍스트라 할 만하다. 너무도 다양한 독해의 가능성이 열려 있는 텍스트이기 때문이다. 언제나 그렇듯 플라톤 텍스트에 대해서는 해설서를 참고하는 것보다 원 텍스트를 직접 체험하는 것이 제일 좋은 방도라고 할 수 있다. 이제 아래에 제시할 줄거리와 분석은 텍스트 독해를 위한 예비적인 소개에 지나지 않는다.

* 『테아이테토스』의 난해함 때문에, 그리고 지면의 한계 때문에 아래에 제시된 설명은 상당히 함축적인 방식으로 제시되어 있다. 따라서 텍스트를 먼저 읽고 참고하는 것이 효과적일 것이다.

II. 작품의 줄거리 및 분석

A. 액자 이야기의 도입부(142a~143c)

플라톤의 대화편은 문학적 요소와 철학적 요소가 교묘하게 융

합된 텍스트이다. 이런 까닭에 우리는 『테아이테토스』를 읽을 때 이른바 '문학적-드라마적 해석'(literary-dramatic interpretation) 방식에도 관심을 기울일 필요가 있다. 이미 고대의 프로클로스(Proklos)와 같은 플라톤주의자 역시 플라톤 대화편의 문학적 성격을 의식하고 있기도 했지만, 현대에는 오랫동안 분석철학적 접근이 주도하면서 플라톤 텍스트의 문학적 차원이 무시되었다. 이런 경향이 반전의 계기를 얻게 된 것은 그리 오래 된 일이 아닌데, 칸(Kahn)과 같은 소수를 빼면 문학적 해석을 취하는 이들은 『테아이테토스』를 회의론적 각도에서 접근하는 경향이 있는 것이 사실이다. 그러나 『테아이테토스』의 문학적 장치들을, 철학적 해석과 연관 짓는 것이 정당화될 수 있는 한에서 검토하면 다른 해석이 가능하기도 한 것 같다.

『테아이테토스』는 플라톤의 대화편 중 액자 구조를 취하는 대표적인 대화편이다. 즉 본 이야기를 전하기 위해 예비적인 대화자들이 등장하는 구조를 취하고 있다. 액자 이야기를 주도하는 이는 에우클레이데스인데, 이 사람은 소크라테스 사후 소(小) 소크라테스학파 중 하나인 메가라학파를 창시한 사람이다. 그런데 액자 이야기와 액자 내부 이야기를 비교해 보면 우리는 몇 가지 중요한 측면을 이끌어 낼 수 있을 것 같다.

액자 내부의 이야기는 어떤 점에서든 초기 대화편의 소크라테스 내지 역사적인 소크라테스에 가까운 면모를 그리고 있다는 인상을 준다. 적어도 플라톤은 독자가 그런 인상을 받도록 유도하는 것 같다. 그런데 『파이돈』 59c를 참고할 때 액자 이야기의 등장인물인 에우클레이데스와 테릅시온은 소크라테스가 죽을 때 그 자리에 함께 한 사람들이다. 그런데 플라톤은 『테아이테토스』에서 왜 메가라학파의 인물이 소크라테스의 모습을 전하는 것으로 설정했을까? 액자 이야기를 들여다 보면 아마도 플라톤은 메가라학파를 비판할 의도가 있었던 것 같다. 『테아이테토스』에서 에우클레이데스는 소크라테스가 임종할 때까지 아테네에 자주 들러 소크라테스에게서 대화 내용을 듣고 그것을 기록한 것으로 그려지고 있다. 테릅시온이 그 대화 내용을 전해 달라고 요구하지만, 에우클레이데스는 대화 내용을 암송할 수 없다고 말한다. 그래서 플라톤이 묘사하는 에우클레이데스는 소크라테스의 가르침(?)을 문자에 의존해서 전달할 수밖에 없다. 그래서 적바림(hypomnēmata)을 해 놓는다. 그런데 우리가 플라톤 텍스트를 상호텍스트적으로 독해하면 여기에 중요한 암시가 있다고 해석해볼 수 있다.

『파이드로스』 274b~278e에서는 유명한 '문자 비판'이 제기된다. 그 가운데 '테우트의 신화'를 제시하는 대목의 일부인 275a~b에서는 두 가지 기억 방식을 나누고 있다. 하나는 문자에 의존하는 기억인 '환기'(hypomnēsis)이고 다른 하나는 문자에 의존하지 않는 '상기'(anamnēsis)이다. 『파이드로스』의 소크라테스는 후자의 방식으로 기억하는 사람들만을 진정으로 지혜로운 자들로 간주한다. 이런 구별을 『테아이테토스』에 적용해 보면 흥미로운 해석을 떠올려 볼 수 있다. 『파이드로스』에서 '환기'로 번역한 'hypomnēsis'는 『테아이테토스』에서 '적바림'으로 옮긴 'hypomnēmata'와 동근어이다. 그렇다면 에우클레이데스는 상기의 능력을 가지지 못한 자인 셈이고 따라서 진정으로 지혜로운 자라고 할 수 없게 된다. 에우클레이데스는 문자가 가리키는 진정한 의미를 파악하지 못하고, 문자에 얽매여 있는 존재에 머물 뿐이기 때문이다. 플라톤이 이 같은 장치를 한 의도를 문학적 차원에서 해석해 본다면, 문자는 '방편'에 지나지 않는 것이니까 문자에 집착하지 말고 그 문자가 가리키는 진상을 보라고 하는 데 플라톤의 의도가 있다고 이해해 볼 수 있는 셈이다. 그러나 이런 해석은 문학적 상상력에 의존한 것이지, 철학적 논증에 기초한 것은 아니기에 물론 조심스럽게 접근해야 할 것이다.

그러나 우리가 메가라학파에 대한 아리스토텔레스의 전언(『형이상학』 IX.3장)까지 신뢰한다면, 철학적으로도 흥미로운 결론을 끌어낼 수 있다. 아리스토텔레스에 따르면 메가라학파는 '현실성' 내지 '현실적인 활동'(energeia)만 인정하고 그것과 구별되는 '잠재성' 내지 '능력'(dynamis)을 부정한다. 그런데 이런 견해에 따르면 움직임과 생성을 부정하는 결론에 이른다. 따라서 인식론 맥락의 '배움'은 부정될 수밖에 없다. 배움은 인식론적인 생성이기 때문이다. 이런 점에서 액자 이야기에서 '상기'를 거론하는 것은 철학적으로도 메가라학파와 대비된다고 할 수 있다. 기본적으로 상기론은, 우리가 앎을 선천적으로 타고난다고 보지도 않으며, 그저 후천적으로 획득하게 된다는 경험주의적 시각과도 구별된다. 상기론은 망각되었던 것을 다시 떠올린다는 것을 핵심 테제로 내세우는 학설이기 때문이다. 이때 망각의 상태가 전적인 무지라면 무지에서 앎으로의 이행이 가능한 인식론적 토대는 성립될 수가 없다. 그런 점에서 상기론은 망각의 상태가 마음이 빈 상태가 아니라 일종의 앎으로 전환될 수 있는 잠재성(dynamis)의 상태라고 전제해야 성립될 수 있는 견해이다. 이런 점을 고려할 때, 『테아이테토스』에서 앎이 무엇인지 모르는 상태에서 앎이 무엇인지를 탐구하는 과정은 메가라학파의 견해를 부정할 때만 유의미한 것이 된다. 따라서 플라톤은 액자 이야기의 문학적 장치를 의도적으로 배치했을 수 있다. 또한 액자 내부 이야기에서 테아이테토스가 제곱근의 의미로 'dynamis'를 사용하는 것 또한 플라톤에 의해 의도적으로 설정된 '사례'로 해석해 볼 수도 있다. 물론 어떤 학자들처럼 『테아이테토스』가 추구하는 앎을 일종의 경험적인 앎으로 보게 되면, 이런 문학적 해석은 유지될 수 없을 것이다. 결국 문학적 해석의 타당성 여부도 철학적 이유에서 정당화되어야 유의미해질 수 있다는 것을 독자는 의식할 필요가 있다.

그러나 『테아이테토스』 2부 후반부에서 경험론적 사유 모델인 '밀랍 서판의 모델'이 비판되고 '새장의 모델'이 제시되는데, 새장의 모델은 잠재된 앎과 현실화되어 활용되는 앎의 두 차원을 구별하는 모델이라는 점에서 '잠재성'의 문제를 주제화하고 있다(이후에 해당 항목에서 제시되는 설명 참고). 따라서 논란의 여지는 있지만, 플라톤은 인간의 잠재적 능력(dynamis)를 고려하지 않는 견해는 배움 내지 학습을 제대로 설명할 수 없다고 보는 것 같다. 그리고 '산파의 비유' 대목에서 난관에 빠져 있는 테아이테토스의 상태를 임신해서 '산고'(産苦)를 느끼는 것으로 형용하는 것은 바로 잠재성에 주목하는 입장이 드러난 것으로 이해해 볼 수 있다. 이런 각도에서 보는 것이 정당하다면, 액자 이야기의 문학적 장치를 의미심장한 것으로 해석해 볼 여지가 있다.

B. 액자 내부의 이야기(143d~210d)

0. 예비적 논의와 산파의 비유(143d~151d)
0.1 액자 내부의 도입부 & 앎에 대한 예비적 정의의 시도와 이에 대한 비판(143d~148e)

액자 내부의 이야기는 전형적인 플라톤적인 익살과 함께 시작된다. 테오도로스는 소크라테스와 테아이테토스의 못생긴 면모를 빗대고, 소크라테스는 이런 이야기를 소재로 철학적 주제로 진입한다. 소크라테스는 테아이테토스와 나누는 대화 초반부에서 앎(epistēmē)과 지혜(sophia)를 동일시한 뒤, '앎이 무엇인지' 난관에 봉착해 있음을 고백한다. 『테아이테토스』의 말미가 난관으로 마무리된다는 것은 초기 대화편과 동일하지만, 대화편 시작 부분에서부터 난관을 제기하는 것은 독특한 측면이다. 또한 텍스트에서 처음에 이런 난관에 빠진 자도, 그리고 그런 문제를 제기하는 쪽도 테아이테토스가 아니라 소크라테스라는 것을 독자는 염두에 두어야 한다.

그런데 테아이테토스는 소크라테스가 던지는 물음을 심각하게 받아들이지 못하고, 자신이 테오도로스에게 배우고 있는 수학 분야들뿐만 아니라 제화술과 같은 기술 전반을 앎이라고 내세운다. 그러나 테아이테토스가 제시한 답변은 수많은 사례를 나열한 것이지 앎에 대한 정의(定義)가 되지는 못한다. 이런 지적이 있고 나자, 테아이테토스는, 완벽한 형태의 정의라고 할 수는 없지만, 자연수와 제곱근(dynamis)을 기하학적인 도형에 유비해서 정사각수와 직사각수로 구별하는 규정을 제시한다. 그러나 아쉽게도 테아이테토스는 앎과 관련해서는 그런 정의를 제시할 수 없다고 고백한다.

0.2 산파의 비유(148e~151d)

테아이테토스는 놀랍게도 이미 앎이 무엇인지에 대해 여러 번

고찰했지만, 확신을 할 수 없는 상태라는 것을 강조한다. 그럼에도 그 문제에 대한 관심을 떨쳐 버릴 수 없음을 고백한다. 여기서 그 유명한 '산파의 비유'가 등장한다. 소크라테스는 난관에 빠져 있는 테아이테토스의 상태를 산고(産苦) 탓이라고 하고, 자신이 정신적 산파라는 것을 강조하며 테아이테토스를 독려한다.

이 자리에서 그 비유의 세부적인 측면을 살펴보기는 어렵기에 핵심만 부각하면, 우선 정신적 산파는 육체적 산파처럼 임신을 하지 못하는 자로 그려진다. 그러나 육체적 산파와 달리 정신적 산파는 젊은이의 생각이 모상과 거짓을 출산해 내는지, 아니면 씨알 있는 참된 것을 출산해 내는지를 시험할 수 있는 존재로 그려진다(150c). 또 한 가지 주목할 점은 소크라테스가 자신이 수행할 수 있는 산파의 일을 일종의 기술(technē)로 내세우고 있다는 점이다(149a4, 149a7, 150b6, 150c1, 151b1, 161e5, 184b1, 210b8, 210c4 참고).

적잖은 학자들이 산파의 비유에서 초기 대화편의 소크라테스의 모습을 찾아낸다. 아닌 게 아니라 산파의 비유에서 소크라테스는 자신이 지혜를 낳지 못하는 자임을 강조하고 있다. 그리고 대화 상대의 생각을 시험하는 것(basanizein) 또한 초기 대화편에서 제시되는 소크라테스의 모습과 일치되는 면모이다. 그러나 소크라테스가 산파술(maieutikē)을 기술로 가지고 있다는 언급은 『테아이테토스』에서만 유일하게 등장한다(Burnyeat(1977b) 참고).

이런 면모는 초기 대화편의 소크라테스와 차이가 있다는 점에서 '산파의 비유'를 초기 대화편의 소크라테스와 곧장 연결 짓는 것이 정당한지는 지금까지도 심각한 논란거리가 되고 있다.

우리는 자신의 무지를 고백하는 모습에서 초기 대화편의 소크라테스를 쉽게 연상할 수 있지만, 『테아이테토스』를 읽을 때 그런 선입견을 곧이곧대로 적용하면 텍스트의 많은 부분을 놓치게 될 위험도 있다. 왜냐하면 1부에서 테아이테토스의 첫 번째 정의를 프로타고라스의 인간척도설과 연관 짓는 것은 소크라테스이고, 다시 인간척도설을 헤라클레이토스적 지각설과 연관 짓고 그 내용을 구성해서 제시하는 것도 소크라테스이며, 나중에 프로타고라스를 예비적으로 비판한 뒤 다시 그를 변호하는 논변을 구성해 보는 것도 소크라테스이다. 더구나 1부 말미에서 '감각'으로서의 'aisthēsis'를 새로운 차원에서 설명하는 그림을 그리는 자도 소크라테스이다. 뿐만 아니라 2부에서 거짓인 판단의 가능성을 해명할 수 있는 모델로 '밀랍 서판의 비유'와 '새장의 비유'를 구성해 보는 것도 소크라테스이며, 3부에서 세 번째 정의가 제시될 때 일차적으로는 테아이테토스의 꿈과 연관되지만 정작 논의되는 꿈속 이야기는 소크라테스의 꿈이다. 이런 점에서 『테아이테토스』에서 제시되는 산파로서의 소크라테스는 상당히 적극적인 역할을 한다. 초기 대화편과 달리 『테아이테토스』의 소크라테스가 수행하는 시험 내지 검토의 과정은 그저 파괴적인 형태의 비판에 머물지 않고, 테아이테토스의 생각이 함축할 수 있는 여러 가능성을 직접 개입해서 구성하는 시도를 포함하기 때문이다. 다시 말해 소크라테스의 적극적인 구성적 참여가 없다면 『테아이테토스』의 논의는 진행될 수가 없다.

그렇다면 무지를 공언하는 소크라테스의 면모는 어떻게 볼 것인가? 이와 관련해서 학자들의 견해는 크게 둘로 나뉜다. 하나는 그것을 액면 그대로 받아들이는 노선이다. 그래서 『테아이테토스』는 구성적인 최종적 답변을 얻지 못하고 열린 상태로 마무리되고 만다는 것이다. 이런 노선은 회의론적 해석의 노선과 만나게 된다. 그러나 이런 노선에서는 앞에서 설명한 산파의 적극적 역할을 설명하기가 무척 힘들게 된다. 또 다른 입장은 무지 공언을 일종의 아이러니로 보는 노선이다. 이런 노선에 설 때 소크라테스는 사실은 무지한 자가 아닌 것으로 간주된다. 그러나 이런 시각은 무지를 공언하는 소크라테스의 면모가 어떤 철학적 의미를 가지는지 구성적인 설명을 하기가 쉽지 않다는 문제를 안고 있다.

지금 제시한 문제는 보통 초기 대화편의 소크라테스를 해석하는 맥락에서 많이 논란이 되는 주제인데, 사실 『테아이테토스』의 '산파의 비유'야말로 이 주제의 근원적인 논란의 원천이 될 수 있다. 왜냐하면 『테아이테토스』의 주제가 '앎'이라고 할 때 앎이 없는 자(산파)가 어떻게 상대방이 앎에 대해 참인 생각을 지녔는지를 판별할 수 있는 것인지 역설적인 문제에 봉착할 수밖에 없기 때문이다. 다시 말해 무지 공언을 액면 그대로 받아들이면 소크라테스가 산파의 역할을 어떻게 수행할 수 있는지 이해하기 어려워진다는 말이다. 무지를 공언하는 소크라테스와 자신이 산파술이라는 기술을 지니고 있다는 소크라테스를 어떻게 일관되게 이해할 수 있는지가 근원적으로 문제가 되는 것이다. 우리는 이런 문제의 심각성을 고려해서 『메논』의 '배우는 자의 역설'(learner's paradox)에 빗대어 『테아이테토스』에서 '산파의 역설'(paradox of midwife)로 부를 만한 어려운 문제가 제기된다는 것을 주목할 필요가 있다.

그런데 최근에는 이런 견해들과 달리 제3의 노선을 제시하는 학자가 있기도 있다. 세들리는 플라톤이 산파의 비유를 통해 자신의 스승이 바로 자신의 사상인 플라톤주의를 낳은 산파 역할을 했음을 시사하고자 했다는 것이다. 이런 노선은 산파의 비유를 소크라테스와 플라톤의 관계에서 조명해 볼 수 있는 시각을 제시했다는 점에서 의미가 있다. 그러나 위에서 제시한 역설적인 문제를 어떻게 볼 것인지는 또 다른 문제이다.

1. 앎에 대한 첫 번째 정의에 대한 논의(151d~186e)

1.1. 테아이테토스의 첫 번째 정의와 프로타고라스의 인간척도설의 도입(151d~152c)

소크라테스가 자신을 산파에 빗대면서 테아이테토스를 북돋는 말을 하자 테아이테토스는 드디어 자기 자신의 생각을 내놓는다. "앎은 지각이다."라는 정의가 그것이다. 그러나 이런 시도는 아무런 배경도 없이 제시되기 때문에 테아이테토스가 무슨 생각으로 그런 정의를 제시하는지는 알 길이 없다. 이런 점에서 첫 번째 정의의 의미와 성격은 불확정적인 채 제시되며, 이것이 첫 번째 정의에 대한 해석의 가능성을 열어 놓게 된다. 아닌 게 아니라 '지각'으로 옮긴 그리스어 'aisthēsis'는 감각에서부터 고차원적인 깨달음을 뜻할 수 있을 정도로 아주 넓게 사용되는 낱말이다. 그렇기 때문에 "앎은 지각이다."라는 정의가 느슨한 차원에서 가능한 것으로 시도된다고 할 수 있다. 그런데 소크라테스는 별 설명도 없이 테아이테토스의 첫 번째 정의를 다음과 같은 프로타고라스의 인간척도설과 연관 짓는다. "인간은 만물의 척도이다. 있는 것들에 대해서는 있다고, 있지 않은 것들에 대해서는 있지 않다고 하는 척도이다."(152a)

　프로타고라스의 이 언명은 아무런 맥락이 전해지지 않기 때문에 여러 해석의 가능성이 열려 있다. 그렇지만 인간척도설이 적어도 인간이 대상('있는 것들'과 '있지 않은 것들')을 제대로 측정할 수 있는 척도라고 표명한다는 것만은 분명하다. 그러나 이를 어떻게 해석할지는 여전히 불명확하다. 텍스트에서 소크라테스는 그것을 다음과 같이 풀어서 제시한다. "각각의 것들은 내게 나타나는 그대로 내게 있고, 그런가 하면 자네에게는 자네에게 나타나는 그대로 있다."(152a) 이 같은 설명은 몇 가지 특징을 보여 주는데, 우선 '내게'나 '자네에게'와 같이 상대화하는 한정사를 통해 규정된다는 것이다. 그리고 이어지는 논의에서 이때의 '나타남'(phantasia)이 '지각'(aisthēsis)과 동일시되기 때문에 적잖은 학자들은 소크라테스의 설명을 통해 인간척도설을 '지각 상대주의'라고 해석한다. '나타난다'를 뜻하는 그리스어 'phainesthai'는 늘 '나에게'나 '자네에게'와 같은 여격(dative)의 상대화하는 한정어와 함께 사용되기 때문이다. 이런 측면에서 우리는 소크라테스가 테아이테토스의 첫 번째 정의를 감각적 지각의 원근법(perspective)적인 성격에 호소해서 인간척도설과 연관 짓고 있다고 이해해 볼 수 있을 것이다.

그러나 인간척도설을 단순히 지각 상대주의라고만 이해하는 것은, 애초에 테아이테토스의 첫 번째 정의가 '앎'에 대한 정의이고, 그런 앎의 성격이 프로타고라스의 '척도'(metron)라는 말을 통해 상징화되고 있음을 전혀 드러내지 못한다. 이를테면 위의 언명은 '차가움'이나 '뜨거움'과 같은 성질이 주관에 상대적이라는 입장을 표명하는 데 머물고 있는 것이 아니다. 왜냐하면 '있음'이나 '~임'을 뜻하는 'einai' 또한 상대화되고 있기 때문이다. 또한 소크라테스의 설명에서 '그대로'라는 표현을 통해 시사되듯, 상대적인 나타남이 상대적인 있음에 상응하거나 일치된다는 것을 동시에 표명하고 있다. 소크라테스는 이런 측면을 "지각은 언제나, 있는 것에 대한 것이며, 앎인 한에서 틀리지 않는 것이다."(152c)라는 결론적 언급을 통해 제시한다. 아마도 이런 언명을 통해 우리는 소크라테스에 의해 해석된 인간척도설은 무오류주의(infallibilism)를 동시에 표명하는 견해로 제시되고 있다고 볼 수 있을 듯싶다. 최근에 학자들이 벌이는 논란은 인간척도설을 상대주의로 볼 것인지 아니면 무오류주의로 볼 것인가 하는 문제로 수렴되는 경향이 있지만, 『테아이테토스』에서 묘사되는 인간척도설은 그 어느 쪽도 배제할 수 없는 그림인 것 같다. 그렇다면 우리는 인간척도설을 '상대주의적 무오류주의'를 표방하는 학설의 형태로 이해해 볼 수 있을 것이다.

1.2. 헤라클레이토스적 만물유전설의 도입(152c~160e)

이제 우리는 『테아이테토스』에서 가장 악명 높은 문젯거리 가운데 하나와 만나게 된다. 소크라테스는 프로타고라스가 제자들에게 비밀리에 전한 진리가 있다고 운을 떼면서 헤라클레이토스적 학설을 제시한다. 적어도 인간척도설은 첫 번째 정의를 인식론적으로 해명하는 학설이라면, 헤라클레이토스적 학설은 형이상학적 학설이다. 이 학설은 '그 자체가 그것 자체로 하나인 건 아무것도 없으며, 모든 것은 언제나 생성 중에 있다'는 극단적인 흐름 이론(theory of flux)의 형태를 띤다. 우리는 위의 언급에서 자체성을 거부하는 것을 상대주와 연관 지어 이해해 볼 수 있을 것이다. 그러나 그것이 왜 극단적인 생성의 학설로 귀결되어야 하는가?

소크라테스는 위와 같은 기본적인 소개를 전제한 뒤, 헤라클레이토스적 흐름 이론이 적용된 아주 이상한 지각 이론을 제시한다. 헤라클레이토스적 지각 이론과 관련해서는 해석이 분분하지만, 이 학설의 가장 기본적인 전제는 흰색과 같은 감각 성질을 주관이나 대상 어느 한쪽에 고정시키지 않고 주관과 대상의 상응하는 충돌에 의해 설명한다는 것이다. 언뜻 보더라도 인간척도설에 의해 각색된 첫 번째 정의가 왜 헤라클레이토스적 지각 이론과 연관되어야 하는지 알기가 쉽지 않다.

그런데 텍스트에서는 또 다른 사례를 제시하면서 헤라클레이토스적 지각설을 그럴듯한 것으로 묘사하기 시작한다. 예를 들어 여섯 개의 주사위를 네 개의 주사위와 비교할 때와 열두 개의 주사위와 비교할 때, 두 경우에 여섯 개의 주사위의 크기가 달라지는 사례를 통해 왜 헤라클레이토스적 지각설로 귀결되어야 하는가를 설명하는 시도를 한다. 여섯 개의 주사위가 비교 상대에 따라 크기가 달라지는 것을 현대의 우리는 관계 논리에 의해 설명할 것이다. 이런 각도에서 접근할 경우 여섯 개의 주사위는 그것이 맺는 관계에 따라 상대화되지 않는 객관적인 양을 가진다. 그렇지만 이 같은 객관성을 용인하는 그림은 인간척도설의 상대주의와는 어울리지 않는다. 그래서 소크라테스는 상대주의와 어울리는 그림으로, 여섯 개의 주사위가 그 자체로 고정된 크기를 갖지 않고 끊임없이 자체 변화한다는 극단적인 지각설의 형태로 각색한다. 그러나 인간척도설과 어울리는 그림이 왜 이렇게 극단적인 지각설의 형태로 귀결되어야 하는지는 아직도 오리무중이다.

애초에 소크라테스는 인간척도설을 소개할 때 감각 성질이 주관에 따라 상대화되는 사례를 제시한다. 이런 경우 우리는 '차갑다'나 '뜨겁다'처럼 상충되는 감각 성질이 나타나도 그것을 주관에 따라 상대화함으로써 상충의 문제를 해소할 수 있다. 이때 상충의 문제가 해소되어야 하는 이유는 인간척도설이 모든 인간이 척도라고 주장하는 학설이기 때문이다. 그런데 앞에서 소개한 주사위의 사례에서 '작다'나 '크다'와 같은 속성이 상충될 때 문제가 되는 것은 대상이 가지고 있는 속성의 상충이다. 소크라테스는 이 문제를 해소하는 그림으로 헤라클레이토스적 지각설을 제시하는 것 같다. 그렇다면 인간척도설이 헤라클레이토스적 지각설과 연관되어야 할 이유는 정확히 무엇인가?

앞에서 제시했듯이, 인간척도설은 단순히 감각 성질을 주관에 따라 상대화하기만 하는 주관주의적 학설이 아니다. 인간척도설은 주관이 지각하는 성질과 대상이 가지는 성질이 상응하거나 일치된다는 것을 동시에 표명하고 있기 때문이다. 따라서 지각된 어떤 성질들이 상충될 경우 주관과 연관해서 상대화하는 전략만으로는 성공적인 그림을 그릴 수 없다. 대상이 가지는 성질들도 상대화되어야만 인간척도설과 일치되는 학설이 될 수 있기 때문이다. 그리고 인간척도설이 주관이 지각하는 성질과 대상이 가지는 성질(속성)을 상응하는 것으로 제시하는 한에서, 지각 상황을 넘어서는 주관이나 대상을 상정하기도 어려워진다. 그런 주관과 대상은 주관과 대상 간의 상대적 관계를 넘어선다는 점에서 여전히 객관적 측면을 가질 수 있기 때문이다. 이런 객관성을 거부하는 그림을 그려야 인간척도설에 따른 지각 이론은 일관성을 가질 수 있을 것이다. 헤라클레이토스적 지각 이론은 주관과 대상 간의 상대적 관계를 넘어서는 객관성의 문제를 주관이나 대상의 자체성을 해체시키는 흐름 이론으로 나가는 그림을 통해 해소하려는 것 같다.

이런 그림에 따라 이제 헤라클레이토스적 지각설은 좀 더 세련되면서도 극단적인 형태를 띠게 된다. "모든 것은 움직임이며 이것 말고는 다른 어떤 것도 없으며, 움직임에는 두 종류가 있는데, 각기 수적으로 무한한 것으로, 하나는 작용을 가할 힘을 지닌 것이고 다른 하나는 작용을 받을 힘을 지닌 것이라는 게지. 그런데 이 둘 서로 간의 교섭과 마찰로부터 그 소산들이 생겨나며, 그것들은 수적으로 무한하되 쌍을 이루는 것들로, 하나는 지각되는 것이고 다른 하나는 지각인데, 후자는 항상 지각되는 것과 함께 떨어져 나와 그것과 더불어 태어나네."(156a~b) 앞에서 시사했듯이, 이런 형태의 학설에서는 지각 상황에 따라 주관뿐만 아니라 대상까지도 해체되고 만다. 지각 상황을 넘어서는 주관의 객관성과 대상의 객관성을 남겨 놓는 한, 또다시 상충의 문제에 부딪히고, 그렇게 되면 인간척도설의 무오류주의는 무너지게 되기 때문이다. 결국 인간척도설이 극단적인 흐름 이론과 연관되는 이유는, 측정하는 주관이 측정되는 대상의 척도이려면 지각 상황을 넘어서는 객관성을 완전히 부정하고 주관과 대상을 지각 상황마다 해체시켜야 하기 때문이다.

이런 학설에서 지각 상황은 이렇게 설명된다. 주관으로서의 '눈'과 대상으로서의 '돌'은 그 자체로 있는 것이 아니라 잠재적 움직임으로 제시되는 것 같다. 헤라클레이토스적 흐름 이론은 자체성을 해체해서 모든 것을 변화 내지 움직임으로 설명하고 있기 때문이다. 이를 텍스트는 다음과 같이 표현하고 있다. "작용을 가하는 것이 작용을 받는 것과 마주치기 전에 어떤 것으로 있는 것도 아니고, 작용을 받는 것이 작용을 가하는 것과 마주치기 전에 어떤 것으로 있는 것도 아니니까."(157a) 이때 작용을 가하는 것은 돌에 해당되고, 작용을 받는 것은 눈에 해당된다. 텍스트는 눈과 돌의 마주침의 소산으로 봄과 힘이 생겨난다고 하지만, 위의 157a의 언급을 고려할 때 눈도 돌도 봄과 힘이라는 소산과 독립적으로 규정될 수 있는 것은 아니다. 따라서 눈과 돌이라는 (부모) 운동과 봄과 힘이라는 (자식) 운동의 구별은 발생론적 설명을 연상케 하지만, 이때의 발생은 어떤 점에서는 현실적인 것이 아니라 잠재적인 것으로 머물고 만다. (사실 여기에 헤라클레이토스적 지각설의 이상함이 있는데, 이 문제는 독자의 몫으로 남겨두도록 하겠다.)

어쨌든 텍스트의 설명에 따를 때, 헤라클레이토스적 지각 이론은 주관과 대상을 각기 지각 상황마다 해체할 뿐만 아니라 지각 상황의 특정 주관과 특정 대상을 필연적으로 묶어 준다. 따라서 다른 지각 상황에 대해서는 개입할 수도 없기에 이의가 제기될 수도 없으며 매 순간 지각된 성질은 교정 불가능한(incorrigible) 것이 된다. 그리고 이로써 헤라클레이토스적 지각설이 어떻게 해서 인간척도설의 '척도'를 뒷받침하는 형이상학인가를 알 수 있게 된다.

1.3. 프로타고라스를 곱씹어 보기(예비적 비판 & 소크라테스의 변호 논변)(160e~168c)

이렇게 인간척도설을 헤라클레이토스적 흐름 이론과 연관 지은 뒤, 소크라테스는 드디어 프로타고라스에 대한 비판을 가하기 시작한다. 그러나 프로타고라스에 대한 비판은 단번에 이루어지지 않는다. 일차적인 예비적 비판이 시도되고, 소크라테스는 이런 비판에 대한 반론의 여지가 있음을 고려해서 오히려 프로타고라스를 변호하는 논변을 구성해 본다. 그런 다음 프로타고라스에 대한 실질적 비판이 두 가지 차원에서 이루어진다. 우선 예비적 비판을 살펴보면, 크게 일곱 부분으로 제시된다.

① 첫 번째 비판(160e2~161d2)은 신랄하고 직설적이며 풍자적이다. 소크라테스는 만물의 척도를 돼지나 비비라고 하지 않은 것이 놀랍다고 비아냥거린다. 이런 비판은 '지각'으로 옮긴 'aisthēsis'를 감각의 의미로 놓고 하는 비판이 되겠다. 감각의 차원에서는 인간만 만물의 척도라고 할 수는 없다는 것이 비판의 요지이다.

② 두 번째 비판(161d3~162a2)은 인간척도설이 맞는다면 누구나 각자 자신의 판단에 대해 권위자가 될 것이기 때문에 프로타고라스가 더 지혜롭다는 말을 할 수 없음을 비판한다. 이는 역사적인 프로타고라스가 가르침을 행한 행태를 두고 그의 비일관성을 지적하는 대목이 되겠다. 다시 말해 지혜와 무지를 구별하는 것과 인간척도설은 양립할 수 없다는 것이다.

③ 세 번째 비판(162a4~162d2)은 인간이 신들보다 지혜에서 전혀 모자람이 없는 존재로 드러나는 것의 문제점을 지적한다. 이 비판을 첫 번째 비판과 연관 지으면, 소크라테스는 인간척도설이 신적 차원, 인간적 차원, 동물적 차원을 구별하지 못하는 한계에 노출된다는 것을 지적하고 있는 셈이다.

④ 네 번째 비판(163a7~c5)은 언어 및 문자에 대한 감각과 그

것에 대한 이해를 구별하지 못하는 문제를 제기한다.

⑤ 다섯 번째 비판(163c5~165a3)은 감각과 기억의 차이가 제거되는 문제를 지적한다.

⑥ 여섯 번째 비판(165a4~165d2)은 한쪽 눈이 가려진 사람이 대상을 보는 것인지, 못 보는 것인지의 문제를 제기한다. 이 문제는 나중에 시각을 시각의 수단으로서의 눈과 구별하는 1부 말미의 논의에 대한 복선이라고 해석할 여지가 있다.

⑦ 일곱 번째 비판(165d2~e4)은 '또렷하게'나 '어렴풋하게' 또는 '세게'나 '약하게' 등 지각과 관련된 부사(副詞)를 제시함으로써 앎에도 그런 부사를 적용할 수 있는지를 문제 제기한다.

그런데 소크라테스는 이런 예비적인 비판에 대해 프로타고라스의 응수가 가능하다고 생각한다. 그래서 소크라테스 자신이 나서서 프로타고라스를 변호할 수 있는 논변들을 구성해 본다. 이 변호 논변에서 가장 핵심적인 것은 두 가지 논점 정도로 정리할 수 있을 듯하다. 하나는 프로타고라스 쪽에서 기억조차 부정하고 주관을 더 극단적으로 해체하는 노선을 제시할 수 있다는 것이다. 이는 인간척도설이 정당화될 수 있는 유일한 길이 헤라클레이토스적 흐름 이론으로 나아가는 길임을 다시 보여 준다. 여기서는 지각들이 각자에게 고유한 것이며 지각 상황을 넘는 주관의 동일성조차 부정된다.

변호 논변의 또 다른 논점에 대해서는 여러 차원에서 논란이 아주 많다. (소크라테스가 변호하는) 프로타고라스는 인간척도설을 견지하는 동시에 지혜로운 자가 있을 수 있다는 논리를 편다. 어떻게 그것이 가능한가? 변호 논변은, 지혜로운 자를 '어떤 자에게 나쁜 것들인 것을 변환시켜서 좋은 것들 내지 이로운 것들로 만들어 줄 수 있는 사람'으로 제시한다. 이와 연관해서 제시되는 술어들은 '나쁨과 좋음', '불의와 정의', '추함과 아름다움'과 같은 가치 술어들이다. 학자들 사이에서는 여러 논란이 있지만, 변호 논변은 '진리의 맥락'과 '유용성의 맥락'을 구별함으로써 프로타고라스의 일관성을 구해 내려는 것 같다. 다시 말해 진리의 맥락에서는 누구나 척도이지만, 유용성의 맥락에서는 더 이로운 것을 야기할 수 있는 자를 지혜로운 자로 제시할 수 있다는 것이다. 아마도 여기에는 사실과 가치를 날카롭게 구별하는 관점이 전제되어 있는 것 같다. 그렇다면 이런 논변에는 숨어 있는 귀결점이 있다. 애초에 소크라테스는 앎(epistēmē)과 지혜(sophia)를 동일시하면서 '앎이란 무엇인가?'라는 문제를 다루기 시작했다(145e). 그러나 이곳의 프로타고라스에 따르면 '진리와 연관되는 앎'은 '가치와 연관되는 지혜'와는 다른 것으로 구별된다. 이런 차이가 아마도 플라톤과 프로타고라스 사이에 놓이는 긴장 관계일지도 모른다.

1.4. 프로타고라스에 대한 첫 번째 실질적 비판(168c~171d)

앞의 논의들을 통해 시사되듯, 『테아이테토스』에서 프로타고라스는 한 가지 층위로만 그려지지 않는다. 애초에 테아이테토스의 첫 번째 정의가 "앎은 지각이다."라고 할 때, 지각은 감각에서부터 시작해서 그보다 고차원적인 인지까지 포괄하는 의미로 사용된다. 이에 따라 인간척도설이 감각 상대주의로 그려지기도 하지만 판단(doxa)의 상대주의로, (현대식의 용어를 쓰면) '믿음 상대주의'로 그려지기도 한다. 우리가 앞의 비판에서 보았듯이, 인간척도설을 감각적 차원에서 접근할 때의 비판은 이미 예비적인 형태로 제시되었다고 할 수 있다. 이제 소크라테스는 믿음 상대주의로서 인간척도설이 가지는 문제를 비판하기 시작한다.

학자들은 여기서 플라톤이 의도하는 비판의 성격을 프로타고라스에 대한 '자기 논박 논변'(peritropē)으로 이해하곤 한다. 그런데 이때의 자기 논박 논변이 성공적인지에 대해서는 오랫동안 아주 많은 논란이 있었고, 그 논란은 지금도 진행중이다. 논변의 핵심적인 부분만 축약적으로 제시하면 다음과 같다.

(1) 만일 프로타고라스도 대다수의 사람들도 인간이 척도가 아니라고 생각한다면, 인간척도설은 어느 누구에게도 그렇지가 않게 된다.

(2) 만일 프로타고라스 자신은 인간이 척도라고 생각하지만 다

수의 사람들은 그렇게 생각하지 않는다면,

① 프로타고라스 자신의 생각(즉, 인간척도설)과 관련해서, 그와 반대되는 판단을 하는 자들은 그가 거짓인 생각을 한다고 믿는다는 점에서, 그들의 생각이 참이라는 것을 프로타고라스는 동조할 것이다.

② 왜냐하면 모든 사람들이 있는 것들을 판단한다는 데 프로타고라스가 동의하기 때문이다.

③ 프로타고라스가 거짓인 생각을 하는 것이라고 여기는 사람들의 생각이 참이라는 데 프로타고라스가 동의한다면, 그는 자신의 생각이 거짓이라는 데 동조하는 것이다.

④ 하지만 다른 사람들은 자신들이 거짓인 생각을 한다는 데 동조하지 않는다.

⑤ 프로타고라스는 인간척도설에 따라 다른 사람들의 이런 판단이 참이라는 데 동의한다.

⑥ 따라서 프로타고라스를 비롯한 모든 사람들에 의해 인간척도설에 대한 이의가 제기될 것이다.

⑦ 모든 사람들에 의해 이의가 제기되는 만큼 인간척도설은 어느 누구에게도 참이 아닐 것이다.

위에서 쉽게 짐작할 수 있듯이, 논변은 인간척도설을 프로타고라스 자신에게 '자체 적용'(self-application)하여 비판하고 있다. 그런데 대부분의 학자들은 위의 논변의 (2)의 ②에서 상대화하는 한정사가 누락되어 있기 때문에 원래의 인간척도설에 대한 적절한 비판이 되지 못한다고 본다. 즉 자기 논박 논변이 실패한다고 보고 있다. 그러나 상대화하는 한정사를 탈락시키는 것은 플라톤의 의도일 수도 있다. 인간척도설은 모든 개별적인 인간이 척도라고 주장한다. 이에 따라 모든 지각 내지 모든 판단은 그런 지각 내지 판단을 하는 자에게 참이라고 주장한다. 그런데 인간척도설은 그런 지각 내지 판단이 개별적인 있음에 상응한다는 점에서 참이라고 주장한다. 그런데 개별적인 판단은 극단적으로 상대화된다는 점에서 사적(私的)이지만, 그 판단이 참이 되는 까닭은 상대적이지도 사적이지도 않다. 그렇다면 인간척도설이 설명하려는 피설명항으로서의 지각 내지 판단은 상대화되지만, 설명항으로서의 인간척도설은 상대화되는 학설이 결코 아니라고 할 수 있다. 인간척도설은 모든 판단들에 대한 메타(meta)적인 학설이기 때문에 모든 인간이 척도라는 주장 자체에서는 어떤 한정사도 부과되지 않는다고 볼 수 있다는 말이다. 결국 프로타고라스는 인간척도설을 무조건적으로(simpliciter) 주장하고 있는 셈이다. 이런 점에서 기존 학자들의 비판은 플라톤의 논변이 가지는 성격을 오해하고 있는 것일지도 모른다.

자기 논박 논변에서 주목할 만한 결정적인 측면이 또 하나 있다. (2)를 보면 프로타고라스는 인간척도설을 거짓이라고 생각하는 다수의 사람들의 생각에 동의하지만, 다수의 사람들은 이의를 제기한다. 이런 점에서 자기 논박 논변은 대화를 통해 진행되는 논변이지 논리적인 자기 논박 논변이 아니다(Burnyeat(1976b) 참고). 그렇다면 프로타고라스는 인간척도설을 거짓이라고 생각하는 다른 사람들의 생각에 왜 동의해야 하는가? 앞에서 이야기했듯이 인간척도설은 모든 상대적인 판단들을 메타적 관점에서 접근하기 때문이다. 만일 프로타고라스가 인간척도설이 자신에게만 상대적으로 참이라고 주장하고 있다면, 그가 다른 모든 사람들의 생각에 대해 동의할 이유가 없으며, 그런 주장은 철학적으로 도전적인 학설이 될 수 없을 것이다. 이런 점에서 플라톤은 프로타고라스를 대화의 장으로 끌어들여 프로타고라스에 대한 대화적인 자기 논박 논변을 현란하게 보여 준다고 할 수 있다. (텍스트에서는 동의를 거부하는 프로타고라스의 길도 고려하고 있는데, 이 문제는 독자의 상상의 나래에 맡기도록 하겠다.)

1.5. 정의(正義)의 문제와 관련해서 변형된 프로타고라스주의 & 여담 (171e~177b)

지금까지의 논의와 달리 이어지는 대화에서 소크라테스는 긴 여담(餘談)을 제시한다. 많은 학자들은 이 여담이 텍스트의 맥락에서 완전히 벗어난 것이며 논점을 잃은 이야기라고 생각한다. 그런데 여담이 첫 번째 정의와 직접 연관되는 것이 아니라는 점에서 벗어난 이야기인 것은 분명하지만, 여담이 아무런 논의의 전제도 없이 툭하고 제시되는 것은 아닌 것 같다.

소크라테스는 172a 대목에서 프로타고라스를 정치적인 문제와 연관 짓는다. 즉, 인간척도설을 정의나 불의와 같은 정치적 술어에 적용해서 제시해 본다. 그리고 172b에서는, 프로타고라스를 곧이곧대로 내세우는 것은 아니지만 얼추 비슷한 견해를 제시하는 사람들을 거론한다. 플라톤은 왜 이런 언급을 하는 것일까? 아마도 여기에는 정치(학)적인 복선이 놓여 있는 것 같다. 당대는 민주정의 시대이다. 플라톤은 아마도 당대의 현실 정치에서 프로타고라스와 비슷한 논리가 전개된 것으로 본 것이 아닐까? 만일 이런 이해가 말이 된다면, 그다음 이어지는 논의에서 소크라테스가 왜 현실의 법정과 변론가를 반영한 이야기를 제시하는지를 이해할 수 있게 된다. '플라톤'은 당대 현실의 정치를 비판하려는 의도를 가지고 있는 것이다.

그러나 여담의 내용은 그 자체로 여러 차원의 혼란을 야기하는 문제를 안고 있다. 여담은 두 유형의 사람을 대비한다. 법정 변론가와 철학자. 텍스트에 사용되는 그리스어의 뉘앙스를 고려하면 플라톤은 때로는 희극적이라는 인상을 줄 정도로 법정 변론가 내지 연설가를 비판적으로 그리고 있다. 그러고 나서 철학자의 모습을 대비한다. 이런 대비 때문에 어떤 학자들은 여담에서 제시되는 철학자의 모습을 플라톤의 이상적인 철학자로 간주한다. 게다가 그런 관점을 기반으로 해서 어떤 이들은, 플라톤이 자신이 이상적으로 그리는 철학자와 소크라테스를 대비하면서 소크라테스를 비판하고 있다고 보기도 한다(Sedley(2004) 참고). 그러나 여담에서 제시되는 철학자의 모습은 아주 이상한 측면도 포함하고 있다.

여담에서 제시된 철학자의 모습은 희극 작가 아리스토파네스(Aristophanēs)의 『구름(*Nephelai*)』에 묘사된 '소크라테스'의 이미지와 놀랍도록 동일하다. 아리스토파네스의 소크라테스가 희극적으로 그려지듯, 여담의 철학자는 아주 여러 차례 웃음거리가 된다(172c6, 174a6, a8, c3, d1, d2, 175b3, b5). (여담에서는 웃음거리가 되는 탈레스를 사례로 들고 있기도 하다.) 또한 현실에 대해 무지하고 천상과 지하를 탐색하는 모습은 역시 『구름』의 소크라테스와 일치된다. 더구나 이 대목에서 제시되는 철학자에 대한 묘사를 플라톤의 이상적인 철학자와 합치한다고 볼 수 없는 결정적인 이유가 있다. '플라톤'은 이 대목에서 철학자를 구체적인 현실을 잘 알지 못하는 모습으로만 그리지 않고, 그런 무지를 깨닫지도 못하는 자로 묘사하고 있다. 여담을 어떻게 해석하든, 그때의 철학자가 무지의 무지 상태에 빠져 있다는 것을 부인할 수는 없다.

플라톤이 자신이 생각하는 이상적인 철학자를 묘사하면서 자기 인식이 결여된 자로 그리고 있다고 보는 것은 아주 이상한 그림이다. 이런 점에서 우리는 여담의 철학자에 대해 일정한 거리 두기를 할 필요가 있다. 그래서 어떤 학자들은, 여담에서 그려지는 철학자를 비판적으로 묘사하면서 역사적인 소크라테스와 대비하려는 것이 플라톤 자신의 논점이라고 보기도 한다. 즉, 플라톤이 여담의 철학자를 부정적으로 묘사하는 것은 소크라테스를 긍정적으로 부각하려는 의도를 가졌기 때문이라는 것이다. 이런 해석에 따르면 여담은 또 다른 '소크라테스의 변론'이라고 볼 여지가 있다. 아닌 게 아니라 여담의 철학자는 아고라로 가는 길도 모를 정도로 현실을 도외시하는 모습으로 그려지지만, 역사적인 소크라테스는 그런 모습과는 상반되는 행적을 남기고 있다. 이런 점에서 여담의 철학자를 소크라테스와 동일시할 수 없다는 것은 확실할 것 같다.

그러나 그렇다고 해서 여담의 모든 이야기가 부정적인 묘사로만 가득 차 있다고 보기도 힘들다. 거의 모든 주석가들은 176a5~177a9의 논조를 여담의 이전 이야기와 같은 맥락에서 이해하지만, 그 대목에서는 중기의 플라톤과 일치되는 이야기가 소개되고 있다. 그 대목의 논지는 행복한 삶과 불행한 삶을 대비하는 데 있다. '플라톤'은 "가능한 한 신에 동화됨"(homoiōsis tō(i) theō(i) kata to dynaton)이 행복한 삶을 가능하게 한다고 설명한다. 또 다른 논지는 '슬기'(phronēsis)를 능수능란함(deinotēs)과 대비하면서 정의와 경건을 강조하는 데 있다. 이 이야기는 여담의 출발점의 주제로 다시 돌아온 것이다. 플라톤은, 행복한 삶은 신에 동화될 때 가능하다는 형이상학적 이야기를 하고서 그것을 다시 정치의 문제와 삶의 도덕적 문제와 연관 지으면서 마무리한다. 그렇다면 여담 후반부의 이야기는 플라톤의 이상적인 삶에 합치된다고 볼 여지도 있다.

정리하면 여담은 일차적으로는 현실에 대한 문외한으로서의 철학자를 비판하는 것으로 독해할 수 있을지도 모른다. 그렇다고 소크라테스에 대한 또 다른 변론으로만 읽기에는 부담이 된다. 중기의 플라톤에 합치되는 형이상학적 이야기가 제시되고 있기도 하기 때문이다. 만일 『테아이테토스』를 상호 텍스트적으로 독해하는 것이 용인된다면, 여담의 전반부의 철학자는 『국가』 7권에서 좋음의 형상을 보고 현실에 익숙해지지 않아 미숙한 철학자의 모습으로 이해해 볼 수도 있을 것 같다. 그리고 여담의 후반부에서 제시되는 내용은 플라톤이 이상적으로 꿈꾸는 철학자의 모습을 함축하는 것 같다. 그렇다면 여담의 후반부에 함축되어 있는 진정한 철학자는 구체적인 현실의 정의(正義) 문제를 헤아릴 수 있는 존재로 그려지고 있는 것으로 해석해 볼 수도 있을 것이다. 그렇다면 후반부의 내용만이 플라톤적인 이상을 담고 있는 것으로 해석하는 것이 온당해 보인다.

1.6. 프로타고라스에 대한 두 번째 실질적 비판(177b~179b)

프로타고라스에 대한 두 번째 비판은 소크라테스가 변호할 때 제시된 유용성의 논변을 겨냥한다. 소크라테스는 프로타고라스의 변호 논변이 장차 있게 될 이로움과 관련해서 지혜로운 자가 있을 수 있음을 주장한다는 점에 주목해서 비판을 제기하는데, 그 논변이 지닌 문제점을 이렇게 지적한다. 어떤 사람이 장차 열병에 걸리게 될지와 관련해서 문외한인 환자의 판단과 전문가인 의사의 판단이 대립될 경우, 의사에게는 그 사람이 뜨겁게 되거나 열병에 걸리게 되지 않을 테지만, 환자 사람 자신에게는 그 양쪽의 일이 다 일어나게 될 것이라는 것이다. 왜 그런가?

인간척도설에 따르면 환자 자신의 판단은 자신에게 참이다. 그런가 하면 미래의 이로운 사태와 관련해서는 전문가인 의사의 판단이 권위를 가진다. 따라서 유용성의 논변에 따르면 미래의 사태는 의사의 예상대로 일어나기 마련이다. 따라서 인간척도설과 유용성 논변의 결합은, 해당 환자가 미래에 열병에 걸리면서 걸리지 않게 될 것이라는 상충된 귀결로 마무리되고 만다.

이런 상충이 일어나는 근원적인 이유는, 인간척도설이 상대주의적 학설인 반면, 유용성의 논변은 전문가(지혜로운 자)의 생각이 객관적이라고 본다는 점에서 객관주의를 가정하고 있기 때문이다. 그러나 소크라테스는 과거나 현재의 일과 관련해서는 이런 식의 논쟁을 벌일 수 없다고 생각한다. 그래서 소크라테스는 이 문제를 헤라클레이토스에 대한 비판과 연관 지어 다룬다.

1.7. 헤라클레이토스적 만물유전설에 대한 비판(179c~183c)

지금까지 우리는 인간척도설에 대한 두 가지 실질적 비판이 어떻게 제시되는지를 알아보았다. 그런데 소크라테스는 이제 인간척도설을 공략하는 데 한층 더 큰 어려움이 있는 문제가 있다고 말한다. "각자에게 나타나 있는 느낌과 관련해서는, 그리고 그로부터 생기는 지각들이나 지각에 따른 판단들과 관련해서는, 그것들이 참이 아니라고 공략하기가 한층 더 어렵습니다."(179c) 여기서 '나타나 있다'는 'pareinai'를 옮긴 것으로 현대의 용어를 빌려 와서 표현하면, '직접 제시'(presentation)된 것을 가리킨다. 소크라테스는 이어지는 논의에서 이것을 '명증(明證)적인 것들'(enargeis)이라고 설명한다. 이는 인식론적으로 직접 제시되는 것들이 명증적인 것들이라는 뜻이다. 우리는 이 대목에 와서 인간척도설을 헤라클레이토스적으로 해석할 때, 인간척도설이 지닐 수 있는 인식론적인 의미를 보게 된다.

그런데 이에 대한 소크라테스의 비판은 헤라클레이토스적 흐름 이론이 얼마나 극단적인 학설인지로 모아진다. 소크라테스는 이것을 논의하기 위해 먼저 '움직임'(kinēsis)을 '변화'(alloiōsis)와 '운동'(phora)으로 구별한 뒤, 어떤 것이든 움직임 가운데 둘 중 하나만 하게 되면 고정된 것을 남기는 만큼, 헤라클레이토스적 노선에 따르면 양쪽의 방식으로 운동할 수밖에 없다는 결론을 내린다. 그 결과 "흐르는 것이 흰 것으로서 흐른다는 이것조차 머물러 있지 않고 변전하여 흼 바로 그것의 흐름도 있게 되고 다른 색으로의 변전까지 있을 정도"(182d)가 된다고 말한다. 그런 식의 극단적인 흐름을 부정하고 어떤 점에서든 머묾을 인정하게 되면 헤라클레이토스적 학설은 공박을 면하기 어렵기 때문이라는 것이다.

흐름 이론이 이렇게 극단적인 형태를 띠게 되는 이유는 객관성을 용인하지 않는 길로 가기 위해 모든 고정성(머묾)을 부정하는 자체 변화(self-change)를 옹호하는 노선으로 귀결될 수밖에 없기 때문이다. 소크라테스는 바로 이 점에서 헤라클레이토스적 세계가 고정된 언어적 지칭조차 할 수 없는 세계임을 폭로한다. 모든 것이 흐르는 세계에서 유의미한 언어가 가능할 공간은 전혀 없기 때문이다.

그러나 이렇듯 극단적인 형이상학에 대해 플라톤은 왜 언어적 지칭의 불가능성이란 관점에서 비판하고 있는 것일까? 이것은 1부에서 제시되는 비판들의 구조를 이해함으로써 해소될 수 있을 것 같다. 플라톤은 프로타고라스에 대한 첫 번째 실질적인 비판을 할 때 이의를 제기하는 것이 가능한 맥락에서 프로타고라스를 비판한다. 그러나 헤라클레이토스적 노선이 함축하는 명증성은 이의를 제기한다는 것이 불가능한 세계이다. 그렇다면 이 대목의 논의는, 타인과 언어적 공유를 하는 것조차 불가능하다는 것을 함축하는 명증성이란 공허한 것에 지나지 않는다는 것을 비판하고 있는 것으로 볼 수 있을 것이다.

1.8. 테아이테토스의 첫 번째 정의에 대한 비판(183c~186e)

지금까지의 논의를 뒤돌아보면, 플라톤은 테아이테토스의 첫 번째 정의를 프로타고라스의 인간척도설 및 헤라클레이토스의 만물유전설과 연관시킨 뒤, 후자의 두 학설이 변증적(대화적) 맥락에서 역설적 결과를 초래함을 보여 준다. 그런데 이렇게 두 학설이 논박이 되었는데도, 왜 플라톤은 테아이테토스의 첫 번째 정의를 따로 논박하는가? 1부 말미의 논변은 프로타고라스 및 헤라클레이토스에 대한 비판과는 다른 성격을 지니고 있다. 이 대목의 논변의 핵심 논점은 감각과 감각 이상의 인지 능력을 명시적으로 구별하는 데 있기 때문이다. 다시 말해 그저 테아이테토스의 첫 번째 정의가 잘못되었음을 비판하는 데 머물지 않고 그것을 넘어서는 논의를 하고 있다는 것이다.

이 대목의 일차적인 관심사는 몸의 힘(dynamis)과 영혼의 힘을 구별하는 데 있다. 실제 논의는 상당히 복잡하지만, 핵심만 소개하면 소크라테스는 인간이 감각할 때 사용하는 수단(눈이나 귀와 같은 몸의 기관)과 감각적 깨달음을 가능하게 하는 능력을 구별하려 한다(본문 번역에서는 번역어의 통일성을 기하기 위해 'aisthēsis'

를 '지각'으로 옮겼지만 여기서는 내용 설명을 위해 '감각'으로 표현한다.). 전자는 몸의 힘인 반면 후자는 영혼의 힘으로 구별된다. 그런데 텍스트의 논의는 이런 구별을 하는 것 이상의 내용도 담고 있다. 소크라테스는 '여러 감각들'이 '한 형상의 어떤 것'으로 모이지 않으면 감각하는 작용이 불가능할 것처럼 설명한다. 여기서 '한 형상의 어떤 것'은 '영혼'으로 제시된다. 이런 논의에는 두 가지 차원의 성격이 숨어 있는 것 같다. 하나는 봄이나 들음 등의 여러 감각들을 파편화된 것으로 놓는 한, '감각한다'는 작용의 통일성을 설명할 수 없다는 것이다. 그러나 그런 통일성을 이루어 내는 것을 왜 영혼이라고 하는가? 앞에서 몸의 힘들은 눈이나 귀와 같은 여러 기관들을 통한 수단의 역할을 하는 것으로 이해되었다. 그렇다면 지각적 깨달음은 몸의 힘 덕분에 성립되는 것이 아니다. 소크라테스는 그것을 영혼의 힘에 속하는 것으로 제시하고, 감각 수단'들'이 여럿이라고 해도 감각적 깨달음은 '하나'라는 것을 강조하는 것으로 보인다. 그렇다면 감각 작용은 인간이 몸의 힘들을 통해 영혼의 힘(능력)에 의해 수행하는 것이다.

그러나 지금까지의 논의는 예비적인 것이다. 이제 소크라테스는 첫 번째 정의에 대한 적극적인 비판을 시작한다. 텍스트의 논의는 극심한 논란이 제기될 정도로 복잡하다. 도식화의 위험을 무릅쓰고 설명하면, 소크라테스는 이를테면 소리와 색깔 양자에 대한 생각이 있을 경우를 고려한다. 그리고 소크라테스는 '동일성'이나 '유사성'과 같은 것에 대한 생각은 몸 또는 몸의 힘들을 통한 것일 수 없음을 보여 준다. 나중에 이런 것들을 가리켜 '공통적인 것들'(ta koina)이라는 명칭이 부여된다. 그런데 소크라테스는 그와 같은 생각은 '영혼 자체를 통해서' 형성된 것으로 볼 수밖에 없다고 설명한다. 몸의 여러 힘들 그 어느 하나를 통한 것으로 볼 수가 없기 때문이라는 것이다. 그리고 텍스트는 진리는 몸을 통한 경험에서 성립되는 것이 아님을 강조한다. 소크라테스는 영혼 자체를 통해 있음(ousia)에 적중할 때 진리를 파악할 수 있다는 설명으로 1부를 마무리한다.

이 대목의 논의는 몹시도 난해하기 때문에 학자들 사이에 여러 논쟁을 부추긴다. '공통적인 것들'이 중기 플라톤의 형상인지의 문제부터 논변이 정말 성공적인 것인지, 더 나아가 논변이 하려는 이야기가 무엇인지조차 논란이 된다. 그러나 어렵고 복잡한 논란점을 배제하고 말한다면, 적어도 '진리'를 감각의 차원에서 성립될 수 있는 것으로 보면 안 된다는 결론만은 분명하다. 그리고 진리는 영혼 자체가 영혼을 통해서 포착할 때 성립될 수 있는 것이라는 논점 또한 분명하다. 이런 주장을 내세우는 논변이 얼마나 성공적이냐는 데 대해서는 논의의 여지가 있지만, 적어도 테아이테토스의 첫 번째 정의가 가지고 있는 한계에 대한 비판의 내용은 분명한 듯하다. 진리의 문제는 몸이라는 인지적 통로를 통해서 포착되는 것은 아니라는 것이다.

2. 앎에 대한 두 번째 정의에 대한 논의(187a~201c)

2.1. 두 번째 정의와 거짓인 판단의 역설이라는 난제(187e~189b)

테아이테토스가 두 번째로 시도하는 정의는 "앎은 참인 판단이다."라는 것이다. 이것은 '참인'이란 한정어가 부가된다는 점에서 첫 번째 정의보다 상승한 차원을 보여 준다. 그런데 2부 전체의 논의는 많은 이들을 당혹스럽게 만든다. 두 번째 정의 자체에 대한 논의는 2부 끝부분에 가서 아주 간략한 형태로 논의될 뿐이고 정작 2부의 대부분은 거짓인 판단이 불가능해 보인다는 '거짓인 판단의 가능성에 대한 역설'을 다루고 있기 때문이다. 이런 점에서 대부분의 연구자들은 2부의 논의는 본 주제에서 벗어난 이야기에 지나지 않는다고 본다. 거짓인 판단의 가능성을 탐문하는 것은 앎에 대한 정의를 찾는 일과는 아무런 상관이 없는 것처럼 보이기 때문이다. 만일 이런 해석이 맞는다면 『테아이테토스』는 철학적 플롯의 차원에서 볼 때 아주 한계가 많은 작품이 되고 말 것이다.

그런데 거짓인 판단이 불가능한 것처럼 보인다는 역설은 초기부터 후기까지 지속되는 플라톤의 관심사이다(『에우튀데모스』 284a~c, 『크라튈로스』 429d~e, 『소피스트』 259d~264b 참고). 그렇다면 대다수의 학자들처럼 우리는 2부의 논의에서 본 주제와는 상관없이 플라톤의 평소 관심사가 끼어든 것으로 봐야 할까? 그러나 이런 시각은 여러 대화편에서 드러나는 플라톤의 문학적 능력을 과소평가하고 있다. 그런 점에서 우리는 다른 해석의 여지가 없는지를 고민할 필요가 있다. 바꿔 말해 거짓인 판단의 가능성을 해명하는 일과 앎을 추구하는 일 사이에 어떤 내적 연관성이 있을 수도 있지 않을까? (이 문제는 독자의 몫으로 놓아두고 더 이상의 설명은 생략한다.)

일차적으로 2부 초반부에서 제시되는 두 가지 난제는 주관의 상태를 이분법적으로 나누거나 대상을 이분법적으로 나누는 방식으로 제시된다는 데 주목할 필요가 있다. 텍스트의 진행에 따라 축약적으로 설명하자면, 첫 번째 난제는 주관의 상태를 '앎과 알지 못함'의 이분법에 따라 제시한다. 그런데 참인 판단을 앎이라고 하면, 거짓인 판단의 상태를 어떤 상태로 봐야 할지가 문제가 된다. 거짓인 판단을 앎과 연관 지어 설명하면 두 가지 판단의 구별에 기초한 두 번째 정의가 무너지며, 알지 못함과 연관 지으면 대상에 대해 생각이 어떻게 미치는가를 이해하기 어렵게 된다. 정리하면 두 번째 정의는 앎과 알지 못함의 이분법을 유지할 때 가능한 정의이지만, 그런 이분법을 견지할 때 거짓인 판단이 어떻게 대상에 미치는가를 설명하지 못한다는 난제에 부딪힌다.

그런가 하면 대상의 이분법에 따른 두 번째 난제는 '있음과 있지 않음'의 형태로 제시된다. 이런 이분법에서 앎으로서의 참인 판단은 있음을 대상으로 하고 거짓인 판단은 있지 않음을 대상으로 한다고 생각해 보는 것이 자연스럽다(188d 참고). 그러나 어떤 것이든 그것이 생각의 대상인 한에서 있는 것이고, 이런 점에서 있지 않은 것을 판단하는 자는 어느 하나도 아닌 것을 판단하는 자로, 그리하여 아예 판단을 하지 않는 자로 귀결된다. 결국 두 가지 난제는 주관과 대상을 이분법적으로 구별할 때, 주관이 대상에 생각이 미치면서도 어떻게 잘못하게 되는가를 설명할 수 없게 된다는 것을 보여 준다.

텍스트가 던지는 교훈은 거짓인 판단이 두 가지 차원의 성격을 요구한다는 데 있다. 판단인 한에서 그때의 판단은 대상에 미친 생각이지만, 거짓인 한에서는 대상에 미치지 못한 것이어야 하는데, 두 가지 차원이 어떻게 동시에 성립될 수 있는가를 이해하기 어렵다는 것이다. 이후에 텍스트는 이에 대한 세 가지 모델을 제시해서 거짓인 판단이 가능하다는 것을 보여 주려는 시도를 한다.

2.2. 난제에 대한 대안들(189b~200d)

2.2.1. 착오 판단의 모델(189b~190e)

위의 난제에 대한 첫 번째 대안은, 있는 것들을 대상으로 판단하지만, 어떤 것 대신에 다른 것을 판단하는 경우를 고려한다. 이것은 거짓인 판단의 대상들을 모두 있는 것들로 상정하고, 있는 그 대상들을 서로 혼동하는 경우를 고려하는 것이라는 점에서 두 번째 난제보다 발전된 측면이 있다. 착오 판단의 모델은 어떤 것 대신에 다른 것을 판단하는 것을 "겨냥한 것을 빗맞히는 것(hamartein)"(189c)으로 해석함으로서 거짓의 가능성을 설명하려 한다. 그리고 이런 경우의 판단을 '착오 판단'(allodoxia) 내지 '혼동하는 판단'(heterodoxia)으로 부른다.

착오 판단의 모델에서는 혼동되는 두 가지 항목을, 이를테면 '아름다움과 추함'의 경우처럼 대립적인 경우로 한정한다. 이것은 분명 오류이다. 그렇지만 이것을 플라톤 자신의 오류로 간주할 것까지는 없다. 소크라테스는 점진적으로 발전된 설명 모델을 제시하면서 테아이테토스의 사유를 자극하고 있다고 보는 것이 자연스럽기 때문이다. 이전의 두 번째 난제보다 진전된 점은, 있는 것을 복수(複數)의 것들로 놓으면서 착오 내지 혼동에 의해 거짓의 가능성을 설명한다는 데 있다. 그렇지만 이 모델에서도 이분법적으로 접근하는 한계가 여전히 유지된다. 이 모델에서는 '아름다운 것이 어떤 점에서 추하다.'고 할 수 있는 가능성이 배제되고 '아름다움이 추함이다.'라고 판단할 수 없다는 식으로 마무리되고 말기 때문이다. 잘못된 기술(misdescription)과 잘못된 동일시(misidentification)를 구별하지 못하는 이분법이 놓여 있는 셈이다.

애초에 거짓인 판단의 가능성에 대한 역설을 제시할 때 소크라테스는 '배움과 잊음'을 제쳐 놓자는 말을 하는데(188a), 이는 판단 내지 생각을 참인 판단과 거짓인 판단으로 이분법적으로만 구별했을 때 배움과 잊음을 어느 쪽에 놓을지 알 길이 없었기 때문일 것이다. 이런 점에서 소크라테스는 두 번째 정의를 상정했을 때 놓여 있는 이분법적 탐구가 야기하는 난점을 제시하고 있다고 이해해 볼 수 있다.

2.2.2. 밀랍 서판의 모델(190e~196c)

밀랍 서판의 비유는 인간의 '생각'을 밀랍 서판에 빗대는 모델이다. 이 모델은 대상들이 밀랍에 찍힐 때 생기는 인상(印象)을 생각에 빗대고 있다. 그리고 이 모델에서 새로운 측면은 직접적인 인지인 감각만을 다루는 것을 넘어 간접적으로 재현되는 기억을 설명할 수 있다는 데 있다. 이런 설명이 중요한 이유는, 인지적 상태를 두 가지 차원으로 구별한다는 데 있다. 이같이 인지의 두 차원을 구별함으로써 밀랍 서판의 모델은 이전에 배제했던 배움을 끌어들여 설명할 수 있게 된다. 밀랍 서판에 새로운 인상이 찍힐 가능성이 열리기 때문이다. 그러나 거짓은 어떻게 설명할 수 있는가?

소크라테스는 이와 연관된 문제의 돌파구를 '알고 있는 것들을 알지 못할 수 있는 가능성'에서 찾는다(191a~b). 밀랍 서판의 모델은 기억상에 감각상을 엇맞추는 경우를 통해 설명한다. 여기서 기억상은 앎에 대응하는 것이라면, 감각상은 알지 못함에 대응한다. 그리고 이렇게 해서 이전의 난제에서 '대상에 이르면서 어떻게 잘못으로서의 거짓이 가능하냐'는 문제는 해소된다. 주관이 대상에 미치는 감각이 있더라도 그때의 감각상을, 그것에 적절하게 대응되는 기억상에 맞추지 못하고 다른 기억상에 엇맞출 때 거짓인 판단이 발생할 수 있기 때문이다. 즉 알지 못함은 대상과의 접촉이 없는 전적인 무지는 아닌 셈이다. 결국 이렇게 해서 우리가 흔히 '착각'이라고 부르는 잘못된 판단이 설명이 된다.

밀랍 서판의 모델은, 아마도 배움을 설명할 수 있는 모델을 상정해야 거짓의 발생도 설명할 수 있음을 보여 주는 것 같다. 또한 밀랍 서판의 모델은 애초에 착오 판단의 모델이 제시했던 '빗맞힘'(hamartanein)을 발전적인 형태로 제시한다(193c, 194a 참고). 겨냥했던 대상을 빗맞히는 것을, 기억상과 감각상 간의 엇맞춤(parallagē)으로 설명하기 때문이다. 그러나 이 모델은 결정적인 한계를 가지고 있다. 감각들끼리의 관계나 기억들끼리의 관계에서 발생될 수 있는 거짓을 설명할 수 없기 때문이다(195c~d). 그래서 감각 이상의 생각에서 발생하는 잘못을 설명하지 못한다. 더 깊은 문제는, 엇맞추는 행위 자체는 설명하지 못한다는 데 있다. 인지적 엇맞춤 자체는 감각도 아니고 기억도 아니기 때문이다. 결국 밀랍 서판의 모델에서는 감각도 기억도 수동적인 것이며, 그 결과 엇맞춤이란 능동적 작용을 설명해 줄 장치가 없다. 이런 점에서 밀랍 서판의 모델은 오류를 일으키는 작용의 원천도 설명하지 못하고 사유의 능동성 또한 설명하지 못한다.

2.2.3. 새장의 모델(196c~200d)

새장의 사유 모델은 지적 차원의 잘못을 설명하기 위해 도입된다. 예를 들어 다섯 더하기 일곱을 열하나라고 잘못 판단하는 경우를 설명한다. 새장의 모델은 인간의 사유를 새장 안에서 새들을 사냥하는 일에 빗대며, 사냥되어 새장 속에 있는 새들을 인간의 사유 속에 있는 '앎들'에 빗대고 있다. 우리는 이런 점에서 새장 모델을 사유의 '사냥 모델'이라고 부를 수 있을 것이다. 그런데 밀랍 서판의 모델이 감각과 기억이라는 두 가지 인지를 구별했듯이, 새장의 모델은 두 가지 방식의 사냥을 구별해서 거짓의 발생을 설명하려 한다. 들새를 새장 안에 가두기 위해 새를 획득하려고 하는 사냥은 'ktēsis'('소유' 또는 '획득')라는 개념으로 제시하고, 새장 안의 새를 수중에 지니고 있기 위해 다시 붙잡는 것은 'hexis'(지니고 있음)라는 개념으로 제시한다. 그렇다면 이 같은 두 가지 방식의 사냥을 구별하는 것을 통해 거짓은 어떻게 설명되는가?

우선 이 모델은 새를 붙잡는 것(lambanein)은 '배우는 행위'에 비유하고, 새장 안의 새를 '다시 붙잡아'(analambanein) 지니는 것은 '다시 배우는 행위', 즉 '다시 알아보는 행위'에 비유한다. 이런 점에서 밀랍 서판의 모델보다 더 진전된 설명을 시도한다고 할 수 있다. 그런데 새장 안의 새가 붙잡힌 새인 것은 분명하지만, 우리가 그 새를 수중에 지니려면 새장 안에서 다시 붙잡아야 한다. 그리고 새장 안에서 수중에 있는 새는 마음대로 할 수 있지만, 새장 안에 있더라도 수중에 있지 않은 새는 우리 마음대로 할 수 없다. 이런 점에서 수중에 있는 새는 사용되는 활동적 사유를 상징한다면, 그렇지 않은 새는 비활동적인 잠재적 사유를 상징한다. 이런 구별을 통해 새장의 모델은 거짓의 발생을 설명한다. 예를 들어 새장 속에서 다섯을 가리키는 새, 일곱을 가리키는 새, 열하나를 가리키는 새, 열둘을 가리키는 새가 있다고 해 보자. 그렇다면 이미 일차적인 사냥은 이루어져 있는 셈이다. 새장 안에 붙잡혀 있는 새들이 있으니까. 그런데 어떤 사람이 다섯 더하기 일곱의 합을 가리키는 새를 새장 안에서 다시 붙잡으려다가 열하나를 가리키는 새를 잘못 붙잡게 되었을 때 그는 지적인 차원의 잘못된 판단을 범하게 된다. 여기서 잘못은 '다시 붙잡는 행위'의 과정에서 일어난다. 이때의 사냥은 이미 소유하고 있는 새들을 수중에 지니고 있기 위한 사냥이며, 그런 점에서 이차적 사냥이다.

이렇게 해서 새장의 모델은 지적인 차원의 잘못을 설명한다. 그러나 이런 모델 역시 또 다른 난점을 안고 있다. 잘못 계산한 사람의 생각, 즉 새장 안에는 열둘을 가리키는 새가 있지만, 그는 열둘을 가리키는 새와 마주치더라도 그 새를 제대로 알아볼 수가 없게 된다. 따라서 앞서 제시한 잘못이 발생할 경우, 새장 안에서 열둘을 가리키는 새는 인지자의 앎으로 사용되고 있지 못하고 그저 잠재되어 있는 상태로 머물고 있는 셈이 된다. 그렇기 때문에 그때의 인지자는 5+7의 답을 11이라고 계산할 때 자신의 생각이 잘못이라는 것을 인지할 수 없다. 즉 무지의 무지 상태에 빠져 있는 것이다.

이런 점을 두고 소크라테스는 "어떤 것에 대해 앎을 지니고 있는 자가 무지함에 의해서가 아니라 자신의 앎에 의해 바로 그 대상에 대해 무지한 사태"에 빠진 것이라고 비판하고, 이를 "앎이 나타나 있게 돼도 영혼이 아무것도 알지 못하고 모든 것들에 무지하"게 되는 꼴이라고 비판한다(199d). 새장의 모델에서는 이후에도 또 다른 가능성이 모색되지만 결국 실패하고 만다. 그런데 이런 사태가 벌어진 근원적인 까닭은 새장 안의 새들이 상호 연관성을 가지지 못하고 고립적으로 존재하기 때문이다. 우리는 어떤 경우 5+7의 합이 11이라고 잘못 계산하더라도 곧바로 그것이 잘못된 계산이고 합이 12라고 바로잡을 수 있다. 우리가 그렇게 오류를 바로잡을 수 있는 이유는 수학적인 앎을 상호 연관된 앎으로 지니고 있기 때문이다. 이런 점에서 새장의 모델은 앎에 대한 원자론적 모델을 비판하고 있는 것인지도 모른다(정준영(2013) 참고).

또 다른 측면에서 새장의 모델은 중요한 시사점을 던지고 있다. 우리가 자신이 범한 오류를 수정하려면, 일차적으로 그런 오류를 먼저 깨달아야 한다. 즉 무지의 지가 있어야 한다. 그런데 새장의 모델에 따르면 무지의 지는 불가능하다. 따라서 새장의 모델은 무지를 배제하지 못하는 한계를 가진다. 새장의 모델은 '다시 붙잡는 인지 행위'에서 인지적 성공과 실패를 구별할 설명 장치를 가지고 있지 못하기 때문이다. 이는, 인식론적으로 자기가 알던 것을 '다시 알아보는 것'(anagnōrisis), 즉 재인(再認, recognition)을 설명할 수 없다는 것을 뜻한다. 그런데 새장의 모델이 지닌 한계는 숨겨진 다른 모델의 가능성을 시사하고 있다고 볼 수도 있다. 다시 알아볼 수 있으려면 잠재된 앎과 활동적 앎의 구별만으로는 되지 않고, 잠재된 앎이 활동적 앎으로 바뀔 수 있는 가능성을 설명해야 한다는 것이다. 텍스트는 이런 탈출구의 가능성을 시사만 해 놓고 있다.

2.3. 두 번째 정의에 대한 직접적 비판(200d~201c)

이렇게 해서 거짓인 판단의 가능성의 역설을 해소하려는 모든 노력은 실패하고 만다. 그리고 난 뒤 텍스트에서는 두 번째 정의에 대한 직접적인 비판이 시도된다. 소크라테스는 두 번째 정의를 비판하기 위해 재판관의 사례를 유비적으로 끌어들인다. '재물을 강탈당하거나 다른 어떤 폭행을 당한 이들이 있을 때, 사태의 진상은 목격한 사람들만이 알 수 있지만, 재판관들이 청문

(聽聞)을 통해 정당한 방식으로 설득되어 참인 판단을 하는 경우'가 사례로 제시된다. 이 유비 사례에서 핵심적인 것은, 재판관이 직접 목격을 하지 못했기 때문에 해당 사태를 알 수 있는 직접적 통로가 닫혀 있다는 것이다. 또 다른 점은 그런 가운데 정당한 재판의 절차에 따라 설득되어 참인 판단을 했다는 것이다. 이 경우 재판관의 판결은 결과적으로는 옳은 것이다. 그러나 소크라테스는 그것이 앎은 아니라고 직설적으로 지적한다. 왜 그런가?

재판관의 판단은 상식적인 차원에서 보면 '정당화된 참인 판단'이다. 정당한 절차를 거친 것이기 때문이다. 그러나 재판의 정당한 절차에 따랐다고 해서 거짓의 가능성이 완전히 배제되지는 못한다. 즉 오류 가능성이 배제되지는 못한다. 이런 점에서 재판관의 판결과 그것의 참은 어떤 점에서 우연적으로 결속되어 있다. 인식론적인 용어를 사용하자면 오류 가능한 판단이라는 것이다. 또한 재판관의 사례는 인지자로서의 재판관이 사태 자체를 직접 접하지 못하고 간접적으로 접한다는 점을 강조하고 있는 것 같다. 이것은 플라톤이 모색하는 앎은 인지자에게 인지적 통로가 열려 있는 것이어야 함을 역설적으로 시사하는 것일 수도 있다.

그리고 재판관의 사례에서 등장하는 용어 하나에 주목할 필요가 있다. 'anhamartēton', 이 낱말은 두 가지 의미를 뜻할 수 있다. 완료의 의미로는 '틀리지 않은 것'을 뜻할 수 있지만, 양상적(modal) 의미로는 '틀릴 수 없는 것'을 뜻할 수도 있다. 우리는 『국가』 5권(477e)에서 이 낱말이 양상적 의미로 사용된다는 것을 알고 있다(주석 770 참고). 그리고 그 낱말을 통해 우리는 중기의 플라톤적인 앎이 무오류적인 앎이라는 것 또한 알고 있다. 그렇다면 재판관의 사례는 그것이 앎을 확보하지 못하는 사례라는 점에서, 플라톤이 지향하는 앎은 그와 달리 무오류적인 앎이라는 것을 시사하고 있는지도 모른다. 이는 『테아이테토스』의 독자가 탐문해야 할 중요한 물음 가운데 하나이다. 인지자에게 인지적 통로가 열려 있어야 한다는 것과 무오류성을 획득해야 한다는 두 조건이 어떻게 수렴될 수 있을지는 아직 불분명하기 때문이다.

3. 앎에 대한 세 번째 정의에 관한 논의(201c~210a)

3.1. 세 번째 정의와 꿈 이론(201c~202d)

두 번째 정의가 실패로 드러나자, 테아이테토스는 갑자기 꿈에서 들은 이야기를 꺼낸다. '설명(logos)을 동반한 참인 판단이 앎이며, 설명이 없는 것은 앎에서 배제된다. 그리고 설명이 없는 것들은 알려질 수 있는 것들이 아니고, 설명을 지니고 있는 것들은 알려질 수 있는 것들이다.'(201d) 이렇게 설명이 있고 없음에 따라 앎과 알지 못함을 상응해서 구별하는 것은 명시적이지는 않더라도 플라톤의 초기 대화편에서부터 견지되는 견해라고 할 수 있을 것 같다. 그렇다면 세 번째 정의는 플라톤 철학 내부의 물음이기도 하다. 그런데 소크라테스는 테아이테토스의 이야기에 대해 이번에는 자신이 꿈속에서 들은 이야기를 제시한다. 학자들은 보통 이것을 '꿈 이론'(theory of dream)이라고 부르는데, 꿈 이론이 함축하는 바에 대해서는 여러 논란이 있지만, 이를 편의상 간단히 정리하면 다음과 같다.

① 요소들과 복합체들의 구별을 전제한다.
② 설명이란 복합체를 단순한 요소들로 분석한 것이다.
③ 요소들에 대해서는 오직 이름만 붙일 수 있을 뿐이다.
④ 따라서 복합체에 대해서만 설명이 있을 수 있고 요소들에 대해서는 설명이 있을 수 없다.(이것을 학자들은 '로고스상의 반대칭성'(Asymmetry in Logos)이라고 부른다.)
⑤ 설명의 있고 없음이 앎(epistēmē)의 있고 없음을 함축한다.
　(이것은 '앎은 설명을 요구한다.'는 세 번째 정의를 함축한다.)
⑥ 따라서 복합체는 인식될 수 있는 것(to gnōston)이고 요소는 인식될 수 없는 것이다.(이것을 학자들은 '인식상의 반대칭성'(Asymmetry in Knowability)이라고 부른다.)

이런 꿈 이론을 듣자마자 독자로서는 당혹스러울 수밖에 없게 된다. (3부의 논의에 대해서는 더 쉽게 설명하지 못하는 측면에 대해 양해의 말씀을 드린다.) 세 번째 정의와 관련해서 왜 이 같은 꿈 이론이 소개되는지 이해하기가 너무 어렵기 때문이다. 더구나 전문학자들도 두 번째 정의에서 세 번째 정의로 이행하는 데 비약이 있다고 보고 『테아이테토스』의 논의 전개 방식에 대해 의문을 제기하고 있는 실정이다. 어쩌면 '꿈'을 통해 소개되는 이야기인 만큼 플라톤 자신이 불확정적인 측면을 의도하고 논의를 구성했을 수도 있다. 그렇기 때문에 3부에 대해서는 다양한 해석의 가능성이 열려 있다.

어쨌든 위에 소개된 꿈 이론의 내용을 핵심만 추려보도록 하자. 꿈 이론은 앎의 징표를 '설명'(logos)에서 찾기 때문에, 로고스상의 반대칭성(위의 ④ 항목 참고), 즉 설명상의 반대칭성을 통해 인식상의 반대칭성을 도출하는 구조로 되어 있다. 왜냐하면 세 번째 정의를 함축하는 꿈 이론은 ⑤에서 보듯이 설명의 유무에 의해 앎의 유무를 도출하고 있기 때문이다. 결국 꿈 이론의 핵심 구조는 '⑤&④ → ⑥'의 형태를 취하고 있다고 볼 수 있다. 여기서 복합체의 인식 가능성은 요소들에 의해 설명될 수 있다는 데 근거하는데, 요소들에 대해서는 설명이 없기 때문에 결국 복합체에 대한 앎은 요소들에 대한 무지에 근거한다는 역설이 성립된다. 텍스트에서 앎이 무지에 근거하는 것이 불가능하다는 것에 대한 독립적인 논증이 제시되지는 않지만, 우리는 무지에 근거한 앎 개념을 받아들일 수 없을 것이다. 이런 점에서 꿈 이론이 제기하는 난제는 인식론적으로 심각한 것인데, 꿈 이론은 그런 문제를 형이상학적 차원에서 제기하고 있다. 이후에 소크라테스의 비판은 이 문제를 공략하는 데 집중된다.

3.2. 꿈 이론에 대한 비판(202d~206b)

3.2.1. 부분과 전체의 딜레마를 통한 비판(202d~205e)

이렇게 꿈 이론을 소개한 뒤 소크라테스는 꿈 이론이 함축하는 '인식상의 반대칭성', 즉 요소들은 알려질 수 없지만 복합체는 알려질 수 있다는 것을 미묘한 문제로 간주한다. 그리고 이후의 논의에서 소크라테스는 음소들과 음절의 사례를 '설명'(logos)의 담보로 삼고서 꿈의 이론을 비판한다. 비판의 논증은 딜레마의 형식을 취한다. 딜레마 논증의 한쪽 뿔을 정식화하면 '음절이 음소들이라면, 음절이 인식 가능할 경우 음소들도 인식 가능하다.'는 것이다. 그리고 두 번째 뿔을 축약적으로 제시하면 다음과 같다. '음절이 음소들이 아니라면, 부분들이 있는 것은 전부들(모든 부분들)이기 때문에 음절은 부분들을 갖지 않는 어떤 단일한 형상(形相, idea)일 테고, 그 경우 부분들이 없는 음절은 음소들과 마찬가지로 인식될 수 없다.'

여기서 '음절이 음소들이라면'의 조건문에서 '이다'는 그리스어 'einai'를 옮긴 것인데, 이 딜레마 논증은 'einai'를 '동일하다'의 의미로 볼 때만 성립될 수 있다. 어쨌든 딜레마 논증의 첫 번째 뿔에 따르면 음절도 음소들도 인식 가능하게 되고, 두 번째 뿔에 따르면 음절도 음소들처럼 인식 불가능하게 된다. 이는 꿈 이론이 제시하는 음절과 음소들, 즉 복합체와 요소들의 '인식상의 반대칭성'을 부정하는 귀결을 낳는다. 결국 지금의 딜레마 논증이 타당한 동시에 건전하다면, 꿈 이론은 귀류법적으로 논박된다. (텍스트에서는 부분 전부들(ta panta)과 총체(總體, to pan)와 총합(總合, ho arithmos pas)을 동일시하는 논증까지 제시하고 있는데, 이런 내용은 해설에서 설명하기에는 너무 복잡하기 때문에 생략한다.)

그러나 학자들은 크게 두 가지 측면에서 이런 논증이 문제가 있는 것으로 보고 논쟁을 벌이고 있다. 우선 위의 논변은 '어떤 것이 부분들을 가진다면, 그 전체는 그것의 전부들(모든 부분들)과 동일하다.'라는 가정을 전제로 구성되어 있는데, 꿈 이론이 이런 가정을 포함하고 있는 것으로 간주할 수 있는지가 논쟁의 대상이다. 다른 한편 위의 딜레마 논증이 'einai'의 애매성에 기대고 있기 때문에 건전한 논증이 되지 못한다고 본다. 왜냐하면 앞에서 설명했듯이 딜레마 논증은 'einai'의 의미를 '동일하다'는 의미로 간주할 때만 성립될 수 있는 논증이기 때문이다. 위의 논증이 애매성에 의지하고 있는 한, 형식적으로 타당할 뿐 건전하지는 않다는 비판이 가능하다.

그런데 전체를 부분 전부들과 동일시하는 형이상학적 가정을 플라톤 자신이 받아들이고 있는 것으로 봐야 할까? 그리고 플라톤이 중기의 대화편의 시기까지 '설명'(logos) 여부를 앎의 징표로 보고 있다고 한다면, 중기 대화편의 견해는 꿈 이론과 동일한 것이었을까? 만일 이 두 물음에 대해 우리가 '아니오'라는 대답을 할 수 있다면, 우리는 세 번째 정의를 플라톤이 단념한 것으로 보지 않을 수 있을지도 모른다. 여기서는 이 문제가 여전히 열린 문제라는 것만을 밝혀둔다.

3.2.2. 경험적 사례를 통한 비판(206a~206b)

이제 소크라테스는 상식적인 경험적 사실을 통해 인식상의 반대칭성을 받아들일 수 없다고 주장한다. 소크라테스는 읽고 쓰는 것을 배우는 경우와 키타라 탄주를 배우는 두 경우를 제시한다. 이런 경험적 사례가 어떻게 꿈 이론을 비판하는 근거가 될 수 있는가?

소크라테스는 이렇게 말한다. "요소들의 부류가 더 명확한 인식을 가지고 있고, 각각의 배움을 완벽하게 얻는 것과 관련해서 이 인식이 복합체에 대한 것보다 더 권위 있다고 말할 것이네. 그리고 만일 누군가가 복합체는 인식될 수 있는 것이지만 요소는 본성상 인식될 수 없는 것이라고 한다면, 그가 일부러 그랬든 마지못해서 그랬든, 우리는 그가 장난을 치고 있다고 생각할 것이네."(206b) 소크라테스는 복합체만 인식될 수 있는 것이 아니라 요소들에 대해서도 인식이 가능하다고 주장한다. 이때 소크라테스의 설명을 너무 어렵게 받아들이지 않아도 된다면, 우리의 일상적인 문자 교육을 연상해도 될 것 같다.

어린이는 글을 배우면서 먼저 문자(음소)들을 배우고, 문자들로 이루어진 음절을 인식한다. 그러나 실제의 언어 이해의 과정에서 문자들만 독립적으로 안다고 오류를 배제할 수 있는 것 같지는 않다. 소크라테스의 설명을 보면 문자들에 대한 앎을 고립적인 것으로 제시하지 않는 것 같다. 이를테면 소크라테스는 키타라 연주와 관련해서 "각각의 음조가 어떤 현에 속하는가를 따라갈 수 있을 때 완벽하게 배운 것"(206b)이 된다고 설명한다. 이런 설명에서 추리할 수 있는 것은 요소들을 복합체와의 관계 속에서 인식할 때 완벽한 배움을 얻게 된다는 점이다. 소크라테스는 문자의 경우에도 같은 방식의 설명을 하는 것 같다. 이를 각색해서 정리하면 이렇다. 우리는 어떤 문자를 다른 문자와 구별하면서 인식한다. 이를테면 우리는 S를 O와 구별하면서 인식한다. 그러나 그런 구별만 할 수 있다고 해서 음절에 대한 인식이 완벽해진다고 볼 수는 없다. 예를 들어 SO와 OS를 구별하려면 고립적인 문자 인식만으로는 부족하다. 결국 다른 음절들을 구별하기 위해서는 음절의 요소들만 알아서는 안 되고 요소들의 순서까지 파악하고 있어야 한다. 그런 경우는 우리는 요소들인 문자(음소)들도 알고 음절도 알게 된다고 생각한다. 그렇다면 일상적인 경험에서 우리는 요소들을 상호 연관 지으면서 음절 인식까지 한다고 볼 수 있을 것이다.

그렇다면 이런 경험적 사례는 두 가지 측면의 이야기를 하는 것으로 볼 수 있다. 우선 전체와 부분들의 동일시를 거부하고 있다. 왜냐하면 위의 논의에서 제시했듯이, 음절 인식은 요소들뿐만 아니라 요소들의 순서까지 인식할 때 가능하기 때문이다. 그리고 경험적 사례는 음절뿐만 아니라 요소들도 인식 가능하다고 주장한다는 점에서 인식상의 반대칭성을 거부하고 있다.

지금의 이해가 맞는다면, 플라톤은 요소들과 복합체 간의 인식상의 반대칭성을 거부할 가능성을 모색해 볼 수 있다고 생각하는 것이다. 그러나 우리는 여기서 다시 꿈 이론에서 인식상의 반대칭성이 어떻게 도출되었는가를 고려할 필요가 있다. 꿈 이론은 '세 번째 정의 & 설명상의 반대칭성 → 인식상의 반대칭성'이라는 구조를 가지는 견해였다. 플라톤은 경험적 사례를 통해 결론의 거짓을 주장한다. 그렇다면 우리는 (후건부정에 의해) 적어도 세 번째 정의 아니면 설명상의 반대칭성 둘 중 하나는 거짓이어야 한다는 귀결을 얻어낼 수 있다. 플라톤은 두 선언지 중 어느 쪽의 거짓에 더 관심을 두고 있을까?

3.3. 설명(logos)에 대한 세 가지 의미와 난제로 종결됨(206c~210a)

소크라테스는 경험적 비판을 한 뒤 세 번째 정의가 뭘 뜻하는지를 다시 묻는다.(206c) 이것은 3부에서 플라톤의 의도가 어디에 있는지를 보여 준다. 플라톤은 세 번째 정의가 참일 가능성을 아직도 열어 두고 있다. 그렇다면 플라톤은 설명상의 반대칭성 주장이 거짓일 가능성이 있다고 보는 셈이다. 아닌 게 아니라 이어지는 논의는 '설명'으로 번역한 '로고스'(logos)의 의미를 추적하는 내용으로 이루어져 있다. 이는 플라톤이 설명상의 반대칭성을 거짓으로 부정할 수 있는 '로고스'의 가능성을 모색하는 과정으로 이해해 볼 수 있을 것 같다.

우선 소크라테스는 진술(statement)로서의 로고스의 의미를 논의한다. 그러나 로고스를 그런 의미로 생각한다면, 그것은 세 번째 정의를 두 번째 정의로 되돌리는 것이 되어 버린다. 두 번째 정의의 '참인 판단'에서 마음속 판단(생각)을 소리로 표명하면 그것은 일종의 진술이 되기 때문이다. 결국 이런 의미의 로고스는 세 번째 정의를 무력화시킨다.

둘째로 소크라테스는 열거(diexodos)의 의미에서 로고스를 이해할 가능성을 살펴본다. (이것은 사실 음소들과 음절의 사례를 통해서 이미 고려가 되었던 로고스의 의미이다.) 소크라테스는 요소들을 단순히 열거하는 것으로는 음절을 구별할 수 없는 경우가 생긴다는 문제를 제기한다(3.2. 설명 참고). 열거의 의미에서 접근하면 무지를 배제할 수 없는 문제가 생기는 셈이다.

셋째로 소크라테스는 차이(diaphora)에 대한 설명의 의미에서 이해할 가능성을 탐문한다. 이런 의미의 로고스는 첫 번째 의미와 두 번째 의미 이상의 설득력을 가진다. 그러나 소크라테스는 다시 딜레마 논증을 제시한다. 딜레마 논증의 목적은, 이런 의미의 로고스는 앎과 참인 판단을 구별하지 못하거나, 아니면 순환에 빠진다는 것을 보여 주는 데 있다. 딜레마의 첫 번째 선언지와 관련해서 소크라테스는 테아이테토스를 예로 들면서, 테아이테토스를 식별할 수 있는 옳은 판단의 경우를 제시한다. 그러나 이런 경우, 차이에 대한 로고스는 차이에 대한 옳은 판단이 되어 버린다(플라톤은 '참인 판단'과 '옳은 판단'이란 표현을 호환해서 번갈아 가며 사용한다.). 결국 차이의 징표로서의 로고스는 참인 판단과 구별되는 앎에 대한 충분조건이 되지 못한다. 이렇게 해서 다시 세 번째 정의를 두 번째 정의로 되돌리는 결과가 도출된다.

그래서 소크라테스는 첫 번째 선언지를 피하기 위해 "설명(logos)을 추가로 포착한다는 게 차이성을 판단하라는 게 아니라 인식하라고 지시하는 것"(209e)일 가능성을 모색해 본다. 이것은 앎과 참인 판단을 구별하도록 정의항을 구성함으로써 딜레마의 첫 번째 뿔을 피한다. 세 번째 정의에서 참인 판단 자체가 어떤 것의 차이를 알아야 한다고 요구하는 것은 아니기 때문이다. 그러나 이 수정된 정의는 순환적이라는 점에서 결정적인 결함을 가진다. 즉 피정의항으로서 앎을 정의하려 하면서 '차이성에 대한 앎을 동반한 참인 판단'이라고 정의함으로써 순환 정의의 오류를 범하게 된 것이다. 결국 차이성의 의미로서의 로고스에서

세 번째 정의는 두 번째 정의로 환원되거나 아니면 순환적이게 되어 성공적인 결과를 낳지 못한다. 이렇게 해서 '앎이란 무엇인가?'를 정의하려는 『테아이테토스』의 힘겨운 논의는 난관(aporia)으로 끝나버리고 만다.

4. 결말 — 정의(定義)의 실패(210b~210d)

결국 『테아이테토스』의 모든 시도는 실패했다. 이런 실패가 함축하는 것은 무엇일까? 여러 가지 해석이 가능할 것이다. 「작품 안내」의 앞부분에서 설명했듯이 플라톤이 앎에 대해 자신의 고유한 학설을 가지고 있지 않았다는 해석도 가능하다. 좀 더 구체적으로는 초기 대화편부터 지속된 견해라 할 수 있는 '앎과 설명(logos)의 긴밀한 결속'을 이제 플라톤이 포기했다는 견해도 가능하다. 그러나 『테아이테토스』 이후에 전개되는 플라톤 철학을 고려할 때 플라톤 자신이 그런 결속을 포기했다고 보기는 사실상 쉽지 않다. 이런 점에서 플라톤이 『소피스트』나 『정치가』와 같은 후기 대화편에서 꿈 이론이 제기하는 난점인 '설명상의 반대칭성'을 극복하는 모델을 모색한 것으로 해석해 볼 여지도 있다. 이런 견해는 꿈 이론은 무너지더라도 세 번째 정의는 무너지지 않을 수 있는 가능성을 전제한다. 그런가 하면 로고스의 세 번째 의미를 논의하는 딜레마 논증에서 제시되는 순환성의 문제를 고려할 때, 앎에 대한 정의는 정의항과 피정의항이 모두 앎이어야 하기 때문에 근원적인 순환성을 피할 수 없다는 해석도 가능할 수 있다. 그 밖에도 여러 해석의 가능성이 열려 있다.

사실 이런 모든 논란은 전문 연구자들 사이에서도 말끔하게 정리되거나 해결되지 못하고 있다. 그리고 플라톤이 『테아이테토스』에서 제기하는 인식론적 문제들 중 일부는 현대적으로 각색되어 지금도 탐문되고 있지만, 여전히 논란은 종식되지 못하고 계속되고 있는 것 같다. 그렇다면 플라톤은 현대에도 여전히 논란이 될 수밖에 없는 심오한 인식론적 문제를 이미 이천여 년 전에 제기한 셈이다. 우리는 그의 사유의 깊이에 놀라워하지 않을 수 없게 된다.

끝으로 우리는 『테아이테토스』 말미에 소크라테스가 산파술을 다시 끌어들이는 것을 주목할 필요가 있다. 텍스트의 본격적인 논의가 시작되기 전에 소크라테스의 산파술이 언급되었다면, 다시 끝머리 역시 산파술로 마무리되고 있다. 문학적으로 보자면 순환 구성(ring-composition)에 가까운 구성을 하고 있는 셈이다.

그렇다면 플라톤은 왜 다시 산파술의 언급으로 마무리하는 것일까? 언뜻 보면 산파술을 다시 끌어들이는 것에 무슨 의미가 있는지 알기가 어렵다. 그러나 심층적으로 보면 『테아이테토스』가 '앎이란 무엇인가?'를 주제로 삼으면서 비판되는 인식론적 모델이 모두 산파술과 대립되어 있다는 것을 알 수 있다. 영혼의 잠재성을 허용하지 않는 프로타고라스식의 그림은 인지 행위자의 능동성을 설명하지 못한다. 그리고 밀랍 서판의 모델과 같은 경험론적 모델은 인간의 영혼을 너무나 기계론적으로 접근하는 한계를 가진다. 또한 새장의 모델과 같이 배움의 과정을 사냥 모델로 제시하는 그림에서 인지자는 무지의 무지 상태에 빠질 위험을 피할 수 없으며, 그렇기에 앎과 무지를 구별하지 못한다. 그런데 『테아이테토스』에서 제시되는 철학의 시작은 산파술과 일관된 관점을 보여주는 것 같다. 155d에서는 철학의 시작을 '놀라워함'에서 찾는다. 이런 설명 방식은 테아이테토스의 철학적 고민이 산고(産苦)에서 시작되었음을 연상케 한다(148e 참고). 이런 관점에서 우리는 앎의 발생과 관련해서 『테아이테토스』가 그리는 그림이 '임신(kyēsis)과 출산(tokos)' 모델이라는 것에 주목할 필요가 있다. 이런 모델에서 임신은 영혼의 잠재성을, 출산은 잠재된 생각의 현실화를 가리킨다. (그리고 궁극적으로 앎의 현실화를 가리킨다.) 여기서 대화 상대의 임신을 출산으로 연결시켜주는 존재가 바로 산파이다. 그렇다면 산파는 지상의 이리스(Iris) 여신이다(155d 참고). 이렇게 보면 산파술의 수행은 철학의 과정이 어떻게 진행되어야 하는가를 간접적으로 보여주는 것으로 이해해 볼 수도 있을 것이다. 『테아이테토스』에서 수행된 산파술과 실제 텍스트의 내용 간에는 그 어떤 내적 연관이 있는 것 같기 때문이다.

그러나 어쨌든 『테아이테토스』의 산파술적 논의는 '앎에 대한 앎'을 찾는 노력에서 실패하지 않았는가? 맞다. 실패했다. 그러나 「작품 안내」 앞부분에서 소개한 세들리 식의 독법을 적용한다면, 이런 실패는 어쩌면 표면적일지도 모른다. 그러니까 텍스트 말미에 산파술을 다시 끌어들이는 것은, 플라톤이 텍스트 밖의 독자를 염두에 두고 있음을 시사하는 것일지도 모른다. 그렇다면 플라톤은 이런 말을 하려 한 것이 아니었을까. '독자들이여, 이제 논의는 끝이 났소. 그 의미를 곱씹어 보되, 손가락을 보지 말고 손가락이 가리키는 달을 보도록 하시오. 그대들이여, 이제 책을 덮고 그대들 스스로 생각하시오!' 만일 이런 접근이 타당하다면, 이제 『테아이테토스』가 제기한 문제들을 가지고 씨름하는 일은 독자들의 몫이 되겠다.

III. 대화편의 집필 시기와 극중 배경

1. 대화편의 집필 시기

『테아이테토스』는 일반적으로 중기의 『국가』나 『파이드로스』 이후에 쓰인 것으로 간주된다. 『파르메니데스』와 관련해서는 선후 관계에 대해 논란이 있지만, 이야기를 전하는 '이야기 투 화법'(narration)이 『파르메니데스』까지는 유지되는 반면 『테아이테토스』에서는 명시적으로 생략된다는 점을 고려하면, 『테아이테토스』는

『파르메니데스』이후에 집필된 것이 확실해 보인다. 이런 점에서 어떤 학자들은 중기의 끝머리에 쓰인 작품으로 보기도 한다.

그런데 플라톤은 자신의 견해를 다시 되새김할 필요가 있을 때 인식론적 반성을 시도했던 것 같다. 이를테면 『메논』은 초기에서 중기로 넘어가는 지점에서 그 같은 인식론적 반성을 시도한다. 여러 측면에서 『테아이테토스』는 『메논』과 유사성을 보인다는 점에서 우리는 『테아이테토스』 또한 중기에서 후기로 이행하기는 시기에 쓰인 대화편으로 간주할 수 있다. 아닌 게 아니라 『테아이테토스』는 『소피스트』 및 『정치가』와 함께 삼부작으로 간주된다. 『테아이테토스』 말미에 소크라테스와 테아이테토스, 그리고 테오도로스가 다음 날 또 만나자는 약속을 하고 이런 약속이 『소피스트』와 『정치가』에서 지켜지기 때문이다. 뒤의 두 대화편은 누구나 후기 대화편으로 간주하고 있는데, 이런 연속성의 측면을 고려할 때 『테아이테토스』는 중기 대화편이라기보다 이행기의 대화편으로 간주하는 것이 합리적인 분류법일 듯하다.

학자들은 보통 『테아이테토스』가 기원전 360년대에 쓰인 것으로 보고 있는데, 이보다 앞선 중기 대화편들 역시 그 당시에 쓰인 것으로 보는 것이 중론이라는 것을 고려할 때, 플라톤은 50대 후반 내지 60대 초반쯤에 『테아이테토스』를 집필한 것으로 보인다.

2. 액자 이야기의 극중 시점과 장소

액자 구조를 취하는 대화편 중 액자 이야기(frame-story)가 아테네 밖에서 시작되는 경우는 『파이돈』 말고는 『테아이테토스』밖에 없다. 액자 이야기를 주도하는 두 인물, 에우클레이데스와 테릅시온은 모두 메가라학파의 일원이고, 그들의 대화도 메가라의 어느 곳에서 이루어진다. 두 사람은 길에서 만나 대화를 나누다 아마도 에우클레이데스의 집으로 향하게 되며, 거기서 에우클레이데스가 기록한 대화를 노예가 낭송하는 것으로 액자 이야기는 마무리된다.

두 사람은 코린토스에서 부상을 당한 테아이테토스를 화제로 이야기를 나누는데, 코린토스를 배경으로 한 전쟁이 어느 시기의 전쟁을 가리키는지와 관련해서 심각한 논쟁이 있다. 하나는 펠로폰네소스 전쟁이 종료된 다음 코린토스, 테바이, 아르고스, 아테네가 페르시아의 지원을 받아 스파르타에 대항하여 벌인 전쟁으로, 이 전쟁이 코린토스 지역을 중심으로 벌어졌기 때문에 코린토스 전쟁이라고 불린다. 전쟁의 기간은 기원전 395년에서 기원전 387년 사이이다. 이 시기의 전쟁을 배경으로 보는 학자들은 테아이테토스가 부상당한 극중 시점을 기원전 394년에서 기원전 391년 사이로 보고 있다.

코린토스를 배경으로 일어난 또 다른 주요 전쟁은 그보다 후대의 일이다. 기원전 404/3년 스파르타는 아테네를 굴복시

킴으로써 펠로폰네소스 전쟁을 승리로 마감하지만, 기원전 371/370년 스파르타는 레욱트라(Leuktra)에서 에파메이논다스(Epameinōndas)가 이끄는 테바이 군에게 패배하고 만다. 이리하여 주도권이 테바이로 넘어가게 되자 369년 스파르타는 과거의 적대국이었던 아테네 등과 연합하여 반(反) 테베 전선을 형성한다. 상당수의 학자들은 『테아이테토스』의 액자 이야기의 극중 시점을 이때로 보며, 이 번역본도 그때를 기준으로 상정했다.

전자의 시기를 배경으로 하면 테아이테토스가 20대 초반에 세상을 떠난 것으로 되고, 후자의 시기를 배경으로 잡을 때는 약 46세에 죽은 것으로 볼 수 있다. 역사적으로 테아이테토스의 수학적 업적이 상당했던 것으로 전해지는 것을 고려할 때 뒤의 연대를 기준으로 삼아 액자 이야기의 배경 시점을 기원전 369년으로 보는 것이 합리적일 듯하다. 물론 이 연대로 잡으면 테릅시온이 에우클레이데스에게서 소크라테스의 대화를 듣게 되는 것이 원래의 대화가 이루어진 뒤 30년이나 지난 시점이라 어색하게 여겨질 수 있지만, 이 정도의 시간 차이는 드라마 차원에서 각색된 것으로 충분히 받아들일 수 있을 것이다.

3. 액자 내부 이야기의 극중 시점과 장소

『테아이테토스』의 액자 내부 이야기의 극중 장소는 텍스트 안에서 명시적으로 지목되지 않고 다만 레슬링장임을 짐작할 수 있다(144c 참고). 당시 아테네 성벽 밖에는 네 곳의 레슬링장이 있었는데, 그 가운데 뤼케이온이 성벽에서 가장 가까웠고 플라톤의 대화편 가운데 뤼케이온이 대화의 장소로 제시되는 경우가 곧잘 있다. 더구나 『에우튀프론』(2a)을 보면 소크라테스가 자주 뤼케이온을 찾았다는 언급이 등장한다. 이 같은 배경을 놓고 보면 『테아이테토스』의 극중 대화가 이루어진 장소 역시 뤼케이온이었을 개연성이 높다(이와 관련해서는 주석 43 참고).

한편 『테아이테토스』의 액자 내부 이야기의 극중 시점 또한 확실하다. 『테아이테토스』 끝머리인 210d에서 소크라테스는 멜레토스의 공소에 응하기 위해 사전 심리를 받으러 가야 한다고 언급하고 있기 때문이다. 이 공소의 결과로 재판이 열려 소크라테스가 사형선고를 받고 독배를 받는 시기가 기원전 399년인 만큼 『테아이테토스』의 극중 시점은 기원전 399년이다.

플라톤이 쓴 대화편 가운데 소크라테스의 죽음과 관련된 사건을 배경으로 하는 대화편을, 사건이 전개되는 시간순으로 제시하면 다음과 같다. 『테아이테토스』→『에우튀프론』→『크라튈로스』→『소피스트』→『정치가』→『소크라테스의 변론』→『크리톤』→『파이돈』

참고문헌[1]

1. 원전[2]

1.1. 플라톤 원전

Burnet, J. (ed.), *Platonis Opera I*(1900), *II*(1901), *III*(1903), *IV*(1902), *V*(1907), Oxford Classical Texts, Oxford University Press.

Campbell, L. (ed.), *The Theaetetus*, Arno Press, 1861.

Duke, E. A. and Hicken, W. F. et al. (eds.), *Platonis Opera I*(new edition), Oxford Classical Texts, Oxford University Press, 1995.[이 번역본의 기본 텍스트로 삼은 원전임.]

---

[1] 아래에 제시한 자료는 이 번역서를 준비하면서 핵심적으로 참고한 자료를 위주로 선별한 것이다.
[2] 「작품 안내」 및 주석에서 거론한 원전 중 위에서 거론하지 않은 고대 원전은 TLG(Thesaurus Linguae Graecae)를 출처로 한 것이며, 여기서 따로 서지사항을 제시하지 않는다.

1. 2. 기타 원전

Albinus, *Introductio in Platonem*, K. F. Hermann (ed.), *Platonis dialogi secundum Thrasylli tetralogia dispositi*, vol. 6, Leipzig: Teubner, 1853. [그리스어 원제는 'eisagōgē eis tous Platōnos dialogous'(플라톤의 대화편들에 대한 입문)]

Albinus, Épitomé, P. Louis (ed.), Les Belles Lettres, 1945. [그리스어 제목은 'epitomē tōn Platonos dogmatōn'(플라톤의 학설들에 대한 요약)이며 또는 'didaskalikos'로 불리기도 한다.]

Anomym, *Corpus dei papyri filosofici greci e latini, iii, Commentatium in Platonis Theaetetum*, G. Bastianini & D. N. Sedley (edd. & trans.), Flolence, 1995, 227~562. [『플라톤의 『테아이테토스』에 대한 무명씨의 주석』]

Anonyme, *Prolégomènes à la philosophie de Platon*, L. G. Westerink(texte établi) et J. Trouillard(traduit), Les Belles Lettres, 1990. [그리스어 원제: 'prolegomena tēs Platōnos philosophias'(플라톤 철학 서설)]

Diels & Kranz, *Die Fragmente der Vorsokratiker*, Weidmann, 3 vols., Zürich and Berlin: Weidmannsche Verlagsbuchhandlung, 1964.

Greene, W. C. (ed.), *Scholia in Platonem*(scholia vetera), American Philological Association, 1938.

Greene, W. C. (ed.), *Scholia in Platonem*(scholia recentiora Arethae), American Philological Association, 1938.

2. 번역과 주석서

2.1. 『테아이테토스』 관련 번역과 주석서

Becker, A., Platon: *Theätet*, Suhrkamp, 2007.

Benardete, S., *The Being of the Beautiful*, The University of Chicago

Press, 1984.

Burnyeat, M., *The Theaetetus of Plato*(trans. by Levett, M., J.), Hackett Publishing Company, 1990.

Chappell, T., *Reading Plato's Theaetetus*, Hackett Publishing Company Inc., 2004.

Cornford, F. M., *Plato's Theory of Knowledge*, Routledge & Kegan Paul, 1935.

Diès, A., *Platon Oeuvres Complètes*, Tome VIII, Paris Société D'édition ⟨Les Belles Lettres⟩, Boulevard Raspail, 1976.

Fowler, H. N., *Plato VII*, Loeb Classical Library: Harvard University Press, 1921.

Martens, E., Plato: *Theätet*, Reclam, 2003.

McDowell, J., Plato: *Theaetetus*, Oxford University Press, 1973.

Narcy, M., Platon: *Théétète*, GF-Flammarion, 1994.

Sachs, J., Plato: *Theaetetus*, Focus Philosophical Library, Focus Publishing, 2004.

Schleiermacher, F., *Platon Werke VI*, Wissenschaftliche Buchgesellschaft, Darmstadt, 1959.

Waterfield, R. A. H., *Plato: Theaetetus*, Penguin Classics, 1987.

2.2. 기타 번역과 주석서[3]

김인곤 외 옮김, 『소크라테스 이전 철학자들의 단편 선집』, 아카넷, 2005.
소포클레스, 천병희 옮김, 『소포클레스 비극 전집』, 숲, 2008.
아리스토텔레스, 김진성 옮김, 『형이상학』, 이제이북스, 2007.

---

3 「작품 안내」 및 주석을 구성할 때 직접 참고한 원전 번역서에 국한해서 제시한다.

아리스토텔레스, 손명현 옮김, 『시학』, 박영사, 1975.
아리스토텔레스, 유원기 옮김, 『영혼에 관하여』, 궁리, 2001.
아리스토텔레스, 이창우·김재홍·강상진 옮김, 『니코마코스 윤리학』, 이제이북스, 2006.
아리스토텔레스, 조대호 옮김, 『형이상학』, 전2권, 나남, 2012.
아리스토텔레스, 천병희 옮김, 『정치학』, 숲, 2009.
아리스토텔레스 외, 최자영·최혜영 옮김, 『아테네 정치제도사』, 『고대 그리스 정치사 사료』, 신서원, 2002.[이 번역서에서는 '아테네의 정치 체제(Athēnaiōn Politeia)'로 표기함.]
아리스토파네스, 천병희 옮김, 『아리스토파네스 희극 전집』, 전2권, 숲, 2010.
아이스퀼로스, 천병희 옮김, 『아이스퀼로스 비극 전집』, 숲, 2008.
플라톤, 강성훈 옮김, 『프로타고라스』, 아카넷, 2021.
플라톤, 강철웅 옮김, 『뤼시스』, 아카넷, 2021.
플라톤, 강철웅 옮김, 『향연』, 아카넷, 2020.
플라톤, 강철웅·김주일·이정호, 『편지들』, 아카넷, 2021.
플라톤, 김인곤 옮김, 『고르기아스』, 아카넷, 2021.
플라톤, 김인곤·이기백 옮김, 『크라튈로스』, 아카넷, 2021.
플라톤, 김주일 옮김, 『에우튀데모스』, 아카넷, 2019.
플라톤, 김주일 옮김, 『파이드로스』, 아카넷, 2020.
플라톤, 김주일·정준영 옮김, 『알키비아데스 I·II』, 아카넷, 2020.
플라톤, 김태경 옮김, 『소피스테스』, 한길사, 2000.
플라톤, 김태경 옮김, 『정치가』, 한길사, 2000.
플라톤, 박종현 역주, 『플라톤의 네 대화편: 에우티프론, 소크라테스의 변론, 크리톤, 파이돈』, 서광사, 2003.
플라톤, 박종현 역주, 『필레보스』, 서광사, 2004.
플라톤, 박종현 역주, 『국가 또는 政體』, 서광사, 개정판, 2005(초판, 1997).
플라톤, 박종현 역주, 『법률·미노스·에피노미스』, 서광사, 2009.

플라톤, 박종현 역주, 『프로타고라스/ 라케스/ 메논』, 서광사, 2010.
플라톤, 박종현·김영균 공동 역주, 『티마이오스』, 서광사, 2000.
플라톤, 이기백 옮김, 『크리톤』, 아카넷, 2020.
플라톤, 이상인 옮김, 『메논』, 아카넷, 2019.
플라톤, 이창우 옮김, 『소피스트』, 아카넷, 2019.
플라톤, 전헌상 옮김, 『파이돈』, 아카넷, 2020.
플라톤, 조대호 옮김, 『파이드로스』, 문예출판사, 2008.
크세노폰, 오유석 옮김, 『향연/ 경영론』, 작은이야기, 2005.
헤로도토스, 천병희 옮김, 『역사』, 숲, 2009.
헤시오도스, 천병희 옮김, 『신들의 계보』, 숲, 2009.
호메로스, 천병희 옮김, 『일리아스』, 숲, 2007.
호메로스, 천병희 옮김, 『오뒷세이아』, 숲, 2006.
히포크라테스, 이기백 옮김, 『전통 의학에 관하여』, 여인석·이기백 옮김, 『히포크라테스 선집』, 나남, 2011.
히포크라테스, 이기백 옮김, 『인간의 본질에 관하여』, 여인석·이기백 옮김, 『히포크라테스 선집』, 나남, 2011.

Adam, J., *The Republic of Plato*, 2 Vols., Cambridge University Press, second edition, 1963.

Cornford, F. M., *Plato's Cosmology*, Routledge & Kegan Paul, 1937.

3. 해설 및 연구서

강철웅 외, 『서양고대철학 1』, 길, 2013.
박종현, 『헬라스 사상의 심층』, 서광사, 2001.
박종현 편저, 『플라톤: 그의 철학과 몇몇 대화편』, 서울대학교출판부, 개정·증보판, 2006.
박홍규, 『형이상학 강의 1』, 『박홍규 전집』 2, 민음사, 1995.

알버트(Karl Albert), 이강서 옮김, 『플라톤 철학과 헬라스 종교』, 아카넷, 2011.

커퍼드(Kerferd), 김남두 옮김, 『소피스트 운동』, 아카넷, 2003.

Benitez, E. E., *Forms in Plato's Philebus*, Van Gorcum, Assen/Maastricht, 1989.

Blondell, R., *The Play of Character in Plato's Dialogues*, Cambridge University Press, 2002.

Bostock, D., *Plato's Theaetetus*, Clarendon Press, 1988.

Desjardins, R., *The Rational Enterprise: Logos in Plato's Theaetetus*, State University of New York Press, 1990.

Dorter, K., *Form and Good in Plato's Eleatic Dialogues*, University of Califonia Press, 1994.

Gulley, N., *Plato's Theory of Knowledge*, Metheun, 1962.

Harte, V., *Plato on Parts and Wholes*, Oxford University Press, 2002.

Howland, J., *The Paradox of Political Philosophy: Socrates' Philosophic Trial*, Roman & Littlefield Publishing, INC., 1998.

Lee, Mi-Kyoung, *Epistemology after Protagoras*, Clarendon Press, Oxford, 2005.

Knorr, W. R., *The Evolution of the Euclidean Elements*, D. Reidel Publishing Company, 1975.

Pirocacos, E., *False Belief and the Meno Paradox*, Ashgate, 1998.

Polansky, R. M., *Philosophy and Knowledge: A Commentary on Plato's Theaetetus*, Bucknell University Press, 1992.

Romilly, J., trans. by Janet Lloyd, *The Great Sophists in Periclean Athens*, Clarendon Press, 1992.

Runciman, W. G., *Plato's Later Epistemology*, Cambridge University Press, 1962.

Sedley, D., *The Midwife of Platonism: Text and Subtext in Plato's*

Theaetetus, Clarendon Press, 2004.

Stern, P., *Knowledge and Politics in Plato's Theaetetus*, Cambridge University Press, 2008.

Tschemplik, A., *Knowledge and Self-knowledge in Plato's Theaetetus*, Lexington Books, 2008.

Tsouna, V., *The Epistemology of the Cyrenaic School*, Cambridge University Press, 1998.

4. 논문

강성훈, 「고대 그리스 'einai'에 해당하는 한국어는?」, 《서양고전학연구》 제48집, 2012.

강철웅, 「플라톤의 『테아이테토스』편에서 로고스와 형상으로」, 《철학논구》(서울대) 24집, 1994.

강철웅, 「엘레아학파」, 『서양고대철학 1』, 길, 2013.

기종석, 「플라톤의 『테아이테토스』에 나타난 '앎'의 문제에 관한 연구」, 박사학위논문(서울대), 1987a.

기종석, 「참된 doxa로서의 앎과 오류가능성」, 《서양고전학연구》 제1집, 1987b.

기종석, 「프로타고라스의 지식론: 그의 '인간척도설'을 중심으로」, 《서양고전학 연구》 제2집, 1988.

기종석, 「『테아이테토스』에서의 '앎'의 제 3정의에 대한 고찰」, 《서양 고대 철학의 세계》, 서광사, 1995.

김귀룡, 「『테아이테토스』에서의 허위 판단」, 《인문학지》(충북대) 제25권, 2002.

김내균, 「플라톤의 프로타고라스 비판에 대한 고찰」, 《서양 고대 철학의 세계》, 서광사, 1995.

김영균, 「『테아이테토스』편 184-186에서의 지각과 지식에 관한 논증」, 《인문과학논집》(청주대) 제12권, 1993.

김영균, 「복합체의 可知性에 관한 문제」, 《서양고전학연구》 제8집, 1994.

김유석, 「소크라테스」, 『서양고대철학 1』, 길, 2013.

김윤동, 「플라톤의 『테아이테토스』 편에 있어서 '꿈'이론과 인식」, 《철학논총》 제6집, 1990.

김인곤, 「헤라클레이토스」, 『서양고대철학 1』, 길, 2013.

김헌, 「왜 이소크라테스는 철학자로 불리지 않는가?」, 《대동철학》 47권, 2009.

김헌, 「이소크라테스의 철학과 파이데이아에서의 '의견(doxa)'」, 《서양고전학 연구》 제50집, 2013.

남경희, "Plato's Conception of Knowledge in the Theaetetus and Sophist", 《철학》 제11집, 1983.

박성우, 「플라톤의 『테아이테토스』와 소크라테스적 삶의 철학적 변론」, 《한국정치학회보》 제44집, 2010.

이윤철, 「프로타고라스에 있어서 "ouk estin antilegein" 언명의 의미와 역할」, 《철학논구》(서울대) 제36집.

이재성, 「플라톤 『테아이테토스』에 나타난 인식이론의 문제」, 《철학연구》 제88집, 2003.

이창대, 「Platon의 Theaetetus편 분석(1)」, 《철학연구》 제15집, 1980.

이창대, 「Platon의 Theaetetus편 분석(2)」, 《철학연구》 제16집, 1981.

이창대, 「플라톤의 테아이테토스편에 있어서의 허위 판단에 대한 분석적 고찰」, 《희랍철학연구》, 서광사, 1988.

이태수, 「플라톤 철학에 있어서 지각의 문제」, 《철학연구》 제36집, 1995.

정준영, 「『테아이테토스』편에서 논의된 프로타고라스의 인간척도설과 상충의 문제」, 《서양고전학연구》 제11집, 1997.

정준영, 「『테아이테토스』편에서 논의된 인식의 문제 지각, 판단, 로고스」, 박사 학위논문(성균관대), 1999.

정준영, 「프로타고라스와 자기 논박」, 『플라톤 철학과 그 영향』, 서광사,

2001.

정준영, 「플라톤의 인식론」, 《서양고대철학 1》, 길, 2013.

편상범, 「프로타고라스의 인간척도설」, 《철학》 제84집, 2005.

한석환, 「수사술과 철학: 플라톤의 『테아이테토스』에 나오는 '여담'을 중심으로」, 《철학연구》 제63집, 2003.

Ackrill, J. L., "Plato on False Belief: Theaetetus 187-200", *Monist* 50, 1966.

Annas, J., "Knowledge and Language: The Theaetetus and Cratylus", in M. Schofield & M. Nussbaum (eds.), *Language and Logos*, Cambridge University Press, 1982.

Annas, J.(1994), "Plato the Sceptic", in P. A. V. Waerdt (ed.), *The Socratic Movement*, Cornell University Press.

Benitez, E. & Guimaraes, L., "Philosophy as Performed in Plato's Theaetetus", *The Review of Metaphysics*, Vol. 47, No. 2, 1993.

Benson, H. H., "Why Is There a Discussion of False Belief in the Theaetetus?", *Journal of the History of Philosophy* 30, 1992.

Beversluis, J., "A Defense of Dogmatism in the Interpretation of Plato", *Oxford Studies in Ancient Philosophy*, Vol. 30, 2006.

Burkert, W.(1960), "Platon oder Pythagoras? Zum Ursprung des Wortes 'Philosophie'", *Hermes* 88.

Burnyeat, M., "Plato's on the Grammar of Perceiving", *Classical Quarterly* 26, 1976a.

Burnyeat, M., "Protagoras and Self-refutation in Later Greek Philosophy", *Philosophical Review* 85-1, 1976b.

Burnyeat, M., "Protagoras and Self-refutation in Plato's Theaetetus", *Philosophical Review* 85-2, 1976c.

Burnyeat, M., "Examples in Epistemology: Socrates, Theaetetus and G. E. Moore", *Philosophy* 52, 1977a.

Burnyeat, M., "Socratic Midwifery, Platonic Inspiration", *Bulletin of the Institute of Classical Studies*, 1977b.

Burnyeat, M., "Conflicting Appearances", *Proceedings of the British Academy* 65, 1979.

Burnyeat, M., "Socrates and the Jury: Paradoxes in Plato's Distinction between Knowledge and True Belief", *Proceedings of the Aristotelian Society*, Supplementary Volume 54, 1980.

Burnyeat, M., "Idealism and Greek Philosophy: What Descartes saw and Berkeley missed", *Philosophical Review* 91, 1982.

Chappell, T. D. J., "Does Protagoras Refute Himself?", *Classical Quarterly* 45, 1995.

Cooper, J. M., "Plato on Sense-perception and Knowledge(*Theaetetus* 184-186)", *Phronesis* 15, 1970.

Döring, K., "The Students of Socrates", in ed. by Donald R. Morrison, *The Cambridge Companion to Socrates*, Cambridge University Press, 2011.

Dorter, K., "Levels of Knowledge in the Theaetetus", *Review of Metaphysics* 44, 1990.

Eck, J. V., "Moving like a Stream: Protagoras' Heracliteanism in Plato's Theaetetus", *Oxford Studies in Ancient Philosophy*, Vol. 36, 2009.

Fine, G., "Knowledge and Belief in Republic V", *Archiv für Geschichte der Philosophie* 60, 1978.

Fine, G., "False Belief in the Theaetetus", *Phronesis* 24, 1979a.

Fine, G., "Knowledge and Logos in the Theaetetus", *Philosophical Review* 29, 1979b.

Fine, G., "Protagorean Relativism", *Boston Area Colloquium in Ancient Philosophy* 10, 1994.

Fine, G., "Conflicting Appearances: *Theaetetus* 153d-154d", in C.

Gill & M. M. McCabe (eds.), *Form and Argument in Late Plato*, Clarendon Press, 1996.

Fine, G., "Plato's Refutation of Protagoras in the Theaetetus", *Apeiron* 32, 1998.

Frede, M., "Observation on Perception in Plato's Later Dialogues", *Essays in Greek Philosophy*, Clarendon Press, 1987.

Geach, P. T., "Plato's Euthypro: An Analysis and Commentary", *The Monist* 50, 1966; reprinted in W. J. Prior (ed.), *Socrates: Critical Assessments*, Vol.3, 1996.

Gettier, E., "Is Justified True Belief Knowledge", *Analysis* 23, 1963.

Giannopoulou, Z., "Socratic Midwifery: A Second Apology?", *Oxford Studies in Ancient Philosophy* 33, 2007.

Gill, C., "Afterword: Dialectic and the Dialogue Form in Late Plato", in C. Gill and M. M. McCabe (eds.), *Form and Argument in Late Plato*, Clarendon Press, 1996.

Gillespie, C., "The Dream of Socrates", *Archiv für Geschichte der Philosophie*, 1912~1913.

Grazzini, B. J., "Of Psychic Maieutics and Dialogical Bondage in Plato's Theaetetus," in Gary Alan Scott (ed.), *Philosophy in Dialogue: Plato's Many Devices*, Northwestern University Press, 2007.

Haring, E. S., "The Theaetetus Ends Well", *Review of Metaphysics* 35, 1982.

Haring, E. S., "Socratic Duplisity: Theaetetus 154b1-156a3", *Review of Metaphysics* 45, 1992.

Hemmenway, S. R., "Philosophical Apology in the Theaetetus", *Interpretation*, Vol. 17, No. 3, 1990.

Irwin, T., "Plato's Heracleiteanism", *Philosophical Quarterly* 27, 1977.

Kahn, C. H., "Some Philosophical Uses of 'to be' in Plato", *Phronesis*

26, 1981.

Kahn, C. H., "Why is the Sophist a Sequel to the Theaetetus?," *Phronesis* 52, 2007.

Kanayama, Y., "Perceiving, Considering, and Attaining Being(*Theaetetus* 184−186)", *Oxford Studies in Ancient Philosophy* 5, 1987.

Kerferd, G. B., "Plato's Account of the Relativism of Protagoras", *Durham University Journal* 42, 1950.

Lee, Mi-Kyoung, "The *Theaetetus*", in G. Fine (ed.), *The Oxford Handbook of Plato*, Oxford University Press, 2011.

Lee, Yoon Cheol, "A Study on Protagorean Objectivism", Ph.D. dissertation, Durham University, 2012.

Lewis, F. A., "Two Paradoxes in the *Theaetetus*", in J. M. E. Moravcsik (ed.), *Patterns in Plato's Thought*, Dordrecht: D. Reidel, 1973a.

Lewis, F. A., "Foul Play in Plato's Aviary: *Theaetetus* 195 B ff", in E. N. Lee et al. (eds.), *Exegesis and Argument*(*Phronesis*, Supplementary Volume I), 1973b.

Long, A. A., "Plato's Apologies and Socrates in the *Theaetetus*", in J. Gentzler (ed.), *Method in Ancient Philosophy*, Oxford University Press, 1998.

Mayhew, R., "The Theology of the Laws", in C. Bobonich (ed.), *Plato's Laws: A Critical Guide*, Cambridge University Press, 2010.

Modrak, D. K., "Perception and Judgment in the *Theaetetus*", *Phronesis* 26, 1981.

Moravcsik, J., "Understanding and Knowledge in Plato's Philosophy", *Neue Hefte für Philosophie* 15/16, 1979.

Nehamas, A., "Episteme and Logos in Plato's Later Thought", in J. P. Anton & A. Preus (eds.), *Essays in Ancient Greek Philosophy* 3, 1989.

Rudebusch, G., "Plato on Sense and Reference", *Mind* 94, 1985.

Rue, R., "The Philosopher in Flight: the Digression (172c-177c) in Plato's *Theaetetus*", *Oxford Studies in Ancient Philosophy* 11, 1993.

Ryle, G., "Logical Atomism in Plato's Theaetetus", *Phronesis* 35, 1990.

Scaltsas, T., "Is a Whole Identical to its Parts?", *Mind* 99, 1990.

Sedley, D., "Three Platonist Interpretations of the Theaetetus", in C. Gill and M. M. McCabe (eds.), *Form and Argument in Late Plato*, Clarendon Press, 1996.

Sedley, D., "The Ideal of Godlikeness", in Gail Fine (ed.), *Plato 2*, Oxford University Press, 1999.

Shea, J., "Judgment and Perception on Theaetetus 184-186", *Journal of the History of Philosophy* 23, 1985.

Sheffield, F. C. C., "Psychic Pregnancy and Platonic Epistemology", *Oxford Studies in Ancient Philosophy* 18, 2001.

Silverman, A., "Plato on Perception and 'Commons'", *Classical Quarterly* 40, 1990.

Versenyi, L., "Protagoras' Man-Measure Fragment", *American Journal of Philology* 83, 1962.

Vlastos, G. (ed.), *Introduction to Plato's Protagoras*, New York, 1956.

Vlastos, G., "The Socratic Elenchus", in J. Annas (ed.), *Oxford Studies in Ancient Philosophy* 1, 1983.

Vlastos, G., "Socrates' Disavowal of Knowledge", *The Philosophical Quarterly* 35, 1985.

Waterlow, S., "Protagoras and Inconsistency: Theaetetus 171a6-c7", *Archiv für Geschichte der Philosophie* 59, 1977.

Wengert, R. G., "The Paradox of the Midwife", *History of Philosophy Quarterly* 5, no.1, 1988.

White, N. P., "Plato's Metaphysical Epistemology", in R. Kraut (ed.),

The Cambridge Companion to PLATO, Cambridge University Press, 1992.

White, N. P., "Plato: Epistemology", in Christopher Shields (ed.), *The Blackwell Guide to Ancient Philosophy*, Blackwell Publishing, 2003.

Woodruff, P., "Plato's Early Theory of Knowledge", in S. Everson (ed.), *Companions to Ancient Thought I: Epistemology*, Cambridge University Press, 1990.

Woolf, R., "A Shaggy Soul Story: How not to Read the Wax Tablet Model in Plato's 'Theatetus'", *International Phenomenological Society*, Vol. 69, No. 3, 2004.

5. 사전류

피에르 그리말(Pierre Grimal), 『그리스 로마 신화 사전』, 최애리 외 옮김, 강대진 감수, 열린책들, 2003.

Brandwood, L., *A Word Index to PLATO*, Leeds: W. S. Maney & Son Ltd., 1976.

Denniston, J. D., *The Greek Particles*, Oxford: Clarendon Press, 1950.

Goodwin, W. W., *A Greek Grammer*, Ginn & Company, 1892.

Hornblower, S. & Spawforth, A. (eds.), *The Oxford Classical Dictionary*, 3th ed., Oxford University Press, 1996.

Irmscher, J., *Das Grosse Lexicon der Antike*, Whihelm Heyne Verlag, 1990.

Liddell, H. G. & Scott, R.(rev. & aug. by H. S. Jones), *A Greek-English Lexicon*, 9th ed., Oxford Clarendon Press, 1961. [LSJ로 줄여서 부름.]

Nails, D., *The People of Plato*, Hackett Publishing Company, INC., 2002.

Price, S. & Kearns, E, *The Oxford Dictionary of Classical Myth & Religion*, Oxford University Press, 2003.

Smyth, H. W., *Greek Grammer*, Harvard University Press, 1920.

Turner, P. & Coulter, C. R., *Dictionary of Ancient Deities*, Oxford University Press, 2000.

6. 기타 자료

최자영, 『고대 그리스 법제사』, 아카넷, 2007.

데카르트(Descartes), 이현복 옮김, 『성찰(Meditationes de prima philosophia)』, 문예출판사, 1997.

베터니 휴즈(Hughes, B.), 강영이 옮김, 『아테네의 변명』, 옥당, 2012.

비트겐슈타인(Wittgenstein, L.), 이영철 옮김, 『논리-철학 논고』, 책세상, 2006.

비트겐슈타인(Wittgenstein, L.), 이영철 옮김, 『청색책·갈색책』, 책세상, 2006.

비트겐슈타인(Wittgenstein, L.), 이영철 옮김, 『철학적 탐구』, 책세상, 2006.

스벤브로(Svenbro, J.), 「고대기와 고전기의 그리스 — 묵독의 발명」, 샤르티에(R. Chartier)·카발로(C. Cavallo) 엮음, 이종삼 옮김, 『읽는다는 것의 역사』, 한국출판마케팅연구소, 2006.

케레니(Kerenyi), 장영란·김훈 옮김, 『그리스 신화』, 궁리, 2002.

하이데거(Heidegger, M.), 이기상 옮김, 『진리의 본질에 관하여』, 까치글방, 2004.

Abrahams, E. B., *Greek Dress*, London: John Murray, Albemarle Street, W., 1908.

Berkeley, G., *Siris: A Chain of Philosophical Reflexions and Inquiries concerning the Virtues of Tar-Water*, Kessinger Publishing, 2008.

Burkert, W., *Ancient Mystery Cults*, Harvard University Press, 1987.

Connolly, P. & Dodge, H., *The Ancient City: Life in Classical Athens & Rome*, Oxford University Press, 1998.

Davidson, J., "Revolutions in human time: age-class in Athens and the Greekness of Greek revolution", in Simon Goldhill & Robin Osborne (eds.), *Rethinking Revolutions through Ancient Greece*, Cambridge University Press, 2006.

Hansen, M. H., trans. by J. A. Crook, *The Athenian Democracy in the Age of Demosthenes*, University of Oklahoma Press, 1999.

Harris, H. A., *Greek Athletes and Athletics*, Greenwood Press, Publishers, 1964.

Harrison, A. R. W., *The Law of Athens*, Vol. 1(1968), Vol. 2(1971), Hackett Publishing Campany, Inc..

Kerényi, C., trans. by R. Manheim, *Eleusis: Archetypal Image of Mother and Daughter*, Princeton University Press, 1967.

Lanni, A., *Law and Justice in the Courts of Classical Athens*, Cambridge University Press, 2006.

Leibniz, G. W., *Nouveaux essais sur l'entendement humain*, Paris: Librairie Classique Eugene Belin, 1704.

Locke, J., *Enquiry concerning Human Understanding*, P. Nidditch (ed.), Oxford University Press, 1975.

MacLachlan, B., *The Age of Grace: Charis in Early Greek Poetry*, Princeton University Press, 1993.

Meyer, M. W. (ed.), *The Ancient Mysteries: A Sourcebook of Sacred Texts*, University of Pennsylvania Press, 1987.

Snell, B., *Die Ausdrücke für den Begriff des Wissens in der vorplatonischen Philosophie*, Weidmann, 1924.

Todd, S. C., *The Shape of Ahtenian Law*, Clarendon Press, 1993.

Todd, S. C., "Law and Oratory at Athens", in M. Gagarin & D. Cohen (eds.), *The Cambridge Companion to Ancient Greek Law*, Cambridge University Press, 2005.

찾아보기

일러두기

1. 찾아보기는 그리스어 텍스트 원전에 대한 번역문에 한정해서 작성한다.
2. 우리말 표제어를 제시하고 독립된 의미 분류를 하지 않아도 무방한 경우는 표제어 옆에 괄호로 덧붙여 표기한다. 이를테면 '고상한(고귀한)'. 그럼에도 번역 본문의 표현과 찾아보기 항목의 우리말 표현이 정확히 일치하지 않을 경우가 있다. 이는 찾아보기 항목에서는 그리스어의 품사에 따른 표제어 표현을 제시하는 것을 원칙으로 했기 때문이다.
3. 동일한 그리스어 낱말에 여러 우리말 번역어가 대응될 경우, 표제 번역어를 맨 앞에 두고 이후에 다른 번역어들을 열거하기로 한다.('/' 기호 사용)
4. 표제어를 제시할 때, 형용사와 부사의 차이나 정형 동사와 분사의 차이 등은 무시하기로 한다. 동사의 경우는 부정법(不定法) 형태로 표기하는 것을 원칙으로 하고, 형용사 군은 형용사로 표기하는 것을 원칙으로 한다.
5. 용례의 텍스트 위치는 OCT의 스테파누스(Stephanus)의 쪽수 및 해당 쪽수의 단(段 : column) 표기를 기준으로 한다(이를테면 210a). 따라서 같은 자리(같은 단)에 해당 용어 항목이 여러 번 등장할 가능성이 있다. 이 때문에 지시된 자리의 수와 용례의 수가 정확히 일치하지 않을 수 있음에 유의할 필요가 있다.
6. 원문과 번역문의 행수가 정확히 일치하기는 어렵기 때문에 독자들로서는 번역문의 앞뒤를 확인하는 수고를 할 필요가 있을 때도 있다.
7. 'legein'(말하다)처럼 아주 자주 등장하는 낱말의 경우에는 중요하다고 생각되는 대목만 표기한다.
8. 그리스어-우리말 찾아보기 순서는 편의상 영어 알파벳순으로 제시한다.

9. 찾아보기에 사용된 기호는 다음과 같은 쓰임새로 사용한다.
   1) / : 우리말 한 낱말에 여러 그리스어가 대응될 경우를 가리킨다.
   (그리스어 - 우리말 찾아보기에서는 그리스어 한 낱말에 여러 우리말이 대응될 경우를 가리킨다.)
   2) → : 표제어의 파생어를 보여 준다.
   3) ― : 우리말 표제어에 여러 그리스어가 대응될 경우를 보여 준다.
   4) ( ) : 한 낱말의 다른 번역 사례를 보여 준다.
   5) ☞ : 해당 항목에 가서 확인할 수 있다.

한국어 - 그리스어

가결되다 dokein 172b

가노(家奴) oiketēs 172d, 173c

가두다 katheignynai 197e

가두어 놓다 katheirgein 200c

가득 찬 plērēs 210c

가르치다 didaskein 163c, 170b, 198b, 201a, 201b

→ 가르침을 주는 자 ☞ 교사 didaskalos

가리키다 sēmainein 206c

가만있음 ☞ 차분함 hēsychia

가문 ☞ 부류 genos

가벼운 kouphos 178b, 184e

가슴 kear 194c, 194e

가정 hypothesis 183b

→ 가정하다 hypotithenai 165d

가축 boskēma 162e

갈팡질팡하다 helissesthai 194b

감다 myein 163e, 164a, 164d

감사 charis 155d, 165a

감소하다 phthinein 155a

감을 잡다 katanoein 157c

감하다 aphairein 155a / 줄어들다 155c

강 potamos 200e

강론 ☞ 설명 logos

강요하다 anankazein 179b / 강제하다 174c

강탈당하다 apostrerousthai 201b

갖다 대다 prosballein 193c

개 kyōn 171c

개인 ☞ 문외한 idiōtēs

개구리 batrachos 167b

거들먹거리다 semnynein 175a

거슬러 올라가다 anapherein 175a

찾아보기 | 541

거울 katoptron 193c, 206d
거지 ptōchos 175a
거짓 pseudos 150c, 151d, 161a, 194a / 허위 173a
→ 거짓인 pseudēs 158a, 158b, 161d, 167a, 167d, 170b, 170c, 170e, 171b, 187b, 187c, 187e, 188b, 188c, 188d, 189b, 189c, 189d, 190e, 191e, 193b, 193d, 193e, 194b, 195a, 195b, 195c, 196a, 196c, 199a, 199c, 199e, 200a, 200c / 거짓된 150e / 위증인 148b / 틀리지 않는 152c, 160d
→ 거짓인 생각을 하다 pseudesthai 171a, 171b, 191b, 194a, 194b, 194c, 195a, 196c, 199c, 200a
→ 거짓이 아닌 생각을 하다 apseudein 199b
건강하다 hygiainein 159b, 159c, 159d, 166e, 167a
→ 건강한(건강에 좋은) hygieinos 171e / 건전한 167c
→ 건전한 hygiēs 173b, 194b
건방 megalauchia 174b
건조한 xēros 171e
걸치다 phorein 197b

검은 melas 153e, 181d, 184b, 184e
검토되지 못한 askeptos 184a
→ 검토하다 skopein 145a, 145b, 145d, 147a, 147e, 151c, 151e, 157d, 162e, 163a, 179d, 179e, 183e, 184a, 189b, 190b, 190e, 191c, 201a, 203e / 고찰하다 186a, 189e, 196a, 198c / 겨냥하다 189c
→ 검토하다 ☞ 고찰하다 episkopein
— 검토하다 ereunan 200e
겉옷 himation 165c, 197b
겨냥하다 stochazein 177e
— 겨냥하다 ☞ 검토하다 skopein
겪다 ☞ 작용을 받다 paschein
견디다 hypomeinai 177b
견해 ☞ 의견 dogma
— 견해 ☞ 설명 logos
결여되다 apostatein 205a
결여하다 steresthai 196e
결합하다 syntithenai 203c
경건한 hosios 172a, 172b, 176b
경구 rhēmastiskia 180a
경멸하다 atiman 173e
경무장 전투에 능한 peltastikos 165d

경주 dromos 173a
(법정) 경합 agōn 172e
→ 경합을 벌이는 자 agōnistēs 164c
→ 경합을 벌이다 agōnizein 167e, 168d
경험 ☞ 느낌 pathos
→ 경험하다 ☞ 작용을 받다 paschein
경험이 없는 ☞ 무한한 apeiros
곁가지 parerga 177b / 부차적인 일 184a
계산하다 arithmein 198c, 198e, 199a
고마움 ☞ 감사 charis
고상한(고귀한) gennaios 184a, 210d
고소하다 ☞ 쓰다 graphein
고아 orphanos 164e
고유한 idios 154a, 166c
— 고유한 oikeinos 193c, 194b
— 고유한 oikeios 202a
고찰 skepsis 175c, 181c
→ 고찰하다 ☞ 검토하다 skopein
→ 고찰하다 episkopein 185b, 185c, 185e, 199e, 207d / 검토하다 155a, 161d, 161e, 168b, 184b
곤경 ☞ 난관 aporia

곰곰이 생각하다 enthoueisthai 196b
곱하다 ☞ 제곱하다
곳 topos 177a
공략되다 haliskesthai 179b, 179c / 공박을 받다 182d
공소 graphē 210d
공언하다 hyischnesthai 178e
공이 hyperon 209d
공적으로 koinē(i) 172b
→ 공통성 koinotēs 208d
→ 공통적인 (것) koinon 185b, 185c, 185e, 208d, 209a
공중 meteoros 175d
과오 sphalma 167e
관객 theatēs 173c
관여하다 metechein 186e
관찰하다 theasasthai 154e
관행 synētheia 157a
광기 mania 157e, 158d
괴로움 lypē 156b
괴상한 ☞ 별난 atopos
— 괴상한 ☞ 능수능란한 deinos
교사 didaskalos 161d, 170b, 201a / 스승 179a
교섭 homilia 156a, 157a
교양 없는 apeideutos 174d, 175d
→ 교양 없음 apideusia 175a
→ 교육 paideia 145a, 167a, 186c

교제 synousia 150d, 150e, 151a, 151b, 168a
→ 교제하다 syneinai 168a, 179a / 어울리다 177a / 함께하다 210c
— 교제하다 syngignesthai 150d, 151a / 어울리다 182b / 함께하다 174b
구별되는 것 diaphron 174b
구별하다 dihorizesthai 192a
→ 구별하다 ☞ 정의하다 horizein
구원자 sōtēr 170b
구하다 ☞ 보존하다 sō(i)zein
군대 stratopedon 204d
군중 ochlos 174c
궁수 toxotēs 194a
궁지 ☞ 필연 anankē
권고 parakeleusis 209e
권위 있는 kyrios 161d, 178d, 179b, 206b
→ 권한 없는 akyros 169e, 178d
귀 ous 184b, 184c
귀머거리 eneos 206d
규정하다 ☞ 정의하다 horizein
그럴 듯(그럴 법) eikos 149c, 162e
그렇다 ☞ 있다 einai
글 선생 grammatistēs 163c
글자 ☞ 자모 gramma
기르다 ☞ 양육하다 trephein

기병 hippeus 183d
기술 technē 146d, 147b, 149a, 149c, 149e, 150b, 150c, 151b, 161e, 184b, 198a, 201a, 210b, 210c
기억 mnēmē 163d, 163e, 166b
→ 기억력이 좋은 mnēmōn 144a, 194d
→ 기억 못 하다 amnēmonein 207d
→ 기억상 mnēmeion 192a, 192b, 196a, 209c
→ 기억을 떠올리다 ☞ 상기하다 anamimnē(i)skesthai
→ 기억하다 mimnēskein 143a, 163d, 163e, 164a, 164b, 164d, 166a, 182b, 192d, 205c
→ 기억하다(기억나다) mnēmoneuein 144b, 157c, 191d, 197a
기이한 ☞ 별난 atopos
기원 ☞ 생성 genesis
기질 tropos 145c, 175d / 방식 175d
기하학 geōmetria 143d, 143e, 145c, 146c, 165a
기하학적 도형 diagramma 169a
기하학적 문제 problēma 180c

기하학자 행세를 하다 geōmatrein 162e
긴 sychnos 185e
길이 mēkos 147d, 148b
깊이 bathos 194e
깨끗한 katharos 191c, 194d, 194e
깨닫다 syneidenai 206a
깨닫다 ☞ 생각이 나다 ennoein
— 깨닫다 ☞ 인식하다 gignōskein
깨어 있다 egeirein 158c, 158d
꺼끌꺼끌한 trachys 194e
껄끄러운 aēdēs 195b
꿈 enhypnion 157e / 꿈속 202c
— 꿈 onar 158b, 158c, 158d, 201d, 208b
— 꿈 oneiros 158c, 201d
→ 꿈을 꾸다 oneirōttein 158b, 158c
— 꿈 hypnos 190b / 잠 158b
꿈속 ☞ 꿈 enhypnion
끔찍한 ☞ 능수능란한 deinos

나누다 dihairein 201d
나뉠 수 없는 ameristos 205d
나라 polis 142a, 167c, 172a, 172b, 173e, 176d, 177c, 177d, 177e, 178a, 179a
나쁜 kakos 166d, 174c, 176a, 176b, 177a / 나쁨 186a / 부정한 173d
나은 ☞ 좋은 agathos
나타나다 phainesthai 152a, 152b, 153e, 154a, 158a, 159d, 166c, 166d, 166e / 떠오르다 151e, 157d
→ 나타남 phantasia 152c, 161e
→ phasma 155a
→ phantasma 167b
나타나 있다 pareinai 166b, 179c / 현존하다 194a
— 나타나 있다 paragignesthai 199d
난감한 aporos 158c
난공불락의 analōtos 179c
난관 aporia 151a, 168a, 168c, 200a / 곤경 174c / 어찌 할 바를 모름 187d
→ 난관에 봉착하다(난관에 빠지다) aporein 145d, 145e, 149a, 190e, 191a / 어쩔 줄 모르다 174d, 175b, 175d
날아다니다 petesthai 197d
— 날아다니다 diapetasthai 199b
날인(捺印)하다 ensēmainesthai 191d
날카로운 entonos 173a

낡아지다 geraskēsthai 181d
남겨 주다 katatithenai 209c
남자답지 못함 anandria 176c
낮은 ☞ 무거운 barys
낮추다 synkathienai 174a
낱말 ☞ 이름 onoma
낳다 gennan 150c, 153a, 156d, 156e, 159a, 159c, 159e, 160a, 160e / 태어나다 156b
낳지 못하는 agonos 150c, 157c
냄새 맡다 osphrainesthia 165d, 186d(냄새 맡음)
넉넉한 공간 eurychōria 194d
널빤지 dory 207a, 207b
넓은 polys 194c
넘겨받다 paralambanein 198b
넘겨주다 paradidonai 198b
넣다 embibazein 193c
노예 doulos 175a,
— 노예 andrapodos 175d
노예근성 douleia 173a
논란거리 amphisbētēsis 198c
→ 논쟁거리 amphisbētēma 158b
→ 논쟁을 벌이다(논쟁이 되다, 논쟁을 걸다) amphisbētein 158b, 158c, 158d, 163d / 이의를 제기하다 167d, 171b, 171c

논리 ☞ 설명 logos
논박에 능한 elentikos 200a
→ 논박을 피하는 anelenktos 154d
→ 논박하다 elenchein 157e, 161a, 161e, 162a, 165e, 166b, 166c, 169c, 171d
논변 ☞ 설명 logos
논의 ☞ 설명 logos
논의를 좋아하는 philologos 161a
→ 논의를 좋아함 philologia 146a
논증 apodeixis 162e, 206c
→ 논증하다 apodeiknynai 164d / 밝혀지다 195d,
놀라다(놀라워하다) thaumazein 142a, 142c, 144b, 155c, 155d, 161b, 161c, 162c / 의아해하다 142a
→ 놀라운 thaumastos 144d, 150d, 154b, 174e
→ 놀라운 thaumasios 165d, 210c
→ 놀랍게(놀랍도록) thaumatōs 144a, 157d, 193d
놀림 skōmma 174a
놀려 대다 apskōptein 174a
농부 geōrgos 167b, 178d
높은 oxys 184b
놓아주다 aphienai 197d, 198a
누워 잠자다 katheudein 158b,

158d, 159c

눈 omma 153d, 153e, 156d, 184b

— ophthalmos 156e, 165c, 184c, 184d, 209b, 209c

눈먼 사람 typhlos 209e

→ 눈멂 typhlotēs 199d

느낌 pathos 161d, 179c / 경험 166b / (겪는) 사태 199c / (겪는) 상태 155d / 일어나는 일 193c, 193d

→ 경험 pathēma 186c, 186d

느린 ☞ 무거운 bradys

→ 느림 bradytēs 156c

능력 ☞ 힘 dynamis

능수능란한 deinos 154d, 173b, 176d, 177a, 201a / 괴상한 184d / 끔찍한 162e, 174c / 두려운 183e / 무서운 195b, 199c, 203d / 무시무시한 164d, 165a, 165b / 용한 149d / 지독한 169c / 터무니없는 163e

→ 능수능란함 deinotēs 176c, 177a

다다르다 synteinein 184d
다루기 어려운 dyskolos 174d
다르다 diapherein 175c

다른 heteros 158e, 159a, 159b, 159c, 163a, 165c, 166d, 167a, 167b, 171d, 185a, 189c, 189d, 190a, 190b, 190c, 190d, 191c, 192a, 192b, 193b, 193d, 193e, 196b, 199a, 199b, 199d, 200b, 204a, 204b, 204c, 205b, 205c, 207d, 207e

— 다른 allos 159a, 160a, 164b, 166d, 167a, 168b, 171e, 208e

다른 성질의 alloios 160a

다른 자리에 배치하다 allotrionomein 195a

다른 쪽의 allotrios 193c

다스리다 archein 170b, 173c

다시 붙잡다 analambanein 198d, 203a

다중 (hoi) polloi 168a, 168b, 176b, 208c

다채로운 poikilos 146d

단단한 sklēros 156e, 191d, 191e, 186b / 딱딱한 181d, 184e

→ 단단함 sklērotēs 186b

단련 gymnasia 169c

단일한 종 monoeidēs 205d

달라지다 ☞ 닮지 못하다 anhomoiousthai

달라짐 anhomoiōsis 166c

달아나다 pheugein 176a, 177b

→ 달아남 phygē 176a

달콤한 glykys 159c, 160b, 171e, 184e

→ 달콤함 glykytēs 159d, 178c

닮은 homoios 144e, 154a, 159a, 159b, 180b / 유사한 185a / 유사성 186a / 동화된 176c

→ 닮게 homoiōs 154a

→ 닮다(닮게 되다) homoiousthai 159a, 177a

→ 닮음 homoiotēs 145a, 158c, 177a / 닮은 면모 149c / 닮은 점 194c / 유사성 185c / 동화됨 176b

→ 닮지 못하다 anhomoiousthai 177a / 달라지다 166d

담보 homēros 202e

당하다 ☞ 작용을 받다 paschein

닿다 ☞ 만지다 haptasthai

대다 hypechein 191d

대답하다 apokrinein 154d, 166a

대립성 enantiotēs 186b

대립적인 것 enantion 189d

대상 pragma 177e, 197e

대중에 영합하다 dēmousthai 161e

대중연설 dēmēgoria 162d

→ 대중연설을 하다 dēmēgorein 162d

대지 ☞ 땅 gē

대칭 antistrophos 158c

(문답식) 대화 dialektos 146b / 어법 183b

대화하다(문답을 나누다) dialegesthai 142c, 143b, 146a, 147d, 158c, 161e, 167e, 174c, 178e, 179e, 181d, 187a, 189e, 196e

→ 대화투로 dialegomenon 143b, 143c

더딘 ☞ 무거운 bradys

더러운 koptōdēs 191c

더하다 prostithenai 155a / 덧붙이다 202a

덕 aretē 145b, 167e, 176b

덧보태다 prospherein 202a

덧붙이다 ☞ 더하다 prostithenai

덧붙여 말하다 proseipein 201e

덧붙여지다 prosgignesthai 210b

덧붙여 포착하다 proslambanein 207c, 208e, 209a, 209d / 추가로 얻다 202c / 추가로 포착하다 209d, 209e

도구 organon 184d, 185a, 185c, 185d

도시 ☞ 나라 polis
도움 boētheia 165a, 168c
도형 schēma 147e, 148a
돈 chrēma 167d
— 돈 argyrion 179a
돌다 strephesthai 181c
돌리는 일 peritropē 209e
돌보다 epimelein 167e
돌파구 poros 191a
돕다 boēthein 168c, 169e, 171e
동등한 isos 155a, 158d
동료 hetairos 161b, 161d, 168c, 168e, 171c, 180b, 183b
동료노예 homodoulos 172e
동물 zō(i)on 170b, 174d
— 동물 thērion 186c
동의 homologia 169e, 170a
→ 동의를 해 두다 dihomologein 169e
→ 동의하다 homologein 159a, 162a, 163b, 164a, 165a, 166b, 171a, 171b, 171c, 172a, 178a, 179a, 179b, 184e, 190e, 191a, 191e, 195b, 206b, 208a, 208b / 합의하다 169d, 198c, 204e
동일한 tautos 145e, 154a, 158e, 159a, 159d, 163a, 164a, 164b, 164d, 165b, 165d, 166b, 168b, 184d, 185a, 186d, 186e, 196c, 197b, 199e, 204a, 204b, 204c, 204d, 205a, 205d, 207d, 207e / 동일성 185d, 186a
동조하다 synchōrein 169d, 169e, 171a, 171b, 171c, 171e, 183b, 183c, 191c / 인정하다 176d, 205b
동족적인 syngenēs 156c, 167b
동화된 ☞ 닮은 homoios
→ 동화됨 ☞ 닮음 homoiōsis
되 chous 173d
되다 ☞ 생기다 gignesthai
되새기다 epanieinai 186b
돼지 hys 161c, 166c
돼지치기 sybōtēs 174d
두 가지 dyo 185a
두꺼운 ☞ 무거운 barys
두께 bathos 194d
두려운 ☞ 능수능란한 deinos
두려움 phobos 156b, 173a
→ 두려워하다 phobousthai 184a
두렵다 deidein 195c
둘러싸다 periballein 174e
뒤섞이다 symmignynai 194e
드러나다 anaphainein 157d
드러내다 deiknynai 200e
→ 드러내다 endeiknynai 206d

드러누워 있다 enkathēnai 184d
듣다 akouein 158b, 163b, 163c,
    165d, 173d, 174d, 174e,
    176d, 177a, 182e, 184b,
    184c, 189a, 191d, 191e,
    192d, 193b, 195a, 201c,
    201d, 201e, 202c / 들음
    186d
→ 들음 akoē 142d, 185a, 185b,
    185c, 206a / 청각 156b,
    156c / 청문(聽聞) 201c
들어맞는 ☞ 통약될 symmetros
들창코 simos 143e, 209c
들창코의 상태 simotēs 209c
등변 isopleuros 147e, 148a
따르다 pethesthai 183e
따지다 antilambanein 189c
— 따지다 ☞ 캐묻다 eksetazein
딱딱한 ☞ 단단한 sklēros
땅 gē 173e, 174e / 대지 176d /
    지구 174e, 208c / 흙 194e
떠오르다 ☞ 나타나다
    phainesthai
떠올리다 ☞ 상기하다 amimnē(i)
    skesthai
또렷한 oxys 165d
뚜쟁이질 proagōgia 150a
뛰어나다 ☞ 차이가 나다
    diapherein

뜨거운 thermos 154b, 156e,
    171e, 182b, 184e / 열 153a
→ 뜨거움 therma 178c
→ 뜨거움 thermotēs 178c, 182a,
    182b
→ 뜨겁게 느낌 thermainesthai
    186d
뜨거워함 kausis 156b

레슬링을 하다 prospalaiein 162b,
    169b
→ 레슬링장 palaistra 162b, 181a

마심 posis 159e
마음 phrēn 154d
마음 ☞ 영혼 psychē
마주치다 synerchesthai 157a
마찰 tripsis 153a, 156a
막다른 aporos 196c
막대기 skytalē 209d
만나다 synerchesthai 160a
만들다 ☞ 작용을 가하다 poiein
만물 panta chrēmata 152a, 153d,
    160d, 161c, 170d, 178b,
    183b
만지다 haptasthai 189a, 192d,
    195d, 195e / 닿다 209a
→ 만지다 ephaptein 154b
말 ☞ 설명 logos

— 말 ☞ 소리 phōnē
말 hippos 190c, 195d
말을 더듬거리다 battarizein 175d
말을 바꾸다 metonomazein 180a
말하다 legein 190c, 203b, 206a,
　　206d, 207b / 설명하다
　　151d, 152a, 202a, 202d,
　　202e, 205c, 207b
많은 polys 154c
망각 lēthē 144b
맞대다 synagein 194b
맞서다 antitenein 191c
맞아떨어지다 sympiptein 160d
맞추다 prosharmozein 193c,
　　194a
맞히다 tynchanein 178a / 적중하
　　다 172d, 186c
매달리다 kremannynai 175d
매질 plēgē 176d
맴돌다 peritrechein 200c
머물다 menein 182d, 182e
멋진 ☞ 아름다운 kalos
면적 ☞ 평면 epipedos
명명하다 onomazein 160b
명증적인 enargēs 179c / 명확한
　　203b, 206b
명확한 saphēs 194d
모두 나열하다 perainein 207b,
　　207c

모든 것 ☞ 총체(總體) (to) pan
모르다 ☞ 무지하다 agnoein
모름 anepistēmosynē 199e,
　　200a, 200b / 앎이 결여된
　　상태 157b
모사한 eikōn 177a
모상(模像) eidōlon 150b, 150c,
　　150e, 151c, 208c / 상(像)
　　191d
모순되다 enantioesthai 200d
모양 schēma 163b
모으다 syllabein 147d
모음 ☞ 소리 phōnē
모진 ☞ 무거운 barys
목격하다 ☞ 보다 idein
목마 doureios hippos 184d
목숨 ☞ 영혼 psychē
목자 nomeus 174d
몰골 aschēmosynē 174c
몰두하다 pragmateuein 187a
몰지각한 anoētos 175b
몸 sōma 145a, 150b, 153b,
　　153c, 167b, 173e, 184e,
　　185c, 185e, 186c
몸집 ☞ 부피 onkos
못마땅하다 dyscherainein 195c,
　　199c
못 할 짓이 없는 panourgos 177a
→ 못 할 짓이 없음 panourgia

176d
몽매하다 skotoun 209e
무거운 barys 178b / 낮은 184b / 느린 156c / 더딘 195a / 두꺼운 194c / 모진 210c
무르다 orgazesthai 194c
무른 malakos 181d, 186b
→ 무름 malakotēs 186b
— 무른 hygros 191d
무서운 ☞ 능수능란한 deinos
무수한 aperantos 156b
→ 무수한 ☞ 무한한 apeiros
무시무시한 ☞ 능수능란한 deinos
무엇인지 ☞ 있음 ousia
무지 amathia 153c, 170b
→ 무지한 amathēs 161e, 170c, 195a
— 무지 agnoia 199d
→ 무지하다 agnoein 175b, 199d / 모르다 147b, 176d, 188b, 193b, 196e, 203d
→ 무지함 agnōmosynē 199d
무한한 apeiros 147d, 156a, 156b, 166c / 무수한 159a / 경험이 없는 155c / 한정 없는 183b
묶어주다 syndein 160b
문답을 나누다 ☞ 대화하다 dialegesthai

문제 삼다 antilambanein 169d
문외한 idiōtēs 154e, 178c, 178e / 개인 172a
묻다(질문하다) erōtān 158c, 158e, 166a, 166b
물 hydōr 172e, 206d / 물시계 201b
물음(질문) etōtēsis 154d, 166a, 167d
미묘한 kompsos 171a, 202d / 세련된 156a
미숙(미숙함) apeiria 167b, 174c
미치다 mainomasthai 158b
믿을 수 없는 epiboulos 174d
밀랍(蜜蠟) kēros 191c, 194c, 194e
밀랍의(밀랍으로 된) kērinos 191c, 193c, 197d, 200b
밑그림을 그리다 hypographein 171e

바꾸다(바뀌다) mataballein 154b, 181c
— 바뀌다 metarrhein 193c
바라보다 blepein 174a / 주시하다 174e / 주목하다 175a / 보다 175d
발광 나다 oistrān 179e
반대되는 판단을 하다

antidoxazein 170d, 171a
반대로 생각하다 antioiesthai
　　　178c
반대하다 antilegein 169c
→ 반박에 능한 자 antilogikos
　　　197a
→ 반박을 일삼는 방식으로
　　　antilogikōs 164c
반전 ta antistropha 175d
반지 daktylios 191d, 193c
발견하다 heuriskein 142a, 147e,
　　　202d / 찾아내다 150d,
　　　187a, 187c, 191a, 195c,
　　　197e / 뵈다 142a
→ 발견하다 ekseurein 148c / 찾
　　　아내다 201d
발생되다 phyesthai 153b
발자취 ichnos 187e
밝은 lampros 208d
밝혀지다 ☞ 논증하다
　　　apodeiknynai
밝히다 apodeiknynai 180d
방법 hodos 208b, 208c
방식 ☞ 기질 tropos
배분하다 aponemein 195a
배역 drama 169b
배열 thesis 206a
배우다 manthanein 145d, 146c,
　　　150d, 153c, 163b, 163d,
　　　163e, 164d, 191c, 192c,
　　　197e, 198b, 198d, 198e,
　　　199a, 203a, 206a / 배
　　　움 188a / 이해하다 149b,
　　　155d, 171c, 174b, 180d,
　　　198a, 209e / 알다 208e /
　　　알아듣다 193d
→ 배움 mathēsis 144b, 153b,
　　　206a, 207d
→ 배움 mathēma 206b
배치하다 dianemein 194d
벌 dikē 177a / 송사 172e
— 벌 zēmia 176d
법 nomos 173d, 177e, 178a
법령 psēphisma 173d
법적으로 따지는 데 능한
　　　dikanikos 175d
법정 dikastērion 172c, 173d,
　　　174c, 178e
법정 변론가 dikanikos 201a
벗 ☞ 동료 hetairos
벗어나다 apallattein 175b, 199c
벙어리 kōphos 206d
변 grammē 148a
변전 matabolē 182d
→ 변전하다 ☞ 변환시키다
　　　metaballein
변화 alloiōsis 181d
→ 변화하다 alloiousthai 157b,

181d, 181e, 182c
변환시키다 metaballein 166d, 167a / 변전하다 182d
별난 atopos 149a / 괴상한 161c / 기이한 163a
별의별 thaumastos 151a
병 nosos 157e, 158d, 169b
병든 nosōdēs 171e
병들다 kamnein 167a
— 병들다 ☞ 아프다 asthenein
보다 horan 156e, 163b, 163d, 164a, 164b, 165c, 176e, 182e, 184b, 184c, 188e, 193c, 194a, 195a, 195d, 195e / 봄 186d
→ 보다 idein 163e, 164d, 191d, 199d / 목격하다 201b
→ 보다 ☞ 알다 eidenai
— 보다 blepein ☞ 바라보다
보따리 thykalos 161a
보드라운 leios 194c
보수 misthos 161d
보여 주다 ☞ 입증하다 apodeiknynai
보이지 않는 ahoratos 155e
보임새 ☞ 시각 opsis
보존하다 sō(i)zein 153b, 153c, 153d, 163d / 구하다 164a / 소중히 보호하다 176d

보탬이 되는 prourgou 197a
복합체 syllabē 202b, 202e, 205b, 205c, 205d, 205e, 206b, 207c / 음절 202e, 203a, 203c, 203d, 203e, 204a, 207a, 207e, 208a
본 paradeigma 176e
본성 physis 149c, 157b, 174a, 174b, 175c, 189d / 자질 142c, 155d
본질 ☞ 있음 ousia
봄 ☞ 시각 opsis
봉사자 hypēretēs 173c
부끄러운 aischros 151d / 추한 172a, 185e, 189c, 190b, 190d / 추함 aischron 186a / 흉한 194c, 195d
→ 부끄럽다(부끄러움을 느끼다) aischynesthai 183e, 190e
부당하게 하다 ☞ 불의를 저지르다 adikein
부당한 짓을 저지르다 ☞ 불의를 저지르다 adikein
부드러운 hēmeros 210c
부딪치다 prospimptein 157a
부등변(의) heteromēkēs 148b
부류 genos 156b, 202e, 206b / 가문 174e
부분 meros 204a, 204e, 205a,

205b, 205c, 205d
부분들이 없는 amerēs 205a
부자 plousios 175a
부정한 ☞ 나쁜 kakos
부족하다 apeinai 205a
부차적인 일 ☞ 곁가지 parerga
부추기다 ☞ 움직이다 kinein
부친 patēr 164e
부패되다 sēpein 153c
부풀다 ploutein 208b
부피 onkos 155a / 몸집 155b, 155c
분간하다 diagignōskein 206a
분만 locheia 149b
→ 분만 경험이 없는 alochos 149b
— 분만 maieusis 150b
→ 분만 maieia 150d
→ 분만되다 ☞ 산파 역할을 하다 maieuesthai
→ 분만된 것 maieuma 160e, 166e
분명한 saphēs 158e
분별 nous 167d
분별 있게도 sōphronōs 210c
불 pyr 153a
불리다 ☞ 이름하다 onomazein
불경한(불경을 저지르는) anhosios 172b, 176d

불명확한 asaphēs 194e, 195a
불분명한 amydros 195a
불의 adikia 175c, 176d
→ 불의를 저지르다 adikein 175c, 176d, 176e / 부당한 짓을 저지르다 167e, 183d
불의한 adikos 172a, 172b, 176b, 177a, 190b
불합리한 ☞ 설명이 없는 alogon
불행 athliotēs 175c
붙잡다 lambanein 197c, 198a, 199b, 199e, 200a / 파악하다 180a, 200d / 포착하다 185b, 202d, 201a
뵈다 ☞ 발견하다 heuriskein
비겁하게 andrikōs 177b
비교하다 symballein 186b
비교해 재어 보다 parametrein 154b
비난 oneidos 176c
비난하다 psegein 177b
— katagignōskein 206e
— katagorein 208b
비둘기 peristera 197c, 198d, 199b
비밀리(에) aporrhētos 152c
비복합적인 asynthetos 205c
비비 kynokephalos 161c, 166c
비웃다 ☞ 웃다 gelan

비웃음 사다 katagelan 175b
비유사성 anhomoiotēs 185c
비유하다 apeikazein 169b, 198d
비의(秘儀) mystēria 156a
비좁음 stenochōria 195a
비참한 athlios 176e
비평하다 epitimān 173c
빈(비어 있는) kenos 148e, 197e, 201c
빈둥거림 argia 153b
빗나가다 ☞ 엇맞추다 parallattein
빗맞히다 ☞ 실수하다 hamartanein
→ 빗맞히다 dihamartanein 178a / 잘못을 하게 되다 193d
— 빗맞히다 apotynchanein 179a, 193c
빠른 tachys 156d
→ 빠름 tachos 156c
빠지다 piptein 174a
→ empiptein 174c
빠져나가 버리다 hypexerchesthai 182d

사고 ☞ 생각 dianoia
사냥 thēra 198a, 198d
→ 사냥하다 thēreuein 197c, 197d, 198a, 199b, 199e, 200a

사다 priasthai 197b
사람 ☞ 인간 anthropos
— 사람 anēr 183b, 195b
→ 인간 anēr 176a
사랑 ☞ 욕망 epithymia
— 사랑 erōs 169c
사례 paradeigma 154c
사멸하는 thnētos 176a
사유하다 noein 157a
사적으로 idia(i) 177b
사태 ☞ 느낌 pathos
사형 thanatos 176d
산 oros 174e
산고(産苦) ōdis 149d, 151a
→ 산고(産苦)를 겪다 ōdinein 148e, 151a, 151b, 210b
산파 maia 149a, 149b, 149c, 150a, 150c, 151c
→ 산파술 maieutikē 161e / 산파의 184b
→ 산파술 maieia 210c
→ 산파술에 능한(산파의) maieutikos 151c, 201b
→ 산파 역할을 하다 maieuesthai 149b, 149c, 150b, 150c, 157c / 분만되다 150e
삼가다 apechesthai 196e, 197a
삶 bios 176a, 177a
삶의 방식 diagōgē 177a

상(像) ☞ 모상(模像) eidōlon
상기하다 anamimnē(i)skesthai 142c, 143a, 166e, 209c / 떠올리다 190b
상반되는 hypenatios 176a
상태 ☞ 지니고 있음 hexis
— 상태 ☞ 느낌 pathos
새 ornis 197c, 197d, 197e, 199e
새겨 주다 ensēmainesthai 209c
새김틀 plasma 197d
새김판 ekmageion 191c, 194d, 194e, 196a, 196b
새장 peristereōn 197c, 197d, 198b, 200b
색(색깔) chrōma 153d, 153e, 154a, 156c, 156e, 163b, 182d, 185a
생각 dianoia 150c, 155d, 170b, 173b, 188b, 188d, 189c, 189d, 189e, 194a, 195c, 195e, 196c, 198d, 206d, 208c, 209a, 209b / 사고 173e
→ 생각하다 dianoein 154e, 158b, 184a, 185a, 185b, 189e, 195d, 195e, 209a, 209b, 209c
— 생각 oiēsis 171a
→ 생각하다 oiesthai 170d, 171a
— 생각 ennoia 191d
→ 생각이 나다(생각해 내다) ennoein 191d, 201c / 깨닫다 161b
생각 없는 anoētos 177a
생각 없음 anoia 177a
생각하다 epinoein 195a
생각한 것 dianoēma 196c
생기다 gignesthai 152d, 153a, 153e, 154a, 155a, 156a, 157a, 157b, 159e, 160b, 160d, 166c, 204a / 되는 과정 155c / 되다 154b, 154c, 155c, 159e, 160a, 160b, 164a, 182b, 189d, 194b / 생성 중에 있다 152e, 157d / 일어나다 155c / 태어나다 155c, 156c, 160e
→ 생성 genesis 155e, 182a / 기원 152e, 153a, 180d / 생성의 과정 153e
생김새 prosōpon 144d, 145a
생시(生時) hypar 158b, 158c, 158d
서로 바꾸는 것 matallagē 199c
서로 바꾸다 antallattein 189c
서술될 수 있는 rhētos 202b, 205d, 205e
서술되다 rhēthēnai 202b, 202d,

203b
선물 dōron 191d
선보이다 epideiknynai 143a, 145b
선서진술 antōmosia 172e
선조 progonos 173d, 175a
선택 hairesis 196c
→ 선택하다 hairesthai 196c
설득력 pithanologia 162e
→ 설득력 있음 pithanon 178e
→ 설득하다 peithein 150e, 162b, 162d, 176a, 176b, 179a, 190b, 201a, 201b, 201c
→ 설득하다 anapeithein 166c
설명 logos 151e, 169a, 180a, 180c, 201c, 201d, 201e, 202a, 202b, 202c, 202d, 202e, 203a, 203b, 203e, 204b, 205c, 206c, 206d, 206e, 207b, 207c, 208b, 208c, 208d, 208e, 209a, 209e, 210a, 210b / 강론 161c / 견해 179b / 논리 158d, 159b, 167c / 논변 158a, 161a, 161b, 165a, 165d, 165e, 168d, 172d, 173b, 173c, 175e, 179b, 179d, 179e, 191a, 191c, 196d, 200c / 논의 142c, 143b, 160e, 163a, 166a, 166e, 167e, 169b, 169c, 172b, 172c, 172d, 172e, 177b, 177c, 180b, 183d, 184a, 185e, 188a, 191c, 195c, 195d, 196b, 196d, 199d, 203d, 205c / 말 163a, 167a, 184a, 189e, 190a / 연설 178e / 정의(定義) 148d / 주장 163e, 164a / 진술 172e, 179b / 표현 183a / 학설 152d, 152e, 153a, 153e, 157b, 160c, 164c, 164c, 167d, 168d, 168e, 169d, 170c, 170d, 170e, 171d, 172b, 177c, 178e, 179b, 179d, 179e, 183b, 183c
→ 설명이 안 된 것 alogia 207c
→ 설명이 없는 alogon 201d, 202b, 203a, 203b, 205c, 205e / 불합리한 203c
→ 설명하다 ☞ 말하다 legein
성벽 teichos 174e
성숙함 auxē 173a
성역 adyton 162a
성장하다 auxanein 163c
성질 poiotēs 182a
세련된 ☞ 미묘한 kompsos

세상 topos 176a
소 bous 190c
소리 phōnē 156c, 163b, 185a, 206d, 208c / 말 183b / 모음 203b
— 소리 psophos 203b
소멸하다 apollynai 153a, 153c, 157b / 잃다 155c
소명으로 받다 lanchanesthai 210c
소묘에 능한 graphikos 145a
소산 ekgonos 152e, 156a
소송상대 antidikos 172e
소송개요서 hypographē 172e
소유 ktēsis 197b, 198d
소유하다 kektēsthai 197b, 197c, 197e, 198b, 198d, 199a, 199c, 200b, 200c
소치기 boukolos 174d
소피스트 sophistēs 167a, 167c
소피스트가 하는 식으로 sophistikōs 154e
쏘아붙이다 apotoxeuein 180a
송사 ☞ 벌 dikē
수(數) arithmos 147e, 148a, 155a, 185c, 196b, 198a, 198b, 198c, 199a, 204d, 204e
수다스러움 adoleschia 195c
→ 수다스러운 adoleschēs 195b
수론 logismos 145d
— arithmētikē 198a
수수께끼 같은 ainigmatōdēs 180a
→ 수수께끼 같이 암시하다 ainissesthai 152c / 암시하다 194c
수에 능한 logistikos 145a
— arithmētikos 198b, 198e
수중에 있는 hypocheirios 197c, 198a
순수하게 katharōs 196e
순진한 euēthēs 175e
숨겨 놓다 epikryptesthai 180d
스승 ☞ 교사 didaskalos
슬기로운 phronimos 183b
→ 슬기 phronēsis 161c, 176b / 슬기로움 169d
시 poiēsis 180c
→ 시인 poiētēs 173c, 194e
시각 opsis 156b, 156c / 봄 156e, 163d, 164a, 185a, 185b, 185c, 206a / 보임새 193c
시간 ☞ 여가 scholē
시간 chronos 158d, 178a
시작(시작점) archē 155d, 156a, 161c, 181c
시험하다 basanizein 150c, 191c, 203a

— 시험하다 apopeiraesthai 154e, 157c
식물 phyton 167b
신 theos 150d, 151d, 158b, 161c, 162c, 162d, 170a, 176a, 176b, 210c
→ 신적이지 않은 atheos 176e
→ 신적인 theios 176e
신령한 것 daimonion 151a
실수하다 hamartanein 146a, 146c / 빗맞히다 178a, 189c, 194a / 잘못하다 199b
→ 실수하지 않은 anhamartētos 146a
— 실수하다 sphallesthai 196b
실없는 lērōdēs 174d
실재 ☞ 있는 (to) on
실제로 그런 ☞ 있는 (것) (to) on
심오함 bathos 184a
'쉬' 소리를 내다 syrizein 203b
쉬이 배우는 eumathēs 144a, 194d, 194e
쉽사리 논박당하는 euelenktos 157b
싸우다 machein 155b, 180b
→ 싸움 machē 154e, 179d
→ 싸움을 벌이다 diamachein 178e
싸움닭 alektryonos 164c

쌍 didymos 156b
쌍생하는 symphytos 156d
쓰다 graphein 206a, 207e, 208a, 208b / 고소하다 210d
쓴 pikros 159e, 160b, 166e
→ 씀 pikrotēs 159e
— 씀 austērotēs 178c
쓸 만한 chrētos 167b, 167c
쓸모없는 ponēros 150e, 167b, 167c
— lēros 176d
씨 sperma 149e
씨알 있는 gonimos 150c, 151e, 157d

아고라 agora 142a, 173d
아는 (자) epistēmōn 145e, 160d, 163d, 163e, 164a, 186c, 207c, 207d, 208e
→ 아는 자답게 epistēmonōs 207b
아둔함 dysmathia 195c
아름다운 kalos 142b, 143e, 150d, 157d, 167c, 172a, 185e, 189c, 190b, 190d, 194c, 200e, 210d / 아름다움 186a / 멋진 195d / 훌륭한 203d
아무짝에도 쓸데없음 oudenia

176c
아울로스 부는 소녀 aulētris 173d
아이 paidion 160d
— 아이 ☞ 청소년 meirakion
아주 지혜로운 passophos 149d, 181b, 194e
아프다 aisthenein 159b, 159c, 159d, 166e / 병들다 167c
악덕 ponēria 176b
(길을) 안내해 주다 kathēgeesthai 200e
안 닮은 anhomoios 159a, 159b, 159d / 안 비슷한 185a / 비유사성 anhomoion 186a
→ 안 닮게 되다 anhomoiousthai 159a
안절부절못하다 adēmonein 175d
알다 eidenai 147b, 148e, 149a, 151c, 154c, 157c, 163c, 163d, 163e, 165b, 166a, 166b, 170b, 173d, 173e, 174c, 177b, 180c, 187c, 188a, 188b, 188c, 188d, 189e, 191a, 191b, 191c, 191e, 192a, 192b, 192c, 192d, 192e, 194a, 194b, 196b, 196c, 196d, 197d, 198c, 199a, 200a, 200b, 201b, 202e, 208a, 210c / 알아보다 206c / 보다 164d, 165b, 173d, 174a, 191b, 191e, 192d, 193a
— 알다 epistasthai 151e, 161b, 163b, 163c, 163d, 164a, 164d, 165b, 165c, 165d, 191d, 191e, 192d, 196d, 196e, 197a, 198b, 198c, 198d, 198e, 199a, 199c, 200c, 207e
— 알다 ☞ 인식하다 gignōskein
— 알다 ☞ 배우다 manthanein
알랑거리다 thōpeuein 173a
알려질 수 있는 epistētos 201d
알아듣다 ☞ 배우다 manthanein
알아봄 anagnōrisis 193c
알아채다 ☞ 지각하다 aisthanesthai
알지 못하는 anepistēmōn 208b
앎 epistēmē 145e, 146c, 146d, 146e, 147b, 147c, 148b, 148c, 148d, 151d, 151e, 152a, 152c, 158a, 160d, 160e, 163a, 164a, 164b, 164c, 164d, 165d, 168b, 179c, 179d, 182e, 183c, 184a, 184b, 186d, 186e, 187a, 187b, 187c, 196d, 196e, 197b, 197e, 198a,

198b, 198d, 199a, 199b, 199c, 199d, 199e, 200a, 200b, 200d, 200e, 201a, 201c, 201d, 202c, 202d, 203b, 206c, 206e, 208b, 208c, 209e, 210a, 210b
→ 앎이 없는 anepistēmōn 179b, 202c
— 앎 ☞ 인식 gnōsis
암시하다 ☞ 수수께끼 같이 암시하다 ainissesthai
앙갚음을 하다 antadikein 173a
앞에다 놓다 protithenai 196a
약 pharmakion 149c
→ 약 pharmakon 167a
양육하다 trephein 150e, 175d, 175e / 기르다 172d / 키우다 197c
— 양육하다 poimainein 174d
→ 양치기 poimēn 174d
얕잡아 보다 kataphronein 189c
어느 하나도 아닌 것 ouden 188c, 189a
어떠어떠한 hopoiououn 152d ☞ 어떤 성질의 poion
어떤 성질의 poion 182a / 어떠어떠한 152d, 175c, 196d
→ 어떤 성질의 hoion 182c / 어떠어 떠한 197a

어렴풋한 amblys 165d
어리석은 amathēs 150d, 150e, 166e, 171d
— 어리석은 euēthēs 210a
어리석음 nōtheia 195c
어린아이 paidion 197e
어머니 mētēr 191d, 210c
어법 ☞ (문답식) 대화 dialektos
어울리다 ☞ 교제하다 syneinai
— 어울리다 ☞ 교제하다 syngignesthai
어쩔 줄 모르다 ☞ 난관에 봉착하다 aporein
어찌할 바를 모름 ☞ 난관 aporia
어질어질해하다 eilinginān 175d
엄밀성 akribeia 184c
엄밀하게 따지다 diakribousthai 184d
없애버리다 apollynai 176a
엇갈리는 skolios 194b
엇맞추다 parallattein 193c, 194d / 빗나가다 194a
엇맞춤 parallagē 196c
엉겨 붙다 syncheisthai 195a
여가 scholē 143a, 172c, 175e, 187d / 여유 172d / 시간 154e, 180b
여겨지는 것 to dokoun 153a, 161c, 162c, 168b, 170a,

177c
여유 없음 ascholia 172e, 174e
엮다 plekein 202b
→ 엮임 symplokē 202b
연설 ☞ 설명 logos
연설가 rhētōr 167c, 172c, 201a
→ 연설술 rhētōrikē 177b
연습 meletē 153b
연습을 게을리 함 ameletēsia 153b
연약한 hapalos 173a
염두에 두다 ennoein 196d
열 ☞ 뜨거운 thermos
열거 diexodos 207c, 208a
열매 karpos 149e
열병 pyretos 178c
영감을 얻다 enthousiazein 180c
영광스러워하다 agallesthai 176d
영혼 psychē 145a, 150b, 150d, 153b, 153c, 155b, 167b, 173a, 175d, 184d, 185d, 185e, 186a, 186b, 186c, 187a, 189e, 190c, 191c, 192a, 194c, 197d, 198b, 199d, 199e, 200c, 202c / 마음 158d, 175b, 180b / 목숨 172e
예 paradeigma 202e
예단하다 prodoxazein 178e

예리한 oksys 144a
예민한 drimys 173a, 175d
예언자 mantis 179a
→ 예언자 같이 mantikōs 142c
오락가락하다 strephesthai 194b
오른쪽 dexia 193c
오만하게 hyperēphanōs 175b
오물 kopros 194e
→ 오물투성이인 koprōdēs 194e
온유한 prā(i)os 144a
→ 온유함 prā(i)otēs 144b
올곧은 ☞ 옳은 orthos
올챙이 gyrinos 161d
옳은 orthos 161d, 161e, 201c, 202d, 206d, 207b, 208a, 208b, 208c, 208e, 209a, 209c, 209d, 210a / 올곧은 173a
→ 옳게 orthōs 169d, 207b
옹호하다 diamachein 158d
완벽하게(완전히) teleōs 182c, 198b, 202c, 206a, 206b, 206c
왕 basileus 174d, 175a, 175c, 210d
→ 왕도적 통치 basileia 175c
왼쪽 aristeron 193c
요구(하는 것) epitaxis 209d, 209e
요리법에 능숙한 자 mageirikos

178d
요리사 opsopoios 178d
요소 stoicheion 201e, 202b, 202e, 205b, 205d, 205e, 206b, 206e, 207b, 207c, 208b, 208c / 음소 202e, 203a, 203b, 203c, 203d, 203e, 204a, 206a, 208a
용감한 andreios 144a
용기(容器) angeion 197e
욕망 epithymia 156b / 사랑 143e
용한 ☞ 능수능란한 deinos
우둔함 ēlithiotēs 176e
우물 phrear 165b, 174a, 174c
우스꽝스러운 geloios 147a, 154b, 158e, 172c, 174d, 200b, 205b, 207b, 209d
우쭐거리다 kallōpizesthai 195d
운동 phora 152d, 153a, 153e, 156d, 181d
운동하다 pherein 156d, 156e, 159d, 159e, 177c, 179d, 179e, 181e, 182c
운명 tychē 175b
울타리 sēkos 174e
— peribolos 197c, 197e
움직이다 kinesthai 156c, 160d, 180d, 180e, 181c, 181d, 181e, 182a, 182c, 182d, 183a, 183b, 183c
→ 움직이게 만들다 kinein 181a / 부추기다 163a
→ 움직일 수 없는 akinētos 180e / 움직이지 않는 181a
→ 움직임 kinēsis 152d, 152e, 153a, 153b, 153c, 156a, 156c, 156d, 157a, 181c, 181d, 182a, 182c, 183b
웃다 gelan 174d / 비웃다 175b, 200b
— 웃음거리 gelōs 166a, 174c, 175d
원인 aitia 149b, 150c, 150e / 이유 205e
유사성 ☞ 닮음 homoiotēs
— 유사한 ☞ 닮은 homoios
유산시키다 ambliskein 149d
— 유산시키다 exambloun 150e
위대한 ☞ 큰 megas
위증인 ☞ 거짓된 pseudēs
위험 kindynos 173a
위험을 감수하다 parakinyneuein 204b
음소 ☞ 요소 stoicheion
음악 mousikē 206b
음악 교사 mousikos 178d
음악에 능한 mousikos 144e, 145a

음영화(陰影畵) skiagraphēma 208e
음절 ☞ 복합체 syllabē
음조(音調) phthongōs 206b
의견 dogma 157d / 견해 158d
의사 iatros 167a, 167b, 178c
의심스럽게 여기다 hypōpteuein 191b
의아해하다 ☞ 놀라다 thaumazein
이끌다 helkein 175b
이로운 ōphelimos 177d, 177e, 178a, 179a
→ 이로움 ōpheleia 186c
이롭다 symipherein 172a, 172b
이루다 diexerchesthai 189d
이름 onoma 147b, 156b, 157b, 164c, 168c, 177e, 180e, 184c, 186d, 187a, 195c, 198a, 198e, 199a, 202b, 206d, 207b, 208a / 낱말 166c, 182a
→ 이름을 부르다(이름을 붙이다) onomazein 177e, 194a, 201d, 201e, 202b
이민족 사람들 barbaroi 163b, 175a
이상한 atopos 190e
이야기 mythos 156c, 164d, 164e

이야기투로 diēgoumenon 143b
→ 이야기투 화법 diēgēsis 143c
이웃 geitōn 174b
이유 ☞ 원인 aitia
이의를 제기하다 ☞ 논쟁을 걸다 amphisbētein
이해하다 synienai 147b, 184a, 196e, 208e
— 이해하다 hypolambanein 158e, 159b
— 이해하다 ☞ 배우다 manthanein
— 이해하다 noein 197e
익숙하지 못함 aētheia 175d
인간 anthropos 152a, 160d, 162e, 170a, 170b, 170c, 170d, 170e, 174b, 175c, 178b, 184b, 186c, 195b, 195d, 196a / 사람 161d, 162c, 170e, 176a, 188d, 209b
→ 인간적인 anthropinos 175c
— 인간 ☞ 사람 anēr
인도하다 paidagōgein 167d
인상(印象) typos 192a, 194b
인상을 찍다 apotypousthai 191d
인식 gnōsis 206b / 앎 193d, 193e
인식될 수 없는 agnōstos 202b,

202e, 203c, 205c, 205d, 205e, 206b
→ 인식될 수 있는 gnōstos 202e, 205b, 206b
→ 인식하다 gignōskein 196e, 200d, 202c, 203c, 203d, 209a, 209e / 깨닫다 151b / 알다 149c, 149e, 171e, 191b, 193a, 193b, 193d, 193e, 199d
인장(印章) sēmeion 191d / 표시 192b, 193c, 194a, 194d
— 인장 sphragis 192a
인정하다 ☞ 동조하다 synchōrein
일어나는 일 ☞ 느낌 pathos
일어나다 ☞ 생기다 gignesthai
일차적인 prōtos 201e, 202b, 205c
일치 homologia 164c
읽고 쓰는 것 ☞ 자모 gramma
→ 읽고 쓰는 데 능한 grammatikos 198e, 207b
→ 읽고 쓰는 데 능한 방식으로 grammatikōs 207b
읽다 anagignōskein 198e
잃다 ☞ 소멸하다 apollynai
임신을 못 하는 steriphos 149b
임신하다 kyein 149b, 149c, 151b, 201b

→ 임신한 enkymōn 148e, 151b / 잉태한 210b
입 stoma 209b
입교하지 않은 자 amyētēs 155e
입방체 stereon 148b
입법 nomothesia 179a
→ 입법을 하다 nomotithenai 177e, 178a, 179a
입증하다 apodeiknynai 158b, 183a / 보여 주다 203c
있는 (것) (to) on 152c, 172d, 188e, 189a, 189b, 189c, 194d / 실재 176e / 실제로 그런 178b
→ 있는 것들 (ta) onta 152a, 158d, 160c, 160d, 166d, 171a, 179c, 180d, 187a, 188a, 188d, 188e, 189c, 195a, 199b
→ 있지 않은 것들 (ta) mē onta 152a, 160c, 166d, 167a, 189b
→ 있다 einai 152a, 152c, 152d, 152e, 153a, 153d, 153e, 155b, 155c, 156e, 157a, 157d, 158a, 159d, 160b, 160c, 161c, 162d, 166d, 166e, 168b, 170a, 170b, 171e, 177c, 185a, 185c,

188d, 189b, 201e, 205c / 있음 180e / 그렇다 170e
→ 있음 ousia 160b, 160c, 177c, 179d, 185c, 186a, 186b, 186c, 186d, 186e, 201e / ~이다 175c / 본질 172b, 202b / 무엇인지 207c / 있는 것 ousia 155e
잉태한 ☞ 임신한 enkymōn
잊다(잊어버리다) epilanthanesthai 153c, 163e, 180d, 191e, 194e, 201c, 206c / 잊음 188a

자갈의 lithōdēs 194e
자국 ichnos 193c
자라다 ☞ 증가하다 auksanein
자리 chōra 153e
자모 gramma 202e, 203a, 204a, 207e
→ 글자 163b, 199a
→ 읽고 쓰는 것 206a, 207d
자식 ekgonos 150d
자연적으로 physei 186b
자유 eleutheria 173b, 175d
→ 자유로운 eleutherios, eleutheros 173a, 191a
→ 자유인 eleutheros 172d
→ 자유인다움 eleutheriotēs 144d
→ 자유인답게 eleutheriōs 175e
자유인답지 못한 aneleutheros 184c
자음 aphōnos 203b
자족적인 autarkēs 169d
자질 ☞ 본성 physis
자질구레한 이야기 smikrologia 175a
작용을 가하다 poiein 156a, 157a, 159a, 159c, 159d, 160a, 160c, 182a, 182b / 행하다 174b / 만들다 157b
작용을 받다 paschein 156a, 157b, 159a, 159d, 182a, 182b / 감당하다 181c / 겪다 148e, 151a, 154b, 155b, 165d, 167a, 174b, 176e, 178b, 193c, 196b / 경험하다 166b / 당하다 191a
작은 영혼 psycharion 195a
잘못 듣다 parakouein 195a / 잘못 들음 157e
잘못 보다 parhoran 195a / 착시 157e
잘못 생각하다 parnoein 195a
잘못하다 ptaiein 160d
— 잘못하다 ☞ 실수하다 hamartanein
장인 dēmiourgos 146d, 147b

작은 mikros 155a, 155b, 155c, 173a, 175d, 191c, 195a
잘 ☞ 좋은 agathos
잘못 들음 ☞ 잘못 듣다 parakouein
잘못을 하게 되다 ☞ 빗맞히다 dihamartein
잘 생긴 ☞ 아름다운 kalos
잠 ☞ 꿈 hypnos
장난을 치다 paizein 206b
장소 chōra 181c
장차 mellon 178a, 178b, 178c, 178d, 178e, 179a
재미있는 charieis 174a
재판관 dikastēs 173c, 201b
재촉하다 katepeigein 172e, 187d
재치 있는 emmelēs 174a
저술 biblion 162a
— 저술 syngramma 166c, 179e
적바림 hypomnēma 143a
적용하다 prospherein 205c
적중하다 ☞ 맞히다 tynchanein
전문가 technikos 207c
전부들 (ta) panta 203c, 204a, 204b, 204c, 204d, 204e, 205a, 205d
전쟁을 벌이다 polemein 180b
전체 holon 159b, 174a, 201a, 204a, 204b, 204e, 205a, 205d, 207c, 208c
— 전체 pan 175a, 178a
전체 쪽에 서 있는 사람들 hoi tou holou stasiōtai 181a
젊은이 neos 143d, 148c, 150c, 165b, 210d
점토 pēlos 147a, 147c
접근하다 proerchesthai 154b, 159d
접근해 오다 plēsiazein 156c, 156d
접촉 synhapsis 195d
접하다 ephaptesthai 190c, 190d
정당한 ☞ 정의로운 dikaios
→ 정당한 방식으로 dikaiōs 201b
정립되다 histasthai 171d
정사각형 tetragōnos 147e
→ 정사각형을 만들다 tetragōnizein 148a
장엄한 semnos 203e
정의(定義) ☞ 설명 logos
정의(正義) dikaiosynē 175c
→ 정의로운 dikaios 167c, 172a, 172b, 173a, 176b, 176c, 176d, 177c, 177d, 190b / 정당한 209e
정의하다(정의로 제시하다) horizein 146e, 148a, 187c, 190e, 208c / 규정하다 158e / 구

별하다 199a
정지된 stasimos 180b
→ 정지하다(정지시키다) histanai 153d, 157b, 180d, 180d, 180e, 181e, 183a, 183d, 183e / 있다 181c
정치적인 politikos 172a
정통하다 epaiein 145d
정하다 tithēnai 172a, 172b / 제정하다 177c, 177d, 177e
정화되어 있는 katharos 177a
젖을 짜다 bdallein 174d / 젖을 먹여 키우다 174d
제곱근 ☞ 힘 dynamis
제곱하다 dynasthai 147e, 148b
제시하다 apophainein 174e, 196c, 206e
제안하다 protithenai 196c
제자 mathētēs 180b, 180c
제작 ergasia 146d
제재권 ☞ 필연 anankē
제정하다 ☞ 정하다
제화공 skytotomos 180d
→ 제화공의 기술 skytotomikē 146d
제화술 skytikē 146d, 147b
조상 pappos 174e, 175a
조언자 symboulos 172a
조합하다 synharmozein 204a

조화 harmonia 175e
족보 katalogos 175a
존경하다 timān 180d
종류 eidos 156a, 178a, 181c, 181d, 208c / 종(種) 157c, 203e, 204a, 205d / 특성 148d / 형태 169c
— 종류 idea 187c
종사하다 diagein 174b
좋은 agathos 157d, 166d, 176a, 177d / 좋음 agathon 186a / 훌륭한 142b, 167c, 176b, 178e, 185e, 200e, 210c / 나은 167a, 167b, 169d / 잘 179a
주목하다 ☞ 바라보다 blepein
주문을 읊다 epā(i)dein 149d / 주문의 노래를 부르다 157c
주사위 astragalos 154c, 155b
주시하다 ☞ 바라보다 blepein
주인 despotēs 172e, 173a
— 주인 enkratēs 197b
주장 ☞ 설명 logos
죽다 teleutan 177a
죽음 thanatos 142c
줄어들다 ☞ 감하다 aphairein
중매술 promnēstikē 150a
→ 중매인 promnēstria 149d
→ 중매하다 promnaesthai 150a,

151b
즐거운 hēdys 159c, 178e
→ 즐거움 hēdonē 156b, 178d
증가하다 auksanein 154c, 155a / 자라다 155b, 155c
증거 tekmērion 158b, 158c, 185b
증거를 제시하다 tekmairesthai 206b
지각 aisthēsis 151e, 152c, 156b, 156c, 156d, 158a, 159c, 159e, 160c, 160d, 160e, 161c, 161d, 162e, 163d, 164a, 164b, 164d, 165d, 166c, 167c, 168b, 179c, 179d, 182a, 182b, 182d, 183c, 184b, 184c, 186e, 187a, 191d, 192b, 192d, 193a, 193b, 193e, 194a, 194c, 194d, 195c, 195d, 196c, 210b
→ 지각되는(지각될 수 있는) aisthētos 156b, 156c, 184d, 202b / 지각 되는 성질 182b
→ 지각자 aisthētēs 160d
→ 지각하다 aisthanesthai 151e, 152b, 159e, 160a, 160c, 163b, 163d, 163e, 182a, 184c, 184d, 184e, 185a, 185c, 185d, 186b, 186c, 186e, 192a, 192b, 192c, 192d, 192e, 193b, 193d, 193e, 194b, 195d / 알아채다 149d, 175d
— 지각하다 epaisthesthai 194a
지구 ☞ 땅 gē
지니다(지니고 있다) echein 197b, 197b, 197c, 198a, 198b, 198d, 199a, 199b, 199d, 200a, 200c
→ 지니고 있음 hexis 197b / 상태 153b, 167a
지독한 ☞ 능수능란한 deinos
지식 mathēma 153b
지워져 버리다 exaleiphein 191d
지원군 epikouros 165e
지적하다 endeiknynai 200c
지체(肢體) melos 209b
지칭하다 prosagoreuein 182d
지혜 sophia 145a, 145d, 145e, 150c, 161c, 161e, 162c, 162e, 165e, 166d, 170b, 172b(지혜의 작업), 180d, 201a
→ 지혜로운 (자)(현자) sophos 145d, 145e, 146c, 150d, 151b, 151b, 152e, 154d,

157b, 160d, 161b, 161d,
162c, 166d, 166e, 167a,
167b, 167c, 167d, 169d,
170a, 171c, 172a, 173b,
179b, 180d, 194d, 202d /
150c(지혜)
지혜를 사랑하는 자(사람) ☞ 철학
  자 philosophos
지혜사랑 ☞ 철학 philosophia
직사각형 promēkēs 148a
진리 alētheia 152c, 155d, 161c,
  162a, 166d, 170e, 171c,
  186c, 186d, 186e / 참 172a
  / 진상 201b
진술 ☞ 설명 logos
진술하다 rhētein 160b
진실 ☞ 참된 alēthēs
진실함 ☞ 참된 alēthēs
→ 진짜 ☞ 참된 alēthinos
진전을 보다 probainein 187a
진척을 보다 proerchesthai 187b
질문거리 erōtēma 165b
→ 질문하다 ☞ 묻다 erōtan
질책하다 epiplēttein 200c
짐수레 hamaxa 207a, 207c
짐짝 achthē 176d
징표 sēmeion 153a, 208c
짝수 artion 185d, 190b, 198a
짝짓는 경우 synagōgē 150a

짠 halmyros 185b
쪽정이 anemiaios 151e, 157d,
  161a, 210b
찍어 내다 ekmattein 191d, 191e
— 찍어 내다 ektypousthai 206d
찍혀 표시가 되다 sneēmainesthai
  194c
찍힌 인상 apotypōma 194b

차가워함 psyksis 156b
차게 느낌 psychesthai 186d
차분하게 hēsychiōs 179e
→ 차분함 hēsychia 180a/ 가만있
  음 153a, 153b, 153c
차분한 embrithēs 144b
차이 diaphora 186d, 208d, 208e
→ 차이가 나는 diaphoros 209c
→ 차이가 있다(차이가 나다)
  diapherein 197b, 204b,
  208c, 208d, 209a, 209d
  / 뛰어나다 169d, 171e,
  172a, 178e
→ 차이점(차이성) diaphorotēs
  209a, 209d, 209e, 210a
착각하다 paraisthanesthai 157e
착시 ☞ 잘못 보다 parhoran
착오 판단 allodoxia 189b
→ 착오 판단을 하다 allodoxein
  189d, 190d

찬송하다 hymnein 176a
찬양 epainos 174d, 175a
참인 생각을 하다 alētheuein 202c
→ 참인 alēthēs 148c, 158d,
    160c, 161d, 162a, 167a,
    167b, 167c, 170b, 170c,
    170d, 170e, 171a, 171b,
    171c, 172b, 178b, 179b,
    179c, 181a, 187c, 187e,
    188e, 194b, 194c, 194d,
    195b, 199b, 199e, 200a,
    200e, 201c, 201d, 202b,
    202c, 206c, 207b, 207b,
    208b, 210b / 참된 150b,
    150c, 150e, 151c, 151d,
    176a, 176c, 187c/ 진리
    158d / 진실 176b, 176d /
    진실함 173a
→ 참된 alēthinos 187c / 진짜
    150b
참주 tyrannos 174d
찾아내다 ☞ 발견하다 heuriskein
    / ekseurein
→ 찾아낸 것 heurēma 150d
― 찾다 ☞ 탐구하다 zētein
채색에 능한 zōgraphikos 145a
척도 metron 152a, 160d, 161c,
    161e, 162c, 166d, 167d,
    168d, 169a, 170d, 170e,
    171c, 178b, 179b, 183b
천문에 능한 astronomikos 145a
→ 천문학 astronomia 145d, 169a
→ 천체를 관측하다 astrinomein
    173e, 174a
철저히 배우다 katamanthanein
    198d
철학 philosophia 155d, 168a,
    172c, 173c, 174b / 철학 작
    업 172c / 지혜사랑 143d
→ 철학자 philosophos 155d,
    164d, 168a, 175e
청각 ☞ 들음 akoē
청문(聽聞) ☞ 들음 akoē
청소년 meirakion 142c / 아이
    143e
체력단련 gymnasion 153b / 체력
    단련장 162b
체육 교사 paidotribēs 178d
촉각 epaphē 186b
촌스러운 agroikos 174d
총괄적으로 hathroon 182a
총명한 anchinos 144a
총체(總體) (to) pan 204a, 204b,
    204c, 204d, 204e, 205a /
    모든 것 156a, 183d
총합(總合) ho arithmos pas 204d,
    204e
최고의 akros 201c

추가로 얻다 ☞ 덧붙여 포착하다 proslambanein
추가로 포착하다 ☞ 덧붙여 포착하다 proslambanein
추가로 포착함 proslēpsis 210a
추가적인 판단을 하다 prosdoxazein 209d
추구하다 diōkein 176b
추론 syllogismos 186d
추론하다 logizesthai 165c, 165d
추한 ☞ 부끄러운 aischros
축축한 hygros 194e, 195a
출두하다 apantan 210d / 만나다 210d
출산 tokos 160e
→ 출산하다 tiktein 149b, 149d, 150b, 150d, 151a
→ 출산할 수 없는 atokos 149c
→ 출산해 내다 apotiktein 150c, 182b
— 출산해 내다 ektitktein 210b
충돌 prosbolē 153e
→ 충돌을 가하다 prosballein 154a
충분한 hikanos 208d
측량하다 geōmetrein 173e
치료하다 iaesthai 171e
칭송하다 enkōmiazein 174d
— 칭송하다 hymnein 174e

칭찬하다 epainein 145b, 199e

캐묻다 eksetazein 154d, 155a / 따지다 184c
→ 캐물음 exetasis / 탐문 210c
코 rhis 209b
큰 megas 154b, 154c, 155a, 155b, 191c / 위대한 201a, 203e, 210c
키우다 tropein 161a
→ 키움 trophē 160e, 210b
키타라 연주자 kitharistēs 178d, 206a

타박하다 epiplēttein 197a
타자성 heteron 185c, 186a
탐구 zētēsis 144b, 196d
→ 탐구 zētēma 191a
→ 탐구하다 zētein 142a, 148b, 174b, 202d, 210a / 찾다 187a, 188c, 200d
— 탐구하다 episkopeisthai 180c
탐구의 길 methodos 183c
탐문 ☞ 캐물음 exetasis 210c
탐문하다 pynthanesthai 209e
탐색하다 ereunān 174a
태생이 같은 homogonos 156c
태어나다 ☞ 낳다 gennan
— 태어나다 ☞ 생기다 gignesthai

태양 hēlios 153c, 153d / 해 208d
탯줄을 자르는 일 omphalētomia 149e
터무니없는 ☞ 능수능란한 deinos
터전 chōra 180e
털북숭이인 lasios 194e
통솔자 archōn 170b
통약될 symmetros 147d, 148b / 들어맞는 156d
통역관 hermēneus 163c
퉁방울 눈 exophthalmos 143e, 209c
특성 ☞ 종류 eidos
틀 plasma 200b
틀리지 않는 ☞ 거짓인 apseudēs
틀리지 않은 anhamartētos 200e
틈 ☞ 여가 scholē

파렴치한 anaischyntos 196d
→ 파렴치한 anaidēs 196d
→ 파렴치한 짓을 하다 anaischyntein 196d
파멸하다 diaphtheipein 153d
파악하다 ☞ 붙잡다 lambanein
— 파악하다 haptein 186d, 186e
파타 새 phatta 199b
판단 doxa 161d, 161e, 162a, 170a, 170b, 170d, 171a, 171b, 172a, 178c, 178d, 179b, 179c, 187b, 187c, 187e, 189b, 189d, 190a, 190d, 193d, 193e, 194b, 195b, 195c, 196c, 199a, 199c, 199e, 200c, 200e, 201c, 201d, 202b, 202c, 202d, 206c, 206e, 207b, 207c, 208a, 208b, 208c, 208e, 209a, 209d, 210a, 210b / 평판 174c
→ 판단된 것 doxasma 158e
→ 판단될 수 있는 doxastos 202b
→ 판단을 하는 자 doxastēs 208e
→ 판단을 형성하는 doxastikos 207c
→ 판단하다 doxazein 158b, 161d, 166e, 167a, 167b, 167d, 170c, 170d, 170e, 171a, 187a, 187e, 188a, 188c, 188d, 189a, 189b, 189c, 189d, 190a, 190c, 190d, 191a, 191e, 193a, 193b, 193d, 194c, 194d, 195a, 195e, 196a, 196c, 199b, 199d, 200a, 200b, 201a, 201b, 201c, 206e, 207b, 208b, 209a, 209b, 209c, 209e
판별하다 diakrinein 161d

판정 krisis 170d, 178d
→ 판정관(판정자) kritēs 160c, 170d, 178e
→ 판정 기준 kritērion 178b, 178c
→ 판정하다 krinein 170d, 179a, 186b, 201c
판결하다 dikazein 201c
평면(의) epipedos 148a, 148b / 면적 148b
평원 pedion 183d
평판 ☞ 판단 doxa
평화 eirēnē 172d, 176a
→ 평화롭게 지내다 eirēneuein 180b
포개지다 sympitnesthai 195a
포도주 oinos 159c, 159e
포착하다 ☞ 붙잡다 lambanein
폭행을 당하다 biazesthai 201b
표시 ☞ 인장(印章) sēmeion
표현 rhēma 168a, 183b, 184c, 190c, 206d
— 표현 ☞ 설명 logos
피트 pous 147d
피하다 ekphygein 176e
필연(필연성) anankē 160a, 160b, 162e, 179b / 제재권 172e / 궁지 170d
→ 필연적 anankaion 149c

하나 hen 152d, 153e, 180e, 182b, 183e, 185a, 185c, 188e, 189a / 유일무이한 183e / 한 가지 205e
하녀 therapainis 174a
하늘 ouranos 173e, 174a, 208d
학설 ☞ 설명 logos
한가지 ☞ 하나 hen
한심 abelteria 174c
한정 없는 ☞ 무한한 apeiros
한판 승부를 벌이다 prosanatiribesthai 169c
할당하다 apodidonai 193c
함께 날아다니다 syndiapetesthai 199e
함께 심사하다 syndokimazein 197b
함께 엮다 symplokein 202b
함께하다 ☞ 교제하다 syngignesthai / syneinai
합법적인 nomimos 172a
합성되다 synkeisthai 201e, 202b, 205c
합의 homologia 183d
→ 합의하다 ☞ 동의하다 homologein
— 합의 synthēkē 183c
합창가무단 choros 173b

합창가무단의 지휘자 koryphaios 173c
합치하다 symphōnein 154e
해 ☞ 태양 hēlios
해명 hermēneia 209a
해방되다 apallagein 177a
행동 praxis 155e, 177a
행복 eudaimonia 175c
→ 행복한 eudaimōn 175c, 176a, 176e
→ 행복하다 eudaimonizein 174d
행하다 poiein 174b
허영 chaunotēs 175b
허위 ☞ 거짓 pseudos
허튼소리 phlyaria 162a
험담 loidoria 174c
→ 험담을 하다 loidorein 174c
헤아리다 logizesthai 175a, 175b
→ 헤아리다 analogizesthai 186a
→ 헤아린 결과 analogisma 186c
헤어 나오지 못하는 dysapallaktos 195c
혀 glōtta 159d, 159e, 185c
현 chordēs 206b
현기증을 느끼다 skotodinein 155c
현자 ☞ 지혜로운 sophos
현존하다 ☞ 나타나 있다 pareinai
현존하지 않다 apeinai 194a

협의회 bouleutērion 173d
형상(形相) idea 184d, 203c, 203e, 204a, 205c, 205d / 종류 187c
형태 ☞ 종류 eidos
혼동하는 판단 heterodoxia 193d
→ 혼동하는 판단을 하다 heterodoxein 190e
혼란 tarachē 168a
혼합 krasis 152d
홀수 peritton 185c, 190b, 198a
화덕 돌기 의식 amphdromia 160e
화살통 pharetra 180a
화성학 harmonia 145d
화음이 안 맞는 anharmostos 178d
→ 화음이 잘 맞는 euharmostos 178d
확고한 bebaios 180a
확신하다 peithēnai 195c
환기시키다 hypomimneskein 187e, 208c
환심을 사다 hyperchesthai 173a
황공한 aidoios 183e
회랑 stoa 210d
후각 osphrēsis 156b
후견인 epitropos 164e
훌륭한 ☞ 좋은 agathos

— 훌륭한 ☞ 아름다운 kalos
흉한 ☞ 부끄러운 aischros
흐르는 rheon 182d
→ 흐르는 사람들 hoi rheontes 181a
→ 흐르다 rhein 182c, 182d
→ 흐름 rhoē 152e, 182d
→ 흐름 rheuma 160d / 흐르는 강 180d
흙 ☞ 땅 gē
힘 dynamis 156a, 158e, 159a, 184e, 185c, 185e / 제곱근 147d, 147e, 148b, 148d / 능력 197c
흰 leukos 153d, 154b, 156e, 178b, 181d, 182b, 182d, 184b, 184e
→ 흼 leukotēs 156d, 156e, 182a, 182b

그리스어 – 한국어

adikein 불의를 저지르다 / 부당한 짓을 저지르다
adikia 불의
adikos 불의한
agathos 좋은 / 훌륭한 / 나은
agnoein 모르다 / 무지하다
agnoia 무지
agnōmosynē 무지함
agnōstos 인식될 수 없는
agōn 경합
agōnistēs 경합을 벌이는 자
agōnizein 경합을 벌이다
agonos 낳지 못하는
aischros 부끄러운 / 추한
aisthanesthai 지각하다
aisthēsis 지각
aisthētēs 지각자
aisthētos 지각되는 / 지각될 수 있는
aitia 원인
akinētos 움직일 수 없는 / 움직이지 않는
akoē 들음 / 청각 / 청문(聽聞)
akouein 듣다
alētheia 진리 / 진상
alēthēs 참인(참된)
allodoxein 착오 판단을 하다
allodoxia 착오 판단
alloiōsis 변화
alloiousthai 변화하다
alogon 설명이 없는 / 불합리한
amathēs 어리석은
amathia 무지
amerēs 부분들이 없는
ameristos 나뉠 수 없는

amphdromia 화덕 돌기 의식
amphisbētein 논쟁을 벌이다 / 이의를 제기하다
amyētēs 입교하지 않은 자
anagnōrisis 알아봄
anaidēs 파렴치한
anaischyntein 파렴치한 짓을 하다
analambanein 다시 붙잡다
analogizesthai 헤아리다
anamimnē(i)skesthai 상기하다 / 기억을 떠올리다
anankē 필연(성)
anemiaios 쭉정이
anepistēmosynē 모름
anēr 사람 / 인간
anhamartētos 틀리지 않은
anhomoios 안 닮은
anhomoiotēs 비유사성
anoia 생각 없음
anthropos 인간 / 사람
antilegein 반대하다
antilogikos 반박에 능한 자
antilogikōs 반박을 일삼는 방식으로
apantān 출두하다
apeiros 무한한 / 무수한
aphairein 감하다 / 줄어들다
aphōnos 자음
apodeixis 논증
apollynai 소멸하다
aporein 난관에 봉착하다 / 난관에 빠지다
aporia 난관 / 곤경 / 어찌할 바를 모름
aporrhētos 비밀리(에)
apotiktein 출산해 내다
apotypōma 찍힌 인상
apotypousthai 인상을 찍다
apseudein 거짓이 아닌 생각을 하다
aretē 덕
arithmētikē 수론
arithmos 수(數)
(ho) arithmos pas 총합(總合)
astragalos 주사위
astrinomein 천체를 관측하다
astronomia 천문학
asynthetos 비복합적인
atokos 출산할 수 없는
atopos 괴상한 / 별난 / 기이한
auksanein 증가하다
basanizein 시험하다
bios 삶
charis 감사 / 고마움
choros 합창가무단
chrēstos 이로운
chrōma 색(색깔)
deinos 능수능란한 / 무서운 / 무시무시한 / 끔찍한 / 용한 / 지독한 / 터무니없는

deinotēs 능수능란함
dēmēgoria 대중연설
dēmiourgos 장인
diagōgē 삶의 방식
dialegesthai 대화하다 / 문답을 나누다
dianoein 생각하다
dianoia 생각 / 사고
diapherein 차이가 있다(차이가 나다) / 뛰어나다
diaphora 차이
diaphron 구별되는 것
diaphorotēs 차이점(차이성)
didaskalos 교사 / 스승
didaskein 가르치다
dielthein 열거하다
diexodos 열거
dikastēs 재판관
dikazein 판결하다
dikē 벌 / 송사
dogma 의견 / 견해
doxa 판단
doxastēs 판단을 하는 자
doxazein 판단하다
dynamis 힘 / 능력 / 제곱근
echein 지니다(지니고 있다)
eidenai 알다 / 보다
eidōlon 모상(模像) / 상(像)
eidos 종류 / 종(種) / 특성 / 형태

einai 있다
ekmageion 새김판
ekmattein 찍어 내다
eksetazein 캐묻다
ektēsthai 소유하다
elenchein 논박하다
eleutheria 자유
eleutherios 자유로운
enargēs 명증적인, 명확한
ensēmainesthai 날인(捺印)하다
epā(i)dein 주문을 읊다(주문의 노래를 부르다)
epaphē 촉각
epilanthanesthai 잊다
episkopein 고찰하다
epistasthai 알다
epistēmē 앎
epistēmōn 아는 (자)
epistētos 알려질 수 있는
epithymia 사랑 / 욕망
erōs 사랑
eudaimonia 행복
eudaimōn 행복한
exetasis 탐문
gelān 웃다 / 비웃다
geloios 우스꽝스러운
genesis 생성 / 기원
gennan 낳다
genos 부류

geōmetria 기하학
gignesthai 생기다 / 되다 / 일어나다 / 태어나다
gignōskein 인식하다 / 깨닫다 / 알다
gnōsis 인식
gnōstos 인식될 수 있는
gonimos 씨알 있는
gramma 글자 / 자모 / 읽고 쓰는 것
graphē 공소
graphein 쓰다
gymnasion 체력단련 / 체력단련장
haliskesthai 공략되다
hamartanein 실수하다 / 잘못하다 / 빗맞히다
hamaxa 짐수레
haptasthai 만지다, 닿다
harmonia 화성학
hathroon 총괄적으로
hēdonē 즐거움
hēlios 태양, 해
hen 하나
hermēneia 해명
hēsychia 차분함
hetairos 동료
heterodoxein 혼동하는 판단을 하다
heterodoxia 혼동하는 판단
heteron 타자성
heuriskein 발견하다

hexis 지니고 있음 / 상태
histanai 정지하다 / 정지시키다
hodos 방법
holon 전체
homēros 담보
homogonos 태생이 같은
homoios 닮은, 유사한
homoiōsis 동화됨
homoiotēs 닮음 / 유사성
homologein 동의하다 / 합의하다
homologia 동의
horan 보다
horizein 정의하다 / 규정하다
hypnos 꿈 / 잠
hypomimneskein 환기시키다
hypomnēma 적바림
hypothesis 가정
hypotithenai 가정하다
idea 형상(形相) / 종류
idein 보다 / 목격하다
idiōtēs 문외한
kakos 나쁜
kalos 아름다운 / 멋진
katamanthanein 철저히 배우다
katoptron 거울
kear 가슴
kektēsthai 소유하다
kērinos 밀랍(蜜蠟)의
kēros 밀랍

kinein 움직이다, 부추기다
kinesthai 움직이다
kinēsis 움직임
koinon 공통적인 (것)
koinotēs 공통성
kompsos 미묘한 / 세련된
krasis 혼합
krinein 판정하다
krisis 판정
kritērion 판정 기준
kritēs 판정관(판정자)
ktēsis 소유
kyein 임신하다
kyrios 권위 있는
lambanein 붙잡다 / 포착하다 / 파악하다
lasios 털북숭이인
legein 말하다 / 설명하다
logismos 수론
logizesthai 추론하다
logos 설명 / 논리 / 논변 / 논의 / 말 / 연설 / 주장 / 진술 / 표현 / 학설 / 견해 / 정의 / 강론
maia 산파
maieia 분만
maieuesthai 산파 역할을 하다 / 분만되다
maieusis 분만

maieutikē 산파술
manthanein 배우다 / 이해하다 / 알다 / 알아듣다
mathēsis 배움
meirakion 청소년 / 아이
mēkos 길이
mellon 장차
(ta) mē onta 있지 않은 것들
meros 부분
metaballein 변환시키다 / 변전하다
matabolē 변전
methodos 탐구의 길
metron 척도
mimnēskein 기억하다
mnēmē 기억
mnēmeion 기억상
mnēmoneuein 기억하다
monoeidēs 단일한 종
mousikē 음악
myein 감다
mystēria 비의(秘儀)
mythos 이야기
nomos 법
nomothesia 입법
nosos 병
nous 분별
ōdis 산고(産苦)
ōdinein 산고를 겪다
omma 눈

omphalētomia 탯줄을 자르는 일
(to) on 있는 (것) / 실재
onar 꿈
oneiros 꿈
onoma 이름 / 낱말
onomazein 이름을 부르다 / 이름을 붙이다
(ta) onta 있는 것들
ōphelimos 이로운
ophthalmos 눈
opsis 시각 / 봄 / 보임새
organon 수단
ornis 새
orthos 옳은
osphrēsis 후각
ouranos 하늘
ousia 있음 / 있는 것 / 본질
paideia 교육
(to) pan 총체(總體), 모든 것
(ta) panta 전부들
panta chrēmata 만물
paraisthanesthai 착각하다
parakouein 잘못 듣다
parallagē 엇맞춤
parallattein 엇맞추다 / 빗나가다
parametrein 비교해 재어 보다
pareinai 나타나 있다 / 현존하다
parerga 곁가지
parhoran 잘못 보다 / 착시

paschein 겪다 / 작용을 받다 / 경험하다 / 감당하다 / 당하다
pathos 느낌 / 경험 / 사태
peithein 설득하다
pēlos 점토
perainein 모두 나열하다
peristera 비둘기
peristereōn 새장
phainesthai 나타나다 / 떠오르다
phantasia 나타남
pherein 운동하다
philosophia 철학 / 지혜사랑
philosophos 철학자 / 지혜를 사랑하는 자(사람)
phōnē 모음
phora 운동
phronēsis 슬기 / 슬기로움
phthinein 감소하다
physis 본성 / 자질
plasma 새김틀
plekein 엮다
poiein 작용을 가하다 / 행하다
poion (어떤) 성질의
poiotēs 성질
polis 나라
potamos 강
praxis 행동
promnaesthai 중매하다
promnēstikē 중매술

prosbolē 충돌
prosdoxazein 추가적인 판단을 하다
prosharmazein 맞추다
proslambanein 덧붙여 포착하다 / 추가로 포착하다
psēphisma 법령
pseudēs 거짓인 / 틀리지 않는
pseudesthai 거짓인 생각을 하다
pseudos 거짓
psychē 영혼 / 마음
rhein 흐르다
rhēma 표현
rhēthēnai 서술되다
rhētōr 연설가
rhētōrikē 연설술
rhētos 서술될 수 있는
rhoē 흐름
scholē 여가 / 여유 / 시간
sēmeion 인장(印章) / 표시
skopein 검토하다
sōma 몸
sophia 지혜
sophistēs 소피스트
sophos 지혜로운 (자)(현자)
steriphos 임신을 못 하는
stoicheion 요소 / 음소
syllabē 복합체 / 음절
syllogismos 추론
symmetros 통약될 / 들어맞는
symphytos 쌍생하는
symplokē 엮임
symplokein 함께 엮다
synchōrein 동조하다 / 인정하다
syndokimazein 함께 심사하다
syneinai 교제하다
syngenēs 동족적인
syngramma 저술
synharmozein 조합하다
synienai 이해하다
synkeisthai 합성되다
synousia 교제
technē 기술
technikos 전문가
tekmērion 증거
teleōs 완벽하게
thaumastos 놀라운
thaumazein 놀라다 / 놀라워하다 / 의아해하다
theos 신
thēra 사냥
thēreuein 사냥하다
tithenai 제정하다
tokos 출산
trephein 기르다 / 양육하다
tynchanein 적중하다 / 맞히다
typos 인상(印象)
zētein 탐구하다 / 찾다

고유명사

라케다이몬 Lakedaimōn 162b, 169b
뤼시마코스 Lysimachos 151a
메가라 Megara 142c
멜리소스 Melissos 180e, 183e
멜레토스 Melētos 210c
뮈시아 사람들 Mysoi 209b
므네모쉬네 Mnēmosynē 191d
수니온 Sounion 144c
스키론 Skirōn 169a
아리스테이데스 Aristeidēs 151a
아르테미스 Artemis 149b
아테네 Athēnē 142a, 142c
안타이오스 Antaios 169b
암피트뤼온 Amphitryon 175a
에리네오스 Erineos 143b
에우리피데스 Euripidēs 154d
에우프로니오스 Euphronios 144c
에페소스 Ephesos 179e
에피카르모스 Epicharmos 152e
엠페도클레스 Empedoklēs 152e
오케아노스 ōkeanos 152e, 180d
이리스 Iris 155d
이오니아 Iōnia 179d
제우스 Zeus 142d, 148c, 154a, 181e, 185d, 196b, 197a, 209b, 210b
카리스 여신들 Charitēs 152c
칼리아스 Kallias 165a
코린토스 Korinthos 142a
퀴레네 Kyrēnē 143d
타우마스 Thaumas 155d
탈레스 Thalēs 174a
테세우스 Thēseus 169b
테튀스 Tēthys 152e, 180d
트라케 Thra(i)kē 174a
파르메니데스 Parmenidēs 152e, 180e, 183e
파이나레테 Phainaretē 149a
핀다로스 Pindaros 173e
프로디코스 Prodikos 149b
프로타고라스 Prōtagoras 152a, 152b, 152c, 154b, 154c, 155d, 160c, 161b, 161d, 161e, 162a, 162d, 164e, 165e, 169d, 170a, 170c, 170e, 171b, 171c, 171e, 172b, 178b, 178c, 178e, 179d, 183c
헤라 Hēra 154d
헤라클레스 Hēraklēs 169b, 175a
헤라클레이토스 Hērakleitos 152e, 160d, 179d
헤시오도스 Hēsiodos 207a
헬라스 사람들 Hellēnes 175a

호메로스 Homēros 152e, 153a, 153c, 160d, 170e, 183e, 194c

히포니코스 Hipponikos 165a

옮긴이의 말

 역본을 출간한 지 햇수로 10년째 되는 해에 개정판을 낸다니 감회가 새롭다. 한국어로는 최초의 『테아이테토스』 원전 번역서를 내놓았기에 옮긴이로서도 나름의 자부심 같은 것을 가지기도 했다. 또한 그동안 동료 학자들과 독자들이 지지와 격려를 보내주어 크게 감사한 마음이다.

 그런데 『테아이테토스』 역본에서는 과다할 정도로 상세한 주석을 달아 놓았다. 주석의 상당 부분은 플라톤의 다른 대화편들과 『테아이테토스』를 상호텍스트적으로 비교하거나 대조하는 내용으로 구성했다. 이 덕분에 플라톤 철학에 대한 전반적인 그림을 그릴 기회를 얻었다고 긍정적인 평가를 해준 이들도 있었다. 그러나 10년이 지난 지금 시점에서 검토해 보니 쓸데없는 사족이 너무 많다는 생각이 든다. 물론 옮긴이가 10년 전보다는 미니

멀리즘을 추구하는 경향이 강해졌다는 이유도 있겠으나, 객관적으로 볼 때 과도한 주석 작업이 번역서에서는 장애가 될 수 있다는 것을 깨닫게 되었다. 아마 지금 다시 역주 작업을 하라고 하면 주석의 양을 4분의 1 정도로 대폭 축소했을 것 같다. 10년 전에 구성한 주석들 중 많은 내용들이 지금 돌아보니, 유치한 지적 수준을 보여준 것 같아 부끄러운 마음이 들기도 한다.

그러나 아쉽게도 이번 개정판에서 주석을 대폭 줄이는 작업을 시도하기는 어려웠다. 『테아이테토스』의 분량을 고려할 때 옮긴이에게 전면적인 검토를 할 충분한 시간이 주어지지 않았기 때문이다. 불필요한 주석들 몇몇을 삭제하거나 일부의 주석 내용을 수정하는 선에 머물렀다. 이 점에 대해 독자들의 양해를 구한다. 본문 번역에서는 문제가 되거나 오해를 불러일으키는 대목들을 여러 군데 수정했다. 그러나 문체나 표현 등을 전면적으로 손보지는 못했다. 또한 그 사이에 출간된 천병희 선생님의 『테아이테토스』 한국어 번역본, 그리고 크리스토퍼 로(Christopher Rowe)의 영역본을 새롭게 대조하는 세밀한 작업까지 수행하지는 못했다(위의 번역서들을 참고문헌 목록에 추가하지 않은 것은 이와 같은 이유 때문이다). 이런 점에서 이번 개정판은 부분 개정판이라고 할 수 있겠다. 나중에 전면 개정판을 낼 기회가 주어지길 기대해 본다.

사실 2013년의 역본은 시간에 쫓겨 급히 출간하면서 충분하게 교정을 보지 못한 아쉬움이 있었다. 그래서 꽤 많은 오식이 있었는데, 이번 개정판에서 이에 대한 전면적인 검토를 할 수 있어서 참으로 다행이라고 생각한다. 아카넷 출판사의 학술팀은 수백 개가 넘는 교정 요구를 묵묵히 검토하고 반영해 주었다. 옮긴이 때문에 말할 수 없는 고초를 겪은 아카넷 학술팀에게 감사의 말씀을 드린다.

그리고 아카넷 출판사와 작업하기 이전에 번역서의 오식과 내용 오류에 대해서 조언과 문제 제기를 해주신 분들이 많았다. 그분들의 지적을 반영하는 노력을 기울이고 수정했다는 점에서 이번 개정판의 의미를 찾을 수 있을 것 같다. 우선 옮긴이의 평생의 벗인 이근영 선생님은 쉽게 발견하기 어려운 세세한 부분까지 자세한 검토를 한 교정지를 보내주셨다. 그 덕분에 많은 오식을 수정할 수 있었다. 또한 여러 독자들의 날카로운 문제 제기도 있었다. 내용 설명에서 오류가 있었던 대목을 지적해준 분도 있었고, 여담 부분의 철학자 설명에 대한 텍스트 지시의 오류를 알려준 분도 있었다. 독자들이 얼마나 꼼꼼하게 번역서를 검토하는지를 알게 된 뜻깊은 기회였다. 그분들 덕분에 중요한 오류를 수정할 수 있게 되어 감사한 마음이다.

이번 개정판의 수정 작업에 가장 큰 도움을 준 분은 누구보다도 강성훈 선생님이라고 할 수 있다. 강성훈 선생님은 서울대 대학원 수업에서 『테아이테토스』 번역본을 검토하면서 발견한 문제점들이나 오해 가능성이 있는 대목을 세부적으로 전달해 주었다. 부분적으로 오역을 수정한 대목도 있지만, 오해 가능성이 높은 대목을 상당수 수정할 수 있게 되어 크게 안심이 된다. 강성훈 선생님의 자세한 코멘트에 대해 깊은 감사의 말씀을 드린다.

옮긴이가 『테아이테토스』 원문을 접한 것이 1990년대 초반이었으니, 근 30년을 이 책과 씨름한 셈이다. 이 책을 통해 배운 것 중 하나는 진정한 탐문의 길을 위해서는 자기 자신을 깨뜨리는 엘렝코스(elenchos)의 길을 가야 한다는 것이다. 그런데 중년의 끝자락을 향해가는 시점에 서서 생각해보니, 나이가 들면 지혜로워지기보다 오만과 고집과 노욕에 휩싸일 위험이 더 커지는 것만 같다. 철학을 시작할 때 가졌던 철학에 대한 동경의 초발심을 이 시점에 다시 다지면서 정암학당의 이사장 이정호 선생님의 말씀을 새겨본다. '철학을 폼으로 하는가!'

2022년 1월
하 수상한 시대를 넘기며
정준영

사단법인 정암학당을 후원해 주시는 분들

정암학당의 연구와 역주서 발간 사업은 연구자들의 노력과 시민들의 귀한 뜻이 모여 이루어집니다. 학당의 모든 연구는 시민들의 자발적인 후원을 바탕으로 하기 때문입니다. 그 결실을 담은 '정암고전총서'는 연구자와 시민의 연대가 만들어 내는 고전 번역 운동의 산물이라고 할 수 있습니다. 이 같은 학술 운동의 역사적 의미를 기리고자 이 사업에 참여한 후원회원 한 분 한 분의 정성을 이 책에 기록합니다.

평생후원회원

Alexandros Kwanghae Park 강대진 강상진 강선자 강성훈 강순전 강승민 강주완
강창보 강철웅 고재희 공기석 권세혁 권연경 권장용 기종석 길명근 김경랑
김경현 김귀녀 김기영 김남두 김대겸 김대오 김미성 김미옥 김병연 김상기
김상수 김상욱 김상현 김석언 김석준 김선희(58) 김성환 김숙자 김순옥 김영균
김영순 김영일 김영찬 김영희 김옥경 김운찬 김유순 김 율 김은자 김은희
김인곤 김재홍 김정락 김정란 김정례 김정명 김정신 김정화 김주일 김지윤(양희)
김지은 김진규 김진성 김진식 김창완 김창환 김출곤 김태환 김 헌 김현래
김현주 김혜경 김혜자 김효미 김휘웅 도종관 류한형 문성민 문수영 문우일
문종철 박계형 박금순 박금옥 박명준 박병복 박복득 박상태 박선미 박선영
박선희 박세호 박승찬 박윤재 박정수 박정하 박종면 박종민 박종철 박진우
박창국 박태일 박현우 박혜영 반채환 배인숙 백도형 백영경 변우희 사공엽
서광복 서동주 서 명 성 염 서지민 설현석 성중모 손병석 손성석 손윤락
손효주 송경순 송대현 송성근 송순아 송요중 송유레 송정화 신성우 심재경
안성희 안 욱 안재원 안정옥 양문흠 양호영 엄윤경 여재훈 염수균 오서영
오지은 오흥식 유익재 유재민 유태권 유 혁 유형수 윤나다 윤신중 윤정혜
윤지숙 은규호 이광영 이기백 이기석 이기연 이기용 이도헌 이두희 이명호
이무희 이미란 이민성 이민숙 이상구 이상원 이상익 이상인 이상희(69) 이상희(82)
이석호 이순이 이순정 이승재 이시연 이아람 이영원 이영호(48) 이영호(66) 이영환
이옥심 이용구 이용술 이용재 이용철 이원제 이원혁 이유인 이은미 이임순
이재경 이재환 이정선(71) 이정선(75) 이정숙 이정식 이정호 이종환(71) 이종환(75) 이주완
이주형 이지민 이지수 이 진 이창우 이창연 이창원 이충원 이춘매 이태수
이태호 이필렬 이한주 이향섭 이향자 이황희 이현숙 이현임 임대윤 임보경
임성진 임연정 임창오 임환균 장경란 장동익 장미성 장영식 전국경 전병환
전현상 전호근 정선빈 정세환 정순희 정연교 정옥재 정은정 정 일 정정진
정제문 정준영(63) 정준영(64) 정해남 정흥교 정희영 조광제 조대호 조병훈 조성대
조익순 조준호 지도영 차경숙 차기태 차미영 채수환 최 미 최세용 최수영
최병철 최영아 최영임 최영환 최운규 최원배 최윤정(77) 최은영 최인규 최지호
최 화 최현석 표경태 풍광섭 하선규 하성권 한경자 한명희 허남진 허선순
허성도 허영현 허용우 허정환 허지현 홍섬의 홍순정 홍 훈 황경화 황규빈
황예림 황유리 황주영 황희철
가지런e 류 교정치과   나와우리 〈책방이음〉   도미니코수도회   도바세
방송대문교소담터스터디   방송대영문과07학번미아팀   법률사무소 큰숲   부북스출판사(신현부)

생각과느낌 정신건강의학과　　이제이북스　　　　(주)알파휴　　　　카페 벨라온
(개인 292, 단체 12, 총 304)

후원위원

강성식	강용란	강진숙	강태형	고명선	곽삼근	곽성순	구미희	권소연	권영우
권이혁	길양란	김경원	김나윤	김대권	김대희	김명희	김미란	김미선	김미향
김백현	김복희	김상봉	김성민	김성윤	김순희(1)	김승우	김양희	김애란	김연우
김영란	김용배	김윤선	김장생	김정수	김정이	김정자	김지수(62)	김진숙(72)	김현자
김현제	김형준	김형희	김희대	맹국재	문영희	박미라	박수영	박우진	박원빈
박종근	박태준	박현주	백선옥	서도식	성민주	손창인	손혜민	송민호	송봉근
송상호	송찬섭	신미경	신성은	신영옥	신재순	심명은	안희돈	양은경	양정윤
오현주	오현주(62)	우현정	원해자	유미소	유효경	이경선	이경진	이명옥	이봉규
이봉철	이선순	이선희	이수민	이수은	이순희	이승목	이승준	이신자	이은수
이정민	이정인	이지희	이진희	이평순	임경미	임우식	장세백	장영재	전일순
정삼아	정은숙	정태윤	정태흡	정현석	조동제	조명화	조문숙	조민아	조백현
조범규	조성덕	조정희	조진희	조태현	주은영	천병희	최광호	최세실리아	최승렬
최승아	최이담	최정옥	최효임	한대규	허 광	허 민	홍순혁	홍은규	홍정수
황정숙	황훈성	정암학당1년후원

문교경기〈처음처럼〉　　　　문교수원3학년학생회　　　　문교안양학생회　　　　문교경기8대학생회
문교경기총동문회　　　　　문교대전충남학생회　　　　　문교베스트스터디　　　문교부산지역7기동문회
문교부산지역학우일동(2018)　문교안양동문(2024)　　　　　문교안양학습관　　　　문교인천동문회
문교인천지역학생회　　　　방송대동아리〈아노도스〉　　　방송대동아리〈예사모〉
방송대동아리〈프로네시스〉　사가독서회

(개인 133, 단체 17, 총 150)

후원회원

강경훈	강경희	강규태	강보슬	강상훈	강선옥	강성만	강성심	강신은	강유선
강은미	강은정	강임향	강창조	강 항	강희석	고강민	고경효	고복미	고숙자
고승재	고창수	고효순	공경희	곽범환	곽수미	구본호	구외숙	구익희	권 강
권동명	권미영	권성철	권순복	권순자	권오경	권오성	권오영	권용석	권원만
권정화	권해명	권혁민	김건아	김경미	김경원	김경화	김광석	김광성	김광택
김광호	김귀종	김길화	김나경(69)	김나경(71)	김남구	김대영	김대훈	김동근	김동찬
김두훈	김 들	김래영	김명주(1)	김명주(2)	김명하	김명화	김명희63	김문성	김미경(61)
김미경(63)	김미숙	김미정	김미형	김민경	김민웅	김민주	김범석	김병수	김병옥
김보라미	김봉습	김비단결	김선규	김선민	김선희(66)	김성곤	김성기	김성은	김성은(2)
김세은	김세원	김세진	김수민	김수진	김수환	김숙현	김순금	김순태	김순호
김순희(2)	김시인	김시형	김신태	김신판	김승원	김아영	김양식	김영선	김영숙(1)
김영숙(2)	김영애	김영준	김영효	김옥주	김용술	김용한	김용희	김유석	김유진

김은미	김은심	김은정	김은주	김은파	김인식	김인애	김인욱	김인자	김일학
김정근	김정식	김정현	김정현(96)	김정훈	김정희(1)	김정희(2)	김종태	김종호	김종희
김주미	김주희	김중우	김지수(2)	김지애	김지열	김지유	김진숙(71)	김진태	김철한
김충구	김태식	김태욱	김태헌	김태훈	김태희	김평화	김하윤	김한기	김현규
김현숙(61)	김현숙(72)	김현우	김현정	김현정(2)	김현중	김현철	김형규	김형전	김혜리
김혜숙(53)	김혜숙(60)	김혜원	김혜정	김홍명	김홍일	김희경	김희성	김희정	김희준
나의열	나춘화	나혜연	남수빈	남영우	남원일	남지연	남진애	노마리아	노미경
노선이	노성숙	노채은	노혜경	도진경	도진해	류남형	류다현	류동춘	류미희
류시운	류연옥	류점용	류종덕	류지아	류진선	모영진	문경남	문상흠	문순현
문영식	문정숙	문종선	문준혁	문찬혁	문행자	민 영	민용기	민중근	민해정
박경남	박경수	박경숙	박경애	박귀자	박규철	박다연	박대길	박동심	박명화
박문영	박문형	박미경	박미숙(67)	박미숙(71)	박미자	박미정	박믿음	박배민	박보경
박상선	박상윤	박상준	박선대	박선영	박성기	박소운	박수양	박순주	박순희
박승억	박연숙	박영찬	박영호	박옥선	박원대	박원자	박유정	박윤하	박재준
박재학	박정서	박정오	박정주	박정은	박정희	박종례	박주현	박주형	박준용
박준하	박지영(58)	박지영(73)	박지창	박지희(74)	박지희(98)	박진만	박진선	박진헌	박진희
박찬수	박찬은	박춘례	박태안	박한종	박해윤	박헌민	박현숙	박현자	박현정
박현철	박형전	박혜숙	박홍기	박희열	반덕진	배기완	배수영	배영지	배제성
배효선	백기자	백선영	백수영	백승찬	박애숙	백현우	변은섭	봉성용	서강민
서경식	서근영	서두원	서민정	서범존	서봄이	서승일	서영식	서옥희	서용심
서원호	서월순	서정원	서지희	서창립	서회자	서희승	석현주	설진철	성윤수
성지영	소도영	소병문	소상욱	소선자	손금성	손금화	손동철	손민석	손상현
손정수	손지아	손태현	손한결	손혜정	송금숙	송기섭	송명화	송미희	송복순
송석현	송연화	송염만	송원욱	송원희	송용석	송유철	송인애	송진우	송태욱
송효정	신경원	신경준	신기동	신명우	신민주	신상하	신성호	신영미	신용균
신정애	신지영	신혜경	심경옥	심복섭	심은미	심은애	심재윤	심정숙	심준보
심희정	안건형	안정화	안미희	안숙현	안영숙	안정숙	안정순	안진구	안진숙
안화숙	안혜정	안희정	안희돈	양경엽	양미선	양병만	양선경	양세규	양예진
양지연	양현서	엄순영	오명순	오성민	오승연	오신명	오영수	오영순	오유석
오은영	오진세	오창진	오혁진	옥정희	온정민	왕현주	우남권	우 람	우병권
우은주	우지호	원만희	유두신	유미애	유성경	유승현	유정모	유정원	유 철
유향숙	유희선	윤경숙	윤경자	윤선애	윤수홍	윤여훈	윤영미	윤영선	윤영이
윤에스더	윤 옥	윤은경	윤재은	윤정만	윤혜영	윤혜진	이건호	이경남(1)	이경남(72)
이경미	이경아	이경옥	이경원	이경자	이경희	이관호	이광로	이광석	이군무
이궁훈	이권주	이나영	이다연	이덕제	이동래	이동조	이동춘	이명란	이명순
이미옥	이민희	이병태	이복희	이상규	이상래	이상봉	이상선	이상훈	이선민
이선이	이성은	이성준	이성호	이성훈	이성희	이세준	이소영	이소정	이수경
이수련	이숙희	이순옥	이승훈	이승훈(79)	이시현	이양미	이연희	이영민	이영숙
이영실	이영신	이영애	이영애(2)	이영철	이영호(43)	이옥경	이용숙	이용안	이용웅
이용찬	이용태	이원용	이유진	이윤열	이윤주	이윤철	이은규	이은심	이은정

이은주	이이숙	이인순	이재현	이정빈	이정석	이정선(68)	이정애	이정임	이종남
이종민	이종복	이준호	이중근	이지석	이지현	이진아	이진우	이창용	이철주
이춘성	이태곤	이태목	이평식	이표순	이한솔	이 혁	이현주(1)	이현주(2)	이현호
이혜영	이혜원	이호석	이호섭	이화선	이희숙	이희정	임미정	임석희	임솔내
임정환	임창근	임현찬	장모범	장선희	장시은	장영애	장오현	장재희	장지나
장지원(65)	장지원(78)	장지은	장철형	장태순	장해숙	장홍순	전경민	전다록	전미래
전병덕	전석빈	전영석	전우성	전우진	전재혁	전종호	전진호	정경회	정계란
정금숙	정금연	정금이	정금자	정난진	정미경	정미숙	정미자	정상묵	정상준
정선빈	정세영	정아연	정양민	정양욱	정 연	정연화	정영목	정영훈	정옥진
정용백	정우정	정유미	정은정	정일순	정재연	정재웅	정정녀	정지숙	정진화
정창화	정하갑	정현진	정은교	정해경	정현주	정현진	정호영	정환수	조권수
조길자	조덕근	조미선	조미숙	조병진	조성일	조성혁	조수연	조슬기	조영래
조영수	조영신	조영연	조영호	조예빈	조용수	조용준	조윤정	조은진	조정란
조정미	조정옥	조정원	조증윤	조창호	조황호	주봉희	주연옥	주은빈	지정훈
진동성	차문송	차상민	차혜진	채장열	천동환	천명옥	최경식	최명자	최미경
최보근	최석묵	최선희	최성준	최수현	최숙현	최연우	최영란	최영부	최영순
최영식	최원옥	최유숙	최유진	최윤정(66)	최은경	최일우	최자련	최재식	최재원(1)
최재원(2)	최재혁	최정옥	최정호	최정환	최종희	최준원	최지연	최진욱	최혁규
최현숙	최혜정	표종삼	하승연	하혜용	한미영	한규호	한생곤	한선미	한연숙
한옥희	한윤주	한호경	함귀선	허미정	허성준	허 양	허 웅	허인자	허정우
홍경란	홍기표	홍병식	홍성경	홍성규	홍성은	홍순아	홍영환	홍은영	홍의중
홍지흔	황경민	황광현	황미영	황미옥	황선영	황신해	황은주	황재규	황정희
황현숙	황혜성	황희수	kai1100	익명					

리테라 주식회사		문교강원동문회		문교강원학생회		문교경기 〈문사모〉	
문교경기동문 〈문사모〉		문교서울총동문회		문교원주학생회		문교잠실송파스터디	
문교인천졸업생		문교전국총동문회		문교졸업생		문교8대전국총학생회	
문교11대서울학생회		문교K2스터디		서울대학교 철학과 학생회			
㈜아트앤스터디		영일통운㈜		장승포중앙서점(김강후)		책바람	

(개인 745, 단체 19, 총 764)

2025년 2월 28일 현재, 1,170분과 48개의 단체(총 1,218)가 정암학당을 후원해 주고 계십니다.

옮긴이

정준영

성균관대학교 사범대학 역사교육학과를 거쳐 같은 학교 철학과 대학원에서 플라톤 철학에 대한 연구로 박사학위를 받았다. 정암학당의 학당장을 역임했으며, 현재 성균관대학교 초빙교수이자 정암학당의 연구원으로 있다. 저서로는 『서양고대철학 1』(공저), 『아주 오래된 질문들』(공저), 『플라톤의 그리스 문화 읽기』(공저) 등이 있고, 번역서로는 『알키비아데스 I · II』(공역) 등이 있다. 플라톤에 관한 여러 편의 글을 썼으며, 이 밖에 호메로스를 다룬 「사사적 지평에서 바라본 호메로스적 아테(atē)」, 비극을 다룬 「메데이아의 자식살해와 튀모스(thymos)」 등을 썼다. 그리스의 서사시와 비극, 그리고 철학을 아우르는 접점을 찾아 이를 인문학적으로 해석하는 시도를 하고 있다

정암고전총서는 정암학당과 아카넷이 공동으로 펼치는 고전 번역 사업입니다. 고전의 지혜를 공유하여 현재를 비판하고 미래를 내다보는 안목을 키우는 문화적 기반을 마련하고자 합니다.

정암고전총서 플라톤 전집

테아이테토스

1판 1쇄 펴냄 2022년 2월 21일
1판 2쇄 펴냄 2025년 9월 26일

지은이 플라톤
옮긴이 정준영
펴낸이 김정호

책임편집 박수용
디자인 이대응

펴낸곳 아카넷
출판등록 2000년 1월 24일(제406-2000-000012호)
주소 10881 경기도 파주시 회동길 445-3 2층
전화 031-955-9511(편집) · 031-955-9514(주문)
팩스 031-955-9519
www.acanet.co.kr

ⓒ 정준영, 2022

Printed in Paju, Korea.

ISBN 978-89-5733-781-3 94160
ISBN 978-89-5733-634-2 (세트)